조문과 판례중심

법인세법 해설

共著 변호사 김 성 수
변호사 김 재 형
변호사 김 태 환
변호사 최 주 필
변호사 이 인 환
변호사 이 힘 찬

Law BUB 법률&출판

머 리 말

이 책의 특징은 이렇습니다.

첫째, 세법이 전문분야인 서울시립대학교 법학전문대학원에서 수학한 뒤 서울조세행정연구회를 창립한 변호사들이 그간의 실무경험을 바탕으로 함께 쓴 책입니다.

둘째, 법인세법의 체계가 한눈에 쉽게 들어오도록 각 법령의 조문을 싣고 바로 뒤에 해설을 덧붙였으며, 본문에 조문번호를 표시하여 관련 내용이 어느 조항에 해당하는지 쉽게 알 수 있도록 구성했습니다.

셋째, 행정해석 및 세무조정의 해설에 치중하는 기존 실무서와 달리 대법원 중요판례를 중심으로 정리하여 법인세법과 관련해 발생할 수 있는 다양한 분쟁을 예측하고 그 해결의 실마리를 찾을 수 있도록 했습니다.

넷째, 기존 법인세 관련 책자들이 수천페이지에 달해 활용하기가 쉽지 않았다는 점을 감안, 이 책은 꼭 필요한 내용만 담아 기존 책들보다 훨씬 압축적이고 간결하게 집필되었습니다.

마지막으로, 개별사례 분석에 치우치기보다는 법인세법 전반을 이해하는데 초점을 맞춰 실무현장에서 발생하는 다양한 궁금증을 해결하는데 실질적인 도움이 되도록 노력했습니다.

2015. 7. 1.

서울조세행정연구회
변호사 김성수
변호사 김재형
변호사 김태환
변호사 이인환
변호사 이힘찬
변호사 최주필

목 차

제 1 편 법인세 총설

제 2 편
내국법인의 각 사업연도소득에 대한 법인세

제 3 편 내국법인의 청산소득에 대한 법인세

제 4 편 외국법인의 각 사업연도소득에 대한 법인세

제 5 편 연결납세 동업기업에 대한 과세특례

제1편 법인세 총설

I. 총 설

1. 법인세의 의의

법인세란 법인의 소득을 과세대상으로 하여 부과하는 조세이다. 소득에 대해서 부과하는 조세이므로 광의의 소득세에 포함되고, 법인소득세라 부를 수도 있다. 그러나 통상 소득세라 함은 개인의 소득에 대한 과세로서 개인소득세를 뜻한다.

광의의 소득세의 하위범주로서의 법인소득세, 즉 법인세와 개인소득세, 즉 소득세는 소득을 과세대상으로 한다는 점에서 공통된다. 그러나 소득세의 납세의무자가 개인임에 반해, 법인세의 납세의무자는 회사와 같은 법인 또는 세법상 법인으로 보는 법인격 없는 단체라는 점에서 구분된다. 또 소득세가 원칙적으로 소득원천설의 입장에서 소득을 종류에 따라 구분하여 제한적으로 파악하고 있어 소득세법에서 규정하고 있는 종류 이외의 소득은 과세대상에서 제외됨에 반하여, 법인세는 원칙적으로 순자산증가설의 입장에서 소득을 포괄적으로 파악하고 있어 소득이 발생하기만 하면 그것이 어디에서 발생한 것이든 묻지 아니하고 자산 증가에 대하여 과세한다는 점에서 차이가 있다.

현대의 자본주의 경제체제 하에서 법인 기업은 가장 중요한 경제주체로서 경제전반에 지대한 영향을 미치고 있고, 조세 제도에 있어서도 법인세 또한 소득세와 함께 세수기여도가 매우 높은 편에 속한다.

가. 법인세의 특징

1) 국세

조세는 부과권자가 국가인 국세와 부과권자가 지방자치단체인 지방세로 구분할 수 있는데, 법인세는 국세로서 중앙정부의 재정수입을 구성한다. 한편 법인세는 재화의 수입 등에 부과하는 관세와는 달리 내국세에 속한다.

2) 직접세

조세는 해당 조세의 납세자와 해당 조세를 경제적으로 부담하는 자가 일치하도록 고안된 조세인 직접세와, 입법취지상 조세가 타인에게 전가되도록 고안된 조세인 간접세(예, 부가가치세)로 구분할 수 있는데, 법인세는 직접세에 속한다. 법인세 등의 직접세도 제품 또는 상품가격의 인상을 통하여 소비자에게 전가될 수 있을 것이므로 경제적으로는 직접세와 간접세의 구분이 불명확할 수도 있다. 그러나 법률적인 측면에서는 납세의무자를 정함에 있어서 그 구분의 의미가 있다.

3) 소득세

조세는 소비 또는 지출에 대하여 부과하는 소비세와 소득에 대하여 과세하는 소득세로 구분할 수 있는데, 법인세는 법인의 소득을 과세물건으로 하는 소득세이다.

4) 종가세이며 누진세

법인세는 과세표준이 화폐단위로 표시되는 종가세에 해당하며 과세표준금액이 증가함에 따라 높은 세율을 적용하게 되는 3단계 초과누진세율 구조로 되어 있다.

5) 신고납세조세

법인세는 과세표준과 세액을 정부가 결정하는 정부부과조세인 상속세 등과는 달리 납세의무자가 법인세의 과세표준과 세액을 정부에 신고하는 때 납세의무가 확정되는 신고납세조세이다.

6) 기간과세조세

법인세의 과세물건인 법인소득은 발생할 때마다 과세하지 아니하고 사업연도별로 해당기간 중 발생한 소득을 집계하여 과세하는 기간과세조세이다. 따라서 법인세의 납세의무가 성립하는 시기는 과세기간, 즉 사업연도가 종료되는 때이다.

7) 순자산증가설에 의한 과세

과세대상 소득을 파악함에 있어서 소득세의 경우에는 열거주의 과세방식을 채택하고 있으나, 법인세의 경우에는 소득의 발생 원천에 관계없이 비경상적이고 우발적인 소득까지도 포함하는 포괄주의 과세방식으로 자산의 증가에 해당하는 총익금에서 자산의 감소에 해당하는 총손금을 공제하여 소득으로 인식하는 방법인 순자산증가설에 의한 과세방식을 채택하고 있다.

반면 소득세법은 소득원천설을 근간으로 하여 과세소득을 정의하되 순자산증가설을 일부 채택하고 있다. 소득원천설에 의하면 소득이란 일정한 소득원천으로부터 발생한 것만 과세소득의 범위에 포함시켜야 한다는 것으로서, 소득의 원천과 소득의 내용을 한정적으로 열거하는 방식이다. 예를 들어 현행 소득세법에서는 기계장치의 양도차익의 소득의 열거에서 누락되어 있는데, 이는 해당 양도차익이 발생하더라도 소득세를 과세하지 않는다는 것을 의미한다.

8) 과세소득의 범위에 청산소득도 포함

영리 내국법인의 경우 계속기업을 전제로 하여 과세대상 소득을 계산하고 있으므로 법인이 해산(합병 및 분할에 의한 해산 포함)에 의하 소멸한 경우에는 그동안 포착되지 않은 청산소득도 과세범위에 포함하고 있다.

나. 현행 법인세법상의 법인세

1) 각 사업연도 소득에 대한 법인세(법 제13조 ~ 제76조의22, 제91조 ~ 제98조의5)

각 사업연도의 소득은 법인이 매 사업연도마다 경제적 활동에 의하여 얻은 이윤으로서 그 사업연도에 속하는 익금의 총액에서 그 사업연도에 속하는 손금의 총액을 공제한 금액이다(법 제14조 제1항). 각 사업연도의 소득에 대한 법인세는 각 사업연도 단위로 과세하며, 각 사업연도 종료일이 속하는 달의 말일부터 3월 이내에 신고·납부하여야 한다. 이러한 각 사업연도의 소득에서 이월결손금, 비과세소득, 소득공제액을 순차적으로 공제하여 각 사업연도의 소득에 대한 법인세 과세표준을 계산한 후 3단계의 초과누진세율(과세표준 2억원 이하 10%, 2억원 초과 ~ 200억원 이하 20%, 200억원 초과 22%)을 적용한다.

2) 부동산 양도소득에 대한 법인세(법 제55조의2, 제95조의2)

부동산 양도소득은 ① 지정지역에 소재하는 토지 및 건물(건물에 부속된 시설물과 구축물을 포함)의 양도로 인하여 발생한 소득과 ② 주택(일정한 주택 제외)과 비사업용토지의 양도로 인하여 발생하는 소득을 말한다.

부동산 양도소득에 대한 법인세는 2001. 12. 31. 까지는 특별부가세의 형태로 폭넓게 인정되어 왔으나, 2001. 12. 31. 법 개정시 특별부가세가 전면 폐지되면서, 그에 대한 보완책으로 투기재발 등을 억제하기 위하여 일정한 지가급등 지역에 소재하는 토지 및 건물의 양도소득에 대하여서는 10%, 일정한 주택 및 비사업용 토지를 양도한 경우에 토지 및 건물의 양도소득에 대하여서는 10%(미등기의 경우에는 40%)의 세율을 각 적용하여 산출한 세액을 각 사업연도 소득에 대한 법인세액에 추가하여 납부하는 것으로 바뀌었다(법 제55조의1 제1항, 제2항).

따라서 각 사업연도 소득에 대한 법인세가 없는 경우에도 부동산 양도소득에 대한 법인세는 부과될 수 있고, 부동산 양도소득에 대한 법인세가 부과되는 경우에는 부동산의 양도라는 하나의 행위 내지는 소득에 대하여 각 사업연도의 소득에 대한 법인세와 중복하여 과세되는 셈이 된다.

예를 들어, 법인이 국내에 소재하는 주택의 양도소득은 각 사업연도 소득에 대한 법인세가 최고 22%의 세율로 과세되고, 이와 별도로 토지 등 양도소득에 대한 법인세가 30%(미등기 주택의 경우 40%)의 세율로 다시 한 번 과세된다. 따라서 법인은 주택 양도소득의 52%(또는 62%)에 상당하는 법인세를 부담하게 되어 법인의 부동산 투기를 억제할 수 있다.

3) 청산소득에 대한 법인세(법 제77조 ~ 제90조)

청산소득은 법인 해산시의 잔여재산가액에서 자본금과 잉여금을 합한 자기자본 총액을 공제한 금액이다. 잔여재산가액이란 해산등기일 현재의 모든 재산 가액에서 부채를 공제한 금액을 말하고(법 제789조 제1항, 영 제121조 제1항), 세율은 각 사업연도 소득에 대한 세율과 같다. 이러한 청산소득은 그동안 미실현 상태로 있어 각 사업연도의 소득에 포착되지 않은 법인 보유 자산의 가치상승분(자본이득) 등을 해산시점에서 포착하여 과세하는 것으로 각 사업연도의 소득에 대한 법인세를 최종적으로 정산하는 기능을 갖는다.

청산소득에 대한 법인세 납세의무는 영리내국법인에 한하며, 비영리 내국법인과 외국법인은 납세의무를 지지 않는다. 비영리 내국법인의 경우 해산으로 인하여 잔여재산을 구성원에게 분배하지 않고 보통 이를 다른 비영리법인 또는 국가에 기부하며 고유목적사업에 계속 사용하기 때문이고, 외국법인의 경우에는 해산이나 합병, 분할이 외국의 본점소재지에서 행해지기 때문에 청산소득에 대한 법인세를 부과할 수 없기 때문이다.

2. 법인세법 상의 납세의무자

가. 개요

법인세의 주된 납부의무자는 원칙적으로 법인격이 있는 법인이나, 법인격을 취득하지 못한 단체도 국세기본법 제13조에 의하여 법인으로 보는 단체에 해당하는 경우에는 법인세법상 비영리법인에 해당하게 되어(법 제1조 제2호 다목), 법인세의 납세의무자에 포함된다. 대한민국이나 국내의 지방자치단체(지방자치단체조합을 포함한다)는 비과세 법인에 해당하나(법 제2조 제3항), 외국의 정부나 지방자치단체는 비과세 법인이 아니며 비영리 외국법인으로서 우리나라 법인세의 납부의무를 부담한다(법 제1조 제4호).

법인세법 상의 법인은 본점이나 주사무소 또는 사업의 실질적 관리장소의 소재지에 따라 내국법인과 외국법인으로, 설립목적에 따라 영리법인과 비영리법인으로 분류되는데, 이러한 법인의 분류에 따라 납세의무의 범위가 달라진다.

나. 법인으로 보는 단체

법인격 없는 사단·재단 기타 단체 중 ① 주무관청의 허가 또는 인가를 받아 설립되거나 법령에 의하여 주무관청에 등록한 사단, 재단 그 밖의 단체로서 등기되지 아니한 것과 ② 공익을 목적으로 출연된 기본재산이 있는 재단으로서 등기되지 아니한 것, ③ 위 ①② 외의 법인격 없는 단체 중 국세기본법 제13조 제2항 각호의 요건을 갖춘 것으로서 대표자 또는 관리인이 관할 세무서장에게 신청하여 승인을 얻은 것은 세법상 이를 법인으로 보고(국세기본법 제13조 제1항 제2항), 법인세법상 비영리법인으로 취급하게 된다.

> 국세기본법 제13조(법인으로 보는 단체)
>
> ① 법인(「법인세법」 제1조제1호 및 제3호에 따른 내국법인 및 외국법인을 말한다. 이하 같다)이 아닌 사단, 재단, 그 밖의 단체(이하 "법인 아닌 단체"라 한다) 중 다음 각 호의 어느 하나에 해당하는 것으로서 수익을 구성원에게 분배하지 아니하는 것은 법인으로 보아 이 법과 세법을 적용한다. <개정 2010.12.27.>
>
> 1. 주무관청의 허가 또는 인가를 받아 설립되거나 법령에 따라 주무관청에 등록한 사단, 재단, 그 밖의 단체로서 등기되지 아니한 것
> 2. 공익을 목적으로 출연(出捐)된 기본재산이 있는 재단으로서 등기되지 아니한 것
>
> ② 제1항에 따라 법인으로 보는 사단, 재단, 그 밖의 단체 외의 법인 아닌 단체 중 다음 각 호의 요건을 모두 갖춘 것으로서 대표자나 관리인이 관할 세무서장에게 신청하여 승인을 받은 것도 법인으로 보아 이 법과 세법을 적용한다. 이 경우 해당 사단, 재단, 그 밖의 단체의 계속성과 동질성이 유지되는 것으로 본다. <개정 2010.12.27.>
>
> 1. 사단, 재단, 그 밖의 단체의 조직과 운영에 관한 규정(規程)을 가지고 대표자나 관리인을 선임하고 있을 것
> 2. 사단, 재단, 그 밖의 단체 자신의 계산과 명의로 수익과 재산을 독립

> 적으로 소유·관리할 것
> 3. 사단, 재단, 그 밖의 단체의 수익을 구성원에게 분배하지 아니할 것
> ③ 제2항에 따라 법인으로 보는 법인 아닌 단체는 그 신청에 대하여 관할 세무서장의 승인을 받은 날이 속하는 과세기간과 그 과세기간이 끝난 날부터 3년이 되는 날이 속하는 과세기간까지는 「소득세법」에 따른 거주자 또는 비거주자로 변경할 수 없다. 다만, 제2항 각 호의 요건을 갖추지 못하게 되어 승인취소를 받는 경우에는 그러하지 아니하다. <개정 2010.12.27., 2011.12.31.>
> ④ 제1항과 제2항에 따라 법인으로 보는 법인 아닌 단체(이하 "법인으로 보는 단체"라 한다)의 국세에 관한 의무는 그 대표자나 관리인이 이행하여야 한다. <개정 2010.12.27.>
> ⑤ 법인으로 보는 단체는 국세에 관한 의무 이행을 위하여 대표자나 관리인을 선임하거나 변경한 경우에는 대통령령으로 정하는 바에 따라 관할 세무서장에게 신고하여야 한다.
> ⑥ 법인으로 보는 단체가 제5항에 따른 신고를 하지 아니한 경우에는 관할 세무서장은 그 단체의 구성원 또는 관계인 중 1명을 국세에 관한 의무를 이행하는 사람으로 지정할 수 있다.
> ⑦ 법인으로 보는 단체의 신청·승인과 납세번호 등의 부여 및 승인취소에 필요한 사항은 대통령령으로 정한다.

국세기본법 제13조는 당초 주무관청의 허가를 받아 설립한 단체로서 등기되지 아니한 것, 공익목적으로 출연된 기본재산이 있는 재단으로서 등기되지 아니한 것만 법인으로 보았으나, 1994. 12. 22. 위와 같이 개정되었다. 따라서 종전 규정에 의하면 미등기 종중이나 종교단체가 주무관청의 허가를 받아 설립된 것이 아니라면 법인세법이 적용될 수 없었으나(대법원 1999. 9. 7. 선고 97누17261판결, 대법원 2002. 2. 8. 선고 2000두1652 판결 등), 현재는 국세기본법 제13조 제2항의 요건에 해당할 경우 법인세법의 적용 대상이 된다.

법인격 없는 단체는 사법상 독립된 권리능력의 주체가 될 수 없으나 구성원들과는 별도로 당해 단체 자신이 사회생활의 한 단위로서 활동하고 그 성질, 조직, 활동상태 등에 있어서 법인격을 가진 사단이나 재단과 다를 바가 없다. 따라서 세법이 그 목적을 달성하기 위해서 사법상 독립된 권리능력의

유무와는 관계없이 그 경제적 실체에 주목하여 이를 조세법률관계의 독립된 당사자이자 납세의무자로서 인정하는 것이다. 민법상 조합이나 상법상 익명조합은 세법상 법인으로 보는 단체에는 해당하지 않으나, 구 도시재개발법상의 주택개량재개발조합이나 구 주택건설촉진법에 의한 주택조합 등은 여기에 해당한다(대법원 2005. 5. 27. 선고 2004두7214 판결, 대법원 2005. 6. 10. 선고 2003두2656 판결). 교회는 법인격 없는 사단에 해당할 뿐 법인격 없는 재단에는 해당되지 않는다(대법원 1999. 9. 7. 선고 97누17261 판결).

다. 내국법인과 외국법인

내국법인과 외국법인의 구별에 관하여 법인세법은 국내에 본점이나 주사무소 또는 사업의 실질적 관리장소를 둔 법인을 내국법인으로 내국법인 이외의 법인을 외국법인으로 본다(법 제1조 제1항). 여기에서 '사업의 실질적 관리장소'란 법인의 업무수행에 필요한 중요한 관리와 상업적 결정이 실질적으로 이루어지는 장소를 의미한다.

내국법인과 외국법인의 구분기준은 관리지배지설, 본점소재지설과 설립준거법설이 있으나, 법인세법에서는 본점소재지설(본점소재지 기준)을 따른다. 그러나 국내에서 사업의 실질적인 관리가 이루어지는 경우에도 외국에 본점 또는 주사무소를 둔 법인을 외국법인으로 처리하면 조세를 회피할 염려가 있으므로 이를 방지하기 위해 국내에 사업의 실질적 관리장소를 둔 법인은 국내에 본점 또는 주사무소가 없더라도 내국법인으로 보는 것이다.

외국의 법인격 없는 영리단체를 우리 법인세법상 법인으로 보아 과세할 것인지에 관하여, ① 외국단체의 사법적 성질에 따라 그 구성원들로부터 독립된 권리의무의 귀속주체로서의 실질을 갖추었는지 여부에 따라 법인인지 여부를 판단하자는 견해와 ② 그 설립지 국가의 세법상 취급 즉, 그 나라에서 법인세 과세 대상인지 여부에 따라 우리나라에서도 법인세를 과세할지 여부를 정하자는 견해의 대립이 있다. 우리 법원은 이에 대하여 외국단체를 외국법인으로 볼 수 있는지에 관하여는 그 단체가 설립된 국가의 법령 내용과 단체의 실질에 비추어 우리나라의 사법(私法)상 단체의 구성원으로부터 독립된 별개의 권리·의무의 귀속주체로 볼 수 있는지에 따라 판단해야 한다고 판시하여 ①의 입장을 취하였다.

(대법원 2012. 1. 27. 선고 2010두5950 판결)

[판결요지]

외국의 법인격 없는 사단·재단 기타 단체가 구 소득세법(2006. 12. 30. 법률 제8144호로 개정되기 전의 것) 제119조 제8호 내지 제10호의 국내원천소득을 얻어 이를 구성원인 개인들에게 분배하는 영리단체에 해당하는 경우, 법인세법상 외국법인으로 볼 수 있다면 그 단체를 납세의무자로 하여 국내원천소득에 대하여 법인세를 과세하여야 하고, 법인세법상 외국법인으로 볼 수 없다면 거주자의 경우와 동일하게 단체의 구성원들을 납세의무자로 하여 그들 각자에게 분배되는 소득금액에 대하여 소득세를 과세하여야 한다. 그리고 여기서 그 단체를 외국법인으로 볼 수 있는지에 관하여는 법인세법상 외국법인의 구체적 요건에 관하여 본점 또는 주사무소의 소재지 외에 별다른 규정이 없는 이상 단체가 설립된 국가의 법령 내용과 단체의 실질에 비추어 우리나라의 사법(私法)상 단체의 구성원으로부터 독립된 별개의 권리·의무의 귀속주체로 볼 수 있는지에 따라 판단하여야 할 것이다.

2013 개정법은 외국단체가 외국법인에 해당하는지 여부에 관하여, "'외국법인'이란 외국에 본점 또는 주사무소를 둔 단체(국내에 사업의 실질적 관리장소를 두지 아니하는 경우만 해당한다)로서 대통령령이 정하는 기준에 해당하는 법인을 말한다"고 규정하면서 그 구체적인 내용을 시행령에 위임하고 있고, 그에 따라 법인세법 시행령 제1조 제2항은 설립된 국가의 법에 따라 법인격이 부여된 단체, 구성원이 유한책임사원으로만 구성된 단체, 구성원과 독립하여 자산을 소유하거나 소송의 당사자가 되는 등 직접 권리·의무의 주체가 되는 단체, 그 밖에 해당 외국단체와 동종 또는 유사한 국내의 단체가 상법 등 국내의 법률에 따른 법인인 경우의 그 외국단체는 대통령령이 정하는 기준에 해당하는 법인이라고 규정하고 있다.

내국법인은 소득의 원천지가 국내인가, 국외인가를 묻지 않고 모든 소득에 대해 납세의무를 지나(법 제3조 제1항), 외국법인은 청산소득을 제외한 국내원천소득에 대해서만 법인세의 납세의무를 지는 제한적 납세의무자이다(법 제3조 제4항). 청산소득을 제외하는 것은 외국법인의 청산은 거주지국에서 이루어진다는 점이 감안되었기 때문이다. 외국법인의 국내원천소득의 범위에 관하여는 법인세법 제93조와 그 시행령 제132조가 구체적으로 열거하고 있다.

외국법인의 국내사업장이 있는 경우에도 그 사업장에 귀속되지 않는 이자소득이나 배당소득 등의 특정소득을 지급하는 경우에는 원천징수하도록 되어 있어, 국내사업장의 소득에 대한 법인세의 과세표준에 포함되지 않는다(법 제98조).

라. 영리법인과 비영리법인

1) 의의

법인은 설립목적에 따라 영리법인과 비영리법인으로 나뉜다. 영리법인은 영리를 목적으로 하는 법인을 말하고, 비영리법인은 학술, 종교, 자선 기타 영리 아닌 사업을 목적으로 하는 법인을 말하는데, 여기서 '영리'란 단순히 이윤추구를 목적으로 하는 사업을 영위하는 것에 그치지 않고, 그러한 사업에서 발생한 이윤을 구성원에게 분배하는 것을 가리킨다.

법인세법상 비영리법인이란 ① 민법 제32조의 규정에 의하여 설립된 법인, ② 사립학교법 기타 특별법에 의하여 설립된 법인으로서 민법 제32조에 규정된 목적과 유사한 목적을 가진 법인, ③ 국세기본법 제13조 제4항에 의하여 법인으로 보는 법인격 없는 단체를 말한다(법 제1조 제2호). 외국법인의 경우 외국 정부나 지방자치단체는 비영리 외국법인으로 보나, 그 이외의 외국법인은 그 나라의 준거법에 의하여 비영리법인으로 설립되었더라도 우리나라에서 영리목적으로 경제활동을 수행한다면 영리법인으로 본다(법 제1조 제4호).

국영 이란석유회사 사건
(대법원 1986. 10. 14. 84누430 판결)

[판결요지]

어느 국가가 특수한 공기업기관을 설립하여 그 나라의 국가행정사무를 담당하게 하는 것은 그 나라의 정치형태, 경제구조와 사회환경에 따른 정책적 이유에 의하여 결정되는 것으로써 그 기구가 그 나라의 공공단체나 정부 또는 국가기관에 속한다고 해서 법인세법 제1조 제4항의 국가, 지방자치단체에 관한 비과세규정을 적용할 것이 아님은 물론 외국의 정부기관이나 지방자치단체에 대하여 우리나라의 법인세법상 영리 외국인 법인으로 파악할 것인가, 비영리외국법인으로 파악할 것인가 하는 것도 그 나라에 있어서의 설립근거법규나 설립목적 등이 어떠하건 간에 우리나라에서 행하고 있는 경제활동의 성격에 따라 구분되어야 하는 것이다.

이 사건에 있어서 국영이란석유회사는 우리나라에서 사경제의 주체로서 수익사업을 위하여 영리목적으로 내국영리법인인 쌍용정유주식회사에 합작투자하였음이 기록상 명백하므로 위 이란석유회사는 법인세법상 비영리 외국법인에 해당한다고 할 수 없다.

따라서 우리나라와 이란국 사이에 법인세 면제에 관하여 상호주의를 채택하거나 양국사이에 법인세 면제에 관한 특별한 협정이 체결되어 있지 아니한 이상 위 회사가 그 소유주식을 양도함으로써 생긴 소득은 법인세법 제55조 제1항 제10호, 동법시행령 제122조 제4항 제5호에 의한 원천소득에 해당한다고 할 것이다.

어느 법인이 법인세법상 영리법인에 해당하는지 비영리법인에 해당하는지는 법인의 실제 운영실태를 보아 판단하여야 하므로, 특별법에 의하여 설립되었어도 법인의 전 재산에 대하여 구성원이 지분을 가지고 잉여금이 종국적으로 구성원에게 분배된다면 영리법인으로 본다. 예를 들어, 수산업협동조합은 수산업협동조합법에 의하여 설립되었더라도 비영리법인이 아니며, 건설공제조합 또한 영리법인에 해당한다(대법원 1978. 3. 14. 선고 77누246 판결, 대법원 1983. 12. 13. 선고 80누496 판결). 반면 구 도시재개발법상 주택개량재개발조합은 비영리법인에 해당한다(대법원 2005. 5. 27. 선고 2004두7214 판결).

수산업협동조합 사건
(대법원 1978. 3. 14. 선고 77누246 판결)

[판결요지]

수산업협동조합법 제65조에 의하면 수산업협동조합은 그 목적을 달성하기 위하여 구매사업, 보관판매사업, 신용사업, 운송사업 등 수익사업을 할 수 있고, 제67조는 조합은 조합원의 공동이익을 위하여 어업 및 그에 부수되는 사업을 경영할 수 있도록 규정하고, 제142조에서는 조합의 회계년도에 있어서의 손실을 보전하고 법정적립금, 사업준비금 및 이월금을 공제하고 잉여금이 있으면 정관의 정하는 바에 의하여 년 10푼을 초과하지 아니하는 범위 안에서 납입출자에 따라 이를 조합원에 배당하고 그리고도 잉여가 있을 때에는 조합원의 사업비용 분량의 비율에 의하여 이를 배당한다 규정하고, 제77조에는 조합해산의 경우 잉여재산이 있을 때에는 정관의 정하는 바에 의하여 처분하도록 규정하고 있음을 종합하여 보면 수산업협동조합은 동법이 규정한 외의 영리 또는 투기사업을 할 수 없다는 것으로 해석될 뿐 아니라 기록에 의하여 원심이 배척하지 아니한 성립에 다툼이 없는 을 제4호증(결산보고서)의 기재내용을 보면 원고조합은 1975년도에 신용사업에 의한 자금의 대출 또는 예치로 이자수익이 있었고 잉여금을 조합원에게 배당한 사실이 엿보이는 점을 아울러 고찰하여 볼 때 원고조합이 법인세법 제1조에서 말하는 '특별법에 의하여 설립된 법인으로서 민법 제32조의 규정에 의한 법인과 유사한 설립목적을 가진 비영리 내국법인'에 해당한다고 할 수 없다고 봄이 상당하다.

(대법원 2005. 5. 27. 선고 2004두7214 판결)

[판결요지]

구 법인세법(1998. 12. 28. 법률 제5581호로 전문 개정되기 전의 것) 제1조 제1항에서 비영리내국법인을 민법 제32조 또는 사립학교법 제10조의 규정에 의하여 설립된 법인과 기타 특별법에 의하여 설립된 법인으로서 민법 제32조에 규정된 설립목적 및 그와 유사한 설립목적을 가진 법인으로 규정하고 있고, 원고 조합은 특별법인 구 도시재개발법에 의하여 설립된 법인인 점, 구 도시재개발법에 의하면, 조합원은 시행자인 재개발조합에게 대지 또는 건축시설에 대한 분양신청을 하고, 관리처분계획에 따라 분양을 받은 자는 분양처분의 고시가 있은 다음날에 분양 받은 대지 또는 건축시설에 대하여 소유권을 취득하며, 이에 따라 취득하는 대지 또는 건축시설

> 은 토지구획정리사업법의 규정에 의한 환지로 보고(제40조, 제49조), 그 대신 재개발사업의 시행 전에 소유하고 있던 토지 또는 건축물의 가격과 재개발사업의 완료 후에 분양 받은 대지 또는 건축시설의 가격에 차액이 있을 때에는 재개발조합에게 그 차액인 청산금을 지급(제53조)하도록 규정하고 있으므로, 재개발조합의 조합원은 재개발조합에 종전의 대지 또는 건축물 등 부동산을 제공하고 관리처분계획에 따라 장차 새로운 부동산을 취득할 권리를 취득하고, 그 이후 분양처분에 의하여 새로운 부동산에 관하여 소유권을 취득하되, 종전 부동산에 대한 가액과 새로이 취득하는 부동산 가액과의 차액 상당액을 청산금으로 지급하는 것에 불과할 뿐, 원고 조합원이 법인인 원고 조합의 재산에 대하여 사적소유 형태인 지분권을 가진다거나, 원고 조합의 이득에 대하여 분배를 받는 것도 생각하기 어려운 점, 더욱이 구 도시재개발법 제29조는 재개발조합에 관하여는 민법 중 사단법인에 관한 규정을 준용하도록 규정하고 있고, 민법 중 사단법인에 관한 규정은 비영리법인에 관한 규정인 점, 민법 제80조 제1항에 해산한 비영리법인의 잔여재산은 정관으로 지정한 자에게 귀속시키도록 규정하고 있고, 특히 이 사건 보류시설 26세대 아파트(이하 '이 사건 보류시설'이라 한다) 분양대금의 분배는 원고 조합의 정관에 따른 것이고, 원고 조합원이 재개발사업 과정에서 이 사건 보류시설 가액 상당의 비용이 소요될 것을 전제로 청산금을 지급하였으나, 그 이후 해산일까지 그 비용이 소요되지 아니함에 따라 결과적으로 과다하게 지급된 청산금을 반환 받는 형태로 볼 수 있는 점 등을 종합적으로 감안하면, 원고 조합은 법인세법 제1조 제1항 소정의 특별법에 의하여 설립된 법인으로서 민법 제32조에 규정된 설립목적 및 그와 유사한 설립목적을 가진 법인으로서 비영리법인에 해당한다고 봄이 상당하고, 그 정관에 따라 잔여재산인 이 사건 보류시설 분양대금을 해산 당시 조합원에게 종전 토지 등의 가액의 비율에 따라 분배하였다는 사정만으로는 원고 조합을 비영리내국법인이 아니라고 할 수는 없다고 판단하였다.

2) 비영리법인에 대한 과세

비영리법인도 그 본질에 반하지 않는 범위 내에서 수익을 목적으로 하는 사업활동을 할 수가 있는데, 법인세법은 비영리법인의 수익사업 중 일부를 과세대상으로 삼아 법인세법 제3조 제3항 각호에 게기하는 수익사업 또는 수입에서 생긴 소득에 대해서만 과세한다(법 제3조 제1항 단서, 제4항 단서). 비영리법인의 사업은 원래 영리를 목적으로 하는 것이 아니고 어떤 사업에서 소득이 발생하였다 하더라도 그 소득은 결국 공익을 위하여 사용될 것이므로 과세하지 아니함이 바람직하겠지만, 다른 한편으로는 비영리법인이 수익사업을 영위하여 영리법인과 경쟁관계에 있게 되는 이상 영리법인과 비영리법인 간에 세부담으로 인한 불균형 상태를 가져온다면 거래의 공정을 해하게 되므로, 이를 조정하기 위해 부분적으로 과세하는 것이다.

비영리법인의 어느 사업이 수익사업에 해당하는지 여부를 가림에 있어 그 사업에서 얻는 수익이 당해 법인의 고유목적을 달성하기 위한 것인지 등 목적사업과의 관련성을 고려할 것은 아니나, 그 사업이 수익사업에 해당하려면 적어도 사업 그 자체가 수익성을 가진 것이거나 수익을 목적으로 영위한 것이어야 한다.

한국음악저작권협회 사건
(대법원 1996. 6. 14. 선고 95누14435 판결)

[판결요지]

사단법인 한국음악저작권협회는 민법 제32조 및 저작권법 제78조의 규정에 따라 저작권의 신탁관리를 목적으로 당국의 허가를 받아 설립된 비영리사단법인으로서 소속 회원인 음악저작권자들로부터 저작권의 신탁관리를 의뢰받아 저작물의 이용자들에게 이를 사용하게 한 후 그들로부터 사용료를 수령하여 관리수수료와 원천소득세를 공제한 나머지 금액을 저작권자들에게 건네주는 절차를 통하여 음악저작권 신탁관리 업무를 수행하여 왔고, 위 법인의 관리업무는 주무부서의 지도와 감독 하에 이루어지고 수수료의 비율 또한 저작권법이 정하는 절차를 거쳐 관계 장관의 승인으로 결정되며 위 법인의 정관 및 저작권신탁계약 약관의 관련 조항에 의하면 위와 같이 징수한 관리수수료를 필요경비로 사용한 후 발생하는 잔액 즉, 수지차액금은 이를 전액 회원들에게 안분하여 적정한 방법으로 이를 추가로 분배하도록 하는 이른바 실비정산방식의 회계처리를 채택하여 운영하여 왔는바 비영리사단법인인 위 협회가 영위한 신탁관리업무가 한국표준산업분류표상의 대리·중개 또는 알선업 등의 서비스업에 해당한다고 하더라도 위 업무수행에 관한 사실관계가 위와 같다면 그 사업 자체가 수익성을 가진 것이라고 볼 수 없다.

비영리법인이 수익사업을 하는 경우 자산·부채 및 손익을 그 수익사업에 속하는 것과 수익사업이 아닌 그밖의 사업에 속하는 것을 각각 다른 회계로 구분하여 기록하여야 한다(법 제113조 제1항).

비영리법인의 수익사업의 내용은 법인세법 제3조 제3항 및 동법 시행령 제2조에서 개별적으로 정하고 있는데, 각종 사업과 이자소득, 배당소득, 주식, 신주인수권 또는 출자지분의 양도, 고정자산의 처분으로 인한 수입이나 그 밖에 대가를 얻는 계속적 행위로 인하여 생긴 수입으로서 대통령령이 정하는 것을 포함한다. 수익사업의 수입으로 인하여 소득이 발생하면 그 소득을 법인의 사업목적에 속하는 공익적인 용도에 사용했다 하더라도 과세소득을 구성함에 변함이 없다.

(대법원 1976. 4. 13. 선고 75누173 판결)

[판결요지]

사찰의 부동산임대행위는 법인의 고유목적사업도 아니고 본건 과세기간에 시행되던 법인세법 1조 1항 1호영업세법 1조 1항 5호동시행령 1조, 11조 2호 소정 영리를 목적으로 하는 부동산임대영업에 해당하여 과세대상이 되고 위 부동산임대가 관광사업진흥이라는 국책에 따라 국가의 지시에 의한 것이고 그 수입은 불교재산관리법에 따라 법인수입으로 계상하여 사찰의 고유목적사업에 지출 사용된다고 하더라도 특단의 사정이 없는 한 부동산임대영업으로서 과세대상이 되는 점에는 다를 바가 없다.

다만, 소득의 종류 및 비영리법인의 유형에 따라 소득의 50%, 80% 또는 100%를 고유목적사업 준비금으로 손금산입하고 동 금액을 해당연도 이후 5년 이내에 고유목적사업에 지출하는 경우 과세소득에서 차감하여 법인세를 면제받을 수 있는 특별규정을 두고 있다(법 제29조 및 조특법 제74조).

국가·지방자치단체 또는 지방자치단체조합은 법인세의 납세의무가 없으며,

그 외 신용협동조합, 단위농업협동조합 등의 과세에 대하여는 조세특례제한법에 특례를 두고 있다(조특법 제74조).

비영리법인의 청산소득에 대하여는 외국법인의 청산소득과 함께 법인세가 과세되지 않는다(법 제3조 제1항 단서, 제77조, 제78조). 이는 비영리법인이 청산을 하더라도 처분되지 아니한 잔여재산을 구성원에게 분배할 수 없고, 다른 비영리법인에 인도하거나 국가에 귀속되기 때문이다(민법 제80조 등).

이상의 설명을 종합하여 법인 종류별로 납세의무가 있는 소득의 범위를 정리하면 다음의 표와 같다.

<table>
<tr><th></th><th></th><th>각 사업연도의 소득</th><th>청산소득</th><th>토지등양도소득</th></tr>
<tr><td rowspan="2">내국법인</td><td>영리법인</td><td>국내외워천 각 사업연도소득</td><td>과세</td><td rowspan="4">과세</td></tr>
<tr><td>비영리법인</td><td>국내외원천소득 중 수익사업에서 발생한 소득</td><td rowspan="3">비과세</td></tr>
<tr><td rowspan="2">외국법인</td><td>영리법인</td><td>국내원천소득</td></tr>
<tr><td>비영리법인</td><td>국내원천소득 중 수익사업에서 발생한 소득</td></tr>
<tr><td>국가·지방자치단체·지방자치단체조합</td><td></td><td colspan="3">과세하지 아니함</td></tr>
<tr><td>외국정부·지방자치단체</td><td>비영리외국법인으로 봄</td><td>국내원천소득 중 수익사업에서 발생한 소득</td><td>비과세</td><td>과세</td></tr>
</table>

3. 실질과세의 원칙

가. 의의

실질과세의 원칙은 법적 형식이나 외관에도 불구하고 실질에 따라 세법을 해석하고 과세요건사실을 인정해야 한다는 원칙으로서, 응능과세의 원칙에 따라 담세력에 상응한 과세를 실현하기 위하여 담세력의 유무와 법형식보다는 실질적인 소득 또는 권리관계에 기초하여 판단해야 한다는 원칙이다. 이와 같은 실질과세의 원칙은 조세법의 기본원칙인 조세평등주의를 실현하기 위한 실천적 원리이다.

다만 그 실질을 어떻게 파악할 것인가에 대하여는 경제적 실질설과 법적 실질설의 두 가지 견해가 있는데 현재의 통설과 판례는 법적 실질설의 견해를 취하고 있다.

국세기본법 제14조(실질과세)

① 과세의 대상이 되는 소득, 수익, 재산, 행위 또는 거래의 귀속이 명의(名義)일 뿐이고 사실상 귀속되는 자가 따로 있을 때에는 사실상 귀속되는 자를 납세의무자로 하여 세법을 적용한다.

② 세법 중 과세표준의 계산에 관한 규정은 소득, 수익, 재산, 행위 또는 거래의 명칭이나 형식에 관계없이 그 실질 내용에 따라 적용한다.

③ 제3자를 통한 간접적인 방법이나 둘 이상의 행위 또는 거래를 거치는 방법으로 이 법 또는 세법의 혜택을 부당하게 받기 위한 것으로 인정되는 경우에는 그 경제적 실질 내용에 따라 당사자가 직접 거래를 한 것으로 보거나 연속된 하나의 행위 또는 거래를 한 것으로 보아 이 법 또는 세법을 적용한다.

법인세법 제4조(실질과세) ① 자산(資産)이나 사업에서 생기는 수입의 전부 또는 일부가 법률상 귀속되는 법인과 사실상 귀속되는 법인이 서로 다른 경우에는 그 수입이 사실상 귀속되는 법인에 대하여 이 법을 적용한다.

② 법인세의 과세소득이 되는 금액의 계산에 관한 규정은 소득·수익 등의 명칭이나 형식에도 불구하고 그 실질내용에 따라 적용한다.

나. 과세물건의 귀속에 관한 실질주의의 원칙

과세물건의 귀속에 관한 실질주의는 실질소득자과세의 원칙 또는 실질귀속과세의 원칙이라고 하는바, 이 원칙은 과세물건의 실질적 귀속자의 판단 문제이다. 소득의 법률상 명의자와 사실상의 귀속자가 다른 경우, 법률상의 명의자를 납세의무자로 할 것인가 또는 사실상의 소득자를 납세의무자로 할 것인가가 문제된다. 이 경우 사실상의 소득자를 납세의무자로 하여야 한다는 원칙을 과세물건의 귀속에 관한 실질주의, 또는 실질소득자과세의 원칙이라고 한다.

예컨대 종중이 대표자에게 명의신탁한 부동산을 양도하면 세법상으로도 그 양도의 주체는 명의수탁자인 종중의 대표자가 아니라 종중이 되고, 법인이 명의신탁한 부동산을 명의수탁자가 무단으로 매각한 경우 그 대가가 신탁자에게 환원되지 않는 한 신탁자인 법인은 납세의무자가 되지 아니하나, 수탁자가 그 대금을 환원하는 등 신탁자인 법인이 그 대가를 사실상 지배·관리·처분할 수 있는 지위에 있으면 대가의 실제 귀속자인 법인이 납세의무자가 된다.

(대법원 1981. 6. 8. 선고 80누545 판결)

[판결요지]

국세기본법 제14조 제1항은 과세의 대상이 되는 소득, 수익, 재산, 행위 또는 거래의 귀속이 명의뿐이고 사실상 귀속되는 자가 따로 있는 때에는 사실상 귀속되는 자를 납세의무자로 하여 세법을 적용한다고 규정하며 소득세법 제7조 제1항, 법인세법 제3조 제1항도 같은 취지의 실질과세원칙을 명시하고 있다. 따라서 위 원판시의 확정사실과 같이 본건 임야들이 위 종중의 소유이나 등기부상 원고 명의로 등재되어 있는 것은 위 종중의 대표자인 원고에의 명의신탁한 것이고 또 위 종중 결의에 의하여 위 임야를 타에 매각한 것이라면 양도의 주체 및 양도소득세의 납세의무자는 위 명의수탁자인 원고가 아니라 위 종중이라 할 것이므로(당원 1981.2.24. 선고 80누376 판결 참조) 대외적 관계에서는 원고 소유라는 전제에서 위 양도에 따른 양도소득세를 원고에 부과한 피고의 본건 처분을 정당하다고 한 원판시는 위 설시의 실지과세에 관한 법리를 오해한 위법이 있다고 할 것이다.

(대법원 1996. 2. 9. 선고 95누9068 판결)

[판결요지]

법인들 사이에서 명의신탁된 토지를 수탁자가 신탁자의 동의 없이 제3자인 대한주택공사에게 공공용지의취득및손실보상에관한특례법상의 협의취득 절차에 따라 임의로 매각하였다면 그 양도주체는 일응 수탁자라고 할 것이지만, 당초 약정대로 수탁자가 신탁자에게 소유 명의를 환원시켜 주었다고 하더라도 신탁자 역시 주택공사에게 이를 협의취득시키거나 수용당할 수밖에 없었고, 협의취득된 토지에 관하여 수탁자가 그 보상금 전액을 공탁하여 신탁자가 이를 출급해 간 점에 비추어 보면, 수탁자가 주택공사에게 토지를 양도함으로써 얻은 양도소득은 신탁자에게 전액 환원되어 신탁자가 그 양도소득을 사실상 지배·관리·처분할 수 있는 지위에 있게 되었다고 할 것이어서 신탁자인 법인이 그 양도소득에 대한 법인세 및 특별부가세의 납세의무자이다.

또 차입금의 명의인인 법인과 실질적 차용인인 법인이 다를 경우에는 실질적 차용인인 법인의 차입금으로 한다.

(대법원 2000. 9. 29. 선고 97누18462 판결)

[판결요지]

갑이 자신의 명의로 발행한 사채(社債) 자금을 특수관계에 있는 을에게 대여한 것을 이유로 과세관청이 갑을 사채의 실질적인 채무자로 보아 그 지급이자를 손금불산입하고 인정이자 상당액을 익금산입하였으나 실제로 사채발행으로 인한 자금의 사용자는 을이고 을이 사채발행 과정의 전면에 나서서 사채발행을 실질적으로 주도한 경우, 주식회사의 사채 모집에는 이사회의 결의를 요하고(상법 제469조), 채권(債券)의 발행이 전제되어 있고(같은 법 제478조), 사채권자집회는 사채를 발행한 회사가 소집하도록 되어 있는(같은 법 제491조) 등 사채의 발행에는 단순한 금전채무 부담의 의사표시 외에도 일정한 절차적 요건이 요구되고, 사채발행회사는 금전채무의 채무자 이상의 일정한 회사법상 지위를 차지하게 되며, 사채는 채권의 형태로 거래계에 유통될 것이 예정되어 있으므로, 갑과 을의 관계를 명의신탁이나 내적 조합의 경우의 법률관계와 유사하게 파악하여 을을 실질적인 사채발행회사 또는 사채의 채무자의 지위에 있다고 보기는 어렵다 할 것이고, 실질과세 원칙을 규정하고 있는 국세기본법 제14조, 구 법인세법(1998. 12. 28. 법률 제5581호로 전문 개정되기 전의 것) 제3조 제2항의 각 규정에 의한 조세법의 적용에 있어서도 갑에 의하여 이루어진 사채발행행위의 사법상의 효과를 무시하고 을을 사채의 실질적 채무자로 볼 수는 없다 할 것이다.

또한 건설업면허를 받은 건설회사가 건설공사를 직접 시공하지 않고 타인에게 건설업면허를 대여하고 그로 하여금 회사 명의로 건설공사를 시공하도록 한 경우 단순한 법률상의 명의자에 불과한 위 회사에게는 건설업면허를 대여함으로 인하여 얻은 소득에 대하여 법인세를 부과할 수는 없다.

다. 과세표준의 계산에 관한 실질주의의 원칙

과세표준의 계산에 관한 실질주의는 실질파악과세원칙, 실질소득과세원칙 또는 실질소득계산의 원칙이라고 하는데, 이 원칙은 과세물건 자체에 대한 인식의 문제이다. 이에 관하여 국세기본법 제14조 제2항은 “세법 중 과세표준의 계산에 관한 규정은 소득·수익·재산·행위 또는 거래의 명칭에도 불구하고 그 실질내용에 따라 적용한다.”고 규정하고 있고, 법인세법 제4조 제2항은 “법인세의 과세소득이 되는 금액의 계산에 관한 규정은 소득·수익 등의 명칭이나 형식 여하에도 불구하고 그 실질내용에 따라 이를 적용한다.”고 규정하고 있다.

법인세법 제25조(접대비의 손금불산입)

⑤ 제1항부터 제3항까지의 규정에서 "접대비"란 접대비 및 교제비, 사례금, 그 밖에 어떠한 명목이든 상관없이 이와 유사한 성질의 비용으로서 법인이 업무와 관련하여 지출한 금액을 말한다.

따라서 법인세법상 접대비에 해당하는지 여부는 법인의 기장내용, 계정과목, 거래명칭에도 불구하고 법인이 업무와 관련하였는지의 실질적 내용에 의하여 판정하고, 콘도미니엄 건축분양회사가 피분양자로부터 공유지분의 매매계약과 별도로 수납한 시설관리료도 그 실질적 내용에 비추어 분양가격의 일부에 해당할 수 있다(대법원 1993. 7. 27. 선고 90누10384 판결).

다만, 납세의무자가 경제활동을 함에 있어서 동일한 경제적 목적을 달성하기 위하여서 여러 가지의 적법·유효한 법률관계 중 하나를 선택할 수 있는 경우에 어느 방식을 취할 것인가의 문제는 그 목적 달성의 효율성, 조세 등 관련비용의 부담 정도 등을 고려하여 스스로 선택할 사항이라고 할 것이므로, 그 중 어느 한 가지 방식을 선택하여 법률관계를 형성하였다면 그로 인한 조세의 내용이나 범위는 그 법률관계에 맞추어 개별적으로 결정되어야 한다.

(대법원 1992. 12. 8. 선고 92누1155 판결)

[판결요지]

원심은 이 사건 지하도 공사계약의 실질적 계약당사자는 원고 등 회사(도급인)와 소외 회사(수급인)이고, 서울특별시는 공사계약의 수탁자에 불과하며, 원고 등 회사는 서울특별시에 현금을 납부한 것이 아니라 이 사건 지하도시설물을 건설하는 용역을 제공하고 그 대가로 무상사용권을 취득한 것인데 형식상으로만 위에서 본 법률관계인 것처럼 만들었으니 실질과세의 원칙상 원고 등 회사의 서울특별시에 대한 용역의 공급에 대하여 부가가치세를 과세할 수 있다고 본 것 같으나, 위와 같은 법률관계의 형성이 탈세를 위한 것이거나 그 밖에 위법 부당한 목적을 위한 것이 아닌 이상 당사자들이 선택한 법률관계를 무시하고 이와 다른 법률관계로 의제하는 것은 옳다고 할 수 없다.

원래 납세의무자가 경제활동을 함에 있어서는 동일한 경제적 목적을 달성하기 위하여서도 여러 가지의 법률관계 중 하나를 선택할 수 있는 것이고, 과세관청으로서는 특별한 사정이 없는 한 당사자들이 선택한 법률관계를 존중하여야 할 것이다.

따라서 법인 또는 개인이 다른 법인 소유의 부동산을 취득하고자 하는 경우 이를 위한 거래의 법적 형식은, 당해 부동산을 매매에 의하여 직접 취득하는 방식과 그 부동산을 소유하는 법인 자체에 대한 지배권을 취득할 수 있는 주식을 양수하는 방식으로 나눌 수 있는바, 주식의 양도양수 방식을 취하였다면 그 거래의 법적 형식은 물론 그 실질 또한 주식의 양도양수로 보아야 하고 이를 부동산의 매매로 볼 수는 없는 것이다.

> (대법원 1998. 5. 26. 선고 97누1723 판결)
>
> [판결요지]
>
> 법인 또는 개인이 다른 법인 소유의 부동산을 취득하고자 하는 경우 이를 위한 거래의 법적 형식은, 당해 부동산을 매매에 의하여 직접 취득하는 방식과 그 부동산을 소유하는 법인 자체에 대한 지배권을 취득할 수 있는 주식을 양수하는 방식으로 나눌 수 있는바, 법인이 부동산을 취득하기 위하여 어느 방식을 취할 것인가의 문제는, 그 목적 달성의 효율성, 조세 등 관련비용의 부담 정도 등을 고려하여 스스로 선택할 사항이라고 할 것이며, 법인이 어느 한가지 방식을 선택하여 부동산 취득을 위한 법률관계를 형성하였다면, 그로 인한 조세의 내용이나 범위는 그 법률관계에 맞추어 개별적으로 결정된다 할 것이고, 서로 다른 거래의 궁극적 목적이 부동산의 취득에 있다 하여 그 법적 형식의 차이에도 불구하고 그 실질이 같다고 하거나 조세법상 동일한 취급을 받는 것이라고 할 수는 없는바, 법인이 자본금을 증자한 후 타 회사 보유 부동산 취득에 관하여 매매계약 대신에 타 회사 주식을 인수하는 방식이 자신에게 유리한 것으로 판단하여 타 회사와 경영권양도·양수계약을 체결하여 타 회사 주식을 취득하였다면, 이러한 경우에는 그 거래의 법적 형식은 물론 그 실질 또한 타 회사 주식의 취득이라고 할 것이어서 증자소득공제 배제요건인 구 법인세법(1990. 12. 31. 법률 제4282호로 삭제되기 전의 것) 제10조의3 제2항 제2호 소정의 '주식을 취득하기 위하여 지출한 금액'에 해당된다.

라. 위법소득과 과세

위법소득에 대한 과세의 문제는 소득의 개념 문제이지, 법적 형식과 실질이 대립하는 경우에 문제되는 실질과세의 원칙으로 설명할 문제는 아니다. 법인세법은 법인세의 과세소득을 포괄적으로 정의(법 제14조 제1항, 법 제15조 제1항)하여 법인의 순자산의 증가를 가져오는 수익의 금액에 해당하기만 하면 해당 소득의 종류·발생원인·주기성의 유무와 가득한 소득의 위법 여부 등을 묻지 않고 모두 과세소득을 구성함을 분명하게 하고 있다. 그 외에는 위법소득에 대하여는 별도의 규정을 두고 있지 않다. 학설 중에는 위법소득에 대한 과세에 대하여 긍정하는 견해와 부정하는 견해가 있으나, 판례는 긍정설의 입장을 취하고 있다.

(대법원 1995. 11. 10. 선고 95누7758 판결)

[판결요지]

어떤 소득이 부과소득이 되는지 여부는 이를 경제적인 측면에서 보아 현실로 이득을 지배 관리하면서 이를 향수하고 있고 담세력이 있는 것으로 판단되면 족하고 그 소득을 얻게 된 원인관계에 대한 법률적 평가는 반드시 적법·유효한 것이어야 하는 것은 아니라 할 것이므로(대법원 1994.12.27. 선고 94누5823 판결; 1991.12.10. 선고 91누5303 판결 등 참조), 원심이 위 4대의 차량에 대한 매매대금을 원고의 익금으로 산입할 것인가의 여부를 판단하기 위하여는 위 4대에 대한 매매계약의 유·무만 따질 것이 아니라 원고가 현실적으로 위 매매대금을 지배·관리하면서 그 이득을 향수하고 있는지의 여부도 따졌어야 할 것이다.

(대법원 1991. 12. 10. 선고 91누5303 판결)

[판결요지]

어떤 소득이 과세소득이 되는지 여부는 이를 경제적인 측면에서 보아 현실로 이득을 지배 관리하면서 이를 향수하고 있어 담세력이 있는 것으로 판단되면 족하고 그 소득을 얻게된 원인관계에 대한 법률적 평가가 반드시 적법하고 유효한 것이어야 하는 것은 아니라 할 것이므로, 상호신용금고의 대표이사가 신용금고 명의로 부금을 수입하거나 금원을 차입하고도 이를 상호신용금고법 제17조 제2항에 따라 장부에 기장하지 않고 소위 부외부채로 관리, 유용하였다면 비록 그와 같은 차입행위가 같은 법 제17조 소정의 차입절차 등을 위배한 것이 되어 사법상으로는 신용금고의 차입행위로서는 무효가 된다 하더라도 그 부외부채의 상대계정인 현금은 일단 신용금고에 들어온 법인의 수익으로 보아야 한다.

(대법원 1994. 12. 27. 선고 94누5823 판결)

[판결요지]

어떤 소득이 과세소득이 되는지 여부는 이를 경제적인 측면에서 보아 현실적으로 이득을 지배관리하면서 이를 향수하고 있어 담세력이 있는 것으로 판단되면 족하고 그 소득을 얻게 된 원인관계에 대한 법률적 평가가 반드시 적법하고 유효한 것이어야 하는 것은 아니라고 할 것이므로, 법인이 밀수금괴를 매입하여 판매한 행위를 영업활동으로 보아 행한 과세처분은 적법하다.

한편 법인의 대표이사가 회사 자산을 임의로 매각하여 횡령하는 등 법인이 위법행위의 피해자가 되는 경우에는 소득세법과 법인세법의 관계가 문제된다. 이 경우 회사가 그 처분행위를 추인하였거나 그와 동일시할 수 있는 사정이 있다면 그 처분행위의 효력은 회사에 미치므로 그 처분대금은 회사의 수입으로 귀속되면, 대표이사 등이 그 매각대금을 횡령하였다 하더라도 법인은 그에 상당하는 손해배상청구권 내지 부당이득반환청구권을 가지게 되고 또 이는 곧 법인의 익금에 산입되므로(순자산증가설) 법인은 그에 따른 법인세를 납부할 의무가 있다. 위법소득을 얻은 그 위법행위자 본인에 대하여는 법인세법상의 소득처분을 통하여 소득세 납세의무가 유발된다.

(대법원 1985. 11. 12. 선고 85누583 판결)

[판결요지]

회사의 주주이며 감사 겸 영업소장으로 있는 자의 회사재산의 양도행위를 회사가 추인한 경우, 비록 동인이 그 양도대금을 수령하였다고 하더라도 그 대금수령행위의 효력은 회사에 미치는 것이어서 그 양도대금수입은 회사에 귀속된 것으로 보아야 할 것이고 동인이 그 매각대금을 횡령한 사실이 있다하여 그 결론을 달리할 것은 아니다.

(대법원 2001. 9. 14. 선고 99두3324 판결)

[판결요지]

법인의 대표이사 또는 실질적 경영자 등이 그의 지위를 이용하여 법인의 수익을 사외에 유출시켜 자신에게 귀속시킨 금원 중 법인의 사업을 위하여 사용된 것이 분명하지 아니한 것은 특별한 사정이 없는 한 상여 내지 임시적 급여로서 근로소득에 해당한다 할 것이고, 법인의 대표이사 또는 실질적 경영자 등의 횡령 등 법인의 자금을 유용하는 행위는 애당초 회수를 전제로 하여 이루어진 것이 아니어서 그 금액에 대한 지출 자체로서 이미 사외유출에 해당하고, 그 사외유출금 중 대표이사 또는 실질적 경영자 등에게 귀속된 부분에 관하여 일단 소득세 납세의무가 성립하면 사후에 그 귀속자가 소득금액을 법인에게 환원시켰다고 하더라도 이미 발생한 납세의무에 영향을 미칠 수 없는 것이다.

다만, 소득처분을 위해서는 대표이사가 수익을 사외유출 시켰음이 전제가 되는데, 실질적으로는 법인의 피용자의 지위에 있는 대표이사의 횡령으로 회사가 손해배상채권 등을 취득하는 경우에는 그 금원 상당액이 곧바로 사외유출된 것으로 볼 수는 없고, 법인의 실질적 경영자인 대표이사 등이 법인의 자금을 유용하는 행위는 특별한 사정이 없는 한 애당초 회수를 전제로 하여 이루어진 것이 아니어서 그 금액에 대한 지출 자체로서 이미 사외유출에 해당한다.

(대법원 2004. 4. 9. 선고 2002두9254 판결)

[판결요지]

원심판결 이유에 의하면 원심은 그 채용증거에 의하여, 원고는 프랑스에 본사를 두고 전세계적으로 할인매장을 운영하는 까르푸 그룹의 계열회사로서, 본사가 임명한 전임 대표이사 인 소외인이 1997. 3.경부터 같은 해 11.경까지 사이에 한국 내 할인매장용 부지 50필지를 취득하면서 본사와는 무관한 헥터 파인즈 등과 공모하여, 실지취득가액이 104,842,969,557원임에도 55,996,627,712원을 부풀려 과다계상한 후 본사로부터 송금된 그 차액 상당을 스위스은행 계좌로 몰래 송금하는 등의 방법으로 횡령한 사실, 피고 대전세무서장은 과다계상액이 사외유출되었다 하여 대표자에 대한 상여로 소득처분함으로써 원고에게 1997년 귀속 갑종근로소득세

24,638,516,190원을, 피고 대전광역시 서구청장은 소득세할 주민세 2,710,236,770원을 각 부과한 사실을 인정한 다음, 소외인이 대표이사라는 직함을 보유하더라도 실질적으로는 까르푸 그룹의 피용자의 지위에 있고, 원고가 그의 횡령 금원에 대해 그 가액 상당의 손해배상채권을 보유하고 있는 점, 원고가 횡령사실을 안 뒤 거액을 들여 우리 나라, 홍콩, 스위스 등지에서 민·형사상 소송 등을 제기하고 예금계좌를 동결하는 등의 조치를 취함으로써 위 횡령행위를 추인하였다고 볼 수 없는 점 등에 비추어 위 횡령액 상당이 사외유출되었다고 볼 수 없으므로, 이 사건 소득세 및 주민세 부과처분은 위법하다고 판단하였다.

앞서 든 법리를 기록에 비추어 살펴보면, 원심의 위와 같은 인정 및 판단은 정당한 것으로 수긍이 가고, 거기에 피고들이 상고이유에서 주장하는 바와 같은 심리미진으로 인한 사실오인이나 소득처분에 관한 법리오해 등의 위법이 없다.

(대법원 2008. 11. 13. 선고 2007두23323 판결)

[판결요지]

법인의 실질적 경영자인 대표이사 등이 법인의 자금을 유용하는 행위는 특별한 사정이 없는 한 애당초 회수를 전제로 하여 이루어진 것이 아니어서 그 금액에 대한 지출 자체로서 이미 사외유출에 해당한다. 여기서 그 유용 당시부터 회수를 전제하지 않은 것으로 볼 수 없는 특별한 사정에 관하여는 횡령의 주체인 대표이사 등의 법인 내에서의 실질적인 지위 및 법인에 대한 지배 정도, 횡령행위에 이르게 된 경위 및 횡령 이후의 법인의 조치 등을 통하여 그 대표이사 등의 의사를 법인의 의사와 동일시하거나 대표이사 등과 법인의 경제적 이해관계가 사실상 일치하는 것으로 보기 어려운 경우인지 여부 등 제반 사정을 종합하여 개별적·구체적으로 판단하여야 하며, 이러한 특별한 사정은 이를 주장하는 법인이 입증하여야 한다.

또한 위법소득을 얻기 위하여 지출한 비용이나 지출 자체에 위법성이 있는 비용에 대하여도 그 손금산입을 인정하는 것이 사회질서에 심히 반하는 등의 특별한 사정이 없는 한 법인세법상의 손금으로 인정된다.

(대법원 2009. 6. 23. 선고 2008두7773 판결)

[판결요지]

외환위기 상황에서 신탁겸영은행이 수탁고 격감, 기존 신탁계약 등의 대규모 해지·인출사태 등을 방지하기 위하여 다른 시중은행들과 협의를 거쳐 한 보전금의 지출은, 접대비는 아니지만 사업상 필요할 뿐만 아니라 통상적인 것이었으므로 법인세법상 손금으로 산입하여야 한다.

4. 사업연도

가. 의의

법인세법 제6조(사업연도)

① 사업연도는 법령이나 법인의 정관(定款) 등에서 정하는 1회계기간으로 한다. 다만, 그 기간은 1년을 초과하지 못한다.

② 법령이나 정관 등에 사업연도에 관한 규정이 없는 내국법인은 따로 사업연도를 정하여 제109조제1항에 따른 법인 설립신고 또는 제111조에 따른 사업자등록과 함께 납세지 관할 세무서장(제12조에 따른 세무서장을 말한다. 이하 같다)에게 사업연도를 신고하여야 한다.

③ 제94조에 따른 국내사업장(이하 "국내사업장"이라 한다)이 있는 외국법인으로서 법령이나 정관 등에 사업연도에 관한 규정이 없는 법인은 따로 사업연도를 정하여 제109조제2항에 따른 국내사업장 설치신고 또는 제111조에 따른 사업자등록과 함께 납세지 관할 세무서장에게 사업연도를 신고하여야 한다.

④ 국내사업장이 없는 외국법인으로서 제93조제3호 또는 제7호에 따른 소득이 있는 법인은 따로 사업연도를 정하여 그 소득이 최초로 발생하게 된 날부터 1개월 이내에 납세지 관할 세무서장에게 사업연도를 신고하여야 한다.

⑤ 제2항부터 제4항까지의 규정에 따른 신고를 하여야 할 법인이 그 신

고를 하지 아니하는 경우에는 매년 1월 1일부터 12월 31일까지를 그 법인의 사업연도로 한다.

⑥ 제1항부터 제5항까지의 규정을 적용할 때 법인의 최초 사업연도의 개시일 등에 관하여 필요한 사항은 대통령령으로 정한다.

법인세법 시행령 제3조(사업연도의 개시일)

① 법인의 최초사업연도의 개시일은 다음 각 호의 날로 한다.

1. 내국법인의 경우에는 설립등기일. 다만, 법 제1조제2호다목의 규정에 의한 법인으로 보는 단체(이하 "법인으로 보는 단체"라 한다)의 경우에는 다음 각목의 날로 한다.

가. 법령에 의하여 설립된 단체에 있어서 당해 법령에 설립일이 정하여진 경우에는 그 설립일

나. 설립에 관하여 주무관청의 허가 또는 인가를 요하는 단체와 법령에 의하여 주무관청에 등록한 단체의 경우에는 그 허가일·인가일 또는 등록일

다. 공익을 목적으로 출연된 기본재산이 있는 재단으로서 등기되지 아니한 단체에 있어서는 그 기본재산의 출연을 받은 날

라. 「국세기본법」 제13조제2항의 규정에 의하여 납세지 관할세무서장의 승인을 얻은 단체의 경우에는 그 승인일

2. 외국법인의 경우에는 법 제94조에 따른 국내사업장(이하 "국내사업장"이라 한다)을 가지게 된 날(국내사업장이 없는 경우에는 법 제6조제4항의 규정에 의한 소득이 최초로 발생한 날)

법인세법 제7조(사업연도의 변경)

① 사업연도를 변경하려는 법인은 그 법인의 직전 사업연도 종료일부터 3개월 이내에 대통령령으로 정하는 바에 따라 납세지 관할 세무서장에게 이를 신고하여야 한다.

② 법인이 제1항에 따른 신고를 기한까지 하지 아니한 경우에는 그 법인의 사업연도는 변경되지 아니한 것으로 본다. 다만, 법령에 따라 사업연도가 정하여지는 법인의 경우 관련 법령의 개정에 따라 사업연도가 변경된 경우에는 제1항에 따른 신고를 하지 아니한 경우에도 그 법령의 개정 내용과 같이 사업연도가 변경된 것으로 본다.

③ 제1항 및 제2항 단서에 따라 사업연도가 변경된 경우에는 종전의 사

업연도 개시일부터 변경된 사업연도 개시일 전날까지의 기간을 1사업연도로 한다. 다만, 그 기간이 1개월 미만인 경우에는 변경된 사업연도에 그 기간을 포함한다.

나. 의제사업연도

법인세법 제8조(사업연도의 의제)

① 내국법인이 사업연도 중에 해산(합병·분할 또는 분할합병에 따른 해산은 제외한다)한 경우에는 그 사업연도 개시일부터 해산등기일(파산으로 인하여 해산한 경우에는 파산등기일을 말하며, 법인으로 보는 단체의 경우에는 해산일을 말한다. 이하 같다)까지의 기간과 해산등기일 다음 날부터 그 사업연도 종료일까지의 기간을 각각 1사업연도로 보며, 청산 중에 있는 내국법인의 잔여재산의 가액이 사업연도 중에 확정된 경우에는 그 사업연도 개시일부터 잔여재산의 가액이 확정된 날까지의 기간을 1사업연도로 본다.

② 내국법인이 사업연도 중에 합병이나 분할(분할합병을 포함한다. 이하 같다)에 따라 해산한 경우에는 그 사업연도 개시일부터 합병등기일 또는 분할등기일까지의 기간을 그 해산한 법인의 1사업연도로 본다.

③ 청산 중에 있는 내국법인이 「상법」 제229조·제285조·제519조 또는 제610조에 따라 사업을 계속하는 경우에는 그 사업연도 개시일부터 계속등기일(계속등기를 하지 아니한 경우에는 사실상의 사업 계속일을 말한다. 이하 같다)까지의 기간과 계속등기일 다음 날부터 그 사업연도 종료일까지의 기간을 각각 1사업연도로 본다.

④ 내국법인이 사업연도 중에 연결납세방식을 적용받는 경우에는 그 사업연도 개시일부터 연결사업연도 개시일의 전날까지의 기간을 1사업연도로 본다.

⑤ 국내사업장이 있는 외국법인이 사업연도 중에 그 국내사업장을 가지지 아니하게 된 경우에는 그 사업연도 개시일부터 그 사업장을 가지지 아니하게 된 날까지의 기간을 그 법인의 1사업연도로 본다. 다만, 국내에 다른 사업장을 계속하여 가지고 있는 경우에는 그러하지 아니하다.

⑥ 국내사업장이 없는 외국법인이 제93조제3호 또는 제7호에 따른 소

득이 발생하지 아니하게 되어 납세지 관할 세무서장에게 이를 신고한 경우에는 사업연도 개시일부터 그 신고일까지의 기간을 1사업연도로 본다.

5. 납세지

납세지는 납세자의 입장에서는 세법상의 의무를 이행하고 환부 등 권리를 행사하는 장소가 되며, 과세권자의 입장에서는 법인세의 부과징수를 관할하는 장소가 된다.

법인세법 제9조(납세지)

① 내국법인의 법인세 납세지는 그 법인의 등기부에 따른 본점이나 주사무소의 소재지(국내에 본점 또는 주사무소가 있지 아니하는 경우에는 사업을 실질적으로 관리하는 장소의 소재지)로 한다. 다만, 법인으로 보는 단체의 경우에는 대통령령으로 정하는 장소로 한다.

② 외국법인의 법인세 납세지는 국내사업장의 소재지로 한다. 다만, 국내사업장이 없는 외국법인으로서 제93조제3호 또는 제7호에 따른 소득이 있는 외국법인의 경우에는 각각 그 자산의 소재지로 한다.

③ 제2항의 경우 둘 이상의 국내사업장이 있는 외국법인에 대하여는 대통령령으로 정하는 주된 사업장의 소재지를 납세지로 하고, 둘 이상의 자산이 있는 법인에 대하여는 대통령령으로 정하는 장소를 납세지로 한다.

④ 제73조, 제98조, 제98조의3, 제98조의5 또는 제98조의6에 따라 원천징수한 법인세의 납세지는 대통령령으로 정하는 해당 원천징수의무자의 소재지로 한다. 다만, 제98조 및 제98조의3에 따른 원천징수의무자가 국내에 그 소재지를 가지지 아니하는 경우에는 대통령령으로 정하는 장소로 한다.

법인세법 시행령 제6조(납세지의 범위)

① 법 제9조제1항 단서에서 "대통령령으로 정하는 장소"란 당해 단체의 사업장소재지를 말하되, 주된 소득이 부동산임대소득인 단체의 경우에는 그 부동산의 소재지를 말한다. 이 경우 2 이상의 사업장 또는 부동산을 가

지고 있는 단체의 경우에는 주된 사업장 또는 주된 부동산의 소재지를 말하며, 사업장이 없는 단체의 경우에는 당해 단체의 정관 등에 기재된 주사무소의 소재지(정관 등에 주사무소에 관한 규정이 없는 단체의 경우에는 그 대표자 또는 관리인의 주소를 말한다)를 말한다.

②제1항에서 "주된 사업장 또는 주된 부동산의 소재지"라 함은 직전 사업연도의 제11조제1호의 규정에 의한 사업수입금액(이하 "사업수입금액"이라 한다)이 가장 많은 사업장 또는 부동산의 소재지를 말한다.

③법 제9조제3항에서 "대통령령으로 정하는 주된 사업장의 소재지"란 제2항의 규정을 준용하여 판정한 소재지를 말한다. 다만, 주된 사업장 소재지의 판정은 최초로 납세지를 정하는 경우에만 적용한다.

④법 제9조제3항에서 "대통령령으로 정하는 장소"란 국내원천소득이 발생하는 장소중 당해 외국법인이 납세지로 신고하는 장소를 말한다. 이 경우 그 신고는 2 이상의 국내원천소득이 발생하게 된 날부터 1월 이내에 기획재정부령이 정하는 납세지신고서에 의하여 납세지 관할세무서장에게 하여야 한다.

⑤ 건설업 등을 영위하는 외국법인의 국내사업장이 영해에 소재하는 이유 등으로 국내사업장을 납세지로 하는 것이 곤란한 경우에는 국내의 등기부상 소재지를 납세지로 한다. 다만, 등기부상 소재지가 없으면 국내에서 그 사업에 관한 업무를 총괄하는 장소를 납세지로 한다.

법인세법 제10조(납세지의 지정)

① 관할지방국세청장(제12조에 따른 지방국세청장을 말한다. 이하 같다)이나 국세청장은 제9조에 따른 납세지가 그 법인의 납세지로 적당하지 아니하다고 인정되는 경우로서 대통령령으로 정하는 경우에는 같은 조에도 불구하고 그 납세지를 지정할 수 있다.

② 관할지방국세청장이나 국세청장은 제1항에 따라 납세지를 지정한 경우에는 대통령령으로 정하는 바에 따라 해당 법인에 이를 알려야 한다.

법인세법 제11조(납세지의 변경)

① 법인은 납세지가 변경된 경우에는 그 변경된 날부터 15일 이내에 대통령령으로 정하는 바에 따라 변경 후의 납세지 관할 세무서장에게 이를 신고하여야 한다. 이 경우 납세지가 변경된 법인이 「부가가치세법」 제8

> 조에 따라 그 변경된 사실을 신고한 경우에는 납세지 변경신고를 한 것으로 본다.
> ② 제1항에 따른 신고를 하지 아니한 경우에는 종전의 납세지를 그 법인의 납세지로 한다.
> ③ 외국법인이 제9조제2항에 해당하는 납세지를 국내에 가지지 아니하게 된 경우에는 그 사실을 납세지 관할 세무서장에게 신고하여야 한다.

납세지 지정절차 없이 납세지를 위반하여서 과세하면 위법한 과세처분이 된다. 이 경우 납세지변경신고가 신고기간이 도과한 후에 있었다고 하여도 그 신고는 유효하다는 것이 종전의 판례이지만, 1999. 5. 24. 개정된 법인세법 시행규칙은 납세지가 변경된 법인이 법 제11조 제1항의 규정에 의한 신고기한을 경과하여 변경신고를 한 경우에는 변경신고를 한 날부터 그 변경된 납세지를 당해 법인의 납세지로 한다는 규정을 두었다(규칙 제3조).

한편 어느 법인이 사업연도 중에 관할 세무서장이 다른 법인과의 합병 또는 분할로 인하여 소멸한 경우, 피합병법인 등의 관할 세무서장과 합병법인 등의 관할 세무서장이 다르게 되어 합병법인 등이 합병등기일 이전의 처분에 대한 불복을 하려면 종전의 관할 세무서장을 상대로 하여야 하므로 상당한 불편이 뒤따르게 된다. 따라서 이 경우에는 합병법인 등은 피합병법인 등의 소득에 대하여 합병등기일 또는 분할등기일이 속하는 사업연도의 소득에 대하여 뿐만 아니라 그 이전 사업연도의 소득에 대하여도 납세지 변경신고를 할 수 있다(영 제9조 제3항).

제2편 내국법인의 각 사업연도소득에 대한 법인세

Ⅰ. 사업연도 소득계산의 구조

1. 총설

가. 각 사업연도 소득의 개념

> 법인세법 제14조(각 사업연도의 소득)
>
> ① 내국법인의 각 사업연도의 소득은 그 사업연도에 속하는 익금(益金)의 총액에서 그 사업연도에 속하는 손금(損金)의 총액을 공제한 금액으로 한다.
>
> ② 내국법인의 각 사업연도의 결손금은 그 사업연도에 속하는 손금의 총액이 그 사업연도에 속하는 익금의 총액을 초과하는 경우에 그 초과하는 금액으로 한다.
>
> 제15조(익금의 범위)
>
> ① 익금은 자본 또는 출자의 납입 및 이 법에서 규정하는 것은 제외하고 해당 법인의 순자산(純資産)을 증가시키는 거래로 인하여 발생하는 수익의 금액으로 한다.
>
> 제19조(손금의 범위)
>
> ① 손금은 자본 또는 출자의 환급, 잉여금의 처분 및 이 법에서 규정하는 것은 제외하고 해당 법인의 순자산을 감소시키는 거래로 인하여 발생하는 손비(損費)의 금액으로 한다.

각 사업연도의 소득이란 각각의 사업연도별로 산출되는 법인세 과세대상 소득을 말하는 것으로 그 사업연도에 속하는 익금의 총액에서 그 사업연도에 속하는 손금의 총액을 공제한 금액을 말한다.

소득 개념에 관하여서는 소득원천설에서는 소득을 노동·사업 또는 재산과 같은 특정의 원천으로부터 주기적 또는 반복적으로 유입되는 수입이라고 정의한다. 즉 소득은 매년 발생하는 정형적 소득원천에 착안한 한정적, 제한적 개념으로 발생 태양의 순환성, 반복성을 소득의 요건으로 하므로 자본소득이나 일시소득은 소득에서 제외되고, 주로 요소소득만이 과세소득을 구성하는 것으로 된다. 소득원천설은 회계학에서의 당기 실적주의와 통한다.

반면 순자산증가설 또는 포괄적 소득개념은 과세소득을 포괄적으로 파악하여, 순자산증가설에서 설명하는 소득 개념은 일정기간에 있어서의 순자산증가를 소득이라고 보아 정형적인 소득원천에 의하지 않는 일시소득도 과세대상에 포함시키는 포괄적 개념이다. 순자산증가설은 회계상의 포괄주의와 통한다.

나. 각 사업연도의 소득 결정원칙

1) 순자산증가설

법인세법상 소득의 개념에 관한 명시적인 규정은 없으나, 법인세법 제14조 제1항은 "내국법인의 각 사업연도의 소득은 그 사업연도에 속하는 익금의 총액에서 그 사업연도에 속하는 손금의 총액을 공제한 금액으로 한다"고 하고서 법인세법 제15조 제1항과 제19조 제1항에서 각기 익금과 손금에 관하여 규정하고 있는데, 위와 같은 포괄적 규정은 순자산증가설에 터잡은 것으로 해석된다.

법인세법에서는 법인의 순자산을 증가시키면 익금으로 하고, 법인의 순자산을 감소시키면 손금으로 하도록 규정하고 있다. 법인세의 과세소득은 익금에서 손금을 차감한 순자산의 순증가금액이다. 다만 순자산증가액이 주식발행의 경우와 같은 자본의 출자로 인한 것이면 법인존립의 근원적 자원이기 때문에 익금에서 제외되며, 순자산감소액이 주식소각의 경우와 같은 출자의 환급으로 인한 것이면 손금에서 제외된다.

2) 권리의무확정주의

기업회계기준에 따르면 수익은 상품의 인도와 같은 결정적 활동이 완료되면 수익을 인식하는 실현주의에 따르고 판매된 상품의 원가를 실현된 매출수익에 대응시키는 것과 같이 수익비용대응의 원칙에 따라 비용을 인식한다.

그러나 법인세법에서는 수취할 권리가 확정된 금액을 익금으로 하고 지급할 의무가 확정된 금액을 손금으로 하도록 하고 있다. 법인세법에서는 권리의무확정주의에 대한 원칙을 일부 수정하여 일반적인 경우 기업회계기준에 의한 실현주의와 발생주의 및 수익비용대응의 원칙을 수용하고 있으나, 특별한 경우에는 조세행정상의 편의, 기업간 과세소득의 형평성, 기업의 자의적인 과세소득 조정방지 등의 이유로 권리의무확정주의가 관철되기도 한다.

예를 들어 이자수익에 대하여 기업회계기준에서는 지급받을 날이 도래하지 않았더라도 기간이 경과되면 이자가 발생된 것으로 수익이 실현된 것으로 인식하지만, 법인세법에서는 정기예금의 만기일과 같이 약정에 따라 은행이 그 이자를 지급하는 날에 수취할 권리가 확정되는 것이므로 만기일에 익금으로 계산하게 된다.

다. 기업이익과 과세소득

1) 재무제표

상법상 상인은 회계장부 및 대차대조표의 작성의무가, 주식회사는 대차대조표·손익계산서, 이익잉여금처분계산서 또는 결손금처리계산서와 자본변동표, 그리고 현금흐름표 및 주석과 연결재무제표 등 재무제표의 작성의무가 있다(상법 제30조, 제447조). 법인세법은 과세표준확정신고시에 기업회계기준을 준용하여 작성한 대차대조표(재무상태표)·손익계산서 및 이익잉여금등처분계산서 또는 결손금처리계산서와 세무조정계산서, 부속서류, 현금흐름표 등을 제출하도록 하고 있으며, 대차대조표(재무상태표), 손익계산서, 이익잉여금처분계산서(또는 결손금처리계산서) 및 세무조정계산서를 첨부하지 않은 법인세신고는 적법한 신고로 보지 아니한다(법 제60조 제2항, 영 제97조 제4항, 제5항).

세무상의 재무제표는 반드시 세무회계방식에 따라 작성할 필요는 없고,

기업회계상 작성된 재무제표를 바탕으로 과세소득을 세무조정계산서 형식에 따라 적정하게 조정계산하면 된다. 증권선물위원회에 의해 1998. 4. 1. 개정되어 2000. 3. 1. 개정된 연결재무제표준칙은 국제적 회계기준과의 조화를 위해 지배회사이론(parent company theory) 대신 기업실체이론(entity theory)를 도입하고 실질지배력 기준(managerial control)에 의하여 연결재무제표 작성대상의 범위를 결정하고 지배회사와 업종이 다른 종속회사 및 주식회사 이외 형태의 종속회사도 연결범위에 포함시키도록 하고 있다. 그 후 2007. 1. 8. 기업회계기준서 제25호(연결재무제표)의 제정에 따라 종전의 연결재무제표준칙을 대체하였으며, 2011. 1. 1.부터 주권상장법인 및 금융회사에 대하여는 한국채택국제회계기준의 하나인 기업회계기준서 제1027호(연결재무제표와 개별재무제표)가 위 기업회계기준서 제25호를 대체하여 연결재무제표 작성기준으로 기능하게 되었다.

2) 기업이익과 과세소득

기업이익은 복식부기절차에 따라 계산한 회계장부를 근거로 작성된 재무제표상의 당기순이익, 즉 총수익에서 총비용을 공제한 금액이고, 법인세는 이와 같은 기업이익에 세법상 가감조정을 하여 과세대상으로 한다.

> 과세소득 = 익금총액 - 손금총액
> 익금총액 = 기업의 총수입금 + 익금산입액 - 익금불산입액
> 손금총액 = 기업의 총손비 + 손금산입액 - 손금불산입액
>
> 각 사업연도 소득금액(과세소득) =
> 기업회계상 당기순이익 + 익금산입액 + 손금불산입액 - 손금산입액 - 익금불산입액
> = 결산서상 당기순손익 + 익금가산액 - 손금가산액

일반적으로 인정되는 공정하고 타당한 회계기준과 회계관행, 예를 들면 ①주식회사의 외부회계감사에 관한 법률 제13조의 규정에 의한 기업회계기준, ②증권선물위원회가 정한 업종별 회계처리준칙, ③공공기관의 운영에 관한 법률에 따라 제정된 공기업·준정부기관 회계규칙, ④기타 법령의 규정에

의하여 제정된 회계처리기준으로서 기획재정부 장관의 승인을 얻은 것들은 세법에서도 존중하도록 되어 있다법 제43조, 영 제79조). 따라서 기업이익과 과세소득의 계산은 대부분 동일한 회계원리에 의하게 되므로, 법인세법은 이에 대하여 별도의 규정을 두고 있지는 않다. 다만 세법상 가감조정되는 경우를 규정하고 있는바 기업의 이익에 가산하는 것을 익금산입이라 하고, 손실에 가산하는 것을 손금산입이라 하며, 기업수익에서 제외하여 감산하는 것을 익금불산입, 기업비용에서 제외하여 감산하는 것을 손금불산입이라 한다.

3) 총액주의

법인세법 제14조 제1항이 과세소득의 계산을 익금의 총액에서 손금의 총액을 공제한다고 규정하고 있는 것은, 앞서 설명한 순자산증가설을 취한 결과이다. 아울러 위 조항은 수익과 비용은 각각 총액으로 보고하는 것을 원칙으로 하는, 기업회계기준의 총액주의를 따른 규정이며, 익금에서 손금을 상계하여 계상하는 차액계상주의를 배제하는 것으로 해석된다.

나아가 법인세법 제15조 제1항과 제19조 제1항이 익금과 손금을 각기 법인의 순자산을 증가 또는 감소시키는 거래로 인한 금액으로 규정짓고 있는 것은, 위의 순자산증가설과 총액주의의 구현에 있어 구체적으로는 기초의 순자산과 기말의 순자산을 비교하여 재산증감에 따라 손익을 계산한다는 의미가 있다.

4) 세무조정

가) 의의

법인세법은 법인세의 과세표준, 특히 각 사업연도의 소득을 산정하기 위한 독자적인 계산기구를 가지고 있지 않다. 즉 법인세법은 각 사업연도의 소득을 계산하기 위한 독자의 자기완결적인 계산기구를 갖추지 않고 법인의 기업회계상의 당기순손익을 출발점으로 하여 세무회계와의 차이를 조정하도록 함으로써 유도적으로 각 사업연도의 소득을 산출하는 구조를 취하고 있다.

이와 같이 기업이익을 토대로 과세소득을 유도하는 조정적 과정이 세무조정인바, 결산서상 당기순이익에서 기업회계와 세무회계의 차이를 가감하여 세법상의 과세소득인 사업연도 소득금액을 계산하는 절차를 세무조정이라 한다.

나) 자기조정과 외부조정

세무조정은 자기조정과 외부조정으로 나뉘는데, 자기조정이란 세무조정업무를 법인 스스로 하여 세무조정계산서를 직접 작성하는 경우를 말하며, 외부조정이란 공인회계사 또는 세무사에 의한 세무조정을 말한다. 국세청장의 고시에 따라 그 대상이 지정된다.

다) 결산조정과 신고조정

법인세법상 손금산입이 강제되지 않는 항목을 손금으로 산입하기 위해서는 반드시 장부상 비용으로 계상하여야 하는데 이를 결산조정이라 하고, 법인세법상 익금산입 또는 손금산입이 강제되는 항목이 장부에 과대계상되거나 과소계상된 경우에는 반드시 익금산입·불산입, 손금산입·불산입하는 세무조정을 하여야 하는데 이를 신고조정이라 한다.

결산조정은 주로 손금항목의 손금산입요건과 관련하여 문제가 된다. 결산조정사항에 해당하는 손금항목을 결산서에 비용으로 계상하지 않은 경우에는 비록 세무조정계산서에서 손금으로 가산하였다고 하더라도 손금으로 받아들여질 수 없다. 즉 결산조정사항에 해당하는 항목은 결산서에 비용으로 계상이 되어야만 손금으로 산입되는 것이다.

결산조정항목은 그 손금산입의 여부가 외부와의 거래가 아닌 당해 법인의 내부적 의사결정에 의하여 결정되는 항목들로서, 충당금, 준비금, 자산의 평가와 관련된 항목들이 결산조정항목이다. 신고조정항목은 대부분 법인과 법인 외부와의 거래에서 발생되는 항목들로서 간주임대료의 익금산입, 의제배당액의 익금산입, 국세·지방세 과오납금 환급금이자의 익금산입, 법인세·소득할주민세의 손금불산입, 비지정기부금의 손금불산입, 지정기부금한도초과액의 손금불산입, 접대비 한도초과액의 손금불산입, 퇴직보험료의 손금산입 등이 이에 해당한다. 조세특례제한법상의 준비금은 원래 결산조정항목이지만 잉여금처분시 준비금의 과목으로 적립하고 세무조정계산서에 손금산입한 경우에는 손금으로 인정된다.

라. 국제회계기준의 도입과 법인세법의 개정

종래 우리나라의 기업회계 규범은 주식회사의 외부감사에 관한 법률(이하 “외감법”이라 한다)에 따른 하부 규정으로 증권선물위원회가 제정하는 기업회계기준이라는 꼴로 짜여 있었다. 현재 외감법은 2011. 1. 1. 을 시행일로 하여 외부감사의 대상이 되는 회사의 회계처리기준을 이원화하였다. 구체적으로는, 국제회계기준위원회의 국제회계기준을 채택하여 정한 회계처리기준(한국채택국제회계기준)과 그 밖의 회계기준으로 이원화하여 금융위원회가 증권선물위원회의 심의를 거쳐 회계처리기준을 정하며(외감법 제13조 제1항), 주권상장법인과 금융기관은 한국채택국제회계기준을 따라야 한다(외감법 시행령 제7조의2). 금융위원회는 회계처리기준에 관한 업무를 전문성을 갖춘 민간법인 또는 단체에 위탁할 수 있는바(외감법 제13조 제4항), 실제로 한국회계기준원에 위탁하였다. 한국회계기준원은 이 위탁에 따라 국제회계기준위원회의 국제회계기준을 번역한 문서를 한국채택국제회계기준(기업회계기준서)이라는 이름으로 내놓았고(이하 ‘국제기준’이라 한다), 외감법이 말하는 그 밖의 회계기준을 정한 문서를 일반기업회계기준이라는 이름으로 내놓았다(이하 ‘일반기준’이라 한다).

국제기준의 경우 자산과 부채의 공정한 평가를 기본으로 하므로 종전보다 세무회계와의 격차가 더 벌어지게 되었다. 이에 따라 2011년 개정 법인세법은 국제기준의 일시적 수용에 따른 충격을 완화하기 위한 여러 가지 제도적 장치를 마련하고 있다. 유형자산 및 내용연수가 비한정인 무형자산에 대한 감가상각 특례규정, 건설자금이자 중 일반차입금 지급이자의 손금불산입에 관한 규정, 금융리스의 요건에 관한 규정, 조세특례제한법상의 대손충당금 손익산입에 관한 특례규정, 화폐성 외화자산과 부채의 평가에 관한 규정 등이 그것이다.

2. 익금

가. 의의

1) 익금의 정의

> 법인세법 제15조(익금의 범위)
> ① 익금은 자본 또는 출자의 납입 및 이 법에서 규정하는 것은 제외하고 해당 법인의 순자산(純資産)을 증가시키는 거래로 인하여 발생하는 수익의 금액으로 한다.

익금이라 함은 해당 법인의 순자산을 증가시키는 거래로 인하여 발생하는 수익의 금액을 말한다. 법인세법 제15조 제1항은 "익금은 자본 또는 출자의 납입 및 이 법에서 규정하는 것은 제외하고 해당 법인의 순자산(純資産)을 증가시키는 거래로 인하여 발생하는 수익의 금액으로 한다."라고 규정하고 구체적으로는 법인세법과 그 시행령에 개별 규정을 두고 있다(영 제11조 각 호 등).

위 법인세법 제15조 제1항의 규정으로 인하여, 법인의 순자산을 증가시키는 거래로부터 발생하는 수익이기만 하면 영업상의 수익이거나 영업외의 수익이거나를 묻지 않고 모두 익금에 해당하는 것으로 해석되므로, 익금의 산입에 관한 법인세법 시행령의 개별 규정들은 예시적이라 하겠다.

법인세는 소득세의 일종으로서 순소득과세의 원칙에 따라 순소득에 대하여 과세한다. 소득금액은 익금에서 손금을 공제하여 계산하는 것이므로, 익금은 손금과 함께 소득금액을 산정하는 기본요소를 이룬다.

따라서 상품의 판매, 기타 자산의 양도, 역무의 제공, 수증 등 기업의 대외적 거래에 의하여 수수하는 각종 수익은 물론, 타인의 불법행위로 인하여 받은 손해배상, 토지수용으로 인한 손실보상금 등도 모두 익금에 해당하고, 그 원인행위가 무효이거나 위법하더라도 법인이 경제적으로 그 이익을 향유하는 한 익금을 구성함에 지장이 없다.

> 반환상사 법인세부과처분취소 사건

(대법원 1973. 6. 29. 선고 72누140 판결)

[판시사항]

원고회사가 시로부터 지급받은 손실보상금이 법인세과세소득인가의 여부

[판결요지]

손실보상의 금원은

법인세법 제9조 제2항의 “거래로 인하여 발생하는 수익의 금액”이므로 사업년도 익금으로 산입된다.

[판결이유]

법인세법 제9조 제2항의 거래로 인하여 발생하는 수익의 금액이라 함은 법인세법상의 개념으로서 자본 또는 출자의 납입 및 법인세법에서 특히 규정한 것을 제외하고는 기장상 자산의 증가로 나타날 수 있는 일체의 금액을 말하는 것이라고 해석함이 상당함은 법인세법 제15조 제1항 제3호 단서의 규정에 비추어 보아도 명백하다 할 것이므로 불법행위에 의한 손해배상청구권 발생이나 토지수용등에 의한 손실보상청구권의 발생 또는 손실보상으로 받은 금액등은 이를 모두 법인의 순자산을 증가시키는 거래로 인하여 발생하는 수익의 금액이라 보아야 할 것임에도 불구하고 이와 반대의 견해에 입각하여 손실보상금을 이익금으로 보지 아니한 원판결 판단에는 법인세법 제9조 제2항의 법리를 오해한 위법이 있다 할 것으로서 논지는 이유있고 원판결은 파기를 면치 못할 것이다.

또한 소득의 성질이 부수수익인지 기타소득인지를 가리지 않으므로 성질상 소득세법상의 기타소득에 해당하는 소득이라 할지라도 소득세법상의 기타소득에 관한 규정이 적용되지 않고 법인세법에 의해 법인의 소득으로만 과세되며, 다만, 법인세법이 원천징수 등 필요에 따라 소득세법의 규정을 인용하는 경우가 있는데, 그와 같은 경우에는 소득세법의 규정에 따라 소득의 종류와 범위를 확정하게 된다.

토우건설주식회사 부가가치세부과처분취소 사건

(대법원 1990. 9. 28. 90누2222 판결)

[판시사항]

법인의 소득이 기타 소득인 경우 과세표준금액의 결정방법이 달라지는지 여부(소극)

[판결요지]

법인의 소득은 그 성질이 부수수익이냐, 기타소득이냐를 따질 것도 없이 모두 과세대상으로서 그 과세표준금액은 전체 수입금액에서 손금(비용)을 공제하는 방법으로 결정되고, 가령 그 성질이 소득세법상의 기타 소득에 해당하더라도 그 소득에 관하여는 기타 소득에 관한 규정이 적용될 이유도 근거도 없다.

한미은행 법인세등부과처분취소 사건
(대법원 1991. 12. 24. 91누384 전원합의체 판결)

[판시사항]

가. 법인세법이 소득세법의 규정을 인용하여 소득을 구분할 경우의 소득 개념 확정방법

나. 내국법인이 발행한 채권 또는 증권의 이자나 국내에서 지급받는 예금의 이자 또는 할인액이 금융업을 영위하는 내국법인의 금융업에서 발생하는소득에 해당할 경우의 소득세법상의 소득구분(=사업소득)

[판결요지]

가. 법인세법은 법인의 소득을 종류별로 구분하여 개념을 규정하지 않고 있는 반면, 소득세법은 제17조 내지 제25조에서 개인의 소득을 그 발생원인이나 담세력의 상위에 따라 9종류로 구분하여 이들 소득의 내용을 규정함과 아울러, 각 소득금액의 계산도 각 소득에 따라 다른 방법으로 계산하도록 규정하고 있으므로, 법인세법이 필요에 따라 소득세법의 규정을 인용하여 소득을 구분할 경우에는 그 소득의 개념은 소득세법의 규정내용에 따라 확정되어야한다.

나. 소득세법 제17조 제1항 제2호 및 제3호, 제20조 제1항 제8호, 제3

항, 같은법시행령 제36조 제1호, 제39조의 규정에 비추어 보면 내국법인이 발행한 채권 또는 증권의 이자나 국내에서 지급받는 예금의 이자 또는 할인액이라고 하더라도 금융업을 영위하는 내국법인의 금융업에서 발생하는 소득에 해당할 경우에는 소득세법 소정의 "이자소득"이 아닌 "사업소득"에 해당되는 것이라고 보아야 한다.

[판결이유]

"법"은 "그 사업년도에 속하거나 속하게 될 익금의 총액에서 그 사업년도에 속하거나 속하게 될 손금의 총액을 공제한 금액"을 내국법인의 각사업년도의 소득으로 규정하고 있을 뿐(제9조 제1항), 법인의 소득을 종류별로 구분하여 개념을 규정하지 않고 있는 반면, 소득세법은 제17조 내지 제25조에서 개인의 소득을 그 발생원인이나 담세력의 상위에 따라 9종류(이자·배당·부동산·사업·근로·퇴직·양도·산림·기타 등의 소득)로 구분하여 이들 소득의 내용을 규정함과 아울러, 각 소득금액의 계산도 각 소득에 따라 다른 방법으로 계산하도록 규정하고 있으므로, 법인세법이 필요에 따라 소득세법의 규정을 인용하여 소득을 구분할 경우에는 그 소득의 개념은 소득세법의 규정내용에 따라 확정되어야 할 것인바(당원 1989.12.8. 선고 89누4512 판결 참조), 소득세법은 이자소득의 하나로 "내국법인이 발행한 채권 또는 증권의 이자와 할인액" 및 "국내에서 지급받는 예금(적금·부금·예탁금과 우편대체를 포함한다)의 이자와 할인액"을 들고 있는(제17조 제1항 제2호 및 제3호) 한편, 사업소득의 하나로는 "금융·보험업에서 발생하는 소득"을 들고 있는데(제20조 제1항 제8호), 소득세법 제20조 제3항과 같은법시행령 제36조 제1호 및 제39조에 의하면 소득세법 제20조 제1항 제8호 소정의 "금융업"이라 함은 전당포업·대금업 및 외화환전업과 그 외에 경제기획원장관이 고시하는 한국표준산업분류표의 "금융업"의 항목으로 분류된 사업을 가리키는 것이라고 해석되므로(당원 1987.3.10. 선고 85누446판결 참조), 내국법인이 발행한 채권 또는 증권의 이자나국내에서 지급받는 예금의 이자 또는 할인액이라고 하더라도, 그와 같은 이자소득이 금융업을 영위하는 내국법인의 금융업에서 발생하는 소득에 해당할 경우에는 소득세법 소정의 "이자소득"이 아닌 "사업소득"에 해당되는 것이라고 보아야 할 것이다.

2) 순자산의 증가 거래

익금이란 해당 법인의 순자산을 증가시키는 거래로 인하여 발생하는 수익의 금액을 말한다. 해당 법인의 순자산을 증가시키는 거래로 인하여 발생한 수익의 금액에 해당하기만 하면 그 발생원천이 무엇이든간에 모두 익금에 해당한다. 또한 해당 법인의 순자산을 증가시키는 거래로 인하여 발생한 수익에 해당하면 그 계정과목의 명칭이나 회계처리의 유무 또는 회계처리의 여하에 불구하고 모두 익금을 이룬다.

익금이란 경제적 측면에서 이를 지배·관리하면서 향수하고 있어 담세력이 있는 것으로 판단되면 충분하고 그 익금을 얻게 된 원인관계에 대한 법률적 평가가 반드시 적법하고 유효해야 하는 것은 아니다. 즉 위법소득이나 무효인 법률행위로부터 생긴 소득이라 하더라도 법인의 순자산을 증가시키는 거래로 인하여 발생한 수익의 금액에 해당한다면 당연히 익금을 구성하는 것이다.

종합소득세부과처분취소 사건
(대법원 1983.10.25. 선고, 81누136 판결)

[판시사항]
위법소득이라도 소득세부과 대상이 되는지 여부(적극)

[판결요지]
과세소득은 이를 경제적 측면에서 보아 현실로 이득을 지배관리하면서 이를 향수하고 있어서 담세력이 있는 것으로 판단되면 족하고 그 소득을 얻게 된 원인관계에 대한 법률적 평가가 반드시 적법하고 유효한 것이어야 하는 것은 아니라 할 것이므로 범죄행위로 인한 위법소득이더라도 귀속자에게 환원조치가 취해지지 않은 한 이는 과세소득에 해당된다.

[판결이유]
소득세법은 소득세부과대상이 되는 소득을 일일이 열거하여 그 열거된 소득에 대하여만 소득세를 부과하도록 규정하고 있으므로 소득세법에 규정

되어 있지 아니한 소득에 대하여 소득세를 부과할 수 없음은 소론과 같으나 소득세법은 개인의 소득이라는 경제적 현상에 착안하여 담세력이 있다고 보여지는 것에 과세하려는데 그 근본취지가 있다 할 것이므로 과세소득은 이를 경제적 측면에서 보아 현실로 이득을 지배 관리하면서 이를 향수하고 있어 담세력이 있는 것으로 판단되면 족하고 그 소득을 얻게된 원인관계에 대한 법률적 평가가 반드시 적법하고 유효한 것이어야 하는 것은 아니라 할 것이다.

원심판결 이유에 의하면, 원심은 원고가 소외 1 주식회사의 부사장으로 재직하면서 같은 회사가 대전시로부터 매수한 공장부지 3,000평을 소외 천광철강주식회사에게 양도하고 그 대금을 착복하였는바 위 공장부지의 양도로 인한 이익은 소외 1 주식회사의 익금으로 산입되어야 할 것임에도 불구하고 이를 회사에 입금시키지 아니하고 원고 개인이 이를 취득하였으니 위 이익은 같은 소외 회사의 익금에 추가 산입되어야 하고 이는 같은 회사의 임원인 원고에게 귀속되었음이 분명하므로 당시의 법인세법 제33조 제5항(1974.12.21자 개정), 같은법시행령 제94조 제2항(1980.12.31자 개정전)의 규정에 따라 이를 원고에 대한 상여로 처분하여야 할 것이며 소득세법 제21조 제1항의 규정에 의하면, 법인세법에 의하여 상여로 처분된 금액은 갑종근로소득으로 보도록 되어 있으므로 결국 원고에게는 종합소득세 부과대상인 근로소득이 존재한다고 설시한 다음 위와 같은 원고의 소득이 범죄행위로 인한 위법소득에 해당된다 하더라도 소외 오대양통상주식회사는 타에 처분된 위 공장부지를 그 매도인이었던 대전시에 반납한 양 기장 처리하여 놓고 원심변론종결시까지도 원고의 위법소득에 대한 환원조치를 취하고 있지 않으니 이는 과세소득에서 제외시킬 수 없다 고 판단하여 원고의 청구를 기각하였는바, 위 공장부지의 양도로 인한 이익이 소외 1 주식회사의 익금으로 산입되어야 한다는 점에 다툼이 없는 이 사건에 있어서 이와 같은 원심의 판단은 논리과정에 다소 미흡한 점이 있기는 하나 결론에 있어서 정당하고 논지가 지적하는 바와 같은 세법의 법리를 오해하여 위법소득을 과세소득에 포함시킨 잘못이 있다거나 조세법률주의의 원칙을 위반한 잘못이 있다고 볼 수는 없다 할 것이다.

법인의 순자산을 증가시키는 거래는 법인의 자산을 증가시키는 거래와 법인의 부채를 감소시키는 거래로 나눌 수 있다.

3) 수익의 금액

회계학상 수익(revenues)이란 자본참여자의 출자관련 증가분을 제외한 자본의 증가를 수반하는 것으로서 회계기간의 정상적인 활동에서 발생하는 경제적 효익의 총유입을 말한다. 위에서 자본참여자의 출자관련 증가분이란 유상증자 등으로 인한 자본의 증가를 말하는데, 이와 같은 자본참여자의 출자관련 증가분은 수익을 이루지 않는다. 수익이란 기업의 정상적인 활동에서 발생하는 것인데, 매출액·수수료수익·이자수익·배당수익·로열티수익 등 여러 가지 명칭으로 구분된다.

그런데 법인세법 제15조 제1항에서의 수익이란 회계학상의 수익은 물론이고 자본잉여금 중 자기주식처분이익 등을 포함하는 광의의 개념이다. 대법원은 수익을 타인에게 재화 또는 용역을 제공하고 획득한 수입금액과 기타 해당법인에게 귀속되는 일체의 경제적 이득이라고 설시하고 있다(대법원 1991. 12. 10. 선고, 91누5303 판결).

4) 익금의 구체적 범위

가) 개요

현행 법인세법은 과세소득의 범위에 관한 입법방식으로 포괄주의방식을 취하고 있으므로 익금의 범위에 관하여도 포괄적인 정의규정을 두어 해결하고 있다. 그러므로 법인세법 시행령 제11조에서 정하고 있는 수익의 유형은 익금의 내용 또는 범위에 관한 예시적 규정에 지나지 않는다.

나) 익금이 아닌 것

① 자본의 납입

자본 또는 출자의 납입은 법인의 순자산의 증가를 가져오는 거래이기는 하나 익금에서 제외하도록 하고 있다. 법인에 대한 자본 또는 출자의 납입은 금전의 증가(금전출자) 또는 동산·부동산·채권·유가증권·특허권·광업권 등과 같은 재산의 증가(현물출자)를 가져온다. 익금을 단순히 법인의 순자산의 증가라는 측면에서 파악할 경우에 자본 또는 출자의 납입은 분명히 익금에 해당하는 것이다.

그럼에도 불구하고 법인세법은 다음과 같은 이유로 납입된 자본 또는 출자(이하 '자본'이라 한다)를 익금에서 제외하도록 하고 있다. 첫째, 납입된 자본 등은 법인세의 과세물건(소득금액)을 발생시키는 원본을 이루고 있기 때문에 익금에서 제외한다. 만일 자본 등에 대하여 과세를 허용하게 되면 자본잠식을 초래하여 항구적인 법인세 또는 소득세제의 존속이 불가능하게 된다. 둘째, 법인세는 법인의 소득을 과세물건을 하는 소득세의 일종이기 때문에 당연히 순소득과세의 원칙이 적용된다. 법인의 원시자본 내지 투하자본은 소득이 아니며, 따라서 익금을 구성하지 않는다. 셋째, 법인세는 법인을 통하여 그 주주 또는 출자자에게 과세를 행한다고 하는 사고방식을 전제로 하고 있기 때문에 주주 또는 출자자가 출자한 원본 이외의 주주지분의 증가만이 법인세의 과세소득을 구성한다고 보는 점이다.

② 익금불산입 항목

법인의 순자산을 증가시키는 거래라고 하더라도 법인세법에서 규정하는 것, 즉 익금불산입 항목은 익금에서 제외한다. 익금불산입항목은 법인세법 제17조(자본거래로 인한 수익의 익금불산입), 제18조(평가이익 등의 익금불산입), 제18조의2(지주회사의 배당소득의 익금불산입), 제18조의3(수입배당금의 익금불산입)에서 정하고 있다. 차후 자세히 설명하기로 한다.

나. 익금 산입

1) 일반 항목(법 제15조 제1항, 영 제11조)

> 법인세법 제15조(익금의 범위)
>
> ① 익금은 자본 또는 출자의 납입 및 이 법에서 규정하는 것은 제외하고 해당 법인의 순자산(純資産)을 증가시키는 거래로 인하여 발생하는 수익의 금액으로 한다.

법인세법 시행령 제11조(수익의 범위)

법 제15조제1항의 규정에 의한 수익은 법 및 이 영에서 달리 정하는 것을 제외하고는 다음 각 호에 규정하는 것으로 한다.

1. 한국표준산업분류에 의한 각 사업에서 생기는 수입금액[도급금액·판매금액과 보험료액을 포함하되, 기업회계기준(제79조 각 호의 어느 하나에 해당하는 회계기준을 말한다. 이하 같다)에 따른 매출에누리금액 및 매출할인금액을 제외한다. 이하 같다]. 다만, 법 제66조제3항 단서의 규정에 의하여 추계하는 경우 부동산임대에 의한 전세금 또는 임대보증금에 대한 수입금액은 금융회사 등의 정기예금이자율을 참작하여 기획재정부령이 정하는 이자율(이하 "정기예금이자율"이라 한다)을 적용하여 계산한 금액으로 한다.

2. 자산의 양도금액

2의2. 자기주식(합병법인이 합병에 따라 피합병법인이 보유하던 합병법인의 주식을 취득하게 된 경우를 포함한다)의 양도금액

3. 자산의 임대료

4. 자산의 평가차익

5. 무상으로 받은 자산의 가액

6. 채무의 면제 또는 소멸로 인하여 생기는 부채의 감소액(법 제17조제1항제1호 단서의 규정에 따른 금액을 포함한다)

7. 손금에 산입한 금액중 환입된 금액

8. 이익처분에 의하지 아니하고 손금으로 계상된 적립금액

9. 제88조제1항제8호 각 목의 어느 하나 및 같은 항 제8호의2에 따른 자본거래로 인하여 특수관계인으로부터 분여받은 이익

9의2. 법 제28조제1항제4호나목에 따른 가지급금 및 그 이자(이하 이 조에서 "가지급금등"이라 한다)로서 다음 각 목의 어느 하나에 해당하는 금액. 다만, 채권·채무에 대한 쟁송으로 회수가 불가능한 경우 등 기획재정부령으로 정하는 정당한 사유가 있는 경우는 제외한다.

가. 제87조제1항의 특수관계가 소멸되는 날까지 회수하지 아니한 가지급금등(나목에 따라 익금에 산입한 이자는 제외한다)

나. 제87조제1항의 특수관계가 소멸되지 아니한 경우로서 법 제28조제1항제4호나목에 따른 가지급금의 이자를 이자발생일이 속하는 사업연도 종료일부터 1년이 되는 날까지 회수하지 아니한 경우 그 이자

10. 그 밖의 수익으로서 그 법인에 귀속되었거나 귀속될 금액

가) 사업수입금액(영 제11조 1호)

① 의의

한국표준산업분류에 의한 각 사업에서 생기는 수입금액을 말한다. 수입금액은 익금의 주종을 이루는데, 기업회계기준에서의 매출액과 대체로 그 범위가 일치한다고 하겠다. 도급금액, 판매금액과 보험료를 포함하되, 기업회계기준에 따른 매출에누리금액 및 매출할인금액을 제외한다.

② 증여한 자산의 가액 등

법인이 재고자산을 비롯한 자산(이하 '자산'이라 한다)을 증여하거나 저가양도하는 경우에 해당 자산의 증여액 또는 저가양도에 따른 차액이 익금에 포함되는지의 여부가 문제이다. 수증자 또는 양수자가 해당 법인과 특수관계에 있는 자에 해당하는지의 여부에 따라 그 취급을 달리한다.

첫째, 법인이 특수관계인에게 자산을 증여하거나 시가보다 저가로 양도함으로써 부당행위계산부인요건을 충족하는 때(시가와 거래가액의 차액이 3억원 이상이거나 시가의 5%에 상당하는 금액 이상인 경우)에는 그 시가(증여의 경우) 또는 그 시가와 실제의 양도가액과의 차액(저가양도의 경우)을 익금에 산입한다(법 제52조).

둘째, 법인이 특수관계인 외의 타인에게 그 법인의 업무와 직접 관계없이 자산을 증여한 경우에는 그 시가(특수관계인에게 기부한 지정기부금과 기타기부금) 또는 장부가액(법정기부금과 특수관계인 외의 자에게 기부한 지정기부금)을 기부금으로 한다. 그리고 정당한 사유없이 자산을 정상가액(시가의 70%)보다 낮은 가액으로 양도하는 경우에는 그 정상가액과 실제 양도가액과의 차액을 기부금으로 의제한다(영 제35조).

그런데 법인이 타인에게 시가보다 현저하게 낮은 가액으로 양도함으로써 기부금의 요건에 해당되는 경우에는 비록 법인이 해당 자산의 정상가액과 장부가액과의 차액을 장부상에 손비로 계상하지 않았다고 하더라도 세법상은 일단 그 차액 상당액의 익금이 법인에게 실현됨과 동시에 그 익금을 상대방에게 제공함에 따른 손실이 발생한 것으로 관념하여 그 손실을 기부금으로 본다. 즉 특수관계인 외의 자에 대한 저가양도의 경우에도 실제에 있어서는 그 정상가액과 실제의 양도가액의 차액을 익금에 산입하고 있는 것이다.

건영섬유공업주식회사 법인세등부과처분취소 사건
(대법원 1993.5.25, 선고, 92누18320 판결)

[판시사항]

가.기부금의 범위를 규정한 법인세법시행령 제40조 제1항 제2호가 모법의 위임 없는 무효의 규정인지 여부(소극)

나.자산의 저가양도시 시가와 장부가액과의 차액을 손비로 계상하지 아니한 경우에도 이를 기부금으로 보아야 하는지 여부(적극)

[판결요지]

가. 법인세법 제18조에서 규정하는 기부금은 법인이 타인에게 법인의 사업과 직접 관계없이 무상으로 증여하는 재산적 가액을 가리키는 것으로서 순수한 무상양도의 경우뿐 아니라 거래의 외형은 유상양도의 형태를 취하고 있더라도 당해 자산이 현저하게 낮은 가액으로 양도되어 양도가액과 정상가액과의 차액이 실질적으로 증여되었다고 인정되는 경우를 포함하는 것이라고 보아야 할 것이므로 그와 같은 취지를 규정하고 있는 같은법시행령 제40조 제1항 제2호가 모법의 위임 없이 기부금의 범위를 부당하게 확대하여 조세법률주의에 위배되는 무효의 규정이라고 볼 수 없다.

나. 법인이 타인에게 자산을 무상으로 양도하거나 혹은 시가보다 현저하게 낮은 가액으로 양도함으로써 법인세법 소정의 기부금의 요건에 해당되는 경우 상대방이 취득한 자산가액이나 그에 상응한 법인자산의 감소액은 자산의 시가 상당액으로서 비록 법인이 시가와 장부가액과의 차액을 기업경리상 손비로 계상하지 않았다고 하더라도 세법상 일단 차액 상당의 수익이 법인에 실현됨과 동시에 수익을 상대방에게 제공함에 따른 손실이 발생한 것으로 관념하여 그 손실을 기부금으로 보게 된다.

위와 같이 저가양도를 포함한 자산의 증여를 시가 또는 장부가액(저가양도의 경우 정상가액)에 의하여 자산을 유상양도하는 행위와 시가 또는 장부가액에 상당하는 금액(저가양도의 경우 정상가액과의 차액)을 직접 상대방에게 기부금으로 지출하는 행위로 고쳐서 이론 구성하여야 한다는 견해를 2단계설이라고 한다.

③ 법인세법상의 임대보증금 등의 간주익금

부동산임대업을 영업으로 하는 법인에 대하여 장부 또는 증빙서류의 미비 또는 불비로 보증금 등의 관리 및 운용으로 인한 수익을 파악할 수 없는 경우에 그 보증금 등에 정상수익률을 곱하여 산정한 금액을 수입금액으로 의제하는 제도이다. 추계결정하는 경우에는 부동산임대로 인하여 받은 전세금 또는 임대보증금에 대한 수입금액의 계산은 금융기관 등의 정기예금이자율을 참작하여 기획재정부령이 정하는 이자율을 적용한 금액으로 하는데(법인세법 시행령 제11호 1호 단서), 기획재정부령이 정하는 이자율은 2012년 현재 연간 1000분의 34이다(규칙 제6조).

추계방법을 적용받는 법인은 부동산임대업을 경영하는 법인으로서 법인세의 과세표준과 세액을 추계방법에 따라 결정 또는 경정받는 법인이 그 적용대상이다. 부동산임대업을 경영하는 법인이 법인세의 과세표준이나 세액을 추계방법에 따라 산정하는 경우에는 영리법인 또는 비영리법인의 구분이나 부동산임대업을 주업으로 영위하고 있는지의 여부 등에 관계없이 보증금 등에 대하여 간주임대료를 계산한다.

> 간주임대료 = 임대보증금(전세금)의 적수(積數) × 1/365 × 정기예금이자율(3.7%)
>
> *적수(積數) = 매일의 수치를 일정기간 단위로 합산한 것, 즉 사업연도 개시일부터 사업연도 종료일까지의 매일의 임대보증금(전세금)을 합산한 것을 말하고, 이것을 365일로 나누면 연평균 임대보증금이 나온다. 이는 사업연도 기간 중에 임대보증금의 변동이 있을 경우에 이를 반영하기 위한 개념이다.

부동산 임대보증금은 임대차 종료시 임차인에게 반환하여야 하므로 임대보증금이나 전세금 그 자체는 부채계정에 해당할 뿐 익금이 될 수 없으나, 그 받은 임대보증금이나 전세금을 운용하여 발생한 수익금은 익금에 산입되어야 할 것이다. 이 때 익금에 산입될 금액은 원래는 실제로 발생한 수입금액이어야 하지만 실제 발생한 수입금액을 알 수 없는 경우에 한하여 그 수입금액의 계산을 위와 같은 방법으로 하도록 규정하고 있는 것이다

④ 조세특례제한법의 임대보증금 등의 간주익금

차입금이 자기자본의 2배를 초과하는 법인으로서 부동산임대업을 주업으로 하는 영리내국법인이 주택을 제외한 부동산 등을 대여하고 받은 임대보증금 등에서 발생하는 금융수익이 그 보증금 등에 대한 정기예금이자 상당액에 미달하는 경우에는 그 미달하는 금액을 임대료로 간주하여 익금에 가산한다(조특법 제138조, 조특령 제132조). 법인세법상의 간주익금과 다른 점은 적용대상 법인이 한정되어 있고, 적용대상 자산이 주택 및 그 부속토지는 제외되며, 임대용부동산의 건설비 상당액과 임대사업에서 발생한 금융수익을 차감한다는 점이다.

나) 자산의 양도금액(영 제11조 2호)

기업이 소유하는 자산 중 재고자산이 아닌 자산을 양도한 경우에 그 대가로 받은 금액을 말한다. 사업양도에 의한 경우나 무상으로 이전하는 것은 포함하지 않는다. 이와 같은 경우 기업회계에서는 순액법에 의해 양도가액에서 장부가액을 차감한 금액을 자산처분손익으로 하여 영업외손익이나 특별손익으로 계상하게 되지만, 자산의 양도에 따른 익금을 산정함에 있어서는 총액법에 따라 자산의 양도금액의 전액을 익금에 산입하면서 양도한 자산의 양도당시의 장부가액을 손금에 산입하도록 하고 있다. 그러나 그 결과에 차이가 없기 때문에 보통 세무조정을 하지 않는다. 따라서 양도가액이 장부가액에 미달하는 경우에도 그 양도금액을 익금에 산입한다.

중앙일보 법인세등부과처분취소 사건
(대법원 2010.3.25. 선고, 2007두18017 판결)

[판결요지]

법인이 일부 사업부를 양도하면서 주식을 교환거래로 취득한 사안에서, 법인세법상 양도자산의 처분손익을 계산하는 경우 주주가 취득한 주식의 취득가액은 원칙적으로 취득 당시 주식의 시가로 하여야 한다고 한 사례.

[판결이유]

원심판결 이유에 의하면, 원심은 그 채용 증거를 종합하여 ① 원고가 1999. 8. 1. 삼성물산 주식회사로부터 종합방송프로그램 공급사업(채널번호 31, 채널명 캐치원, 이하 '캐치원 사업부'라 한다)을 양수한 다음, 1999. 11. 18. 주식회사 오리온시네마네트워크(이하 '시네마네트워크'라 한다)에게 캐치원 사업부를 74억 원에 양도하고, 시네마네트워크의 주식 1,480,000주(총 발행주식의 33%, 이하 '이 사건 시네마네트워크 주식'이라 한다)를 액면가액 74억 원에 제3자배정에 의한 유상증자 방식으로 취득하면서 1999. 11. 23. 캐치원 사업부 양도대금과 상계처리하는 방법으로 주금을 납입하고, 이 사건 시네마네트워크 주식의 취득가액을 74억 원으로 회계처리한 사실, ② 원고가 캐치원 사업부의 양도가액과 장부상 가액과의 차액 2,601,856,391원을 자산처분손실로 보아 1999 사업연도에 손금산입하여 그 법인세를 신고하자, 피고는 2001. 8. 1. 원고의 캐치원 사업부 양도 및 이 사건 시네마네트워크 주식의 취득은 서로 별개의 거래가 아닌 교환에 해당하고 이 사건 시네마네트워크 주식의 취득가액은 캐치원 사업부의 장부상 가액으로 보아야 한다는 전제하에, 원고의 손금산입을 전액 부인하는 등으로 1999 사업연도 법인세 부과처분(이하 '이 사건 법인세 부과처분'이라 한다)을 한 사실 등을 인정한 다음, 원고의 캐치원 사업부의 양수 및 양도 경위, 이 사건 시네마네트워크 주식의 취득 경위와 그 거래 시기 및 당사자의 관계 등에 비추어, 원고의 캐치원 사업부 양도 및 이 사건 시네마네트워크 주식의 취득은 서로 별개의 거래가 아니라 실질적으로는 캐치원 사업부와 이 사건 시네마네트워크 주식의 교환거래로 봄이 상당하고, 나아가 교환거래의 경우 실지양도가액을 인정받기 위해서는 교환대상 목적물에 대한 시가감정을 하여 그 감정가액의 차액에 대한 정산절차를 수반하였어야 할 것인데, 원고가 캐치원 사업부 또는 이 사건 시네마네트워크 주식에 대하여 위와 같은 절차를 거친 바 없으므로, 피고가 캐치원 사업부의 처분손실상당액에 대한 원고의 손금산입을 부인한 것은 위법하다고 보기 어렵다고 판단하였다.

기록에 비추어 살펴보면, 원심의 사실인정과 원고의 캐치원 사업부 양도 및 이 사건 시네마네트워크 주식 취득을 교환거래로 본 것은 정당한 것으로 수긍이 가고, 상고이유의 주장과 같은 거래의 성격에 관한 법리오해 등의 위법이 없다.

그러나 원심이 원고의 캐치원 사업부 양도로 인한 처분손실의 손금산입을 부인하면서 든 이유는 수긍하기 어렵다.

법인세법 제14조는 '내국법인의 각 사업연도의 소득은 그 사업연도에 속하는 익금의 총액에서 손금의 총액을 공제한 금액으로 한다'고 규정하고 있고, 법인세법 제15조 제1항, 제3항의 위임을 받은 구 법인세법 시행령(2008. 2. 29. 대통령령 제20720호로 개정되기 전의 것, 이하 이 항에서 같다) 제11조 제2호는 익금의 요소인 수익의 하나로 '자산의 양도금액'을 규정하고 있으며, 법인세법 제41조 제1항, 제2항의 위임을 받은 구 법인세법 시행령 제72조 제1항 제4호는 현물출자에 의하여 주주가 취득한 주식에 대하여, 같은 항 제5호는 ' 제1호 내지 제4호 외의 방법으로 취득한 자산'에 대하여 각 취득 당시의 시가를 취득가액으로 한다고 규정하고 있다.

따라서 이 사건 양도자산의 처분손익을 계산함에 있어서도 주주가 취득한 주식의 취득가액은 원칙적으로 취득 당시의 시가로 하여야 한다.

교환의 경우 자산의 양도금액은 특별한 사정이 없는 한 교환으로 취득하는 자산의 취득 당시의 시가에 의하고 그 대가의 일부로 현금을 수령한 경우에는 이를 합산한다. 이 경우 시가 산정의 기준이 되는 자산의 취득시기(교환자산의 양도시기)는 특별한 사정이 없는 한 자산에 대한 실질적인 처분권을 취득한 때이다.

한솔제지 주식회사 법인세등부과처분취소 사건
(대법원 2011.7.28. 선고, 2008두5650 판결)

[판결요지]

구 법인세법(2010. 12. 30. 법률 제10423호로 개정되기 전의 것, 이하 '구 법인세법'이라 한다)은 교환으로 취득하는 자산의 취득시기에 관하여 별도의 규정을 두고 있지 아니하고, 조세법률주의 원칙상 소득세법 등 다른 세법의 취득시기에 관한 규정이나 구 법인세법상 익금 및 손금의 귀속 사업연도에 관한 규정을 그대로 적용할 수는 없으나, 기업회계상 자산의 인식 시점을 당해 자산에 내재된 미래의 경제적 효익이 회사에 유입할 가능성이 매우 높고 원가 또는 가치가 신뢰성 있게 측정될 수 있을 때로 보고 있는 점, 교환으로 인한 자산의 취득 및 양도시기는 특별한 사정이 없는 한 동일한 기준에 의하여 판단하는 것이 합리적인데, 교환으로 인한 자산의 양도시기는 교환으로 취득하는 자산에 대한 실질적인 처분권을 취득한 때로 보는 것이 타당한 점 등을 종합하면, 교환으로 취득하는 자산의 취득시기는 특별한 사정이 없는 한 자산에 대한 실질적인 처분권을 취득한 때로 보아야 한다.

교환에 의하여 경영권 프리미엄이 수반되는 대량의 주식을 취득하는 경우에도 그것이 일반적이고 정상적인 방법에 의하여 이루어지고 그 주식의 약정가격이 당시의 객관적인 교환가치를 적정하게 반영하고 있다면 이를 주식의 시가로 볼 수 있다.

KT 법인세등부과처분취소 사건
(대법원 2011.7.28. 선고, 2008두21614 판결)

[사실관계]

원고 주식회사 KT는 소외인 및 국내외 8개 법인(이하 이들을 합하여 '이 사건 양도인들'이라고 한다)으로부터 증권업협회 등록법인인 한솔엠닷컴 주식회사(이하 '한솔엠닷컴'이라고 한다) 발행주식 중 약 47.85%인 74,993,052주를 경영권과 함께 양수하기로 하였다. 그에 따라 원고는 2000. 6. 6. 양도대가에 관하여 이 사건 양도인들 중 소외인을 비롯한 내국인 주주들 및 에이아이지(AIG)그룹 소속사들에게는 현금으로 30%, 상장주식인 에스케이텔레콤 주식회사(이하 '에스케이텔레콤'이라고 한다)의 발행주식으로 70%를 교부하되, 한솔엠닷컴 주식을 1주당 40,000원, 에스케이텔레콤 주식을 1주당 390,000원으로 각 평가하여 이들을 9.75 : 1 비율로 교환하고, 비씨아이(BCI)그룹 소속사들에게는 현금으로 20%, 약속어음으로 80%를 교부하되, 한솔엠닷컴 주식을 1주당 37,000원으로 평가하기로 약정하였다. 그 후 이 사건 양도인들 중 소외인을 비롯한 내국인 주주들은

2000. 6. 8. 그동안 한솔엠닷컴을 경영한 데 대한 보상 명목으로 외국인 주주들인 에이아이지그룹 소속사와 비씨아이그룹 소속사들로부터 300억원에 상당하는 에스케이텔레콤 주식 76,923주를 넘겨받기로 하였으며, 또한 2000. 7. 25. 원고의 한솔엠닷컴에 대한 자산실사 결과를 반영하여 총 양도대가에서 280,875,517,412원을 차감하되, 그 중 13,499,999,998원은 내국인 주주들에게 지급될 현금에서, 235,875,217,414원은 외국인 주주들에게 지급될 약속어음금에서 각 차감하고, 나머지 31,500,300,000원에 대하여는 에스케이텔레콤 주식을 1주당 390,000원으로 평가하여 내국인 주주들에게 교부될 에스케이텔레콤 주식에서 80,770주를 차감하기로 하였다. 이에 따라 원고는 소외인을 제외한 이 사건 양도인들로부터는 2000. 7. 26.에, 소외인으로부터 2000. 10. 5.에 각 그들 소유의 한솔엠닷컴 주식을 취득하고 그 양도대가를 지급하였는데, 양도대가 전부를 현금으로 지급받은 비씨아이 코리아의 경우 한솔엠닷컴 주식의 1주당 가격은 32,845원이었다.

[판결요지]

구 법인세법(2010. 12. 30. 법률 제10423호로 개정되기 전의 것) 제15조 제3항, 제41조 제1항 제3호, 구 법인세법 시행령(2000. 12. 29. 대통령령 제17033호로 개정되기 전의 것) 제11조 제2호, 제72조 제1항 규정의 내용과 그 입법 취지를 종합하면, 자산의 교환으로 발생하는 수익으로서 익금에 산입하여야 할 금액은 특별한 사정이 없는 한 교환으로 취득하는 자산의 취득 당시 시가에 의하여야 하고, 여기서 '시가'라 함은 일반적이고 정상적인 거래에 의하여 형성된 객관적 교환가치를 의미하므로 교환에 의하여 경영권 프리미엄이 수반되는 대량의 주식을 취득하는 경우에도 그것이 일반적이고 정상적인 방법에 의하여 이루어지고 그 주식의 약정가격이 당시의 객관적인 교환가치를 적정하게 반영하고 있다면 이를 그 주식의 시가로 볼 수 있다.

[판결이유]

이 사건 양도인들과 원고는 거래조건 협상 과정에서 에스케이텔레콤 주식과 한솔엠닷컴 주식에 관하여 증권거래소 등에서 시가를 조사하여 이를 바탕으로 한솔엠닷컴 주식에 수반된 경영권 프리미엄과 지급수단 등을 감안하여 그 주식의 적정가격을 1주당 40,000원 내지 37,000원으로 산정하였으며, 원고와 이 사건 양도인들은 특수관계에 있지도 아니하고 여러 차례의 가격 협상과 원고의 한솔엠닷컴에 대한 자산실사 결과를 바탕으로 최종 거래금액을 확정하였던 사실 등을 알 수 있다. 이러한 사정을 앞서 본 법리에 비추어 살펴보면, 원고와 이 사건 양도인들 사이의 거래는 일반적이고 정상적인 방법에 이루어졌다고 할 수 있으므로 그 과정에서 약정된 한솔엠닷컴 주식의 거래가격이 당시의 객관적인 교환가치를 적정하게 반영하고 있다고 볼 수 있다면 그것이 시가에 해당한다고 할 것이다.

다) 자기주식의 양도금액(영 제11조 2호의2)

자기주식이란 회사가 자기의 계산으로 취득한 자기회사의 주식을 말한다(상법 제341조, 제341조의2). 자본감소절차의 일환으로 자기주식을 취득하여 소각하거나 합병으로 인하여 자기주식을 취득하여 처분함으로써 생긴 손익은 자본거래에 해당하므로 익금 또는 손금에 산입하지 않으나, 그 이외의 자기주식의 취득·매각에 따라 생긴 손익은 순자산의 증감을 가져오는 손익거래에 해당하므로 익금 또는 손금에 산입한다.

주식회사 고려당 법인세부과처분취소 사건
(대법원 2000.5.12. 선고, 2000두1720 판결)

[판결요지]
구 법인세법(1993. 12. 31. 법률 제4664호로 개정되기 전의 것) 제9조 제1항, 제2항, 제15조 제1항 제2호, 제3호, 상법 제459조와 기업회계준칙 및 합병회계준칙 등 관계 법령의 각 규정에 의하면 회사합병으로 인하여 피합병회사가 보유하던 합병회사의 발행주식을 합병회사가 승계취득하여 처분하는 것은 자본의 증감에 관련된 거래로서 자본의 환급 또는 납입의 성질을 가지는 자본거래로 봄이 상당하고 그 처분이익은 구 법인세법 제15조 제1항 제3호에서 말하는 합병차익에 포함되어 익금불산입 항목에 해당된다.

그런데 합병법인이 피합병법인이 보유하고 있던 합병법인 발행의 주식을 승계취득함으로써 자기주식을 취득하였다가 처분함으로써 생긴 이익도 합병차익(법 제17조 5호)에 해당하여 각 사업연도의 소득계산상 익금에 산입하지 아니한다는 것이 판례의 입장이었고, 이러한 판례의 태도에 찬성하는 견해와 반대하는 견해가 대립하고 있었으나, 2009. 2. 4. 법인세법 시행령 개정시 2호의2를 신설하면서 합병법인이 합병에 따라 피합병법인이 소유하던 합벼업인의 주식을 취득하게 된 경우 이는 익금 산입되는 자기주식 양도에 해당함을 명문화하였다.

라) 자산의 임대료(영 제11조 3호)

임대업을 영업으로 하지 않는 법인이 일시적으로 부동산, 기계장비, 소비용품 등 자산을 임대하여 수익을 말하며, 임대목적물이 동산이든 부동산이든 그 종류를 가리지 않는다. 자산의 임대가 계속적, 반복적이라면 임대업에 해당하여 그 임대료는 사업수입금액에 해당한다.

마) 자산의 평가차익(영 제11조 4호)

자산의 평가차익은 자산의 시가가 장부가액을 초과하는 경우 그 시가와 장부가액의 차이를 말하는 것으로서 원칙적으로 익금에 산입하지 않고 예외적인 경우에 한하여 익금에 산입한다. 예외적인 경우란 보험업법 기타 법률에 의한 고정자산의 평가차익, 재고자산 등 특정 자산 및 부채의 평가차익의 경우이다(법 제18조 1호 단서, 법 제42조 제1항, 영 제73조). 어떠한 자산의 보유상태에서 발생한 가치의 증가 즉, 자산의 평가차익에 관한 과세는 실현된 소득만이 과세된다는 실현주의에 반하므로 원칙적으로 익금에 산입하지 않는다.

따라서 4호에서 자산의 평가차익을 익금의 일반항목으로 예시한 것은 사실상 순자산 증가설의 입장을 원론적으로 표현한 것에 불과하며, 현행 법인세법상 자산의 평가차익은 과세되지 않음이 원칙이다.

바) 무상으로 받은 자산의 가액(영 제11조 5호)

무상으로 받은 자산의 가액은 익금에 해당한다. 법인의 순자산의 증가를 가져오기 때문이다. 현금 수증 시에는 그 수증금액이 익금에 산입되며, 현금 이외의 자산을 무상으로 수증하였다면 그 자산을 수증받았을 당시의 시가 금액을 입금에 산입한다(법 제41조 제1항 3호, 영 제72조 제2항 6호). 무상으로 받은 자산의 가액을 기업회계에서는 자산수증이익이라고 한다. 국고보조금이나 공사부담금도 무상으로 받은 자산의 가액에 포함된다.

'무상으로 받은 자산의 가액'에 저가양수로 인한 이익이 포함되는지 여부와 관련하여 견해가 대립하고 있다. 긍정설은 무상으로 받은 자산의 가액에 증여 등에 의하여 무상으로 취득한 자산의 가액뿐만 아니라 시가보다 저렴한 가격으로 자산을 취득한 경우, 그 시가와 취득가격과의 차액 또한 무상으로 받은 자산의 가액에 포함시켜야 한다는 입장이고, 부정설은 '무상으로 받은 자산의 가액'의 의미를 법문 그대로 해석하여 저가 양수로 받은 자산의 경우는 이에 포함시켜서는 안된다는 입장이다. 그러나 확장해석과 유추해석을 금지하고 있는 조세법의 해석원칙을 고려하면 저가 양수로 받은 자산을 '무상으로 받은 자산'에 포함시킬 수는 없다 하겠다.

투자법인으로부터 잉여금의 자본전입에 따라 받은 무상주 중 의제배당에 해당하지 않는 것, 예를 들어 자본전입의 재원이 과세대상이 아닌 잉여금, 즉 주식발행초과금, 2년 이내에 자본전입된 자기주식 소각익을 제외한 감자차익, 합병·분할차익, 재평가세율이 1%인 토지의 재평가차액을 제외한 재평가적립금 등은 출자를 원인으로 하여 받은 대가로서 투자에 대한 일종의 과실소득이라 할 것이므로 '무상으로 취득한 자산의 가액'이라 할 수 없다.

> 동양나일론 주식회사 법인세부과처분취소 사건
> (대법원 1985.6.25. 선고, 85누283 판결)
>
> [판결요지]
> 투자법인이 자산재평가적립금을 자본에 전입함으로써 받은 무상주배당액은 출자를 원인으로 한 대가로서 투자에 대한 과실소득이지 구 법인세법(1978.12.5 법률 제3099호로 개정되기 전의 것) 제15조 제2항 소정의 무상으로 받은 자산의 가액에 해당되는 것이 아니므로 위 무상주배당액중 이월결손금의 보전에 충당한 가액은 익금가산하여야 한다.

한편 법인세법에는 상속세 및 증여세법 제45조의2와 같은 증여의제 규정이 없다. 따라서 법인이 부동산이나 등록을 요하는 동산, 주식 등과 같은 자산을 명의수탁 받아 등기·등록·명의개서를 하였다고 하더라도, 이를 증여로 의제하여 '무상으로 받은 자산'에 해당하다고 볼 것은 아니며, 그 취득의 실질이 어떠한가에 따라서 판단하여야 한다. 또 명의신탁의 수탁자가 영리법인이 아니고 명의신탁의 목적이 조세회피를 위한 것이라면 통상 증여세법과 관련하여서는 증여로 의제하여 증여세가 과세될 수 있으나, 법인세법에서는 실질과세의 원칙상 그 실질이 무엇인가에 따라 판단해야 한다.

주식회사 대연 법인세부과처분취소 사건
(대법원 2002.6.11. 선고, 2001두4269 판결)

[판결요지]

구 상속세법(1996. 12. 30. 법률 제5193호 상속세및증여세법으로 전문개정되기 전의 것) 제32조의2 제1항의 증여의제 규정은 증여세를 부과하는 경우에 한하여 적용될 수 있을 뿐이고, 구 법인세법(1998. 12. 28. 법률 제5581호로 전문 개정되기 전의 것, 이하 같다)에는 이와 같은 경우 익금으로 의제하는 규정이 없으므로, 구 법인세법상 익금으로 산입될 '무상으로 받은 자산의 가액'에 포함되는 자산의 해당 여부에 관하여는 구 법인세법 제3조가 규정하고 있는 실질과세의 원칙에 따라 실질에 따라 판단하여야 할 것이어서, 당해 법인이 명의수탁 받아 등기, 등록, 명의개서 등을 하여 둔 자산은 포함된다고 할 수 없고 그 명의신탁이 조세회피를 위한 것이어서 수탁자가 영리법인이 아니라면 증여의제되어 증여세가 과세될 자산이라 하여도 조세법률주의와 실질과세의 원칙상 달리 볼 수는 없다 (대법원 1997. 5. 16. 선고 96누7458 판결 참조).

원심판결 이유에 의하면, 원심은 판시와 같은 사실을 인정한 다음, 이 사건 부동산은 최OO가 1980. 1. 10. 대물변제 약정에 따라 취득하여 조세회피 등의 목적으로 이 사건 부동산의 등기부상 소유자 명의를 원고에게 신탁하여 원고 앞으로 이 사건 부동산에 관하여 소유권이전등기가 경료되었을 뿐, 최문규가 이 사건 부동산을 원고에게 증여한 것이 아니므로, 이 사건 부동산의 가액을 원고의 익금에 산입할 수 없다고 판단하였다.

앞서 본 법리 및 기록에 비추어 살펴보면, 원심의 위와 같은 인정 및 판단은 정당하고, 거기에 상고이유에서 주장하는 바와 같은 채증법칙 위배의 위법 등이 없다.

무상으로 받은 자산의 취득 당시의 '시가'의 개념이나 그 산정방법에 관한 규정이 없기 때문에, '시가'의 의미는 정상적인 거래에 의하여 형성된 정상적인 교환가격을 의미하는 것으로 해석된다. 만일 시가의 산정이 어려운 경우 법인세법 시행령 제89조 제1항, 제2항(부당행위계산 부인과 관련하여 둔 시가에 관한 규정)을 준용한다. 법인의 특정 주주가 상법 소정의 감자절차에 의하지 아니하고 고유 주식을 법인에게 무상으로 증여한 경우에는 익금에 산입해야 한다.

법인세등부과처분취소 사건
(대법원 1993.5.27. 선고, 92누9449 판결)

[판시사항]
법인에 증여된 토지에 관하여 증여일로부터 불과 3개월도 경과하지 아니한 시점을 가격시점으로 한 한국감정원의 감정평가액은, 증여토지가 일찍이 개발이 완료된 청주 시내중심가에 위치하고 있는 관계로 지가 등이 비교적 안정되어 있어 몇 달 사이에 그 가격이 급격히 상승할 소지가 거의 없는 곳이고, 실제로도 위 수증일로부터 위 감정평가의 가격시점까지의 기간 동안은 다른 지가 상승 요인이 없었다면 이를 수증 당시의 정상가격으로 봄이 타당하다.

법인세등부과처분취소
(대법원 2000.2.11. 선고, 98두16774 판결)

[판결요지]
구 법인세법(1998. 12. 28. 법률 제5581호로 전문 개정되기 전의 것) 제17조 제2항, 제4항, 구 법인세법시행령(1998. 12. 31. 대통령령 제15970호로 전문 개정되기 전의 것) 제37조 제1항 제3호에 따라 자산의 취득가액을 취득 당시의 정상가액에 의하여 산정함에 있어 과세관청이 원용한 감정평가사의 감정가액은 토지상에 철거해야 할 시설물 등이 있음에도

불구하고, 아파트 신축용 나지로 상정하여 평가한 것이어서 마땅히 고려하여야 할 평가요인을 간과하여, 객관적이고 합리적인 방법으로 평가한 가액으로 보기 어려운데다가, 누락된 평가요인에 의하여 가액에서 공제하여야 할 비용의 범위를 산정할 자료도 부족한 경우, 과세관청이 철거비 항목을 일부 가감한다고 하여 평가요인의 누락으로 인한 감정평가방법상의 불합리성이 수정, 보완된다고 보기 어려우므로 감정가액을 일부 수정하여 시가를 산정할 수 없다.

따라서 이 사건 감정가액을 토대로 이를 일부 수정하여 이 사건 토지의 시가를 산정하는 것은 불가능하고, 달리 기록상 시가로 볼 만한 자료가 없으므로, 결국 시가의 산정이 어려운 경우로서 구 법인세법시행규칙(1997. 3. 29. 총리령 제622호로 개정되기 전의 것) 제16조의2의 규정을 유추 적용하여 구 상속세법시행령(1994. 12. 31. 대통령령 제14469호로 개정된 후 1996. 12. 31. 대통령령 제15193호로 전문 개정되기 전의 것, 이하 같다) 제5조 제2항 제1호 (가)목의 규정에 의하여 그 가액을 평가하여야 할 것이다.

무상으로 받은 자산의 가액을 익금에 산입하는 시기는 그 수증자산을 받을 권리가 확정된 날, 즉 사실상 증여를 받은 날이 속하는 사업연도이다. 만일 수증받은 자산이 부동산과 같은 등기 또는 등록을 요하는 자산이라 하더라도 해당 자산에 대한 소유권이전등기나 등록의 경료시기에 관계없이 그 수증자산을 받을 권리가 확정된 날에 익금에 산입하여야 한다. 또 법인이 무상으로 받은 자산의 가액 중 이월결손금의 보전에 충당된 금액은 각 사업연도의 소득금액계산상 이를 익금에 산입하지 않는다.

대현물산 주식회사 법인세등부과처분취소 사건
(대법원 1985.2.26. 선고, 84누133 판결)

[판결요지]

실질과세의 원칙에 관한 법인세법 제3조 2항, 법인의 각 사업년도의 소득에 관한 동법 제9조, 손익의 귀속사업년도에 관한 동법 제17조의 각 규정에 비추어 볼 때 법인의 수익으로 되는 동법시행령 제12조 제1항 제6호 소정의 무상으로 받은 자산의 익금확정시기는 그 수증재산을 받을 권리가

> 확정된 때에 속하는 사업년도라고 풀이해야 할 것으로서 수증재산에 관한 소유권이전등기를 경료하지 아니하였더라도 사실상 증여받은 때에는 그 사업년도의 익금으로 확정되었다 할 것인바, 그 수증재산의 가액산정에 관한 동법시행령 제28조 소정의 그 자산을 받은 날의 의미는 그 익금으로 확정된 날로서 사실상 증여받은 날로 보아야 할 것이다.

사) 채무의 면제 또는 소멸로 인하여 생기는 부채의 감소액(영 제11조 6호)

채무의 면제 또는 소멸로 인하여 생기는 부채의 감소액, 즉 채무면제이익 또한 익금에 해당한다. 법인세법 시행령 제11조 5호의 무산으로 받은 자산의 가액이 적극적인 자산의 증가인 반면, 본 호의 채무면제이익은 소극적인 자산의 증가에 해당한다. 채무면제이익으로서 익금에 산입되는 것에는 채무의 출자전환의 경우 해당 주식의 발행가액이 시가를 초과하는 금액도 포함된다.

채무의 면제란 채권자의 채무자에 대한 일방적 의사표시에 의하여 채무를 무상으로 소멸시키는 것을 의미한다(민법 제506조). 채무의 소멸이란 소멸시효의 완성에 의한 소멸, 제3자에 의한 변제 또는 인수 등에 의하여 자신의 출재 없이 채무가 소멸되는 경우를 의미한다. 채무의 면제 또는 소멸은 법인의 부채를 감소시키고 그에 따라 순자산의 증가로 이어지기 때문에 이를 익금에 산입하는 것이다.

만일 개인이 채무의 면제 또는 소멸로 이익을 얻은 경우라면 증여세과 부과될 것이나, 채무의 면제 또는 소멸로 이익을 받은 주체가 법인일 경우 증여세가 부과되는 것이 아니라 사업연도의 소득으로 산입되어 법인세가 부과될 뿐이다. 국제기준 및 일반기준은 법인세법과 마찬가지로 적극적인 자산수증이익과 소극적인 채무면제이익을 구별하지 않고 모두 기타수익 또는 영업수익으로 회계처리하며, 자산수증이익과 채무면제이익을 모두 이월결손금 보전의 경우에 익금으로 산입하지 않는다.

한편, 채무자 회생 및 파산에 관한 법률에 의한 회생인가결정에 따른 채무면제와 기업구조조조정촉진법 및 기업구조조정투자회사법에 의한 채무면제를 받은 경우에는 그 관련법의 입법취지, 즉 기업의 회생이나 기업개선작업을 지원하기 위한 목적을 고려하여 결손금을 초과하는 채무면제이익에 대하여 3개 사업연도 동안 익금산입을 유예하고, 3개 사업연도가 경과한 후 3개 사업연도 동안에 균등액 이상을 익금에 산입하도록 하는 과세이연의 특례가 마련되어 있다(조특법 제44조 제1항 제3항).

그리고 정리계획인가 결정에 따라 채무의 이자율과 변제기가 채무자에게 유리하게 변경된 경우 기업회계상으로 현재가치할인차금(차변)과 채무면제이익(대변)을 인식하지만 세법상으로는 이러한 채무면제이익은 자산의 임의평가에 해당하므로 익금에 산입하지 않는다. 그러나 차후 채무자가 당해 채무를 현재가치로 할인하여 평가한 금액으로 중도에 상환하는 경우에는 그와 같은 채무면제이익이 현실화하여 현재가치할인차금 미상각잔액만큼 법인의 순자산이 증가되는 결과에 이르게 되고, 이러한 경우 법인의 순자산 증가액은 익금에 산입된다.

아) 손금에 산입한 금액 중 환입된 금액(영 제11조 7호)

손금에 산입한 금액 중 환입된 금액 또한 익금으로 한다. '손금에 산입된 금액 중 환입된 금액'이란 과거 사업연도에 지출된 비용으로서 이미 손금에 산입되었으나, 해당 사업연도 중 익금에 환입된 금액을 의미한다. 이는 해당 사업연도에 법인의 순자산을 증가시켰으므로 익금에 산입하는 것이다. 손금에 산입된 금액 중 환입된 금액의 예로는, ①해당 사업연도 전에 납부하였던 재산세 또는 종합부동산세를 과세처분의 취소 등을 이유로 지방세환급금으로 환급받은 경우, ②해당 사업연도 전에 사실상 회수불능인 것으로 판단하여 대손금으로 손금산입하였던 채권을 회수한 경우, ③해당 사업연도 전에 손금에 산입하였던 준비금 또는 충당금을 익금으로 환입하는 경우가 이에 해당한다.

한편, 해당 사업연도 중에 손비로 처리한 금액으로서 해당 사업연도 중에 환입된 금액은 본호의 적용이 없다. 이 경우에는 직접 해당 손비의 환입으로 회계처리하여야 할 것이다. 또 손금에 산입한 금액으로서 환입된 금액을 익금에 산입하는 것이므로, 손금에 산입되지 않은 금액(법인세나 지방소득세, 가산세 및 가산금 등) 중 환입된 금액에 대해서도 본호가 적용되지 않는다.

자) 이익처분에 의하지 아니하고 손금으로 계상된 적립금액(영 제11조 8호)

이익처분에 의하지 않고 손금으로 계상된 적립금액은 익금으로 한다. 이익처분에 의하여 적립하여야 할 금액을 이익처분에 의하여 적립하지 않고 손금으로 계상한 금액을 말하는데, 구체적인 예로는 법인세법 및 조세특례제한법에서 손금산입을 인정하지 않고 있는 충당금 등(수선충당금, 판매보증충당금, 공사보증충당금 등)을 이익처분에 의하여 적립하지 않고 손비로 계상한 경우, 이익잉여금 처분항목인 이익준비금·기타의 법정적립금 또는 임의적립금(사업확장적립금·감채적립금·배당평균적립금 등)을 이익처분에 의하여 적립하지 않고 손비로 계상한 경우 등이 이에 해당한다.

위와 같은 이익처분에 의하여 적립하지 아니한 충당금이나 준비금의 손금산입을 부인할 수도 있으나, 법인세법은 법인이 손금으로 계상한 금액에 해당하는 그 적립할 금액 상당을 익금에 산입하도록 규정하고 있다.

차) 88조 1항 8호 각 목의 규정 및 같은 항 8호의 2에 의한 자본거래로 인하여 특수관계자로부터 분여받은 이익(영 제11조 9호)

법인세법 제52조(부당행위계산의 부인) ① 납세지 관할 세무서장 또는 관할지방국세청장은 내국법인의 행위 또는 소득금액의 계산이 대통령령으로 정하는 특수관계인(이하 "특수관계인"이라 한다)과의 거래로 인하여 그 법인의 소득에 대한 조세의 부담을 부당하게 감소시킨 것으로 인정되는 경우에는 그 법인의 행위 또는 소득금액의 계산(이하 "부당행위계산"이라 한다)에 관계없이 그 법인의 각 사업연도의 소득금액을 계산할 수 있다. 법인세법 시행령 제88조(부당행위계산의 유형 등) ① 법 제52조제1항에서 "조세의 부담을 부당하게 감소시킨 것으로 인정되는 경우"란 다음 각 호의 어느 하나에 해당하는 경우를 말한다. 8. 다음 각 목의 어느 하나에 해당하는 자본거래로 인하여 주주등인 법

인이 특수관계인인 다른 주주 등에게 이익을 분여한 경우

가. 특수관계인인 법인간의 합병(분할합병을 포함한다)에 있어서 주식등을 시가보다 높거나 낮게 평가하여 불공정한 비율로 합병한 경우. 다만, 「자본시장과 금융투자업에 관한 법률」 제165조의4에 따라 합병(분할합병을 포함한다)하는 경우는 제외한다.

나. 법인의 자본(출자액을 포함한다)을 증가시키는 거래에 있어서 신주(전환사채·신주인수권부사채 또는 교환사채 등을 포함한다. 이하 이 목에서 같다)를 배정·인수받을 수 있는 권리의 전부 또는 일부를 포기(그 포기한 신주가 「자본시장과 금융투자업에 관한 법률」 제9조제7항에 따른 모집방법으로 배정되는 경우를 제외한다)하거나 신주를 시가보다 높은 가액으로 인수하는 경우

다. 법인의 감자에 있어서 주주 등의 소유주식 등의 비율에 의하지 아니하고 일부 주주등의 주식등을 소각하는 경우

8의2. 제8호 외의 경우로서 증자·감자, 합병(분할합병을 포함한다)·분할, 「상속세 및 증여세법」 제40조제1항에 따른 전환사채 등에 의한 주식의 전환·인수·교환 등 법인의 자본(출자액을 포함한다)을 증가시키거나 감소시키는 거래를 통하여 법인의 이익을 분여하였다고 인정되는 경우. 다만, 제20조제1항제3호 각 목 외의 부분에 해당하는 주식매수선택권 등 중 주식매수선택권의 행사에 따라 주식을 발행하는 경우는 제외한다.

법인세법 제52조는 법인의 특수관계인과의 거래가 법인에 대한 조세 부과를 부당하게 감소시키는 것으로 인정되는 경우, 이와 관련된 법인의 행위 또는 소득금액의 계산을 부당행위계산이라 하여 이를 부인하고 이와 관계없이 법인의 사업연도 소득금액을 계산할 것을 규정하고 있고, 법인세법 시행령 제88조 제1항은 각호에서 이 부당행위계산을 유형화하고 있다.

법인의 특수관계자와 법인 간의 자본거래시에 주주인 법인이 특수관계자인 다른 주주에게 이익을 분여하는 등의 일정한 행위를 할 경우, 그 행위계산을 부당행위계산으로 간주하여 부인함으로써 이익을 분여한 법인의 익금에 산입하게 된다(영 제88조 제1항 8호, 8호의2). 한편 법인세법과 동법 시행령은 이에 그치지 아니하고 그 이익을 분여받은 자에 대해서도 그 분여받은 자가 법인인 경우 법인의 수익으로서 익금에 산입하도록 규정한 것이다(대응조정의 불인정).

자) 특수관계가 소멸된 시점의 가지급금 등(영 제11조 9의2호)

> 법인세법 시행령 제11조(수익의 범위)
>
> 법 제15조제1항의 규정에 의한 수익은 법 및 이 영에서 달리 정하는 것을 제외하고는 다음 각 호에 규정하는 것으로 한다.
>
> 9의2. 법 제28조제1항제4호나목에 따른 가지급금 및 그 이자(이하 이 조에서 "가지급금등"이라 한다)로서 다음 각 목의 어느 하나에 해당하는 금액. 다만, 채권·채무에 대한 쟁송으로 회수가 불가능한 경우 등 기획재정부령으로 정하는 정당한 사유가 있는 경우는 제외한다.
>
> 가. 제87조제1항의 특수관계가 소멸되는 날까지 회수하지 아니한 가지급금 등(나목에 따라 익금에 산입한 이자는 제외한다)
>
> 나. 제87조제1항의 특수관계가 소멸되지 아니한 경우로서 법 제28조제1항제4호나목에 따른 가지급금의 이자를 이자발생일이 속하는 사업연도 종료일부터 1년이 되는 날까지 회수하지 아니한 경우 그 이자
>
> 법인세법 제28조(지급이자의 손금불산입)
>
> ① 다음 각 호의 차입금의 이자는 내국법인의 각 사업연도의 소득금액을 계산할 때 손금에 산입하지 아니한다.
>
> 4. 다음 각 목의 어느 하나에 해당하는 자산을 취득하거나 보유하고 있는 내국법인이 각 사업연도에 지급한 차입금의 이자 중 대통령령으로 정하는 바에 따라 계산한 금액(차입금 중 해당 자산가액에 상당하는 금액의 이자를 한도로 한다)
>
> 나. 제52조제1항에 따른 특수관계인에게 해당 법인의 업무와 관련 없이 지급한 가지급금(假支給金) 등으로서 대통령령으로 정하는 것

특수관계자와의 거래에서 발생한 가지급금과 회수하지 못한 이자가 법인과 특수관계인의 특수관계가 소멸하는 시점까지 회수되지 못하는 경우, 가지급금과 회수하지 못한 이자를 익금에 산입한다. 특수관계가 유지되는 경우로써 이자발생일이 속하는 사업연도 종료일로부터 1년이 되는 날까지 회수하지 못하는 경우에는 동 이자상당액을 익금에 산입하며 이를 특수관계자에게 처분한 것으로 보아 소득처분한다. 다만, 채권과 채무에 대한 쟁송이 있는 경우와 같이 가지급금과 회수되지 못한 이자를 회수하지 않은 정당한 사유가 있

는 때에는 그러하지 아니한다.

카) 그 밖의 수익으로서 그 법인에 귀속되었거나 귀속될 금액(영 제11조 10호)

법인세법 시행령 제11조 1호부터 9호까지 이외의 수익으로서 그 법인에 귀속되었거나 귀속되어야 할 금액을 말한다. 여기에는 이자수익과 배당수익 등이 포함된다. 예를 들면 이자, 배당, 저작권, 공업소유권 등의 사용 또는 사용할 권리에 대한 대가로 받는 사용료, 국가 또는 지방자치단체로부터 받는 국고보조금 등 일체의 자산증가가 이에 해당한다.

> 주식회사 서울신탁은행 원천세부과처분취소 사건
> (대법원 1985.4.23. 선고, 84누481 판결)
>
> [판결요지]
> 금융기관이 기업의 시설자금을 대출하고 그 관리를 위해 개설한 소위 여신 관리자금 계정은 실제의 대출을 아직 실행하지 아니하였으면서도, 시설자금 대출승인만 나면, 곧 바로 대출이 실행되었다가 그 대출금을 다시 예금한 것 같은 형식과 외관을 갖추어 두었다가 일정한 조건 즉, 공사진행에 따른 시설확인을 받으면 그때서야 비로소 그 공정비율 만큼의 자금을 실제로 대출하여 주면서, 미리 받아둔 선이자 해당액도 함께 환급하여 줌으로써 시설자금의 공급을 확보하고 낮은 이자의 정책적 시설자금의 유용을 방지하기 위한 금융기관의 대출금 사후관리제도의 하나로서 그 형식과 외관은 예금인 것처럼 보이나, 그 실체는 정책적 필요에서 나온 기술적인 장부조작으로서 어디까지나 대출금에 지나지 아니하며 이에 관한 환출이자도 예금이자라고 할 수 없다.

법인세법 시행령 제11조 10호는 법인세법 시행령 제11조가 수익의 범위를 예시적으로 규정하고 있음을 드러내고 있기도 하다.

2) 특수한 익금(법 제15조 제2항)

> 법인세법 제15조(익금의 범위)
> ② 다음 각 호의 금액은 익금으로 본다.
> 1. 제52조제1항에 따른 특수관계인인 개인으로부터 유가증권을 같은 조 제2항에 따른 시가(時價)보다 낮은 가액으로 매입하는 경우 시가와 그 매입가액의 차액에 상당하는 금액
> 2. 제57조제4항에 따른 외국법인세액(세액공제된 경우만 해당한다)에 상당하는 금액
> 3. 「조세특례제한법」 제100조의18제1항에 따라 배분받은 소득금액

가) 유가증권의 저가매입에 따른 차액(법 제15조 제2항 1호)

① 의의

법인세법 제52조 제1항의 규정에 의한 특수관계인 개인으로부터 유가증권을 시가보다 낮은 가액으로 매입하는 경우 시가와 그 매입가액의 차액에 상당하는 금액은 익금으로 의제하여 익금에 산입한다.

② 취지

자산의 저가양수에 있어서 그 저가양수로 인한 차액에 대해서는 저가양수한 시점이 아닌 해당자산을 처분하여 그 이익이 현실로 실현되는 시점에 과세하는 것이 원칙이다. 그러나 자산의 저가양수 중 유가증권의 저가매입에 대해서만 그 매입일이 속하는 과세연도에 저가매입에 따른 차액을 익금에 산입하여 과세하도록 하고 있다.

그러나 자산의 저가양수 중 유독 유가증권의 저가양수에 대해서만 저가양수로 인한 차액에 대하여 앞당겨 과세하는 것에 대하여 합리적인 이유 없는 차별이라는 비판이 제기되고 있다.

③ 적용요건

법인이 특수관계 있는 개인으로부터 유가증권을 시가에 미달하는 가액으

로 매입하는 경우이어야 한다. 유가증권 매입의 상대방인 특수관계인은 법인세법 제52조 제1항의 규정에 의하는데, 특수관계인의 구체적인 범위에 대해서는 법인세법 시행령 제87조가 규정하고 있다. 다만 유가증권의 양도자는 반드시 개인이어야 하므로 양도자가 법인인 경우에는 본호의 적용이 없다.

> 법인세법 시행령 제87조(특수관계인의 범위)
>
> ① 법 제52조제1항에서 "대통령령으로 정하는 특수관계인"이란 법인과 다음 각 호의 어느 하나의 관계에 있는 자(이하 "특수관계인"이라 한다)를 말한다. 이 경우 본인도 「국세기본법」 제2조제20호 각 목 외의 부분 후단에 따라 특수관계인의 특수관계인으로 본다.
>
> 1. 임원의 임면권의 행사, 사업방침의 결정 등 당해 법인의 경영에 대하여 사실상 영향력을 행사하고 있다고 인정되는 자(「상법」 제401조의2제1항의 규정에 의하여 이사로 보는 자를 포함한다)와 그 친족
> 2. 주주등(소액주주등을 제외한다. 이하 이 관에서 같다)과 그 친족
> 3. 법인의 임원·사용인 또는 주주등의 사용인(주주등이 영리법인인 경우에는 그 임원을, 비영리법인인 경우에는 그 이사 및 설립자를 말한다)이나 사용인외의 자로서 법인 또는 주주등의 금전 기타 자산에 의하여 생계를 유지하는 자와 이들과 생계를 함께 하는 친족
> 4. 해당 법인이 직접 또는 그와 제1호부터 제3호까지의 관계에 있는 자를 통하여 어느 법인의 경영에 대하여 지배적인 영향력을 행사하고 있는 경우 그 법인
> 5. 해당 법인이 직접 또는 그와 제1호부터 제4호까지의 관계에 있는 자를 통하여 어느 법인의 경영에 대하여 지배적인 영향력을 행사하고 있는 경우 그 법인
> 6. 당해 법인에 100분의 30 이상을 출자하고 있는 법인에 100분의 30 이상을 출자하고 있는 법인이나 개인
> 7. 당해 법인이 「독점규제 및 공정거래에 관한 법률」에 의한 기업집단에 속하는 법인인 경우 그 기업집단에 소속된 다른 계열회사 및 그 계열회사의 임원

양도자를 개인에 한정하는 이유를 보면, 특수관계인 중 개인이 아닌 세법상 특수관계 있는 법인 사이에 자산을 저가로 양도하면 양도자인 법인에 대해서는 법인세법 제52조의 부당행위계산부인 규정에 의하여 시가와의 차액을

익금에 산입한 다음 이를 기타사외유출로 처분하게 된다. 물론 특수관계가 없는 법인 사이에 양수도가 이루어진 경우에는 법인세법 시행령 제35조에 따라 정상가액과의 차액을 기부금으로 보아 익금에 산입하게 될 것이다.

특수관계가 있는 법인 사이의 자산 거래에 있어 양수자인 법인에 대해서는 비영리법인일 경우 저가매입가격과 정상매입가격과의 차액은 증여세의 과세대상이 되고(상증법 제2조 제1항 1호, 제35조), 양수자인 법인이 영리법인일 경우 저가인 양수가액이 자산의 취득가액으로 계상되어도 추후 그 자산에 대한 감가상각비를 계상하거나 처분하는 경우 시가와의 차액만큼 손금산입액이 적어지고 그 결과 소득금액이 늘어나게 되므로, 비록 양수한 시점에서 곧바로 익금에 산입되지 않더라도 감가상각시나 처분시에 과세되는 효과가 발생한다.

그러나 특수관계에 있는 개인이 주식 등을 영리법인에게 저가로 양도하면 채권매매차익이나 일정한 경우의 상장법인의 주식양도차익은 비과세되고(소득세법 제94조 제1항 3호), 과세되는 상장법인의 주식양도차익이나 비상장법인의 주식양도차익에 대해서는 저율의 세율로 과세되므로 조세부담 회피의 문제가 발생한다. 예컨대, 아버지가 상장법인의 주식을 무상에 가까운 저가로 양도하여 주식양수 법인의 대주주인 아들에게 사실상 증여하는 경우에도 조세부담이 거의 없는 경우가 생긴다.

따라서 이와 같이 주식 등의 양도를 통하여 세금의 부담 없이 상속 또는 증여가 이루어지는 것을 방지하기 위하여 시가와의 차액을 매입일이 속하는 사업연도의 익금에 산입함과 동시에 이를 당해 유가증권의 취득가액에 포함시켜 처분시점에서 손금산입할 수 있도록 한 것이다(영 제72조 제3항 1호). 다만, 세부담 없이 주식의 양도가 이루어지는지 여부는 불문하고 모든 유가증권의 저가매입에 대해서 익금산입하고 있으므로 유달리 유가증권의 저가양수에 대해서만 앞당겨 과세하는 것은 합리적인 이유 또는 정당성을 찾을 수 없다는 지적도 있다.

매입의 목적물은 유가증권이다. 따라서 유가증권 이외의 다른 자산의 저가매입에 대해서는 본호가 적용되지 않는다. 유가증권 이외의 기타 자산의 저가매입에 대해서는 시가와 매입가액의 차액을 그 자산의 매입 시에 익금에 산입하지 않고 해당 자산의 처분 시에 매출총이익·투자자산처분이익 또는 유형자산 처분이익 등으로서 과세하는 것이다. 통상 유가증권이라 함은 재산적 가치가 있는 사권(私權)을 표상하는 증권으로서 그 권리의 발행·행사 또는 이전에 그 증권의 점유를 필요로 하는 것을 말한다. 예를 들면 어음·수표·화물상환증·창고증권·선하증권·상품권·주식·채권 등이 유가증권에 해당한다.

취득의 유형을 매매만으로 한정할 것인지, 교환 또는 대물변제를 포함한 모든 유상취득을 포함하는 것으로 볼 것인지가 문제되나, 법률이 '매입'이라 표현하고 있으므로 매매만이 이에 해당한다고 보아야 한다.

시가에 비하여 저가로 매입해야 하는바, 시가란 특수관계인과의 거래가 아닌 정상적인 거래에 의하여 형성된 객관적인 교환가치를 말한다. 해당 거래와 유사한 상황에서 해당 법인이 특수관계인이 아닌 불특정 다수인과 계속적으로 거래한 가격 또는 특수관계인이 아닌 제3자간에 일반적으로 거래된 가격이 있는 경우에는 이를 시가로 한다.

시가가 부분명한 경우에는 지가공시및토지등의평가에관한법률에 의한 감정평가법인이 감저한 가액에 의하고 감정한 가액이 없는 경우에는 상속세및증여세법 제63조의 규정을 준용하여 평가한 가액에 의한다. 다만, 유가증권 중에서 주식 또는 출자지분의 경우에는 감정평가법인이 감정한 가액이 아닌 상속세및증여세법 제63조의 규정을 준용하여 평가한 가액에 의하여야 한다(영 제89조 제1항, 제2항).

대법원은 시장성이 적은 비상장주식의 경우에도 그에 대한 매매사실이 있는 경우에는 거래가액을 시가로 보아 주식의 가액을 평가하여야 하고 상속세및증여세법이 규정한 보충적 평가방법에 의하여 평가해서는 안된다는 입장이다. 다만, 시가란 일반적이고 정상적인 거래에 의하여 형성된 객관적 교환가격을 의미하므로 그와 같은 매매사례가액을 시가로 인정하기 위해서는 해당 거래가 일반적이고 정상적인 방법에 의하여 이루어져 증여 당시의 객관적인 교환가치를 적절하게 반영하고 있다고 인정할 수 있어야 한다.

증여세부과처분취소 사건

(대법원 2012.4.26. 선고, 2010두26988 판결)

[판결요지]

구 상속세 및 증여세법(2007. 12. 31. 법률 제8828호로 개정되기 전의 것, 이하 '상증세법'이라 한다) 제60조 제1항, 제3항은, 증여재산의 가액은 증여일 현재의 시가에 의하고 시가를 산정하기 어려운 경우에는 당해 재산의 종류·규모·거래상황 등을 감안하여 제61조 내지 제65조에 규정된 보충적 평가방법에 의하여 평가한 가액에 의하도록 규정하고 있다. 한편 상증세법 제60조 제2항은 " 제1항의 규정에 의한 시가는 불특정다수인 사이에 자유로이 거래가 이루어지는 경우에 통상 성립된다고 인정되는 가액으로 하고 수용·공매가격 및 감정가격 등 대통령령이 정하는 바에 의하여 시가로 인정되는 것을 포함한다."고 규정하고, 그 위임에 의한 구 상속세 및 증여세법 시행령(2004. 12. 31. 대통령령 제18627호로 개정되기 전의 것, 이하 '상증세법 시행령'이라 한다) 제49조 제1항 제1호 본문은 시가로 인정되는 것의 하나로 '당해 재산에 대한 매매사실이 있는 경우에는 그 거래가액'을 들면서 그 단서에서 '그 거래가액이 특수관계에 있는 자와의 거래 등 그 가액이 객관적으로 부당하다고 인정되는 경우를 제외한다'고 규정하고 있다.

따라서 시장성이 적은 비상장주식의 경우에도 그에 대한 매매사실이 있는 경우에는 그 거래가액을 시가로 보아 주식의 가액을 평가하여야 하고 상증세법이 규정한 보충적 평가방법에 의하여 평가해서는 아니 된다고 할 것이나, 시가라 함은 일반적이고 정상적인 거래에 의하여 형성된 객관적 교환가격을 의미하므로 그와 같은 매매사례가액이 시가로 인정되기 위해서는 당해 거래가 일반적이고 정상적인 방법으로 이루어져 증여일 당시의 객관적 교환가치를 적정하게 반영하고 있다고 볼 수 있는 사정이 인정되어야 한다(대법원 2000. 7. 28. 선고 2000두1287 판결, 대법원 2004. 11. 26. 선고 2003두4447 판결 등 참조).

④ 익금산입의 효과

저가매입한 매입가격과 시가와의 차액을 그 매입일이 속하는 사업연도의 익금에 산입한다. 그런데 저가매입에 따라 매입가액과 시가와의 차액을 익금에 산입한 유가증권의 경우 그 익금에 산입한 차액을 취득가액에 포함시켜야 한다. 즉 해당 유가증권을 양도하는 날이 속하는 사업연도의 손금에 산입하는 것이다.

나) 수입배당금액에 대한 외국법인세액(세액공제된 경우에 한함) 상당액(법 제15조 제2항 2호)

> 법인세법 제15조(익금의 범위)
> ② 다음 각 호의 금액은 익금으로 본다.
> 2. 제57조제4항에 따른 외국법인세액(세액공제된 경우만 해당한다)에 상당하는 금액
>
> 제57조(외국 납부 세액공제 등)
> ④ 내국법인의 각 사업연도의 소득금액에 외국자회사로부터 받는 이익의 배당이나 잉여금의 분배액(이하 이 조에서 "수입배당금액"이라 한다)이 포함되어 있는 경우 그 외국자회사의 소득에 대하여 부과된 외국법인세액 중 그 수입배당금액에 대응하는 것으로서 대통령령으로 정하는 바에 따라 계산한 금액은 제1항에 따른 세액공제 또는 손금산입되는 외국법인세액으로 본다.

내국법인이 외국자회사로부터 받은 수입배당금액이 있는 경우 그 외국자회사의 소득에 대하여 부과된 외국법인세액 중 해당 수입배당금액에 해당하는 부분을 익금으로 의제하여 각 사업연도의 소득에 익금으로 산입함과 동시에 해당 금액을 외국납부세액으로 의제하여 세액으로 공제하도록 하고 있다.

국제거래에 있어서 국가 사이에 법인세의 이중납부를 배제하기 위한 규정으로서 외국에 법인세를 납부하기에 앞서 일단 법인의 소득이 되었다고 보아 이를 익금에 산입한 후, 외국에 납부한 법인세액을 세액에서 공제해주는 것이다.

다) 동업기업으로부터 배분받은 소득금액(법 제15조 제2항 3호)

법인세법 제15조(익금의 범위)
② 다음 각 호의 금액은 익금으로 본다.
3. 「조세특례제한법」 제100조의18제1항에 따라 배분받은 소득금액

조세특례제한법 제100조의18(동업기업 소득금액 등의 계산 및 배분)
① 동업자군별 배분대상 소득금액 또는 결손금은 각 과세연도의 종료일에 해당 동업자군에 속하는 동업자들에게 동업자 간의 손익배분비율에 따라 배분한다. 다만, 동업기업의 경영에 참여하지 아니하고 출자만 하는 자로서 대통령령으로 정하는 동업자(이하 이 절에서 "수동적동업자"라 한다)에게는 결손금을 배분하지 아니하되, 해당 과세연도의 종료일부터 10년 이내에 끝나는 각 과세연도에 그 수동적동업자에게 소득금액을 배분할 때 배분되지 않은 결손금을 그 배분대상 소득금액에서 대통령령으로 정하는 바에 따라 공제하고 배분한다.

동업자군별 배분대상 소득금액 또는 결손금은 각 과세연도의 종료일에 해당 동업자군에 속하는 동업자들에게 손익분배비율에 따라 배분한다. 이와 같이 동업기업과세특례에 의하여 법인의 동업자가 해당 동업기업으로부터 배분받은 소득금액은 이를 익금으로 보는 것이다.

법인세 과세에 있어 과세단위로 취급하지 않는 동업기업의 소득금액이나 결손금은 그 사업연도의 종료일에 해당 동업자들에게 손익분배비율에 따라 배분되므로 동업기업으로부터 배분받은 소득금액은 실제 분배와는 관계없이 동업자의 해당 사업연도 익금에 산입하도록 규정하고 있다.

라) 의제배당

① 의의

법인세법 제16조(배당금 또는 분배금의 의제)
① 다음 각 호의 어느 하나에 해당하는 금액은 법인으로부터 이익을 배당받았거나 잉여금을 분배받은 금액으로 보고 이 법을 적용한다.
1. 주식의 소각, 자본의 감소, 사원의 퇴사·탈퇴 또는 출자의 감소로 인

하여 주주·사원 또는 출자자(이하 "주주등"이라 한다)가 취득하는 금전과 그 밖의 재산가액의 합계액이 주주등이 해당 주식 또는 출자지분(이하 "주식등"이라 한다)을 취득하기 위하여 사용한 금액을 초과하는 금액

2. 법인의 잉여금의 전부 또는 일부를 자본이나 출자에 전입(轉入)함으로써 취득하는 주식등의 가액. 다만, 다음 각 목의 어느 하나에 해당하는 금액을 자본에 전입하는 경우는 제외한다.

가. 「상법」 제459조제1항에 따른 자본준비금으로서 대통령령으로 정하는 것

나. 「자산재평가법」에 따른 재평가적립금(같은 법 제13조제1항제1호에 따른 토지의 재평가차액에 상당하는 금액은 제외한다)

3. 법인이 자기주식 또는 자기출자지분을 보유한 상태에서 제2호 각 목에 따른 자본전입을 함에 따라 그 법인 외의 주주등의 지분 비율이 증가한 경우 증가한 지분 비율에 상당하는 주식등의 가액

4. 해산한 법인의 주주등(법인으로 보는 단체의 구성원을 포함한다)이 그 법인의 해산으로 인한 잔여재산의 분배로서 취득하는 금전과 그 밖의 재산의 가액이 그 주식등을 취득하기 위하여 사용한 금액을 초과하는 금액

5. 합병에 따라 소멸하는 법인[이하 "피합병법인"(被合倂法人)이라 한다]의 주주등이 합병에 따라 설립되거나 합병 후 존속하는 법인(이하 "합병법인"이라 한다)으로부터 그 합병으로 인하여 취득하는 합병법인 또는 합병법인의 모회사(합병등기일 현재 합병법인의 발행주식총수 또는 출자총액을 소유하고 있는 내국법인을 말한다. 이하 같다)의 주식등의 가액과 금전이나 그 밖의 재산가액의 합계액[이하 "합병대가"(合倂對價)라 한다]이 그 피합병법인의 주식등을 취득하기 위하여 사용한 금액을 초과하는 금액

6. 법인이 분할하는 경우 분할되는 법인(이하 "분할법인"이라 한다) 또는 소멸한 분할합병의 상대방 법인의 주주가 분할에 따라 설립되는 법인(이하 "분할신설법인"이라 한다) 또는 분할합병의 상대방 법인으로부터 분할로 인하여 취득하는 주식의 가액과 금전이나 그 밖의 재산가액의 합계액(이하 "분할대가"라 한다)이 그 분할법인 또는 소멸한 분할합병의 상대방 법인의 주식(분할법인이 존속하는 경우에는 소각 등에 의하여 감소된 주식만 해당한다)을 취득하기 위하여 사용한 금액을 초과하는 금액

② 제1항을 적용할 때 이익배당 또는 잉여금 분배의 시기, 주식등 재산가액의 평가 등에 관하여 필요한 사항은 대통령령으로 정한다.

법인의 당기순이익 중 정기주주총회에서 법정적립금 및 임의적립금으로 처분된 나머지는 주주들에게 배당금으로 분배된다. 법인이 다른 법인의 주주로서 배당금을 배당받게 되면 이를 익금에 산입해야 할 것이다. 이처럼 법인이 다른 법인의 주주로서 배당금을 받는 현금배당 이외에 상법이 정한 절차에 따라 배당금이 주식으로 배당되기도 하고, 잉여금의 자본전입 등 다른 형태의 경제적 이익으로 주주인 법인에게 귀속되기도 한다.

위와 같이 경영의 성과인 당기순이익이 일정한 사유로 현금배당이 아닌 다른 형태로 주주나 출자자에게 환원되어 귀속되는 경우 이는 실질적으로 현금배당과 유사한 경제적 이익에 해당하므로 이에 대해서도 과세하는 것이 형평에 맞는 일이다. 법인세법인 이를 이익의 배당 또는 분배로 의제하여 익금에 산입하도록 하고 있는바(법 제16조), 이를 의제배당이라 한다.

> 학교법인 세대학원 법인세등부과처분취소 사건
> (대법원 1993.6.11. 선고, 92누16126 판결)
>
> [판결요지]
> 법인세법 제19조가 규정하는 의제배당은 기업경영의 성과인 잉여금 중 사외에 유출되지 않고 법정적립금, 이익준비금 기타 임의적립금 등의 형식으로 사내에 유보된 이익이 위 법조 각호 소정의 사유로 주주나 출자자에게 환원되어 귀속되는 경우에 이러한 이익은 실질적으로 현금배당과 유사한 경제적 이익이므로 과세형평의 원칙에 비추어 이를 배당으로 의제하여 과세하는 것이다.

의제배당의 유형으로는 발생원인에 따라 크게 주식의 소각과 같은 자본감소·해산·합병·분할로 인한 의제배당과 잉여금의 자본전입으로 인한 의제배당으로 나눌 수 있다.

② 자본감소·해산·합병·분할로 인한 의제배당

i) 유상감자 또는 사원탈퇴에 따른 의제배당

> 법인세법 제16조(배당금 또는 분배금의 의제)
> ① 다음 각 호의 어느 하나에 해당하는 금액은 법인으로부터 이익을 배당받았거나 잉여금을 분배받은 금액으로 보고 이 법을 적용한다.
> 1. 주식의 소각, 자본의 감소, 사원의 퇴사·탈퇴 또는 출자의 감소로 인하여 주주·사원 또는 출자자(이하 "주주등"이라 한다)가 취득하는 금전과 그 밖의 재산가액의 합계액이 주주 등이 해당 주식 또는 출자지분(이하 "주식등"이라 한다)을 취득하기 위하여 사용한 금액을 초과하는 금액

주식의 소각·자본의 감소·사원의 퇴사·탈퇴·출자의 감소로 인하여 주주, 사원 또는 출자자가 취득하는 금전과 그 밖의 재산가액의 합계액이 주주 등이 해당 주식 또는 출자지분을 취득하기 위하여 사용한 금액을 초과하는 경우, 그 초과하는 금액은 배당받은 것으로 의제한다.

> 의제배당액 = 주주 등이 취득하는 금전 기타 재산가액의 합계액 - 해당 주식의 취득가액

> 주식회사 귀뚜라미 홈시스 배당소득세부과처분취소 사건
> (대법원 2010.10.28. 선고, 2008두19628 판결)
>
> [판결요지]
> 주식 매도가 자산거래인 주식 양도에 해당하는지 또는 자본거래인 주식 소각 내지 자본 환급에 해당하는가는 법률행위 해석의 문제로서 그 거래의 내용과 당사자의 의사를 기초로 하여 판단하여야 할 것이지만, 실질과세의 원칙상 단순히 당해 계약서의 내용이나 형식에만 의존할 것이 아니라, 당사자의 의사와 계약체결의 경위, 대금의 결정방법, 거래의 경과 등 거래의 전체과정을 실질적으로 파악하여 판단하여야 한다.
> 법인이 망인으로부터 총 평가액 130억 원이 넘는 주식을 취득한 것은 자본감소절차의 일환으로서 상법 제341조 제1호에 따라 주식을 소각하여 위 법인에 대한 출자금을 환급해 주기 위한 목적에서 이루어진 것이므로, 주식의 양도차익을 망인에 대한 배당소득으로 의제하여 위 법인에게 원천징수분 배당소득세를 고지한 처분은 적법하다고 본 원심판단을 수긍한 사례.

주식회사나 유한회사가 자본금을 감소시키는 방법으로는 기존 주식의 주금액을 감소시키는 방법, 주식을 소각하거나 주식을 병합함으로써 주식수를 감소시키는 방법, 주금액과 주식수를 감소시키는 방법이 있다. 의제배당은 주금액을 감소시키면서 납입주금액 일부를 주주에게 반환하거나 주식을 소각하면서 주주에게 그 대가를 지급하는 유상감자의 경우에 발생하고, 결손금을 보전하기 위하여 무상감자를 하는 경우에는 발생하지 않는다. 감자에 따른 의제배당은 경영성과가 좋아 이익이 많거나 재무구조가 건전하여 주식의 시가가 액면가액보다 높은 법인이 감자를 하는 경우에 발생한다.

한편 상법 제341조는 법인의 자기주식 취득 제한의 예외로서 법인이 주식을 소각하기 위한 목적으로 자기 주식을 유상으로 취득할 수 있다고 규정하고 있다. 법인이 주식 소각을 위하여 자기주식을 유상취득한 경우, 이를 단순히 주식의 양도로 보아 양도소득세의 부과대상으로 볼 것인지 아니면 주식의 유상 소각 과정의 일부이므로 의제배당으로 보아 과세할 것인지가 문제가 된다. 이에 대해서 법원은, 주식의 매도가 자산거래인 주식의 양도에 해당하는가 또는 자본거래인 주식의 소각 내지 자본의 환급에 해당하는가는 법률행위 해석의 문제로서 그 거래의 내용과 당사자의 의사를 기초로 하여 판단하여야 할 것이지만, 실질과세의 원칙상 단순히 당해 계약서의 내용이나 형식에만 의존할 것이 아니라, 당사자의 의사와 계약체결의 경위, 대금의 결정방법, 거래의 경과 등 거래의 전체 과정을 실질적으로 파악하여 판단하여야 할 것이라 하면서, 발행회사가 자기주식을 유상으로 취득하여 주식소각에 의한 자본감소절차를 밟는 경우에는 특별한 사정이 없는 한 주식의 소각 내지는 자본의 환급으로서 의제배당으로 처리함이 상당하다고 판시하였다.

선인산업 주식회사 배당소득세등부과처분취소 사건
(대법원 2002.12.26. 선고, 2001두6227 판결)

[판결요지]

주식의 매도가 자산거래인 주식의 양도에 해당하는가 또는 자본거래인 주식의 소각 내지 자본의 환급에 해당하는가는 법률행위 해석의 문제로서 그 거래의 내용과 당사자의 의사를 기초로 하여 판단하여야 할 것이지만,

실질과세의 원칙상 단순히 당해 계약서의 내용이나 형식에만 의존할 것이 아니라, 당사자의 의사와 계약체결의 경위, 대금의 결정방법, 거래의 경과 등 거래의 전체과정을 실질적으로 파악하여 판단하여야 한다.

주식 매매가 거래의 과정을 전체적으로 살펴볼 때 단순한 주식의 양도가 아닌 주식소각방법에 의한 자본감소절차의 일환으로 이루어진 것으로서 주주에 대한 자본의 환급에 해당하므로 그로 인하여 주주가 얻은 이득은 의제배당소득에 해당한다.

[판결이유]

주식의 매도가 자산거래인 주식의 양도에 해당하는가 또는 자본거래인 주식의 소각 내지 자본의 환급에 해당하는가는 법률행위 해석의 문제로서 그 거래의 내용과 당사자의 의사를 기초로 하여 판단하여야 할 것이지만, 실질과세의 원칙상 단순히 당해 계약서의 내용이나 형식에만 의존할 것이 아니라, 당사자의 의사와 계약체결의 경위, 대금의 결정방법, 거래의 경과 등 거래의 전체과정을 실질적으로 파악하여 판단하여야 한다(대법원 1992. 11. 24. 선고 92누3786 판결 참조).

원심판결 이유에 의하면 원심은, 판시와 같은 사실을 인정한 다음, 이 사건 주식매매는 단순한 주식의 양도에 해당한다는 원고의 주장에 대하여, 원고가 주주인 전OO 소유의 이 사건 주식을 매수하기에 앞서 주주총회에서 감자결의를 하고, 전OO으로부터 이 사건 주식을 취득한 후 곧바로 그 액면금상당의 자본금을 감소시키는 한편, 매매대금과 액면금합계액과의 차액을 감자차손으로 회계처리 하였던 점, 위 감자결의를 함에 있어 주식의 가액을 평가하기 위한 절차를 거치지 아니한 채 매매대금이 주당 100만원으로 결정되었고, 그 대금에서 전OO에 대한 원고의 대여금과 이자상당액을 공제한 나머지를 지급한 점, 이 사건 주식 취득 당시 전탁순은 다른 회사의 주식도 다수 보유하고 있었던 것으로 보이는 점 등 거래의 과정을 전체적으로 살펴볼 때, 이 사건 주식거래는 주식소각방법에 의한 자본감소절차의 일환으로 이루어진 것으로서 주주인 전탁순에 대한 자본의 환급에 해당하므로 그로 인하여 전OO이 얻은 이득은 의제배당소득을 구성한다는 이유로 원고의 주장을 배척하였다.

관련 법 규정과 기록에 비추어 살펴보면, 위와 같은 원심의 인정과 판단은 정당하고, 거기에 원고가 상고이유에서 주장하는 바와 같은 주식취득행위의 해석에 관한 법리오해 등의 위법이 있다고 할 수 없다. 상고이유 주장은 받아들이지 아니한다.

ii) **해산 시 해산법인의 주주에 대한 배당의제**

법인세법 제16조(배당금 또는 분배금의 의제)

① 다음 각 호의 어느 하나에 해당하는 금액은 법인으로부터 이익을 배당받았거나 잉여금을 분배받은 금액으로 보고 이 법을 적용한다.

4. 해산한 법인의 주주 등(법인으로 보는 단체의 구성원을 포함한다)이 그 법인의 해산으로 인한 잔여재산의 분배로서 취득하는 금전과 그 밖의 재산의 가액이 그 주식등을 취득하기 위하여 사용한 금액을 초과하는 금액

해산한 법인(법인으로 보는 단체를 포함한다)의 주주·사원·출자자·구성원이 그 법인의 해산으로 인한 잔여재산의 분배에 따라 취득하는 금전 또는 그 밖의 재산의 가액이 해당 주식 등을 취득하기 위해 소요된 금액을 초과하는 금액은 이를 해당 법인의 잔여재산의 가액이 확정된 날에 배당받은 것으로 본다.

의제배당액 = 잔여재산의 분배액 - 주식 등의 취득에 소요된 금액

iii) **법인의 합병시 피합병법인의 주주에 대한 배당의제**

법인세법 제16조(배당금 또는 분배금의 의제)

① 다음 각 호의 어느 하나에 해당하는 금액은 법인으로부터 이익을 배당받았거나 잉여금을 분배받은 금액으로 보고 이 법을 적용한다.

5. 합병에 따라 소멸하는 법인[이하 "피합병법인"(被合併法人)이라 한다]의 주주등이 합병에 따라 설립되거나 합병 후 존속하는 법인(이하 "합병법인"이라 한다)으로부터 그 합병으로 인하여 취득하는 합병법인 또는

합병법인의 모회사(합병등기일 현재 합병법인의 발행주식총수 또는 출자총액을 소유하고 있는 내국법인을 말한다. 이하 같다)의 주식등의 가액과 금전이나 그 밖의 재산가액의 합계액[이하 "합병대가"(合併對價)라 한다]이 그 피합병법인의 주식등을 취득하기 위하여 사용한 금액을 초과하는 금액

합병에 따라 소멸하는 법인의 주주 등이 그 합병으로 인하여 취득하는 합병법인 또는 합병법인의 완전모회사의 주식 등의 가액(합병교부주식)과 금전 기타 재산가액(합병교부금)의 합계액(합병대가)이 그 피합병법인의 주식 등을 취득하기 위하여 사용한 금액을 초과하는 금액은 해당 법인의 합병등기일에 배당받은 것으로 본다.

의제배당액 = 합병대가의 합계액 - 피합병법인의 주식 등의 취득가액

반대로 합병으로 인하여 취득하는 주식 등의 가액이 합병으로 소멸하는 법인의 주식 등의 취득가액에 미달하는 경우에도 그 미달하는 차액을 투자자산의 특별손실로 손금에 산입할 수는 없다는 것이 법원의 태도이다.

현대건설 주식회사 법인세부과처분취소 사건
(대법원 2011.2.10. 선고, 2008두2330 판결)

[판결요지]

피합병회사의 주주인 법인이 회사 합병으로 피합병회사의 주식에 갈음하여 존속회사 또는 신설회사의 주식을 취득하는 경우에, 그러한 피합병회사의 주식과 존속회사 또는 신설회사의 주식의 교체는 당해 법인이 자신의 의사에 따라 피합병회사의 주식을 처분하고 존속회사 또는 신설회사의 주식을 취득하는 것이 아니라, 피합병회사가 다른 회사와 합병한 결과 당해 법인이 보유하던 자산인 피합병회사의 주식이 존속회사 또는 신설회사의 주식으로 대체되는 것에 불과하다고 할 것이다. 따라서 존속회사 또는 신설회사의 주식의 시가가 피합병회사의 주식의 취득가액에 미치지 못한다고 하더라도 그 차액은 자산의 평가차손에 불과하여 당해 사업연도의 소득금액을 산정함에 있어서 이를 손금에 산입할 수 없다. 또한 구 법인세법

(1998. 12. 28. 법률 제5581호로 전부 개정되기 전의 것) 제19조 제5호, 구 법인세법 시행령(1998. 12. 31. 대통령령 제15970호로 전부 개정되기 전의 것) 제45조의3 제2항 제1호에서 존속회사 또는 신설회사의 주식의 액면금액이 피합병회사의 주식의 취득가액을 초과하는 부분을 배당으로 간주하도록 규정하고 있을 뿐이고, 그 반대로 위와 같이 회사의 합병으로 인한 주식의 교체 자체를 과세의 계기로 삼아 피합병회사의 주주이었던 법인의 손실을 손금에 산입하는 명문의 규정이 없는 이상, 존속회사 또는 신설회사 주식의 가액이 피합병회사 주식의 취득가액에 미달하더라도 손실이 실현된 것이라고 하여 그 차액을 손금에 산입할 수는 없다.

iv) **법인의 분할에 따른 배당의제**

법인세법 제16조(배당금 또는 분배금의 의제)

① 다음 각 호의 어느 하나에 해당하는 금액은 법인으로부터 이익을 배당받았거나 잉여금을 분배받은 금액으로 보고 이 법을 적용한다.

6. 법인이 분할하는 경우 분할되는 법인(이하 "분할법인"이라 한다) 또는 소멸한 분할합병의 상대방 법인의 주주가 분할에 따라 설립되는 법인(이하 "분할신설법인"이라 한다) 또는 분할합병의 상대방 법인으로부터 분할로 인하여 취득하는 주식의 가액과 금전이나 그 밖의 재산가액의 합계액(이하 "분할대가"라 한다)이 그 분할법인 또는 소멸한 분할합병의 상대방 법인의 주식(분할법인이 존속하는 경우에는 소각 등에 의하여 감소된 주식만 해당한다)을 취득하기 위하여 사용한 금액을 초과하는 금액

법인이 분할하는 경우 분할되는 법인(분할법인) 또는 소멸한 분할합병의 상대방 법인의 주주가 분할에 따라 설립되는 법인(분할신설법인) 또는 분할합병의 상대법인으로부터 분할로 인하여 취득하는 주식(분할교부주식 또는 분할합병교부주식)의 가액과 금전이나 그 밖의 재산가액(분할교부금)의 합계액(분할대가)이 그 분할법인 또는 소멸한 분할합병의 상대방법인의 주식을 취득하기 위하여 소요된 금액을 초과하는 경우 그 초과하는 금액은 해당 법인의 분할등기일에 배당받은 것으로 본다.

의제배당액 = 분할대가의 합계액 - 분할법인 등의 주식의 취득가액

ⅴ) 의제배당액의 산정

위 ⅰ)부터 ⅳ)의 경우는 모두 주주 등이 보유하는 주식 등이 소멸될 때 그 대가로서 받는 재산가액이 소멸되는 주식 등의 취득가액을 초과하는 초과분이 의제배당액이다. 피투자회사가 그 동안 얻은 이익을 배당하지 않고 사내에 유보해 둠으로써 피투자회사의 주가가 상승하였기 때문이므로 과거의 미실현투자수익의 실현으로 보아 배당으로 의제하는 것이다.

따라서 주주 등이 취득한 재산이 금전 외의 주식 또는 출자지분인 경우, 이를 취득 당시의 시가에 의하여 평가함이 원칙이다(영 제14조 제1항 1호 라목). 따라서 취득한 주식의 처분을 제한하는 약정이 있다 하더라도 주식 취득 당시를 기준으로 가액을 평가하여야 한다.

한국기술투자 주식회사 법인세부과처분취소 사건
(대법원 2008.9.25. 선고, 2006두3711 판결)

[판결요지]
법인세법 제16조 제1항 제1호는 "주식의 소각으로 인하여 주주가 취득하는 금전 기타 재산가액의 합계액이 주주가 당해 주식을 취득하기 위하여 소요된 금액을 초과하는 금액은 법인으로부터 이익을 배당받은 금액으로 본다"고 규정하고 있고, 법인세법 제16조 제2항의 위임을 받은 구 법인세법 시행령(2006. 2. 9. 대통령령 제19328호로 개정되기 전의 것, 이하 같다) 제13조 제1호는 " 법 제16조 제1항의 규정에 의한 이익을 배당받은 날은 주주총회 또는 이사회에서 주식의 소각을 결의한 날(이사회의 결의에 의하는 경우에는 상법 제461조 제3항의 규정에 의하여 정한 날을 말한다)로 한다"고, 구 법인세법 시행령 제14조 제1항 제1호 (다)목은 " 법 제16조 제1항 제1호의 규정에 의하여 취득한 재산이 주식인 경우 그 재산의 가액은 취득 당시 법 제52조의 규정에 의한 시가에 의한다"고 각 규정하고 있다.

원심은 그 채용 증거를 종합하여, 아시아넷 주식회사(이하 '아시아넷'이라 한다)는 2000. 7. 22. 자신이 발행한 주식으로서 원고가 보유한 200만

> 주와 아시아 퍼시픽 얼라이언스 인베스트먼트(이하 'APAI'라 한다)가 보유한 666,666주를 포함한 60,762,265주를 소각하기로 결의하고, 같은 날 그 주식을 소각하면서 대가로 리타워테크놀러지스 주식회사(이하 '리타워테크'라 한다)가 발행한 주식을 원고에게 285,714주, APAI에게 95,238주 각 교부한 사실, 리타워테크 주식의 시가는 2000. 7. 21. 당시 1주당 108,500원인 사실을 인정한 다음, 원고와 APAI가 취득한 리타워테크 주식은 법인세법 제16조 제1항 제1호가 규정한 주식의 소각으로 인하여 주주가 취득한 재산에 해당하고, 앞서 본 구 법인세법 시행령 제13조 제1호의 규정 내용 등에 비추어 볼 때 비록 원고 주장의 처분제한약정이 있다 하더라도 원고의 리타워테크 주식 취득 당시를 기준으로 그 가액을 평가하는 것이 타당하다고 판단하였다.
>
> 앞서 본 관계 법령 및 기록에 비추어 살펴보면, 원심의 위와 같은 사실인정과 판단은 옳고, 거기에 상고이유의 주장과 같이 법인세법 제16조 제1항 제1호 소정의 주식 소각에 따른 의제배당에 관한 법리 등을 오해한 위법이 있다고 할 수 없다.

다만 iii)과 iv)의 경우 중 법인세법 제44조 제1항이나 제46조 제1항 소정의 과세이연요건을 갖춘 경우 합병대가나 분할대가로 받는 신주의 가액을 장부가액으로 평가하게 되므로, 이 경우에는 의제배당으로 과세될 여지가 없다. 이와 같이 과세이연요건을 충족한 합병 또는 분할은 사실상 기업의 형시적 재조직에 지나지 않기 때문에 주주의 미실현 투자수익에 대한 과세를 가급적 피하기 위하여 시가나 장부가액을 초과하더라도 이를 장부가액으로 평가하는 것이다. 이 때 과세되지 않은 미실현 이익은 주주가 나중에 주식을 처분할 때 과세되므로 과세의 면제가 아니라 유보 또는 이연에 해당한다.

③ 잉여금의 자본전입에 따른 의제배당

i) 의의

> 법인세법 제16조(배당금 또는 분배금의 의제)
>
> ① 다음 각 호의 어느 하나에 해당하는 금액은 법인으로부터 이익을 배당받았거나 잉여금을 분배받은 금액으로 보고 이 법을 적용한다.

2. 법인의 잉여금의 전부 또는 일부를 자본이나 출자에 전입(轉入)함으로써 취득하는 주식등의 가액. 다만, 다음 각 목의 어느 하나에 해당하는 금액을 자본에 전입하는 경우는 제외한다.
가. 「상법」 제459조제1항에 따른 자본준비금으로서 대통령령으로 정하는 것
나. 「자산재평가법」에 따른 재평가적립금(같은 법 제13조제1항제1호에 따른 토지의 재평가차액에 상당하는 금액은 제외한다)
3. 법인이 자기주식 또는 자기출자지분을 보유한 상태에서 제2호 각 목에 따른 자본전입을 함에 따라 그 법인 외의 주주등의 지분 비율이 증가한 경우 증가한 지분 비율에 상당하는 주식등의 가액

자기자본(총자산 - 총부채)이 회사의 자본금을 초과하는 초과금을 잉여금이라 한다. 잉여금을 자본 또는 출자의 금액에 전입함으로써 취득하는 주식등의 가액을 이익의 배당이나 또는 분배로 보고 이를 익금에 산입하여 과세하는 것을 잉여금의 자본전입에 따른 의제배당이라 한다.

다만 상법 제459조 제1항에 따른 자본준비금으로서 대통령령으로 정하는 것(채무의 출자전환으로 주식 등을 발행하는 경우에 당해 주식 등의 시가를 초과하여 발행된 금액은 자본준비금에서 제외하며, 자기주식 또는 자기출자지분의 소각익의 경우에는 시가가 취득가액을 초과하지 아니하는 경우로서 소각일부터 2년이 경과한 후 자본에 전입하는 것에 한하고, 적격합병으로 피합병법인으로부터 승계한 잉여금 중 과세된 소득을 워천으로 하는 잉여금은 제외한다)과 자산재평가법에 의한 재평가적립금(동법 제13조 제1항 1호의 규정에 의한 토지의 재평가차액에 상당하는 금액은 제외한다)을 제외한다.

ii) 이익잉여금의 자본전입에 따른 무상주

기업의 당기순이익은 주주에게 배당되거나 임원의 상여금으로 지급하게 되는데, 회사는 자본의 1/2에 달할 때가지 매 결산기의 금전에 의한 이익배당액의 10% 이상의 금액을 이익준비금으로 적립해야 하고(상법 제458조), 분배하고 남은 금원도 각종 적립금의 형태로 회사에 유보된다. 이러한 이익준비금과 각종 적립금 등을 합한 금액을 이익잉여금이라 한다.

기업회계에 있어서는 준비금을 자본전입할 때 무상증자를 실시하여 주식을 추가로 취득하게 되는 경우에, 당해 주식의 취득을 자산증가로 보지 않으므로 장부상 주식수와 단가만을 조정하면 되나, 세법은 이익잉여금의 자본전입에 따라 수령한 무상주를 의제배당으로 보아 익금에 산입하는데, 이 때 익금에 산입할 금액은 무상주의 액면가액의 합계액이다.

iii) **자본잉여금의 자본전입에 따른 무상주**

회사는 주식발행초과금이나 감자차익금, 합병차익금, 분할차익금 및 그 밖의 자본거래에서 발생한 잉여금이나 재평가적립금 등을 상법 제459조에 따라 자본준비금으로 적립해야 하는데 이를 자본잉여금이라고 한다.

법인세법 제16조 제1항 2호 단서는 자본잉여금을 자본에 전입함으로써 취득하는 무상주를 이익배당으로 보지 않는다고 규정하여 기업회계와 마찬가지로 익금에 산입하지 않는 원칙임을 규정하고 있다. 즉, 상법 규정에 의한 자본준비금의 자본전입으로 받는 무상주는 의제배당금으로 보지 않는 것이다.

자본준비금의 자본전입에 따른 무상주의 교부를 의제배당에 포함시키지 않는 것에 대하여 판례는 이를 과세의 면제가 아닌 과세의 유보 내지는 이연으로 보고 있다.

고려산업개발 주식회사 등 법인세등부과처분취소 사건
(대법원 1993.5.25. 선고, 91누9893 판결)

[판결이유]
소득세법 제26조 제1항 및 법인세법 제19조가 규정하는 의제배당은 기업경영의 성과인 잉여금중 사외에 유출되지 않고 법정적립금, 이익준비금 기타 임의적립금 등의 형식으로 사내에 유보된 이익이 위 각 법조 소정의 사유로 주주나 출자자에게 환원되어 귀속되는 경우에 이러한 이익은 실질적으로 현금배당과 유사한 경제적 이익이므로 과세형평의 원칙에 비추어 이를 배당으로 의제하여 과세하는데 그 취지가 있다 할 것이고(당원

1991.9.10.선고 91다 10565 판결 참조), 또한 법인의 잉여금을 자본에 전입하면 자본충실의 원칙상 그 전입으로 인하여 증자된 만큼 회사재산을 유지하여야 하므로 회사재산의 사내유보가 가능하게 될 뿐더러 이익준비금을 자본에 전입한 때에는 다시 일정한도까지 이익준비금을 적립하여야 되고, 자본준비금이나 재평가적립금을 자본전입한 경우에도 자본금이 증가됨에 따른 이익잉여금의 적립한도가 증가되어 그에 상응한 회사재산의 사내유보는 가능하게 되므로 잉여금의 자본전입시에는 현금배당과 유사한 경제적 이익이 주주나 출자자에게 귀속된다고 할 것이다.

따라서 소득세법 제26조 제1항 제2호(1990.12.31. 법률 제4281호로 개정되기 전의 것)및 법인세법 제19조 제2호(1990.12.31. 법률 제4282호로 개정되기 전의 것)가 그 본문에서 "법인의 잉여금이 전부 또는 일부를 자본 또는 출자에 전입한 경우에 주주사원 기타 출자자가 받는 주식 또는 지분의 가액"을 그 자본전입시에 배당으로 본다고 규정한 것은 바로 이러한 이유때문이라 할 것이고, 다만 그 각 단서에서 "상법 제459조의 규정에 의한 자본준비금과 자산재평가법의 규정에 의한 재평가적립금을 자본에 전입하는 경우는 제외한다"고 규정하여 재평가적립금과 자본준비금의 자본전입시에는 의제배당으로 보지 아니하는 예외를 인정하고 있는데, 그 취지는 이와 같은 경우의 자본전입에 따라 주주 등이 받는 주식 등의 가액에 대하여 비과세한다는 것이 아니라 자본전입에 따른 증자를 통하여 회사채권자를 보호하고 기업의 신용도를 높여 기업경영의 합리화를 도모하기 위하여 자본전입을 촉진하겠다는 정책적 고려에서 위 자본준비금 등의 자본전입시에는 이를 의제배당으로 보지 아니하고, 위 각 법조 소정의 사유가 생겨 그 소정의 초과금액 또는 유보이익의 증가액이 있을 때에 과세를 하겠다는 일종의 과세유보 규정이라고 봄이 상당하다.

다만, 자기주식소각익을 원천으로 하는 무상주 중 시가가 취득가액을 초과하거나 소각일로부터 2년 이내에 자본전입하는 자기주식소각익을 원천으로 하는 무상주에 대해서는 예외적으로 배당으로 본다. 또 자본잉여금이 법인세법상 익금항목에 해당하는 경우에도 그 잉여금의 자본전입에 따른 무상주를 배당으로 본다.

ⅳ) 무상주 재배정에 의한 배당의제

자기주식 또는 자기출자지분을 보유한 법인이 법인세법 제16조 제1항 2호 각목에 따라 의제배당에서 제외되는 자본준비금 및 재평가적립금을 자본으로 전입함에 따라 당해 법인 외의 주주 등의 지분비율이 증가한 경우 증가한 비율에 상당한 주식 등의 가액을 배당으로 보고 과세한다(법 제16조 제1항 3호). 주주 등의 지분비율의 증가는 당해 법인의 임의적 의사에 따른 경우 분만 아니라 자기주식 취득금지 등의 법령상 제한으로 인한 경우도 포함된다.

자본준비금의 자본전입에 따른 무상주에 대해서는 과세를 면제하는 것이 아니고, 유보 내지 이연하는 것에 불과하므로, 다른 주주에의 재분배가 있는 경우에는 그 재분배로 인하여 이익이 구체화되었다고 보고 그 시점에서 이를 배당으로 보아 이연 또는 유보되었던 과세를 실행하는 것이다.

다. 익금불산입

1) 개념

법인의 순자산을 증가시키는 거래로 인한 소득은 당연히 법인의 익금에 본다. 그러나 이와 같이 법인의 순자산 증가를 가져와 당연히 익금에 포함되어야 하는 항목이기는 하지만, 당해 소득의 성질 또는 유형을 고려할 때 이를 법인의 익금으로 보아 법인세를 과세하는 것이 부적당하다고 인정되는 경우 또는 특정한 국가정책의 실현 또는 이중과세의 방지를 위하여 필요하다고 인정되는 경우에는 이를 익금에 산입하지 않음으로써 법인세를 부과하지 않도록 하고 있는데, 이를 익금불산입항목이라고 한다.

2) 법인세법 제17조, 제18조

법인세법 제17조 및 제18조는 자본거래로 인한 수익과 평가이익 등에 대한 익금 불산입을 규정하고 있는데, 위 법 규정은 다음과 같다.

> 법인세법 제17조(자본거래로 인한 수익의 익금불산입)
> ① 다음 각 호의 구분에 따른 수익은 내국법인의 각 사업연도의 소득금

액을 계산할 때 익금에 산입(算入)하지 아니한다.

1. 주식발행액면초과액: 액면금액 이상으로 주식을 발행한 경우 그 액면금액을 초과한 금액(무액면주식의 경우에는 발행가액 중 자본금으로 계상한 금액을 초과하는 금액을 말한다). 다만, 채무의 출자전환으로 주식등을 발행하는 경우에는 그 주식등의 제52조제2항에 따른 시가를 초과하여 발행된 금액은 제외한다.

2. 주식의 포괄적 교환차익: 「상법」 제360조의2에 따른 주식의 포괄적 교환을 한 경우로서 같은 법 제360조의7에 따른 자본금 증가의 한도액이 완전모회사의 증가한 자본금을 초과한 경우의 그 초과액

3. 주식의 포괄적 이전차익(移轉差益): 「상법」 제360조의15에 따른 주식의 포괄적 이전을 한 경우로서 같은 법 제360조의18에 따른 자본금의 한도액이 설립된 완전모회사의 자본금을 초과한 경우의 그 초과액

4. 감자차익(減資差益): 자본감소의 경우로서 그 감소액이 주식의 소각, 주금(株金)의 반환에 든 금액과 결손의 보전(補塡)에 충당한 금액을 초과한 경우의 그 초과금액

5. 합병차익: 「상법」 제174조에 따른 합병의 경우로서 소멸된 회사로부터 승계한 재산의 가액이 그 회사로부터 승계한 채무액, 그 회사의 주주에게 지급한 금액과 합병 후 존속하는 회사의 자본금증가액 또는 합병에 따라 설립된 회사의 자본금을 초과한 경우의 그 초과금액

6. 분할차익: 「상법」 제530조의2에 따른 분할 또는 분할합병으로 설립된 회사 또는 존속하는 회사에 출자된 재산의 가액이 출자한 회사로부터 승계한 채무액, 출자한 회사의 주주에게 지급한 금액과 설립된 회사의 자본금 또는 존속하는 회사의 자본금증가액을 초과한 경우의 그 초과금액

② 제1항제1호 단서에 따른 초과금액 중 제18조제6호를 적용받지 아니한 대통령령으로 정하는 금액은 해당 사업연도의 익금에 산입하지 아니하고 그 이후의 각 사업연도에 발생한 결손금의 보전(補塡)에 충당할 수 있다.

법인세법 제18조(평가이익 등의 익금불산입)

다음 각 호의 수익은 내국법인의 각 사업연도의 소득금액을 계산할 때 익금에 산입하지 아니한다.

1. 자산의 평가이익. 다만, 제42조제1항 각 호에 따른 평가로 인하여 발

생하는 평가이익은 제외한다.
2. 이월익금(移越益金)
3. 제21조제1호에 따라 손금에 산입하지 아니한 법인세 또는 법인지방소득세를 환급받았거나 환급받을 금액을 다른 세액에 충당한 금액
4. 국세 또는 지방세의 과오납금(過誤納金)의 환급금에 대한 이자
5. 부가가치세의 매출세액
6. 무상(無償)으로 받은 자산의 가액과 채무의 면제 또는 소멸로 인한 부채(負債)의 감소액 중 대통령령으로 정하는 이월결손금을 보전하는 데에 충당한 금액
7. 연결자법인으로부터 제76조의19제2항에 따라 지급받았거나 지급받을 금액
8. 「상법」 제461조의2에 따라 자본준비금을 감액하여 받는 배당. 다만, 제16조제1항제2호 각 목에 해당하지 아니하는 자본준비금의 배당은 제외한다.

가) 자본거래로 인한 수익의 익금불산입

자본준비금 중 주식발행 액면초과액, 주식의 포괄적 교환차익, 주식의 포괄적 이전차익, 감자차익, 합병차익 및 분할차익은 익금에 산입하지 않는다. 이를 자본거래로 인한 수익의 익금불산입으로 유형화할 수 있는데, 이를 익금에 산입하지 않는 이유는 위와 같은 자본준비금은 실질적인 자본의 납입 또는 출자의 납입에 해당하므로 이로 인한 순자산의 증가로 인하여 기업의 담세력이 증가하였다고는 볼 수 없고, 따라서 본질적으로 법인세의 과세 대상이 되는 것이라 할 수 없기 때문이다.

쌍용양회공업 주식회사 법인세경정청구거부처분취소 사건
(대법원 2012.11.22. 선고, 2010두17564 전원합의체 판결)

[판결요지]
[다수의견]
구 법인세법(2005. 12. 31. 법률 제7838호로 개정되기 전의 것, 이하

같다) 제17조는 자본거래로 인한 수익으로서 익금에 산입하지 아니하는 것의 하나로 제1호에서 '주식발행액면초과액'을 들고 있는데, 여기에서 말하는 주식발행액면초과액이란 문언상 액면 이상의 주식을 발행한 경우 그 액면을 초과한 금액, 즉 주주가 납입한 주식의 인수가액(보통은 주식의 발행가액과 일치한다)에서 액면가액을 차감한 금액을 의미함이 분명하다. 구 법인세법 시행령(2003. 12. 30. 대통령령 제18174호로 개정되기 전의 것, 이하 '개정 전 시행령'이라 한다) 제15조 제1항이 구 법인세법 제17조 제1호의 주식발행액면초과액은 구 상법(2011. 4. 14. 법률 제10600호로 개정되기 전의 것) 제459조 제1항 제1호에 해당하는 금액, 즉 '액면 이상의 주식을 발행한 때에는 그 액면을 초과한 금액'으로 한다고 규정하였던 것도 이를 확인한 것으로 이해된다. 그런데 2003. 12. 30. 대통령령 제18174호로 개정된 구 법인세법 시행령(2006. 2. 9. 대통령령 제19328호로 개정되기 전의 것) 제15조 제1항은 종전의 규정을 전문으로 그대로 유지하면서 후문(이하 '이 사건 시행령 조항'이라 한다)을 신설하여 "법 제17조 제1호의 주식발행액면초과액에 있어서 채무의 출자전환으로 주식을 발행하는 경우로서 당해 주식의 시가가 액면가액 이상이고 발행가액 이하에 해당하는 경우에는 시가에서 액면가액을 차감한 금액을 말한다."고 규정함으로써 구 법인세법 제17조 제1호가 규정한 주식발행액면초과액의 범위에서 주주가 납입한 주식의 인수가액과 시가의 차액에 상당하는 금액 부분(이하 '발행주식 시가 초과 부분'이라고 한다)을 제외하여 결과적으로 법인세의 과세대상이 되는 수익의 범위를 확장하고 있다. 이처럼 이 사건 시행령 조항이 납세자에게 불리한 방향으로 법인세의 과세 대상을 확장하는 것은 구 법인세법 제17조 제1호의 규정과 부합하지 아니할 뿐만 아니라 그와 같이 확장하도록 위임한 모법의 규정도 찾아볼 수 없으므로 조세법률주의의 원칙에 반하여 무효라고 할 것이다.

① 주식발행 액면초과액(법 제17조 제1항 1호)

주식발행 액면초과액은 법인이 주식을 발행할 때 액면을 초과하여 주식을 발행하는 경우, 그 액면을 초과하는 금액을 말하며, 액면초과금 또는 주식발행초과금이라고도 한다. 무액면주식을 발행할 경우 액면초과액이라는 개념이 있을 수 없으나, 법의 취지르 고려할 때 무액면주식의 경우에는 발행가액 중 자본금으로 계상한 금액을 초과하는 금액이 액면초과액으로 본다.

경영 실적이 좋고 향후 기업 전망이 좋은 회사는 이미 거액의 잉여금을 유보하고 있어 그 유보된 잉여금을 자본금에 전입하거나 주주들에게 배당금으로 분배할 수 있고, 또 이러한 잉여금을 발판으로 연구 개발 등에 투자함으로써 장차 경쟁사에 비해 좋은 수익을 올릴 가능성이 높다. 따라서 이러한 회사는 주식을 발행할 때 발행가액을 주식의 액면금액보다 높게 하더라도 주식의 발행에 어려움이 없으므로 주식의 액면보다 고가로 주식을 발행하게 된다. 특히 상장법인이 유상증자를 하는 경우에는 시가발행을 하기 때문에 주식발행 액면초과액이 발생하기 마련이다. 현물출자의 경우에도 출자자에게 교부된 주식의 발행가액을 취득가액으로 하므로, 발행가액이 액면금액을 초과하는 경우에는 주식발행 액면초과액이 당연히 발생하기 마련이며, 전환사채의 경우에도 사채발행가액이 그 액면가액을 초과하는 경우에는 액면초과액이 발생하게 된다.

다만 채무의 출자전환으로 주식 등을 발행하는 경우에도 액면초과액이 발생하나, 이러한 경우에는 당해 주식 등의 시가를 초과하여 발행한 금액은 익금불산입 대상에서 제외하고 있다(법 제17조 제1항 1호 단서).

앞서 상술한 바와 같이, 법인세법이 주식발행 액면초과액을 익금에 산입하지 않는 것은, 주식발행 액면초과액은 회사의 순자산의 증가를 가져오는 것이기는 하나 자본거래로 인하여 발생하는 이익이므로, 기업회계나 상법상 공히 회사의 결손금 보전에만 사용할 수 있으므로 이를 출자의 원본으로 보는 것이 타당하기 때문이다.

가상의 기업 A를 예로 들어보자. A는 채무의 출자전환에 따라 주식을 발행하면서 발행가액을 18,000원으로 하였다. 이 주식의 액면 가액이 5,000원이고 시가가 10,000원이라고 가정한다. 이 경우 액면가액인 5,000원은 자본금이고, 시가와 액면가액의 차액인 5,000원은 주식발행액면초과액이고, 발행가액과 시가와의 차액인 8,000원은 채무면제이익에 해당하는 것이다. 따라서 위 발행가액 18,000원 중 액면가액 5,000원은 자본금으로서 자본의 납입에 해당하므로 익금에 산입하지 않고, 시가와 액면가액의 차액 5,000원 또한 주식발행액면초과액으로서 마찬가지로 익금에 산입되지 않는다. 그러나 발행가액과 시가와의 차액인 8,000원은 채무면제이익에 해당하므로 익금에 산입된다.

② 주식의 포괄적 교환차익과 주식의 포괄적 이전차익(법 제17조 제1항 2호, 3호)

주식의 포괄적 교환차익이란 주식을 포괄적으로 교환할 때 완전모회사의 자본금 증가의 한도액이 완전모회사의 증가한 자본금을 초과하는 금액이며, 주식의 포괄적 이전차익은 주식을 포괄적으로 이전함에 있어 완전모회사의 자본금증가의 한도액이 설립된 완전모회사의 자본금을 초과하는 금액을 말하는 것이다.

위 항목들은 2005. 12. 31. 법인세법 개정에 의하여 신설된 것으로서, 2001. 7. 24. 상법개정에 따라 도입된 주식의 포괄적 이전과 교환에 의하여 설립 또는 전환된 완전모회사가 완전자회사로부터 이전받은 완전자회사의 주식가액과 증가한 자본금의 차익(상법 제459조 제1항 1호의2, 1호의3)을 익금불산입 대상 자본거래에 추가한 것이다. 이와 같은 주식의 포고라적 교환차익 등은 실질상 자본 또는 출자의 납입에 해당하므로 익금불산입하는 것이다.

③ 감자차익(법 제17조 제1항 4호)

감자란 주식회사의 자본을 감소시키는 것을 말한다. 주식회사의 자본금을 감소시키는 방법에는 주금액의 감소, 주식 수의 감소가 있으며, 주식 수의 감소는 주식을 소각하거나 병합하는 방식에 의한다. 자본금의 감소는 실질적으로 법인의 자본금을 감소할 목적 또는 결손금을 보전할 목적으로 행하여지는데, 법인의 자본금을 감소할 목적으로 행하는 자본금 감소를 실질적 자본금 감소라 하고, 결손금 보전을 목적으로 하는 자본금감소를 형식적 자본금감소라 한다. 실질적 자본금 감소의 경우 회사가 사업을 축소하기 위하여 자본금을 감소시키는 경우로서 그 법인의 자기자본(납입자본금+잉여금)과 순자산이 실질적으로 감소하게 되고, 형식적 자본금 감소의 경우 계산상으로만 자본금이 감소하고 그 법인의 자본금은 실질적으로 감소하지 않는다.

감자차익이란 주식회사의 자본금을 감소시킬 때 감소된 자본금액이 주금의 환급 또는 결손보전을 한 금액을 초과하는 금액을 의미한다. 발행주식을 무상으로 취득하여 소각하는 경우 또는 주식을 액면가액 이하로 매입하여 소각하는 경우에 감자차익이 발생하게 된다.

감자차익은 일반적으로 형식적 자본금 감소의 경우에 발생한다. 예를 들어, 납입자본금이 10억 원인 법인이 이월결손금 2억 원을 보전하기 위하여 구주식 2주에 대하여 1주의 비율로 무상감자를 하는 경우 그 감자에 의하여 감소되는 납입자본금은 5억 원이다. 그러나 실제 이월결손금은 2억 원이므로, 감소된 납입자본금으로 이월결손금을 보전하고도 3억 원이 남게 된다. 이때 남겨진 3억 원을 감자차익이라고 한다. 그러므로 형식적 자본금 감소의 경우 감자하기 전의 실질적 자기자본 8억 원(납입자본금 10억 원 - 이월결손금 2억 원)이 자본금 감소를 실행한 후의 자기자본 8억 원(납입자본금 5억 원 + 감자차익 3억 원)과 동액이 되므로 회계상으로는 자본의 감소를 가져오지 않는 것이다.

감자차익은 주식을 발행할 때 자본금으로 처리한 금액 중 자본금 감소 후에도 자본의 형태로 회사 내에 남아 있는 부분에 해당하고, 이는 주주를 상대로 한 자본거래에서 발생한 잉여금이기 때문에, 근본적으로는 주주의 불입에 기인하는 것으로서 주식발행액면초과액과 그성질이 같고, 법인의 순자산을 증가시키지만 익금불산입항목이 되는 것이다.

감자차익 중 특히 주식의 소각에 따라 감소한 자본금에서 소각한 자기주식의 취득가액을 공제한 차액을 자기주식소각이익이라고 한다. 한편 감자차익은 자기주식처분이익과는 구별되어야 한다. 자기주식처분이익이란 법인이 보유하고 있던 자기주식을 처분함에 따라 발생하는 차익인데, 자기주식처분이익은 익금에 포함된다.

④ **합병차익**(법 제17조 제1항 5호)

합병차익이란 회사와 회사가 합병할 때 합병으로 존속하는 회사가 합병으로 소멸되는 회사로부터 승계한 자산의 가액이 그 회사로부터 승계한 채무액, 그 회사의 주주에게 지급한 금액과 합병 후 존속하는 회사의 자본증가액 또는 합병으로 인하여 설립된 회사의 자본액을 초과하는 때의 그 초과금액을 말한다(영 제15조 제1항, 상법 제459조 제1항 3호). 즉 다시 말하면 합병법인(존속법인 또는 신설법인)이 피합병법인으로부터 승계한 순자산가액(자산가액에서 채무액을 공제한 차액)이 합병법인이 피합병법인의 주주에게 지급한 합병대가(합병 후 존속하는 회사의 자본증가액 또는 합병으로 인하여 설립된 회사의 자보액과 피합병회사의 주주에게 지급한 금전 그 밖의 재산가액의 합계액)를 초과하는 금액이 합병차익이 된다.

구체적으로는 합병으로 소멸되는 피합병법인의 자본적립금, 감자차익, 이익준비금 및 그 밖의 표현되지 않는 이익 등이 합병차익을 구성하게 된다. 자본적립금과 감자차익은 자본거래의 결과물이므로 법인의 소득과 무관하며, 이익준비금 역시 이미 과세된 것이므로 합병으로 존속하는 법인에게 이를 근거로 다시금 법인세를 부과한다면 이중과세에 해당하게 된다. 따라서 합병차익은 익금에서 제외함으로써 비과세하는 것이다. 2009. 12. 31. 법인세법 개정 전에는 피합병법인의 자산평가증으로부터 발생된 합병차익은 합병 전에 과세되지 아니한 소득의 인수분으로 보아 익금으로 산입하였으나, 합병에 관한 특례규정에서 이에 관한 과세유예를 정면으로 인정함에 따라(법 제44조의 2 및 3) 해당 규정은 삭제되었다.

⑤ 분할차익(법 제17조 제1항 6호)

분할차익이란 회사의 분할 또는 분할합병으로 인하여 설립된 회사 또는 존속하는 회사에 출자된 재산의 가액이 출자한 회사로부터 승계한 채무액, 출자한 회사의 주주에게 지급한 금액과 설립된 회사의 자본액 또는 존속하는 회사의 자본증가액을 초과한 때의 그 초과금액을 말한다(영 제15조 제1항, 상법 제 459조 제1항 3호). 즉 분할신설법인 또는 분할합병의 상대방 법인이 분할법인으로부터 승계한 순자산가액(재산가액에서 채무액을 공제한 차액)이 분할법인의 주주에게 지급한 분할대가(설립된 법인의 자본액 또는 존속하는 법인의 자본증가액과 출자한 법인의 주주에게 지급한 금전 그 밖의 재산가액의 합계액)를 초과하는 금액이라고 할 수 있다.

분할차익은 합병차익과 같이 분할의 방법, 분할의 비율, 분할법인의 잉여금이 존재하는지 여부 등에 따라 발생하게 되는데, 합병차익이 익금이 되지 않는 것과 같이 실질적으로 분할법인의 주주에 의한 자본금 또는 출자의 납입과 다름이 없거나 이월익금을 구성하는 것이므로 익금에 산입하지 않는다. 종전 분할법인의 자산평가증으로부터 발생된 분할차익(법 제17조 4호 단서, 영 제15조 제3항)에 대하여 예외를 인정하던 조항은 삭제되었다.

나) 평가이익 등의 익금불산입

① 자산의 평가이익(법 제18조 1호)

고정자산의 평가이익 중 보험업법 및 기타 법률에 의한 평가이익과 재고자산 등 시행령에서 정한 특정자산의 평가이익을 제외하고는 모두 익금에 불산입한다. 자산의 평가이익은 어디까지나 소유하고 있는 자산에 대한 추상적인 장부상 가치의 증가에 불과하다. 자산의 평가이익은 전형적인 미실현이익으로서 현행 법인세법이 원칙적으로 실현된 이익만을 익금에 산입하고 있기 때문에, 자산의 평가차익은 익금에 산입되지 않는다. 또 임의평가차익을 장래에 감가상각비 등의 비용으로 활용하여 소득금액을 조작하는 것을 막기 위한 목적도 있다. 자산의 평가이익을 익금에 산입하는 것을 허용하게 될 경우 자산의 평가이익의 계상을 과세소득의 조작수단으로 악용할 우려가 있기 때문이다. 예를 들면, 매년 반복적으로 결손금이 발생하고 있거나 이월결손금이 누적되어 이월결손금의 공제시한이 만료될 우려가 있는 경우 자산의 평가이익을 계상하여 이월결손금의 공제를 받음과 동시에 그 평가이익에 상당하는 금액만큼의 감가상각 기초가액을 증가시켜 향후 사업연도의 감가상각비의 증액을 도모할 수 있는 것이다.

법인이 보유하고 있는 자산을 시가로 평가하였을 때 그 시가가 장부에 기재된 장부가액을 초과할 때 그 시가와 장부가액의 차액을 자산의 평가차익이라고 한다. 기업회계는 화폐가치 불변의 공준에 따라 화폐가치의 등귀나 하락 등 물가수준의 변동을 반영하지 않는다. 그러나 화폐가치 불변의 공준을 관철하면 화폐가치의 등락에 따른 이익과 손실이 기업의 손익계산에 반영되지 않는 불합리가 발생한다. 예를 들어 화폐가치가 급락하는 경우에도 명목상의 이익만이 계상됨으로써 기업이익이 배당 등으로 과다하게 유출될 우려가 있다. 즉, 화폐가치가 하락하였는데도 과거의 취득원가를 기초로 감가상각을 하게 되면 현재의 수익에 대응하는 원가만이 배분되어 감가상각비가 상대적으로 과소계상되고 이에 따라 순이익이 과다하게 계상되는 결과를 낳게 된다.

이런 이유로 자산의 재평가가 필요한바, 기업회계기준이나 세법이 인정하는 것은 자산재평가법에 의한 재평가이며, 기업의 임의평가는 금지된다. 따라서 자산배평가법이 정한 것을 제외하고 자산은 취득원가로 계상하되 천재지변이나 화재 등으로 파손, 멸실된 경우 또는 법령에 의하여 수용된 경우 등 특별손실에 대하여만 평가손을 계상할 수 있으며 평가차익은 인정되지 않는다.

법인이 임의로 자산을 평가증하여 재평가적립금으로 계상한 경우에는 그 평가증액은 익금에 산입하지 아니하고, 증액된 재산에 대한 감가상각비는 손금에 산입하지 아니한다.

우리 법원은, 자산재평가란 법인 또는 개인기업에 소속된 사업용 자산을 현실에 적합한 가액으로 그 장부가액을 증액하는 것을 말하고, 그것은 물가상승 등으로 인하여 자산의 장부가액과 실제가액이 불일치하게 된 것을 시정하여 적정한 감가상각을 가능하게 하고 기업자본의 정확을 기함으로써 경영의 합리화를 도모하려는데 그 목적이 있는 점에서는 임의적인 자산재평가나 자산재평가법에 의한 재평가 사이에 본질적인 차이가 없지만, 자산재평가법상의 규정들의 내용과 자산재평가의 목적, 임의평가의 경우에 그 재평가차익이 익금으로 산입되고 그에 대한 법인세의 세율이 재평가세보다 훨씬 높은 점 등을 종합적으로 고려하여 보면, 자산재평가법 33조는 자산재평가 여부나 방법의 선택을 사업주체에 맡기되 자산재평가법에 의한 재평가를 권장하기 위한 정책적 고려에서 그 법에 의한 재평가차액에 대하여는 재평가세의 부과로서 과세를 종결짓고 더 이상 소득으로서 과세하지 않겠다는 취지를 밝힌 조항으로 봄이 상당하므로 익금불산입한다고 하면서, 자산재평가법에 의한 재평가차액은 의제배당소득을 포함한 과세소득의 조정계산상 익금에서 제외되는 이른바 과세제외익금이라고 할 것이므로, 법인세법 18조 1호 단서에 의하여 재평가가 인정되지 아니하는 경우가 아닌 한, 같은 법에 의한 재평가과정을 거친 주식의 유상소각으로 인한 의제배당 소득금액을 계산함에 있어서는 유상소각의 대가에서 재평가액을 공제한 후에 주식을 취득하기 위하여 실제로 지출한 취득가액을 다시 공제하여야 할 것이라고 한다.

현대엔지니어링 주식회사 법인세등부과처분취소 사건
(대법원 1994.9.9. 선고, 93누19733 판결)

[판결요지]
자산재평가법에 의한 재평가차익은 의제배당소득을 포함한 과세소득의 조정계산상 익금에서 제외되는 이른바 과세제외익금이라고 할 것이므로 자산재평가법 제18조 제1항 단서에 의하여 그 재평가가 인정되지 아니하는 경우가 아닌 한, 합병으로 인한 의제배당소득금액을 계산함에 있어서는 합병법인으로부터 교부받은 주식의 가액에서 같은 법에 의한 재평가과정을 거친 피합병법인의 주식의 재평가차액을 공제한 후에 다시 피합병법인의 주식을 취득하기 위하여 실제로 지출한 취득가액을 공제하여야 한다.

[판결이유]
자산재평가법 제4조, 제5조, 제12조, 제13조, 제18조 제1항 단서, 제28조, 제33조, 법인세법 제9조 제2항, 제15조 제1항 제5호 등의 규정취지와 자산재평가의 목적, 임의평가의 경우에 그 재평가차익은 익금으로 산입되고, 그에 대한 법인세의 세율이 재평가세 보다는 훨씬 높은 점 등에 비추어 보면 자산재평가법에 의한 재평가차익은 의제배당소득을 포함한 과세소득의 조정계산상 익금에서 제외되는 이른바 과세제외익금이라고 할 것이므로 자산재평가법 제18조 제1항 단서에 의하여 그 재평가가 인정되지 아니하는 경우가 아닌 한 합병으로 인한 의제배당소득금액을 계산함에 있어서는 합병법인으로부터 교부받은 주식의 가액에서 같은 법에 의한 재평가과정을 거친 피합병법인의 주식의 재평가차액을 공제한 후에 다시 피합병법인의 주식을 취득하기 위하여 실제로 지출한 취득가액을 공제하여야 할 것인바(당원 1992.11.24. 선고 92누3786판결 참조), 원심이 확정한 바와 같이 이 사건 합병 이전에 원고가 보유하고 있던 피합병법인의 주식을 자산재평가법에 의하여 재평가하여 재평가차액 금 697,886,762원이 발생하였다면 이 사건 합병으로 인한 의제배당소득금액을 계산함에 있어 합병법인으로부터 취득한 주식의 가액에서 위 재평가차액을 공제하여야 할 것이므로 같은 취지의 원심판단은 정당하고, 거기에 지적하는 바와 같은 법리오해의 위법이 있다고 할 수 없다.

② 이월익금(법 제18조 2호)

이워익금이라 함은 각 사업연도의 소득으로 이미 과세된 소득을 다시 해당 사업연도의 익금에 산입한 금액으로서 당기 이전에 이미 세무상 익금에 산입됨으로썹 법인세가 과세된 소득이 단지 당기에 기업회계상 수익으로 계상된 경우를 말한다. 이월익금을 익금으로 산입하면 이중과세가 되므로 익금에 산입하지 않는다. 전 사업연도에 과세된 소득에는 법인세법 및 다른 법률에 의한 비과세소득이나 면제소득도 포함된다(영 제16조).

에이티엔티 인터내셔널 극동주식회사 법인세부과처분취소
(대법원 1989.12.26. 선고, 85누811 판결)

[판결요지]

가. 우리나라의 기업회계기준은 전기의 회계상의 오류를 수정함에 있어서 당기의 이익잉여금처분계산시에 전기 손익수정항목으로 오류의 수정을 할 수 있도록 하면서도 그 오류의 수정에 따른 법인세의 효과는 전혀 고려하지 않고 있고 과세청도 이러한 기업회계의 관행을 존중하여 조세의 부담을 부당히 감소시킬 목적 또는 소득을 조작할 목적으로 전기의 손익을 당기에 계상한 경우가 아닌 한전기의 법인세를 갱정하지 아니하고 이익잉여금처분계산서에 계산한 전기 수정이익 또는 손실을 당기의 익금 또는 손금으로 조정계산하는 것을 용인하고 있기는 하나, 원고법인이 1981. 사업년도에 그 종업원들에게 납부의무가 없는 을종근로소득세를 대납하고 이를 손금에 산입하였는데 1982. 사업년도의 법인세과세표준 및 세액신고를 하기 이전에 과세관청이 1981. 사업년도의 법인세에 관하여 위 근로소득세대납액에 대한 손금부인 등이 포함된 재갱정처분을 하여 이미 세법상으로 수정이 가하여졌다면 원고가 위 대납액 중 1982, 1983. 각 사업년도의 익금에 불산입되는 것이고 이를 전기 수정이익으로 계상하여 1982, 1983. 각 사업년도에 각 환급받은 금액을 장부상 수익으로 계상하였더라도 이는 법인세법 제15조 제4호 소정의 이월익금으로서 1983, 1983. 각 사업년도의 익금으로 조정 계산할 여지는 없는 것이므로 과세관청의 위 손금부인조치를 위법하다고 할 수 없다.

> 나. 원고법인이 일반소모품이나 소모부품과는 달리 어느 정도 내구성있는 부품을 갑회사로부터 수입하였다면 그것은 원고가 수입한 때에 원고의 자산이 되는 것이므로 비록 원고가 장차 갑에게 위 부품을 반환(수출)할 때에 수입가액의 85%만을 지급받기로 약정하였더라도 그 차액인 수입가액의 15%를 가리켜 바로 손금에 산입될 부품사용료라고는 볼 수 없다.

③ **법인세 또는 지방소득세의 환급세액**(법 제18조 3호)

법인의 각 사업연도 소득에 대하여 법인세뿐만 아니라 지방소득세 소득분이 부가세로서 과세된다. 주민세 균등분은 손비로 처리되지만 지방소득세 소득분과 법인세는 법인의 소득에서 부담하는 조세로서 당초부터 손금에 산입되지 않으므로, 그 세액의 과오납으로 인한 환급액도 익금에 산입되지 않는다. 이 때 손금의 환입이 아니므로 법인세 비용계정에서 환입처리하여야 하는데, 기업의 잡이익 등 수익으로 계상한 경우 세무계산상 익금불산입된다.

④ **국세 또는 지방세의 과오납금의 환급금에 대한 이자**(법 제18조 4호)

국세나 지방세의 과오납금에 대하여서는 환부이자(환급가산금)이 주어지는데(국세기본법 제52조, 국세기본법 시행령 제30조 제2항, 지방세기본법 제77조, 지방세기본법 시행령 제65조), 이와 같이 과오납금의 환급시에 지급되는 환급이자는 기업회계상 영업외 수익이 된다. 그러나 이 환급이자는 수익이라기 보다는 손해보전적 성질이 있으므로 이를 익금에 산입하지 않는 것이다. 환급금 자체는 익금에 산입된다 하더라도 환급금에 대한 이자는 익금불산입된다.

⑤ **부가가치세의 매출세액**(법 제18조 5호)

부가가치세의 매출세액은 익금에 산입하지 않는다. 부가가치세의 매출세액은 사업자가 재화 등을 공급할 때에 그 재화 등을 공급받는 자로부터 징수하여 국가에 납부할 예수금(부채)의 성격을 가지고 있으므로 익금불산입하는 것이다. 그러나 법인으로부터 사외로 유출되어 대표자 개인에게 현실적으로 귀속된 소득금액을 근로소득으로 추인하여 과세함에 있어서까지 대표자가 인출한 부가가치세 매출세액 상당액을 당연히 공제하여야 하는 것은 아니다.

> 세원해운 주식회사 법인세부과처분취소
> (대법원 2000.5.26. 선고, 98두5064 판결)
>
> [판결요지]
>
> [1] 법인의 대표이사가 그 지위에서 법인의 수익을 사외유출시켜 자신에게 귀속시킨 금원 중 법인의 사업을 위하여 사용된 것임이 분명하지 아니한 것은 특별한 사정이 없는 한 대표이사 자신에 대한 상여 내지 이와 유사한 임시적 급여로서 근로소득에 해당하는 것으로 추인할 수 있다.
>
> [2] 구 법인세법(1998. 12. 28. 법률 제5581호로 전문 개정되기 전의 것) 제15조 제9호는 법인의 익금 중 각 사업연도의 소득금액 계산상 익금에 산입하지 아니하는 항목의 하나로 부가가치세의 매출세액을 들고 있고, 부가가치세법 제13조 제1항 단서는 부가가치세의 과세표준에 부가가치세는 포함하지 아니한다고 규정하고 있으므로, 법인세 또는 부가가치세의 과세표준 신고시 누락된 법인의 매출수입 금액에 법인이 거래징수한 부가가치세 상당액이 포함되어 있을 경우에는 그 매출누락액 중 부가가치세 상당액을 제외한 나머지 금액만을 가산하여 법인세 및 부가가치세의 과세표준을 경정하는 것이지만, 그렇다고 하여 법인으로부터 사외유출되어 대표자 개인에게 현실적으로 귀속된 소득금액을 계산함에 있어서까지 위 부가가치세 상당액이 당연히 공제되어야 하는 것은 아니다.

⑥ 이월결손금의 보전에 충당된 자산수증이익과 채무면제이익(법 제18조 6호)

법인이 무상으로 받은 자산의 가액(자산수증이익)과 법인의 채무면제 또는 소멸로 인한 채의 감소액(채무면제이익) 중 이월결손금의 보전에 충당된 금액은 각 사업연도의 소득금액의 계산에 있어서 이를 익금에 산입하지 않는다. 자산수증이익과 채무면제이익은 법인의 자산을 증가시키거나 부채를 감소시킴으로써 법인의 순자산의 증가를 가져오게 되므로 당연히 익금에 산입하여야 하는 것이나, 법인의 이월결손금의 보전에 사용된 자산수증이익과 채무면제이익은 익금불산입하도록 하고 있다. 이는 결손보전을 통하여 자본충실을 촉진하고 자본의 원본에 대한 잠식과세를 규제함과 아울러 기간과세에 따른 폐해를 완화하기 위한 법적 장치라고 할 수 있다.

이월결손금은 소득공제대상이 될 때의 이월결손금과는 달리 10년 이내에 발생한 것인지에 관계없이 과세소득의 계산에 있어 손금에 산입되었거나 공제된 바가 없는 결손금이면 된다. 이위결손금의 전보에 충당한다는 것은 수증이익이나 채무면제이익 등에 상당하는 이월결손금과 직접 상계하거나 당해 사업연도 결산주주총회결의에 의하여 이월결손금에 보전하고 이익잉여금처분계산서(결손금처리계산서)에 계상하면 될 것이다.

투자법인으로부터 잉여금의 자본전입에 따라 받은 무상주가 의제배당에 해당하는 경우에는 이를 받은 주주법인에 이월결손금이 있다 하더라도 그 무상주로 이월결손금의 전보에 충당할 수 없고 따라서 본호에 의하여 그 무상주의 액면가액에 상당하는 금액을 익금불산입할 수 없다. 이는 발행회사가 주주에게 무상주를 교부하는 것은 주식보유회사의 이월결손금 유무에 불구하고 주주의 고유권인 신주인수권으로 인하여 교부하는 것으로서 당해 법인의 이월결손금의 보전을 위한 것이 아니며, 의제배당으로써 익금에 산입하는 별단의 규정이 있기 때문이다.

⑦ 연결자법인으로부터 지급받았거나 지급받을 법인세 비용(법 제18조 7호)

연결납세방식을 적용하는 경우 연결법인들에게 귀속되는 각 연결사업연도의 소득금액에 대해서는 연결모법인이 연결법인세액을 납부하게 된다. 따라서 연결자법인은 해당 연결자법인의 법인세비용을 연결모법인에게 지급하여 연결모법인이 연결법인세액을 납부할 수 있도록 해야 한다. 이 경우 연결모법인이 연결자법인으로부터 지급받았거나 지급받을 법인세비용은 익금에 산입하지 아니한다. 그리고 연결자법인이 연결모법인에게 지급하였거나 지급할 법인세 비용은 손금에 산입하지 않는다.

⑧ 자본준비금 감소에 따른 배당(법 제18조 8호)

상법은 자본준비금 및 이익준비금의 총액이 자본금의 1.5배를 초과하는 경우 주주총회의 결의에 따라 초과된 범위 내에서 자본준비금과 이익준비금을 감액할 수 있도록 하고 있다(상법 제461조의2). 이에 따라 감액된 자본준비금과 이익준비금은 배당가능이익을 구성하는데, 자본준비금을 재원으로 하여 배당하는 경우 그 실질은 자본의 환급에 해당하게 된다. 따라서 법인세법인 이를 익금에 산입하지 않도록 하고 있다. 다만 의제배당을 구성하는 자본준비금을 재원으로 하는 배당의 경우에는 익금에 산입한다(법 제18조 8호 단서).

3) 배당소득에 대한 이중과세의 조정

법인세법 제18조의2(지주회사 수입배당금액의 익금불산입)

① 내국법인 중 「독점규제 및 공정거래에 관한 법률」에 따른 지주회사, 「금융지주회사법」에 따른 금융지주회사, 「기술의 이전 및 사업화 촉진에 관한 법률」에 따른 공공연구기관첨단기술지주회사 및 「산업교육진흥 및 산학연협력촉진에 관한 법률」에 따른 산학연협력기술지주회사(이하 이 조에서 "지주회사"라 한다)가 자회사(해당 지주회사가 출자한 법인으로서 지주회사의 자회사에 대한 출자 비율 등을 고려하여 대통령령으로 정하는 요건을 갖춘 내국법인을 말한다. 이하 이 조에서 같다)로부터 받은 이익의 배당금이나 잉여금의 분배액과 제16조에 따른 배당금 또는 분배금으로 보는 금액(이하 이 조, 제18조의3 및 제76조의14에서 "수입배당금액"이라 한다) 중 제1호와 제2호에 따라 계산한 금액의 합계액이 제3호에 따라 계산한 금액을 초과하는 경우 그 초과하는 금액은 각 사업연도의 소득금액을 계산할 때 익금에 산입하지 아니한다.

1. 자회사의 발행주식총수 또는 출자총액의 100분의 80[「자본시장과 금융투자업에 관한 법률」에 따른 주권상장법인(이하 "주권상장법인"이라 한다)의 경우에는 100분의 40을 말한다]을 초과하여 출자한 경우에는 그 자회사로부터 받은 수입배당금액 전액에 상당하는 금액

2. 자회사에 출자한 비율이 제1호에서 정한 비율 이하인 경우에는 그 자회사로부터 받은 수입배당금액에 100분의 80을 곱하여 산출한 금액. 다만, 해당 자회사로부터 2007년 1월 1일부터 2007년 12월 31일까지 받은 수입배당금액에 대하여는 100분의 70을 곱하여 산출한 금액으로 한다.

3. 지주회사가 각 사업연도에 지급한 차입금의 이자가 있는 경우에는

차입금의 이자 중 제1호와 제2호에 따른 익금불산입 비율 및 자회사에 출자한 금액이 지주회사의 자산총액에서 차지하는 비율 등을 고려하여 대통령령으로 정하는 바에 따라 계산한 금액

② 제1항은 다음 각 호의 어느 하나에 해당하는 수입배당금액에 대하여는 적용하지 아니한다.

1. 배당기준일 전 3개월 이내에 취득한 주식등을 보유함으로써 발생하는 수입배당금액

2. 이 법 및 「조세특례제한법」에 따라 지급배당에 대하여 소득공제되거나 그 밖에 법인세가 비과세·면제 또는 감면되는 대통령령으로 정하는 법인으로부터 받은 수입배당금액

③ 제1항과 제2항을 적용할 때 지주회사의 자회사에 대한 출자 비율의 계산방법, 익금불산입액의 계산, 수입배당금액 명세서의 제출 등에 관하여 필요한 사항은 대통령령으로 정한다.

제18조의3(수입배당금액의 익금불산입)

① 내국법인(제1조제2호의 비영리내국법인은 제외한다. 이하 이 조에서 같다)이 해당 법인이 출자한 다른 내국법인으로부터 받은 수입배당금액(제18조의2를 적용받는 수입배당금액은 제외한다) 중 제1호와 제2호에 따라 계산한 금액의 합계액이 제3호에 따라 계산한 금액을 초과하는 경우 그 초과하는 금액은 각 사업연도의 소득금액을 계산할 때 익금에 산입하지 아니한다.

1. 내국법인이 발행주식총수 또는 출자총액의 100분의 50(주권상장법인의 경우에는 100분의 30)을 초과하여 출자한 다른 내국법인으로부터 받은 수입배당금액에 100분의 50을 곱하여 산출한 금액. 다만, 발행주식총수 또는 출자총액 전액을 출자한 경우에는 다른 내국법인으로부터 받은 수입배당금액 전액에 상당하는 금액을 말한다.

2. 내국법인이 제1호에서 정한 비율 이하로 출자한 다른 내국법인으로부터 받은 수입배당금액에 100분의 30을 곱하여 산출한 금액

3. 내국법인이 각 사업연도에 지급한 차입금의 이자가 있는 경우에는 제18조의2제1항제3호를 준용하여 대통령령으로 정하는 바에 따라 계산한 금액

② 제1항은 제18조의2제2항 각 호에 따른 수입배당금액에 대하여는 적

용하지 아니한다.
③ 제1항과 제2항을 적용할 때 출자 비율의 계산방법, 익금불산입액의 계산, 수입배당금액 명세서의 제출 등에 관하여 필요한 사항은 대통령령으로 정한다.

법인이 이익을 주주들에게 배당금을 지급하는 경우, 배당금은 손금에 해당하지 않기 때문에 법인세가 일차적으로 부과된다. 한편 배당금을 지급받는 주주에 대해서도 다시 소득세(개인주주) 또는 법인세(법인주주)가 부과되므로 일반적으로 배당소득에 대해서는 이중과세의 문제가 제기된다.

소득세법은 개인주주가 얻은 배당소득에 대하여는 이미 과세된 법인세 상당액을 배당소득 금액에 가산하여 소득세를 계산한 후 그 법인세 상당액을 소득세 산출세액에서 공제하는 방식으로 이중과세가 발생하지 않도록 하고 있다(소득세법 제17조 제3항, 제56조). 반면 법인세법은 모든 내국법인이 받는 배당소득에 대하여 지주회사의 배당소득 익금불산입보다 적은 비율에 의한 금액을 익금불산입하는 제도를 두고 있다.

① 일반법인간 배당에 대한 이중과세 조정

영리내국법인이 다른 내국법인으로부터 받은 수입배당금액(의제배당금액을 포함한다)은 그 출자비율이 50%(출자받은 법인이 주권상장법인 또는 협회등록법인인 경우에는 30%)를 초과하면 당해 수입배당금액의 50%를 익금에 불산입하고, 출자비율이 그 이하이면 당해 수입배당금액의 30%를 익금에 불산입하되, 배당소득을 지급받은 법인에게 그 출자와 관련된 차입금의 이자가 있는 경우에는 일정 금액을 익금불산입 대상에서 공제한다(법 제18조의3 제1항, 영 제17조의3 제3항).

다만 위 수입배당금액에 대한 익금불산입 규정은 배당기준을 전 3월 이내에 취득한 주식 등을 보유함으로써 발생하는 수입배당금액 및 배당을 지급하는 법인이 지급배당에 대하여 소득공제되거나 법인세가 비과세, 면제 또는 감면되는 경우 그 법인으로부터 받은 수입배당금액 등에 대하여는 적용하지 않는다(법 제18조의3 제2항).

② 지주회사의 배당소득에 대한 이중과세 조정

지주회사의 원활한 설립과 운영을 세제상으로 뒷받침하기 위한 규정으로서, 지주회사의 경우 자회사로부터의 배당이 주된 수입원임을 고려하여 일반적인 수익배당금액에 대한 익금불산입률보다 높은 비율에 의한 배당소득금액을 익금에 산입하지 않도록 한 것이다.

지주회사란 독점규제 및 공정거래에 관한 법률에 따른 지주회사, 금융지주회사법에 따른 금융지주회사 및 산업교육진흥 및 산학협력촉진에 관한 법률에 따른 산학협력기술지주회사를 말하고(법 제18조의2 제1항), 자회사란 지주회사가 40%(자본시장과 금융투자업에 관한 법률에 의한 주권상장법인 또는 벤처기업육성에 관한 특별조치법에 의한 벤처기업인 경우에는 20%) 이상의 지분을 당해 법인의 배당기준일 현재 3월 이상 계속하여 보유하고 있는 내국법인으로서 금융지주회사법에 의한 금융지주회사인 경우에는 금융기관, 금융지주회사외의 지주회사인 경우에는 금융업 또는 보험업을 영위하지 않는 법인을 말한다(법 제18조의2 제1항, 영 제17조의2 제2항).

지주회사가 자회사로부터 받은 수입배당금액(의제배당금액 포함)의 익금불산입률은, 2006. 12. 30. 법인세법 개정 전에는 그 출자 비율이 100%이면 전액 익금에 불산입하고, 80% 초과(자회사가 주권상장법인 또는 협회등록법인인 경우에는 40%초과) 100% 미만이면 당해 수입배당금액의 90%를 익금에 불산입하며(개정전 법 제18조의2 제1항 1호), 출자비율이 그 이하이면 당해 수입배당금액의 60%를 익금에 불산입하도록 규정하였다가(개정 전 법 제18조의2 제1항 2호), 법인세법 개정시 출자비율이 80%를 초과(자본시장과 금융투자업에 관한 법률에 따른 주권상장법인의 경우에는 40%)하는 경우 당해 수입배당금액 전액을 익금에 불산입하고(법 제18조의2 제1항 1호), 출자비율이 그 이하이면 당해 수입배당금액의 80%(다만 자회사로부터 2007. 1. 1.부터 2007. 12. 31.까지 받은 수입배당금액에 대하여는 70%)를 익금에 불산입하도록 익금불산입률을 상향조정하였다(법 제18조의2 제1항 2호). 다만, 법인세법 제18조의2 제1항 1호의 개정규정은 2009. 1. 1. 이후 최초로 배당받은 분부터 적용하고, 위 제18조의2 제1항 2호의 개정규정은 2007. 1. 1. 이후 최초로 배당받은 분부터 적용한다(법 부칙 제3조 제1항, 제2항).

한편, 수입배당금의 익금불산입액의 범위와 관련하여 지주회사에게 그 출자와 관련된 차입금의 이자가 있는 경우와 자회사가 다시 다른 법인에 출자를 한 경우에는 일정 금액을 익금불산입 대상에서 공제한다(법 제18조의2 제1항, 영 제17조의2).

③ 유동화전문회사 등이 배당하는 금액에 대한 이중과세 조정

> 법인세법 제51조의2(유동화전문회사 등에 대한 소득공제)
>
> ① 다음 각 호의 어느 하나에 해당하는 내국법인이 대통령령으로 정하는 배당가능이익의 100분의 90 이상을 배당한 경우 그 금액은 해당 사업연도의 소득금액에서 공제한다.
>
> 1. 「자산유동화에 관한 법률」에 따른 유동화전문회사
> 2. 「자본시장과 금융투자업에 관한 법률」에 따른 투자회사, 투자목적회사, 투자유한회사, 투자합자회사(같은 법 제9조제18항제7호의 사모투자전문회사는 제외한다) 및 투자유한책임회사
> 3. 「기업구조조정투자회사법」에 따른 기업구조조정투자회사
> 4. 「부동산투자회사법」에 따른 기업구조조정 부동산투자회사 및 위탁관리 부동산투자회사
> 5. 「선박투자회사법」에 따른 선박투자회사
> 6. 「임대주택법」에 따른 특수 목적 법인 등으로서 대통령령으로 정하는 법인
> 7. 「문화산업진흥 기본법」에 따른 문화산업전문회사
> 8. 「해외자원개발 사업법」에 따른 해외자원개발투자회사
> 9. 제1호부터 제8호까지와 유사한 투자회사로서 다음 각 목의 요건을 갖춘 법인일 것
>
> 가. 회사의 자산을 설비투자, 사회간접자본 시설투자, 자원개발, 그 밖에 상당한 기간과 자금이 소요되는 특정사업에 운용하고 그 수익을 주주에게 배분하는 회사일 것
>
> 나. 본점 외의 영업소를 설치하지 아니하고 직원과 상근하는 임원을 두지 아니할 것
>
> 다. 한시적으로 설립된 회사로서 존립기간이 2년 이상일 것
>
> 라. 「상법」이나 그 밖의 법률의 규정에 따른 주식회사로서 발기설립의 방법으로 설립할 것

> 마. 발기인이 「기업구조조정투자회사법」 제4조제2항 각 호의 어느 하나에 해당하지 아니하고 대통령령으로 정하는 요건을 충족할 것
> 바. 이사가 「기업구조조정투자회사법」 제12조 각 호의 어느 하나에 해당하지 아니할 것
> 사. 감사는 「기업구조조정투자회사법」 제17조에 적합할 것. 이 경우 "기업구조조정투자회사"는 "회사"로 본다.
> 아. 자본금 규모, 자산관리업무와 자금관리업무의 위탁 및 설립신고 등에 관하여 대통령령으로 정하는 요건을 충족할 것

유동화전문회사(SPC) 및 투자회사, 투자목적회사, 투자유한회사, 투자합자회사(사모투자전문회사는 제외함), 투자유한책임회사, 기업구조조정투자회사, 기업구조조정부동산투자회사, 선박투자회사, 문화산업전문회사, 해외자원개발투자회사 기타 이와 유사한 투자회사로서 일정한 요건을 갖춘 법인이 배당가능 이익의 90% 이상을 배당한 경우에는 유동화전문회사 등의 소득금액계산에서 배당액 전액을 소득공제한다(법 제51조의2 제1항).

이는 통상의 이중과세조정이 수령자 측면에서 이루어지는 것과는 달리 지급자 측면에서 배당액의 원천을 이루는 소득에 대하여 과세를 하지 않음으로써 이중과세를 방지하고자 하는 것이다.

4) 기타의 익금불산입

상생협력중소기업으로부터 2013. 12. 31.까지 받은 수입배당금(조특법 제8조의2), 구조조정대상 기업이 보증채무의 인수·변제 등에 대한 과세특례규정에 따라 채무가 인수·변제됨에 따라 감소한 채무액(동법 제39조 제2항), 공장의 대도시 밖 이전시 해당 공장의 대지와 건물을 2014. 12. 31.까지 양도함으로써 발생하는 양도차익(동법 제60조 제2항), 수도권과밀억제권역에 본점이나 주사무소를 둔 법인의 본점이나 주사무소를 수도권과밀억제권역 밖으로 이전하기 위하여 대지와 건물을 2014. 12. 31.까지 양도하여 발생한 양도차익(동법 제61조 제3항) 등은 익금에 산입하지 않는다.

Ⅱ. 손금

1. 손금의 의의

> 법인세법 제19조(손금의 범위)
>
> ① 손금은 자본 또는 출자의 환급, 잉여금의 처분 및 이 법에서 규정하는 것은 제외하고 해당 법인의 순자산을 감소시키는 거래로 인하여 발생하는 손비(損費)의 금액으로 한다.
>
> ② 제1항에 따른 손비는 이 법 및 다른 법률에서 달리 정하고 있는 것을 제외하고는 그 법인의 사업과 관련하여 발생하거나 지출된 손실 또는 비용으로서 일반적으로 인정되는 통상적인 것이거나 수익과 직접 관련된 것으로 한다.

법인세는 소득금액을 과세표준으로 하여 부과하는 소득세의 일종인데, 여기서 소득금액은 익금에서 손금을 공제한 값으로 손금은 소득금액의 계산에 있어서 소극적 항목에 해당한다.

손금이란 자본 또는 출자의 환급·잉여금의 처분 및 법인세법에서 규정하는 것을 제외하고 그 법인의 순자산을 감소시키는 거래로 인하여 발생하는 손비의 금액으로 한다(법 제19조 제1항). 그런데 법인의 순자산을 감소시키는 손비의 금액이라고 하여 모두 손금으로 구성하는 것은 아니며, 그와 같은 손비의 금액 중 그 법인의 사업과 관련하여 발생하거나 지출된 손실 또는 비용으로서 일반적으로 인정되는 통상적인 것이거나 수익과 직접 관련된 것만을 손금으로서 공제하는 것이다(법 제19조 제2항).

가. 순자산을 감소시키는 거래로 인한 손비의 금액

손금은 법인의 순자산을 감소시키는 거래로 인하여 발생하는 손비의 금액이 그것이나 해당 법인의 순자산을 감소시키는 거래라 하더라도 법인세법은 일정한 범위를 정하여 손금의 범위에서 제외하고 있는바 이하에서는 이론상, 법규상 인정되는 손금의 범위에 대해서 살펴본다.

1) 순자산의 감소와 손비의 금액

손금은 해당 법인의 순자산의 감소를 가져오는 거래로 인한 손비의 금액을 말하는데, 여기서 법인의 순자산의 감소 원인은 법인의 자산감소, 부채증가 등의 원인이 될 수 있다.

법인세법에서의 손비는 법인의 순자산의 감소를 초래하는 자기주식처분손실 등과 같은 자본조정을 포함하고, 일반적인 비용과 손실을 포괄한다. 여기서 일반적으로 비용이라 함은 기업 활동에 있어 나타나는 자산의 유출 및 사용 또는 부채의 발생액을 의미하고, 손실이라 함은 자본의 감소액을 의미한다.

2) 손금 범위의 제외

잉여금의 처분과 자본의 환급 그리고 법인세법에서 규정하는 것은 법인자산의 감소에도 불구하고 손금의 범위에서 제외된다.

가) 자본의 환급과 잉여금

원본을 이루는 자본과 출자의 납입은 익금에서 제외되는바, 그에 대한 환급 또한 손금에 해당하지 아니하는 것으로 본다. 한편 잉여금의 처분은 그 자체가 바로 과세소득에 해당하므로 해당 금액은 손금으로 보지 않는다.

나) 법인세법의 규정

법인세법은 법인의 순자산을 감소시키는 금액 중 일부는 손금에서 제외하고 있는바, 이하 '손금의 범위' 항목에서 살펴보도록 한다.

나. 사업관련성이 있는 손비의 금액으로서의 통상적인 것과 수익관련성이 있는 손비의 금액

법인세법 제19조 제2항은 법인의 순자산을 감소시키는 거래로 인하여 발생하는 손비의 금액이라 할지라도 그 법인의 사업과 관련하여 발생하거나 지출된 손비로서 일반적으로 용인되는 통상적인 것이거나 수익과 직접 관련된 것이 아닌 한 손금에 산입 하지 않는다고 규정하고 있다. 즉, 손금이란 사업관련성과 통상성의 요건이 요구된다.

1) 사업관련성과 수익관련성

법인의 순자산을 감소시키는 거래로 인하여 발생하는 손비의 금액이라 할지라도 그 법인의 사업과 관련하여 발생하거나 지출된 손비가 아니면 손금에 해당하지 않는다.

2) 통상성

손금은 법인의 사업과 관련하여 발생하거나 지출된 손실 또는 비용 중 일반적으로 용인되는 통상적인 것이어야 한다. 여기서 통상성은 계속성의 의미와는 다른 의미 할 것이고, 따라서 1회적 비용이라 할지라도 통상성이 인정될 수 있다.

> 대법원 2009.11.12. 선고 2007두12422 판결
>
> 법인세법 제19조 제2항은 원칙적으로 '손비는 그 법인의 사업과 관련하여 발생하거나 지출된 손실 또는 비용으로서 일반적으로 용인되는 통상적인 것이거나 수익과 직접 관련된 것으로 한다'고 규정하고 있는바, 여기에서 말하는 '일반적으로 용인되는 통상적'인 비용이라 함은 납세의무자와 같은 종류의 사업을 영위하는 다른 법인도 동일한 상황 아래에서는 지출하였을 것으로 인정되는 비용을 의미하고, 그러한 비용에 해당하는지 여부는 지출의 경위와 목적, 형태, 액수, 효과 등을 종합적으로 고려하여 객관적으로 판단하여야 할 것인데, 특별한 사정이 없는 한 사회질서에 위반하여 지출된 비용은 여기에서 제외된다고 할 것이다.

2. 손금의 범위

법인세법은 제19조에서 손금에 관하여 포괄적인 정의규정을 두고 있으므로 법인세법시행령 제19조에서 열거하고 있는 손비의 항목은 예시 규정에 해당한다. 따라서 법인세법시행령 제19조에서 열거하고 있지 않는 손비라 하더라도 법인의 순자산의 감소를 초래하는 손비의 금액은 당연히 손금에 포함된다.

법인세법 제19조(손금의 범위)

④ 제1항부터 제3항까지의 규정에 따른 손비의 범위 및 구분 등에 관하여 필요한 사항은 대통령령으로 정한다. [전문개정 2010.12.30]

법인세법 시행령 제19조(손비의 범위)

법 제19조제1항에 따른 손비는 법 및 이 영에서 달리 정하는 것을 제외하고는 다음 각 호에 규정하는 것으로 한다. <개정 2000.12.29, 2001.12.31., 2002.12.30, 2005.2.19, 2006.2.9, 2007.2.28, 2008.2.22, 2008.2.29, 2009.2.4, 2010.2.18, 2010.3.15, 2010.12.7, 2012.1.25, 2012.2.2, 2013.6.11, 2013.6.28, 2014.2.21, 2015.2.3>

1. 판매한 상품 또는 제품에 대한 원료의 매입가액(기업회계기준에 따른 매입에누리금액 및 매입할인금액을 제외한다)과 그 부대비용

(중략)

22. 그 밖의 손비로서 그 법인에 귀속되었거나 귀속될 금액

가. 매출원가 및 판매부대비용

법인세법 시행령 제19조(손비의 범위)

법 제19조제1항에 따른 손비는 법 및 이 영에서 달리 정하는 것을 제외하고는 다음 각 호에 규정하는 것으로 한다.

1. 판매한 상품 또는 제품에 대한 원료의 매입가액(기업회계기준에 따른

매입에누리금액 및 매입할인금액을 제외한다)과 그 부대비용
1의2. 판매한 상품 또는 제품의 보관료, 포장비, 운반비, 판매장려금 및 판매수당 등 판매와 관련된 부대비용(판매장려금 및 판매수당의 경우 사전약정 없이 지급하는 경우를 포함한다)

판매한 상품 또는 제품에 대한 원료의 매입가액과 그 부대비용은 손금에 산입한다(영 제19조 1호). 판매한 상품 또는 제품에 대한 원료의 매입가액과 그 부대비용이란 판매한 상품의 매입가액 또는 제품에 대한 원료의 매입가액과 그 판매한 상품 또는 제품에 대한 부대비용을 의미한다. 즉 판매한 상품 또는 제품의 매출원가와 판매부대비용을 가리키는 것이다.

1) 매출원가

매출원가란 상품·제품 등의 매출액에 대응되는 원가로서 회계연도 중에 판매된 상품이나 제품 등에 대하여 배분된 매입원가 또는 제조원가를 말한다. 산입 방법은 상품 또는 제품의 기초 재고액과 당기 상품매입액 또는 당기 제품 제조원가의 합계액에서 상품 또는 제품의 기말재고액을 공제하여 산정한다.

2) 판매부대비용(매출에누리 등)

매출에누리나 매출할인 등은 기업회계기준에서나 법인세법에서 모두 매출액 및 수입금액에서 차감한다(영 11조 1호). 매출환입이나 매출장려금 역시 기업회계기준이 매출액에서 차감하도록 규정하고 있고 세법상으로도 따로 규정하고 있지 아니하므로 판매수익에서 차감한다.

담배사업자에 대한 접대비 손금불산입 사건
(대법원 2009. 11. 12, 선고, 2007두12422 판결)

담배를 수입·판매하던 회사가 영업부진 때문에 영업을 중지하는 대리점에게 신규시장의 개척과 판매촉진을 위하여 영업지원 인건비 및 차량구입비를 지원한 사안에서, 이는 상대방 사업자에게 지급된 '판매부대비용'에

해당하므로 이를 접대비로 보고 그 전부를 접대비 한도초과액으로서 손금 불산입한 처분은 위법하다

한편 과세관청이 법인세의 과세표준과 세액을 결정 또는 경정함에 있어서 적출한 매출누락 금액을 익금에 산입 함에 있어서 그 매출누락금액에 대응하는 매출원가도 장부상 기장 누락하고 있는지 여부가 문제된다.

주식회사 신나라뮤직 법인세등부과처분취소 사건
(대법원 2003. 11. 27. 선고 2002두2673판결)

과세관청이 실지조사방법에 의하여 법인의 소득에 대한 과세표준과 세액을 결정하면서 당해 법인의 당초 신고에서 누락된 수입금액을 발견한 경우에 이에 대응하는 매입원가 등의 손금이 별도로 지출되었음이 장부 기타 증빙서류에 의하여 밝혀지는 등 특별한 사정이 없는 이상 이는 총수입금에 대응하는 총손금에 이미 포함되어 있는 것으로 볼 것이고, 이 경우 누락수입에 대응하는 비용에 관한 신고를 누락하였다고 하여 그 공제를 받고자 한다면 그 비용의 손금 산입을 구하는 납세의무자가 스스로 그 누락사실을 주장·입증하여야 하며, 이 경우 총손금의 결정방법과는 달리 그 수입누락 부분에 대응하는 손금만을 실지조사가 아닌 추계조사방법에 의하여 산출·공제할 수는 없다.

나. 양도한 자산의 장부가액

법인세법 시행령 제19조(손비의 범위)
법 제19조제1항에 따른 손비는 법 및 이 영에서 달리 정하는 것을 제외하고는 다음 각 호에 규정하는 것으로 한다.
2. 양도한 자산의 양도당시의 장부가액

양도한 자산의 양도 당시의 장부가액은 손금에 해당한다. 즉 상품 또는 제품 이외의 자산인 고정자산이나 투자자산을 양도한 때에는 양도 당시의 장부가액을 손금산입한다.

장부가액이란 익금 항목인 '자산의 양도금액'에 대응하는 원가로, 취득가액에 자본적 지출, 자산평가증 등을 가산하고 감가상각, 평가손실 등을 차감한 당해 자산의 장부상 대차잔액이 그에 해당한다.

유상으로 취득한 자산의 경우에는 그 취득원가가 기초 장부가액이 되고, 감가상각대상 자산인 경우에는 감가상각누계액을 공제한 장부상의 미상각잔액이 장부가액이 되며, 자산을 재평가한 경우에는 재평가에 의하여 수정된 금액이 장부가액이 된다. 한편, 무상으로 받은 자산의 경우에는 시가가 취득가액이므로 이 금액이 장부가액이 된다.

법인세법상 부동산의 양도에 있어 그 양도로 인한 과세소득은 실질 양도가액에서 세법상 장부가액으로 인정되는 취득가액을 공제한 금액이므로, 종전의 특별부가세의 과세표준 산정시 기초가 되는 양도차익과 반드시 일치하는 것은 아니다.

> 대신흥주식회사 부동산양도 과세소득산정 사건
> (대법원 1991. 1. 29, 선고, 90누3614 판결)
>
> 법인세법상 부동산의 양도에 있어서 그 양도로 인한 법인세법상 과세소득은 그 양도금액에서 양도 당시의 장부가액을 공제한 금액인 것이므로 토지의 양도로 인한 소득도 실지 양도가액에서 장부가액으로 인정되는 신고된 취득가액을 공제한 금액으로 하여야 하며, 이는 특별부가세의 과세표준 산정시 기초가 되는 양도차익과 반드시 일치하여야 하는 것도 아니다.

또한 상품이나 제품 등 재고자산 이외의 양도의 대상이 되는 자산은 재고자산평가방법에 관한 규정이 적용된다(법 제41조 제1항 제1호, 제42조 제2항, 영 제74조)

다. 인건비

> 법인세법 시행령 제19조(손비의 범위)

법 제19조제1항에 따른 손비는 법 및 이 영에서 달리 정하는 것을 제외하고는 다음 각 호에 규정하는 것으로 한다.
3. 인건비

1) 의의

인건비란 근로를 제공한 임원 및 사용인에게 그 근로의 대가로 지급하는 급료, 봉급, 임금, 보수 및 수당 등과 같은 일반급여와 비정기적으로 지급하는 상여금 등을 말한다. 그리고 인건비에는 임원 및 사용인이 근로관계를 종료함에 따라 지급하는 퇴직금이 포함된다.

다만, 인건비라 하더라도 모두 발생한 사업연도의 손금으로 보는 것은 아닌바, 제품제조를 위한 노무비는 제조원가로 처리하여 판매시 매출원가로서 손금화되고, 고정자산을 직접 건설하는 경우에 소요된 인건비는 그 고정자산의 취득가액으로 처리하여 매년 감가상각을 통하여 손금화되며, 판매비와 관리비에 해당하는 인건비는 당해 사업연도의 손금에 산입된다. 또한 법인세법 제26조는 과다하거나 부당한 인건비는 손금불산입한다고 규정하고 있고, 그 구체적인 범위에 대해서는 시행령이 정하고 있다.

2) 보수

근로제공의 대가로 지급되는 일반적인 보수는 원칙적으로 손금에 산입되고, 현물급여인 경우에는 지급 당시의 시가에 의하여 계산한다.

법인세법은 급여의 내용이나 범위에 대해서는 구체적인 규정을 두고 있지 아니하나, 소득세법 시행령 제38조는 근로소득의 범위에 대해 규정하고 있는바 다음과 같다.

소득세법 시행령 제38조(근로소득의 범위)
① 법 제20조에 따른 근로소득에는 다음 각 호의 소득이 포함되는 것으로 한다. <개정 1995.12.30., 1996.12.31., 1997.12.31., 1998.4.1.,

1998.12.31., 1999.12.31., 2000.12.29., 2001.1.29., 2001.12.31., 2002.12.30., 2003.12.30., 2005.2.19., 2005.8.19., 2006.2.9., 2007.2.28., 2008.2.22., 2008.2.29., 2009.2.4., 2010.2.18., 2012.7.24., 2013.2.15., 2014.2.21.>

1. 기밀비(판공비를 포함한다. 이하 같다)·교제비 기타 이와 유사한 명목으로 받는 것으로서 업무를 위하여 사용된 것이 분명하지 아니한 급여

2. 종업원이 받는 공로금·위로금·개업축하금·학자금·장학금(종업원의 수학중인 자녀가 사용자로부터 받는 학자금·장학금을 포함한다) 기타 이와 유사한 성질의 급여

3. 근로수당·가족수당·전시수당·물가수당·출납수당·직무수당 기타 이와 유사한 성질의 급여

4. 보험회사, 「자본시장과 금융투자업에 관한 법률」에 따른 투자매매업자 또는 투자중개업자 등의 종업원이 받는 집금(集金)수당과 보험가입자의 모집, 증권매매의 권유 또는 저축을 권장하여 받는 대가, 그 밖에 이와 유사한 성질의 급여

5. 급식수당·주택수당·피복수당 기타 이와 유사한 성질의 급여

6. 주택을 제공받음으로써 얻는 이익. 다만, 주주 또는 출자자가 아닌 임원(주권상장법인의 주주 중 소액주주인 임원을 포함한다)과 임원이 아닌 종업원(비영리법인 또는 개인의 종업원을 포함한다) 및 국가·지방자치단체로부터 근로소득을 지급받는 사람이 기획재정부령으로 정하는 사택을 제공받는 경우를 제외한다.

7. 종업원이 주택(주택에 부수된 토지를 포함한다)의 구입·임차에 소요되는 자금을 저리 또는 무상으로 대여 받음으로써 얻는 이익

8. 기술수당·보건수당 및 연구수당, 그 밖에 이와 유사한 성질의 급여

9. 시간외근무수당·통근수당·개근수당·특별공로금 기타 이와 유사한 성질의 급여

10. 여비의 명목으로 받는 연액 또는 월액의 급여

11. 벽지수당·해외근무수당 기타 이와 유사한 성질의 급여

12. 종업원이 계약자이거나 종업원 또는 그 배우자 기타의 가족을 수익자로 하는 보험·신탁 또는 공제와 관련하여 사용자가 부담하는 보험료·신탁부금 또는 공제부금(이하 이 호에서 "보험료등"이라 한다). 다만, 다음 각 목의 보험료등을 제외한다.

가. 삭제 <2000.12.29.>

나. 종업원의 사망·상해 또는 질병을 보험금의 지급사유로 하고 종업원을 피보험자와 수익자로 하는 보험으로서 만기에 납입보험료를 환급하지 아니하는 보험(이하 "단체순수보장성보험"이라 한다)과 만기에 납입보험료를 초과하지 아니하는 범위안에서 환급하는 보험(이하 "단체환급부보장성보험"이라 한다)의 보험료중 연 70만원 이하의 금액

다. 삭제 <2013.2.15.>

라. 삭제 <2013.2.15.>

마. 임직원의 고의(중과실을 포함한다)외의 업무상 행위로 인한 손해의 배상청구를 보험금의 지급사유로 하고 임직원을 피보험자로 하는 보험의 보험료

바. 삭제 <2009.2.4.>

13. 「법인세법 시행령」 제44조제4항에 따라 손금에 산입되지 아니하고 지급받는 퇴직급여

14. 휴가비 기타 이와 유사한 성질의 급여

15. 삭제 <2013.2.15.>

16. 계약기간 만료전 또는 만기에 종업원에게 귀속되는 단체환급부보장성보험의 환급금

17. 법인의 임원 또는 종업원이 당해 법인 또는 당해 법인과 「법인세법 시행령」 제87조의 규정에 의한 특수관계에 있는 법인(이하 이 호에서 "당해 법인등"이라 한다)으로부터 부여받은 주식매수선택권을 당해 법인등에서 근무하는 기간중 행사함으로써 얻은 이익(주식매수선택권 행사 당시의 시가와 실제 매수가액과의 차액을 말하며, 주식에는 신주인수권을 포함한다)

18. 삭제 <2008.2.22.>

19. 「공무원 수당 등에 관한 규정」, 「지방공무원 수당 등에 관한 규정」, 「검사의 보수에 관한 법률 시행령」, 대법원규칙, 헌법재판소규칙 등에 따라 공무원에게 지급되는 직급보조비

② 제1항을 적용할 때 퇴직급여로 지급되기 위하여 적립(근로자가 적립금액 등을 선택할 수 없는 것으로서 기획재정부령으로 정하는 방법에 따라 적립되는 경우에 한정한다)되는 급여는 근로소득에 포함하지 아니한다. <개정 2013.2.15., 2015.2.3.>

> ③ 제1항제6호 단서에 따른 소액주주는 다음 각 호의 어느 하나에 해당하는 주주를 제외한 주주로서 해당 법인의 발행주식총액 또는 출자총액(이하 이 조에서 "발행주식총액등"이라 한다)의 100분의 1에 해당하는 금액과 3억원(액면가액의 합계액을 말한다) 중 적은 금액 미만의 주식을 소유하는 주주를 말한다. 다만, 「은행법」에 따른 은행의 경우에는 발행주식총액등의 100분의 1에 해당하는 금액 미만의 주식을 소유하는 주주를 말한다. <신설 2010.2.18.>
> 1. 해당 법인의 발행주식총액등의 100분의 1 이상의 주식을 소유한 주주(국가 또는 지방자치단체인 주주는 제외한다)로서 그와 제98조제1항에 따른 특수관계에 있는 주주와의 소유주식의 합계가 해당 법인의 주주 중 가장 많은 경우의 해당 주주
> 2. 제98조제1항에 따른 특수관계에 있는 주주
>
> ④ 제3항에 따른 소액주주에 해당하던 사람이 법인의 자본증가로 소유주식의 액면가액의 합계액이 3억원 이상이 되는 경우 그 증자일부터 증자일이 속하는 과세기간의 다음 연도 종료일까지는 소액주주로 본다. 다만, 그 사람의 소유주식의 액면가액의 합계액이 증자 후의 해당 법인의 발행주식총액등의 100분의 1 이상이 되는 경우에는 그러하지 아니하다. <신설 2010.2.18.>

한편 소득세법 시행령 제38조가 규정하고 있지 아니한 것이라도, 사실상의 종업원의 급료와 임금에 해당하면 모두 손금에 해당하는 바, 구체적으로는 법인이 복리후생목적으로 종업원의 주택구입자금을 차입하여 종업원에게 대출하고 그 이자상당액을 종업원에 대한 수당으로 처리한 경우, 법인이 종업원을 보험계약자로 하는 신원보증을 위한 보험료를 대신 지급하는 경우, 법인이 종업원에게 무상으로 지급하는 식비, 호텔업의 경우 고객으로부터 받은 봉사료를 전 종업원에게 급료와 함께 나누어주는 경우 등이 해당된다.

3) 보수의 손금불산입

근로의 대가 이상의 과대한 급여는 급여로서의 타당성이 없어 인건비 이외의 것으로 보아야 할 경우가 있는바, 부당행위계산 부인의 대상이 되어 손금불산입된다.

여기서 일반 사용인과 임원의 보수가 준별되는데, 일반 사용인의 경우에는 사규인 급여규정에서 정한 금액을 초과하여 지급하면 그 초과지급액은 손금불산입되고, 임원의 보수에 대하여는 상법 제388조는 정관에서 그 액을 정하기 아니한 때에는 주주총회의 결의로 정하도록 하고 있으므로, 정관이나 주주총회의 결의에서 정한 한도액을 초과하는 금액은 이익잉여금의 처분에 의한 상여로 보아 손금불산입된다.

> 법인세법 시행령 제43조(상여금 등의 손금불산입)
>
> ②법인이 임원에게 지급하는 상여금중 정관·주주총회·사원총회 또는 이사회의 결의에 의하여 결정된 급여지급기준에 의하여 지급하는 금액을 초과하여 지급한 경우 그 초과금액은 이를 손금에 산입하지 아니한다.
>
> ③법인이 지배주주등(특수관계에 있는 자를 포함한다. 이하 이 항에서 같다)인 임원 또는 사용인에게 정당한 사유없이 동일직위에 있는 지배주주등 외의 임원 또는 사용인에게 지급하는 금액을 초과하여 보수를 지급한 경우 그 초과금액은 이를 손금에 산입하지 아니한다. <개정 2008.2.22.>

또한 법인세법은 임원의 범위에 대하여 규정하고 있는바, 그 내용은 다음과 같다.

> 법인세법 시행령 제20조 제1항 4. 내국법인이 근로자[다음 각 목의 어느 하나의 직무에 종사하는 자(이하 "임원"이라 한다)는 제외한다]와 성과산정지표 및 그 목표, 성과의 측정 및 배분방법 등에 대하여 사전에 서면으로 약정하고 이에 따라 그 근로자에게 지급하는 성과배분상여금
>
> 가. 법인의 회장, 사장, 부사장, 이사장, 대표이사, 전무이사 및 상무이사 등 이사회의 구성원 전원과 청산인
>
> 나. 합명회사, 합자회사 및 유한회사의 업무집행사원 또는 이사
>
> 다. 유한책임회사의 업무집행자
>
> 라. 감사
>
> 마. 그 밖에 가목부터 라목까지의 규정에 준하는 직무에 종사하는 자

위 임원 중 출자임원에게 지급한 급여 등 보수는 비록 출자자라고 하여도 근로의 대가라고 보아야 하므로 손금에 산입되나, 합명회사나 합자회사의 노무출자사원에게 지급하는 보수는 이익처분에 의한 상여로 보아 손금불산입하

고, 비상금임원에게 지급하는 보수는 부당행위계산 부인대상에 해당하지 않는 한 손금에 산입된다.

> 법인세법 시행령 제43조(상여금 등의 손금불산입)
> ① 법인이 그 임원 또는 사용인에게 이익처분에 의하여 지급하는 상여금(제20조제1항 각호의 1에 해당하는 성과급을 제외한다)은 이를 손금에 산입하지 아니한다. 이 경우 합명회사 또는 합자회사의 노무출자사원에게 지급하는 보수는 이익처분에 의한 상여로 본다.
> ④상근이 아닌 법인의 임원에게 지급하는 보수는 법 제52조에 해당하는 경우를 제외하고 이를 손금에 산입한다.

4) 상여금

가) 상여금의 의의

상여금 등에 대한 손금불산입은 위에서 살펴본 법인세법 시행령 제43조의 내용과 같다. 다만 여기서 상여금의 의미에 대해서 살펴보면, 급료에 대한 추가지급적인 성격으로의 상여금과 이익처분에 의한 본래의 의미의 상여금으로 구분할 수 있고, 그 중 전자는 회사의 상여금지급규정 등에 의하여 지급시기와 계산기간이 정하여져 있는 것이 대부분인데, 이러한 의미의 상여금은 법인세법 시행령 제43조 제1항에 따라 손금에 산입되나, 후자의 상여금은 손금에 산입되지 아니한다.

나) 상여금의 손금산입시기

상여금의 손금산입시기는 상여금에 대한 지급의무가 화정되는 날이 속하는 사업연도이다. 따라서 지급대상기간이 사업연도말의 전후에 걸쳐 있어 미지급 상여금으로 계상한 경우에는 지급예정일이 도래하지 아니하였으므로 손급산입되지 아니한다. 또한 지급기간이 사전에 정하여 있지 아니한 특별상여금을 사업연도 말에 미지급 상여금으로 계상한 경우에도 손금산입할 수 없다.

다만 임금적 성질의 상여금의 경우 기간에 따른 상여금 액수가 가분적으로 확정될 수 있어 경가일수에 대한 상여금은 그 사업연도의 손금으로 처리할 수 있는바, 이에 대한 대법원 판례는 다음과 같다.

> 주식회사 로옴코리아 법인세부과처분취소 사건
> (대법원 1989. 11. 14, 선고, 88누6412 판결)
>
> 법인의 사용인에게 지급되는 상여금이 일정기간 동안의 근로의 대가로 지급되는 임금적 성질을 지니고 있는 경우에 전체 해당기간 중 경과일수에 상응하는 상여금의 액수가 가분적으로 확정이 되고, 이와 같이 가분적으로 확정된 금액을 그 경과일수에 해당하는 사업년도의 손금으로 처리하는 것이 종래의 회계관행에 어긋나는 것이 아니라면 그와 같은 손금처리는 시인되어야 할 것이나, 만일 경과일수에 상응하는 상여금의 액수가 가분적으로 확정이 되지 않거나 경과일수에 상응하는 상여금의 액수를 경과일수에 해당하는 사업년도의 손금으로 처리하는 것이 종래의 회계관행에 어긋나는 1회적인 것이라면 그와 같은 손금처리는 용인될 수 없는 것이다.

5) 퇴직금

가) 퇴직금의 손금산입

법인세법상 손금에 산입되는 퇴직급여는 실질적 퇴직금을 의미하고 형식상의 퇴직금은 세무상으로는 퇴직급여가 아니므로 일반급여로서 상여금 또는 업무와 무관한 가지급금으로 보아 세무조정하게 된다.

> 법인세법 시행령 제44조(퇴직급여의 손금불산입)
> ① 법인이 임원 또는 사용인에게 지급하는 퇴직급여(「근로자퇴직급여 보장법」 제2조제5호의 규정에 따른 급여를 말한다. 이하 같다)는 임원 또는 사용인이 현실적으로 퇴직(이하 이 조에서 "현실적인 퇴직"이라 한다)하는 경우에 지급하는 것에 한하여 이를 손금에 산입한다. <개정 2006.2.9.>
> ②현실적인 퇴직은 법인이 퇴직급여를 실제로 지급한 경우로서 다음 각

호의 어느 하나에 해당하는 경우를 포함하는 것으로 한다. <개정 2005.2.19., 2005.8.19., 2006.2.9., 2009.2.4., 2010.2.18.>

1. 법인의 사용인이 당해 법인의 임원으로 취임한 때

2. 법인의 임원 또는 사용인이 그 법인의 조직변경·합병·분할 또는 사업양도에 의하여 퇴직한 때

3. 「근로자퇴직급여 보장법」 제8조제2항에 따라 퇴직급여를 중간정산하여 지급한 때(중간정산시점부터 새로 근무연수를 기산하여 퇴직급여를 계산하는 경우에 한정한다)

4. 법인의 임원에 대한 급여를 연봉제로 전환함에 따라 향후 퇴직급여를 지급하지 아니하는 조건으로 그 때까지의 퇴직급여를 정산하여 지급한 때

5. 정관 또는 정관에서 위임된 퇴직급여지급규정에 따라 장기 요양 등 기획재정부령으로 정하는 사유로 그 때까지의 퇴직급여를 중간정산하여 임원에게 지급한 때(중간정산시점부터 새로 근무연수를 기산하여 퇴직급여를 계산하는 경우에 한정한다)

나) 퇴직금의 손금불산입

사용인에 대한 퇴직급여는 손금한도액이 없으나 임원에 대한 퇴직급여는 일정한 손금한도액을 초과하여 지급하면 그 초과액은 손금불산입되고, 그 금액은 임원에 대한 인정상여로 소득처분되어 원천징수 갑종근로소득세의 과세대상이 된다.

법인세법 제44조(퇴직급여의 손금불산입)

④법인이 임원에게 지급한 퇴직급여 중 다음 각 호의 어느 하나에 해당하는 금액을 초과하는 금액은 손금에 산입하지 아니한다. <개정 2000.12.29., 2005.2.19., 2006.2.9., 2008.2.29., 2009.2.4., 2011.3.31.>

1. 정관에 퇴직급여(퇴직위로금 등을 포함한다)로 지급할 금액이 정하여진 경우에는 정관에 정하여진 금액

2. 제1호 외의 경우에는 그 임원이 퇴직하는 날부터 소급하여 1년동안 해당 임원에게 지급한 총급여액[「소득세법」 제20조제1항제1호 및 제2호

에 따른 금액(같은 법 제12조에 따른 비과세소득은 제외한다)으로 하되, 제43조에 따라 손금에 산입하지 아니하는 금액은 제외한다]의 10분의 1에 상당하는 금액에 기획재정부령으로 정하는 방법에 의하여 계산한 근속연수를 곱한 금액. 이 경우 해당 임원이 사용인에서 임원으로 된 때에 퇴직금을 지급하지 아니한 경우에는 사용인으로 근무한 기간을 근속연수에 합산할 수 있다.

⑤제4항제1호는 정관에 임원의 퇴직급여를 계산할 수 있는 기준이 기재된 경우를 포함하며, 정관에서 위임된 퇴직급여지급규정이 따로 있는 경우에는 해당 규정에 의한 금액에 의한다. <개정 2006.2.9., 2009.2.4.>

⑥ 제3항에 따라 지배주주등과 제43조제8항에 따른 특수관계의 유무를 판단할 때 지배주주등과 제87조제1항제7호의 관계에 있는 임원의 경우에는 특수관계에 있는 것으로 보지 아니한다. <신설 2010.2.18.>

[제목개정 2006.2.9.]

한편, 사용인에 대한 퇴직급여 중 퇴직위로금이나 퇴직공로금과 같은 것으로 퇴직급여지급규정 또는 근로자퇴직급여보장법에 의한 퇴직급여 한도를 초과한 금액은 모두 법인의 손금, 구체적으로는 인건비로 처리하되, 퇴직 사용인에 대하여는 퇴직소득이 아닌 근로소득으로 보아 근로소득세를 과세한다.

소득세법 시행령 제38조(근로소득의 범위)

① 법 제20조에 따른 근로소득에는 다음 각 호의 소득이 포함되는 것으로 한다.

13. 「법인세법 시행령」 제44조제4항에 따라 손금에 산입되지 아니하고 지급받는 퇴직급여

켐스트랜드주식회사 퇴직금 사건
(대법원 1986. 12. 9. 선고 86누469 판결)

국내지점을 설치하고 영업을 해온 외국법인이 그 퇴직직원의 지점설립준비에 대한 공로에 관하여 지점설립준비기간까지 포함한 기간을 근속기간으로 한 퇴직금을 위 퇴직직원에게 지급한 경우, 위 퇴직직원에게 초과지

급된 금액은 퇴직금 아닌 갑종 근로소득으로서 퇴직급여충당금에서 충당될 성질의 것이 아니어서 퇴직급여충당금 부인액의 손금추인 사유로 될 수 없는 것이지만 그 금액이 갑종근로소득으로서 지출된 것임이 분명한 이상 법인세법 제20조, 동법시행령 제46조 소정의 부당행위, 부당계산에 해당된다는등 특별한 사정이 없는 한 손금처리의 대상이 된다.

6) 복리후생비

법인세법은 복리후생비로 볼 수 있는 비용을 다음과 같이 열거하여 규정하고 있다.

법인세법 시행령 제45조(복리후생비의 손금불산입)

① 법인이 그 임원 또는 사용인을 위하여 지출한 복리후생비중 다음 각 호의 어느 하나에 해당하는 비용 외의 비용은 손금에 산입하지 아니한다. 이 경우 사용인에 「파견근로자보호 등에 관한 법률」 제2조에 따른 파견근로자를 포함한다. <개정 2000.2.7., 2001.12.31., 2005.2.19., 2009.2.4., 2011.12.8., 2013.2.15.>

1. 직장체육비
2. 직장연예비

2의2. 직장회식비

3. 우리사주조합의 운영비
5. 「국민건강보험법」 및 「노인장기요양보험법」에 따라 사용자로서 부담하는 보험료 및 부담금
6. 「영유아보육법」에 의하여 설치된 직장어린이집의 운영비
7. 「고용보험법」에 의하여 사용자로서 부담하는 보험료
8. 기타 임원 또는 사용인에게 사회통념상 타당하다고 인정되는 범위안에서 지급하는 경조사비 등 제1호 내지 제7호의 비용과 유사한 비용

한편, 임원 또는 사용인이 아닌 지배주주 등에게 지급한 여비나 교육훈련비는 손금산입이 안되고(영 제46조), 임원 또는 사용인의 업무와 관련하여 발생한 여비 등 비용은 손금산입되어야 하며, 반면 업무와 관련 없이 월정액으로 지급되는 여비 또는 교통비는 성질상 급여로 근로소득에 해당된다. 다

만, 월 20만원 이내의 자가운전보조수당을 지급하는 것은 소득세법상 실비변상적인 급여로서 비과세소득이 되므로(소득세법 제12조 4호 아목, 동법 시행령 제12조 3호) 법인의 소득금액계산에 있어서도 여비 또는 교통비로 손금에 산입 될 수 있다.

> 법인세법 시행령 제46조(여비 등의 손금불산입)
> 법인이 임원 또는 사용인이 아닌 지배주주등(제43조제8항에 따른 특수관계에 있는 자를 포함한다)에게 지급한 여비 또는 교육훈련비는 당해 사업연도의 소득금액계산에 있어서 이를 손금에 산입하지 아니한다.

라. 고정자산의 수선비

> 법인세법 시행령 제19조(손비의 범위)
> 법 제19조제1항에 따른 손비는 법 및 이 영에서 달리 정하는 것을 제외하고는 다음 각 호에 규정하는 것으로 한다.
> 4. 고정자산의 수선비

고정자산의 수선비는 손금에 산입한다. 그러나 수선비라고 할지라도 감가상각자산의 내용연수를 연장시키거나 해당 자산의 가치를 현실적으로 증가시키기 위하여 지출한 수선비, 즉 자본적 지출액은 해당 자산의 취득가액에 포함하여 감가상각을 통하여 손금에 산입하게 된다.

> 법인세법 시행령 제31조(즉시상각의 의제)
> ① 법인이 감가상각자산을 취득하기 위하여 지출한 금액과 감가상각자산에 대한 자본적 지출에 해당하는 금액을 손금으로 계상한 경우에는 이를 감가상각한 것으로 보아 상각범위액을 계산한다.
> ②제1항에서 "자본적 지출"이라 함은 법인이 소유하는 감가상각자산의 내용연수를 연장시키거나 당해 자산의 가치를 현실적으로 증가시키기 위하여 지출한 수선비를 말하며, 다음 각호의 1에 해당하는 것에 대한 지출을 포함하는 것으로 한다.

1. 본래의 용도를 변경하기 위한 개조
2. 엘리베이터 또는 냉난방장치의 설치
3. 빌딩 등에 있어서 피난시설 등의 설치
4. 재해 등으로 인하여 멸실 또는 훼손되어 본래의 용도에 이용할 가치가 없는 건축물·기계·설비 등의 복구
5. 기타 개량·확장·증설 등 제1호 내지 제4호와 유사한 성질의 것

법인세법 시행규칙 제17조(수익적 지출의 범위)

다음 각호의 지출은 영 제31조제2항의 규정에 의한 자본적 지출에 해당하지 아니하는 것으로 한다.

1. 건물 또는 벽의 도장
2. 파손된 유리나 기와의 대체
3. 기계의 소모된 부속품 또는 벨트의 대체
4. 자동차 타이어의 대체
5. 재해를 입은 자산에 대한 외장의 복구·도장 및 유리의 삽입
6. 기타 조업가능한 상태의 유지등 제1호 내지 제5호와 유사한 것

광장주식회사 수선비 사건
(대법원 1987. 12. 8, 선고, 87누749 판결)

건물개수공사내용이 낡은 타일을 새로운 타일로 대체하고, 낡은 전기시설을 새로이 하여 건축당시의 원상을 회복하고 외벽보호기능이나 전기시설의 기능을 다하게 하기 위한 수선이라고 한다면 이는 건물의 용도변경이나 개량으로 건물의 내용연수를 연장하거나 당해 고정자산의 가치를 현실적으로 증가시키는 수선이라고 볼 수 없으므로 위 타일 대체수선비나 전기시설 개수비는 자본적 지출이 아닌 수익적 지출에 해당한다.

마. 고정자산에 대한 감가상각비

법인세법 시행령 제19조(손비의 범위)

> 법 제19조제1항에 따른 손비는 법 및 이 영에서 달리 정하는 것을 제외하고는 다음 각 호에 규정하는 것으로 한다.
> 5. 고정자산에 대한 감가상각비

법인이 고정자산에 대한 감가상각비를 손비로 계상한 경우에는 상각범위액의 안에서 손금에 산입하는데, 법인세법은 손금불산입하는 범위를 구체적으로 규정하고 있는바 그 내용은 다음과 같다.

> 법인세법 제23조(감가상각비의 손금불산입)
>
> ① 고정자산에 대한 감가상각비는 내국법인이 각 사업연도에 손금으로 계상한 경우에만 대통령령으로 정하는 바에 따라 계산한 금액(이하 이 조에서 "상각범위액"이라 한다)의 범위에서 해당 사업연도의 소득금액을 계산할 때 이를 손금에 산입하고, 그 계상한 금액 중 상각범위액을 초과하는 부분의 금액은 손금에 산입하지 아니한다. 다만, 해당 내국법인이 법인세를 면제·감면받은 경우에는 해당 사업연도의 소득금액을 계산할 때 대통령령으로 정하는 바에 따라 감가상각비를 손금에 산입하여야 한다.
>
> ② 제1항 본문에도 불구하고 「주식회사의 외부감사에 관한 법률」 제13조제1항제1호에 따른 회계처리기준(이하 "국제회계기준"이라 한다)을 적용하는 내국법인이 보유한 고정자산 중 유형고정자산과 대통령령으로 정하는 내용연수가 비한정인 무형고정자산의 감가상각비는 개별 자산별로 다음 각 호의 구분에 따른 금액이 제1항에 따라 손금에 산입한 금액보다 큰 경우 그 차액의 범위에서 추가로 손금에 산입할 수 있다.
>
> 1. 2013년 12월 31일 이전 취득분: 국제회계기준을 적용하지 아니하고 종전의 방식에 따라 감가상각비를 손금으로 계상한 경우 제1항 본문에 따라 손금에 산입할 감가상각비 상당액(이하 이 조에서 "종전감가상각비"라 한다)
> 2. 2014년 1월 1일 이후 취득분: 기획재정부령으로 정하는 기준내용연수를 적용하여 계산한 감가상각비 상당액(이하 이 조에서 "기준감가상각비"라 한다)
>
> ③ 제1항 및 제2항에 따른 고정자산은 토지를 제외한 건물, 기계 및 장치, 특허권 등 대통령령으로 정하는 자산으로 한다.
>
> ④ 제1항 또는 제2항에 따라 감가상각비를 손금으로 계상한 내국법인은

대통령령으로 정하는 바에 따라 감가상각비에 관한 명세서를 납세지 관할 세무서장에게 제출하여야 한다.

⑤ 제1항 및 제2항을 적용할 때 감가상각비의 손금계상방법, 상각범위액을 초과하는 금액의 처리, 국제회계기준 적용 시기의 결정, 종전감가상각비 및 기준감가상각비의 계산 등에 필요한 사항은 대통령령으로 정한다.

[전문개정 2010.12.30.]

1) 감가상각의 의의

기업이 사용하는 기물이나 설비 등은 해마다 소모되는데, 이러한 가치의 감소분을 인위적 계산방법에 의하여 일정기간에 걸쳐 합리적으로 추정배분하여 보전하는 절차를 감가상각이라고 하고 이와 같이 자산의 이용으로 발생하는 비용을 감가상각비라 한다. 기업은 감가분을 제품이나 서비스의 원가에 넣어 적립하여, 이 적립분을 기물이나 설비가 노후했을 때 경신할 자금으로 삼는다.

기업회계기준은 감가상각의 방법 및 내용연수와 잔존가치에 있어 폭넓은 선택과 추정을 허용하고 있으니 법인세법은 일정한 상각 범위액을 초과하는 감가상각비를 손금불산입하고, 상각방법의 선택을 제한하는 한편, 내용연수와 잔존가액에 대한 규정을 두고 있다.

2) 감각상각제도의 특징

가) 임의상각제도와 의제상각

감가상각비는 법인이 결산서에 손금으로 계상한 경우에 한하여 이를 손금에 산입하고(법 제23조 제1항), 법인세가 면제 또는 감면되는 사업을 영위하는 자를 제외하고는 감가상각을 강제하지 아니한다. 즉 법인이 감가상각비를 손금으로 계상하지 아니하거나 상각범위액에 미달하게 계상하는 경우에도 이를 시인하는 바, 이러한 점에서 법인세법은 임의상각제도를 도입하고 있다.

법인세법 제23조(감가상각비의 손금불산입)

① 고정자산에 대한 감가상각비는 내국법인이 각 사업연도에 손금으로 계상한 경우에만 대통령령으로 정하는 바에 따라 계산한 금액(이하 이 조에서 "상각범위액"이라 한다)의 범위에서 해당 사업연도의 소득금액을 계산할 때 이를 손금에 산입하고, 그 계상한 금액 중 상각범위액을 초과하는 부분의 금액은 손금에 산입하지 아니한다. 다만, 해당 내국법인이 법인세를 면제·감면받은 경우에는 해당 사업연도의 소득금액을 계산할 때 대통령령으로 정하는 바에 따라 감가상각비를 손금에 산입하여야 한다.

한편, 임의상각제도와 대비되는 의제상각의 예외가 인정되는데, 법인세법상 상각범위액까지 상각 간주하는 것이 그 것으로, 법인세법 시행령 제30조가 규정하고 있다. 의제상각은 법인의 과세소득 계산시에만 적용되고, 감면사업과 과세사업을 겸업하는 경우에는 감면사업에 제공되는 자산에 대하여만 적용된다.

법인세법 시행령 제30조(감가상각의 의제)

각 사업연도의 소득에 대하여 법인세가 면제되거나 감면되는 사업을 경영하는 법인으로서 법인세를 면제받거나 감면받은 경우에는 개별 자산에 대한 감가상각비가 법 제23조제1항 본문에 따른 상각범위액이 되도록 감가상각비를 손금에 산입하여야 한다. 다만, 국제회계기준을 적용하는 법인은 법 제23조제2항에 따라 개별 자산에 대한 감가상각비를 추가로 손금에 산입할 수 있다.

대법원 1989. 2. 28. 선고 87누891 판결

의제상각에 관한 구 법인세법시행령(1981.12.31. 대통령령 제10666호 개정되기 전의 것) 제55조의2는 법인이 법인세과세사업과 감면사업을 겸영하는 경우 감면사업용 자산에 대하여만 적용되고 또 감면용 자산이라 할지라도 법인세를 면제 또는 감면받는 경우에만 적용되는 것이지 감면기간에 결손이 발생하여 법인세를 면제 또는 감면받은 사실이 없는 경우에는 적용될 수 없다.

한편, 국제기준의 도입에 따른 감가상각방법 및 내용연수 등에 있어서 법인세법상 규정상 차이가 발생하게 되었는데, 요컨대, 국제기준은 감가상각방법 및 내용연수를 국제적으로 비교하여 동종 기업은 동일한 상각방법 및 내용연수를 사용하도록 하고, 내용연수가 비한정인 무형자산에 대해서는 감가상각 자체를 인정하고 있지 않은 것이 그것이다.

따라서 법인세법은 국제기준 도입 이전의 감각상각에 대한 특례를 인정하고 있는바, 2013년 이전에 취득한 유형자산 및 내용연수가 비한정인 무형자산은 국제기준 도입 이전 결산상 감가상각방법 및 내용연수를 적용한 감가상가비를 상각범위액을 한도로 신고조정이 허용되고, 국제기준 도입 이전에 발생한 영업권의 감가상각이 허용된다.

법인세법 제23조(감가상각비의 손금불산입)

② 제1항 본문에도 불구하고 「주식회사의 외부감사에 관한 법률」 제13조제1항제1호에 따른 회계처리기준(이하 "국제회계기준"이라 한다)을 적용하는 내국법인이 보유한 고정자산 중 유형고정자산과 대통령령으로 정하는 내용연수가 비한정인 무형고정자산의 감가상각비는 개별 자산별로 다음 각 호의 구분에 따른 금액이 제1항에 따라 손금에 산입한 금액보다 큰 경우 그 차액의 범위에서 추가로 손금에 산입할 수 있다.

1. 2013년 12월 31일 이전 취득분: 국제회계기준을 적용하지 아니하고 종전의 방식에 따라 감가상각비를 손금으로 계상한 경우 제1항 본문에 따라 손금에 산입할 감가상각비 상당액(이하 이 조에서 "종전감가상각비"라 한다)

2. 2014년 1월 1일 이후 취득분: 기획재정부령으로 정하는 기준내용연수를 적용하여 계산한 감가상각비 상당액(이하 이 조에서 "기준감가상각비"라 한다)

법인세법 시행령 제24조(감가상각자산의 범위)

② 법 제23조제2항 각 호 외의 부분에서 "대통령령으로 정하는 내용연수가 비한정인 무형고정자산"이란 제1항제2호 각 목의 어느 하나에 해당하

는 무형고정자산 중에서 다음 각 호의 어느 하나에 해당하는 것을 말한다. <신설 2010.12.30., 2012.2.2.>

2. 국제회계기준을 최초로 적용하는 사업연도 전에 취득한 제24조제1항 제2호가목에 따른 영업권

나) 상각방법의 법정화

세법은 정액법, 정률법, 생산량비례법에 의한 상각방법을 규정하고 있는바, 그 이외의 상각방법은 허용되지 아니한다.

정액법이란 매년 정해진 일정액을 상각해가는 방법인 반면, 정률법은 일정한 상각율에 따라 상각해가는 방법으로 차이가 있다. 생산량비례법은 각 사업연도의 생산량에 비례하여 상각하는 방법을 말하는데(영 제26조 제2항), 법인세법 시행령은 각 자산별로 상각방법을 구체화하고 있는바 그 내용은 다음과 같다.

법인세법 시행령 제26조(상각범위액의 계산)

① 법 제23조제1항에서 "대통령령으로 정하는 바에 따라 계산한 금액"이란 개별 감가상각자산별로 다음 각 호의 구분에 따른 상각방법중 법인이 납세지 관할세무서장에게 신고한 방법에 의하여 계산한 금액(이하 "상각범위액"이라 한다)을 말한다. <개정 2001.12.31., 2002.12.30., 2005.2.19., 2009.2.4., 2012.2.2., 2015.2.3.>

1. 건축물과 무형고정자산(제3호 및 제6호 내지 제8호의 자산을 제외한다):정액법

2. 건축물외의 유형고정자산(제4호의 광업용 유형고정자산을 제외한다): 정률법 또는 정액법

3. 광업권(「해저광물자원 개발법」에 의한 채취권을 포함한다) 또는 폐기물매립시설(「폐기물관리법 시행령」 별표 3 제2호가목의 매립시설을 말한다): 생산량비례법 또는 정액법

4. 광업용 유형고정자산:생산량비례법·정률법 또는 정액법

5. 삭제 <2002.12.30.>

6. 개발비:관련제품의 판매 또는 사용이 가능한 시점부터 20년 이내의 기간내에서 연단위로 신고한 내용연수에 따라 매 사업연도별 경과월수에 비례하여 상각하는 방법

7. 사용수익기부자산가액:당해 자산의 사용수익기간(그 기간에 관한 특약이 없는 경우 신고내용연수를 말한다)에 따라 균등하게 안분한 금액(그 기간 중에 당해 기부자산이 멸실되거나 계약이 해지된 경우 그 잔액을 말한다)을 상각하는 방법

8. 「전파법」 제14조에 따른 주파수이용권, 「항공법」 제105조의2에 따른 공항시설관리권 및 「항만법」 제16조에 따른 항만시설관리권:주무관청에서 고시하거나 주무관청에 등록한 기간내에서 사용기간에 따라 균등액을 상각하는 방법

③법인이 제1항의 규정에 의하여 상각방법을 신고하고자 하는 때에는 동항 각호의 구분에 의한 자산별로 하나의 방법을 선택하여 기획재정부령이 정하는 감가상각방법신고서를 다음 각호에 규정된 날이 속하는 사업연도의 법인세 과세표준의 신고기한까지 납세지 관할세무서장에게 제출(국세정보통신망에 의한 제출을 포함한다)하여야 한다. <개정 2004.3.17., 2008.2.29.>

⑤법인이 제3항의 규정에 의하여 신고한 상각방법(상각방법을 신고하지 아니한 경우에는 제4항 각호에 규정한 상각방법)은 그 후의 사업연도에 있어서도 계속하여 그 상각방법을 적용하여야 한다.

다) 상각한도의 설정과 과도한 상각의 규제

감가상각비에 대하여는 필요경비로 산입할 수 있는 최고한도액이 설정되어 그 범위안의 금액, 즉 상각범위액만 필요경비에 산입되며, 상각범위액을 초과하여 필요경비에 불산입된 금액을 상각부인액이라 하고, 상각범위액에 미달하여 감가상각비로 계상된 경우의 한도미달액을 시인부족액이라 한다.

상각방법은 법인세법 시행령 제2항이 규정하고 있는바 그 내용은 다음과 같다,

법인세법 시행령 제26조

②제1항 각 호에 따른 상각방법은 다음과 같다. <개정 2010.12.30., 2015.2.3.>

1. 정액법 : 당해 감가상각자산의 취득가액(제72조의 규정에 의한 취득가액을 말한다. 이하 이 조에서 같다)에 당해 자산의 내용연수에 따른 상각률을 곱하여 계산한 각 사업연도의 상각범위액이 매년 균등하게 되는 상각방법

2. 정률법 : 당해 감가상각자산의 취득가액에서 이미 감가상각비로 손금에 산입한 금액을 공제한 잔액(이하 "미상각잔액"이라 한다)에 당해 자산의 내용연수에 따른 상각률을 곱하여 계산한 각 사업연도의 상각범위액이 매년 체감되는 상각방법

3. 생산량비례법: 다음 각 목의 어느 하나에 해당하는 금액에 당해 사업연도의 기간중 그 광구에서 채굴한 양을 곱하여 계산한 금액을 각 사업연도의 상각범위액으로 하는 상각방법

가. 해당 감가상각자산의 취득가액을 그 자산이 속하는 광구의 총채굴예정량으로 나누어 계산한 금액에 해당 사업연도의 기간 중 그 광구에서 채굴한 양을 곱하여 계산한 금액

나. 해당 감가상각자산의 취득가액을 그 자산인 폐기물매립시설의 매립예정량으로 나누어 계산한 금액에 해당 사업연도의 기간 중 그 폐기물매립시설에서 매립한 양을 곱하여 계산한 금액

위 내용을 정리하면 아래 표와 같다.

감가상각 계산방법의 분류

구분	신고시 선택가능한 감가상각비 계산방법	무신고시 감가상각비 계산방법
① 건축물과 무형고정자산 (③, ⑤, ⑥, ⑦번 제외)	정액법	정액법
② 건축물외의 유형고정자산 (④번 제외)	정액법과 정률법 중 선택	정률법

③ 광업권 (해저광물자원개발법의 채취권 포함)	생산량비례법과 정액법 중 선택	생산량비례법
④ 광업용 유형고정자산	생산량비례법, 정률법, 정액법 중 선택	생산량비례법
⑤ 개발비	관련제품의 판매 또는 사용이 가능한 시점부터 20년 이내의 기간내에서 연단위로 신고한 내용연수(年)에 따라 매사업연도별 경과월수에 비례하여 감가상각	관련 제품의 판매 또는 사용이 가능한 시점부터 5년 동안감가상각
⑥ 사용수익 기부자산가액	자산의 사용수익기간에 따라 균등 상각 기부자산이 멸실 또는 계약이 해지된 경우 잔액 일시 상각	
⑦ 주파수이용권, 공항시설관리권	주무관청에서 고시하거나 주무관청에 등록된 기간 내에서 사용기간에 따라 상각	

감가상각비 계산방법

정액법	감가상각비 = 취득가액 / 내용연수(年)
정률법	감가상각비 =(취득가액 - 세무상 전기말 감가상각 누계액 + 상각부인액) X 상각비율
생산량 비례법	감가상각비 = 취득가액 X (당기실제생산량 / 추정총생산량)

라) 내용연수 및 잔존가액의 법정

1) 내용연수

내용연수는 자산의 사용가능기간을 말하는데, 세법은 내용연수와 상각방법별 상각률을 구체적으로 규정하고 있는바 구체적인 내용은 다음과 같다.

법인세법 시행령 제28조(내용연수와 상각률)

① 감가상각자산의 내용연수와 당해 내용연수에 따른 상각률은 다음 각 호의 규정에 의한다. <개정 2001.12.31., 2002.12.30., 2008.2.29., 2010.12.30.>

1. 기획재정부령이 정하는 시험연구용자산과 제24조제1항제2호가목 내지 라목의 규정에 의한 무형고정자산

기획재정부령이 정하는 내용연수와 그에 따른 기획재정부령이 정하는 상각방법별 상각률(이하 "상각률"이라 한다)

2. 제1호 외의 감가상각자산(제24조제1항제2호바목부터 아목까지의 규정에 따른 무형고정자산은 제외한다)

구조 또는 자산별·업종별로 기준내용연수에 그 기준내용연수의 100분의 25를 가감하여 기획재정부령으로 정하는 내용연수범위(이하 "내용연수범위"라 한다)안에서 법인이 선택하여 납세지 관할세무서장에게 신고한 내용연수(이하 "신고내용연수"라 한다)와 그에 따른 상각률. 다만, 제3항 각 호의 신고기한내에 신고를 하지 아니한 경우에는 기준내용연수와 그에 따른 상각률로 한다.

법인세법 시행령 제29조(내용연수의 특례 및 변경)

① 법인은 다음 각 호의 어느 하나에 해당하는 경우에는 제28조제1항제2호 및 같은 조 제4항에도 불구하고 기준내용연수에 기준내용연수의 100분의 50(제5호 및 제6호에 해당하는 경우에는 100분의 25)을 가감하는 범위에서 사업장별로 납세지 관할지방국세청장의 승인을 얻어 내용연수범위와 달리 내용연수를 적용하거나 적용하던 내용연수를 변경할 수 있다. <개정 2008.2.29., 2010.12.30., 2014.2.21.>

1. 사업장의 특성으로 자산의 부식·마모 및 훼손의 정도가 현저한 경우

2. 영업개시후 3년이 경과한 법인으로서 당해 사업연도의 생산설비(건축물을 제외하며, 이하 "생산설비"라 한다)의 기획재정부령이 정하는 가동률(이하 이 항에서 "가동률"이라 한다)이 직전 3개 사업연도의 평균가동률보다 현저히 증가한 경우

3. 새로운 생산기술 및 신제품의 개발·보급 등으로 기존 생산설비의 가속상각이 필요한 경우

4. 경제적 여건의 변동으로 조업을 중단하거나 생산설비의 가동률이 감

소한 경우

5. 제28조제1항제2호에 해당하는 감가상각자산에 대하여 국제회계기준을 최초로 적용하는 사업연도에 결산내용연수를 변경한 경우(결산내용연수가 연장된 경우 내용연수를 연장하고 결산내용연수가 단축된 경우 내용연수를 단축하는 경우만 해당하되 내용연수를 단축하는 경우에는 결산내용연수보다 짧은 내용연수로 변경할 수 없다)

6. 제28조제1항제2호에 해당하는 감가상각자산에 대한 기준내용연수가 변경된 경우. 다만, 내용연수를 단축하는 경우로서 결산내용연수가 변경된 기준내용연수의 100분의 25를 가감한 범위 내에 포함되는 경우에는 결산내용연수보다 짧은 내용연수로 변경할 수 없다.

②법인이 제1항에 따라 내용연수의 승인 또는 변경승인을 얻고자 할 때에는 제28조제3항 각 호의 날부터 3월 또는 그 변경할 내용연수를 적용하고자 하는 최초 사업연도의 종료일까지 기획재정부령으로 정하는 내용연수승인(변경승인)신청서를 납세지 관할 세무서장을 거쳐 관할 지방국세청장에게 제출(국세정보통신망에 의한 제출을 포함한다)하여야 한다. 이 경우 내용연수의 승인·변경승인의 신청은 연단위로 하여야 한다. <개정 2004.3.17., 2006.2.9., 2008.2.29., 2010.12.30.>

③제2항에 따른 신청서를 접수한 납세지 관할세무서장은 신청서의 접수일이 속하는 사업연도 종료일부터 1개월 이내에 관할 지방국세청장으로부터 통보받은 승인 여부에 관한 사항을 통지하여야 한다. <개정 2006.2.9., 2010.12.30.>

④ 삭제 <2010.12.30.>

⑤제1항의 규정에 의하여 감가상각자산의 내용연수를 변경(재변경을 포함한다)한 법인이 당해 자산의 내용연수를 다시 변경하고자 하는 경우에는 변경한 내용연수를 최초로 적용한 사업연도종료일부터 3년이 경과하여야 한다.

제29조의2(중고자산 등의 상각범위액)

① 내국법인이 기준내용연수(해당 내국법인에게 적용되는 기준내용연수를 말한다)의 100분의 50 이상이 경과된 자산(이하 이 조에서 "중고자산"이라 한다)을 다른 법인 또는 「소득세법」 제28조에 따른 사업자로부터 취득(합병·분할에 의하여 자산을 승계한 경우를 포함한다)한 경우에는 그

자산의 기준내용연수의 100분의 50에 상당하는 연수와 기준내용연수의 범위에서 선택하여 납세지 관할세무서장에게 신고한 연수(이하 이 조에서 "수정내용연수"라 한다)를 내용연수로 할 수 있다. 이 경우 수정내용연수의 계산에 있어서 1년 미만은 없는 것으로 한다. <개정 2001.12.31., 2005.2.19., 2010.2.18., 2010.12.30.>

② 적격합병, 적격분할 또는 자산의 포괄적 양도(이하 이 조에서 "적격합병등"이라 한다)에 의하여 취득한 자산의 상각범위액을 정할 때 제26조제2항 각 호 및 같은 조 제6항에 따른 취득가액은 적격합병등에 의하여 자산을 양도한 법인(이하 이 조에서 "양도법인"이라 한다)의 취득가액으로 하고, 미상각잔액은 양도법인의 양도 당시의 장부가액(양도 당시의 시가에서 제80조의4제1항, 제82조의4제1항, 제84조제4항 또는 「조세특례제한법 시행령」 제35조제10항에 따른 자산조정계정을 뺀 금액을 말한다)에서 적격합병등에 의하여 자산을 양수한 법인(이하 이 조에서 "양수법인"이라 한다)이 이미 감가상각비로 손금에 산입한 금액을 공제한 잔액으로 하며, 해당 자산의 상각범위액은 다음 각 호의 어느 하나에 해당하는 방법으로 정할 수 있다. 이 경우 선택한 방법은 그 후 사업연도에도 계속 적용한다. <신설 2010.12.30., 2011.3.31., 2012.2.2., 2014.2.21.>

1. 양도법인의 상각범위액을 승계하는 방법. 이 경우 상각범위액은 법 및 이 영에 따라 양도법인이 적용하던 상각방법 및 내용연수에 의하여 계산한 금액으로 한다.

2. 양수법인의 상각범위액을 적용하는 방법. 이 경우 상각범위액은 법 및 이 영에 따라 양수법인이 적용하던 상각방법 및 내용연수에 의하여 계산한 금액으로 한다.

③ 제2항을 적용받은 법인이 적격요건위반사유에 해당하는 경우 해당 사유가 발생한 날이 속하는 사업연도 및 그 후 사업연도의 소득금액 계산 및 감가상각비 손금산입액 계산에 관하여는 제26조의2제10항을 준용한다. 이 경우 제26조의2제10항제1호의 금액에서 같은 항 제2호의 금액을 뺀 금액이 0보다 작은 경우에는 0으로 보며, 해당 사유가 발생한 날이 속하는 사업연도의 법 제60조에 따른 신고와 함께 제1항에 따라 적격합병등으로 취득한 자산 중 중고자산에 대한 수정내용연수를 신고하되, 신고하지 아니하는 경우에는 양수법인이 해당자산에 대하여 제28조제1항에 따라 정한 내용연수로 신고한 것으로 본다. <신설 2010.12.30.>

> ④제1항의 규정은 내국법인이 다음 각호에 규정하는 기한내에 기획재정부령이 정하는 내용연수변경신고서를 제출한 경우에 한하여 적용한다. <개정 2001.12.31., 2008.2.29., 2010.12.30.>
>
> 1. 중고자산을 취득한 경우에는 그 취득일이 속하는 사업연도의 법인세 과세표준 신고기한
> 2. 합병·분할로 승계한 자산의 경우에는 합병·분할등기일이 속하는 사업연도의 법인세 과세표준 신고기한
>
> [본조신설 2000.12.29.]
>
> [제목개정 2010.12.30.]

2) 잔존가액

잔존가액이란 고정자산의 내용연수가 경과되어 이를 폐기처분할 때 수취할 것으로 기대되는 가액을 말하는 것으로, 세법은 다음과 같이 규정하고 있다.

> 법인세법 시행령 제26조
>
> ⑥상각범위액을 계산함에 있어서 감가상각자산의 잔존가액은 "0"으로 한다. 다만, 정률법에 의하여 상각범위액을 계산하는 경우에는 취득가액의 100분의 5에 상당하는 금액으로 하되, 그 금액은 당해 감가상각자산에 대한 미상각잔액이 최초로 취득가액의 100분의 5 이하가 되는 사업연도의 상각범위액에 가산한다.
>
> ⑦법인은 감가상각이 종료되는 감가상각자산에 대하여는 제6항의 규정에 불구하고 취득가액의 100분의 5와 1천원중 적은 금액을 당해 감가상각자산의 장부가액으로 하고, 동 금액에 대하여는 이를 손금에 산입하지 아니한다.

3) 감가상각자산의 범위

가) 개괄

감가상각의 대상은 고정자산으로 세법은 그 범위를 기업회계지준상의 자산 중 토지를 제외한 유형고정자산과 무형고정자산으로 규정하고 있다.

> 법인세법 시행령 제24조(감가상각자산의 범위)
>
> ① 법 제23조제3항에서 "건물, 기계 및 장치, 특허권 등 대통령령으로 정하는 자산"이란 다음 각 호의 고정자산(제3항의 자산을 제외하며, 이하 "감가상각자산"이라 한다)을 말한다. <개정 2001.12.31., 2002.12.30., 2005.2.19., 2005.6.30., 2010.6.8., 2010.12.30., 2012.2.2.>
>
> 1. 다음 각목의 1에 해당하는 유형고정자산
>
> 가. 건물(부속설비를 포함한다) 및 구축물(이하 "건축물"이라 한다)
>
> 나. 차량 및 운반구, 공구, 기구 및 비품
>
> 다. 선박 및 항공기
>
> 라. 기계 및 장치
>
> 마. 동물 및 식물
>
> 바. 기타 가목 내지 마목의 자산과 유사한 유형고정자산
>
> 2. 다음 각 목의 어느 하나에 해당하는 무형고정자산
>
> 가. 영업권(합병 또는 분할로 인하여 합병법인등이 계상한 영업권은 제외한다), 디자인권, 실용신안권, 상표권
>
> 나. 특허권, 어업권, 「해저광물자원 개발법」에 의한 채취권, 유료도로관리권, 수리권, 전기가스공급시설이용권, 공업용수도시설이용권, 수도시설이용권, 열공급시설이용권
>
> 다. 광업권, 전신전화전용시설이용권, 전용측선이용권, 하수종말처리장시설관리권, 수도시설관리권
>
> 라. 댐사용권
>
> 마. 삭제 <2002.12.30.>
>
> 바. 개발비:상업적인 생산 또는 사용전에 재료·장치·제품·공정·시스템 또는 용역을 창출하거나 현저히 개선하기 위한 계획 또는 설계를 위하여 연구결과 또는 관련지식을 적용하는데 발생하는 비용으로서 당해 법인이 개발비로 계상한 것(「산업기술연구조합 육성법」에 의한 산업기술연구조합의 조합원이 동 조합에 연구개발 및 연구시설 취득 등을 위하여 지출하는 금액을 포함한다)
>
> 사. 사용수익기부자산가액:금전외의 자산을 국가 또는 지방자치단체, 법 제24조제2항제4호부터 제7호까지의 규정에 따른 법인 또는 이 영 제36조

제1항제1호에 따른 법인에게 기부한 후 그 자산을 사용하거나 그 자산으로부터 수익을 얻는 경우 해당 자산의 장부가액

아. 「전파법」 제14조의 규정에 의한 주파수이용권 및 「항공법」 제105조의2의 규정에 의한 공항시설관리권

자. 「항만법」 제16조에 따른 항만시설관리권

② 법 제23조제2항 각 호 외의 부분에서 "대통령령으로 정하는 내용연수가 비한정인 무형고정자산"이란 제1항제2호 각 목의 어느 하나에 해당하는 무형고정자산 중에서 다음 각 호의 어느 하나에 해당하는 것을 말한다. <신설 2010.12.30., 2012.2.2.>

1. 감가상각비를 손금으로 계상할 때 적용하는 내용연수(이하 "결산내용연수"라 한다)를 확정할 수 없는 것으로서 기획재정부령으로 정하는 요건을 모두 갖춘 무형고정자산

2. 국제회계기준을 최초로 적용하는 사업연도 전에 취득한 제24조제1항제2호가목에 따른 영업권

③감가상각자산은 다음 각호의 자산을 포함하지 아니하는 것으로 한다.<개정 2010.12.30.>

1. 사업에 사용하지 아니하는 것(유휴설비를 제외한다)

2. 건설 중인 것

3. 시간의 경과에 따라 그 가치가 감소되지 아니하는 것

④제68조제4항에 따른 장기할부조건 등으로 매입한 고정자산의 경우 법인이 해당 고정자산의 가액 전액을 자산으로 계상하고 사업에 사용하는 경우에는 그 대금의 청산 또는 소유권의 이전여부에 관계없이 이를 감가상각자산에 포함한다. <개정 2010.12.30.>

⑤제1항을 적용할 때 자산을 시설대여하는 자(이하 이 항에서 "리스회사"라 한다)가 대여하는 해당 자산(이하 이 항에서 "리스자산"이라 한다) 중 기업회계기준에 따른 금융리스(이하 이 항에서 "금융리스"라 한다)의 자산은 리스이용자의 감가상각자산으로, 금융리스외의 리스자산은 리스회사의 감가상각자산으로 한다. <개정 2005.2.19., 2007.2.28., 2008.2.29., 2010.12.30.>

⑥제5항의 규정을 적용함에 있어서 「자산유동화에 관한 법률」에 의한 유동화전문회사가 동법에 의한 자산유동화계획에 따라 금융리스의 자산을 양수한 경우 당해 자산에 대하여는 리스이용자의 감가상각자산으로

한다. <신설 2000.12.29., 2005.2.19.>

한편 그 자산은 자기 소유의 자산에 한하므로 타인의 건물을 임차하여 사용하고 있는 경우 그 임차건물의 임차인은 그 건물에 대하여 감가상각할 수 없다. 한편, 법인이 그 자산을 취득하게 된 원인행위가 반드시 적법하고 유효한 것이야 하는 것은 아니다.

리스물건 감가상각 사건
(대법원 2009. 7. 9. 선고 2007두4049 판결)

구 법인세법(1998. 12. 28. 법률 제5581호로 전문 개정되기 전의 것) 제9조 제1항, 제3항, 구 법인세법 시행령(1998. 12. 31. 대통령령 제15970호로 전문 개정되기 전의 것) 제12조 제2항 제5호 각 규정의 취지와 관련 법령의 내용 등을 종합하여 보면, 감가상각의 대상이 되는 고정자산은 법인의 사업에 실질적으로 제공된 것으로서 법인 소유의 자산은 물론 법인이 사실상의 소유권을 취득하여 현실적인 지배력을 행사하고 있는 자산도 포함되며 그 자산을 취득하게 된 원인행위가 반드시 적법하고 유효한 것이어야 하는 것은 아니다.

법인의 대표이사가 대표권을 남용하거나 이사회 결의를 거치지 않고 특수관계에 있는 금융리스이용회사와 리스물건의 매매계약을 체결하여 그 물건을 사용하던 중 특수관계회사의 부도 후 리스회사의 요구에 따라 그 물건을 반환한 사안에서, 법인이 특수관계회사로부터 리스물건의 대가를 지급하고 구입하여 실제로 제품생산 등에 사용하면서 현실적으로 지배하고 있었던 이상 법인은 리스물건을 구입한 것이고, 그 리스물건은 반환될 때까지는 여전히 법인이 현실적인 지배력을 행사하면서 사업에 실질적으로 제공한 자산으로서 감가상각의 대상이 된다.

그러나 법인이 사실상 취득하여 사용하고 있는 자산, 예컨대 장기할부조건부 자산, 세법상 당해 법인 소유 자산은 상각대상이 된다(영 제24조 제4항 내지 6항) 또한 감가상가대상 자산은 법인의 사업용으로 실질적으로 제공되어야 하는바, 법인세법 시행령 제24조 제3항 1, 2호가 규정하고 잇는 자산

등은 감가상각의 대상이 되지 아니한다.

> 골프장부지 조성비용 감가상각 사건
> (대법원 2009. 5. 14. 선고 2006두11224 판결)
>
> 법인세법 시행령 제24조 제1항 제1호 (가)목 및 (바)목이 정한 '구축물' 또는 '이와 유사한 유형고정자산'에 해당하기 위해서는 토지에 정착한 건물 이외의 공작물로서 그 구조와 형태가 물리적으로 토지와 구분되어 독립적인 경제적 가치를 가진 것이어야 할 것이고, 그렇지 않은 경우에는 시간의 경과에 따라 가치가 감소하지 아니하는 자산(법인세법 제23조 제2항)인 토지와 일체로서 평가되므로 감가상각의 대상이 될 수 없다.
>
> 골프장에 조성한 그린·티·벙커는 토지와 물리적 구조와 형태가 명확히 분리된다고 할 수 없을 뿐 아니라 골프장 부지의 이용편의를 위한 필수적인 시설로서 경제적으로도 독립적인 가치를 가진다고 할 수 없는 점, 또한 이 사건 자산의 조성은 이 사건 골프장 부지의 가치를 현실적으로 증가시키는 것으로서 그 조성비용은 골프장의 가치에 흡수될 것으로 보이는 점 등을 종합하면, 이 사건 자산의 조성비용은 이 사건 골프장 부지에 대한 자본적 지출에 해당한다.

나) 무형고정자산 - 영업권과 지적재산권

무형고정자산이라 함은 구체적인 물질적 재산은 아니지만 회사 경영에 유용한 자산으로 영업권, 특허권, 실용신안권, 의장권, 지하권, 광업권과 같은 법률상의 권리로 상호와 같이 사실상 가치가 있는 권리, 전화가입권, 철도지선전용권 등의 전용권이 포함된다.

무형고정자산 중 영업권이라 함은 어떤 기업이 특수한 기술과 사회적 신용 및 거래관계 등 영업상의 기능 내지 특성으로 인하여 동종의 사업을 경영하는 다른 기업의 통상수익보다 높은 초과수익을 올릴 수 있는 무형적 재산적 가치를 의미한다,

남양금속 대위변제 사건
(대법원 2004. 4. 9. 선고 2003두7804 판결)

<사실관계>
하나기계 주식회사는 포항종합제철 주식회사로부터 스테인레스 소재를 직접 공급받아 양식기 등을 제조·판매하여 오던 중 부도를 내고 포항제철에게 371,058,274원에 달하는 채무를 지게 되었는데, 포항제철은 그 당시 자본잠식법인인 하나기계로부터 위 채권을 회수할 수 없게 되자 남양금속에게 철강제품을 직접 공급하여 주는 대가로 하나기계를 양수하고 인수채무를 대위변제하도록 유도하여 남양금속은 하나기계를 인수하여 하나기계의 포항제철에 대한 위 채무를 대위변제하였다. 북부산세무서장은 남양금속의 대위변제는 접대비에 해당한다고 판단하였다.

<판시사항>
영업권이라는 것은 그 기업의 전통, 사회적 신용, 그 입지조건, 특수한 제조기술 또는 특수거래관계의 존재 등을 비롯하여 제조판매의 독점성 등으로 동종의 사업을 영위하는 다른 기업이 올리는 수익보다 큰 수익을 올릴 수 있는 초과수익력이라는 무형의 재산적 가치를 말하는 것이고, 접대비란 법인이 사업을 위하여 지출한 비용 가운데 상대방이 사업에 관련있는 자들이고 지출의 목적이 접대 등의 행위에 의하여 사업관계자들과의 사이에 친목을 두텁게 하여 거래관계의 원활한 진행을 도모하는 데 있는 것을 말한다. 대위변제한 채무가 감가상각의 대상이 되는 영업권의 대가가 아니라 새로운 거래관계를 창설하기 위하여 이루어진 것으로서 접대비에 해당한다.

한편, 합병 또는 분할로 인하여 합병법인 등이 계상한 영업권은 제한되고(영 제24조 제1항 2호 가목), 영업권의 범위에 대하여 법인세법 시행규칙은 다음과 같이 규정하고 있다.

법인세법 시행규칙 제12조(감가상각자산의 범위)

① 영 제24조제1항제2호가목의 규정에 의한 영업권에는 다음 각호의 금액이 포함되는 것으로 한다.

1. 사업의 양도·양수과정에서 양도·양수자산과는 별도로 양도사업에 관한 허가·인가등 법률상의 지위, 사업상 편리한 지리적 여건, 영업상의 비법, 신용·명성·거래선 등 영업상의 이점 등을 감안하여 적절한 평가방법에 따라 유상으로 취득한 금액

2. 설립인가, 특정사업의 면허, 사업의 개시등과 관련하여 부담한 기금·입회금등으로서 반환청구를 할 수 없는 금액과 기부금등

대법원 2008. 11. 13. 선고 2006두12722 판결

감가상각자산으로서의 영업권에 관한 규정인 법인세법 시행규칙 제12조 제1항 제1호에서 말하는 사업의 양수라 함은, 양수인이 양도인으로부터 그의 모든 사업시설뿐만 아니라 영업권 및 그 사업에 관한 채권, 채무 등 일체의 인적, 물적 권리와 의무를 양수함으로써 양도인과 동일시되는 정도로 법률상의 지위를 그대로 승계하는 것을 의미한다. 그러므로 사업을 포괄적으로 양도·양수하려는 의도로 양수인이 사업용 자산의 일부를 실질상 매매에 해당하는 임의경매 절차에 의하여 낙찰받아 취득하면서 나머지 사업용 자산, 영업권 및 그 사업에 관한 모든 권리와 의무를 양도인과의 별도의 양도계약에 의하여 연달아 취득하는 등으로 사회통념상 전체적으로 보아 양도인과 동일시되는 정도로 법률상의 지위를 그대로 승계한 것으로 볼 상황이라면, 이는 법인세법 시행규칙 제12조 제1항 제1호에서 규정한 사업의 양수에 해당한다.

법인세법 시행규칙 제12조 제1항 제1호에서 말하는 '양도·양수자산과는 별도로 양도사업에 관한 허가·인가 등 법률상의 지위, 사업상 편리한 지리적 여건 … 영업상의 이점 등을 감안하여 적절한 평가방법에 따라 유상으로 취득한 금액'이라 함은, 사업을 포괄적으로 양수하면서 법률상의 지위 등 시행규칙 제12조 제1항 제1호에 정한 초과수익력의 원인이 되는 여러 요소를 감안하여 양도·양수하는 다른 자산에 대한 평가와는 별도의 적절한 평가방법에 따른 평가를 거친 후 유상으로 취득한 금액을 의미하고, 나아가 '적절한 평가방법에 따라 유상으로 취득한 금액'에 해당하는지

여부는 건전한 사회통념과 상관행에 비추어 정상적인 거래라고 인정될 수 있는 범위 내의 금액으로서 양도·양수하는 사업의 실질적 내용에 따라 구체적으로 판단하여야 한다.

대법원 2009. 12. 10. 선고 2007두11955 판결

‘영업권’에 해당하는, 법인세법 시행규칙 제12조 제1항 제2호에서 정한 ‘사업 개시 등과 관련하여 부담한 기부금 등’에는 법인이 사업 개시의 조건으로 타인의 채무를 면책적으로 인수하면서 그 채무자 등에 대한 구상권 등을 포기한 것으로 볼 수 있는 금액도 포함되고, 이러한 영업권은 특별한 사정이 없는 한 면책적 채무인수를 조건으로 사업을 개시한 때에 취득하는 것으로 봄이 상당하다.

한편 법인세법 시행령은 의장권, 실용신안권, 상표권, 특허권과 같은 산업재산권(지적재산권)을 감가상각 자산으로 하고 있다(영 제28조 제1항 1호)

4) 감가상각비의 시·부인 계산

가) 의의

앞서 살펴본 바와 같이 법인세법은 임의상각제도를 취하고 있기 때문에, 감가상각비를 손금으로 계상한 경우에 한하여 세법상의 상각한도액내에서 손금으로 용인된다. 이 때 법인이 계상한 감가상각비가 상각범위액을 초과하는 금액을 ‘상각부인액’이라 하고, 반대로 법인의 감가상각비 계상액이 상각범위액에 미달하는 금액을 ‘시인부족액’이라 한다.

나) 상각부인액과 시인부족액의 처리

상각부인액이 생긴 경우 그 금액은 손금불산입되나, 그 후 사업연도에서 시인부족액이 발생하면 법인의 감가상각비 계상여부와 관계없이 시인부족액을 한도로 손금산입으로 추인한다. 한편, 시인부족액이 발생한 경우 상각부인액과 달리 시인부족액은 소멸되고 그 후 사업연도의 상각부인액에 충당하지

못한다.

위와 같은 감가상각의 시·부인 계산은 개별 자산별로 행함을 유의할 필요가 있다.

> 법인세법 시행령 제32조(상각부인액 등의 처리)
> ① 법인이 각 사업연도에 손금으로 계상한 감가상각비중 상각범위액을 초과하는 금액(이하 이 조에서 "상각부인액"이라 한다)은 그 후의 사업연도에 있어서 법인이 손금으로 계상한 감가상각비가 상각범위액에 미달하는 경우에 그 미달하는 금액(이하 이 조에서 "시인부족액"이라 한다)을 한도로 하여 이를 손금으로 추인한다. 이 경우 법인이 감가상각비를 손금으로 계상하지 아니한 경우에도 상각범위액을 한도로 하여 그 상각부인액을 손금으로 추인한다.
> ②시인부족액은 그 후 사업연도의 상각부인액에 이를 충당하지 못한다.

다) 평가증의 경우

법인이 고정자산을 평가증 한 경우, 감가상각비 계산의 기초가액기준이 무엇인지 문제가 되나 법인세법 시행령 제32조는 아래와 같이 규정하고 있는바, 그 내용은 다음과 같다.

> 법인세법 시행령 제32조(상각부인액 등의 처리)
> ③법인이 법 제42조제1항제1호에 따라 감가상각자산의 장부가액을 증액(이하 이 조에서 "평가증"이라 한다)한 경우 해당 감가상각자산의 상각부인액은 평가증의 한도까지 익금에 산입된 것으로 보아 이를 손금으로 추인하고, 평가증의 한도를 초과하는 금액은 이를 그 후의 사업연도에 이월할 상각부인액으로 한다. 이 경우 시인부족액은 소멸하는 것으로 한다. <개정 2010.12.30.>
> ④법인이 감가상각자산에 대하여 감가상각과 평가증을 병행한 경우에는 먼저 감가상각을 한 후 평가증을 한 것으로 보아 상각범위액을 계산한다.

라) 양도자산의 상각부인액

감가상각자산을 양도한 경우 상각부인액이 있는 자산은 장부상 처분이익이 과대계상되는바, 당해 자산의 상각부인액은 양도일이 속하는 사업연도의 손금에 이를 산입한다(영 제32조 제5항).

6) 즉시상각의 의제

가) 자본적 지출액의 즉시상각의제

법인이 고정자산을 취득하기 위하여 지출한 금액과 고정자산에 대한 자본적 지출에 해당하는 금액을 손금으로 계상한 경우에는 이를 감가상각한 것으로 보아 상각범위액을 계산하므로(영 제31조 제1항), 즉시상각한 것으로 보는 취득부대비용 및 자본적 지출액과 법인이 계상한 감가상각비를 합한 금액이 세법상의 상가범위액을 초과하는금액은 상각부인액으로서 익금산입된다. 왜냐하면 자산으로 계상하여야 할 금액을 비용으로 계상한 것이기 때문에 감가상각의 기초가액에 가산하여 상각범위액을 계산함과 동시에 당기의 감가상각비를 계상한 것으로 보아야 하기 때문이다.

나) 소액자산 등의 즉시상각의제

상각대상 자산이지만, 취득가액이 소액인 자산의 예외가 있는바, 즉시상각 의제에 대한 내용은 다음과 같다.

법인세법 시행령 제31조(즉시상각의 의제) ④ 다음 각호의 것을 제외하고 그 취득가액이 거래단위별로 100만원 이하인 감가상각자산에 대하여는 이를 그 사업에 사용한 날이 속하는 사업연도의 손금으로 계상한 것에 한하여 이를 손금에 산입한다. ⑥제4항에도 불구하고 다음 각 호의 자산에 대해서는 이를 그 사업에 사용한 날이 속하는 사업연도의 손금으로 계상한 것에 한하여 이를 손금에 산입한다. <개정 1999.12.31., 2010.12.30.>

1. 어업에 사용되는 어구(어선용구를 포함한다)
2. 영화필름, 공구(금형을 포함한다), 가구, 전기기구, 가스기기, 가정용기구·비품, 시계, 시험기기, 측정기기 및 간판
3. 대여사업용 비디오테이프 및 음악용 콤팩트디스크로서 개별자산의 취득가액이 30만원 미만인 것
4. 전화기(휴대용 전화기를 포함한다) 및 개인용 컴퓨터(그 주변기기를 포함한다)

⑦시설의 개체 또는 기술의 낙후로 인하여 생산설비의 일부를 폐기한 경우에는 당해 자산의 장부가액에서 1천원을 공제한 금액을 폐기일이 속하는 사업연도의 손금에 산입할 수 있다.

⑧ 감가상각자산이 진부화, 물리적 손상 등에 따라 시장가치가 급격히 하락하여 법인이 기업회계기준에 따라 손상차손을 계상한 경우(법 제42조제3항제2호에 해당하는 경우는 제외한다)에는 해당 금액을 감가상각비로서 손금으로 계상한 것으로 보아 법 제23조제1항을 적용한다. <신설 2010.12.30.>

바, 특수관계인으로부터 양수한 자산의 시가미달액 등에 대한 감가상각비 상당액

법인세법 시행령 제19조(손비의 범위)

법 제19조제1항에 따른 손비는 법 및 이 영에서 달리 정하는 것을 제외하고는 다음 각 호에 규정하는 것으로 한다.

5의2. 특수관계인으로부터 자산 양수를 하면서 기업회계기준에 따라 장부에 계상한 고정자산 가액이 시가에 미달하는 경우 다음 각 목의 금액에 대하여 제24조 내지 제34조의 규정을 준용하여 계산한 감가상각비 상당액

가. 실제 취득가액이 시가를 초과하는 경우에는 시가와 장부에 계상한 가액과의 차이

나. 실제 취득가액이 시가에 미달하는 경우에는 실제 취득가액과 장부에 계상한 가액과의 차이

사. 자산의 임차료

> 법인세법 시행령 제19조(손비의 범위)
> 법 제19조제1항에 따른 손비는 법 및 이 영에서 달리 정하는 것을 제외하고는 다음 각 호에 규정하는 것으로 한다.
> 6. 자산의 임차료

임대차계약상 임차료로 정해진 것 외에도 자산의 임차와 관련하여 임차인이 부담하게 된 각종 비용이나 부담액이 포함된다. 한편 자산의 임차료와 관련하여 특히 리스료의 취급이 문제가 된다. 이하에서는 리스료에 관하여 살펴보기로 한다.

1) 리스의 분류

리스는 시설대여법상의 '시설대여'를 뜻하며 시설대여이용자(일반기업)가 선정한 특정물건을 시설대여(리스)회사가 새로 취득하거나 대여받아 일정기간 이상 사용하게 하고 일정 대가를 정기적으로 분할하여 지급받으며 물건의 처분에 관하여는 당사자간의 약정으로 정하는 물적금융이라고 정의한다. 리스가 통상적 의미의 '임대차'가 아닌 설비금융의 한 형태인 '물적금융'이라는 것을 분명히 하고 있다. 리스의 형태는 금융리스(finance lease)와 운용리스(operation lease)로 나뉜다. 금융리스는 리스의 가장 기본적인 형태로 리스이용자가 필요로 하는 기계, 설비, 동산 등을 리스제공자(리스회사)가 구입하여 이용자에게 리스하여 주고 리스 기간 동안 이용자로부터 리스회사의 구입자금 원금과 금융비용 및 이윤을 전액회수하는 거래형태다. 리스회사의 투입자금이 리스 기간 중 전액 회수된다는 게 특징이다. 운용리스는 금융리스 이외의 리스(렌털 포함)를 총칭한다. 자동차, 컴퓨터, 복사기 등 가동률이 높은 범용물건을 리스회사가 구입해놓고 불특정 다수를 대상으로 단기간 임대하는 것으로 전형적인 임대차계약이라고 할 수 있다.

2) 리스료의 처리

금융리스의 자산은 리스이용자의 감가상각자산으로, 그리고 금융리스 외의 리스자산은 리스회사의 감가상각자산으로 한다. 즉 금융리스자산은 리스이용자의 소유자산으로 보아, 리스회사의 입장에서는 리스료 수입 중 잇자상당액을 익금에 산입하고, 리스이용자의 입장에서는 자신의 소유자산과 동일한 방법으로 감가상각하고 그 감가상각비와 리스료 중 차입금에 대한 이자상당액을 각 사업연도 소득금액 계산상 손금에 산입한다.

법인세법 시행령 제24조(감가상각자산의 범위)

⑤제1항을 적용할 때 자산을 시설대여하는 자(이하 이 항에서 "리스회사"라 한다)가 대여하는 해당 자산(이하 이 항에서 "리스자산"이라 한다) 중 기업회계기준에 따른 금융리스(이하 이 항에서 "금융리스"라 한다)의 자산은 리스이용자의 감가상각자산으로, 금융리스외의 리스자산은 리스회사의 감가상각자산으로 한다. <개정 2005.2.19., 2007.2.28., 2008.2.29.., 2010.12.30.>

대구리스 주식회사 취득세부과처분취소사건
(대법원 1993. 9. 28. 선고 92누16843 판결)

지방세법시행령 제74조 제2항에서 '사실상 취득한 자'라 함은 같은 법 제105조 제2항에서와 마찬가지로 소유권 취득의 형식적 요건(등기·등록)을 갖추지 못하였으나 소유권 취득의 실질적 요건을 갖추고 있는 자를 뜻하고, 위 시행령 조항의 취지는 대여시설 이용자가 시설대여산업육성법상 등기·등록 특례규정에 따라 등록하는 경우 소유권 취득의 실질적 요건을 갖추지 못하였음에도 불구하고 그 명의로 등록하였다는 사실만으로 대여시설 이용자에게 취득세가 부과되는 것을 방지하려는 데 있다.

시설대여 회사가 제조자와 매매계약을 체결하고 그에게 대금을 지급함으로써 중기를 유상으로 취득한 경우 그 취득목적이 시설대여에 제공하기 위한 것이라거나 대여시설 이용자가 중기를 선정하여 시설대여 회사의 명의와 계산으로 구입절차를 대행하고 제조자로부터 이를 직접 인도받았다거나 또는 대여시설 이용자 명의로 소유권등록을 하되 시설대여 회사 명의로 근저당권을 설정하였다는 사정만으로 달리 볼 것은 아니므로, 시설대

여 회사가 비록 그 명의로 등록을 하지 않았다 하더라도 지방세법 제105조 제2항의 "중기를 사실상으로 취득한 때"에 해당하여 취득세 납세의무가 있다.

아. 차입금 이자

> 법인세법 시행령 제19조(손비의 범위)
> 법 제19조제1항에 따른 손비는 법 및 이 영에서 달리 정하는 것을 제외하고는 다음 각 호에 규정하는 것으로 한다.
> 7. 차임금이자

차입금에 대한 지급이자는 법인의 순자산의 감소를 초래하는 것이므로 손금에 해당한다. 다만, 채권자가 불분명한 사채이자, 지급받은 자가 불분명한 채권 등의 이자와 할인액, 건설자금이자 및 비업무용 자산 등에 대한 지급이자 등에 대하여는 손금불산입하도록 하고 있다.

자. 부가가치세 매출세액 미수금

> 법인세법 시행령 제19조(손비의 범위)
> 법 제19조제1항에 따른 손비는 법 및 이 영에서 달리 정하는 것을 제외하고는 다음 각 호에 규정하는 것으로 한다.
> 8. 회수할 수 없는 부가가치세 매출세액미수금(「부가가치세법」 제45조에 따라 대손세액공제를 받지 아니한 것에 한정한다)

회수할 수 없는 부가가치세 매출세액 미수금 중 부가가치세법 제17조의2에 따라 대손세액공제를 받지 않은 것은 손금에 산입된다.

차. 자산의 평가차손

> 법인세법 시행령 제19조(손비의 범위)

> 법 제19조제1항에 따른 손비는 법 및 이 영에서 달리 정하는 것을 제외하고는 다음 각 호에 규정하는 것으로 한다.
> 9. 자산의 평가차손

법인세법은 자산의 취득가액을 역사적 원칙에 의하여 산정하도록 하면서 그 평가에 대하여 엄격한 제한 또는 규제를 행하고 있다, 과세소득 조작의 방지, 자산평가에 있어서의 획일성 및 과세의 형평 도모, 과세소득의 산정에 있어서의 미실현손익의 제거 등에 그 취지가 있다. 이에 따라 법인세법은 자산의 평가차손의 손금산입을 허용하지 않는다. 다만 재고자산 및 유가증권의 경우 일정한 범위 내에서 예외적으로 손금산입이 허용된다(법 제22조 단서). 즉 고정자산의 경우 원칙적으로 평가차손을 인정하지 아니하나 아래에서 살펴보는 바와 같이 예외가 인정된다.

> 법인세법 제22조(자산의 평가손실의 손금불산입)
> 내국법인이 보유하는 자산의 평가손실은 각 사업연도의 소득금액을 계산할 때 손금에 산입하지 아니한다. 다만, 제42조제2항 및 제3항에 따라 자산을 평가함에 따라 발생하는 평가손실은 그러하지 아니하다.
> [전문개정 2010.12.30.]
>
> 제42조(자산·부채의 평가)
> ① 내국법인이 보유하는 자산과 부채의 장부가액을 증액 또는 감액(감가상각은 제외하며, 이하 이 조에서 "평가"라 한다)한 경우에는 그 평가일이 속하는 사업연도 및 그 후의 각 사업연도의 소득금액을 계산할 때 그 자산과 부채의 장부가액은 그 평가하기 전의 가액으로 한다. 다만, 다음 각 호의 어느 하나에 해당하는 경우에는 그러하지 아니하다.
> 1. 「보험업법」이나 그 밖의 법률에 따른 고정자산의 평가(장부가액을 증액한 경우만 해당한다)
> 2. 재고자산(在庫資産) 등 대통령령으로 정하는 자산과 부채의 평가
> ② 제1항제2호에 따른 자산과 부채는 그 자산 및 부채별로 대통령령으로 정하는 방법에 따라 평가하여야 한다.
> ③ 다음 각 호의 어느 하나에 해당하는 자산은 제1항과 제2항에도 불구하고 대통령령으로 정하는 방법에 따라 그 장부가액을 감액할 수 있다.

> 1. 재고자산으로서 파손·부패 등의 사유로 정상가격으로 판매할 수 없는 것
> 2. 고정자산으로서 천재지변·화재 등 대통령령으로 정하는 사유로 파손되거나 멸실된 것
> 3. 대통령령으로 정하는 주식등으로서 그 발행법인이 부도가 발생한 경우 또는 「채무자 회생 및 파산에 관한 법률」에 따른 회생계획인가의 결정을 받았거나 「기업구조조정 촉진법」에 따른 부실징후기업이 된 경우의 해당 주식등
> 4. 주식등을 발행한 법인이 파산한 경우의 해당 주식등
>
> 법인세법 시행령 제78조(재고자산 등의 평가차손)
>
> ① 법 제42조제3항제2호에서 "천재지변·화재 등 대통령령으로 정하는 사유"란 다음 각호의 사유를 말한다. <개정 2011.6.3.>
> 1. 천재·지변 또는 화재
> 2. 법령에 의한 수용 등
> 3. 채굴예정량의 채진으로 인한 폐광(토지를 포함한 광업용 고정자산이 그 고유의 목적에 사용될 수 없는 경우를 포함한다)

카. 제세공과금

> 법인세법 시행령 제19조(손비의 범위)
>
> 법 제19조제1항에 따른 손비는 법 및 이 영에서 달리 정하는 것을 제외하고는 다음 각 호에 규정하는 것으로 한다.
>
> 10. 제세공과금

제세공과금은 법령에 의하여 그 납부가 강제되는 것이므로 손금에 산입함을 원칙으로 한다. 다만, 법인세, 가산세 및 벌금 등과 법령에 의한 의무의 불이행 또는 금지, 제한 등의 위반에 대한 제재로서 부과되는 공과금은 손금불산입한다.

타. 조합비

> 법인세법 시행령 제19조(손비의 범위)
> 법 제19조제1항에 따른 손비는 법 및 이 영에서 달리 정하는 것을 제외하고는 다음 각 호에 규정하는 것으로 한다.
> 11. 영업자가 조직한 단체로서 법인이거나 주무관청에 등록된 조합 또는 협회에 지급한 회비

영업자가 조직한 단체로서 법인이거나 주무관청에 등록된 조합 또는 협회에 지급한 회비는 손금에 산입한다(법시행령 제19조 제11호). 그러나 법인 등인 조합에 지급한 회비인 경우에도 그 회비가 특별회비인 경우 또는 법인 등인 조합 외의 임의조합에 지급한 회비는 지정기부금으로 본다(법시행령 제34조 제1항).

파. 광산업의 탐광비

하. 새마을진료권에 의한 무료진료의 가액

거. 무상 지급한 잉여식품의 장부가액

너. 해외시찰훈련비

더. 산업체 부설학교의 운영비 등

러. 우리사주조합에 출연하는 금품 등의 가액

머. 장식용 미술품의 취득가액

버. 광고선전 목적으로 기증한 금품의 가액

서. 주식매수선택권 등을 부여한 법인에 행사 또는 지급비용으로서 보전하는 금액

3. 손금불산입

법인의 순자산을 감소시키는 거래로 인하여 발생하는 손비의 금액이지만, 법인세법은 손금산입을 허용하지 아니하는 것이 있는바, 이를 손금불산입항목이라 하고, 법인세법은 구체적으로 손금불산입항목을 규정하고 있다. 이하에서는 손금불산입항목을 개별적으로 살펴보도록 한다.

가. 자본거래 등으로 인한 손비의 손금불산입

법인세법 제20조(자본거래 등으로 인한 손비의 손금불산입) 다음 각 호의 손비는 내국법인의 각 사업연도의 소득금액을 계산할 때 손금에 산입하지 아니한다. 1. 잉여금의 처분을 손비로 계상[결산을 확정할 때 손비로 계상(計上)하는 것을 말한다. 이하 같다]한 금액. 다만, 대통령령으로 정하는 성과급은 제외한다. 2. 삭제 <2011.12.31.> 3. 주식할인발행차금 [전문개정 2010.12.30.]

1) 잉여금의 처분을 손비로 계상한 금액

가) 잉여금의 의의

자본은 총자산에서 총부채를 공제한 순자산으로서 자본금과 잉여금으로 구분되므로, 잉여금이라 함은 법인의 순자산가액이 자본금을 초과하는 부분을 의미한다. 여기서 잉여금은 강학상 이익잉여금과 자본잉여금으로 구성되는데, 전자는 당기순이익 중 주주배당금, 임원상여금 및 임원퇴직금 등 사외유출액을 공제하고, 순수하게 그 기업에 유보되고 있는 이익준비금, 임의적립금 및 별도적립금과 같은 것을 의미하고, 후자는 결손의 보전 또는 자본금의 전입 등으로 발생하는 자본잉여금을 의미한다. 한편, 자본준비금은 상법 제459조에 의하여 그 적립이 강제되고 있으며, 재평가적립금은 자산재평가법 제28조에 의한 재평가세의 납부 등 목적 이외에는 처분하지 못하도록 되어 있으므로 자본잉여금은 여기서 말하는 잉여금의 처분 대상이 되지 아니하며 손금산입 될 수 없는 점을 확인할 필요가 있다.

나) 이익잉여금의 처분

위와 같이, 잉여금의 처분 대상이 되는 것은 이익잉여금이다. 이익잉여금의 처분은 주주 또는 출자자에 대한 이익의 배당 또는 분배와 임원에의 상여인바, 이익의 배당 또는 분배는 성질상 손금이 아니고, 임원상여도 잉여금의 처분에 의한 것이면 보수에 해당하지 아니한 것으로 보아 손금에 산입하지 않는다.

다) 성과배분상여금의 손비인정

이익처분에 의한 성과급이라도 법인세법 시행령은 정책적인 이유에서 손비로 인정하는바, 그 구체적인 규정은 다음과 같다.

> 법인세법 시행령 제20조(성과급 등의 범위)
>
> ① 법 제20조제1호 단서에서 "대통령령으로 정하는 성과급"이란 다음 각 호의 어느 하나에 해당하는 것을 말한다. <개정 1999.12.31, 2001.12.31, 2005.2.19, 2009.2.4, 2010.2.18, 2013.2.15, 2014.2.21, 2014.9.26.>
>
> 1. 삭제 <1999.12.31.>
>
> 2. 「자본시장과 금융투자업에 관한 법률」 제165조의3에 따라 취득한 자기주식으로 지급하는 성과급으로서 우리사주조합을 통하여 지급하는 것. 이 경우 「자본시장과 금융투자업에 관한 법률」에 따른 유가증권시장에서 해당 법인의 주식을 취득하여 조합원에게 분배한 우리사주조합에 해당 법인이 성과급으로 그 대금을 지급하는 것을 포함한다.

> 3. 기획재정부령으로 정하는 주식매수선택권등(해당 법인의 발행주식총수의 100분의 10의 범위에서 부여하거나 지급한 경우만 해당한다)을 부여받거나 지급받은 자에 대한 다음 각 목의 금액
> 가. 주식매수선택권을 부여받은 경우 약정된 주식매수시기에 약정된 주식의 매수가액과 시가의 차액을 금전 또는 해당 법인의 주식으로 지급하는 경우 해당 금액
> 나. 주식매수선택권을 부여받은 경우 약정된 주식매수시기에 주식매수선택권 행사에 따라 주식을 시가보다 낮게 발행하는 경우 그 주식의 실제 매수가액과 시가의 차액
> 다. 주식기준보상으로 금전을 지급하는 경우 해당 금액
> 4. 내국법인이 근로자[다음 각 목의 어느 하나의 직무에 종사하는 자(이하 "임원"이라 한다)는 제외한다]와 성과산정지표 및 그 목표, 성과의 측정 및 배분방법 등에 대하여 사전에 서면으로 약정하고 이에 따라 그 근로자에게 지급하는 성과배분상여금
> 가. 법인의 회장, 사장, 부사장, 이사장, 대표이사, 전무이사 및 상무이사 등 이사회의 구성원 전원과 청산인
> 나. 합명회사, 합자회사 및 유한회사의 업무집행사원 또는 이사
> 다. 유한책임회사의 업무집행자 라. 감사 마. 그 밖에 가목부터 라목까지의 규정에 준하는 직무에 종사하는 자

2) 주식할인발행차금

회사는 상법 제417조에 따라 일정한 요건을 갖추어 주식을 액면미달의 가액으로 발행할 수 있는데, 여기서 주식을 액면가액에 미달하는 가액으로 발행하는 경우에 액면미달금액의 총액이 주식할인발행차금이라 한다. 이와 같은 할인발행차금은 자본거래에서 발생하는 것이어서 법인의 담세력과는 무관하므로 주식발행액면초과액을 익금불산입하는 것과 마찬가지로 이를 손금에 산입 하지 아니하게 된다.

나. 대손금의 손금불산입

1) 대손금의 의의

대손금이라 함은 "법인세법상 대손금이란 법인의 채권 가운데 회수할 수 없게 된 채권으로서 청구권이 법적으로 소멸하였거나, 법적으로 소멸하지 아니하였더라도 채무자의 자산상황, 지급능력 등에 비추어 회수불가능하게 된 것(대법원 2004. 9. 23. 선고 2003두6870 판결)"을 의미한다. 즉, 대손금은 손비에 해당하므로 손금에 산입한다.

> 법인세법 제19조의2(대손금의 손금불산입)
> ① 내국법인이 보유하고 있는 채권 중 채무자의 파산 등 대통령령으로 정하는 사유로 회수할 수 없는 채권의 금액(이하 "대손금"이라 한다)은 해당 사업연도의 소득금액을 계산할 때 손금에 산입한다.

한편, 현재는 대손으로 확정되지 아니한 채권이라도 채권 전부가 회수된다고 볼 수 없으며, 이러한 것을 대손으로 실제 확인된 경우에만 손금으로 처리한다면 기간 손익계산을 정확히 할 수 없다. 이러한 이유로 법인세법은 대손으로 확정되기 전에도 법인이 보유한 외상매출금 등 채권의 일정률 상당액을 대손충당금으로 계상하여 손금으로 산입 할 수 있도록 하고 있는바, 이 부분은 대손충당금 항목을 참조한다.

2) 대손금의 대상 채권

가) 대상채권의 범위

대손금의 손금산입의 대상이 되는 채권에는 매출채권, 선급금 등과 같이 영업거래에서 발생한 채권은 물론이고, 영업외 거래에서 발생하는 채권, 즉 미수금, 대여금, 보증금과 같은 채권도 포함된다고 봄이 통설적인 견해이다.

나) 대상채권의 제외

다음의 채권은 대손금에 산입할 수 없으며, 대손충당금의 설정 대상에서도 제외한다.

법인세법 제19조의2(대손금의 손금불산입)

② 제1항은 다음 각 호의 어느 하나에 해당하는 채권에 대하여는 적용하지 아니한다.

1. 채무보증(「독점규제 및 공정거래에 관한 법률」 제10조의2제1항 각 호의 어느 하나에 해당하는 채무보증 등 대통령령으로 정하는 채무보증은 제외한다)으로 인하여 발생한 구상채권(求償債權)

2. 제28조제1항제4호나목에 해당하는 것

제28조(지급이자의 손금불산입)

① 4. 나. 제52조제1항에 따른 특수관계인에게 해당 법인의 업무와 관련 없이 지급한 가지급금(假支給金) 등으로서 대통령령으로 정하는 것

법인세법 시행령 제19조의2(대손금의 손금불산입)

⑥ 법 제19조의2제2항제1호에서 "「독점규제 및 공정거래에 관한 법률」 제10조의2제1항 각 호의 어느 하나에 해당하는 채무보증 등 대통령령으로 정하는 채무보증"이란 다음 각 호의 어느 하나에 해당하는 채무보증을 말한다. <개정 2010.2.18>

1. 「독점규제 및 공정거래에 관한 법률」 제10조의2제1항 각 호의 어느 하나에 해당하는 채무보증

2. 제61조제2항 각 호의 어느 하나에 해당하는 금융회사 등이 행한 채무보증

3. 법률에 따라 신용보증사업을 영위하는 법인이 행한 채무보증

4. 「대·중소기업 상생협력 촉진에 관한 법률」에 따른 위탁기업이 수탁기업협의회의 구성원인 수탁기업에 대하여 행한 채무보증

여기서, 보증채무를 이행한 보증인은 주채무자나 다른 연대보증인데 대하여 그 변제금액에 상당한 구상채권을 취득하게 되는 것이므로, 그 보증채무의 이행으로 손비가 발생하였다고 볼 수는 없다. 따라서 보증채무 이행으로 인한 대위변제금액을 대손금으로 손금 산입 할 수는 없으나, 구상채권에 대해서도 특별한 사유 없이 대손금의 손금산입을 허용하지 아니하는 것은 조세정책상 일반 법인간의 채무보증을 억제하기 위한 것으로 설명되고 있다. 따라서 법인세법 시행령 제19조의2 제6항 각호가 규정한 채무보증의 경우에는 회수할 수 없는 구상채권액을 손금으로 산입하는 예외를 규정하고 있다.

따라서 연대채무의 전부변제에 따라 발생하는 다른 연대채무자에 대한 구상채권은 대손금의 범위에 포함되는 것으로 봄이 타당하다.

한편, 판례는 특정한 구상채권에 대하여도 대손금에 포함된다고 보고 있는바, 구체적인 판시내용은 다음과 같다.

> 대법원 1987. 9. 8. 선고 85누821 판결
>
> 제2차 납세의무를 이행한 갑법인은 주된 납세의무자인 을법인에 대하여 납부세액에 상당한 구상권을 취득하게 되므로 위 제2차 납세의무의 이행으로 곧바로 납부세액에 상당한 자산을 감소시키는 손비가 발생하였다고 볼 수는 없다 할 것이나 갑법인이 을법인의 자산부족으로 을법인에 대하여 위 납부세액에 대한 구상권을 행사할 수 없는 상태에 있었다면 위 구상채권은 회수할 수 없는 채권으로서 손비의 액으로 보아 손금에 산입함이 상당하다.
>
> 대법원 2002. 9. 24. 선고 2001두489 판결
>
> 보증채무를 이행한 보증인은 주채무자나 다른 연대보증인들에 대하여 그 변제금액에 상당한 구상채권을 취득하게 되므로, 그 보증채무의 이행으로 곧바로 그 변제금액에 상당한 보증인의 자산을 감소시키는 손비가 발생하였다고 볼 수는 없으며, 다만, 그 보증채무의 이행 당시 주채무자 및 다른 연대보증인들이 이미 도산하여 그들에게는 집행할 재산이 없는 등 자력이 전혀 없어 보증인이 주채무자나 다른 연대보증인들에 대하여 그 변제금원에 대한 구상권을 행사할 수 없는 상태에 있었다면 보증인의 구상채권은 회수할 수 없는 채권으로서 보증인에게 귀속된 손비의 금액으로 보아 손금에 산입할 수 있는 것이다

3) 대손 사유

대손금의 발생사유는 강학상 청구권이 법적으로 소멸한 경우와 채무자의 자산상황, 지급능력 등에 비추어 회수불능이라는 회계적 인식을 한 경우로

나뉠 수 있는데, 법인세법은 대손금의 발생사유를 구체적으로 규정하고 있는 바, 당해 규정을 우선 살피면 다음과 같다.

> 법인세법 시행령 제19조의2(대손금의 손금불산입)
>
> ① 법 제19조의2제1항에서 "대통령령으로 정하는 사유로 회수할 수 없는 채권"이란 다음 각 호의 어느 하나에 해당하는 것을 말한다. <개정 2010.2.18., 2010.12.30.>
>
> 1. 「상법」에 따른 소멸시효가 완성된 외상매출금 및 미수금
> 2. 「어음법」에 따른 소멸시효가 완성된 어음
> 3. 「수표법」에 따른 소멸시효가 완성된 수표
> 4. 「민법」에 따른 소멸시효가 완성된 대여금 및 선급금
> 5. 「채무자 회생 및 파산에 관한 법률」에 따른 회생계획인가의 결정 또는 법원의 면책결정에 따라 회수불능으로 확정된 채권
> 6. 「민사집행법」 제102조에 따라 채무자의 재산에 대한 경매가 취소된 압류채권
> 7. 물품의 수출 또는 외국에서의 용역제공으로 발생한 채권으로서 외국환거래에 관한 법령에 따라 한국은행총재 또는 외국환은행의 장으로부터 채권회수의무를 면제받은 것
> 8. 채무자의 파산, 강제집행, 형의 집행, 사업의 폐지, 사망, 실종 또는 행방불명으로 회수할 수 없는 채권
> 9. 부도발생일부터 6개월 이상 지난 수표 또는 어음상의 채권 및 외상매출금(중소기업의 외상매출금으로서 부도발생일 이전의 것에 한정한다). 다만, 해당 법인이 채무자의 재산에 대하여 저당권을 설정하고 있는 경우는 제외한다.
> 10. 삭제 <2013.2.15.>
> 11. 회수기일이 6개월 이상 지난 채권 중 채권가액이 20만원 이하(채무자별 채권가액의 합계액을 기준으로 한다)인 채권
> 12. 제61조제2항 각 호 외의 부분 단서에 따른 금융회사 등의 채권(같은 항 제13호에 따른 여신전문금융회사인 신기술사업금융업자의 경우에는 신기술사업자에 대한 것에 한정한다) 중 다음 각 목의 채권
>
> 가. 금융감독원장이 기획재정부장관과 협의하여 정한 대손처리기준에 따라 금융회사 등이 금융감독원장으로부터 대손금으로 승인받은 것

> 나. 금융감독원장이 가목의 기준에 해당한다고 인정하여 대손처리를 요구한 채권으로 금융회사 등이 대손금으로 계상한 것
> 13. 「중소기업창업 지원법」에 따른 중소기업창업투자회사의 창업자에 대한 채권으로서 중소기업청장이 기획재정부장관과 협의하여 정한 기준에 해당한다고 인정한 것

위 규정에 포함되지 아니한 대손 사유로 인해 손금 산입을 할 수 있는지 여부와 관련하여, 위 규정이 예시적 인지 여부가 문제된다 할 것인데, 판례는 아래와 같이 위 규정이 열거적 규정이라 판시한 바 있다.

> 대법원 2000. 11. 24. 선고 99두3980 판결
>
> 구 소득세법시행령(1994. 12. 31. 대통령령 제14467호로 전문 개정되기 전의 것) 제60조 및 같은법시행규칙(1995. 5. 3. 총리령 제505호로 전문 개정되기 전의 것) 제24조는 대손처리의 대상이 되는 회수불능의 채권을 예시적으로 규정한 것이 아니라 한정적으로 규정하는 취지로 해석함이 상당하다.

4) 대손금의 손금산입시기

대손금으로 산입되는 시기는 대손금으로 확정되는 날이 속하는 사업연도이고(법 제40조 제1항), 여기서 '대손금으로 확정되는 날'의 의미와 관련하여, 대손금의 발생형태가 그 청구권이 법적으로 소멸한 경우에는 청구권이 소멸된 날이 속하는 사업연도의 손금으로 산입됨은 명백하다 할 것이나, 채무자의 자산상황, 지급능력 등에 비추어 자산성의 관점에서 회수불가능하다는 회계적 인식을 기초로 한 경우에 언제 대손금으로 확정되는지가 문제된다.

이와 관련하여 1998. 12. 31. 개정된 법인세법 시행령 제19조의2 제3항은 아래와 같이 대손금의 손금산입 시기에 대한 규정을 두고 있다.

> 법인세법 제19조의2(대손금의 손금불산입)
> ③ 제1항 각 호의 대손금은 다음 각 호의 어느 하나의 날이 속하는 사업연도의 손금으로 한다.
> 1. 제1항제1호부터 제7호까지의 규정에 해당하는 경우에는 해당 사유가 발생한 날
> 2. 제1호 외의 경우에는 해당 사유가 발생하여 손금으로 계상한 날
>
> ④ 제3항제2호에도 불구하고 법인이 다른 법인과 합병하거나 분할하는 경우로서 제1항제8호부터 제13호까지의 규정에 해당하는 대손금을 합병등기일 또는 분할등기일이 속하는 사업연도까지 손금으로 계상하지 아니한 경우 그 대손금은 해당 법인의 합병등기일 또는 분할등기일이 속하는 사업연도의 손금으로 한다.

위 규정은 대법원의 판례의 취지를 받아들여 개정된 것으로, 관련된 판례를 소개하면 다음과 같다.

> 대법원 1992. 1. 21. 선고 91누1684 판결
>
> 대손금의 형태가 법적으로는 청구권이 소멸되지 않고 채무자의 자산상황, 지급능력 등에 비추어 회수불능이라는 회계적 인식을 한 경우에 불과하다면 이는 채권 자체는 그대로 존재하고 있으므로 법인이 회수불능이 명백하게 되어 대손이 발생하였다고 회계상의 처리를 하였을 때에 한하여 이것이 세무회계상 법인세법시행령 제21조에 따른 대손의 범위에 속하는지 여부를 가려 그 대손이 확정된 사업년도의 손금으로 산입할 수 있다.
>
> 대법원 1990. 3. 13. 선고 88누3123 판결
>
> 법인이 가진 약속어음금채권 및 선급금채권의 소멸시효가 완성되었다면 이로 인한 대손금은 채무자의 자산상황, 지급능력 등 자산성의 유무에 대하여 회수불능이라는 회계적 인식을 한 여부에 관계없이 그에 대응한 청구권이 법적으로 소멸되어 당연히 회수할 수 없게 된 것으로 봄이 타당하므로 그 소멸된 날이 속하는 사업연도의 손금으로 산입되는 것이지 법인이 그후 대손으로 회계상 처리를 한 사업연도의 손금에 산입될 수 없다고 할 것이다.

5) 대손금의 세무조정

세법상의 대손요건을 충족한 경우에는 대손금으로 손금산입한다. 이 경우 대손충당금을 설정하고 있으면 우선적으로 그 대손충당금과 먼저 상계하여야 하며(법제34조 제4항), 대손충당금 잔액이 부족하여 남는 부분은 신고조정으로 손금에 산입할 수 있다. 세법상의 대손요건을 갖추지 못한 대손상각비 등 대손금은 손금불산입하여 유보로 처분한다.

6) 채권의 포기

채권자가 대손금의 손금산입요건을 갖추지 못한 채권을 포기함으로써 소멸한 채권이 대손금의 계상대상이 되는지가 문제되는데, 거래선과의 약정에 의한 채권포기액은 거래선에 대한 기부금 또는 접대비로 간주되며, 특수관계자간의 채권 포기는 그 포기를 받은 자가 해당 법인의 특수관계인에 해당하고, 그 채권의 포기가 그 밖의 부당행위계산의 요건을 충족한 때에는 부당행위계산부인의 규정을 적용하여 해당 대손금을 손금불산입하고 그 자에 대한 상여 등으로 소득처분하는 등으로 익금에 산입된다고 봄이 판례의 태도이다.

반면, 채권의 일부를 조기 회수하기 위하여 해당 채권의 일부를 불가피하게 포기한 경우의 그 포기한 채권은 손금에 산입할 수 있다 할 것이다. 이때에는 채무자가 채권을 면제한 법인과 특수관계에 있는지 여부는 묻지 않는다.

> 대법원 1991. 12. 27. 선고 91누5440 판결
>
> 주식회사가 특수관계에 있는 자와 공동연대보증인이 된 보증채무를 전부 대위변제 한 후 주채무자에 대한 구상금채권이 집행불능에 이르렀음에도 공동연대보증인에 대하여는 그 부담부분을 구상하거나 구상권확보를 위한 아무런 조치도 없이 대손처리한 경우, 그들 사이의 부담비률을 균등하다고 보고회사가 자신의 부담부분을 넘어 이사의 부담부분까지도 대손금에 포함시킨 행위계산은 법인세법 제20조, 같은법시행령 제46조 제2항 제9호 소정의 출자자 등에게 법인의 이익을 분여한 것으로서 조세의 부담

을 부당히 감소시킨 경우에 해당한다.

대법원 1994. 12. 02. 선고 92누14250 판결

법인세법의 관계규정 소정의 관계회사 사이에서 행하여진 임의적인 채권포기에 해당하는 것으로서 대손금으로 처리될 성질의 것이 아니므로 이를 부당한 계산으로 보아, 피고가 법인세법상 그 손금산입을 부인한 조치를 옳다고 본 조치는 정당하고, 소론과 같은 법리오해의 위법은 없다.

다. 국고보조금, 공사부담금, 보험차익금 등

법인세법은 국고보조금, 공사부담금, 보험차익으로 취득한 고정자산 가액을 각 손금에 산입한다고 규정하고 있는바, 원래 고정자산은 감가상각에 의하여 손금화 하는 것이 원칙이고, 일시상각은 허용되지 아니하는데, 국고보조금 등에 의하여 취득한 고정자산에 대하여 일시에 과세하게 되면 그 보조금 중에서 일부는 세금으로 납부하게 되어 법인이 사용할 수 있는 국고보조금 등이 줄어들게 되어 보조금 지급의 취지인 고정자산에 대한 투자가 어렵게 되므로, 이와 같은 정책적인 취지에서 국고보조금 등으로 취득한 자산에 대한 감가상각비 전액을 미리 손금에 산입해 주는 것이다.

국고보조금 등을 지급받은 경우에 일단 전액을 익금산입한 후 그 보조금 등으로 자산을 취득한 경우에 자산취득 연도에 그 자산취득가액 100%를 일시상각충당금 또는 압축기장충당금으로 설정하여 손금산입하여 주고 동시에 그 자산에 대한 감가상각비는 일시상각충당금의 범위에서 상계처리한다. 이와 같이 감가상각비 전액을 일시에 손금산입함으로써 당장은 사업연도 소득이 줄어드나 그 후에는 감가상각비를 계상할 수 없는 관계로 당해 사업연도 이후의 각 사업연도 소득이 늘어나게 되므로, 과세를 이연시키는 효과가 있다.

1) 국고보조금

가) 국고보조금의 의의 및 범위

국고보조금이란 국가 또는 지방자치단체가 산업정책적 견지에서 기업설비의 근대화, 시험연구의 촉진, 기술개발, 재해복구 등의 목적을 위하여 보조금의 예산 및 관리에 관한 법률, 지방재정법 등의 법률규정에 의하여 시설자금이나 운영자금으로 국고금에서 무상으로 교부하는 금액을 말하고, 법인세법은 금전이 아닌 사업용 자산을 직접 교부하는 경우에도 동일하게 처리하는 것으로 규정하고 있다(법제36조 제4항).

나) 손금산입 시기 및 방법

> 법인세법 제36조(국고보조금등으로 취득한 사업용자산가액의 손금산입)
>
> ① 내국법인이 「보조금 관리에 관한 법률」, 「지방재정법」, 그 밖에 대통령령으로 정하는 법률에 따라 보조금 등의 자산(이하 이 조에서 "국고보조금등"이라 한다)을 지급받아 그 지급받은 날이 속하는 사업연도의 종료일까지 대통령령으로 정하는 사업용자산(이하 이 조에서 "사업용자산"이라 한다)을 취득·개량하는 데에 사용한 경우 또는 사업용자산을 취득·개량하고 이에 대한 국고보조금등을 사후에 지급받은 경우에는 해당 사업용자산의 가액 중 그 사업용자산의 취득 또는 개량에 사용된 국고보조금등에 상당하는 금액은 대통령령으로 정하는 바에 따라 그 사업연도의 소득금액을 계산할 때 손금에 산입할 수 있다. <개정 2011.7.25.>
>
> ② 국고보조금등을 지급받은 날이 속하는 사업연도의 종료일까지 사업용자산을 취득하거나 개량하지 아니한 내국법인이 그 사업연도의 다음 사업연도 개시일부터 1년 이내에 사업용자산을 취득하거나 개량하려는 경우에는 취득 또는 개량에 사용하려는 국고보조금등의 금액을 제1항을 준용하여 손금에 산입할 수 있다. 이 경우 허가 또는 인가의 지연 등 대통령령으로 정하는 사유로 국고보조금등을 기한 내에 사용하지 못한 경우에는 해당 사유가 끝나는 날이 속하는 사업연도의 종료일을 그 기한으로 본다.
>
> ③ 제2항에 따라 국고보조금등 상당액을 손금에 산입한 내국법인이 손금에 산입한 금액을 기한 내에 사업용자산의 취득 또는 개량에 사용하지 아니하거나 사용하기 전에 폐업 또는 해산하는 경우 그 사용하지 아니한 금액은 해당 사유가 발생한 날이 속하는 사업연도의 소득금액을 계산할 때

익금에 산입한다. 다만, 합병하거나 분할하는 경우로서 합병법인등이 그 금액을 승계한 경우는 제외하며, 이 경우 그 금액은 합병법인등이 제2항에 따라 손금에 산입한 것으로 본다.

법인세법 시행령 제64조(국고보조금 등의 손금산입)

③제2항의 규정에 의하여 손금에 산입하는 금액은 당해 사업용자산별로 다음 각호의 구분에 따라 일시상각충당금 또는 압축기장충당금으로 계상하여야 한다.

1. 감가상각자산 : 일시상각충당금
2. 제1호외의 자산 : 압축기장충당금

④제3항의 규정에 의하여 손금으로 계상한 일시상각충당금과 압축기장충당금은 다음 각호의 방법으로 익금에 산입한다.

1. 일시상각충당금은 당해 사업용자산의 감가상각비(취득가액중 당해 일시상각충당금에 상당하는 부분에 대한 것에 한한다)와 상계할 것. 다만, 당해 자산을 처분하는 경우에는 상계하고 남은 잔액을 그 처분한 날이 속하는 사업연도에 전액 익금에 산입한다.
2. 압축기장충당금은 당해 사업용자산을 처분하는 사업연도에 이를 전액 익금에 산입할 것

2) 공사부담금

가) 의의 및 적용범위

공사부담금이란 전기, 가스나 열 등의 공익사업에 대한 신규설비를 건설할 때 그 사업시설의 수요자 또는 편익을 받는 자가 그 설치비의 전부 또는 일부를 사업시행자에게 제공하는 경우가 많은바, 이와 같이 전기, 가스 등의 수요자 또는 편익을 받는 자가 사업시행자에게 무상으로 제공하는 금전, 자재 및 그 시설을 구성하는 토지 등 고정자산을 말한다.

적용대상은 전기사업법에 의한 전기사업, 도시가스사업법에 의한 도시가스사업, 액화석유가스의 안전관리 및 사업법에 의한 액화석유가스 충전사업, 액화석유가스 집단공급사업 및 액화석유가스 판매업, 집단에너지사업법 제2

조 제2호의 규정에 의한 집단에너지 공급사업, 기타 대통령령이 정하는 사업 등을 영위하는 내국 법인이다.

나) 손금산입 시기 및 방법

> 법인세법 제37조(공사부담금으로 취득한 고정자산가액의 손금산입)
>
> ① 다음 각 호의 어느 하나에 해당하는 사업을 경영하는 내국법인이 그 사업에 필요한 시설을 하기 위하여 전기·가스·열(熱) 등의 수요자 또는 그 시설에 의하여 편익을 받는 자로부터 그 시설을 구성하는 토지등 고정자산을 제공받은 경우 또는 금전 등(이하 이 조에서 "공사부담금"이라 한다)을 제공받아 그 제공받은 날이 속하는 사업연도의 종료일까지 그 시설을 구성하는 고정자산의 취득에 사용하거나 고정자산을 취득하고 이에 대한 공사부담금을 사후에 제공받은 경우 그 고정자산의 가액(공사부담금으로 취득한 경우에는 그 고정자산의 취득에 사용된 공사부담금에 상당하는 금액)은 대통령령으로 정하는 바에 따라 그 사업연도의 소득금액을 계산할 때 손금에 산입할 수 있다. <개정 2014.1.1.>
>
> 1. 「전기사업법」에 따른 전기사업
> 2. 「도시가스사업법」에 따른 도시가스사업
> 3. 「액화석유가스의 안전관리 및 사업법」에 따른 액화석유가스 충전사업, 액화석유가스 집단공급사업 및 액화석유가스 판매사업
> 4. 「집단에너지사업법」 제2조제2호에 따른 집단에너지공급사업
> 5. 제1호부터 제4호까지의 사업과 유사한 사업으로서 대통령령으로 정하는 것
>
> ② 공사부담금으로 고정자산을 취득하는 경우의 손금산입 등에 관하여는 제36조제2항 및 제3항을 준용한다.

3) 보험차익금

가) 의의 및 적용범위

보험차익이란 보험에 가입한 고정자산이 화재나 재해 등으로 멸실 또는 파손된 경우에, 그 멸실 또는 파손된 고정자산의 장부가액을 초과하여 보험금을 지급받은 경우의 차액을 말한다.

나) 손금산입 시기 및 방법

> 법인세법 제38조(보험차익으로 취득한 고정자산가액의 손금산입)
> ① 내국법인이 고정자산의 멸실(滅失)이나 손괴(損壞)로 인하여 보험금을 지급받아 그 지급받은 날이 속하는 사업연도의 종료일까지 그 멸실한 고정자산에 대체하여 동일한 종류의 고정자산을 취득하거나 손괴된 고정자산을 개량(그 취득한 고정자산의 개량을 포함한다)하는 경우 그 고정자산의 가액 중 그 고정자산을 취득하거나 개량하는 데에 사용된 보험차익에 상당하는 금액은 대통령령으로 정하는 바에 따라 그 사업연도의 소득금액을 계산할 때 손금에 산입할 수 있다.
> ② 보험차익으로 고정자산을 취득하거나 개량하는 경우의 손금산입 등에 관하여는 제36조제2항 및 제3항을 준용한다. 이 경우 제36조제2항 중 "1년"은 "2년"으로 본다.
>
> 법인세법 시행령 제66조(보험차익의 손금산입)
> ③제64조제3항제1호·제4항제1호 및 제5항의 규정은 제2항의 규정에 의한 보험차익에 상당하는 금액의 손금산입 및 익금산입에 관하여 이를 준용한다.

즉, 내국법인이 고정자산의 멸실 또는 손괴로 인하여 지급받는 보험금으로 동일 종류의 고정자산을 취득하거나, 취득한 고정자산 또는 손괴된 고정자산을 개량하는 경우에는 취득 또는 개량에 소요된 보험차익금은 보험금을 받은 날이 속하는 사업연도의 소득금액 계산상 손금에 산입할 수 있는데, 여기서 '동일한 종류의 고정자산'은 멸실한 고정자산에 대체하여 취득한 고정자산으로서 그 용도나 목적이 멸실한 고정자산과 동일한 것을 의미하는바, 예컨대, 화재로 인하여 건물과 기계장치가 소실되어 각각의 재산에 대하여 받은 보험금을 모두 건물취득에만 사용한 경우에는 기계장치에 대한 보험차익은 손금산입되지 아니하는 것이다.

라. 제세 공과금

1) 의의 및 적용범위

법인이 납부하였거나 납부할 조세는 순자산의 감소액이므로, 업무와의 관련성이 인정되면 손금으로 인정되는 것이 원칙이다(법인세법 시행령 제19조 10호).

그러나 고정자산을 취득하는 경우에 납부한 취득세 및 취득세 감면분에 대한 농어촌특별세는 당해 고정자산의 취득원가에 합산되어 감가상각을 통한 손금화를 하며, 원자재의 매입액에 따른 관세, 수입분 교육세 등은 재고자산의 매입원가로 되고, 매매목적으로 취득한 토지에 대한 취득세도 매입원가로 처리한다. 그러나 매매목적용 토지에 대한 세금이라도 매입에 따른 것이 아닌 것, 예컨대 재산세, 종합부동산세 등은 즉시 손금으로 산입된다.

2) 손금불산입 조세

가) 법인세, 지방소득세 소득분

> 법인세법 제21조(세금과 공과금의 손금불산입) 다음 각 호의 세금과 공과금은 내국법인의 각 사업연도의 소득금액을 계산할 때 손금에 산입하지 아니한다. <개정 2014. 1. 1>
>
> 1. 각 사업연도에 납부하였거나 납부할 법인세(제57조에 따른 외국법인세액을 포함한다) 또는 법인지방소득세와 각 세법에 규정된 의무 불이행으로 인하여 납부하였거나 납부할 세액(가산세를 포함한다) 및 부가가치세의 매입세액(부가가치세가 면제되거나 그 밖에 대통령령으로 정하는 경우의 세액은 제외한다)

법인세는 법인의 '소득'에 대하여 과세하는 인세이므로 그 법인의 '소득'에서 부담하는 것인바 손금불산입한다. 여기에는 토지, 건물의 양도차익에 대한 법인세 및 청산소득에 대한 법인세도 포함된다. 법인세를 과세표준으로 하는 지방소득세 소득분(법인세 납부액의 10%)도 불산입한다.

한편, 위 규정이 적용되는 법인세는 당해 법인의 소득 중에서 납부하였거나 납부할 당해 법인 자체의 법인세를 의미하고, 법인이 다른 법인의 과정주주의 지위에서 제2차납세의무의 이행으로써 다른 법인의 법인세를 납부한 경우의 그 법인세는 여기에 해당하지 아니한다. 따라서 제2차 납세의무를 이행한 법인은 주된 납세의무자인 법인에 대하여 납부세액에 상당한 구상권을 취득하게 되어 제2차 납세의무의 이행과 동시에 곧바로 그 세액 상당의 손금이 발생한 것은 아니나, 제2차 납세의무를 이행한 법인이 주된 납세의무자인 법인의 자산부족으로 그 납부세액에 대한 구상권을 행사할 수 없는 상태에 있었다면 그 구상채권은 회수할 수 없는 채권으로서 손금에 산입되는 것이다.

> 대법원 1987. 9. 8. 선고 85누821 판결
>
> 제2차 납세의무를 이행한 갑법인은 주된 납세의무자인 을법인에 대하여 납부세액에 상당한 구상권을 취득하게 되므로 위 제2차 납세의무의 이행으로 곧바로 납부세액에 상당한 자산을 감소시키는 손비가 발생하였다고 볼 수는 없다 할 것이나 갑법인이 을법인의 자산부족으로 을법인에 대하여 위 납부세액에 대한 구상권을 행사할 수 없는 상태에 있었다면 위 구상채권은 회수할 수 없는 채권으로서 손비의 액으로 보아 손금에 산입함이 상당하다.
>
> 법인세법 제16조 제3호에 법인의 소득금액계산상 손금에 산입하지 아니하도록 규정되어 있는 각 사업연도에 납부하거나 납부할 법인세라 함은 당해법인의 소득중에서 납부하였거나 납부할 당해법인 자체의 법인세를 의미한다고 풀이함이 상당하므로 법인이 다른 법인의 과점주주로서 국세기본법 제39조 제2호에 의한 제2차 납세의무의 이행으로서 다른 법인의 법인세를 납부한 경우에는 그 법인세는 이에 해당하지 아니한다.

나) 외국 납부 세액 공제 등

내국법인의 국외원천소득에 대하여 외국정부에 의하여 과세된 외국법인세액은 해당 국외원천소득이 과세표준에 산입 된 사업연도에 우리나라에서 납부할 법인세에서 공제받거나(외국납부세액공제), 각 사업연도 소득금액 계산상 손금으로 산입하는 방법 중 당해 법인이 선택하여 적용함으로써 이중과세를 면할 수 있다. 이하 외국 납부 세액 공제 등에 관하여 법인세법의 규정을

소개하면 다음과 같다.

> 법인세법 제57조(외국 납부 세액공제 등)
>
> ① 내국법인의 각 사업연도의 과세표준에 국외원천소득이 포함되어 있는 경우 그 국외원천소득에 대하여 대통령령으로 정하는 외국법인세액(이하 이 조에서 "외국법인세액"이라 한다)을 납부하였거나 납부할 것이 있는 경우에는 제21조제1호에도 불구하고 다음 각 호의 방법 중 하나를 선택하여 적용받을 수 있다. <개정 2014.12.23>
>
> 1. 제55조에 따라 산출한 해당 사업연도의 법인세액(토지등 양도소득에 대한 법인세액과 제56조에 따른 미환류소득에 대한 법인세액은 제외한다)에 국외원천소득이 해당 사업연도의 과세표준에서 차지하는 비율(「조세특례제한법」이나 그 밖의 법률에 따라 면제되거나 세액 감면을 적용받는 경우에는 대통령령으로 정하는 비율)을 곱하여 산출한 금액을 한도(이하 이 조에서 "공제한도"라 한다)로 외국법인세액을 해당 사업연도의 법인세액에서 공제하는 방법
>
> 2. 국외원천소득에 대하여 납부하였거나 납부할 외국법인세액을 각 사업연도의 소득금액을 계산할 때 손금에 산입하는 방법
>
> ② 외국정부에 납부하였거나 납부할 외국법인세액이 공제한도를 초과하는 경우 그 초과하는 금액은 해당 사업연도의 다음 사업연도 개시일부터 5년 이내에 끝나는 각 사업연도에 이월하여 그 이월된 사업연도의 공제한도 범위에서 공제받을 수 있다.
>
> ③ 국외원천소득이 있는 내국법인이 조세조약의 상대국에서 해당 국외원천소득에 대하여 법인세를 감면받은 세액 상당액은 그 조세조약으로 정하는 범위에서 제1항에 따른 세액공제 또는 손금산입의 대상이 되는 외국법인세액으로 본다.
>
> ④ 내국법인의 각 사업연도의 소득금액에 외국자회사로부터 받는 이익의 배당이나 잉여금의 분배액(이하 이 조에서 "수입배당금액"이라 한다)이 포함되어 있는 경우 그 외국자회사의 소득에 대하여 부과된 외국법인세액 중 그 수입배당금액에 대응하는 것으로서 대통령령으로 정하는 바에 따라 계산한 금액은 제1항에 따른 세액공제 또는 손금산입되는 외국법인세액으로 본다. <개정 2011.12.31>

위 규정 중에서 법인세법 제57조 제3항 내지 제4항은 국제거래에 있어서

의 상호주의에 입각한 규정으로 의미를 파악할 필요가 있다.

다) 의무불이행으로 인한 세액

법인은 각 세법에 규정하는 바에 의하여 원천징수의무와 간접세의 징수의무를 부담하고 있으며 이를 불이행한 데 따라 납부하였거나 납부할 세액은 손금에 산입하지 않는다. 세법상의 각종 가산세와 법인이 원천징수의무자로서 원천징수하지 않음에 따라 대신 납부한 원천징수세액 등이다. 의무불이행으로 인한 가산세는 이를 부담하지 않는 다른 납세의무자와의 형평에 비추어 보더라도 이를 손금에 산입하여 국고의 부담으로 할 이유가 없고, 법인이 대납한 원천징수세액은 그 납세의무자에게 구상권을 행사할 수 있기 때문에 법인의 손금이 될 수 없으며, 이는 가지급금 또는 미수금으로 처리되어야 한다.

라) 부가가치세의 매입세액

1) 손금불산입의 대상

부가가치세 매입세액이란 부가가치세법에 의거 법인이 재화나 용역을 공급받을 때 납부한 부가가치세이며, 이는 장래 당해 법인이 재화나 용역을 공급하는 경우에 매출세액에서 공제되거나 환급받게 되므로 손금에 산입되지 않는다. 즉, 부가가치세는 궁극적으로 소비자에게 세금이 전가되는 간접세로서, 매출세액은 정부에 납부하여야 할 항목이고 매입세액은 위 매출세액에서 공제되는 항목이므로, 부가가치세 매출세액이나 매입세액은 법인의 순자산의 증감과는 관계가 없다. 따라서 매출세액은 익금에 불산입되고, 매입세액은 손금에 불산입되며 부가가치세는 매출가액이나 매출원가에 포함시켜서는 안된다.

현행 부가가치세법은 전단계 매입세액공제방법에 따라 매출세액에서 매입세액을 공제하여 추가납부할 세액과 환급세액을 결정하게 된다. 이 경우 회계처리에 있어서 매입세액은 선급부가가치세 등 자산계정으로, 매출세액은 부가가치세예수금 등 부채계정으로 계상하여 부가가치세 신고시 동 금액을 상계처리하고 있어 정상적인 회계처리를 따르는 한 부가가치세 매입세액은 손금처리되지 않는다.

예컨대, 만약 매입세액이 100이고 매출세액이 80이라면, 예수한 부가가치세(매출세액)보다 선급한 부가가치세(매입세액)가 많으므로 그 차액 20은 신고에 의하여 환급받게 되는데, 이 환급세액 역시선급한 부가가치세를 찾아오는 것이므로 익금불산입한다.

2) **손금산입의 대상**

위와 같이 부가가치세 매입세액이 손금불산입되는 이유는 전단계공제방법에 따라 매출세액에서 차감되는 선급금의 성격이기 때문에 손금불산입되는 것이다. 그러나 법인이 최종소비자가 되어 부담하는 부가가치세는 매입세액이 공제되지 않기 때문에 부대비용으로 보아 손금용인이 되어야 하고 구체적인 손금용인되는 대상은 다음과 같다.

(가) **면세사업자의 매입세액(법제21조 1호)**

법인세법 제21조(세금과 공과금의 손금불산입)

다음 각 호의 세금과 공과금은 내국법인의 각 사업연도의 소득금액을 계산할 때 손금에 산입하지 아니한다.

1. 각 사업연도에 납부하였거나 납부할 법인세(제57조에 따른 외국법인세액을 포함한다) 또는 법인지방소득세와 각 세법에 규정된 의무 불이행으로 인하여 납부하였거나 납부할 세액(가산세를 포함한다) 및 부가가치세의 매입세액(부가가치세가 면제되거나 그 밖에 대통령령으로 정하는 경우의 세액은 제외한다)

부가가치세 면세사업자의 경우는 부가가치세의 거래징수가 면제되어 매출세액이 발생하지 않고 매입세액을 공제할 수 없으므로 최종소비자로서 부담한 매입세액을 매입부대비용으로 처리하여야 한다. 즉, 매입재화가 고정자산인 경우 취득원가에 계상하여 감가상각을 통하여 손금화되고 재고자산인 경우에는 사용・소비를 통하여 손금화된다.

대법원 1984. 5. 22. 선고 83누407 판결

법인이 고정자산을 외부에서 취득하면서 그 공급자에게 징수당한 부가가치세의 매입세액은 그 고정자산의 취득에 소요된 비용으로서 그 고정자산의 취득원가의 일부를 이루는 것이며, 고정자산의 취득원가는 감가상각을 통하여 손금으로 계상되는 것이어서 위 매입세액은 그 고정자산의 감가상각계정과 별개로 손익계산할 수 없다고 할 것이다.

(나) 비영업용 소형승용차의 구입 · 임차 및 유지에 관한 매입세액

법인세법 시행령 제22조(부가가치세 매입세액의 손금산입 등)

①법 제21조제1호에서 "대통령령으로 정하는 경우의 세액"이란 다음 각 호의 어느 하나에 해당하는 것을 말한다. <개정 2005.2.19, 2008.2.29, 2010.6.8, 2011.6.3, 2013.2.15, 2013.6.28>

1. 「부가가치세법」 제39조제1항제5호에 따른 매입세액(제31조제2항의 규정에 의한 자본적 지출에 해당하는 것을 제외한다)

비영업용 소형승용차의 구입과 임차 및 유지에 관한 매입세액은 부가가치세법 제17조 제2항 제4호에 의거 매입세액공제가 불가능하므로 구입에 따른 매입세액은 차량운반구의 취득원가에 가산하여 감가상각을 통하여 비용화하고, 임차 및 유지관련 매입세액은 자본적 지출인지 수익적 지출인지의 구분에 따라 각각 회계처리하여 수익적지출인 경우에는 손금으로 인정하기 때문이다.

이 때 '비영업용 소형승용자동차'란 개별소비세법 제1조 제2항 제3호에 따른 자동차로서 운수업, 자동차판매업, 자동차임대업, 운전학원업 및 이와 유사한 업종에서 직접 영업에 사용하는 것 외의 목적으로 사용하는 자동차를 말한다(부령 제60조 제4항).

(다) 접대비 및 이와 유사한 비용의 지출에 관련된 매입세액

법인세법 시행령 제22조(부가가치세 매입세액의 손금산입 등)

① 2. 「부가가치세법」 제39조제1항제6호에 따른 매입세액

부가가치세법 제17조 제2항 제5호에 의하여 법인세법 제25조에 규정하는 접대비 및 이와 유사한 비용의 지출에 관련된 부가가치세 매입세액은 매출세액에서 공제할 수 없다. 그러므로 접대비에 관련된 매입세액은 접대비에 포함시켜 처리하여야 하며 접대비한도액의 범위 내에서 손금으로 인정된다(영 제22조 제1항 2호).

(라) 영수증을 교부받은 경우의 매입세액

> 법인세법 시행령 제22조(부가가치세 매입세액의 손금산입 등)
> ① 3. 기타 당해 법인이 부담한 사실이 확인되는 매입세액으로서 기획재정부령이 정하는 것

부가가치세법 제32조 제1항에 규정하는 영수증은 공급받은 자와 부가가치세를 따로 기재하지 않으므로 매입세액을 공제받을 수 없다. 그러므로 영수증에 의하여 거래한 경우에는 이에 대한 매입세액을 당해 구입재화 또는 용역의 부대비용으로 하여야 한다.

다만, 사업자가 부가가치세법 시행령 제80조 제4항에서 정하는 일반과세자로부터 재화 또는 용역을 공급받고 부가가치세액이 별도로 구분 가능한 신용카드매출전표 등을 발급받은 경우로서 신용카드매출전표 등 수령명세서를 제출하는 등 매입세액공제요건을 충족하는 때에는 그 부가가치세액은 부가가치세법 제17조 제1항 및 제26조 제3항의 규정에 의하여 공급받는 사업자가 납부세액계산시 공제가능한 매입세액으로 본다(부법 제32조의 2 제3항). 그러므로 이 경우에는 매입세액을 손금처리하지 못하며 매입세액공제를 받아야 한다.

(마) 간주임대료에 대한 매입세액

부동산임대용역의 경우는 부가가치세법 시행령 제49조의 2에 의하여 전세금 또는 임차보증금에 대하여 정기예금이자율에 따른 간주임대료를 과세표준에 산입하게 되어 있다.

이러한 간주임대료에 대하여는 부가가치세법 시행령 제57조 제6호에 의

하여 세금계산서 교부의무가 면제되며 임대인과 임차인간의 약정에 의하여 임차인이 부담한 간주임대료는 손금으로 산입된다(규칙 제11조 2호).

한편, 간주임대료에 대한 부가가치세는 사실상 임대인이 부담하여야 할 것이므로 임대인이 직접 부담하는 간주임대료의 부가가치세는 임대인의 소득금액계산상 부가가치세 과세기간 종료일이 속하는 사업연도의 손금으로 인정된다.

(바) 판매하지 아니한 제품에 대한 반출필의 개별소비세, 주세의 미납액

> 법인세법 제21조(세금과 공과금의 손금불산입)
> 다음 각 호의 세금과 공과금은 내국법인의 각 사업연도의 소득금액을 계산할 때 손금에 산입하지 아니한다.
> 2. 판매하지 아니한 제품에 대한 반출필의 개별소비세, 주세 또는 교통·에너지·환경세의 미납액. 다만, 제품가격에 그 세액상당액을 가산한 경우에는 예외로 한다.

3) 벌금·과료·과태료·가산금 및 체납처분비

> 법인세법 제21조(세금과 공과금의 손금불산입)
> 다음 각 호의 세금과 공과금은 내국법인의 각 사업연도의 소득금액을 계산할 때 손금에 산입하지 아니한다
> 3. 벌금, 과료(통고처분에 따른 벌금 또는 과료에 상당하는 금액을 포함한다), 과태료(과료와 과태금을 포함한다), 가산금 및 체납처분비

벌금 등은 손금에 산입하지 아니하는데, 그 이유는 만약 손금산입하게 되면 제재의 효과가 감소되기 때문이다. 예로 다음에 해당하는 벌과금 등은 각 사업연도 소득금액 계산상 손금에 산입하지 아니한다(통칙 21-0…3)

① 법인의 임원 또는 사용인이 관세법을 위반하고 지급한 벌과금
② 업무와 관련하여 발생한 교통사고 벌과금
③ 고용보험 및 산업재해보상보험의 보험료 징수 등에 관한 법률 제24조에 따라 징수하는 산업재해보상보험료의 가산금

④ 금융기관의 최저예금지급준비금 부족에 대하여 한국은행법 제60조에 따라 금융기관이 한국은행에 납부하는 과태금
⑤ 국민건강보험법 제71조에 따라 징수하는 가산금
⑥ 외국의 법률에 의하여 국외에서 납부한 벌금

그러나 사법관계에 의한 의무불이행으로 인하여 부담하는 연체료 등 다음에 해당하는 지출은 벌금과 과료와 같이 반사회적 행위로 인한 처벌의 성격이 아니므로 손금에 산입한다(통칙 21-0…2).

① 사계약상의 의무불이행으로 인하여 과하는 지체상금(정부와 납품계약으로 인한 지체상금을 포함하며 구상권 행사가 가능한 지체상금을 제외)
② 보세구역에 보관되어 있는 수출용 원자재가 관세법상의 장치기간 경과로 국고귀속이 확정된 자산의 가액
③ 철도화차 사용료의 미납액에 대하여 가산되는 연체이자
④ 고용보험 및 산업재해보상보험의 보험료 징수 등에 관한 법률 제25조에 따른 산업재해보상보험료의 연체금
⑤ 국유지 사용료의 납부지연으로 인한 연체료
⑥ 전기요금의 납부지연으로 인한 연체가산금

한편, 형사판결 등에 의하여 법인 소유의 범칙물건이 몰수되는 경우에 그 몰수 당한 물건의 원가는 자산의 감소로서 손금이 산입되는 바, 관련 판례는 다음과 같다.

> 대법원 1990. 10. 23. 선고 89누6426 판결
>
> 원고에 대하여 이 사건 압수물인 참깨, 식용유 등에 관하여 몰수판결이 선고되어 확정된 것은 원고의 1984. 사업년도 개시일(같은 해 4.1.) 이전인 같은 해 3.15.이므로 위 몰수품의 가액을 1983. 사업년도에 손금으로 산입함은 별론으로 하고 1984. 사업년도의 손금에 산입 할 수는 없다고 할 것이다.

4) 손금불산입하는 공과금

> 법인세법 제21조(세금과 공과금의 손금불산입) 다음 각 호의 세금과 공과금은 내국법인의 각 사업연도의 소득금액을 계산할 때 손금에 산입하지 아니한다.
>
> 4. 법령에 따라 의무적으로 납부하는 것이 아닌 공과금
> 5. 법령에 따른 의무의 불이행 또는 금지·제한 등의 위반에 대한 제재(制裁)로서 부과되는 공과금

법인세법상 공과금의 의미에 대해 명확한 규정이 없으나, 법인의 일정한 사업이나 자산의 존재, 거래 등의 행위에 수반하여 강제적으로 부과되는 공적 부담으로서 사업경비의 성격을 띠는 것이라면 법인세법상 공과금으로 인정하여 손금에 산입됨이 원칙이고, 예외적으로 그 성질상 비용성을 갖지 않거나 조세정책적 또는 기술적 이유에 의하여 손금에 산입함이 바람직하지 않아 법률이 정한 경우에 한하여 손금산입이 부정되는 것이 소득에 대한 과세로서의 법인세법의 본질 및 구조에 부합한다고 보는 것이 다수의 견해이다.

> 헌법재판소 1997. 7. 16 전원재판부 96헌바36 결정
>
> 구 법인세법(1995. 12. 29. 법률 제5033호로 개정되기 전의 것) 제16조 제5호는 대통령령이 정하는 것 이외의 공과금은 손금에 산입하지 아니한다고 하여 공과금이 원칙적으로 손금불산입됨을 규정하고 있으나, 공과금은 법인의 일정한 사업이나 자산의 존재, 거래 등의 행위에 수반하여 강제적으로 부과되는 것이기 때문에 사업경비의 성격을 띄는 것으로 법인세법상 손금에 산입됨이 원칙이고 예외적으로 그 성질상 비용성을 갖지 않거나 조세정책적 또는 기술적 이유에 의하여 손금에 산입함이 바람직하지 않아 법률이 정한 경우에 한하여 손금산입이 부정되는 것으로 보는 것이 소득에 대한 과세로서의 법인세법의 본질 및 구조에 부합한다 할 것이므로, 위 법률조항은 이를 정당화하는 특별한 사유가 없는 한 실질적 조세법률주의에 위배된다.

마. 자산의 평가차손 및 감가상각비

> 법인세법 제22조(자산의 평가손실의 손금불산입)
>
> 내국법인이 보유하는 자산의 평가손실은 각 사업연도의 소득금액을 계산할 때 손금에 산입하지 아니한다. 다만, 제42조제2항 및 제3항에 따라 자산을 평가함에 따라 발생하는 평가손실은 그러하지 아니하다. [전문개정 2010.12.30]
>
> 제23조(감가상각비의 손금불산입)
>
> ① 고정자산에 대한 감가상각비는 내국법인이 각 사업연도에 손금으로 계상한 경우에만 대통령령으로 정하는 바에 따라 계산한 금액(이하 이 조에서 "상각범위액"이라 한다)의 범위에서 해당 사업연도의 소득금액을 계산할 때 이를 손금에 산입하고, 그 계상한 금액 중 상각범위액을 초과하는 부분의 금액은 손금에 산입하지 아니한다. 다만, 해당 내국법인이 법인세를 면제·감면받은 경우에는 해당 사업연도의 소득금액을 계산할 때 대통령령으로 정하는 바에 따라 감가상각비를 손금에 산입하여야 한다.

바. 기부금의 손금불산입

1) 의의

기부금이란 타인에게 사업과 직접 관계없이 무상으로 지출하는 것으로서 재산적 가치가 있는 것을 말하는데, 세법상 기부금의 개념은 증여를 포함하며, 여기에서의 증여는 증여계약에 의한 증여뿐만 아니라 채무면제, 면책적 채무인수, 제3자를 위한 변제, 현저한 저가양도, 고가매입 등의 경제적 이익의 제공을 포괄하는 것으로 본다.

> 대법원 1992. 7. 14. 선고 91누11285 판결
>
> 기부금이란 타인에게 사업과 직접 관계없이 무상으로 지출하는 것으로서 재산적 가치가 있는 것을 말하고 실질적으로는 증여에 해당하는바, 순자산을 감소시키는 것이란 점에서는 손금에 해당되고, 또한 그것이 공익을

위한 것이라면 장려되어야 할 성질의 것이지만 사업과 직접 관계없이 지출되는 것이어서 수익에 대응하는 비용으로 볼 수도 없을 뿐만 아니라 이를 모두 손금으로 인정하는 경우에는 조세부담을 감소시켜 실질적으로는 국고에서 기부금을 부담하는 결과가 되고 자본충실을 저해하여 주주 등 출자자나 일반채권자의 권익을 침해하게 되므로 법인세법은 그 기부금의 공공성의 정도에 따라 그 종류와 손금산입의 범위를 달리하고 있는데, 지정기부금은 사회복지, 문화, 예술, 교육, 종교, 자선 등 공공성을 감안하여 법인세법시행령 제42조가 정하는 기부금으로서 구 법인세법(1990.12.31. 법률 제4282호로 개정되기 전의 것) 제18조 제1항 소정의 한도 내에서만 손금산입이 인정된다.

2) 적용요건

기부금은 다른 비용과 비교하여 사업과의 무관성, 수익과의 비대응성, 지출의 임의성의 특성을 가지고 있어 다른 비용과 구분된다.

가) 사업무관성 및 수익비대응성

기부금은 사업과 직접 관계가 없는 것으로, 타인에게 무상으로 지출하는 금원이더라 하더라도 법인의 사업과 직접 관계가 있다면 기부금에 해당하지 아니한다.

공유수면매립지 기부채납사건
(대법원 1987. 7. 21. 선고 87누108 판결)

회사가 공장신축을 위하여 건설부장관으로부터 공유수면매립면허를 받아 매립한 토지중 일부를 매립면허시의 조건에 따라 기부채납의 형식으로 국가에 기증한 것이라면 그 공사비는 회사의 공장부지의 취득을 위하여 지출된 자본적 지출, 즉 공장부지의 취득원가에 포함되는 위 회사의 사업과 직접 관련되는 비용이라 할 것이므로 이는 위 법조 소정의 손금에 산입할 수 있는 기부금에 해당하지 아니한다.

건설회사 도로기부채납사건
(대법원 2002. 11. 13. 선고 2001두1918 판결)

법인이 주택건설사업을 함에 있어서 그 사업을 위하여 취득한 토지의 일부를 그 사업의 승인조건에 따라 분양토지의 이용편의에 제공하기 위하여 도로로 조성하여 지방자치단체에 기부채납한 경우, 그 도로의 가액 상당의 비용은 수익의 발생에 직접 관련된 필요경비로서 그 귀속시기는 수익의 발생이 확정된 때가 속한 사업연도라고 보아야 하고, 그 도로의 가액이 구 법인세법(1996. 12. 30. 법률 제5192호로 개정되기 전의 것) 제18조 제3항 제1호 소정의 법정기부금인 '국가 또는 지방자치단체에 무상으로 기증하는 금품의 가액'에 해당한다고 할 수 없다.

대법원 1987. 7. 21. 선고 87누245 판결

전자기기의 제작판매업체인 갑회사가 한국방송광고공사법이 시행되기 전부터 을회사와 광고대행계약을 체결하고서 광고물제작 및 그에 따른 광고업무일절을 대행토록 하고 대행수수료를 지급해 왔으며 그 광고에는 고도의 전문적인 기획과 기술이 요구되며 그것이 기업이윤과도 직결되는 것이어서 갑회사로서는 한국광고회사법이 시행된 이후에 있어서도 종전부터 신뢰를 바탕으로 거래해 온 을 회사를 제치고 한국방송광고회사가 선정한 소위 지정대행업체를 갑회사의 광고대행업체로 선정하기는 어려웠던 사정이 있었으며 또한 비지정대행사인 을회사에게 지급된 광고대행 수수료를 포함하여 국내 방송광고와 관련하여 지출한 총비용이 소위 지정대행사를 통하여 방송광고를 의뢰한 다른 광고주들이 국내 방송광고와 관련하여 지출한 총비용보다 현저히 고가로 인정되지도 아니한다면 갑회사가 비지정광고대행업체인 을회사를 갑회사의 광고대행업체로 선정하여 을회사로 하여금 광고를 대행케 하고 그 대가로 지급한 대행수수료는 갑회사가 기업비밀을 유지하면서 적시에 효과적인 광고방송을 하여 기업이윤을 제고시키기 위한 상당한 비용이라고 할 것이고 이를 법인세법 제18조 제1항, 동법 시행령 제40조 제1항 제1호 또는 제2호가 규정하는 지정기부금에 해당 된다고 할 수 없다.

나) 지출의 임의성

기부금은 지출이 법률상 강제되지 않아야 한다. 지출의 임의성이 없는 것은 공과금이 되어 따로 손금산입의 범위가 정하여진다. 한편, 임의성 판단 기준과 관련하여 감도기관의 지침 등에 의해 사실상 지출이 강제되고 있는 것만으로는 지출의 임의성이 없는 경우에 해당한다고 할 수 없다고 봄이 판례의 태도이다.

삼성생명 재평가적립금 사건
(대법원 1997. 7. 25. 선고 96누10119 판결)

생명보험업을 영위하는 법인이 보험계약자에게 자산재평가로 인한 재평가적립금을 배당하는 것은 계약자에게 사후적으로 보험료를 정산환급하는 것이라 볼 수 있으므로 손금에 산입되는 것이 원칙이지만, 재평가적립금 중 과거 계약자들의 몫이라 하여 공익사업출연기금으로 계리한 자산의 운용수익은 재무부장관의 '생명보험회사 잉여금 및 재평가적립금 처리지침'에 따라 공익사업에 출연하였다 하여도 이를 배당이라거나 배당금에 대한 이자로서 지급된 것, 또는 과거 계약자들이란 불특정인들이나 생명보험회사 스스로가 신탁한 신탁자산이라 할 수는 없고, 또 그 출연이 보험계약자로부터 수령하는 보험료와 대가관계에 있다고 할 수도 없으며 법률상 강제된 출연이라 할 수도 없으므로, 위 출연금은 업무와 관련 없이 무상으로 지급되는 금품으로서 구 법인세법(1993. 12. 31. 법률 제4282호로 개정되기 전의 것) 제18조 제1항 소정의 지정기부금에 해당된다.

근로자복지장학기금 사건
(대법원 1998. 6. 12. 선고 97누11386 판결)

서울올림픽체육진흥공단이 국무총리행정조정실의 조정내용에 따라 국민체육진흥광고 수익금 중 일부를 전국자동차 노동조합연맹에 근로자복지장학기금으로 출연한 경우, 위 조합에 장학기금을 출연한 목적이 광고사업 자체의 달성에 있는 것은 아니라 할 것이므로 위 장학기금은 광고사업과 직접 관계가 있다고 할 수 없을 뿐만 아니라 무상으로 지출한 것으로서 이는 기부금에 해당하고, 수익에 대응하는 비용에 해당한다고 할 수는 없으며, 장학기금의 출연이 국무총리행정조정실의 조정 내용에 따른 것이라 하더라도 이를 법률상 강제된 출연이라고 볼 수 없는 이상 기부금이 아니라고 할 수 없다.

3) 기부금의 종류와 손금규제의 내용

기부금은 법인의 순자산감소의 원인이기는 하나 법인의 기업활동과 무관한 지출로서 본래 수익에 대응하는 비용으로 인정될 수 없다. 그러나 법인이 독립된 인격을 가지고 기업활동을 하는 사회적 존재로서 어느 정도의 기부행위는 불가피하고 또한 사회적으로 유익한 경우가 있기 때문에 법인세법과 조세특례제한법은 그 기부금의 공공성의 정도에 따라 기부금의 종류와 손금 산입 여부 및 범위를 달리하여 정하고 있다.

법인이 법 제24조에 따른 기부금을 지출한 경우에는 법정기부금과 조세특례제한법 제73조에 의한 기부금, 지정기부금에 대하여는 일정한 허용 범위 내에서 위 기재 순서대로 순차적으로 손금에 산입하고, 지정기부금 중 한도 초과액과 그 밖의 나머지 기부금은 손금에 산입하지 못한다(법 제24조).

가) 법정기부금

법정기부금의 범위에 대하여는 법제24조가 구체적으로 규정하고 있고, 동 조항은 "법정기부금의 합산 금액이 해당 사업연도의 소득금액에서 제13조제1호의 결손금을 뺀 후의 금액에 100분의 50을 곱하여 산출한 금액(이하 이 조에서 "법정기부금의 손금산입한도액"이라 한다)을 초과하는 경우 그 초과하는 금액은 그 사업연도의 소득금액을 계산할 때 손금에 산입하지 아니한다"고 규정하고 있는바, 그 합계액이 50% 한도 내인 한 제한 없이 손금산입된다. 한편, 법정기부금의 손금산입한도액 초과금액은 당해 사업연도의 다음 사업연도의 개시일부터 5년 이내에 종료하는 각 사업연도에 이월하여 이를 손금에 산입할 수 있다(법제24조 제4항).

체육진흥성금 사건
(대법원 1986. 9. 9. 선고 85누379 판결)

법인이 무상으로 체육진흥성금을 경기도에 각 기증하였는데, 경기도는 그 성금을 제10회 소년체전 및 제62, 63회 전국체전을 위한 경비보조금으로 경기도 체육회 앞으로 지출하고, 이어 경기도 체육회가 그 성금을 교부받아 위 소년체전과 전국체전을 위한 경비로 소비한 사안에서 법인세법 제18조 제2항 제1호 소정의 "국가 또는 지방자치단체에 무상으로 기증하는 금품"이라 함은 기증의 상대방이 국가 또는 지방자치단체인 경우의 당해 금품을 가리키는 것으로 기증받은 국가 또는 지방자치단체의 사후의 금품 처리방법 여하에 의하여 그 성질을 달리할 것은 아니므로 국가 또는 지방자치단체가 스스로 당해 금품을 지정된 기증목적에 제공하지 아니하고 다른 유관단체에 인계하여 기증목적에 제공케 하였다 하여도 국가 또는 지방자치단체에 무상으로 기증하는 금품에 해당하지 않는 것은 아니다고 본 판례

봉산사 건축비 기부금 사건
(대법원 1981. 3. 10. 선고 80누289 판결)

고구려 병마도 원수 강이식 장군을 기리며 또 그의 사당인 "봉산사"를 확장 중건하기 위하여 1977.7.경 사단법인 강이식 장군 승모회(회장 이은상)가 설립되어, 원고 회사는 동년 9.30 위 사단법인에게 "봉산사" 건축비로 금 59,000,000원을 기증하고, 위 사단법인은 동 기부금을 포함한 금 4억여만원을 투입, 위 공사를 추진하였으나 그해 말경 자금부족으로 공사를 중단하여 오다가 어쩔 수 없이 다음해인 1978. 7. 25 문화공보부 장관에게 위 봉산사의 시설 일체를 국가에 기증한 사안에서, 법인으로부터 기부금을 수증 받는 자가 위 기부금 등으로 조성된 시설물을 국가에 기증하였다고 하더라도 위 기부금을 법인세법 제18조 제2항 제1호 소정의 법인의 국가 또는 지방자치단체에 대한 기부금이라고 볼 수 없다고 본 판례.

대법원 1997. 4. 11. 선고 96누9164 판결

> 구 법인세법(1993. 12. 31. 법률 제4282호로 개정되기 전의 것) 제18조에서는 손금산입을 허용하는 기부금을 별도로 정하면서 그 기부금의 공공성의 정도에 따라 사회복지·문화·예술·교육·종교·자선 등 공익성을 감안하여 대통령령이 정하는 기부금과 국가 또는 지방자치단체에 무상으로 기증하는 기부금의 손금산입의 범위를 달리하도록 하고 있으므로, 공공단체 등에 출연한 경우 그 출연금의 손금산입의 범위는 위 법의 규정에 따라 정하여져야 할 것이고, 그 출연이 국가의 권고에 따라 행하여진 것이라 하여 국가를 출연의 상대방으로 본다거나 실질적인 수혜자로 보아 이를 국가 등에 출연한 기부금과 같이 취급할 수는 없다.

나) 지정기부금

법인세법상 법정기부금을 제외하고 손금산입이 허용되는 것으로 대통령령이 정하는 것을 지정기부금이라 하는바, 지정기부금은 이월결손금, 법정기부금을 차감한 후의 당해 사업연도 소득금액의 10% 한도 내에서만 손금산입이 허용되고, 지정기부금의 손금산입한도액 초과금액은 대통령령이 정하는 바에 따라 당해 사업연도의 다음 사업연도의 개시일부터 5년 이내에 종료하는 각 사업연도에 이월하여 이를 손금에 산입한다(법제24조 제1항, 제4항).

다) 비지정기부금

법인이 각 사업연도에 지출한 기부금 중 법정기부금이나 지정기부금 이외의 기부금은 비지정기부금이라 하고, 손금불산입한다(법제24조 제1항).

> 법인세법 시행령 제35조(기부금의 범위)
>
> 법 제24조제1항의 규정에 의한 기부금은 제36조의 규정에 의한 지정기부금과 다음 각 호의 어느 하나에 해당하는 것으로 한다. <개정 2012.2.2>
>
> 1. 법인이 제87조에 따른 특수관계인 외의 자에게 당해 법인의 사업과 직접 관계없이 무상으로 지출하는 재산적 증여의 가액
> 2. 법인이 제87조에 따른 특수관계인 외의 자에게 정당한 사유없이 자

산을 정상가액보다 낮은 가액으로 양도하거나 정상가액보다 높은 가액으로 매입함으로써 그 차액중 실질적으로 증여한 것으로 인정되는 금액. 이 경우 정상가액은 시가에 시가의 100분의 30을 가산하거나 100분의 30을 차감한 범위안의 가액으로 한다.

법인세법 시행령 제35조가 규정하는 비지정기부금 중, 2호의 기부금을 간주기부금이라하는데, 시가보다 30% 이상 저가로 양도하거나 고가로 매입하는 경우에는 매매의 형식을 통하여 실질적으로는 일부 금액을 증여하는 것으로 볼 수 있기 때문에 그 무상성에 착안하여 정상가액과의 차액을 기부금으로 간주하여 규제하는 것이다.

대법원 1993. 5. 25. 선고 92누18320 판결

법인세법 제18조에서 규정하는 기부금은 법인이 타인에게 법인의 사업과 직접 관계없이 무상으로 증여하는 재산적 가액을 가리키는 것으로서 순수한 무상양도의 경우뿐 아니라 거래의 외형은 유상양도의 형태를 취하고 있더라도 당해 자산이 현저하게 낮은 가액으로 양도되어 양도가액과 정상가액과의 차액이 실질적으로 증여되었다고 인정되는 경우를 포함하는 것이라고 보아야 할 것이므로 그와 같은 취지를 규정하고 있는 같은법시행령 제40조 제1항 제2호가 모법의 위임 없이 기부금의 범위를 부당하게 확대하여 조세법률주의에 위배되는 무효의 규정이라고 볼 수 없다.

법인이 타인에게 자산을 무상으로 양도하거나 혹은 시가보다 현저하게 낮은 가액으로 양도함으로써 법인세법 소정의 기부금의 요건에 해당되는 경우 상대방이 취득한 자산가액이나 그에 상응한 법인자산의 감소액은 자산의 시가 상당액으로서 비록 법인이 시가와 장부가액과의 차액을 기업경리상 손비로 계상하지 않았다고 하더라도 세법상 일단 차액 상당의 수익이 법인에 실현됨과 동시에 수익을 상대방에게 제공함에 따른 손실이 발생한 것으로 관념하여 그 손실을 기부금으로 보게 된다.

라) 부당행위계산부인과의 차이

특수관계자에게 무상으로 지출하는 것은 부당행위계산부인의 대상이 되므로 기부금에 해당하지 아니한다. 특수관계자에게 저가양도하거나 특수관계자로부터 고가매입하는 경우도 같다. 이 경우에는 기부금으로 간주되는 경우와는 달리 그 기준금액은 정상가액이 아닌 시가이며 따라서 시가와 실지거래가액의 차액이 부인의 대상이 된다.

부당행위계산부인 규정과 기부금 규정의 차이는 전자가 특수관계자와의 거래라는 요건을 통하여 거래를 부인하는 경우이고, 후자는 증여를 통한 이익처분의 존재라는 사실인정의 문제로 해결하는 것이다. 다만 간주기부금의 경우에는 증여사실에 대한 입증의 어려움을 입법적으로 해결하기 위하여 정상가액이라는 개념을 도입하여 그 범위를 넘어서는 경우에만 기부의 존재를 인정하고 있는 것으로 이해된다. 즉, 일단 증여의 사실이 인정되면 그 증여가액은 원칙적으로 시가와 양도가액의 차액으로 산정하여야 할 것이지만, 무상양도의 경우와 구별하여 정상가액과의 차액으로 완화하여 주고 있는 것이다.

4) 기부금의 가액

법인이 기부금을 금전외의 자산으로 제공한 경우 해당 자산의 가액은 이를 제공한 때의 시가 또는 시가가 장부가액보다 낮은 경우에는 장부가액에 의하고, 간주기부금의 판단 기준이 되는 정상가액도 시가에 의하여 정하여진다(영제37조 제1항, 제35조 2호). 법인이 법 제24조의 규정에 의한 기부금을 가지급금 등으로 이연계상한 경우에는 이를 그 지출한 사업연도의 기부금으로 하고, 그 후의 사업연도에 있어서는 이를 기부금으로 보지 아니하고, 법인이 법 제24조의 규정에 의한 기부금을 미지급금으로 계상한 경우 실제로 이를 지출할 때까지는 당해 사업연도의 소득금액계산에 있어서 이를 기부금으로 보지 아니한다. 한편, 법인이 기부금의 지출을 위하여 어음을 발행(배서를 포함한다)한 경우에는 그 어음이 실제로 결제된 날에 지출한 것으로 보며, 수표를 발행한 경우에는 당해수표를 교부한 날에 지출한 것으로 본다(시행규칙 제19조)

> 대법원 2004. 1. 29. 선고 2003두247 판결
>
> 구 법인세법시행령(1998. 12. 31. 대통령령 제15970호로 전문 개정되기 전의 것) 제41조 제2항, 제3항은 법인세법상 기부금의 귀속시기에 관하여 현금의 지출이 있을 때에 비용으로 계상하는, 이른바 현금주의를 채택하고 있으므로, 법인이 타인의 원금 및 이자채무를 인수한 경우 그것이 기부금에 해당하는지 여부 및 당해 기부금이 비지정기부금에 해당되어 손금불산입되는지 여부도 그 원금 및 이자가 각 지급되는 때를 기준으로 판단하여야 할 것이며, 법인이 비지정기부금에 해당하는 타인의 원금채무를 인수한 경우에 그 후 이행한 이자지급채무가 법인 자신의 채무가 되어 기부금에 해당하지 않게 된다고 볼 수는 없다.

사. 접대비

1) 의의

접대비라 함은 접대비 및 교제비·사례금 기타 명목여하에 불구하고 이에 유사한 성질의 비용으로서 법인의 업무와 관련하여 지출한 금액을 말한다. 접대비의 본질은 다음 세 가지로 요약된다.

① 업무와 관련 있는 지출이어야 한다.
② 특정인에 대하여 무상으로 제공하는 것이다.
③ 명목여하에 불구하고 거래의 실질내용에 따라 판단한다.

위에서 보듯이 접대비는 법인의 업무와 관련하여 지출한 금액을 말하는 것으로서 법인의 순자산을 감소시키므로 손비에 해당한다. 한편, 업무관련비용의 일종이란 점에서 기부금과 다르며 손금산입한도액의 제한을 받는다는 점에서 그 제한을 받지 않는 광고선전비, 장려금 등 판매부대비용, 복리후생비, 급여, 회의비 등과 다르다.

그러나 접대비는 그 성질상 법인의 임직원 또는 주주 등의 개인적인 접대, 이익의 은폐 또는 비자금 조성 등에 악용될 여지가 있고 과소비·향락문

화의 조장 등 각종 사회적 문제를 일으킬 소지가 있다. 따라서 세법에서는 접대비의 범위 및 손금산입한도액을 정하여 접대비 지출을 규제하고 있다.

> 대산건설 공상처리비 사건
> (대법원 2012. 9. 27. 선고 2010두14329 판결)
>
> 구 법인세법(2010. 12. 30. 법률 제10423호로 개정되기 전의 것) 제25조 제1항, 제5항 규정의 문언 내용과 취지 등에 비추어 보면, 법인이 사업을 위하여 지출한 비용 가운데 상대방이 사업에 관련 있는 사람들이고 지출의 목적이 접대 등 행위에 의하여 사업관계자들과 사이에 친목을 두텁게 하여 거래관계의 원활한 진행을 도모하는 데 있는 것이라면 그 비용은 접대비라고 할 것이지만, 법인이 수익과 직접 관련하여 지출한 비용은 선불리 이를 접대비로 단정하여서는 아니된다.
>
> 갑 주식회사가 원수급자 을 주식회사와 하도급계약을 체결하면서 "갑 회사가 재해 발생시 자기 비용으로 피해자와 합의하여 배상한다."는 공상처리비 약정을 체결하고 위 약정에 따라 재해근로자에게 지급한 사고보상비 등을 공상처리비로 회계처리하여 손금산입하였으나 과세관청이 지급의무가 없는 비용으로 보아 그 전부를 접대비 한도초과액으로서 손금불산입한 사안에서, 갑 회사가 공사를 수주받기 위하여 어쩔 수 없이 위 약정에 동의한 점 등에 비추어 위 공상처리비는 하도급계약에 따른 갑 회사의 수익과 직접 관련된 비용으로서 접대비로 볼 수는 없다는 이유로, 이와 달리 본 원심판결에 법리오해의 위법이 있다고 한 사례.

2) 요건

가) 업무와 관련 있는 지출일 것

업무와 관련이 있다 함은 법인의 고유목적사업 또는 영리사업의 목적달성에 관련된다는 것을 의미하나 실제로 업무와의 관련성 유무를 판단하는 것은 매우 어렵다. 실무적으로는 접대 등을 제공하는 상대가 매출처, 매입처 등과 같이 외관상 업무와 관련이 있으면 접대비에 해당하는 것으로 판단하여야 할 것이다. 업무와 관련정도는 수익의 획득을 위한 직접적인 영업활동 뿐만 아니라 새로운 사업개발이나 현재의 사업상 거래관계를 보다 원활하게 하기 위한 활동을 포함한다.

업무와 관련 있는지의 여부는 법인이 입증하여야 한다. 즉, 거래의 증빙서류와 내부통제의 근거 등 객관적인 자료에 의하여 업무와 관련이 있다는 것을 입증하여야 한다. 업무와 관련이 있기 위해서 접대비는 사업상의 대화, 교섭 등의 이익을 얻기 위한 교제, 향응, 위안, 사례 등 접대활동과 관련하여 통상 필요로 하는 금액이어야 한다.

지출의 상대방이 업무와 관련 있는 자로서 사업과 직접 또는 간접적 이해관계에 있고 특정인이어야 하므로, 당해 법인의 임직원은 지출의 상대방에 포함되지 아니한다. 이점에서 불특정다수인을 대상으로 지출하는 광고선전비와 구별되며 임직원을 대상으로 지출하는 인건비 및 복리후생비와 구별된다. 또한, 업무와 관련 없이 지출하는 기부금과도 구별된다.

나) 무상으로 제공하는 것일 것

무상으로 제공한다 함은 반대급부 없이 접대·향응·위안 등을 제공한다는 것이며 여기에서 접대·향응·위안 등에 대한 반사적 이익은 유상이 아니다. 무상이란 점에서는 기부금과 동일하나 판매부대비용, 인건비 등과 구분된다.

다) 거래의 실질내용이 접대비일 것

접대비는 기부금, 광고선전비, 판매부대비, 회의비 등 유사비용과 그 구분기준이 명확하지 않고 채권의 포기, 사은품 제공, 매출에누리 및 할인 등 다양한 거래형태로 이루어지므로 지출명목, 기장내용, 거래형식 등에 불구하고 지출의 목적, 지출의 상대방 등을 기준으로 구체적인 실질내용에 따라 판단하여야 한다.

또한, 접대비에 해당하는 금액을 접대비가 아닌 판매비와관리비 또는 제조경비 등의 손금으로 계상하였거나, 건설중인자산 및 고정자산 등으로 자산

계상한 것까지도 실질내용이 접대비에 해당하면 접대비 지출액에 포함하는 것이다.

일반적으로 법인이 사업을 위하여 지출한 비용 가운데 상대방이 사업에 관련있는 자들이고 지출의 목적이 접대 등의 행위에 의하여 사업관계자들과의 사이에 친목을 두텁게 하여 거래관계의 원활한 진행을 도모하는데 있다면 접대비에 해당한다고 보아야 한다 〈대법 92누 16429, 1993. 9. 14.〉.

3) 접대비의 다른 비용과의 구별

위와 같이 접대비와 광고선전비, 장려금 등의 판매부대비용, 복리후생비와는 개념 및 요건에 있어서 일응 구별이 되나, 실질에 있어서 구별이 쉽지 않은바, 비용의 목적, 용처, 지출경위, 액수에 따라 구체적으로 살펴보아야 한다. 이하에서는 관련 판례를 소개하도록 한다.

대법원 2002. 4. 12. 선고 2000두2990 판결

법인이 사업을 위하여 지출한 비용 가운데 상대방이 사업에 관련 있는 자들이고 지출의 목적이 접대 등의 행위에 의하여 사업관계자들과의 사이에 친목을 두텁게 하여 거래관계의 원활한 진행을 도모하는 데 있다면 접대비라고 할 것이나, 지출의 상대방이 불특정다수인이고 지출의 목적이 구매의욕을 자극하는 데 있다면 광고선전비라고 할 것이다.

백화점 경영자가 판촉활동의 일환으로 거래실적이 우수한 불특정 고객에게 선물을 증정한다고 사전에 홍보하고 사은품을 지급하여 왔다면 이는 소비자의 구매의욕을 자극함으로써 판매를 촉진하기 위한 것이므로 그 구입에 소요된 비용은 상품의 판매를 위한 광고선전 목적으로 불특정다수인을 상대로 지출한 광고선전비에 해당한다고 한 사례

대법원 1987. 4. 14. 선고 86누378 판결

콘도미니엄 원매자의 현지답사에 제공된 교통비 및 숙식비 금 134,489,

642원에 대하여 피고가 광고등에 의한 공개적인 모집이 아니고 특정인만을 제한적으로 초청한 것으로서 접대비로 인정하여 한도초과액을 익금가산한데 대하여 원심은 원고가 국내에서 처음으로 콘도미니엄사업을 시작하면서 분양을 하는데 특별한 홍보활동이 필요하여 신문광고등으로 사업내용을 홍보하는 한편 아파트단지 등의 가정이나 기업체에 안내광고문을 발송하여 예상고객으로 하여금 콘도미니엄 시설현장에 초치하여 판매촉진을 하고자 초청대상자에 아무런 제한을 두지 않고 불특정 다수의 예상고객에게 원고측이 비용부담하는 현지시찰초청장을 보내 이에 응하는 사람들을 콘도미니엄 현장에 안내하고 그 여비, 숙식비들을 지출한 사실을 인정한 다음 그 비용은 광고선전비에 해당한다.

대법원 1988. 12. 6. 선고 88누933 판결

원고가 경영하는 동양7주유소는 행정구역상으로는 인천시에 소재하고 있지만 부평근방의 구도로변에 위치하고 있어 도로폭이 좁고 교통량이 많지 아니한 곳에 자리잡고 있는데다 새로이 개업한 유선주유소도 변두리 지선도로변에 위치하고 있어 자동차 운전자들에게 잘 알려지지 않고 있었기 때문에 이를 극복하기 위하여 적극적인 광고선전 활동과 유류판매촉진을 위한 홍보활동을 강화하지 아니할 수 없게 되어 광고선전매체로서 운전자들이 사용하는 면장갑, 화장지, 온도계, 구두주걱 등에다가 원고가 경영하는 주유소의 상호등을 인쇄하여 불특정다수의 주유하는 고객에게 나누어 주거나 이를 세차장, 주차장, 화물터미날등에 배포하고 또 주유소에 온 운전자들에게 사탕,껌, 과자류를 제공한 것이라고 인정하고 따라서 이는 원고가 유류판매를 촉진시키려고 불특정다수인의 고객을 위하여 지출한 비용일 뿐만 아니라 그 지출의 목적도 고객의 구매의욕을 자극하기 위한 경비로 사용한 것임이 분명하여 광고선전비인 필요경비에 해당한다.

대법원 1993. 9. 14. 선고 92누16249 판결

원고가 1981.3.9.경 예식장을 개설, 경영하면서 위 예식장을 이용하는 고객이면 누구나에게 특정기간 동안 개업기념 사은품 명목으로 개당 금 20,000원 상당의 벽시계를 증정하였고, 위 예식장에 대한 신문광고시 이용

고객을 확보할 목적으로 예식장을 이용하는 고객에게는 개업기념 사은품으로 벽시계를 증정한다는 내용의 문안도 써 넣은 사실을 인정할 수 있으므로 위 시계 구입대금은 접대비라기 보다는 광고선전비에 해당한다.

대법원 2002. 4. 12. 선고 2000두2990 판결

백화점 경영자가 판촉활동의 일환으로 거래실적이 우수한 불특정 고객에게 선물을 증정한다고 사전에 홍보하고 사은품을 지급하여 왔다면 이는 소비자의 구매의욕을 자극함으로써 판매를 촉진하기 위한 것이므로 그 구입에 소요된 비용은 상품의 판매를 위한 광고선전 목적으로 불특정다수인을 상대로 지출한 광고선전비에 해당한다.

대법원 2010. 6. 24. 선고 2007두18000 판결

신문사의 취재기자들이 지출한 취재비 중 1건당 지출액이 취재비 지급기준에서 정한 일일취재비와 실비취재비의 최고 한도액인 30,000원 이하인 부분은 접대비에 해당하지 않으며, 또한 취재비가 취재활동에 통상 소요되는 비용의 범위를 벗어나 접대비에 해당한다고 볼 수 있는지 여부는 취재의 필요성, 취재원의 수와 성격, 취재 소요시간, 취재 장소와 경위 등의 요인들 및 그 지출의 목적과 성격 등을 종합적으로 고려하여 개별적·구체적으로 판단하여야 하는데, 비록 1건당 지출액이 30,000원을 초과하는 취재비라고 하더라도 그 지출경위나 성격 등을 개별적·구체적으로 따져 보지 않은 채 이들이 모두 접대비에 해당한다고 단정할 수는 없다.

원고의 단체협약에는 경조비 지급기준금액을 정하고 있고 임직원의 임의단체인 ○○○에서도 비슷한 수준의 경조비를 지급하고 있다는 것이므로, 이 사건 경조비 중 원고의 임직원에게 지급한 부분이 과다하다고 하더라도 위 단체협약상의 경조비 지급기준금액만큼은 임직원의 복지증진과 원활한 노사관계의 유지를 통하여 직원의 노동력 확보와 향상을 위하여 지출되는 비용으로서 업무와 관련성이 있는 복리후생비에 해당한다고 보아야 할 것이고, 또한 원고 직원들의 회식용 주류 구입비는 그 금액이 사회통념상 용인될 수 있는 범위를 초과한다고 볼 자료가 없는 이상 역시 업무와

관련성이 있는 복리후생비에 해당한다고 봄이 상당하다

대법원 2003. 12. 12. 선고 2003두6559 판결

지류(지류)의 제조 및 판매 등을 목적으로 하는 회사로서 1993. 사업연도에 대리점 등 거래처에 화장지 등 정품(정품) 8억여 원 상당을 무상으로 교부한 것에 대하여, 위 회사가 판매촉진비 예산을 미리 편성한 후 경쟁이 치열한 지역에 위치한 대리점 등의 평균매출액, 판매목표량, 판매상 문제점 등을 분석하여 판매촉진을 목적으로 아르바이트생 지원, 추가 할인 및 리베이트 제공 등의 지원책과 더불어 견본품이나 정품을 제공함으로써 고객사은행사 등의 용도에 사용하게 하는 등 정품을 거래처에 지원하게 된 경위 등에 비추어, 정품지원에 소요된 가액 상당은 접대비가 아니라 판매부대비용의 일종인 판매장려금에 해당한다.

대법원 1992. 5. 8. 선고 91누9473 판결

상가건물을 매수취득하여 일괄분양하는 영업을 영위하는 회사가 분양업무를 담당하는 그 회사 및 계열회사 영업부직원들에게 약정에 따라 분양실적에 맞추어 일정 비율의 금원을 영업판촉비 내지 알선수수료 명목으로 지출한 경우, 그 지출의 상대방이 회사 내의 영업부직원등이고, 지출목적이 회사의 목적사업인 상가분양의 촉진을 기하고자 함에 있으며, 특히 당사자 사이에 그 지출에 관한 구체적인 방법, 수액 등이 사전에 약정된 점에 비추어 볼 때, 이는 분양실적에 따라 지급된 능률급형식의 수수료이거나 분양알선에 대한 대가로서 지급된 상가분양의 부대비용의 성질을 지닌 것으로 볼 것이다.

대법원 2008. 7. 10. 선고 2007두26650 판결

① 원고는 수주한 시스템개발업무 등을 협력업체와 공동으로 수행하는 경우 협력업체와 사이에 용역계약을 체결함에 있어 협력업체의 파견인원수에 기술등급별 대가표에 따른 금액을 곱하여 산출한 금액에서 일정 비율을 공제하여 용역대가를 산정한 다음, 여기서 원고가 정한 기준에 따른 금

액(1인당 월 80,000원~150,000원 상당)을 업무수행경비 또는 프로젝트회의비 명목으로 차감하여 최종 용역계약금액을 결정하고, 이와 같이 차감한 업무수행경비 또는 프로젝트회의비를 이 사건 쟁점경비로 지출하는 등 원고와 협력업체 사이에는 이 사건 쟁점경비의 지출에 관한 사전약정이 있었던 점, ② 이 사건 쟁점경비는 휴일이나 야간근무시 식대나 간식비용으로 지출된 것으로서 지출된 장소는 주로 슈퍼나 음식점 등이고, 지출 규모 역시 1회 지출금액이 주로 몇 만 원 미만인 것이 대부분으로서 협력업체 직원들에게 발생하는 야근식대 등을 실비로 보전하는 수준에 불과한 것으로 보이는 점(2003년도의 경우 협력업체 직원들에게 지출된 1인당 월 평균경비는 49,247원인데, 이를 월 25일 근무한 것으로 하여 1일당 지출액으로 환산해 보면 1인당 매일 1,970원 정도임), ③ 이와 같은 이 사건 쟁점경비의 용도, 규모 등에 비추어 이 사건 쟁점경비의 지출 목적은 원고의 시스템개발업무 등의 효율성을 높여 비용을 절감하고 수익을 높이고자 하는 데 있는 것일 뿐 협력업체 소속 직원들과의 친목을 도모하는 데 있다고 보기는 어려운 점, ④ 원고와 협력업체는 원고가 협력업체 직원들에게 지출한 야근식대 등을 사후에 일일이 정산하는 번거로움을 피하기 위하여 용역계약 체결시에 원고가 정한 기준에 따라 일정액을 용역계약금액에서 차감하기로 합의하였던 것으로서, 원고와 협력업체 사이에 이 사건 쟁점경비에 관한 사후 정산이 이루어지지 않았다고 하여 이를 접대비로 단정할 수는 없는 점, ⑤ 원고는 야근식대 등이 원고의 직원들과 협력업체 직원들에게 일괄 지출되는 경우가 많아 구분이 불가능한 관계로 비슷한 비율로 한 번은 원고의 복리후생비에 포함되는 야근식대로, 한 번은 이 사건 쟁점경비에 포함된 프로젝트회의비 항목으로 예산을 지출하고 회계처리 하였던 것으로서, 이 사건 쟁점경비 속에 원고의 직원들에게 지출된 금액이 포함되어 있다고 하더라도 그와 같이 원고의 직원들에게 지출된 금액은 원고의 복리후생비에 포함되어 손비로 인정될 수 있는 것이므로, 원고의 직원들과 협력업체의 직원들에게 지출된 금액을 구분할 수 없다는 것이 이 사건 쟁점경비를 접대비로 보아야 할 근거가 될 수 없는 점 등을 종합해 보면, 이 사건 쟁점경비는 원고가 수주한 시스템개발업무 등의 사업과 관련하여 지출된 것으로서 일반적으로 용인되는 통상적인 비용으로 봄이 상당하고, 이를 협력업체 직원들과의 사이에 친목을 두텁게 하여 거래관계의 원활한 진행을 도모하기 위한 접대비로 볼 수는 없다

대법원 2008. 7. 10. 선고 2006두1098 판결

격려금 및 선물 등의 지급 상대방이 사업자가 아닌 지국의 직원들이고, 위 격려금 및 선물의 지급과 지국의 직원 모집광고 무료게재가 거래수량이나 거래금액과는 관계없이 원고와 거래가 있는 모든 지국 및 그 직원들에 대하여 이루어진 점, 위와 같은 비용지출의 의도가 지국 직원들의 노고를 치하하고 사기를 진작하여 친목을 두텁게 함으로써 원고 신문사와의 거래관계를 보다 원활하게 진행하기 위한 데에 있는 점 등에 비추어 볼 때, 이 사건 격려금의 지급 등은 접대비에 해당한다.

대법원 1999. 6. 25. 선고 97누14194 판결

원고 은행이 경비 및 운전업무의 용역계약을 맺은 용역회사의 고용인인 경비원 등에게 근무보조비 명목으로 매월 일정액을 지급한 데 대하여, 원고 은행과 경비원 등 사이에는 고용계약관계가 존재하지 아니하는 점, 원고 은행과 경비원 등 사이에 그 지급의 방법과 수액 등에 관하여 사전에 약정을 한 것이 아니라 원고 은행이 일방적으로 책정하여 지급한 점, 원고 은행이 근무보조비를 지급한 의도가 경비원 등의 사기를 진작하고 원고 은행 직원과의 일체감을 조성하겠다는 데에 있는 점, 용역계약상의 경비원 등의 업무내용에 비추어 볼 때 원고 은행으로서는 그 용역계약에서 정한 업무 이외에 원고 은행의 공적인 업무에 관하여 경비원 등에게 추가용역제공을 요청할 일이 없었을 것으로 보이는 점, 용역계약상 원고 은행이 운전사에게 시간외 근무 등에 대한 보수를 직접·개별적으로는 지급하지 아니하기로 한 점 등에 비추어, 위 근무보조비 지출의 목적이 고용관계 없는 경비원 등으로 하여금 원고 은행에 대한 호감과 원고 은행 직원들과의 일체감을 갖도록하여 그들과의 친목을 두텁게 함으로써 위 용역계약에 따른 근무관계를 보다 원활하게 하기 위한 데에 있는 것으로 인정된다고 하여 위 근무보조비 지출로 인한 비용이 접대비에 해당한다고

4) 접대비의 한도

접대비 손금산입한도액은 기본금액에 수입금액기준에 의하여 계산된 금액을 합계한 금액으로 한다. 일반적으로 영업의 규모가 커지는 경우 접대비 지출액 또한 커지게 되는 바, 수입금액 계산 기준은 이를 반영하여 수입금액이 증가하는 경우 접대비 한도액도 증가하도록 한 것이다.

접대비 손금산입한도액 계산산식은 다음과 같다.

접대비 손금산입한도액 = 기본금액(①) + 수입금액기준(②) ① 기본금액 : 1,200만원(중소기업 1,800만원) ② 수입금액기준

수입금액	적용률	비고
100억원 이하	1만분의 20	특수관계인과의 거래에서 발생하는 수입금액에 대하여는 수입금액기준에 의한 금액의 20%
100억원 초과 500억원 이하	2천만원 + 100억원을 초과하는 금액의 1만분의 10	
500억원 초과	6천만원 + 500억원을 초과하는 금액의 1만분의 3[	

<수입금액 기준에 의한 접대비 한도액>

법인의 접대비 기본금액은 1,200만원으로 하되, 중소기업은 1,800만원으로 한다. 그러나, 사업연도가 1년 미만인 경우에는 1,200만원(중소기업은 1,800만원)에 당해 사업연도의 월수를 곱하고 이를 12로 나누어 계산한다. 이 때 월수의 계산은 역에 따라 하되 1월 미만의 일수는 1월로 한다(영 제39조 제2항).

예컨대 2005년 5월 15일에 신설한 법인으로서 첫 사업연도가 2005년 5월 15일부터 2005년 12월 31일인 경우에는 사업연도 월수는 8개월이 된다.

왜냐하면 2005년 5월 15일부터 2005년 12월 14일까지 7개월에 2005년 12월 15일부터 2005년 12월 31일까지는 1월 미만이므로 1월로 보기 때문이다.

중소기업이란 중소기업 해당사업을 주된 사업으로 영위하면서 중소기업기준(종업원수·자본금·매출액 중 1기준 충족)과 소유 및 경영의 실질적인 독립성 기준을 모두 충족하는 법인을 말하는 것으로 구체적인 판정기준은 조세특례제한법 시행령 제2조를 준용한다(영 제39조 제1항).

접대비 한도액 계산시 수입금액이라 함은 기업회계기준에 의하여 계산한 매출액을 말하는데, 이 경우 사업연도 중에 중단된 사업부문의 매출액을 포함하며, 자본시장과 금융투자업에 관한 법률 제4조 제7항에 따른 파생결합증권 및 같은 법 제5조 제1항에 따른 파생상품 거래의 경우 해당 거래의 손익을 통산한 순이익(0보다 작은 경우 0으로 함)을 말한다.

아. 광고선전비의 손금불산입

광고선전비는 원칙적으로 금액의 제한 없이 손금으로 인정되나 일정한 예외가 있다. 관련 판례를 소개하면 다음과 같다.

> 밀리오레 광고비 사건
> (대법원 2008. 5. 15. 선고 2007두8058 판결)
>
> 원고가 그와 특수관계에 있는 주식회사 성창에프엔디(이하 '성창'이라 한다)와 공동으로 사용하고 있는 '밀리오레'라는 상표의 이미지와 인지도를 제고하기 위한 광고선전비를 지출하였다면 이는 실질적으로 공동으로 사업을 영위하는 법인이 공동경비를 지출한 경우와 유사하므로 위 지출한 광고선전비 중 원고의 분담금액을 초과하는 금액에 대하여는 손금에 산입하지 않는 것이 타당하다고 전제한 다음, 위 광고선전비의 분담금액 산정방법과 관련하여서는, 원고가 1999년부터 2001년까지 한 위 광고가 밀리오레 점포가 있는 지역뿐만 아니라 전국적으로 방영 또는 배포되었으므로 그 방영 및 배포지역에 따라 광고효과가 미치는 점포의 범위가 다를 것이고, 각 광

> 고 시기가 성창의 각 밀리오레 점포의 공사 착공, 분양, 개점 시점 이전 및 이후에 걸쳐 있으므로 광고 시기에 따라서도 그 광고의 효과가 다르다 할 것이어서, 위 각 광고를 시기·장소별로 그 광고의 효과가 미치는 점포를 가려 이에 따라 분담금액을 산정함이 타당하다고 보아, 피고가 원고와 성창 사이에 위 광고선전비의 분담금액을 정함에 있어서 위와 같은 방식에 따라 구분하여 계산함이 없이 각 밀리오레 점포 분양 당시의 분양가액을 사후적으로 단순합산하여 이를 기준으로 삼은 것은 합리적인 광고선전비 배분방법에 해당한다고 보기 어렵다.

자. 과다경비 등의 손금불산입

법인세법은 과다경비에 대한 손금불산입 규정을 두고 있다. 즉 과다하거나 부당하다고 인정되는 금액은 손금으로 인정되지 않는 것이 원칙이다. 이하에서는 실무상 자주 검토되는 상여금과 퇴직금 부분을 중심으로 살펴보고자 한다.

상여란 급여적 성질 이외에 노동의 대가로 법인의 실적과 사용인의 공로 등의 사유에 의하여 부정기적으로 또는 임시적으로 지급되는 급여이다. 하지만 실무적으로 기업에서 상여는 매월 정기급여가 아닌 3월단위 또는 6월단위로 지급되는 급여의 일종으로 지급되고 있는 것이 일반적이다. 즉 종업원의 각 개인에 대한 상여액을 각자의 인사고과의 평정등의 요인이 아닌 회사에서 미리 정한 급여지급규정, 상여지급규정 등에 따라 상여금의 지급계산기간, 지급시기 등을 결정하는 것이 일반적이다. 하지만 최근에 연봉제 실시로 상여의 개념이 사라지고 있는 상황이다.

법인이 그 임원 또는 사용인에게 이익처분에 의하여 지급하는 상여금은 이를 손금에 산입하지 아니한다. 이 경우 합명회사 또는 합자회사의 노무출자사원에게 지급하는 보수는 이익처분에 의한 상여로 본다. 다만 다음의 경우는 성과급을 이익처분에 의해 지급하는 경우에도 손금산입한다.

① 우리사주조합을 통하여 자기주식으로 지급하는 성과급(유가증권시장에서 당해 법인의 주식을 취득하여 조합원에게 분배한 우리사주조합에게

당해 법인의 성과급으로 그 대금을 지급하는 것을 포함한다)

② 주식매수선택권을 부여받은 종업원 등(임원포함)이 이를 행사함에 따라 창업법인 등이 그 종업원 등에게 현금 또는 자기주식으로 지급하는 주가차액보상금액

③ 내국법인이 근로자(임원제외)와 성과산정지표 및 그 목표, 성과의 측정 및 배분방법 등에 대하여 사전에 서면으로 약정하고 이에 따라 그 근로자에게 지급하는 성과배분상여금

이러한 성과급의 손금산입은 기업회계기준상 비용으로 인정되지 아니하므로 당해 사업연도의 세무조정계산서상에서 신고조정으로 손금산입 한다.

법인이 임원에게 지급하는 상여금 중 정관·주주총회·사원총회 또는 이사회의 결의에 의하여 결정된 급여지급기준에 의하여 지급하는 금액을 초과하여 지급한 경우 그 초과금액은 이를 손금에 산입하지 아니한다. 그러나 사용인에게 지급하는 상여금은 이익처분에 의한 것을 제외하고 전액 손금 인정된다. 또한 비상근임원에게 지급하는 보수는 손금에 산입하는 것이 원칙이나 부당행위계산에 해당하는 경우는 손금에 산입되지 않는다.

차. 업무무관 비용의 손금불산입

1) 의의

법인세법 제27조(업무와 관련 없는 비용의 손금불산입)

내국법인이 각 사업연도에 지출한 비용 중 다음 각 호의 금액은 해당 사업연도의 소득금액을 계산할 때 손금에 산입하지 아니한다.

1. 해당 법인의 업무와 직접 관련이 없다고 인정되는 자산으로서 대통령령으로 정하는 자산을 취득·관리함으로써 생기는 비용 등 대통령령으로 정하는 금액

2. 제1호 외에 그 법인의 업무와 직접 관련이 없다고 인정되는 지출금액으로서 대통령령으로 정하는 것

법인의 불건전한 자산운용을 규제하기 위하여 법인이 각 사업연도에 지출한 비용 중 다음 각각의 금액은 법인의 해당 사업연도의 소득금액을 계산할

때 손금에 산입하지 아니한다.

이에 따라 다음의 업무무관경비는 법인의 손금에 산입할 수 없다.

- 업무무관부동산의 유지·관리비
- 업무무관동산의 유지·관리비
- 타인사용자산의 유지·관리비
- 출자임원 등의 사택유지·관리비
- 업무무관자산 취득자금의 차입비용
- 뇌물, 노동조합 및 노동관계조정법 제24조 제2항 및 제4항을 위반하여 지급하는 급여

2) 업무관련성의 판단

법인업무와의 관련성 여부를 판단하는 기준을 획일적으로 규정하기는 매우 어렵다. 법인이 지출하는 비용은 매출원가, 조세공과금 등과 같이 법인업무와의 관련이 직접적으로 확인될 수 있는 비용도 있으나, 간접적, 우회적으로 법인의 수익창출에 기여할 것을 예상하여 지출하는 비용도 있기 마련이다.

일반적으로 법인의 업무란 영리법인의 경우 정관상의 사업목적에 따라 영리를 추구하는 일체의 행동을 말하는 것으로서 법규에 반하지 아니하고 선량한 풍속을 해치지 않는 이상 그 종류와 양태에 어떤 제한이 있는 것은 아니며 업무와의 관련정도도 구체적 자산에 따라 개별적으로 가려져야 한다.(국심 92서351, 1992.4.6)

이러한 일반적인 원칙에 불구하고 업무무관경비의 판정에 있어서의 업무와의 관련성은 법인세법 시행령이 정하는 바에 의하도록 규정하고 있으며, 동 시행령 제49조에서 열거하고 있는 비용의 유형에 해당하면 추가적인 판단없이 법인세법상 업무무관경비로 인정하게 된다.

1990. 12. 31 법인세법 시행령 개정전의 업무무관경비를 정하는 규정에서는 업무무관자산과 연관하여 발생하는 유지·관리비 및 지급이자 등으로 정하면서 이때의 업무무관자산의 범위에 대하여는 법문상 “법인의 업무에 관련

이 없는 자산으로서 법인세법 시행규칙이 정하는 자산”으로 정하여 이러한 업무무관자산에 해당하기 위해서는 법인세법상 비업무용부동산에 해당하는 요건 외에 별도로 업무와의 관련여부를 판단하여야만 한다는 다툼이 있었다.

그러나 현행의 업무무관경비 규정은 법문상 “법인의 업무와 관련이 없다고 인정되는 자산”으로서 열거된 것으로 정하여 위와 같은 시비의 발생소지를 차단하고 있다.

3) 구체적 내용

가) 비업무용 부동산, 업무무관 동산의 취득, 관리 비용 등

① 비업무용 부동산 및 업무무관 동산의 의의

법인세법 시행령 제49조(업무와 관련이 없는 자산의 범위 등)

① 법 제27조제1호에서 "대통령령으로 정하는 자산"이란 다음 각호의 자산을 말한다. <개정 1999.12.31, 2000.12.29, 2005.2.19, 2008.2.29, 2011.6.3>

1. 다음 각목의 1에 해당하는 부동산. 다만, 법령에 의하여 사용이 금지되거나 제한된 부동산, 「자산유동화에 관한 법률」에 의한 유동화전문회사가 동법 제3조의 규정에 의하여 등록한 자산유동화계획에 따라 양도하는 부동산 등 기획재정부령이 정하는 부득이한 사유가 있는 부동산을 제외한다.

가. 법인의 업무에 직접 사용하지 아니하는 부동산. 다만, 기획재정부령이 정하는 기간(이하 이 조에서 "유예기간"이라 한다)이 경과하기 전까지의 기간 중에 있는 부동산을 제외한다.

나. 유예기간 중에 당해 법인의 업무에 직접 사용하지 아니하고 양도하는 부동산. 다만, 기획재정부령이 정하는 부동산매매업을 주업으로 영위하는 법인의 경우를 제외한다.

2. 다음 각목의 1에 해당하는 동산

가. 서화 및 골동품. 다만, 장식·환경미화 등의 목적으로 사무실·복도 등 여러 사람이 볼 수 있는 공간에 상시 비치하는 것을 제외한다.

나. 업무에 직접 사용하지 아니하는 자동차·선박 및 항공기. 다만, 저당권의 실행 기타 채권을 변제받기 위하여 취득한 선박으로서 3년이 경과되지 아니한 선박 등 기획재정부령이 정하는 부득이한 사유가 있는 자동차·선박 및 항공기를 제외한다.

다. 기타 가목 및 나목의 자산과 유사한 자산으로서 당해 법인의 업무에 직접 사용하지 아니하는 자산

② 유예기간의 범위

법인세법 시행규칙 제26조(업무와 관련이 없는 부동산 등의 범위)

① 영 제49조제1항제1호 가목 단서에서 "기획재정부령이 정하는 기간"이란 다음 각 호의 어느 하나에 해당하는 기간(이하 이 조에서 "유예기간"이라 한다)을 말한다. <개정 2001.3.28, 2005.2.28, 2006.3.14, 2008.3.31, 2009.3.30>

1. 건축물 또는 시설물 신축용 토지 : 취득일부터 5년(「산업집적활성화 및 공장설립에 관한 법률」 제2조제1호의 규정에 의한 공장용 부지로서 「산업집적활성화 및 공장설립에 관한 법률」 또는 「중소기업 창업지원법」에 의하여 승인을 얻은 사업계획서상의 공장건설계획기간이 5년을 초과하는 경우에는 당해 공장건설계획기간)

2. 부동산매매업[한국표준산업분류에 따른 부동산 개발 및 공급업(묘지분양업을 포함한다) 및 건물 건설업(자영건설업에 한한다)을 말한다. 이하 이 조에서 같다]을 주업으로 하는 법인이 취득한 매매용부동산 : 취득일부터 5년

3. 제1호 및 제2호 외의 부동산 : 취득일부터 2년

③ 법인 업무의 범위

법인세법 시행규칙 제26조

②영 제49조제1항제1호가목 및 나목에서 "법인의 업무"란 다음 각 호의 업무를 말한다. <개정 2009.3.30>

1. 법령에서 업무를 정한 경우에는 그 법령에 규정된 업무

2. 각 사업연도 종료일 현재의 법인등기부상의 목적사업(행정관청의 인

가·허가등을 요하는 사업의 경우에는 그 인가·허가등을 받은 경우에 한한다)으로 정하여진 업무

③영 제49조제1항제1호의 규정을 적용함에 있어서 다음 각호의 1에 해당하는 경우에는 당해부동산을 업무에 직접 사용한 것으로 본다. <개정 2001.3.28, 2003.3.26>

1. 토지를 취득하여 업무용으로 사용하기 위하여 건설에 착공한 경우(착공일이 불분명한 경우에는 착공신고서 제출일을 기준으로 한다). 다만, 천재지변·민원의 발생 기타 정당한 사유없이 건설을 중단한 경우에는 중단한 기간동안 업무에 사용하지 아니한 것으로 본다.

2. 제1항제2호의 규정에 의한 매매용부동산을 유예기간내에 양도하는 경우

④ 비업무용 부동산의 제외

법인세법 시행규칙

⑤ 영 제49조제1항제1호 각목외의 부분 단서에서 "기획재정부령이 정하는 부득이한 사유가 있는 부동산"이란 다음 각 호의 어느 하나에 해당하는 부동산을 말한다. <개정 2000.3.9, 2000.12.30, 2001.3.28, 2002.3.30, 2003.3.26, 2003.12.15, 2005.2.28, 2006.3.14, 2007.12.5, 2008.3.31, 2009.3.30, 2012.2.28, 2013.2.23, 2013.3.23>

1. 삭제 <2001.3.28>

2. 해당 부동산의 취득 후 다음 각 목의 어느 하나에 해당하는 사유가 발생한 부동산(다목 및 라목의 경우 제1항제2호의 매매용부동산을 제외한다)

가. 법령에 의하여 사용이 금지 또는 제한된 부동산(사용이 금지 또는 제한된 기간에 한한다)

나. 「문화재보호법」에 의하여 지정된 보호구역안의 부동산(지정된 기간에 한한다)

다. 유예기간이 경과되기 전에 법령에 따라 해당 사업과 관련된 인가·허가(건축허가를 포함한다. 이하 이 호에서 같다)·면허 등을 신청한 법인이 「건축법」 제18조 및 행정지도에 의하여 건축허가가 제한됨에 따라 건축을 할 수 없게 된 토지(건축허가가 제한된 기간에 한정한다)

라. 유예기간이 경과되기 전에 법령에 의하여 당해사업과 관련된 인가·허가·면허 등을 받았으나 건축자재의 수급조절을 위한 행정지도에 의하여 착공이 제한된 토지(착공이 제한된 기간에 한한다)

(중략)

30. 당해 부동산의 취득후 제2호부터 제29호까지의 사유외에 도시계획의 변경 등 정당한 사유로 인하여 업무에 사용하지 아니하는 부동산

⑤ 관련 판례

대법원 1992. 6. 23. 선고 91누11506 판결

법인세법 제16조 제7호, 구 법인세법시행령(1990.12.31. 대통령령 제13195호로 개정되기 전의 것) 제30조 제1호 및 제3호 소정의 "법인의 업무에 관련이 없는 자산"인지의 여부는 법인의 사업목적, 당해 부동산을 취득하게 된 경위, 용도, 사용실태, 취득 후 경과한 기간, 당해 부동산으로부터 발생하는 수입금액, 건물 등의 면적, 당해 법인과 업무와의 관련정도 등을 종합적으로 고려하여 결정하여야 할 것이다

대법원 2007. 1. 25. 선고 2005두5598 판결

구 법인세법 시행규칙(1999. 5. 24. 재정경제부령 제86호로 전문 개정되기 전의 것) 제18조 제5항 제1호와 구 법인세법 시행규칙(2001. 3. 28. 재정경제부령 제183호로 개정되기 전의 것) 제26조 제5항 제2호 (가)목은 지급이자 손금불산입과 관련하여 비업무용 부동산으로 보지 아니하는 경우의 하나로 '당해 부동산의 취득 후 법령에 의하여 사용이 금지 또는 제한된 부동산'을 들고 있는바, 위 규정들은 당해 부동산의 '취득 후' 법령에 의하여 사용이 금지 또는 제한된 부동산을 그 요건으로 하고 있으므로, 취득 전에 이미 법령의 규정에 의하여 사용이 금지 또는 제한되어 있었다면 이를 적용할 여지가 없다

대법원 2001. 10. 30. 선고 99두4310 판결

구 법인세법시행규칙(1995. 3. 30. 총리령 제492호로 개정되기 전의 것) 제18조 제4항은, 지급이자 손금 불산입과 관련하여 비업무용 부동산으로 보지 아니하는 경우의 하나로 제1호에서 '당해 부동산의 취득 후 법령의 규정에 의하여 사용이 금지 또는 제한된 부동산으로서 그 사용이 금지 또는 제한된 날로부터 3년이 경과되지 아니한 부동산'을 들고 있는바, 행정청이 행정작용의 일환으로 건축허가를 일률적으로 통제하여 현실적으로 토지의 사용이 금지되거나 제한된 경우도 위 규정 소정의 법령의 규정에 의하여 사용이 금지되거나 제한된 경우에 포함되는 것이고, 위 시행규칙 제18조 제4항이 제17호에서 건축법 규정에 의하여 건축허가가 제한됨에 따라 건축을 할 수 없게 된 토지를 별도로 규정하고 있다 하여 달리 볼 것은 아니며, 그 금지 또는 제한이 해제된 경우에 관하여 별도로 규정하고 있지 아니하므로 금지 또는 제한된 날로부터 3년 이내에 제한 등이 해제된 경우에도 3년간은 비업무용 부동산에서 제외된다.

나) 타인이 주로 사용하는 장소, 건물 등에 대한 유지비 및 사택의 유지 관리비

법인세법 시행령 제50조(업무와 관련이 없는 지출)

① 법 제27조제2호에서 "대통령령으로 정하는 것"이란 다음 각 호의 어느 하나에 해당하는 것을 말한다. <개정 2009.2.4, 2010.12.30>

2. 해당 법인의 주주등(소액주주등은 제외한다)이거나 출연자인 임원 또는 그 친족이 사용하고 있는 사택의 유지비·관리비·사용료와 이와 관련되는 지출금

다) 비업무용 부동산 등의 취득자금 차입비용

법인세법 시행령 제50조(업무와 관련이 없는 지출)

① 법 제27조제2호에서 "대통령령으로 정하는 것"이란 다음 각 호의 어느 하나에 해당하는 것을 말한다. <개정 2009.2.4, 2010.12.30>

3. 제49조제1항 각 호의 어느 하나에 해당하는 자산을 취득하기 위하여

지출한 자금의 차입과 관련되는 비용

여기서 자금차입관련 비용이란 자금차입건과 관련하여 지출한 지급보증금, 알선수수료, 인지세, 사류작성비용, 담보설정비용 등을 말하고, 당해 차입금의 지급이자 자체는 여기에서 제외된다. 그러나 지급이자 자체는 법인세법 제28조 제1항 4호가 규정하고 있는바 카.항에서 살펴보도록 한다.

라) 뇌물 및 노조법을 위반하여 지급하는 급여는 손금불산입 된다.

카. 지급이자의 손금불산입

지급이자는 손금으로 인정되는 것이 원칙이나 법인세법은 일정한 경우에 손금산입을 규제하고있는바 구체적인 내용은 아래와 같다.

1) 채권자가 불분명한 사채의 이자

채권자가 불분명한 사채란 채권자의 주소 및 성명을 알 수 없는 차입금, 채권자의 능력 및 자산상태로 보아 금전을 대여한 것으로 인정할 수 없는 차입금, 채권자와의 금전거래사실 및 거래내용이 불분여한 차입금을 말한다(영 제51조 제1항).

대법원 1993. 1. 26. 선고 92누1810 판결

회사가 사채권자들로 신고한 사람들이 회사에게 자금을 대여한 사실 자체를 부인함으로써 회사가 주장하는 이자를 지급받은 채권자들의 주소 및 성명을 알 수 없게 되었다면, 법인세법 제16조 제11호와 같은법시행령 제33조 제7항 소정의 "채권자가 불분명"한 경우에 해당한다.

대법원 1993. 2. 9. 선고 92누10869 판결

이자지급의 상대방인 채권자가 불분명한 이상 차입금의 용도를 가리지 아니하고 지급이자의 이자손금산입을 받을 수 없다.

2) 비실명 채권, 증권의 이자 및 할인액

채권 또는 증권의 이자, 할인액 또는 차익을 당해 채권이나 증권의 발행법인이 직접 지급하는 경우 그 지급사실이 객관적으로 인정되지 아니하는 이자, 할인액 또는 차익은 손금으로 인정하지 아니한다(영 제51조 제2항).

3) 건설자금에 충당한 차입금의 이자

법인이 사업용 고정자산을 취득할 경우 소요되는 자산의 일부또는 전부를 차입금으로 충당할 때 당해 고정자산의 매입, 제작 및 건설에 충당한 차입금의 이자를 건설자금이라 한다(영 제52조 제1항).

건설자금이자라 함은 그 명목에 불구하고 실질에 있어 당해 사업용 고정자산의 매입, 제작, 건설에 소용되는 차입금에 대한 지급이자 또는 그에 유사한 성질의 지출금을 말한다. 고정자산의 건설에 소요되었는지 여부가 불분명한 차입금은 위의 차입금에 포함시킬 수 없다. 건설자금이자는 건설이 준공된 날까지의 기간 중에 발생된 것에 한하고, 건설자금의 명목으로 차입한 것으로서 그 건설이 준공된 후에 남은 차입금에 대한 이자는 각 사업연도의 손금으로 한다(영 제52조 제2항, 제5항). 다만 건설자금 명목으로 차입한 것이라도 실제 용도가 당해 연도의 손금으로 인정함에 적합한 것은 그 손금성을 인정한다. 한편, 차입건설자금의 연체로 인한 이자를 원본에 가산한 경우, 이를 가산한 금액은 이를 당해 사업연도의 자본적 지출로 하고, 그 원본에 가산한 금액에 대한 지급이자는 손금으로 한다(영 제52조 제4항)

대법원 1994. 9. 27. 선고 92누7375 판결

법인이 타인으로부터 차입한 차용금의 지급이자는 원칙적으로 각 사업연도의 과세소득금액 계산에 있어서도 비용으로서 전부 손금에 산입될 수가 있고(법인세법 제9조 제3항 및 같은법시행령 제12조 제2항 제7호) 다만, 법인세법의 위임에 의하여 대통령령이 정하는 몇가지 경우에만 그 지급이자를 손금에 산입하지 아니하도록 제한하고 있어 법인이 사업용 고정자산의 건설자금에 충당한 차입금의 지급이자도 그와 같은 경우의 하나에

해당하는바(같은 법 제16조 제11호), 여기서 건설자금에 충당한 금액의 이자라 함은 그 명목 여하에 불구하고 당해 사업용 고정자산의 매입·개량(기계장치의 부분품을 개량하거나 교환하는 경우를 제외한다)·제작 또는 건설에 소요된 차입금에 대한 지급이자 또는 이와 유사한 성질의 지출금만을 말하는 것이므로(1983.12.29. 대통령령 제11282호로 개정되기 전의 법인세법시행령 제33조 제1항), 과세청이 어느 사업연도에 발생한 차입금의 지급이자를 위 법조에 해당하는 경우라고 하여 손금에 산입하지 않기 위하여는 당해 차입금이 고정자산의 건설에 사용되었음을 과세청이 입증하여야 한다.

대법원 2001. 10. 30. 선고 99두4310 판결

구 법인세법(1994. 12. 22. 법률 제4804호로 개정되기 전의 것) 제16조 제11호는, 법인의 차입금 중 대통령령이 정하는 건설자금에 충당한 금액의 이자는 내국법인의 각 사업연도의 소득금액 계산상 이를 손금에 산입하지 아니한다고 규정하고, 같은법시행령(1993. 12. 31. 대통령령 제14080호로 개정되기 전의 것) 제33조 제2항은, 건설자금이자는 건설이 준공된 날(토지매입의 경우에는 그 대금을 완불한 날 또는 당해 토지를 사업에 직접 제공한 날)까지 자본적 지출로 하여 그 원본에 가산한다고 규정하고 있으며, 같은법시행규칙(1996. 3. 21. 총리령 제557호로 개정되기 전의 것) 제12조 제2항은, 영 제33조 제2항에서 준공된 날이라 함은 당해 건설의 목적물이 그 목적에 실제로 사용되는 날을 말한다고 규정하고 있는바, 건설자금이자 손금불산입의 이론적 근거 및 위 시행령 규정의 개정취지 등을 종합하여 볼 때, 토지매입의 경우 건설자금이자 원가 산입의 종기는 그 대금을 완불한 날로 보되, 대금을 완불하기 전에 당해 토지를 사업에 직접 제공한 때에는 사업에 직접 제공한 날로 보아야 하고, 여기에서 당해 토지를 사업에 직접 제공한 날이라 함은 건축물 또는 구축물의 부지로 사용하기 위한 토지매입의 경우에 있어서는 '당해 건축물 또는 구축물이 준공되어 그 목적에 실제로 사용되는 날'을 말한다고 보아야 한다.

4) 비업무용 부동산 및 업무무관 가지급금 등 관련 지급이자

법인이 비업무용 부동산이나 업무무관 자산을 취득하거나 보유하고 있는

경우, 특수관계자에게 업무와 무관한 가지급금을 지급하고 있는 경우에는 그에 상당하는 차입금의 지급이자는 손금에 산입하지 않는다(법 제28좋 제1항 4호). 여기서 '특수관계자에게 당해 법인의 업무와 관련 없이 지급한 가지급금 등'은 명칭 여하에 불구하고 당해 법인의 업무와 관련이 없는 자금의 대여액을 말한다(영 제53조 제1항).

대법원 2002. 5. 10. 선고 2000두4989 판결

구 법인세법(1998. 12. 28. 법률 제5581호로 전문 개정되기 전의 것) 제18조의3에서 비업무용 부동산과 관련된 차입금에 대한 지급이자를 손금불산입하는 취지는 타인자본에 의존한 무리한 기업확장을 방지하고 기업자금의 생산적 운용을 통한 기업의 건전한 경제활동을 유도하고자 비업무용 부동산의 취득과 보유를 모두 금하고자 하는 것이므로, 매매계약에 의하여 취득한 비업무용 부동산에 대하여 소유권이전등기를 경료하여 실질적으로 이를 사용·수익할 수 있었던 이상, 그 후 매매계약을 합의해제하여 위 부동산을 반환하였다고 하더라도 그 취득일부터 반환시까지는 위 부동산을 취득, 보유하고 있었던 것이므로 이를 비업무용 부동산으로 보아야 하고, 그 취득과 관련된 지급이자는 손금불산입함이 상당하다.

구 법인세법시행규칙(1994. 3. 12. 재무부령 제1968호로 개정되기 전의 것) 제18조 제3항 제1호, 제7항에 의하면, 법인의 업무에 직접 사용하지 않는 토지는 기본적으로 비업무용 부동산으로 보되, 다만 일정한 유예기간을 두어 그 기간 내에 업무용으로 직접 사용한 경우에는 취득한 날부터 이를 업무용 부동산으로 보고, 그 기간 내에 업무용으로 직접 사용하지 아니하면 취득한 날부터 비업무용 부동산으로 본다는 취지이므로, 그 유예기간이 경과하기 전에 매매계약을 해제하고 당해 토지를 반환하거나 이를 매각하는 등 처분한 경우에는 그 당시를 기준으로 비업무용 부동산의 해당 여부를 판정하여야 하는 것이지, 그러한 경우에도 유예기간이 경과하기 전까지는 비업무용 부동산으로 보겠다는 취지는 아니다.

대법원 2007. 9. 20. 선고 2005두9415 판결

> 구 법인세법(1998. 12. 28. 법률 제5581호로 전문 개정되기 전의 것) 제18조의3 제1항 제3호, 구 법인세법 시행령(1998. 12. 31. 대통령령 제15970호로 전문 개정되기 전의 것) 제43조의2 제2항 제2호에 규정된 '업무와 관련 없이 지급한 가지급금'에는 순수한 의미의 대여금은 물론 채권의 성질상 대여금에 준하는 것도 포함되고, 적정한 이자율에 의하여 이자를 받으면서 가지급금을 제공한 경우도 포함되며, 가지급금의 업무관련성 여부는 당해 법인의 목적이나 영업내용을 기준으로 객관적으로 판단하여야 한다.

Ⅲ. 손익의 귀속시기 등

1. 서설

가. 귀속 및 평가기준의 중요성

계속적인 영업활동을 하는 법인의 소득금액을 파악하기 위해서는 부득이하게 일정한 기간을 사업연도라는 단위로 구분한 후 계산할 수밖에 없는바, 소득을 구성하는 개개의 수익 또는 손실이 언제 발생하는가는 사업연도 소득의 크기를 좌우하는 요인이 된다. 특히, 법인의 영업은 1 사업연도를 초과하여 비교적 장기간 동안 이루어지는 경우가 보통이므로, 이 때 발생한 손익을 어느 사업연도에 귀속시킬지에 따라 과세표준으로 인정되는 법인의 소득이 달라진다.

구체적으로, 손익의 귀속 사업연도가 언제인가에 따라 법인세 납세의무의 성립시기 · 법인세 과세표준과 세액의 신고와 세액납부의 기한 · 법인세 부과권의 제척기간의 기산일 · 법인세 포탈범의 기수시기가 달라짐은 물론, 3단계의 초과누진세율을 채택한 법인세법의 성질상 특정 소득에 대하여 다른 세율이 적용될 수도 있다.

뿐만 아니라, 법은 과세당국의 정책적 필요에 의하여 수시로 개정되고 있는바, 법인의 해당 소득이 어느 귀속 사업연도에 해당되는지 여부에 따라 적용법령을 달리하므로 법인세의 크기가 상당한 영향을 받게 된다.

나. 기업회계기준에서의 손익의 인식기준

기업회계기준에서 손익을 인식하는 기준으로는 일반적으로 현금주의, 발생주의 및 실현주의가 있다.

1) 현금주의(Cash basis)란 현금의 흐름이 나타나는 경우에 수익과 비용으로 계상하는 방법이다. 예컨대, 상품을 판매하여 인도하는 경우에도 그 대금을 현실적으로 수령할 때까지는 수익으로 인식하지 않는다. 현금주의는 현금의 수수를 기준으로 하므로 수익과 비용의 인식이 쉽고 확실하다는 장점이 있는 반면, 손익의 귀속 기간을 고의적으로 조작할 수 있어 법인의 소득을 합리적으로 산정할 수 없고 현금이 아닌 신용거래가 일반화된 오늘날의 경우에는 동떨어진 측면이 있다는 단점이 있다.

2) 한편, 발생주의(Accrual basis)란 수익과 비용이 일단 경제적으로 발생하기만 하면 수익과 비용으로 계상하는 방법이다. 예컨대, 회사가 재화를 매도하는 과정에서 현금을 실제로 수령하지 않은 경우에도 체결된 계약에 따라 향후 대가를 획득할 수 있다고 예견된다면 수익으로 인식하는 것이다. 발생주의는 영업의 발생사실에 따라 파악하기 때문에 현금주의보다 해당 기간 내의 정확한 성과를 반영할 수 있다는 장점이 있는 반면, 향후 수익의 획득 가능성을 기준으로 하므로 측정이 매우 어렵고 미실현이익을 주관적으로 포함시킬 수 있는 위험이 있다.

3) 실현주의(Realization basis)란, 수익과 비용이 객관적이고 현실적으로 실현되었다고 판단되는 경우에 수익과 비용으로 계상하는 방법으로, 발생주의를 기초로 하되 그 단점을 보완하기 위한 수정책이다. 즉, 보유한 물건에 대하여 매매계약이 체결된 이후 추상적인 매매대금이 현금 또는 외상매출금 등의 현금성자산으로 구체적으로 나타나는 때에 수익으로 인식하는 것이다. 이에 관하여는 계약체결시를 기준으로 하거나, 물건의 인도와 같은 계약이행의 결정적 시점을 기준으로 특정하여야 한다는 등의 다양한 견해가 제시되고 있다.

법은 위 기준 중 실현주의를 토대로 권리의무확정주의(법 제40조 제1항)를 채택하여 귀속 사업연도를 정하도록 하고 있다.

2. 법인세법상 권리의무확정주의

법인세법 제14조(각 사업연도의 소득)

① 내국법인의 각 사업연도의 소득은 그 사업연도에 속하는 익금의 총액에서 그 사업연도에 속하는 손금의 총액을 공제한 금액으로 한다.

제40조(손익의 귀속사업연도)

① 내국법인의 각 사업연도의 익금과 손금의 귀속사업연도는 그 익금과 손금이 확정되는 날이 속하는 사업연도로 한다.

제43조(기업회계기준과 관행의 적용)

내국법인의 각 사업연도의 소득금액계산에 있어서 당해 법인이 익금과 손금의 귀속사업연도와 자산·부채의 취득 및 평가에 관하여 일반적으로 공정·타당하다고 인정되는 기업회계의 기준을 적용하거나 관행을 계속적으로 적용하여 온 경우에는 이 법 및 조세특례제한법에서 달리 규정하고 있는 경우를 제외하고는 당해 기업회계의 기준 또는 관행에 따른다.

가. 법령의 규정 및 의의

법은 제14조 제1항, 제40조 제1항을 통하여 권리의무확정주의를 채택하고 있다. 즉, 손익의 계상방식을 권리 또는 의무의 득실변경이라는 법적 기준에 따라 해결하고자 하는 것이다.

그러나, 일반적으로 법인의 영업활동은 매우 다양한 수단과 방법으로 이루어지는데다가 개별 건마다 그 성질을 달리하므로, 법원 및 과세관청으로서는 과연 어느 때를 권리확정시로 볼 것인가의 문제가 남게 된다. 이러한 점에 대하여 대법원은 법 상의 손익 귀속시기를 정하는 것이 어려운 경우에는 확정주의에 반하지 아니하는 한 기업회계기준상의 손익의 발생에 관한 기준을 채택하여 정할 수도 있다고 판시하였고(92누2936, 2943), 이에 따라 현행 법인세법 제43조가 도입되기에 이르렀다.

건설 법인세등부과처분취소 청구 사건
(대법원 1992. 10. 23. 선고 92누2936, 2943 판결)

구 법인세법 제17조 제1항에 의하면 '내국법인의 각 사업연도의 익금과 손금의 귀속사업연도는 그 익금과 손금이 확정된 날이 속하는 사업연도로 한다'라고 규정하여 손익확정주의를 선언한 다음, 같은 조 제2항 이하에서 거래의 유형 내지 대금의 지급방법에 따라 그 귀속시기를 개별적으로 열거하고 있으나, 이러한 거래유형 등에 따른 세법상의 손익귀속에 관한 규정은 현대사회의 다종다양한 모든 거래유형을 예측하여 그 자체 완결적으로 손익의 귀속을 정한 규정이라 할 수 없으므로, 위 열거된 조항으로 손익의 귀속을 정하는 것이 어려운 경우에는, 법인세법상의 손익확정주의에 반하지 아니하는 한, 일반적으로 공정타당한 회계관행으로 받아들여지는 기업회계기준상의 손익의 발생에 관한 기준을 채택하여 손익의 귀속을 정할 수도 있다 할 것이고 또한 그렇게 함이 국세기본법 제20조 소정의 기업회계존중의 원칙에도 부합한다 할 것이다.

그럼에도 불구하고, 회계기준이나 관행의 효력을 일응 인정하는 것은 어디까지나 법인의 영업활동이 복잡다기한 점을 십분 이해하여 과세표준을 산정하는 보충적 수단으로 인정할 수 있다는 의미이며, 본질적인 기준은 법률상 권리의 행사가 가능한 시점이라는 것을 간과해서는 안 된다.

나. 권리확정의 의미

권리의무확정주의에서의 권리확정이란 경제적 이익의 원인이 되는 권리의 내용이 실현 가능하다고 객관적으로 인식되는 경우를 말한다.

어드바이저코리아 주식회사 법인세부과처분취소 청구 사건
(대법원 2013.12.26. 선고 2011두18120 판결)

법인세법 제40조 제1항은, "내국법인의 각 사업연도의 익금과 손금의 귀속 사업연도는 그 익금과 손금이 확정된 날이 속하는 사업연도로 한다."고 규정함으로써 현실적으로 소득이 없더라도 그 원인이 되는 권리가 확정적으로 발생한 때에는 그 소득이 실현된 것으로 보고 과세소득을 계산하는 이른바 권리확정주의를 채택하고 있다. 이러한 권리확정주의는 소득의 원인이 되는 권리의 확정시기와 소득의 실현시기 사이에 시간적 간격이 있는 경우 소득이 실현된 때가 아닌 그 원인이 되는 권리가 확정적으로 발생한 때에 소득이 있는 것으로 보고 당해 사업연도의 소득을 산정하는 방식으로, 실질적으로는 불확실한 소득에 대하여 장래 그것이 실현될 것을 전제로 하여 미리 과세하는 것을 허용하는 것이다(대법원 2004. 11. 25. 선고 2003두14802 판결 등 참조). 따라서 소득의 원인이 되는 권리가 확정적으로 발생하여 과세요건이 충족됨으로써 일단 납세의무가 성립하였다고 하더라도 일정한 후발적 사유의 발생으로 말미암아 소득이 실현되지 아니하는 것으로 확정되었다면 당초 성립하였던 납세의무는 그 전제를 상실하여 원칙적으로 그에 따른 법인세를 부과할 수 없다고 보아야 한다. 이러한 해석은 권리확정주의의 채택에 따른 당연한 요청일 뿐 아니라 후발적 경정청구 제도를 규정한 국세기본법 제45조의2 제2항의 입법 취지에도 부합한다.

캐피탈 법인세부과처분취소 청구 사건
(대법원 2004. 11. 25. 선고 2003두14802 판결)

권리확정주의란 소득의 원인이 되는 권리의 확정시기와 소득의 실현시기와의 사이에 시간적 간격이 있는 경우에는 과세상 소득이 실현된 때가 아닌 권리가 발생한 때를 기준으로 하여 그 때 소득이 있는 것으로 보고 당해연도의 소득을 산정하는 방식으로, 실질적으로는 불확실한 소득에 대하여 장래 그것이 실현될 것을 전제로 하여 미리 과세하는 것을 허용하는 것으로 납세자의 자의에 의하여 과세연도의 소득이 좌우되는 것을 방지하고자 하는 데 그 의의가 있는 것이며, 이와 같은 과세대상 소득이 발생하였다고 하기 위하여는 소득이 현실적으로 실현되었을 것까지는 필요 없다고 하더라도 소득이 발생할 권리가 그 실현의 가능성에 있어 상당히 높은 정도로 성숙·확정되어야 하고, 따라서 그 권리가 이런 정도에 이르지 아니하고 단지 성립한 것에 불과한 단계로서는 소득의 발생이 있다고 할 수 없으며, 여기서 소득이 발생할 권리가 성숙·확정되었는지 여부는 일률적으로 말할 수 없고 개개의 구체적인 권리의 성질과 내용 및 법률상·사실상의 여러 사항을 종합적으로 고려하여 결정하여야 하는 것이고, 소득의 원인이 되는 채권이 발생된 때라 하더라도 그 과세대상이 되는 채권이 채무자의 도산 등으로 인하여 회수불능이 되어 장래 그 소득이 실현될 가능성이 전

> 혀 없게 된 것이 객관적으로 명백한 때에는 그 경제적 이득을 대상으로 하는 법인세는 그 전제를 잃게 되고, 그와 같은 소득을 과세소득으로 하여 법인세를 부과할 수 없다고 할 것이나, 이 때 그 채권의 회수불능 여부는 구체적인 거래내용과 그 후의 정황 등을 따져서 채무자의 자산상황, 지급능력 등을 종합하여 사회통념에 의하여 객관적으로 평가하는 방법으로 판정하여야 한다.

권리확정주의 하에서 권리실현의 가능성이 인식될 수 있는 상태라 함은 권리자가 어떠한 장애 없이 권리를 행사할 수 있음을 의미한다. 그러나 굳이 강제집행에 착수할 수 있는 단계 또는 불가쟁력의 발생을 요하는 것은 아니다.

다. 손금의 귀속시기

당해 사업연도의 손금에 계상될 수 있는 것은 원칙적으로 그 사업연도에 확정되어 계상된 익금에 대응하는 것을 말한다(권리의무확정주의, 수익비용대응의 원칙). 그러나, 수익·비용을 일치하게 대응시킬 수 없는 일반관리비 등은 권리의무확정주의에 의해 당해 사업연도에 이행할 의무의 확정일을 기준으로 귀속연도를 정하여야 한다.

특정 채무가 확정되었다는 것은 사법상 채권채무관계가 성립되고 현실적으로 급부를 하여야 할 상태에 있음을 의미하므로, 일반적으로 확정일은 채무의 이행기로 볼 것이다. 늦어도 이행시까지는 급부를 금액으로 평가할 수 있어야 하므로, 조건이 성취되지 않은 조건부채무 등 현실적으로 급부를 할 상태에 있었다고 할 수는 없다.

따라서 법인세법이 채무의 확정일에 비용으로 인식하기 때문에 기업회계기준상의 발생주의와는 궤를 달리하게 된다(이른바 발생주의원칙의 수정). 이러한 점에서 세법에서는 기업회계기준상 발생주의에 따라 일반적으로 비용으로 계상되는 충당금과 관련하여 조건을 부가하여 예외적으로만 손금으로 인식할 뿐 원칙적으로는 이에 대한 산입을 부정하고 있는 실정이다.

한편, 채무의 확정은 감가상각비와 같은 내부적 상태의 변화에서 발생하는 것이 아니라 타인의 불법행위에 기한 손해배상청구권과 같이 외부 거래를 통해 일어나므로 이 경우 손실액을 구체적으로 측정할 수 있어 확정이 가능하나, 내란·외환·천재지변과 같은 경우에는 사실상 손실발생의 사실과 간접평가의 방식으로 액수를 추정할 수밖에 없으므로 채무의 확정이 있을 수 없다.

3. 수익비용대응의 원칙

가. 의의 및 내용

> 소득세법 제27조(사업소득의 필요경비의 계산)
> ① 사업소득금액을 계산할 때 필요경비에 산입할 금액은 해당 과세기간의 총수입금액에 대응하는 비용으로서 일반적으로 용인되는 통상적인 것의 합계액으로 한다.

수익비용대응의 원칙이란, 실현이익 및 그에 관한 (매출)원가·비용 및 손실을 기간·대상 별로 비교, 대조하여 계상해야 함을 의미한다. 즉, 수익과 비용이 대차관계로 마주 대해야 한다는 것이다. 이러한 원칙에 대하여 소득세법에서와는 달리 법인세법에서는 구체적으로 채택하고 있지는 않으나, 일반적으로 법인세법 제14조의 원칙 상 비용(손금)에 관하여 권리의무확정주의의 구성요소로서 인정되고 있다고 해석된다.

1) 기간적 대응

이익을 계산하기 위해서는 특정 기간 동안 발생한 수익의 총합에서 그 수익을 발생시키기 위하여 발생한 비용의 총합을 공제해야 한다는 것을 의미한다. 가령, 1회계년도를 기준으로 작성되는 손익계산서 상의 매출액에서 매출원가비용을 공제하여 매출총이익을 계산한다거나 특정기간 동안 발생하는 고정자산의 가치감소분을 총 기간으로 배분하여 비용으로 계산하기 위한 감가상각비 및 감가상각누계액의 계산이 그것이다.

2) 대상적 대응

특정 사업에서 발생하는 비용을 그 사업 이익을 획득하기 위하여 지출한 것으로 보아 수익과 비용을 동전의 앞뒷면과 같이 한 쌍으로 보는 것을 의미한다. 가령, 특정 회사가 제조와 유통영업을 하고 있다면 제조업 수익에 대하여는 제조원가가, 유통업 수익에 대하여는 유통원가가 각 대응되어야 한다.

나. 수익비용대응의 조정

수익비용대응의 원칙을 현실적으로 적용하기 위해서는 여러 부문 또는 기간에 걸쳐 발생한 비용을 회계상 적절히 분개하는 절차가 필요하다. 그러나 법인세법은 자의적 회계 분개 과정을 규제하기 위하여 상각범위, 재고자산 평가방법의 원칙 등과 같은 규정들을 두고 있기는 하나, 대부분의 경우에는 기업회계에 위임하고 있으며, 현행 K-IFRS가 이를 세부적으로 규정하고 있다(가령, K-IFRS는 재고자산 평가방법과 관련하여 선입선출법을 채택하고 있다).

또한, 기간이 서로 일치하지 아니하여 수익비용대응의 원칙이 지켜지지 않는 경우도 비일비재하게 발생한다. 기업회계기준(K-IFRS)는 수익을 실현주의에 따라, 비용을 발생주의에 따라 인식하고 있는데, 이는 비용을 미리 인식하여 그에 대한 대응을 충분히 하기 위한 경영일선의 필요를 존중하기 위한 것이다. 법인세법은 수익비용의 기간 불일치를 시정하고 장래에 확정될 비용의 합리적인 추정을 위하여 준비금 및 충당금 설정을 예외적으로 인정한다.

4. 거래의 유형별 손익귀속시기

가. 법인세법 및 동시행령상의 규정

> 법인세법 제40조(손익의 귀속사업연도)
>
> ① 내국법인의 각 사업연도의 익금과 손금의 귀속사업연도는 그 익금과 손금이 확정된 날이 속하는 사업연도로 한다.
>
> ② 제1항에 따른 익금과 손금의 귀속사업연도의 범위 등에 관하여 필요

한 사항은 대통령령으로 정한다.

법인세법 시행령 제68조(자산의 판매손익 등의 귀속사업연도)

① 법 제40조제1항 및 제2항의 규정을 적용함에 있어서 자산의 양도 등으로 인한 익금 및 손금의 귀속사업연도는 다음 각 호의 날이 속하는 사업연도로 한다.

1. 상품(부동산을 제외한다)·제품 또는 기타의 생산품(이하 이 조에서 "상품 등"이라 한다)의 판매 : 그 상품 등을 인도한 날

2. 상품 등의 시용판매 : 상대방이 그 상품 등에 대한 구입의 의사를 표시한 날. 다만, 일정기간 내에 반송하거나 거절의 의사를 표시하지 아니하면 특약 등에 의하여 그 판매가 확정되는 경우에는 그 기간의 만료일로 한다.

3. 상품 등외의 자산의 양도 : 그 대금을 청산한 날[「한국은행법」에 따른 한국은행이 취득하여 보유 중인 외화증권 등 외화표시자산을 양도하고 외화로 받은 대금(이하 이 호에서 "외화대금"이라 한다)으로서 원화로 전환하지 아니한 그 취득원금에 상당하는 금액의 환율 변동분은 한국은행이 정하는 방식에 따라 해당 외화대금을 매각하여 원화로 전환한 날]. 다만, 대금을 청산하기 전에 소유권 등의 이전등기(등록을 포함한다)를 하거나 당해 자산을 인도하거나 상대방이 당해 자산을 사용수익 하는 경우에는 그 이전등기일(등록일을 포함한다)·인도일 또는 사용수익일 중 빠른 날로 한다.

4. 자산의 위탁매매 : 수탁자가 그 위탁자산을 매매한 날

5. 「자본시장과 금융투자에 관한 법률」 제9조제13항에 따른 증권시장에서 같은 법 제393조제1항에 따른 증권시장업무규정에 따라 보통거래방식으로 한 유가증권의 매매: 매매계약을 체결한 날

② 법인이 장기할부조건으로 자산을 판매하거나 양도한 경우로서 판매 또는 양도한 자산의 인도일(제1항 제3호에 해당하는 자산은 같은 호 단서에 규정된 날을 말한다. 이하 이 조에서 같다)이 속하는 사업연도의 결산을 확정함에 있어서 해당 사업연도에 회수하였거나 회수할 금액과 이에 대응하는 비용을 각각 수익과 비용으로 계상한 경우에는 제1항 제1호 및 제3호에도 불구하고 그 장기할부조건에 따라 각 사업연도에 회수하였거나 회수할 금액과 이에 대응하는 비용을 각각 해당사업연도의 익금과 손금에 산

입한다. 다만, 중소기업인 법인이 장기할부조건으로 자산을 판매하거나 양도한 경우에는 그 장기할부조건에 따라 각 사업연도에 회수하였거나 회수할 금액과 이에 대응하는 비용을 각각 해당 사업연도의 익금과 손금에 산입할 수 있다.

③ 제2항을 적용할 때 인도일 이전에 회수하였거나 회수할 금액은 인도일에 회수한 것으로 보며, 법인이 장기할부기간 중에 폐업한 경우에는 그 폐업일 현재 익금에 산입하지 아니한 금액과 이에 대응하는 비용을 폐업일이 속하는 사업연도의 익금과 손금에 각각 산입한다.

④ 제2항에서 "장기할부조건"이라 함은 자산의 판매 또는 양도(국외거래에 있어서는 소유권이전 조건부 약정에 의한 자산의 임대를 포함한다)로서 판매금액 또는 수입금액을 월부·연부 기타의 지불방법에 따라 2회 이상으로 분할하여 수입하는 것 중 당해 목적물의 인도일의 다음날부터 최종의 할부금의 지급기일까지의 기간이 1년 이상인 것을 말한다.

⑤ 제1항의 규정을 적용함에 있어서 법인이 매출할인을 하는 경우 그 매출할인금액은 상대방과의 약정에 의한 지급기일(그 지급기일이 정하여 있지 아니한 경우에는 지급한 날)이 속하는 사업연도의 매출액에서 차감한다.

⑥ 법인이 제4항에 따른 장기할부조건 등에 의하여 자산을 판매하거나 양도함으로써 발생한 채권에 대하여 기업회계기준이 정하는 바에 따라 현재가치로 평가하여 현재가치할인차금을 계상한 경우 해당 현재가치할인차금상당액은 해당 채권의 회수기간동안 기업회계기준이 정하는 바에 따라 환입하였거나 환입할 금액을 각 사업연도의 익금에 산입한다.

⑦ 제1항 제1호의 규정에 의한 인도한 날의 범위에 관하여 필요한 사항은 기획재정부령으로 정한다.

제69조(용역제공 등에 의한 손익의 귀속사업연도)

① 법 제40조 제1항 및 제2항을 적용함에 있어서 건설·제조 기타 용역(도급공사 및 예약매출을 포함하며, 이하 이 조에서 "건설 등"이라 한다)의 제공으로 인한 익금과 손금은 그 목적물의 건설 등의 착수일이 속하는 사업연도부터 그 목적물의 인도일(용역제공의 경우에는 그 제공을 완료한 날을 말한다. 이하 이 조에서 같다)이 속하는 사업연도까지 기획재정부령으로 정하는 바에 따라 그 목적물의 건설 등을 완료한 정도(이하 이 조에서 "작

업진행률"이라 한다)를 기준으로 하여 계산한 수익과 비용을 각각 해당 사업연도의 익금과 손금에 산입한다. 다만, 다음 각 호의 어느 하나에 해당하는 경우에는 그 목적물의 인도일이 속하는 사업연도의 익금과 손금에 산입할 수 있다.

1. 중소기업인 법인이 수행하는 계약기간이 1년 미만인 건설 등의 경우

2. 기업회계기준에 따라 그 목적물의 인도일이 속하는 사업연도의 수익과 비용으로 계상한 경우

② 제1항을 적용할 때 다음 각 호의 어느 하나에 해당하는 경우에는 그 목적물의 인도일이 속하는 사업연도의 익금과 손금에 각각 산입한다.

1. 작업진행률을 계산할 수 없다고 인정되는 경우로서 기획재정부령으로 정하는 경우

2. 법 제51조의2제1항 각 호의 어느 하나에 해당하는 법인으로서 국제회계기준을 적용하는 법인이 수행하는 예약매출의 경우

③ 제1항을 적용할 때 작업진행률에 의한 익금 또는 손금이 공사계약의 해약으로 인하여 확정된 금액과 차액이 발생된 경우에는 그 차액을 해약일이 속하는 사업연도의 익금 또는 손금에 산입한다.

제70조(이자소득 등의 귀속사업연도)

① 법 제40조 제1항 및 제2항을 적용할 때 이자 등의 익금과 손금의 귀속사업연도는 다음 각 호에 따른다.

1. 법인이 수입하는 이자 및 할인액 : 「소득세법 시행령」 제45조에 따른 수입시기에 해당하는 날(한국표준산업분류상 금융보험업을 영위하는 법인의 경우에는 실제로 수입된 날로 하되, 선수입이자 및 할인액은 제외한다)이 속하는 사업연도. 다만, 결산을 확정함에 있어서 이미 경과한 기간에 대응하는 이자 및 할인액(법 제73조에 따라 원천징수되는 이자 및 할인액은 제외한다)을 해당 사업연도의 수익으로 계상한 경우에는 그 계상한 사업연도의 익금으로 한다.

2. 법인이 지급하는 이자 및 할인액 : 「소득세법 시행령」 제45조의 규정에 의한 수입시기에 해당하는 날이 속하는 사업연도. 다만, 결산을 확정함에 있어서 이미 경과한 기간에 대응하는 이자 및 할인액을 당해 사업연도의 손금으로 계상한 경우에는 그 계상한 사업연도의 손금으로 한다.

② 법 제40조 제1항 및 제2항을 적용할 때 법인이 수입하는 배당금은

「소득세법 시행령」 제46조에 따른 수입시기에 해당하는 날이 속하는 사업연도의 익금에 산입한다. 다만, 제61조제2항 각 호의 금융회사 등이 금융채무 등 불이행자의 신용회복 지원과 채권의 공동추심을 위하여 공동으로 출자하여 설립한 「자산유동화에 관한 법률」에 따른 유동화전문회사로부터 수입하는 배당금은 실제로 지급받은 날이 속하는 사업연도의 익금에 산입한다.

③ 법 제40조 제1항 및 제2항을 적용할 때 한국표준산업분류상 금융보험업을 영위하는 법인이 수입하는 보험료·부금·보증료 또는 수수료(이하 이 항에서 "보험료 등"이라 한다)의 귀속사업연도는 그 보험료 등이 실제로 수입된 날이 속하는 사업연도로 하되, 선수입보험료 등(제63조 제2항에 해당하는 법인이 결산을 확정할 때 부채로 계상한 미경과보험료 적립금을 포함한다)을 제외한다. 다만, 결산을 확정함에 있어서 이미 경과한 기간에 대응하는 보험료상당액 등을 해당 사업연도의 수익으로 계상한 경우(제63조 제2항에 해당하는 법인이 결산을 확정할 때 미경과보험료 적립금의 환입액을 수익으로 계상한 경우를 포함한다)에는 그 계상한 사업연도의 익금으로 하고, 「자본시장과 금융투자업에 관한 법률」에 따른 투자매매업자 또는 투자중개업자가 정형화된 거래방식으로 같은 법 제4조에 따른 증권(이하 이 조에서 "증권"이라 한다)을 매매하는 경우 그 수수료의 귀속사업연도는 매매계약이 체결된 날이 속하는 사업연도로 한다.

④ 투자회사 등이 결산을 확정할 때 증권 등의 투자와 관련된 수익 중 이미 경과한 기간에 대응하는 이자 및 할인액과 배당소득을 해당 사업연도의 수익으로 계상한 경우에는 제1항 및 제2항의 규정에 불구하고 그 계상한 사업연도의 익금으로 한다.

⑤ 「자본시장과 금융투자업에 관한 법률」에 따른 신탁업자가 운용하는 신탁재산(같은 법에 따른 투자신탁재산은 제외한다. 이하 제111조 및 제113조에서 같다)에 귀속되는 법 제73조 제1항 각 호의 소득금액의 귀속사업연도는 제1항 및 제2항에도 불구하고 제111조 제6항에 따른 원천징수일이 속하는 사업연도로 한다.

현행법 제40조와 영 제68조 내지 제71조에서는 각 권리의무확정주의와 거래유형별 손익귀속시기에 관하여 규정하고 있다. 그러나, 영에 규정된 기준은 법상 원칙과는 달리 다소 다양한 방식을 제시하고 있으므로, 매끄럽지 않은 관계가 문제되고 있다.

이에 대한 대법원의 명확한 입장은 아직 존재하지 않고 있다. 다만, 학계에서는 헌법 제37조 제2항, 제59조 및 제75조에 의거하여 국회에서 제정한 법률에 의해 구체적인 범위와 내용을 정하여 위임된 사항이 없는 한 대통령령에서 법률과 배치되는 내용을 규정할 수는 없다는 점을 이유로, 위 시행령 상의 규정은 어디까지나 법 규정상의 원칙을 거래유형별로 구체화한 규정으로 해석하자는 견해가 비교적 다수의 지위에 있다.

다만, 다수설의 경우에도 영 제69조 제2항 상의 공사진행기준에 관한 규정에 대하여 그 도입취지를 설시한 대법원 판례가 존재함을 근거로 이에 한하여 특례규정으로 보자고 하면서, 다만 장기적으로는 법률유보원칙에 따라 대통령령으로 규정할 것이 아니라 법률로써 규정하여야 한다는 견해가 있으나, 이러한 관점은 법령 간의 관계를 통일적으로 해석하지 아니한다는 점에서 다소 의문이라고 하지 않을 수 없다. 영 상의 규정 전부를 특례규정으로 보아 원칙과 일치되지 않는 부분에 대해서는 중장기적으로 개정을 하는 편이 바람직해 보인다.

에어 리끼드 아노 법인세등부과처분취소 청구 사건
(대법원 1995. 7. 14. 선고 94누3469 판결)

[이유]

법인세법 제54조 제1항 은, 국내사업장이 있는 외국법인의 각 사업연도의 국내원천소득의 총합계금액은 대통령령이 정하는 바에 의하여 제9조 내지 제21조 등의 규정을 준용하여 계산한 금액으로 한다고 규정하고 있고, 구 법인세법 제17조(1994.12.22. 법률 제4804호로 개정되기 전의 것, 이하 같다) 는, 손익의 귀속사업연도에 관하여 규정하면서, 그 제1항에서, 내국법인의 각 사업연도의 익금과 손금의 귀속사업연도는 그 익금과 손금이 확정된 날이 속하는 사업연도로 한다고 규정함으로써, 손익의 귀속사업연도에 관하여 원칙적으로 이른바 권리의무확정주의를 채택하는 한편, 그 제2항 이하에서 개별적 또는 예외적인 규정을 아울러 두고 있는데, 공사가 여러 회계기간에 걸쳐 이루어지는 장기도급계약에 있어서도 권리의무확정주의를 엄격히 적용하면 공사가 완성되어 인도될 때까지 수익을 계상하지 않고 있다가 공사가 완성된 때 일시에 거액의 수익을 계상하게 되기 때문에 기간수익이 불균형적으로 나타나는 불합리한 결과를 가져오게 되는 경우가 있으므로, 이러한 불합리한 점을 제거하기 위하여 그 제8항에서, 도급계약기간이 2사업연도 이상에 걸쳐 6월을 초과하는 장기도급계약에 있어서는 대통령령이 정하는 건설의 완료정도에 따라 사업연도별 손익을 계상하도록 규정하고 있다. 그러나 장기도급계약에 있어서 대통령령이 정하는 건설의 완료정도에 따라 그 손익을 계상할 수 없는 경우 권리의무확정주의원칙에 의하여 그 손익의 귀속사업연도를 정하는 것이 합리적이라고 인정되는 때에는 위 각 규정취지에 비추어 이에 의하여 그 손익의 귀속사업연도를 인식하여야 할 것이다.

나. 구체적 거래유형별 귀속시기

1) 상품, 제품 등의 판매손익

법인세법 시행령 제68조(자산의 판매손익 등의 귀속사업연도)

① 법 제40조제1항 및 제2항의 규정을 적용함에 있어서 자산의 양도 등으로 인한 익금 및 손금의 귀속사업연도는 다음 각 호의 날이 속하는 사업연도로 한다.

1. 상품(부동산을 제외한다)·제품 또는 기타의 생산품(이하 이 조에서 "상품 등"이라 한다)의 판매 : 그 상품 등을 인도한 날

법인세법 시행규칙 제33조(인도한 날의 범위)

영 제68조제1항제1호의 규정에 의한 상품등을 인도한 날의 판정을 함에 있어서 다음 각 호의 경우에는 당해 호에 규정된 날로 한다.

1. 납품계약 또는 수탁가공계약에 의하여 물품을 납품하거나 가공하는 경우에는 당해물품을 계약상 인도하여야 할 장소에 보관한 날. 다만, 계약에 따라 검사를 거쳐 인수 및 인도가 확정되는 물품의 경우에는 당해검사가 완료된 날로 한다.

2. 물품을 수출하는 경우에는 수출물품을 계약상 인도하여야 할 장소에 보관한 날

> 민법 제188조(동산물권양도의 효력, 간이인도)
> ① 동산에 관한 물권의 양도는 그 동산을 인도하여야 효력이 생긴다.
> ② 양수인이 이미 그 동산을 점유한 때에는 당사자의 의사표시만으로 그 효력이 생긴다.
>
> 제189조(점유개정)
> 동산에 관한 물권을 양도하는 경우에 당사자의 계약으로 양도인이 그 동산의 점유를 계속하는 때에는 양수인이 인도받은 것으로 본다.
>
> 제190조(목적물반환청구권의 양도)
> 제삼자가 점유하고 있는 동산에 관한 물권을 양도하는 경우에는 양도인이 그 제삼자에 대한 반환청구권을 양수인에게 양도함으로써 동산을 인도한 것으로 본다.

상품 등이란, 일반적으로 법인의 재고자산을 의미한다. 그러나, 통상 동산이 아닌 주택 등 부동산이 판매 물건인 경우에는 재고자산의 범주에 포함된다고 하더라도 위 영 규정이 아닌 동항 제3호의 규정이 적용된다.

한편, 영 상의 인도라 함은 일반적으로 민법 제188조 내지 제190조에 규정되어 있는 '현실의 인도, 간이인도, 점유개정 및 목적물반환청구권의 양도' 개념과 같으나 제상의 인도개념과 같으나, 다만 규칙 제33조에서는 위와 같이 ①납품 또는 가공상품, ②수출물품에 대한 특례규정을 두고 있다.

또한, 가령 국내에 사업장을 두고 있는 외국법인이 외국에서 자기가 직접 생산하였거나 매입한 물품을 국내에 판매함에 있어서 계약상 물품의 인도조건이 외국항구 선적조건(CIF)인 경우에는 계약금을 영수한 날에 불구하고 그 물품이 외국항구에서의 선적된 날에 수익이 실현된 것으로 본다(법인세법기본통칙 제40-71조의10).

게다가, 국세청은 법인이 고객과 사전약정에 의하여 일정 기간의 구매금액에 따라 차등 적용되는 구매포인트를 해당기간 경과 후 일시 적립하여 그 적립된 누적포인트에 상당하는 금액을 구매금액에서 할인하여 주거나 사은품을 지급하는 할인카드 누적포인트 제도를 시행하는 경우, 동 누적포인트의 손금귀속시기는 당해 고객이 누적포인트를 실제로 사용한 날이 속하는 사업연도의 손금으로 보아 질의회신을 하고 있다(1998. 12. 18. 자 법인 제46012-3963호 및 2002. 9. 13. 자 서이 제46012-11711호).

> 부가가치세부과처분취소 청구 사건
> (대법원 2009. 8. 20. 선고 2007두1439 판결)
>
> (법인세법 시행령 제68조 제1항 제1호와 관련하여) 상품의 판매로 인한 수익은 상품을 판매함으로써 비로소 발생하는 것이므로, 법인이 상품 매입을 위하여 선급금을 지급하였으나 그 선급금 상당의 상품을 공급받지 못하였다면 당해 상품의 판매로 인한 수익의 발생을 상정할 수 없고, 따라서 그 수익에 대응하는 비용인 매입가액 또한 발생할 여지가 없다.

> 산업 주식회사 법인세부과처분취소 청구 사건
> (대법원 1983. 3. 8. 선고 81누347 판결)
>
> 거래처로 부터 원고 회사 제품의 종류, 규격, 수량 등을 구체적으로 확정하지 아니한 채 거래추정 총액만을 정하여 1978.2.3. 월경에 약속어음 등을 거래증거금 명목으로 교부받았으나 제품판매가 이루어지기 전에는 위 어음 등을 할인하거나 배서하는 등 기업자금 조달의 방법으로 사용할 수 없고, 위 약속어음을 보관시킨 거래처가 물건을 사지 아니하면 어음을 반환하며 제품수요기에 거래처로부터 제품의 출하요구를 받아야만 비로소 제품이 특정된다면 원고 회사의 1977사업년도(1977.41 부터 1978.3.31.까지) 기말제품 재고액은 법인세법 제17조 제2항 소정의 인도할 수 있는 상태에 있는 경우에 해당되지 아니한다(편저자 주 : 다만, 목적물이 확정된 상태에서 거래증거금이 아닌 대금으로써 약속어음을 지급한 상태라면 인도할 수 있는 상태라고 할 것이다)

> 석유주식회사 법인세등부과처분취소 청구 사건
> (대법원 1982. 10. 12. 선고 82누114 판결)

[판결요지]

부가가치세법에 의한 세금계산서가 1978년 사업년도에 발행되었으나 물품대금의 수령과 인도는 그 다음 사업년도인 1979년에 이루어졌다면 법인세법상의 손익 귀속년도는 1979년으로 보아야 한다.

[이유]

이 사건에서 원심이 확정한 사실에 의하면 원고는 소외 대전주정공업주식회사와 방카시유 4,610,275원 상당의 매매계약을 맺고 1978년도 중에 대금 972,854원을 수령하여 그 대금상당 방카시유를 인도하고 1979.1.4.부터 그해 1.8까지 사이에 나머지 대금 3,637,421원을 수령하고 그에 상당한 방카시유를 인도하였다는 것이므로, 위 각 규정에 비추어 뒤에 인도한 물품대금 3,637,421원의 귀속 사업년도는 1979 사업년도라고 보아야 할 것이고, 부가가치세법에 의한세금계산서를 1978년 사업년도 중에 발행하였다고 하여 법인세법상 손익 귀속년도의 해석을 위와 달리 할 수는 없다.

참고로, 여기에서의 인도일은 부가가치세법상의 공급시기와는 별개로 판단된다. 예컨대, 상품 등을 중간지급조건부(즉, 재화를 인도하기 전이거나 용역의 제공을 완료하기 전에 계약금 이외의 대가를 분할하여 지급하는 경우로서 계약금을 지급하기로 한 날부터 잔금을 지급하기로 한 날까지의 기간이 6개월 이상인 경우의 판매형태)로 판매하고 그 대가의 일부를 수령한 때에는 부가가치세법 시행규칙 제18조 제1호에 따라 공급으로 인식하게 되나, 위 시행령 상의 인도에 해당하는 것은 아니다(법인세법기본통칙 제40-68조의1).

2) 상품 등의 시용판매

법인세법 시행령 제68조(자산의 판매손익 등의 귀속사업연도)

① 법 제40조제1항 및 제2항의 규정을 적용함에 있어서 자산의 양도 등으로 인한 익금 및 손금의 귀속사업연도는 다음 각 호의 날이 속하는 사업연도로 한다.

2. 상품 등의 시용판매 : 상대방이 그 상품 등에 대한 구입의 의사를 표시한 날. 다만, 일정기간 내에 반송하거나 거절의 의사를 표시하지 아니하면

특약 등에 의하여 그 판매가 확정되는 경우에는 그 기간의 만료일로 한다.

시용판매란 고객이 상품을 선 인도받아 시험적으로 사용해 본 다음 구입하겠다는 의사표시가 있으면 비로소 매매계약이 이루어지는 특수한 판매형식이다. 시용판매는 그 외관이 반품조건부 판매와 유사하나, 반품조건부 판매는 그 인도시에 일단 매출거래가 유효하게 일어난 다음 반품이 발생하는 경우에 그 효과가 소급하여 상실되는 것으로 보는 반면, 시용판매의 경우에는 인도시에 어떠한 법률효과도 발생하지 아니한다는 점에서 차이가 있으며, 오히려 민법 제188조 제2항 상의 간이인도와 유사하다.

3) 상품 등 이외의 자산의 양도

법인세법 시행령 제68조(자산의 판매손익 등의 귀속사업연도)

① 법 제40조제1항 및 제2항의 규정을 적용함에 있어서 자산의 양도 등으로 인한 익금 및 손금의 귀속사업연도는 다음 각 호의 날이 속하는 사업연도로 한다.

3. 상품 등외의 자산의 양도 : 그 대금을 청산한 날[「한국은행법」에 따른 한국은행이 취득하여 보유 중인 외화증권 등 외화표시자산을 양도하고 외화로 받은 대금(이하 이 호에서 "외화대금"이라 한다)으로서 원화로 전환하지 아니한 그 취득원금에 상당하는 금액의 환율 변동분은 한국은행이 정하는 방식에 따라 해당 외화대금을 매각하여 원화로 전환한 날]. 다만, 대금을 청산하기 전에 소유권 등의 이전등기(등록을 포함한다)를 하거나 당해 자산을 인도하거나 상대방이 당해 자산을 사용수익 하는 경우에는 그 이전등기일(등록일을 포함한다)·인도일 또는 사용수익일 중 빠른 날로 한다.

본 호에서의 자산은 일반적으로 재고자산 중 동산을 제외한 부동산(가령 판매목적용 주택)과 기업회계기준에서의 고정자산(투자자산, 유형자산 및 무형자산)이 포함된다.

가) 부동산의 경우

등기를 소유권 이전의 요건(민법 제186조)으로 하는 결과 대금청산일·소유권이전등기일 또는 사용수익일 중 빠른 날이 속하는 사업연도로 한다. 여기에서의 사용수익일이란 사용수익하기로 약정한 날 또는 별개의 합의가 없는 때에는 양도인이 사용가능한 자산에 대하여 양수인의 사용을 승낙한 날을 말한다(일반적으로 부동산을 인도한 날을 의미하는데, 구태여 사용수익이라는 용어를 사용하였는지 의문이다). 매도되는 부동산의 매매대금액은 금액이 확정되는 때에 현금 및 현금성자산의 지출과 관계없이 익금으로 귀속되는 사업연도의 손금에 산입되어야 한다.

산업주식회사 법인세등부과처분취소 청구 사건
(대법원 1991. 11. 22. 선고 91누1691 판결)

[판결요지]

권리확정주의를 채택한 구 법인세법(1985.12.23. 법률 제3794호로 개정되기 전의 것) 제17조 제3항 의 취지로 보아 대금청산과 소유권이전등기 중 먼저 이행된 날을 기준으로 귀속사업년도를 정하여야 할 것이며, 귀속시기에 관하여 소유권이전등기일로 규정한 법인세법의 위 규정이 소득의 귀속시기를 획일적으로 정하기 위한 의제규정이라 할 것이므로 법률행위에 의한 이전이거나 법률의 규정에 의한 이전이거나 를 불문하고 위 규정의 문언 그대로 소유권이전등기일을 그 소득의 귀속시기로 보아야 한다.

주식회사 월드 법인세등부과처분취소 청구 사건
(대법원 2013. 4. 11. 선고 2010두17847 판결)

[판결요지]

구 법인세법(2008.12.26.법률 제9267호로 개정되기 전의 것)제14조 제1항 , 제19조 제1항,제3항 , 제40조 제1항 , 구 법인세법 시행령(2005.2.19.대통령령 제18706호로 개정되기 전의 것)제19조 제1호, 제17호 , 제68조 제1항 제3호 규정의 문언 내용과취지 등에 비추어 보면, 부동산이 상품 또는 제품으로 판매되는 경우 그 매입가액으로서 법인에 귀속되었거나 귀속될 금액은 그 대가로 현금을 지급하든 매입채무를 부담하든 그 가액이 확정되면 특별한 사정이 없는 한 그 부동산의 양도금액이 익금으로 귀속되는 사업연도의 손금에 산입되어야 하고, 반드시 현실로 그 가액이 지출되어야만 손금에 산입되는 것은 아니다.

[이유]

2.원심은 그 채용 증거를 종합하여, ① 주식회사 점프밀라노가 상가건물을 신축·분양하기 위하여 2001.7.5.매도인 소외인과 주식회사 가우디(이하 '소외인 등'이라 한다)로부터그들 소유의 서울 영등포구 (주소 생략)외 5필지(이하 '이 사건 토지'라 한다)를 105억 원에 매수하는 계약을 체결하였다가 계약금 18억 5,000만 원만 지급한 채 잔금을 지급하지 못하여 매매계약의 해제를 통지받은 사실, ② 이에 주식회사 점프밀라노의 관계회사인 원고는 2002.2.19.매도인 소외인 등과 이 사건 토지를 121억 원(=계약금 18억 5,000만 원+잔금 102억 5,000만 원)에 매수하는 계약을 체결하면서 2002.2.27.까지 대금지급이 완결될 경우 주식회사 점프밀라노가 소외인 등에게 지급한 18억 5,000만 원을 매매대금에서 공제하기로 약정하였으나, 이후 소외인 등에게 잔금 102억 5,000만 원 중 102억 원만을 지급하고 나머지 5,000만 원을 지급하지 아니한 사실, ③ 한편 원고는 2002.2.19.소외인에게 위 매매대금과 별도로 13억 원을 지급하되 신축되는 상가건물 중 합계 40평 부분으로 이를 대물변제하기로 약속한 후 같은 날 소외인에게 액면금 13억 원의 약속어음을 발행하여 공증해 주었고, 소외인은 2005.11.30.위 약속어음 공정증서를 집행권원으로 삼아 원고 소유의 재산에 강제집행을 실시하여 일부 금원을 추심한 사실, ④ 원고는 2002사업연도 법인세를 신고하면서 이 사건 토지의 매매대금 121억 원을 이 사건 토지 등에 신축한 상가건물의 분양수익에 대한 손금으로 계상하였으나, 피고는 그 중 실제 지급하지 아니한 금액을20억 원으로 보아 이를 손금불산입하는 등의 세무조정을 하여 2006.8.13.원고에게 2002사업연도 이월결손금이 반영된 2004사업연도 법인세로 1,927,838,310원을 부과하는 처분을 하였다가, 조세심판원이 2008.8.29.위와 같이 손금불산입한 20억 원 중 소외인 등에게 실제 지급되지 아니한 금액은 19억 원(=18억 5,000만 원+5,000만 원)이라는 이유로 1억 원을 추가로 손금에 산입하여 2002,2003,2004사업연도의 과세표준과 세액을 경정한다는 취지의 결정을 하자,2008.10.20.원고에 대한 2004사업연도 법인세를 1,562,380,900원으로 감액경정하였던 사실(감액되고 남은 부분을 '이 사건 처분'이라 한다)등을 인정하였다.

원심은 위와 같은 사실관계를 토대로 하여, 위 약속어음 공정증서에 기한 집행은 대물변제 약정의 불이행에 따른 것일 뿐 계약금 18억 5,000만 원이나 미지급된 잔금 5,000만 원의지급을 위한 것이 아니므로 이 사건 토지의 매매대금 가운데 현실적으로 지급된 102억 원만 이 사건 토지의 매입가액으로서 손금에 산입할 수 있고,일단 매매대금에서 공제된 계약금 18억 5,000만 원과 미지급한 잔금 5,000만 원은 원고가 이 사건 토지를 매수함에 있어 실질적으로 소요된 비용이 아니어서 손금에 산입할 수 없다는 이유로 위 합계 19억 원을 손금불산입하여 2004사업연도 법인세액을 산정한 이 사건 처분이 적법하다고 판단하였다.

3.원고가 이 사건 토지의 매매대금 121억 원과 별도로 소외인에 대하여 13억 원의 채무를 부담하는 것으로 볼 수 없다는 상고이유의 주장 부분은, 사실심인 원심의 전권사항에속하는 증거의 취사선택이나 사실인정을 탓하는 것에 불과하여 적법한 상고이유가 될 수없다(원고가 당초 매매대금에서 공제받았던 계약금 18억 5,000만 원은 나중에 이를 지급하도록 확정되었다고 하더라도, 이 사건 분양수익이 익금에 산입된 이후로서 그 채무가 확정된 때의 손금으로 볼 수 있을지언정 2002사업연도의 손금으로 볼 수는 없다).

그러나 앞서 본 법리에 비추어 볼 때,이 사건 토지의 매매대금 중 미지급된 5,000만 원은 원고가 매입채무로 부담하는 것으로서 소외인 등에게 이를 현실로 지급하지 않았더라도 이 사건 분양수익이 익금에 산입된 2002사업연도의 손금에 산입되어야 할 것이다.그럼에도 원심은 이와 달리 미지급된 잔금 5,000만 원은 원고가 이 사건 토지를 매수함에 있어 실질적으로 소요된 비용이 아니라는 이유로 이를 손금불산입하여 2004사업연도 법인세액을 산정한 이 사건 처분이 적법하다고 판단하고 말았으니, 이러한 원심판단에는 손금에 산입할 비용에 관한 법리를 오해하여 판결 결과에 영향을 미친 위법이 있고, 이 점을 지적하는 이 부분 상고이유의 주장은 이유 있다.

택시 주식회사 법인세등부과처분취소 청구 사건
(대법원 1995. 11. 10. 선고 95누7758 판결)

[판결요지]
어떤 소득이 부과소득이 되는지 여부는 이를 경제적인 측면에서 보아 현실로 이득을 지배 관리하면서 이를 향수하고 있고 담세력이 있는 것으로 판단되면 족하고 그 소득을 얻게 된 원인관계에 대한 법률적 평가는 반드시 적법 유효한 것이어야 하는 것은 아니라 할 것이므로, 원심이 위 4대의 차량에 대한 매매대금을 원고의 익금으로 산입할 것인가의 여부를 판단하기 위하여는 위 4대에 대한 매매계약의 유,무만 따질 것이 아니라 원고가 현실적으로 위 매매대금을 지배 관리하면서 그 이득을 향수하고 있는지의 여부도 따졌어야 할 것이다.

나) 특수한 동산의 경우

한편, 동산 중 등기 또는 등록을 요건으로 하는 자동차·항공기 및 선박(20톤 이상의 선박에 한한다)은 대금청산일·소유권이전등기일 또는 민법상의 인도일(앞의 내용 참조) 중 빠른 날이 속하는 사업연도로, 기타의 동산(기계장치, 비품 등 매매물건이 아닌 고정자산)은 대금청산일 또는 인도일 중 빠른 날이 속하는 사업연도로 한다.

4) 위탁판매

법인세법 시행령 제68조(자산의 판매손익 등의 귀속사업연도)
① 법 제40조제1항 및 제2항의 규정을 적용함에 있어서 자산의 양도 등으로 인한 익금 및 손금의 귀속사업연도는 다음 각 호의 날이 속하는 사업연도로 한다.
4. 자산의 위탁매매 : 수탁자가 그 위탁자산을 매매한 날

여기에서의 '자산'은 상품 등에 해당하는지를 불문하고 자산 전부를 포함하는 것으로 보아야 하며, '매매한 날'이라 함은 민법상의 원칙으로 돌아가 쌍방의 의무를 모두 이행한 날, 즉 ① 자산이 상품 등 동산인 경우에는 그

동산을 인도한 날, ② 부동산은 대금청산일·소유권이전등기일 또는 사용수익일(위 제68조 제1항 제3호) 중 빠른 날, ③ 특수한 동산(선박·자동차 및 항공기 등)은 대금청산일·소유권이전등기/등록일 또는 인도일 중 빠른 날, ④ 기타 매매물건이 아닌 고정자산은 대금청산일·인도일 중 빠른 날을 의미한다.

5) 보통거래방식에 의한 유가증권 양도

> 법인세법 시행령 제68조(자산의 판매손익 등의 귀속사업연도)
>
> ① 법 제40조제1항 및 제2항의 규정을 적용함에 있어서 자산의 양도등으로 인한 익금 및 손금의 귀속사업연도는 다음 각 호의 날이 속하는 사업연도로 한다.
>
> 5. 「자본시장과 금융투자에 관한 법률」 제9조제13항(현행 제8조의2 제4항 제1호)에 따른 증권시장에서 같은 법 제393조제1항에 따른 증권시장업무규정에 따라 보통거래방식으로 한 유가증권의 매매: 매매계약을 체결한 날
>
> 자본시장과 금융투자에 관한 법률 제8조의2(금융투자상품시장 등)
>
> ④ 거래소시장은 다음 각 호와 같이 구분한다.
>
> 1. 증권시장: 증권의 매매를 위하여 거래소가 개설하는 시장
>
> 제393조(업무규정)
>
> ① 증권시장에서의 매매거래에 관하여 다음 각 호의 사항은 거래소의 증권시장업무규정으로 정한다. 이 경우 거래소가 개설·운영하는 둘 이상의 증권시장에 대하여 별도의 증권시장업무규정으로 정할 수 있다.
>
> 1. 매매거래의 종류 및 수탁에 관한 사항
> 2. 증권시장의 개폐·정지 또는 휴장에 관한 사항
> 3. 매매거래계약의 체결 및 결제의 방법. 다만, 증권인도와 대금지급에 관한 것을 제외한다.
> 4. 증거금(證據金)의 납부 등 매매거래의 규제에 관한 사항
> 5. 그 밖에 매매거래에 관하여 필요한 사항

마. 장기할부판매

1) 의의 및 귀속사업연도 판단의 원칙

장기할부조건이란 자산의 판매 또는 양도(국외거래에 있어서 소유권이전 조건부 약정에 의한 자산의 임대를 포함한다)로서 판매금액 또는 수입금액을 월부, 연부 등의 방법으로 2회 이상 분할하여 수입하는 것 중 목적물의 인도일(특약으로 정한 인도가능일을 포함)의 다음날부터 최종월부금의 지급기일까지의 기간이 1년 이상인 것을 말한다(영 제68조 제4항). 여기에서의 인도일이라 함은 매매목적물이 동산일 경우를 말하며(아래 2013두2037판결 참조), 동산을 제외한 부동산 또는 특수한 동산의 경우에는 소유권이전등기·등록일과 사용수익일·인도일 중 빠른 날을 기산일로 보아야 할 것이다.

양도소득세부과처분취소 청구 사건
(대법원 2014. 6. 12. 선고 2013두2037 판결)

[판결요지]

구 소득세법(2009. 12. 31. 법률 제9897호로 개정되기 전의 것) 제98조, 구 소득세법 시행령(2008. 2. 29. 대통령령 제20720호로 개정되기 전의 것) 제162조 제1항 의 각 규정은 납세자의 자의를 배제하고 과세소득을 획일적으로 파악하여 과세의 공평을 기할 목적으로 소득세법령의 체계 내에서 여러 기준이 되는 자산의 취득시기 및 양도시기를 통일적으로 파악하고 관계 규정들을 모순 없이 해석·적용하기 위하여 세무계산상 자산의 취득시기 및 양도시기를 의제한 규정인 점 등에 비추어 보면, 매매계약의 경우 계약 당시에 최종 할부금의 지급기일이 자산의 소유권이전등기 접수일·인도일 또는 사용수익일 중 빠른 날의 다음 날부터 최종 할부금의 지급기일까지의 기간이 1년 이상임이 확정되어 있어야만 구 소득세법 시행규칙(2008. 4. 29. 기획재정부령 제15호로 개정되기 전의 것) 제78조 제3항 제2호 가 정하는 장기할부조건부 매매의 요건을 갖춘 것으로 볼 수 있고, 단지 최종 할부금의 지급일까지 상당한 기간이 소요될 것으로 예상되었거나 구체적인 계약 이행 과정에서 최종 할부금의 지급이 지연되어 결과적으로 소유권이전등기등기 접수일·인도일 또는 사용수익일 중 빠른 날의 다음 날부터 1년 이상이 경과된 후에 지급되었다고 하여 장기할부조건부 매매라고 할 수는 없다(편저자주: 소득세법 판례이나 법인세법상 해석에 있어서도 동일하게 적용될 것으로 보인다).

△스조선 주식회사 법인세등부과처분취소 청구 사건
(대법원 2010. 2. 11. 선고 2007두14107 판결)

[판결요지]

갑 회사가 그 소유 부동산을 임차하여 영업을 하던 을 회사와 임대차계약을 해지하기로 하되, 을 회사로 하여금 위 부동산에서 종전 영업을 계속하게 하고 위 임대차보증금을 을 회사의 갑 회사에 대한 대여금으로 전환하기로 하는 등의 공동운영계약을 을 회사와 체결한 뒤 다시 위 부동산을 을·병 회사에 매도한 사안에서, 을 회사가 대여금으로 전환된 임대차보증금 및 그 이자 상당액 전액을 지급받은 시점부터 을·병 회사의 부동산 사용·수익은 갑 회사와의 매매계약에 따른 것이므로, 위 부동산의 양도는 장기할부조건부 매매에 해당하여 매매계약의 제1회 중도금 지급일을 그 부동산의 양도시기로 보아 법인세 등을 부과한 과세관청의 처분은 적법하다.

[이유]

원심판결 이유에 의하면, 원심은 그 채용 증거를 종합하여, ① 원고는 1994. 4. 25. 주식회사 국보(이하 '국보'라 한다) 및 흥아해운 주식회사(이하 '흥아해운'이라 하고, 국보와 함께는 '국보 외 1인'이라 한다)에게 각각 1/3지분 및 2/3지분 비율로 원고 소유의 원심판결 별지1 기재 각 부동산(이하 '이 사건 부동산'이라 한다)을 매매대금 14,868,000,000원에 매도하되, 계약금 1,486,800,000원은 계약 당일, 중도금은 1994. 10. 25.부터 1996. 10. 25.까지 5회에 걸쳐 6개월마다 2,230,200,000원씩, 잔금 2,230,200,000원은 1997. 4. 25. 각 지급받고, 이 사건 부동산에 대한 매매계약 체결일 이후의 종합토지세와 재산세 등은 국보 외 1인이 부담하기로 하는 내용의 매매계약(이하 '이 사건 매매계약'이라 한다)을 체결한 사실, ② 원래 이 사건 부동산은 원고가 1988. 4. 12. 국보에게 보증금 1,700,000,000원에 임대(이하 '이 사건 임대차'라 한다)하여 국보가 그 명의로 보세장치장 영업을 하던 곳인데, 그 결과 이 사건 부동산이 원고의 비업무용 부동산으로 평가되었을 뿐만 아니라 주채권은행인 주식회사 부산은행으로부터는 이 사건 부동산을 매각하여 그 매각대금 전액을 채무변제에 사용하라는 요구를 받게 된 사실, ③ 이에 원고는 이 사건 임대차계약을 해지한 다음 1993. 3. 1. 국보와, 국보가 이 사건 부동산에서 원고 명의의 보세구역설영특허 등을 이용하여 보세장치장 사업을 계속하여 그 수익을 원고와 반분하되, 임대차보증금은 대여금으로 전환하여 원금과 이자 연 15%에 대하여 원고 몫의 운영수익에서 상계하기로 하는 내용의 공동운영계약(이하 '이 사건 공동운영계약'이라 한다)을 체결하였고, 국보는 대여금으로 전환된 이 사건 임대차보증금 및 그 이자 상당액 전액을 1994. 6. 30.까지 전부 지급받은 이후에도 이 사건 부동산에서 보세장치장 영업을 계속한 사실, ④ 한편, 원고는 국보 외 1인으로부터 계약금 및 제4회 중도금까지는 이 사건 매매계약에서 정한 대로 지급받고, 제5회 중도금 및 잔금은 1996. 9. 5. 지급받은 사실, ⑤ 종로세무서장은 1996. 12. 16. 원고에 대하여 이 사건 부동산의 양도가 장기할부조건부 매매에 해당한다는 전제하에 그 양도시기를 제1회 중도금 지급일인 1994. 10. 25.로 보아 1994 사업연도 귀속 특별부가세 4,176,749,560원(과소신고가산세와 1994 사업연도 귀속 법인세 납부기한일 다음날부터 그 고지일까지에 대한 미납부가산세 포함)(이하 '이 사건 당초 특별부가세 부과처분'이라 한다)을, 원고가 1995 사업연도에 국보 외 1인으로부터 지급받은 중도금 4,460,400,000원을 당해 사업연도의 익금에, 그에 대응하는 경비를 손금에 각 산입하는 등으로 1995 사업연도 귀속 법인세 2,343,829,100원(가산세 포함) 및 농어촌특별세 139,849,630원(가산세 포함)(이하 '이 사건 당초 법인세 부과처분'이라 한다)을 각 결정·고지한 사실, ⑥ 그런데 이 사건 당초 특별부가세 및 법인세 부과처분은 그 납세고지서에 세율의 기재가 누락되어 위법하다는 이유로 법원의 판결에 의하여 취소되자, 피고는 2003. 6. 17. 다시 원고에 대하여 납세고지의 하자를 보완하되 미납부가산세를 증액하여 1994 사업연도 귀속 특별부가세, 1995 사업연도 귀속 법인세 및 농어촌특별세를 각 경정·고지하였다가, 2004. 1. 15. 직권으로 증액된 미납부가산세 전액을 감액함으로써 결국 이 사건 당초 특별부가세 및 법인세 부과처분에서의 세액만이 남게 된 사실(이하 '이 사건 부과처분'이라 한다), ⑦ 한편, 원고와 국보는 1996년 12월까지 이 사건 공동운영계약과 관련하여 정산한 적이 없고, 흥아해운은 이 사건 매매계약 체결일 이후 이 사건 부동산 일부를 해상운송용 컨테이너의 야적장 등으로 사용하여 온 사실 등을 인정한 다음, 이 사건 공동운영계약은 이 사건 부동산의 매각을 대비한 한시적 방책으로 국보로서는 이 사건 임대차보증금 등을 회수한 이후에는 이를 유지할 필요도 없었던 점, 국보 외 1인의 이 사건 부동산 사용 경위와 현황 및 국보 외 1인이 이 사건 매매계약 체결일 이후의 이 사건 부동산에 대한 세금을 부담하기로 한 점 등에 비추어, 국보가 대여금으로 전환된 이 사건 임대차보증금 및 그 이자 상당액 전액을 지급받은 1994. 6. 30.경부터의 국보 외 1인의 이 사건 부동산의 사용·수익은 이 사건 매매계약에 따른 것이라고 봄이 상당하여 이 사건 부동산의 양도는 장기할부조건부 매매에 해당한다는 전제에서, 이 사건 매매계약의 제1회 중도금 지급일인 1994. 10. 25.을 이 사건 부동산의 양도시기로 보아 한 피고의 이 사건 부과처분은 모두 적법하다고 판단하였다.

위 관계 법령 및 기록에 비추어 살펴보면, 원심의 위와 같은 사실인정과 판단은 정당하다.

법인세등부과처분취소 청구 사건
(대법원 2009. 1. 30. 선고 2006두18270 판결)

[판결요지]

국적취득조건부 용선계약이란 용선계약의 형식을 취하고는 있으나 실질적으로는 선박의 매매로서 그 선박의 매매대금을 일정기간 동안 분할하여 지급하되 그 기간 동안 매수인이 선박을 사용할 수 있는 것으로서 선박수입의 특수한 형태이다. 한편, 법인세법 시행령 제68조 제3항 은 자산의 장기할부조건 판매 또는 양도와 관련하여 "장기할부조건이라 함은 자산의 판매 또는 양도(국외거래에 있어서는 소유권이전 조건부 약정에 의한 자산의 임대를 포함한다)로서 판매금액 또는 수입금액을 월부·연부 기타의 지불방법에 따라 2회 이상으로 분할하여 수입하는 것 중 당해 목적물의 인도일의 다음날부터 최종의 할부금의 지급기일까지의 기간이 1년 이상인 것을 말한다"고 규정하고 있으므로, 할부금의 지급방법이 2회 이상으로 분할되어 최종지급기일까지의 기간이 1년 이상인 국적취득조건부 용선계약은 법인세법을 적용하는 경우 장기할부조건부 매매와 동일하게 취급하여야 한다

매뉴팩처링 캄퍼니 엔 법인세법갱쟁처분등취소 청구 사건
(대법원 1989. 8. 8. 선고 88누4386 판결)

[판결요지]
갑회사가 대한민국정부에 교환기 등을 제조, 매도하는 계약으로서 그 대금지급조건이 계약가액의 80%는 공장실험완료증명서와 선적서류의 제출시에, 나머지 20%는 최종소비자인 체신부에 의해 발부된 수령증명서와 교환으로 지급하도록 되어 있다면 법인세법시행령 제36조 제2항 제1호 및 제2호 에 해당하지 아니하여 법인세법 제17조 제7항 소정의 연불조건의 계약이라고 볼 수 없다.

장기할부판매는 일반적인 매매와 달리 대금회수 기간이 장기이고, 매출금액도 다액이며, 현금화될 때까지의 기간에 대한 사후비용(가령 지급이자, 감가상각비 등)이 추가로 발생하므로, 이에 무분별하게 통상적인 인도기준을 적용하면 소득이 과다계상되는 부작용이 발생할 수 있는바, 법인세법은 이를 조정하기 위하여 할부기준을 통해 익금의 일부분을 이연시키고 있다.

2) 현재가치할인차금 상당액의 익금산입특례(현재가치평가의 허용)

법인세법 시행령 제68조(자산의 판매손익 등의 귀속사업연도)
⑥ 법인이 제4항에 따른 장기할부조건 등에 의하여 자산을 판매하거나 양도함으로써 발생한 채권에 대하여 기업회계기준이 정하는 바에 따라 현재가치로 평가하여 현재가치할인차금을 계상한 경우 해당 현재가치할인차금상당액은 해당 채권의 회수기간동안 기업회계기준이 정하는 바에 따라 환입하였거나 환입할 금액을 각 사업연도의 익금에 산입한다.

이 때 계상된 현재가치할인차금을 차감한 매출액(할부매출) 또는 처분금액은 '상품 등 또는 상품 등 외의 자산의 양도'과 관련한 귀속사업연도의 익금에 산입한다.

주식회사 ◈◈렌탈 법인세등부과처분취소 청구 사건
(대법원 2005. 5. 13. 선고 2004두3328 판결)

[이유]

원심은, 판시와 같은 사실을 인정한 다음, 원고의 다음과 같은 주장 즉 이 사건 장기렌탈계약 및 장기할부판매계약의 중도해지에 따른 손해배상채권과 그 지연손해금채권(이하 '이 사건 손해배상채권'이라 한다)이 위 각 채권의 발생일이 속하는 사업연도에 당연히 익금에 산입되는 것이 아니라, 거래 상대방이 폐업하였던 사정 또는 회사정리절차가 진행중이거나 강제집행 등으로 실제 회수한 금액이 전체 손해배상채권에 현저히 미달하였던 사정 등 그 실제 회수가능 여부를 구체적·실질적으로 감안하여 회수가능하였던 금액만이 당해 사업연도의 익금에 산입되어야 한다는 주장에 대하여, 법인세법상 어떠한 채권이 발생하였을 경우 이를 익금에 산입할 것인지 여부를 판단함에 있어 그 채권의 행사에 법률상 제한이 없다면 일단 권리가 확정된 것으로서 당해 사업연도의 익금으로 산입되는 것이고 그 후 채무자의 무자력 등으로 채권의 회수가능성이 없게 되더라도 이는 회수불능으로 확정된 때 대손금으로 처리할 수 있는 사유가 될 뿐이지 이로 인하여 그 채권으로 인한 소득의 귀속시기에 영향을 미치는 것은 아니므로, 이 사건 장기렌탈계약 및 장기할부판매계약의 중도해지에 따른 손해배상채권의 익금산입시기는 그 해지일이 속하는 사업연도, 그 지연손해금채권의 익금산입시기는 해당 기간이 속하는 사업연도라고 판단하였다.

관련 규정과 기록에 비추어 살펴보면, 원심의 위와 같은 인정 및 판단은 정당하고, 거기에 상고이유 제1점에서 주장하는 권리의무확정주의 및 실질과세의 원칙에 관한 법리오해, 채권의 회수가능성에 대한 사실오인 및 상고이유 제6점에서 주장하는 판단유탈 등의 위법이 없다.

주식회사 ◈캐피탈 주식회사 법인세부과처분취소 청구 사건
(대법원 2004. 7. 22. 선고 2003두5624 판결)

[판결요지]

운용리스계약의 중도해지로 인하여 리스회사가 리스이용자 또는 보증인으로부터 회수한 금액(규정손실금)을 당해 연도에 익금산입하지 아니하고 그 후의 잔여 리스기간에 걸쳐 균등하게 환입한 것이 일반적으로 공정·타당하다고 인정되는 기업회계기준에 해당하는 리스회계처리기준에 따른 것

이며, 그 밖에 법령상으로는 규정손실금의 익금산입시기에 관하여 다른 규정이 없으므로 위와 같은 회계처리 및 이에 따른 법인세 신고가 적법하다.

3) 회수하였거나 회수할 금액에 대한 손익의 산입특례

법인세법 시행령 제68조(자산의 판매손익 등의 귀속사업연도)

② 법인이 장기할부조건으로 자산을 판매하거나 양도한 경우로서 판매 또는 양도한 자산의 인도일(제1항 제3호에 해당하는 자산은 같은 호 단서에 규정된 날을 말한다. 이하 이 조에서 같다)이 속하는 사업연도의 결산을 확정함에 있어서 해당 사업연도에 회수하였거나 회수할 금액과 이에 대응하는 비용을 각각 수익과 비용으로 계상한 경우에는 제1항 제1호 및 제3호에도 불구하고 그 장기할부조건에 따라 각 사업연도에 회수하였거나 회수할 금액과 이에 대응하는 비용을 각각 해당사업연도의 익금과 손금에 산입한다. 다만, 중소기업인 법인이 장기할부조건으로 자산을 판매하거나 양도한 경우에는 그 장기할부조건에 따라 각 사업연도에 회수하였거나 회수할 금액과 이에 대응하는 비용을 각각 해당 사업연도의 익금과 손금에 산입할 수 있다.

③ 제2항을 적용할 때 인도일 이전에 회수하였거나 회수할 금액은 인도일에 회수한 것으로 보며, 법인이 장기할부기간 중에 폐업한 경우에는 그 폐업일 현재 익금에 산입하지 아니한 금액과 이에 대응하는 비용을 폐업일이 속하는 사업연도의 익금과 손금에 각각 산입한다.

단, 위 규정은 회수하였거나 회수할 금액(선수금의 경우 회수금으로 볼 수는 없으므로 익금불산입하여야 한다)과 이에 대응하는 비용을 결산시에 계상하는 경우에만 적용되므로, 할부판매손익을 계상하지 아니하는 경우에는 인도일(상품 등 외의 자산은 대금청산일, 소유권이전등기·등록일 또는 인도일이나 사용수익일 중 가장 빠른 날)이 속하는 사업연도의 손익으로 귀속된다.

한편, 과거 일반기업회계기준과 달리 한국채택국제회계기준(K-IFRS)은 장기할부판매거래에 대한 수익을 인식할 때 회수기일도래기준을 부정하고 인도기준만을 허용하고 있는데, 비교적 열악한 중소기업에 인도기준을 적용할 경우 결산상 장기할부판매거래의 손익을 인도기준으로 인식할 수밖에 없어 부담하는 세액이 증가하는 문제가 발생한다. 따라서 시행령은 단서를 두어 중소기업이 인도일을 기준으로 하여 장부에 손익을 인식하였다고 하더라도 결산시 인식하는 손익과 관계없이 장기할부조건에 따라 회수 또는 회수할 금액을 산입하도록 하였다.

바. 건설 등 용역제공

1) 원칙 - 진행기준

법인세법 시행령 제69조(용역제공 등에 의한 손익의 귀속사업연도)

① 법 제40조제1항 및 제2항을 적용함에 있어서 건설·제조 기타 용역(도급공사 및 예약매출을 포함하며, 이하 이 조에서 "건설 등"이라 한다)의 제공으로 인한 익금과 손금은 그 목적물의 건설 등의 착수일이 속하는 사업연도부터 그 목적물의 인도일(용역제공의 경우에는 그 제공을 완료한 날을 말한다. 이하 이 조에서 같다)이 속하는 사업연도까지 기획재정부령으로 정하는 바에 따라 그 목적물의 건설 등을 완료한 정도(이하 이 조에서 "작업진행률"이라 한다)를 기준으로 하여 계산한 수익과 비용을 각각 해당 사업연도의 익금과 손금에 산입한다.

법인세법 시행규칙 제34조(작업진행률의 계산)

① 영 제69조제1항 본문에서 "건설 등을 완료한 정도"란 다음 각 호의 구분에 따른 비율을 말한다.

1. 건설의 경우 : 다음 산식을 적용하여 계산한 비율. 다만, 건설의 수익실현이 건설의 작업시간·작업일수 또는 기성공사의 면적이나 물량 등(이하 이 조에서 "작업시간 등"이라 한다)과 비례관계가 있고, 전체 작업시간 등에서 이미 투입되었거나 완성된 부분이 차지하는 비율을 객관적으로 산정할 수 있는 건설의 경우에는 그 비율로 할 수 있다.

$$\text{작업진행률} = \frac{\text{해당사업연도말까지 발생한 총공사비누적액}}{\text{총공사예정비}}$$

2. 제1호 외의 경우 : 제1호를 준용하여 계산한 비율

> ②제1항에 따른 총공사예정비는 기업회계기준을 적용하여 계약 당시에 추정한 공사원가에 해당 사업연도말까지의 변동상황을 반영하여 합리적으로 추정한 공사원가로 한다.
> ③영 제69조제1항 본문에 따라 각 사업연도의 익금과 손금에 산입하는 금액의 계산은 다음 각 호의 산식에 의한다. <개정 2007.3.30, 2011.2.28.>
>
> 1. 익금 : 계약금액×작업진행률－직전사업연도말까지익금에산입한금액
> 2. 손금 : 당해사업연도에발생된총비용

가) 장기도급계약에 있어서의 원칙적 진행기준의 적용

장기도급계약이라 함은 건설 등의 계약기간(공사의 착수일부터 인도시까지)이 1년 이상인 것을 말하는바, 여기에서 계약기간의 기산점은 당해 건설의 신축공사를 실제로 착공한 날을 말하는 것으로서, 만일 착공일이 명확하지 않은 경우에는 착공신고서를 제출한 날을 착수일로 본다(2002. 2. 26. 자서이 제46012-10329호).

> 작업진행률에 의한 공사 수입금액 인식 여부
> (국세청 2004. 10. 11. 자 서면인터넷방문상담2팀-제2071호 질의회신)
>
> 아파트 분양과는 별도로 고객과 직접 계약에 의하여 아파트 내장공사 등을 시공하는 법인이 계약기간 1년 이상으로서 작업진행률에 의한 공사 수입금액을 인식하여야 하는지의 여부를 판단함에 있어서 법인세법 시행령 규정상의 '착수일'의 개념에는 내장공사 등의 설계, 자재 주문 등 계약 이후의 공사 준비기간도 포함되는 것이다.

나) 작업진행률의 계산

장기도급계약의 경우 목적물의 건설 등 착수일이 속하는 사업연도부터 목적물 인도일(용역제공의 경우에는 그 제공을 완료한 날)이 속하는 사업연도까지의 익금과 손금을 작업진행률을 기준으로 하여 산입한다. 그 이유는 도급공사가 다수의 회계기간에 걸치는 장기도급계약의 경우에도 권리·의무확정주의(제40조)가 엄격하게 적용된다면 공사 진행 중에는 반영되지 않던 손익이 공사가 완성되는 날에 비로소 거액으로 계상되는 불균형이 발생하기 때문이다.

이는 총공사예정비(시행규칙 제34조 제2항)와 당해 사업연도말까지 발생한 총공사비 누적액을 통하여 계산되는바, 이 중 총공사비 누적액은 공사의 착수일부터 당해 사업연도 종료일까지 실제로 투입한 누적액(재료비·노무비·기타 공사경비 등)을 말하므로(법인세법 기본통칙 제40-69...3), 여기에는 입찰·견적서 작성 및 중개수수료 등 수주 및 기타 매매계약에 수반되는 비용은 포함되지 않고, 당기의 공사원가에 해당하는 감가상각비를 판매관리비로 계상한 경우에는 공사원가에 가산하여 작업진행률을 계산하며, 자재비를 부담하지 아니하는 조건으로 도급계약을 체결한 경우 총공사비에는 자기가 부담하지 않은 자재비는 제외한다(기본통칙 제41-69...6).

또한, 주택신축판매 법인의 모델하우스 설치비용은 작업진행률 계산시 '총공사예정비' 및 '총공사비 누적액'에 산입하지 않는 반면, 그 외의 지역난방공사비, 설계비, 도로분담금 등 당해 공사와 직접적으로 관련이 있는 공사원가에 대하여는 산입한다(국세청 2001. 2. 26. 자 법인 제46012-431호).

한편, 과거 일반기업회계기준은 건설형 공사계약의 범위에 예약매출까지 포함하고 있는 반면, K-IFRS는 건설형 공사계약의 범위에 예약매출을 포함하지 않고 재화의 판매로 보아 인도시점에 수익을 인식하도록 하고 있으므로, K-IFRS를 도입하는 기업은 예약매출의 손익인식과 관련된 법인세법과 기업회계기준 간의 차액을 조정하여야 한다.

주식회사 ▲아이앤디 법인세부과처분취소 청구 사건
(대법원 2014. 2. 27. 선고 2011두13842 판결)

> [판결요지]
>
> 구 법인세법 시행령(2008.2.29.대통령령 제20720호로 개정되기 전의 것)제69조 제2항, 구 법인세법 시행규칙(2007.3.30.재정경제부령 제547호로 개정되기 전의 것, 이하 '시행규칙'이라 한다)제34조 제1항, 제2항 의 문언 내용과 공사 등의 진행 정도에 맞추어 손익을 배분함으로써 기간손익의 왜곡을 방지하려는 입법 취지 등을 종합하여 보면, 시행규칙 제34조 제1항 에서 정하는 작업진행률 산식의 분자인 '당해 사업연도말까지 발생한 총공사비 누적액'은 당해 사업연도 말까지 목적물의 건설을 위하여 실제 투입된 총공사비의 누적액을 말하고, 이는 공사 등의 일부 또는 전부를 제3자에게 도급하여 목적물의 건설을 완료하는 경우라고 하여 달리 볼 것은 아니다.
>
> 따라서 예약매출에 ○○아파트 분양사업을 하는 법인이 수급인에게 공사의 일부 또는 전부를 ○○아파트를 건설하는 경우, 도급계약과 관련하여 작업진행률 산식의 분자인 '당해 사업연도 말까지 발생한 총공사비 누적액'에 포함되어야 하는 공사비는 도급계약에 따라 지급의무가 확정된 공사비가 아니라 '수급인의 실제 공사 진행 정도에 따라 그 법인에 사실상 지급의무가 발생한 공사비(=도급금액 × 수급인의 작업진행률)'이다.

참고로, 장기도급계약에 있어서는 손익의 귀속사업연도를 급부 유형별로 구분하여 인식할 것이 아니라 계약별로 일괄하여 인식하여야 한다(아래 94누3469 참조).

> 에어 리끼드　법인세등부과처분취소 청구 사건
> (대법원 1995. 7. 14. 선고 94누3469 판결)
>
> [이유]
>
> 장기도급계약에 있어서는 그 손익의 귀속사업연도를 급부유형별로 구분하여 인식할 것이 아니라 계약별로 일괄하여 인식하여야 하기 때문에, 구 법인세법 제17조 및 같은법시행령 제37조 소정의 건설의 완료정도도 급부유형별로 구분하여 계산할 것이 아니라 계약별로 일괄하여 계산하여야 할 것이다. 그런데 원심이 적법히 확정한 사실과 기록에 의하면, 이 사건 계약은 소외 포항종합제철 주식회사(이하 '포철'이라 한다)가 광양제철소에 산

소공장을 신설하여 이를 합리적으로 운용하려는 의도 아래 그 계약의 매수인이 되고, 원고가 소외 강원산업주식회사와 컨소시움(consortium)을 형성하여 매도인측의 공동계약 당사자가 됨과 동시에 매도인측의 대표사로서, 계약된 공장이 전체적으로 순조롭고 적정 효율적으로 가동되도록 보장하는 것을 목적으로 하는 계약으로서, 원고가 그와 같은 계약의 이행을 위하여, ① 공장 설계 및 엔지니어링용역, ② 공장건설에 필요한 기자재 일부, ③ 건설공사현장에서의 엔지니어링 및 감독용역, ④ 공장의 건설, 유지 및 가동에 필요한 모든 설계도면 서류 및 교범, ⑤ 포철 기술요원에 대한 훈련용역 등을 각 제공하기로 하는 등 원고가 수행할 모든 유형별 급부내역과 이행방식에 관하여 그 계약조항을 두었다는 것이므로, 이는 위 각 급부유형별로 구분하여 체결된 수개의 계약이 아니라 이러한 모든 유형별 급부내역을 일체로 하여 체결된 하나의 플랜트 건설판매계약이라 할 것이다.

그리고 기록에 의하면, 그 도급계약기간이 2사업연도 이상에 걸쳐 6월 이상임이 명백하므로, 이 사건 계약은 구 법인세법 제17조 제8항 소정의 장기도급계약에 해당한다고 할 것이며, 또한 원심이 적법히 확정한 사실관계에 의하면, 원고는 플랜트 건설과 관련한 설계, 감리 등의 기술용역 및 플랜트 건설에 필요한 기자재의 공급 등을 주된 사업으로 하는 불란서공화국법인으로서 1986 사업연도에 국내에 고정사업장을 가지고 있었다는 것이다. 사정이 이와 같다면, 불란서공화국법인으로서 국내에 고정사업장을 가지고 있는 원고의 이 사건 계약에 따른 각 사업연도의 수익의 귀속사업연도는 그 급부유형별로 구분하여 인식할 것이 아니라 그 급부전체를 일괄하여 인식하여야 하고, 구 법인세법 제17조 제8항 및 같은법시행령 제37조 소정의 건설의 완료정도도 그 급부유형별로 구분하여 계산할 것이 아니라 그 급부전체를 일괄하여 계산하여야 할 것인바, 원심이 같은 취지에서 피고가 1986 사업연도 이 사건 감독용역의 대가의 귀속사업연도를 인식함에 있어서, 원고의 비치 기장된 장부가 없어 실지 소요된 총공사비를 확인할 수 없는 관계로 구 법인세법시행령 제37조 , 같은법시행규칙 제15조(1995.3.30. 총리령 제492호로 개정되기 전의 것) 소정의 이 사건 계약상의 급부전체의 작업진행율을 계산할 수 없고(원고가 원심에서 추가로 제출한 증빙서류에 의하더라도 위 작업진행율을 계산할 수 없다는 것이다), 또한 원고가 제출한 도급자의 기성고확인서(갑 제8호증)는 이 사건 계약에 따른 여러 유형의 급부 중 감독용역부분에 대한 것뿐이어서 이것만으로는 그 급부전체의 기성부분을 확인할 수 없기 때문에 구 법인세법 제17조 제8항 , 같은법시행령 제37조 의 규정에 의하여서는 인식할 수 없다고 보면서, 다만 이 사건 계약에 있어서는 원고가 제공하기로 한 위 감독용역 등 급부유형별로 그 대가의 지급시기 및 지급방법 등 지급조건에 관한 약정이 되어 있으며(제4조), 그 약정에 따라 발주자인 위 포철로부터 그 대가를 지급받았으므로, 위 국세청 플랜트 건설 판매업 과세기준 제2항 가호 단서의 규정에 의하여 인식하는 것이 합리적이라고 보고, 이 사건 계약상의 다른 유형의 급부의 대가와 마찬가지로 원고가 1986 사업연도에 이 사건 계약에 따라 위 포철로부터 지급받은 대가의 합계액을 기준으로 하여 인식한 것을 위법이라 할 수 없다고 판단한 것은 기록과 관계법령에 비추어 정당하다고 수긍이 되며, 거기에 소론과 같이 소득원천 및 수입금액 인식시점에 관한 법리를 오해한 위법이 있다고 볼 수 없다.

2) 예외 - 인도·발생기준

법인세법 시행령 제69조(용역제공 등에 의한 손익의 귀속사업연도)

① (중략) 다만, 다음 각 호의 어느 하나에 해당하는 경우에는 그 목적물의 인도일이 속하는 사업연도의 익금과 손금에 산입할 수 있다.

1. 중소기업인 법인이 수행하는 계약기간이 1년 미만인 건설 등의 경우

2. 기업회계기준에 따라 그 목적물의 인도일이 속하는 사업연도의 수익과 비용으로 계상한 경우

② 제1항을 적용할 때 다음 각 호의 어느 하나에 해당하는 경우에는 그 목적물의 인도일이 속하는 사업연도의 익금과 손금에 각각 산입한다.

1. 작업진행률을 계산할 수 없다고 인정되는 경우로서 기획재정부령으로 정하는 경우

2. 법 제51조의2제1항 각 호의 어느 하나에 해당하는 법인으로서 국제회계기준을 적용하는 법인이 수행하는 예약매출의 경우

법인세법 시행규칙 제34조(작업진행률의 계산 등)

④ 영 제69조제2항제1호에서 "기획재정부령으로 정하는 경우"란 법인이

비치·기장한 장부가 없거나 비치·기장한 장부의 내용이 충분하지 아니하여 당해사업연도 종료일까지 실제로 소요된 총공사비누적액 또는 작업시간 등을 확인할 수 없는 경우를 말한다.

법인세법 제51조의2(유동화전문회사 등에 대한 소득공제)

① 다음 각 호의 어느 하나에 해당하는 내국법인이 대통령령으로 정하는 배당가능이익의 100분의 90 이상을 배당한 경우 그 금액은 해당 사업연도의 소득금액에서 공제한다.

1. 「자산유동화에 관한 법률」에 따른 유동화전문회사

2. 「자본시장과 금융투자업에 관한 법률」에 따른 투자회사, 투자목적회사, 투자유한회사, 투자합자회사(같은 법 제9조제18항제7호의 사모투자전문회사는 제외한다) 및 투자유한책임회사

3. 「기업구조조정투자회사법」에 따른 기업구조조정투자회사

4. 「부동산투자회사법」에 따른 기업구조조정 부동산투자회사 및 위탁관리 부동산투자회사

5. 「선박투자회사법」에 따른 선박투자회사

6. 「임대주택법」에 따른 특수 목적 법인 등으로서 대통령령으로 정하는 법인

7. 「문화산업진흥 기본법」에 따른 문화산업전문회사

8. 「해외자원개발 사업법」에 따른 해외자원개발투자회사

9. 제1호부터 제8호까지와 유사한 투자회사로서 다음 각 목의 요건을 갖춘 법인일 것

가. 회사의 자산을 설비투자, 사회간접자본 시설투자, 자원개발, 그 밖에 상당한 기간과 자금이 소요되는 특정사업에 운용하고 그 수익을 주주에게 배분하는 회사일 것

나. 본점 외의 영업소를 설치하지 아니하고 직원과 상근하는 임원을 두지 아니할 것

다. 한시적으로 설립된 회사로서 존립기간이 2년 이상일 것

라. 「상법」이나 그 밖의 법률의 규정에 따른 주식회사로서 발기설립의 방법으로 설립할 것

마. 발기인이 「기업구조조정투자회사법」 제4조제2항 각 호의 어느 하나에 해당하지 아니하고 대통령령으로 정하는 요건을 충족할 것

> 바. 이사가 「기업구조조정투자회사법」 제12조 각 호의 어느 하나에 해당하지 아니할 것
> 사. 감사는 「기업구조조정투자회사법」 제17조에 적합할 것. 이 경우 "기업구조조정투자회사"는 "회사"로 본다.
> 아. 자본금 규모, 자산관리업무와 자금관리업무의 위탁 및 설립신고 등에 관하여 대통령령으로 정하는 요건을 충족할 것

구 법인세법에서는 단기도급공사에 대하여 원칙적으로 인도기준에 따라 손익을 인식하되, 결산시 작업진행률에 따라 손익을 인식한 경우 이를 인정하도록 규정하고 있었던 반면, K-IFRS는 중소기업에 대한 특례규정을 전혀 두고 있지 아니하므로 K-IFRS를 적용하는 중소기업으로서는 단기도급계약에도 예외 없이 작업진행률 기준을 적용하여 손익을 인식해야 하며, 더욱이 구 법인세법상 인도기준을 적용할 수 없는 중소기업에게는 세 부담이 증가할 수 있다는 문제가 제기되었다. 따라서, 2010년 개정 세법은 중소기업에 한하여 결산과 관계없이 인도기준으로 할 수 있도록 허용하였다.

작업진행률을 계산할 수 없는 경우에는 원가계산을 시공지역별 또는 전체적으로 포괄하는 방식으로 함으로써 도급건별로 총공사비를 확인할 수 없는 경우도 해당된다(1980. 8. 18. 자 국심 제480서525호).

> 작업진행률에 의한 건설용역의 손익귀속시기
> (국세청 2000. 3. 16. 자 법인, 법인 제46012-711호 질의회신)
>
> 법인이 계약기간이 1년 미만인 건설용역에 대한 공사수입과 그에 대응하는 비용을 법인세법시행규칙 제34조 제1항의 규정에 의한 작업진행률을 적용하여 계상하였으나 착공일이 속하는 사업연도에 당해 공사와 관련된 총공사예정비가 착오에 의하여 과다 계산됨에 따라 공사수입으로 계상된 금액이 적게 계상된 경우 그 차액을 당해 사업연도의 소득금액 계산상 익금에 산입한다.

3) 공사계약의 해제시 귀속시기

법인세법 시행령 제69조(용역제공 등에 의한 손익의 귀속사업연도)

③ 제1항을 적용할 때 작업진행률에 의한 익금 또는 손금이 공사계약의 해약으로 인하여 확정된 금액과 차액이 발생된 경우에는 그 차액을 해약일이 속하는 사업연도의 익금 또는 손금에 산입한다.

사. 이자소득 및 배당소득 등

1) 이자소득 (발생주의 원칙, 금융보험업자의 경우 수정현금주의가 적용)

법인세법 시행령 제70조(이자소득 등의 귀속사업연도)

① 법 제40조제1항 및 제2항을 적용할 때 이자 등의 익금과 손금의 귀속사업연도는 다음 각 호에 따른다.

1. 법인이 수입하는 이자 및 할인액 : 「소득세법 시행령」 제45조에 따른 수입시기에 해당하는 날(한국표준산업분류상 금융보험업을 영위하는 법인의 경우에는 실제로 수입된 날로 하되, 선수입이자 및 할인액은 제외한다)이 속하는 사업연도. 다만, 결산을 확정함에 있어서 이미 경과한 기간에 대응하는 이자 및 할인액(법 제73조에 따라 원천징수되는 이자 및 할인액은 제외한다)을 해당 사업연도의 수익으로 계상한 경우에는 그 계상한 사업연도의 익금으로 한다.

소득세법 시행령 제45조(이자소득의 수입시기)

이자소득의 수입시기는 다음 각 호에 따른 날로 한다.

1. 법 제16조제1항제12호 및 제13호에 따른 이자와 할인액 : 약정에 따른 상환일. 다만, 기일 전에 상환하는 때에는 그 상환일

2. 법 제46조제1항의 규정에 의한 채권등으로서 무기명인 것의 이자와 할인액 : 그 지급을 받은 날

3. 법 제46조제1항의 규정에 의한 채권등으로서 기명인 것의 이자와 할인액 : 약정에 의한 지급일

4. 보통예금·정기예금·적금 또는 부금의 이자 :

가. 실제로 이자를 지급 받는 날

나. 원본에 전입하는 뜻의 특약이 있는 이자는 그 특약에 의하여 원본에 전입된 날.

다. 해약으로 인하여 지급되는 이자는 그 해약일

라. 계약기간을 연장하는 경우에는 그 연장하는 날

마. 정기예금연결정기적금의 경우 정기예금의 이자는 정기예금 또는 정기적금이 해약

되거나 정기적금의 저축기간이 만료되는 날

5. 통지예금의 이자 : 인출일

6. 삭제

7. 채권 또는 증권의 환매조건부 매매차익 : 약정에 의한 당해 채권 또는 증권의 환매수일 또는 환매도일. 다만, 기일전에 환매수 또는 환매도하는 경우에는 그 환매수일 또는 환매도일로 한다.

8. 저축성보험의 보험차익 : 보험금 또는 환급금의 지급일. 다만, 기일전에 해지하는 경우에는 그 해지일로 한다.

9. 직장공제회 초과반환금 : 약정에 따른 납입금 초과이익 및 반환금 추가이익의 지급일. 다만, 반환금을 분할하여 지급하는 경우 원본에 전입하는 뜻의 특약이 있는 납입금 초과이익은 특약에 따라 원본에 전입된 날로 한다.

9의2. 비영업대금의 이익 : 약정에 의한 이자지급일. 다만, 이자지급일의 약정이 없거나 약정에 의한 이자지급일전에 이자를 지급 받는 경우 또는 제51조제7항의 규정에 의하여 총수입금액 계산에서 제외하였던 이자를 지급 받는 경우에는 그 이자지급일로 한다.

10. 제193조의2에 따른 채권등의 보유기간이자등상당액 : 해당 채권등의 매도일 또는 이자등의 지급일

11. 제1호 내지 제10호의 이자소득이 발생하는 상속재산이 상속되거나 증여되는 경우 : 상속개시일 또는 증여일

법인세법 제73조(원천징수)

① 다음 각 호의 금액(금융보험업을 하는 법인의 수입금액을 포함하되, 대통령령으로 정하는 금융회사 등에 지급되는 소득으로서 대통령령으로 정하는 것과 법인세가 부과되지 아니하거나 면제되는 소득 등 대통령령으로 정하는 것은 제외한다)을 내국법인에 지급하는 자(이하 이 조에서 "원천징

수의무자"라 한다)가 그 금액을 지급하는 경우에는 지급하는 금액에 100분의 14(「소득세법」 제16조제1항제11호의 비영업대금의 이익인 경우에는 100분의 25)의 세율을 적용하여 계산한 금액에 상당하는 법인세를 원천징수하여 그 징수일이 속하는 달의 다음 달 10일까지 납세지 관할 세무서등에 납부하여야 한다.

1. 「소득세법」 제127조제1항제1호의 이자소득금액

2. 「소득세법」 제127조제1항제2호의 배당소득금액[같은 법 제17조제1항제5호에 따른 집합투자기구로부터의 이익 중 「자본시장과 금융투자업에 관한 법률」에 따른 투자신탁(이하 제8항에서 "투자신탁"이라 한다)의 이익만 해당한다]

② 제1항을 적용할 때 같은 항 각 호의 소득금액이 「자본시장과 금융투자업에 관한 법률」에 따른 투자신탁재산에 귀속되는 시점에는 해당 소득금액이 어느 누구에게도 지급된 것으로 보지 아니한다.

법인세법 시행령 제111조(원천징수)

① 법 제73조제1항 각 호 외의 부분에서 "법인세가 부과되지 아니하거나 면제되는 소득 등 대통령령으로 정하는 것"이란 다음 각 호의 어느 하나의 소득을 말한다.

1. 법인세가 부과되지 아니하거나 면제되는 소득

2. 삭제

3. 신고한 과세표준에 이미 산입된 미지급 소득

4. 법령 또는 정관에 의하여 비영리법인이 회원 또는 조합원에게 대부한 융자금과 비영리법인이 당해 비영리법인의 연합회 또는 중앙회에 예탁한 예탁금에 대한 이자수입

5. 법률에 따라 설립된 기금을 관리·운용하는 법인으로서 기획재정부령으로 정하는 법인(이하 이 호에서 "기금운용법인"이라 한다)과 법률에 따라 공제사업을 영위하는 법인으로서 기획재정부령으로 정하는 법인 중 건강보험·연금관리 및 공제사업을 영위하는 비영리내국법인(기금운용법인의 경우에는 해당 기금사업에 한정한다)이 「국채법」 또는 「공사채등록법」에 따라 등록한 다음 각 목의 국공채 등을 발행일부터 이자지급일 또는 상환일까지 계속하여 등록·보유함으로써 발생한 이자 및 할인액

가. 국가 또는 지방자치단체가 발행한 채권 또는 증권

나. 「한국은행 통화안정증권법」에 의하여 한국은행이 발행한 통화안정증권

다. 기획재정부령이 정하는 채권 또는 증권

6. 다음 각 목의 어느 하나에 해당하는 조합의 조합원인 법인(한국표준산업분류상 금융보험업을 영위하는 법인을 제외한다)이 해당 조합의 규약에 따라 조합원 공동으로 예탁한 자금에 대한 이자수입

가. 상장유가증권에 대한 투자를 통한 증권시장의 안정을 목적으로 설립된 조합으로서 기획재정부령으로 정하는 조합

나. 채권시장의 안정을 목적으로 설립된 조합으로서 기획재정부령이 정하는 조합

7. 「한국토지주택공사법」에 따른 한국토지주택공사가 「주택법」 제61조제2항의 규정에 의하여 국민주택기금에 예탁한 자금(「국민연금법」에 의한 국민연금 및 「우체국예금·보험에 관한 법률」에 의한 우체국예금으로부터 사채발행을 통하여 조성한 자금을 예탁한 것으로서 이자소득 지급당시 국민연금 및 우체국예금이 그 사채를 계속 보유하고 있는 경우에 한한다)에 대한 이자수입

② 법 제73조제1항 각 호 외의 부분에서 "대통령령으로 정하는 금융회사 등"이란 다음 각 호의 법인을 말한다.

1. 제61조제2항제1호부터 제28호까지의 법인
2. 「한국은행법」에 의한 한국은행
3. 「자본시장과 금융투자업에 관한 법률」에 따른 집합투자업자
4. 「자본시장과 금융투자업에 관한 법률」에 따른 투자회사, 투자목적회사, 투자유한회사 및 투자합자회사(같은 법 제9조제18항제7호의 사모투자전문회사는 제외한다)
5. 「농업협동조합법」에 의한 조합
6. 「수산업협동조합법」에 따른 조합
7. 「산림조합법」에 따른 조합
8. 「신용협동조합법」에 따른 조합 및 신용협동조합중앙회
9. 「새마을금고법」에 따른 금고
10. 「자본시장과 금융투자업에 관한 법률」에 따른 증권금융회사
11. 한국거래소(위약손해공동기금에 한정한다)
12. 「자본시장과 금융투자업에 관한 법률」에 따른 한국예탁결제원

13. 「한국투자공사법」에 따른 한국투자공사

14. 「국가재정법」의 적용을 받는 기금(법인 또는 법인으로 보는 단체에 한정한다)

15. 법률에 따라 자금대부사업을 주된 목적으로 하는 법인 또는 기금(다른 사업과 구분 경리되는 것에 한정한다)

16. 「조세특례제한법」 제104조의3제1항에 따른 자본확충목적회사

17. 그 밖에 기획재정부령으로 정하는 금융보험업을 영위하는 법인

③ 법 제73조제1항 각 호 외의 부분에서 "대통령령으로 정하는 것"이란 다음 각 호의 소득을 말한다.

1. 「자본시장과 금융투자업에 관한 법률」에 따른 투자회사 및 제2항 제16호의 자본확충목적회사의 경우: 법 제73조제1항 각 호에서 정하는 이자소득금액 및 투자신탁의 이익

2. 그 밖의 금융회사 등의 경우: 법 제73조제1항 각 호에서 정하는 이자소득금액 및 투자신탁의 이익 중 법 제73조제8항에 따른 원천징수대상채권등(「전자단기사채등의 발행 및 유통에 관한 법률」에 따라 발행되는 만기 1개월 이내의 전자단기사채를 제외한다)의 이자, 할인액 및 투자신탁의 이익(이하 제4항, 제113조 및 제138조의3제1항에서 "이자등"이라 한다)을 제외한 소득

④ 제3항에 따른 이자 등에는 법 제73조제5항에 따라 금융회사 등이 원천징수를 대리하거나 위임받은 어음 또는 채무증서를 그 어음 또는 채무증서를 발행한 법인으로부터 인수·매입하여 매출(제113조제3항에 따른 매도의 경우를 포함한다)하는 경우에 그 금융회사 등에 귀속되는 이자 등은 포함되지 아니한다. 다만, 「소득세법 시행령」 제190조제1호에 따른 방법으로 매출하는 어음 외의 어음의 경우에는 그러하지 아니하다.

⑤ 법 제73조의 규정을 적용함에 있어서 다음 각 호의 어느 하나에 해당하는 경우에는 당해 채권 등의 이자등을 지급받는 것으로 본다.

1. 전환사채를 주식으로 전환하거나 교환사채를 주식으로 교환하는 경우

2. 신주인수권부사채의 신주인수권을 행사(신주 발행대금을 해당 신주인수권부사채로 납입하는 경우만 해당한다)하는 경우

⑥ 법 제73조를 적용할 때 이자소득금액의 지급시기는 「소득세법 시행령」 제190조 각호에 규정된 날로 한다. 다만, 제61조제2항제1호부터 제7

> 호까지 및 제10호의 법인이 같은 법 시행령 제190조제1호에 따른 조건의 어음을 발행하여 매출하는 경우에는 해당 어음을 할인매출하는 날에 이자 등을 지급하는 것으로 보아 원천징수하고, 「자본시장과 금융투자업에 관한 법률」에 따른 신탁업자가 운용하는 신탁재산에 귀속되는 소득금액은 「소득세법」 제155조의2에 따른 특정일에 지급하는 것으로 보아 원천징수한다.
>
> ⑦ 법 제73조를 적용할 때 「자본시장과 금융투자업에 관한 법률」에 따른 신탁업자가 신탁재산을 직접 운용하거나 보관·관리하는 경우 해당 신탁업자와 법 제73조제1항 각 호의 소득금액을 신탁재산에 지급하는 자 간에 대리 또는 위임관계가 있는 것으로 본다.

특정 기업에게 이자소득을 지급하는 법인에는 금융보험업을 영위하는 법인과 그 외의 법인(제조업·농수산업 등)을 모두 포함한다. 이 중 금융보험업을 영위하는 법인이란 통계청의 한국표준산업분류상 금융보험업을 영위하는 법인을 말한다. 위 분류상 법인에는 한국은행, 은행법 상의 인가를 받아 설립된 금융회사 등, 보험업법에 의한 보험사업자, 투자회사 등과 같은 일반적으로 제도권 금융회사라고 불리는 법인 외에도 기타여신전문금융업자, 금융관련서비스업 등과 같은 비제도권 법인까지 통칭하는 개념이다.

영은 금융보험업을 영위하는 법인의 경우 현금주의를 원칙으로 하되, 발생주의를 일부 수용하여 선수입이자 등은 제외하는 보수적인 방식을 채택하고 있다(이른바 '수정현금주의').

> 주식회사 은행 법인세부과처분취소 청구 사건
> (대법원 2002. 11. 8. 선고 2001두37961 판결)
>
> [판결요지]
>
> 구 법인세법(1994. 12. 22. 법률 제4803호로 개정되기 전의 것) 제17조 제9항 에서 은행 등 금융기관이 수입하는 이자의 귀속사업연도에 관하여 그 이자가 실제로 수입된 사업연도로 한다고 규정하고 있는 것은 은행과 같은 금융기관의 경우 다수의 고객을 상대로 신용공여 및 자금거래를 계속적으로 반복수행하고, 그 상품이 현금이라는 특성을 가지고 있다는 점

과 아울러 금융기관의 보수주의적 회계관행을 존중한다는 취지에서 현금주의에 입각하여 익금으로 산입하도록 한 것이라고 전제하고, 금융기관이 금전대여와 관련하여 채무자의 이행지체로 인하여 받게 되는 지연손해금은 이자와는 법률적인 성질을 달리하지만 대여금채권의 존재를 전제로 하여 사실상 발생하는 것으로서 일정한 비율에 의하여 지급하도록 되어 있는 금전이고, 변제기 후에도 채무자가 원본을 그대로 사용하는 것은 마찬가지라는 점에서 그 대가적 성질을 가지고 있다고 볼 수 있어 실질적으로는 당초의 약정이자나 연체이자와 유사한 성질을 가지고 있으므로, 그 익금의 귀속시기는 이자의 경우와 같이 현금주의에 의하여 실제로 수입한 때가 속하는 사업연도로 봄이 상당하다.

한편, 대법원은 위 이자소득의 경우 소득세법상의 것과는 달리 채무자의 무자력으로 인하여 현실적으로 변제될 가능성이 없다고 하더라도 이는 회수불능 확정시에 대손금의 형태로 처리하면 족할 뿐 이로 인하여 수입이자의 귀속시기가 변경되는 것은 아니라고 보고 있다(아래 2002두11479, 2003두797 참조).

한◈◈◇늄공업 주식회사 법인세등부과처분취소 청구 사건
(대법원 2004. 2. 13. 선고 2002두11479 판결)

[이유]
이 사건 수입이자의 귀속시기에 관하여 원심판결 이유에 의하면, 원심은, 그 채용 증거들을 종합하여 판시사실을 인정한 다음, 정리회사 한국티타늄공업 주식회사(이하 '정리회사'라 한다)가 특수관계에 있는 주식회사 일신석재(이하 '일신석재'라 한다)에게 자금을 빌려주고 그에 대한 이자를 매 사업연도 결산시에 미수이자(수입)로 계상하여 회계처리하였고, 일신석재도 이에 대응하여 매 사업연도 결산시에 같은 금액을 지급이자(비용)로 회계처리한 점에 비추어 보면, 정리회사와 일신석재 사이에 그 회계처리된 것과 같은 내용의 이자지급에 관한 약정이 있었다고 인정되므로 그 약정이자지급일이 속하는 당해 사업연도에 이자수입으로 귀속된 것으로 보아야 하고, 또한 정리회사가 서울항공인터내셔날 주식회사(이하 '서울항공'이라 한다)에 빌려준 대여금에 관하여는 명시적으로 그 이자지급에 관한 약정을

하였을 뿐만 아니라, 정리회사가 그 약정 이자지급일이 속하는 사업연도의 결산서에 미수이자(수입)로 회계처리한 점까지 보태어 보면, 정리회사의 서울항공에 대한 이자수입 역시 각 약정 이자지급일이 속하는 해당 사업연도에 귀속된 것으로 보아야 한다고 판단하고, 나아가 이 사건 과세처분 후에 일신석재나 서울항공의 자산 부족으로 그들에 대한 이자채권이 현실적으로 실현될 가능성이 없다고 할지라도 이는 회수불능으로 확정된 때에 대손금으로 처리할 수 있는 사유가 될 뿐이지 이로 인하여 이 사건 수입이자의 귀속시기에 영향을 미치는 것은 아니라고 판단하였다.

기록에 비추어 살펴보면, 원심의 위와 같은 인정과 판단은 정당한 것으로 수긍이 가고, 거기에 심리미진으로 인한 사실오인 또는 이자수입의 귀속시기에 관한 법리오해 등의 위법이 있다고 할 수 없다.

영◈산업 주식회사 법인세등부과처분취소 청구 사건
(대법원 2005. 5. 26. 선고 2003두797 판결)

[이유]

구 법인세법(1996. 12. 30. 법률 제5192호로 개정되기 전의 것) 제17조 제1항 은 내국법인의 각 사업연도의 익금의 귀속사업연도는 그 익금이 확정된 날이 속하는 사업연도로 한다고 규정하고 있고, 이 때의 익금의 확정이란 과세대상 소득이 실현될 가능성이 상당히 높은 정도로 성숙되었음을 의미하는 것으로서, 법인세법에서는 소득세법상의 이자소득과는 달리 채무자의 무자력으로 인한 회수불능의 채권을 법인의 각 사업연도 소득을 계산함에 있어 대손금으로 익금에서 공제되는 손금에 산입하게 되어 있음을 고려하면, 법인세법상 이자채권으로 인한 소득의 확정도 그 실현가능성이 상당히 높은 정도로 성숙되었는지의 여부에 따르면 될 것이고 달리 볼 이유가 없으며, 채무자의 자산부족으로 이자채권이 현실적으로 변제될 가능성이 없다면 회수불능으로 확정된 때에 대손금으로 처리할 수 있는 사유가 될 뿐이다(대법원 2004. 2. 13. 선고 2002두11479 판결 참조). 기록에 의하면, 원고는 1991. 12. 31. 소외 회사와 사이에 그 전에 체결한 가계약의 내용을 확정하면서 이 사건 제1토지의 매매잔대금으로 11,848,163,000원이 남아있는 것으로 정산하고, 이에 대하여 1992. 1. 1.부터 완제일까지 연 18%의 비율에 의한 지연이자를 지급받되, 그 완제기일을 1992. 4. 30.로 약정하고, 이에 대한 담보로 이 사건 근저당권과 지상권까지 취득함으로써 법인세법상 소득을 얻게 되었다고 할 것이며, 비록 소외 회사가 1993. 4. 7. 폐업에 이르렀다고 하더라도 이 사건 근저당권과 아울러 이 사건 지상권을 행사하는 경우 이 사건 ○○아파트 부지로 사용하려는 제3취득자들로부터 위 근저당권의 채권최고액을 초과하여 이 사건 지연이자채권을 변제 받을 가능성도 배제할 수 없으며, 원고는 스스로 이 사건 사업연도 기간 동안 회계처리 및 법인세 과세표준 신고를 함에 있어 이 사건 제1, 2토지의 매매잔대금에 대하여 연 18%의 비율로 계산한 지연이자를 미수수익으로 계상하여 왔을 뿐만 아니라, 그 후인 1996 사업연도와 1997 사업연도에도 이 사건 지연이자를 미수수익으로 계상하여 왔고, 1997. 1. 27. 소외 회사를 통하여 이 사건 토지를 매수한 한국노총인천지부연합주택조합으로부터 이 사건 제1, 2토지의 매매잔대금과 이에 대한 지연손해금조로 131억 원을 지급받으면서 나머지 금액에 대하여는 더 이상 청구하지 않겠다는 취지의 합의를 한 후 지급받지 못한 매매잔대금 내지 지연손해금을 대손처리하여 기업회계에 반영하려고 하였으나, 당시는 아이엠에프(imf) 외환위기 상황이고, 원고의 당기순이익이 24억 원 정도로 경영이 부진하여 위 금액을 대손처리하는 경우 적자(당기순손실)를 내게 되어 금융기관으로부터 대출을 받을 수 있는 길이 막히게 되고, 그러한 경우 도산의 위기에 내몰릴 가능성까지 있었기 때문에 대손처리를 하지 않았던 사실을 알 수 있으므로 이 사건 각 사업연도의 결산일에 이 사건 지연이자가 권리확정이 되지 않았다고 보기는 어렵다 할 것이다.

한편, 특정 기업에게 소득세법상의 이자소득을 지급하는 법인은 법 제73조 및 영 제111조 상 원천징수를 배제하고 있는 일부의 소득을 제외하고는 그에 대하여 특정 기업이 부담하는 법인세를 원천징수하여야 하는바, 특정 기업이 원천징수에 해당하는 이자소득(기간 경과분)을 당해 사업연도의 수익으로 계상한다고 하더라도 이를 익금으로 보아서는 아니된다.

신◈◈◇금융 주식회사 예금 청구 사건
(서울지방법원 1999. 12. 12. 선고 99가합73260 판결)

[판결요지]

구 법인세법(1999. 12. 28. 법률 제6047호로 개정되기 전의 것) 제73조 제1항 에는 " 소득세법 제127조 제1항 제1호 의 이자소득금액(대통령령이 정하는 금융보험업의 수입금액을 포함한다.)과 같은 법 제17조 제1항 제5호 의 증권투자신탁수익의 분배금을 내국법인에게 지급하는 자가 그 금액을 지급하는 때에는 그 지급하는 금액에 다음 각 호의 세율을 적용하여 계산한 금액에 상당하는 법인세를 징수하여 그 징수일이 속하는 달의 다음 달 10일까지 이를 납세지 관할 세무서 등에 납부하여야 한다."고 규정되어 있고, 구 법인세법시행령(1999. 12. 31. 대통령령 제16658호로 개정되기 전의 것) 제111조 제2항 에는 " 법 제73조 제1항 에서 '대통령령이 정하는 금융보험업의 수입금액'이라 함은 금융보험업을 영위하는 법인의 수익금액을 말한다. 다만, 다음 각 호의 1에 해당하는 법인의 경우에는 제113조 제4항 의 채권 등의 이자와 할인액으로서 법 제73조 의 규정에 의하여 원천징수되는 소득에 한한다."라고 규정되어 있으며, 같은법시행령 제111조 제2항 제1호 , 제61조 제2항 제9호 에는 종합금융회사에관한법률에 의한 종합금융회사가 같은법시행령 제111조 제2항 단서 상의 법인 중의 하나로 규정되어 있으므로, 종합금융회사가 예치한 예금에 대한 이자소득은 같은 법시행령 제111조 제2항 에 의하여 법인세 원천징수의 대상이 되지 아니하나, 같은법시행령 제111조 제2항 본문에서 '금융보험업을 영위하는 법인'이라고 표현하고 있고, 같은법시행령 제61조 제2항 제1호 에 '은행법에 의한 인가를 받아 설립된 금융기관'으로, 제9호에 '종합금융회사에관한법률에 의한 종합금융회사'라고 표현되어 있는 점, 구 종합금융회사에관한법률(1999. 5. 24. 법률 제5982호로 개정되기 전의 것) 제2조 제1호 에 "종합금융회사라 함은 같은 법 제7조 제1항 각 호의 업무를 종합적으로 영위하고자 제3조 의 규정에 의하여 재정경제부장관의 인가를 받은 자를 말한다."라고 규정되어 있는 점 등에 비추어 보면, 종합금융회사가 영업인가취소처분을 받은 이후에는 종합금융회사에관한법률에 의한 종합금융회사에 해당한다고 볼 수 없으므로 영업인가취소처분을 받은 이후에 발생한 이자소득은 법인세법 제73조 제1항 소정의 법인세 원천징수의 대상이 된다.

2) 이자비용 (발생주의 원칙의 적용)

> 제70조(이자소득 등의 귀속사업연도)
> ① 법 제40조제1항 및 제2항을 적용할 때 이자 등의 익금과 손금의 귀속사업연도는 다음 각 호에 따른다.
> 2. 법인이 지급하는 이자 및 할인액 : 「소득세법 시행령」 제45조의 규정에 의한 수입시기에 해당하는 날이 속하는 사업연도. 다만, 결산을 확정함에 있어서 이미 경과한 기간에 대응하는 이자 및 할인액을 당해 사업연도의 손금으로 계상한 경우에는 그 계상한 사업연도의 손금으로 한다.

이자소득과는 달리 해당 사업연도 중 경과한 기간에 대응하는 이자비용을 손금으로 계상하는 경우에 대하여는 제한이 없어, 이미 경과한 기간에 대응하는 이자비용을 당해 사업연도의 손금으로 계상할 수 있다.

단, 이미 경과한 기간에 발생한 이자비용을 손금으로 산입하기 위하여는 결산조정을 그 요건으로 한다. 만일, 법인이 결산을 확정할 때 이미 경과한 기간에 대응하는 이자 등을 해당 사업연도의 손금으로 계상하지 않았다면 소득세법 시행령 제45조의 규정에 의한 수입시기가 속하는 사업연도의 손금에 산입한다.

3) 배당소득

> 법인세법 시행령 제70조(이자소득 등의 귀속사업연도)
> ② 법 제40조제1항 및 제2항을 적용할 때 법인이 수입하는 배당금은 「소득세법 시행령」 제46조에 따른 수입시기에 해당하는 날이 속하는 사업연도의 익금에 산입한다. 다만, 제61조제2항 각 호의 금융회사 등이 금융채무등불이행자의 신용회복 지원과 채권의 공동추심을 위하여 공동으로 출자하여 설립한 「자산유동화에 관한 법률」에 따른 유동화전문회사로부터 수입하는 배당금은 실제로 지급받은 날이 속하는 사업연도의 익금에 산입한다.

소득세법 시행령 제46조 상 배당소득의 수입시기는 아래 <표>와 같다.

구분	내용	수입시기
일반 배당	무기명주식의 이익·배당	그 지급을 받은 날
	잉여금처분에 의한 배당	당해 법인의 잉여금 처분결의일
	공동사업에서 발생한 소득금액 중 출자공동사업자의 손익분배비율에 따른 배당	과세기간 종료일
	배당소득과 유사한 소득으로서 수익분배의 성격이 있는 것 및 배당소득과 파생상품이 결합되는 경우의 해당 파생상품의 거래 또는 행위로부터의 이익	그 지급을 받은 날
의제 배당	주식소각·감자·자본전입 등	주식소각 등 결의일, 퇴사·탈퇴일
	해산	잔여재산가액의 확정일
	합병·분할	합병·분할등기일(또는 분할합병등기일)
법인세법에 의하여 처분된 배당		당해 법인의 당해 사업연도의 결산확정일
집합투자기구로부터의 이익		집합투자기구로부터의 이익(분배금, 수익증권의 환매대금)을 지급받은 날. 다만, 원본에 전입하는 뜻의 특약이 있는 분배금은 그 특약에 따라 원본에 전입되는 날로 한다.

배당금과 관련하여, 내국법인이 해외자회사의 주식을 다른 외국법인에게 양도함으로써 발생한 손익의 귀속시기는 법인세법 제40조의 규정에 의하여 대금을 청산한 날, 주식을 인도한 날 또는 명의개서일 중 빠른 날로 보고(국세청 2004. 11. 15. 자 인터넷서면2팀 제2336호), 내국법인이 해외에 외국

법인과 공동으로 출자하여 설립한 해외현지법인으로부터 매분기별로 당해 현지법인의 이사회의 결의에 의하여 배당금을 수령하는 경우 그 배당금의 귀속시기는 해당국의 법령 등에 의하여 당해 내국법인의 익금으로 확정된 날이 속하는 사업연도로 한다(국세청 1995. 4. 18. 자 법인 제46012-1063호).

4) 보험료 등 (수정현금주의)

법인세법 시행령 제70조(이자소득 등의 귀속사업연도)

③ 법 제40조제1항 및 제2항을 적용할 때 한국표준산업분류상 금융보험업을 영위하는 법인이 수입하는 보험료·부금·보증료 또는 수수료(이하 이 항에서 "보험료등"이라 한다)의 귀속사업연도는 그 보험료등이 실제로 수입된 날이 속하는 사업연도로 하되, 선수입보험료등(제63조제2항에 해당하는 법인이 결산을 확정할 때 부채로 계상한 미경과보험료적립금을 포함한다)을 제외한다. 다만, 결산을 확정함에 있어서 이미 경과한 기간에 대응하는 보험료상당액 등을 해당 사업연도의 수익으로 계상한 경우(제63조제2항에 해당하는 법인이 결산을 확정할 때 미경과보험료적립금의 환입액을 수익으로 계상한 경우를 포함한다)에는 그 계상한 사업연도의 익금으로 하고, 「자본시장과 금융투자업에 관한 법률」에 따른 투자매매업자 또는 투자중개업자가 정형화된 거래방식으로 같은 법 제4조에 따른 증권(이하 이 조에서 "증권"이라 한다)을 매매하는 경우 그 수수료의 귀속사업연도는 매매계약이 체결된 날이 속하는 사업연도로 한다.

자본시장과 금융투자업에 관한 법률 제4조(증권)

① 이 법에서 "증권"이란 내국인 또는 외국인이 발행한 금융투자상품으로서 투자자가 취득과 동시에 지급한 금전등 외에 어떠한 명목으로든지 추가로 지급의무(투자자가 기초자산에 대한 매매를 성립시킬 수 있는 권리를 행사하게 됨으로써 부담하게 되는 지급의무를 제외한다)를 부담하지 아니하는 것을 말한다. 다만, 다음 각 호의 어느 하나에 해당하는 증권은 제3편제1장(제8편부터 제10편까지의 규정 중 제3편제1장의 규정에 따른 의무위반행위에 대한 부분을 포함한다) 및 제178조·제179조를 적용하는 경우에만 증권으로 본다.

1. 투자계약증권

2. 지분증권, 수익증권 또는 증권예탁증권 중 해당 증권의 유통 가능성, 이 법 또는 금융관련 법령에서의 규제 여부 등을 종합적으로 고려하여 대통령령으로 정하는 증권

② 제1항의 증권은 다음 각 호와 같이 구분한다.

1. 채무증권
2. 지분증권
3. 수익증권
4. 투자계약증권
5. 파생결합증권
6. 증권예탁증권

③ 이 법에서 "채무증권"이란 국채증권, 지방채증권, 특수채증권(법률에 의하여 직접 설립된 법인이 발행한 채권을 말한다. 이하 같다), 사채권(「상법」 제469조제2항제3호에 따른 사채의 경우에는 제7항제1호에 해당하는 것으로 한정한다. 이하 같다), 기업어음증권(기업이 사업에 필요한 자금을 조달하기 위하여 발행한 약속어음으로서 대통령령으로 정하는 요건을 갖춘 것을 말한다. 이하 같다), 그 밖에 이와 유사(類似)한 것으로서 지급청구권이 표시된 것을 말한다.

④ 이 법에서 "지분증권"이란 주권, 신주인수권이 표시된 것, 법률에 의하여 직접 설립된 법인이 발행한 출자증권, 「상법」에 따른 합자회사·유한책임회사·유한회사·합자조합·익명조합의 출자지분, 그 밖에 이와 유사한 것으로서 출자지분 또는 출자지분을 취득할 권리가 표시된 것을 말한다.

⑤ 이 법에서 "수익증권"이란 제110조의 수익증권, 제189조의 수익증권, 그 밖에 이와 유사한 것으로서 신탁의 수익권이 표시된 것을 말한다.

⑥ 이 법에서 "투자계약증권"이란 특정 투자자가 그 투자자와 타인(다른 투자자를 포함한다. 이하 이 항에서 같다) 간의 공동사업에 금전등을 투자하고 주로 타인이 수행한 공동사업의 결과에 따른 손익을 귀속받는 계약상의 권리가 표시된 것을 말한다.

⑦ 이 법에서 "파생결합증권"이란 기초자산의 가격·이자율·지표·단위 또는 이를 기초로 하는 지수 등의 변동과 연계하여 미리 정하여진 방법에 따라 지급하거나 회수하는 금전등이 결정되는 권리가 표시된 것을 말한다. 다만, 다음 각 호의 어느 하나에 해당하는 것은 제외한다.

1. 발행과 동시에 투자자가 지급한 금전등에 대한 이자, 그 밖의 과실

(果實)에 대하여만 해당 기초자산의 가격·이자율·지표·단위 또는 이를 기초로 하는 지수 등의 변동과 연계된 증권

2. 제5조제1항제2호에 따른 계약상의 권리(제5조제1항 각 호 외의 부분 단서에서 정하는 금융투자상품은 제외한다)

3. 해당 사채의 발행 당시 객관적이고 합리적인 기준에 따라 미리 정하는 사유가 발생하는 경우 주식으로 전환되거나 그 사채의 상환과 이자지급 의무가 감면된다는 조건이 붙은 것으로서 제165조의11제1항에 따라 주권상장법인이 발행하는 사채

4. 「상법」 제469조제2항제2호, 제513조 및 제516조의2에 따른 사채

5. 그 밖에 제1호부터 제4호까지의 규정에 따른 금융투자상품과 유사한 것으로서 대통령령으로 정하는 금융투자상품

⑧ 이 법에서 "증권예탁증권"이란 제2항제1호부터 제5호까지의 증권을 예탁받은 자가 그 증권이 발행된 국가 외의 국가에서 발행한 것으로서 그 예탁받은 증권에 관련된 권리가 표시된 것을 말한다.

⑨ 제2항 각 호의 어느 하나에 해당하는 증권에 표시될 수 있거나 표시되어야 할 권리는 그 증권이 발행되지 아니한 경우에도 그 증권으로 본다.

보험기간 만료 후에 만기반환금을 지급하겠다는 약정이 있는 손해보험료를 지급한 경우에는 지급한 보험료 가운데 적립보험료에 상당하는 부분의 금액은 자산으로 하고, 기타 금액은 기간의 경과에 따라 손금산입하며(기본통칙 제19-19...9), 산업재해보상보험법 제65조 및 제66조 규정에 의하여 개산보험료를 납부한 후 동법 제67조의 규정에 의하여 확정보험료와의 차액을 추가로 납부하는 경우에 추가납부하는 보험료의 손금귀속시기는 그 납부할 금액이 확정된 날이 속하는 사업연도로 한다(기본통칙 제40-71...5).

5) 투자회사 및 신탁업자에 대한 특례

제70조(이자소득 등의 귀속사업연도)

④ 투자회사등이 결산을 확정할 때 증권 등의 투자와 관련된 수익중 이미 경과한 기간에 대응하는 이자 및 할인액과 배당소득을 해당 사업연도의 수익으로 계상한 경우에는 제1항 및 제2항의 규정에 불구하고 그 계상한 사업연도의 익금으로 한다.

⑤ 「자본시장과 금융투자업에 관한 법률」에 따른 신탁업자가 운용하는 신탁재산(같은 법에 따른 투자신탁재산은 제외한다. 이하 제111조 및 제113조에서 같다)에 귀속되는 법 제73조제1항 각 호의 소득금액의 귀속사업연도는 제1항 및 제2항에도 불구하고 제111조제6항에 따른 원천징수일이 속하는 사업연도로 한다.

아. 임대료(차임) 등 기타 손익

1) 임대료(차임)

법인세법 시행령 제71조(임대료 등 기타 손익의 귀속사업연도)

① 법 제40조제1항 및 제2항의 규정을 적용함에 있어서 자산의 임대로 인한 익금과 손금의 귀속사업연도는 다음 각호의 날이 속하는 사업연도로 한다. 다만, 결산을 확정함에 있어서 이미 경과한 기간에 대응하는 임대료 상당액과 이에 대응하는 비용을 당해 사업연도의 수익과 손비로 계상한 경우 및 임대료 지급기간이 1년을 초과하는 경우 이미 경과한 기간에 대응하는 임대료 상당액과 비용은 이를 각각 당해 사업연도의 익금과 손금으로 한다.

1. 계약 등에 의하여 임대료의 지급일이 정하여진 경우에는 그 지급일
2. 계약 등에 의하여 임대료의 지급일이 정하여지지 아니한 경우에는 그 지급을 받은 날

임대료 지급기간	귀속사업연도
1년 이하	원칙 : 계약 등에 의한 지급일, 또는 지급일이 없는 경우 그 지급을 실제로 받은 날 예외 : 이미 경과한 기간에 대응하는 임대료상당액 및 그 비용을 당해 사업연도의 손익으로 계상한 경우(발생주의에 따른 보충)
1년 초과	이미 경과한 기간에 대응하는 임대료상당액과 비용(결산기에 손익으로 계상하였는지 여부 불문)

법인이 임차한 건물을 특수관계 없는 다른 법인에게 전대하면서 임차법인으로부터 임대보증금 및 임대료 외에 일정기간 동안의 시설물사용료 명목으로 일시에 받는 금액은 선수임대료에 해당하므로, 사용수익기간 동안 균등하게 안분하여 익금에 산입하는 것이며, 임차법인의 경우에도 동 금액은 사용수익기간 동안 균등하게 안분하여 손금에 산입한다(재정경제부 2001. 9. 24. 자 법인 제46012-162호).

또한, 법인이 토지를 임대함에 있어서 임차인의 부담으로 같은 토지 지상에 건축물을 신축하여 일정기간 사용하도록 하되 당해 건축물의 준공과 동시에 그 소유권을 임대법인이 취득한 경우, 임대법인은 토지의 임대료를 미리 받은 것으로 보아 당해 건축물의 취득당시의 시가상당액을 자산으로 계상하고 그 사용기간에 안분하여 산출한 금액을 임대료 수입으로 익금산입하는 것이며, 또한 임대법인이 당해 건축물을 취득한 후 동 건축물에 대하여 부과된 재산세·종합토지세 등을 임차인이 부담하는 경우 그 금액은 이를 임대법인의 임대료 수입으로 보아 익금산입하고 재산세 등으로 실제로 납부된 금액은 이를 손금산입한다(국세청 1999. 7. 8. 자 법인 제46012-2595호).

한편, 임차인이 개수(자본적 지출에 한함)하는 조건으로 무상 또는 저렴한 요율로 건물을 임대한 경우 임차인이 임대차계약에 의하여 부담한 건물개수비(통상임대료가 한도)는 임대인의 임대수익에 해당하므로, 임대인은 그 자본적 지출 상당액을 당해 임대자산의 원본에 가산하여 감가상각함과 동시에 선수임대료로 계상한 개수비 상당액은 임대기간(임대기간을 연장할 수 없다는 특약이 있는 경우에 한함)에 안분하여 임료수익으로 처리한다. 단, 개수비가 임대기간의 통상 임대료 총액을 초과하여 조세를 부당히 감소시킨 것으로 인정되는 경우에는 개수비에서 통상 임대료 총액을 차감한 금액은 손금불산입하고 개수완료일에 임대인에게 소득처분한다(법 기본통칙 40-71...3).

2) 금전등록기를 설치한 법인의 매출액 등

법인세법 시행령 제71조(임대료 등 기타 손익의 귀속사업연도)

② 법 제40조제1항 및 제2항의 규정을 적용함에 있어서 「소득세법」 제162조 및 「부가가치세법」 제36조제4항을 적용받는 업종(편저자 주 : 영수증을 작성·교부할 수 있는 업종)을 영위하는 법인이 금전등록기를 설치·사용하는 경우 그 수입하는 물품대금과 용역대가의 귀속사업연도는 그 금액이 실제로 수입된 사업연도로 할 수 있다.

금전등록기(일명 POS기)를 통하여 관리되는 매출액은 비교적 소액일 뿐만 아니라 계속·반복적으로 이뤄진다는 이유로 현금주의만을 따랐다.

3) 사채할인발행차금

법인세법 시행령 제71조(임대료 등 기타 손익의 귀속사업연도)
③ 법 제40조제1항 및 제2항의 규정을 적용함에 있어서 법인이 사채를 발행하는 경우에 상환할 사채금액의 합계액에서 사채발행가액(사채발행수수료와 사채발행을 위하여 직접 필수적으로 지출된 비용을 차감한 후의 가액을 말한다)의 합계액을 공제한 금액(이하 이 항에서 "사채할인발행차금"이라 한다)은 기업회계기준에 의한 사채할인발행차금의 상각방법에 따라 이를 손금에 산입한다.

K-IFRS에서도 구 일반기업회계기준에서와 마찬가지로 사채할인발행차금을 사채발행시부터 최종 상환시까지 동안 유효이자율법을 적용하여 상각하고, 그 상각액은 사채이자에 가산하도록 규정하고 있다.

4) 자산유동화에 관한 법률에 따라 양도하는 보유자산

법인세법 시행령 제71조(임대료 등 기타 손익의 귀속사업연도)
④ 법 제40조제1항 및 제2항을 적용할 때 「자산유동화에 관한 법률」 제13조에 따른 방법에 의하여 보유자산을 양도하는 경우 및 매출채권 또는 받을어음을 배서양도하는 경우에는 기업회계기준에 의한 손익인식방법에 따라 관련 손익의 귀속사업연도를 정한다.

K-IFRS는 매출채권 및 받을어음의 할인과 관련하여 그 실질에 따라 매각

거래 또는 차입거래로 분류하도록 규정하고 있는바, 차입거래로 보는 경우에는 매각·양도로 보지 않으므로 양도일을 기준으로 귀속시기를 판단하지 아니한다.

5) 취소된 개발비용 및 차액결제 파생상품

> 법인세법 시행령 제71조(임대료 등 기타 손익의 귀속사업연도)
> ⑤ 법 제40조제1항 및 제2항을 적용할 때 법인이 제24조제1항제2호바목에 따른 개발비로 계상하였으나 해당 제품의 판매 또는 사용이 가능한 시점이 도래하기 전에 개발을 취소한 경우에는 다음 각 호의 요건을 모두 충족하는 날이 속하는 사업연도의 손금에 산입한다.
> 1. 해당 개발로부터 상업적인 생산 또는 사용을 위한 해당 재료·장치·제품·공정·시스템 또는 용역을 개선한 결과를 식별할 수 없을 것
> 2. 해당 개발비를 전액 손금으로 계상하였을 것
> ⑥ 법 제40조제1항 및 제2항을 적용할 때 계약의 목적물을 인도하지 아니하고 목적물의 가액변동에 따른 차액을 금전으로 정산하는 파생상품의 거래로 인한 손익은 그 거래에서 정하는 대금결제일이 속하는 사업연도의 익금과 손금으로 한다.

손익의 귀속사업연도인 대금결제일 등 이전에 파생상품에 대하여 계상한 평가손익은 각 사업연도의 소득금액 계산에 있어서 익금 또는 손금산입하지 않는다(기본통칙 제40-71...22).

자. 무상으로 받은 자산

> 대물산주식회사 법인세등부과처분취소 청구 사건
> (대법원 1985. 2. 26. 선고 84누133 판결)
>
> [판결요지]
> 법인세법 제3조 제2항 , 제9조 , 제17조 의 각 규정에 비추어 볼 때 법인의 수익으로 되는 동법 시행령 제12조 제1항 제6호(편저자주 : 현행 제

11조 제5호) 소정의 무상으로 받은 자산의 익금 확정시기는 그 수증재산을 받을 권리가 확정된 때에 속하는 사업연도라고 풀이해야 할 것이므로 수증재산에 관한 소유권이전등기를 경료하지 아니하였더라도 사실상 증여받은 때에는 그 사업연도의 익금으로 확정되었다 할 것이니, 그 수증재산의 가액산정에 관한 동법 시행령 제28조 소정의 그 자산을 받은 날은 그 익금으로 확정된 날인 사실상 증여받은 날로 보아야 한다.

차. 리스료

법인세법 시행규칙 제35조(리스료등의 귀속사업연도)

① 리스이용자가 리스로 인하여 수입하거나 지급하는 리스료(리스개설직접원가를 제외한다)의 익금과 손금의 귀속사업연도는 기업회계기준으로 정하는 바에 따른다.

카. 조합 등으로부터 받는 분배이익금

법인세법 시행규칙 제35조(리스료등의 귀속사업연도)

② 법인이 아닌 조합 등으로부터 받는 분배이익금의 귀속사업연도는 당해조합 등의 결산기간이 종료하는 날이 속하는 사업연도로 한다.

타. 징발보상증권으로 받는 징발재산매각대금

법인세법 시행규칙 제35조(리스료등의 귀속사업연도)

③「징발재산정리에 관한 특별조치법」에 의하여 징발된 재산을 국가에 매도하고 그 대금을 징발보상증권으로 받는 경우 그 손익은 상환조건에 따라 각 사업연도에 상환받았거나 상환받을 금액과 그 상환비율에 상당하는 매도재산의 원가를 각각 해당 사업연도의 익금과 손금에 산입한다. 이 경우 징발보상증권을 국가로부터 전부 상환받기 전에 양도한 경우 양도한 징

발보상증권에 상당하는 금액에 대하여는 그 양도한 때에 상환받은 것으로 본다.

파. 기타 법령에 별도의 규정이 없는 경우

법인세법 시행령 제71조(임대료 등 기타 손익의 귀속사업연도)

⑦ 법 제40조제1항 및 제2항을 적용할 때 법(제43조를 제외한다)·「조세특례제한법」 및 이 영에서 규정한 것 외의 익금과 손금의 귀속사업연도에 관하여는 기획재정부령으로 정한다.

법인세법시행규칙 제36조(기타 손익의 귀속사업연도)

영 제71조제7항을 적용할 때 이 규칙에서 별도로 규정한 것외의 익금과 손금의 귀속사업연도는 그 익금과 손금이 확정된 날이 속하는 사업연도로 한다.

조세특례제한법 제57조(증권시장안정기금 등에 출자함으로써 발생하는 손익의 귀속사업연도)

법인이 상장유가증권 투자 등을 통한 증권시장 또는 투자신탁시장의 안정을 목적으로 설립된 조합으로서 대통령령으로 정하는 조합에 2004년 12월 31일까지 출자함으로써 발생하는 손익의 귀속사업연도는 「법인세법」 제40조에도 불구하고 그 조합으로부터 그 손익을 실제로 배분받는 날이 속하는 사업연도로 한다.

조세 등의 결정취소로 인한 환급금 및 그 이자의 귀속시기는 그 취소결정이 확정된 날(통지를 요하는 경우에는 통지를 받은 날)이 속하는 사업연도로 하고(기본통칙 제70-71...11), 인지세의 손금 귀속시기는 당해 법인의 인지를 첩용한 날이 속하는 사업연도로 한다(기본통칙 제40-71...18).

한편, 변호사에게 지급한 사건착수금과 보수(민사소송법 제99조의2 규정에 의한 보수는 제외한다) 또는 사례금 등은 민사소송법 제89조 및 민사소송비용법에서 규정하는 소송비용에 해당하지 아니하는 것이므로 사건의 종결여부에 관계 없이 지급한 사업연도의 손금으로 하는 것이며, 민사소송법 제89조에 규정한 소송비용의 손금 귀속시기는 사건이 종결되는 날이 속하는 사업연도로 한다. 이 경우 소송비용 등이 소송의 내용에 따라 자산의 취득이나 상표권·영업권·광업권 등 고정자산가액을 형성하는 성질의 것인 경우에는 취득원가에 산입한다(기본통칙 제40-71...17).

또한, 의료기관이 청구한 진료비의 일부를 국민건강보험공단에서 삭감하거나 그 삭감액 중 일부가 이의신청에 의해 수납되는 경우에는 삭감 또는 추가로 지급받는 금액은 삭감 또는 추가지급이 확정되는 날이 속하는 사업연도의 익금 또는 손금에 산입한다(국세청 2004. 7. 21. 자 인터넷서면2팀-제1542호).

인터넷을 이용한 대금결제 서비스업을 영위하는 법인이 인터넷쇼핑몰을 이용하여 재화 또는 용역을 공급하는 사업자로부터 대금결제시스템 이용에 대한 대가로 받는 수수료는 약정에 의하여 그 수입이 확정되는 날이 속하는 사업연도의 익금으로 하고 그 수수료에 대한 기업회계기준에 의한 매출할인금액은 수입금액에서 직접 차감하는 것이며, 전화 등 통신에 이용되는 선불카드를 발행한 법인이 선수금으로 계상한 카드판매금액은 카드이용자가 통신서비스를 이용한 날이 속하는 사업연도의 익금으로 하고 그 수입에 대응하여 통신사에게 지급하는 회선이용료를 손금에 산입하는 것이며 그 카드의 유효기간이 경과함에 따라 반환의무가 없는 미사용잔액은 그 수입이 확정된 날이 속하는 사업연도의 익금에 산입한다(국세청 2000. 10. 20. 자 법인 제46012-2152호).

5. 준비금 및 충당금의 손금산입

가. 준비금

1) 의의 및 종류

준비금이란 실제로는 비용 또는 손실이 발생하지 않았지만 장래에 발생할 다액의 비용 또는 손실에 충당하거나 특정한 지출에 소요되는 자금에 충당하기 위하여 미리 손금에 산입한 금액을 말한다. 이와 같이 손금에 산입한 준비금은 그 이후에 실제로 비용 또는 손실이 발생되는 때에 그 비용 또는 손실과 상계하건가 익금에 환입하여 과세하는 것이므로 납세의무자에게 법인세의 납부를 일정기간 유예하는 과세이연의 효과가 있다.

그러나, 세법상 준비금은 특정비용·손실을 대비하기 위하여 사전에 손금으로 산입하는 부채성충당금의 일종이다. 게다가, 세법상 준비금은 일정 범위내의 금액을 미리 손금으로 계상하여 사내에 유보하였다가 사용목적에 따라 상계하거나 기간의 경과 후 익금으로 환입하게 되는데, 이를 통해 법인세 납부가 일정기간 유예되는 효과(간접감면제도)가 생긴다.

다만, 이러한 준비금은 잉여금의 한 항목으로서 어디까지나 기업회계상 필요에 의하여 손금의 형태로 산입되는 것일 뿐(의제) 손금이라고는 볼 수 없다는 점에서 예외적 성격을 가지고 있다. 즉, 준비금은 현재 발생하지 않은 채무이므로 법인세법 제40조 제1항의 권리의무확정주의를 따르지 않기 때문이다. 또한, 준비금은 특정 사업기간의 익금과 대응관계에 있지 않다는 점에서 손금으로는 볼 수 없다.

준비금은 진정준비금과 부진정준비금으로 분리하여 볼 수 있는데, 진정준비금은 다시 ① 상법 제458조, 제459조 및 특별법의 규정에 의하여 의무적으로 적립하는 법정준비금(이익준비금, 자본준비금), ② 회사의 정관 또는 총회의 결의에 의하여 적립하는 임의준비금 및 ③ 실질상 준비금의 성격을 가지고 있으나 형식상 준비금으로 드러나지 않는 비밀준비금으로 나누어 볼 수 있고, 부진정준비금(충당금)은 특정 자산의 정확한 가액 산정을 위하여 자산금액에서 차감하는 액수를 비용으로 계상하는 평가성충당금(예컨대, 대손충당금)과 기간손익을 계산하기 위하여 장래에 비교적 확실하게 발생될 것이 예상되는 금액을 비용으로 우선 계상하는 부채성충당금(예컨대, 퇴직급여충당금)으로 구성된다(충당금의 경우에는 항을 달리하여 살펴본다).

이 중 법인세법은 ① 비영리 내국법인의 고유목적사업준비금(법 제29조), ② 보험업법상의 책임준비금과 비상위험준비금(제30조)을 규정하여 두고 있다.

2) 준비금의 손금산입

가) 비영리내국법인의 고유목적사업준비금

법인세법 제29조(고유목적사업준비금의 손금산입)

① 비영리내국법인(법인으로 보는 단체의 경우에는 대통령령으로 정하는 단체만 해당한다)이 각 사업연도에 그 법인의 고유목적사업이나 지정기부금(이하 이 조에서 "고유목적사업등"이라 한다)에 지출하기 위하여 고유목적사업준비금을 손금으로 계상한 경우에는 다음 각 호의 금액을 합한 금액의 범위에서 그 사업연도의 소득금액을 계산할 때 이를 손금에 산입한다.

1. 「소득세법」 제16조제1항 각 호(같은 항 제11호에 따른 비영업대금의 이익은 제외한다)에 따른 이자소득의 금액

2. 「소득세법」 제17조제1항 각 호에 따른 배당소득의 금액. 다만, 「상속세 및 증여세법」 제16조 또는 같은 법 제48조에 따라 상속세 과세가액 또는 증여세 과세가액에 산입되거나 증여세가 부과되는 주식등으로부터 발생한 배당소득금액은 제외한다.

3. 특별법에 따라 설립된 비영리내국법인이 해당 법률에 따른 복지사업으로서 그 회원이나 조합원에게 대출한 융자금에서 발생한 이자금액

4. 제1호부터 제3호까지에 규정된 것 외의 수익사업에서 발생한 소득에 100분의 50(「공익법인의 설립·운영에 관한 법률」에 따라 설립된 법인으로서 고유목적사업등에 대한 지출액 중 100분의 50 이상의 금액을 장학금으로 지출하는 법인의 경우에는 100분의 80)을 곱하여 산출한 금액

② 비영리내국법인이 제1항에 따라 손금으로 계상한 고유목적사업준비금을 고유목적사업등에 지출하는 경우에는 그 금액을 먼저 계상한 사업연도의 고유목적사업준비금부터 차례로 상계(相計)하여야 한다. 이 경우 직전 사업연도 종료일 현재의 고유목적사업준비금의 잔액을 초과하여 해당 사업연도의 고유목적사업등에 지출한 금액이 있는 경우 그 금액은 그 사업연도에 계상할 고유목적사업준비금에서 지출한 것으로 보아 제1항을 적용한다.

③ 제1항에 따라 고유목적사업준비금을 손금에 산입한 법인이 사업에 관한 모든 권리와 의무를 다른 비영리내국법인에게 포괄적으로 양도하고 해산하는 경우에는 해산등기일 현재의 고유목적사업준비금 잔액은 그 다른

비영리내국법인이 승계할 수 있다.

④ 제1항에 따라 손금에 산입한 고유목적사업준비금의 잔액이 있는 비영리내국법인이 다음 각 호의 어느 하나에 해당하게 된 경우 그 잔액은 해당 사유가 발생한 날이 속하는 사업연도의 소득금액을 계산할 때 익금에 산입한다.

1. 해산한 경우(제3항에 따라 고유목적사업준비금을 승계한 경우는 제외한다)

2. 고유목적사업을 전부 폐지한 경우

3. 법인으로 보는 단체가 「국세기본법」 제13조제3항에 따라 승인취소되거나 거주자로 변경된 경우

4. 고유목적사업준비금을 손금으로 계상한 사업연도의 종료일 이후 5년이 되는 날까지 고유목적사업등에 사용하지 아니한 경우(5년 내에 사용하지 아니한 잔액으로 한정한다)

5. 고유목적사업준비금을 손금으로 계상한 사업연도의 종료일 이후 5년 이내에 고유목적사업준비금의 잔액 중 일부를 환입하여 익금으로 계상한 경우(익금으로 계상한 잔액으로 한정하며, 여러 사업연도에 손금으로 계상한 고유목적사업준비금의 잔액이 있는 경우에는 먼저 계상한 사업연도의 잔액부터 차례로 환입하여 익금으로 계상한 것으로 본다)

⑤ 제4항제4호 및 제5호에 따라 고유목적사업준비금의 잔액을 익금에 산입하는 경우에는 대통령령으로 정하는 바에 따라 계산한 이자 상당액을 해당 사업연도의 법인세에 가산하여 납부하여야 한다.

⑥ 제1항은 이 법이나 다른 법률에 따라 감면 등을 적용받는 경우로서 대통령령으로 정하는 경우에는 적용하지 아니한다.

⑦ 제1항을 적용받으려는 비영리내국법인은 대통령령으로 정하는 바에 따라 해당 준비금의 계상 및 지출에 관한 명세서를 비치·보관하고 이를 납세지 관할 세무서장에게 제출하여야 한다.

⑧ 제1항 및 제3항에 따른 고유목적사업의 범위 및 승계, 수익사업에서 발생한 소득의 계산 등에 관하여 필요한 사항은 대통령령으로 정한다.

제61조(준비금의 손금 계상 특례)

① 내국법인이 「조세특례제한법」에 따른 준비금을 세무조정계산서에 계상하거나 「주식회사의 외부감사에 관한 법률」 제3조에 따른 감사인의

회계감사를 받는 비영리내국법인이 제29조에 따른 고유목적사업준비금을 세무조정계산서에 계상한 경우로서 그 금액에 상당하는 금액이 해당 사업연도의 이익처분에 있어서 그 준비금의 적립금으로 적립되어 있는 경우 그 금액은 손금으로 계상한 것으로 본다.

② 제1항에 따른 준비금의 손금 계상 및 그 금액의 처리에 필요한 사항은 대통령령으로 정한다.

법인세법 시행령 제56조(고유목적사업준비금의 손금산입)

① 법 제29조제1항 각 호 외의 부분 본문에서 "대통령령으로 정하는 단체"란 다음 각 호의 어느 하나에 해당하는 단체를 말한다.

1. 제36조제1항제1호에 해당하는 단체

2. 삭제

3. 법령에 의하여 설치된 기금

4. 「주택법」 제2조제2호에 따른 공동주택의 입주자대표회의 또는 자치관리기구

② 다음 각 호의 어느 하나에 해당하는 이자소득금액은 법 제29조제1항제1호의 금액으로 본다.

1. 금융보험업을 영위하는 비영리내국법인이 한국표준산업분류상 금융보험업을 영위하는 법인에 일시적으로 자금을 예치함에 따라 발생하는 이자소득금액

2. 제2조제1항제5호나목에 따른 사업을 영위하는 자가 자금을 운용함에 따라 발생하는 이자소득금액

3. 「한국주택금융공사법」에 따른 주택금융신용보증기금이 동법 제43조의8제1항 및 제2항에 따른 보증료의 수입을 운용함에 따라 발생하는 이자소득금액

③ 법 제29조제1항제4호에서 "수익사업에서 발생한 소득"이란 해당 사업연도의 수익사업에서 발생한 소득금액(고유목적사업준비금과 법 제24조제2항에 따른 기부금을 손금에 산입하기 전의 소득금액을 말한다)에서 법 제29조제1항제1호부터 제3호까지의 규정에 따른 금액 및 법 제13조제1호에 따른 결손금과 법 제24조제2항에 따른 기부금을 뺀 금액을 말한다.

④ 삭제

⑤ 법 제29조제1항에서 "고유목적사업"이라 함은 당해 비영리내국법인

의 법령 또는 정관에 규정된 설립목적을 직접 수행하는 사업으로서 제2조제1항의 규정에 해당하는 수익사업외의 사업을 말한다.

⑥ 법 제29조제1항부터 제4항까지의 규정을 적용할 때 다음 각 호의 금액은 고유목적사업에 지출 또는 사용한 금액으로 본다.

1. 비영리내국법인이 당해 고유목적사업의 수행에 직접 소요되는 고정자산 취득비용(제31조제2항에 따른 자본적 지출을 포함한다) 및 인건비 등 필요경비로 사용하는 금액

2. 특별법에 의하여 설립된 법인(당해 법인에 설치되어 운영되는 기금중 「국세기본법」 제13조의 규정에 의하여 법인으로 보는 단체를 포함한다)으로서 건강보험·연금관리·공제사업 및 제2조제1항제8호에서 규정된 사업을 영위하는 비영리내국법인이 손금으로 계상한 고유목적사업준비금을 법령에 의하여 기금 또는 준비금으로 적립한 금액

3. 의료업을 영위하는 비영리내국법인(이하 이 조에서 "의료법인"이라 한다)이 의료기기 등 기획재정부령으로 정하는 고정자산을 취득하기 위하여 지출하는 금액과 기획재정부령으로 정하는 연구개발사업을 위하여 지출하는 금액

4. 「농업협동조합법」에 의한 농업협동조합중앙회가 법 제61조제1항의 규정에 의하여 계상한 고유목적사업준비금을 회원에게 무상으로 대여하는 금액

5. 「농업협동조합법」에 의한 농업협동조합중앙회가 「농업협동조합의 구조개선에 관한 법률」에 의한 상호금융예금자보호기금에 출연하는 금액

6. 「수산업협동조합법」에 의한 수산업협동조합중앙회가 「수산업협동조합의 구조개선에 관한 법률」에 의한 상호금융예금자보호기금에 출연하는 금액

7. 「신용협동조합법」에 의한 신용협동조합중앙회가 동법에 의한 신용협동조합예금자보호기금에 출연하는 금액

8. 「새마을금고법」에 의한 새마을금고연합회가 동법에 의한 예금자보호준비금에 출연하는 금액

9. 「산림조합법」에 의한 산림조합중앙회가 동법에 의한 상호금융예금자보호기금에 출연하는 금액

10. 「제주특별자치도 설치 및 국제자유도시 조성을 위한 특별법」 제261조에 따라 설립된 제주국제자유도시개발센터가 같은 법 제265조제1항

제1호, 같은 항 제2호라목·마목(관련 토지의 취득·비축을 포함한다) 및 같은 항 제3호의 업무에 지출하는 금액

⑦ 법 제29조제5항에서 "대통령령으로 정하는 바에 따라 계산한 이자상당액"이란 제1호의 금액에 제2호의 율을 곱하여 계산한 금액을 말한다.

1. 당해 고유목적사업준비금의 잔액을 손금에 산입한 사업연도에 그 잔액을 손금에 산입함에 따라 발생한 법인세액의 차액

2. 손금에 산입한 사업연도의 다음 사업연도의 개시일부터 익금에 산입한 사업연도의 종료일까지의 기간에 대하여 1일 1만분의 3의 율

⑧ 법 제29조제6항에서 "대통령령으로 정하는 경우"란 해당 비영리 내국법인의 수익사업에서 발생한 소득에 대하여 법 또는 「조세특례제한법」에 따른 비과세·면제, 준비금의 손금산입, 소득공제 또는 세액감면(세액공제를 제외한다)을 적용받는 경우를 말한다. 다만, 고유목적사업준비금만을 적용받는 것으로 수정신고한 경우는 제외한다.

⑨ 법 제29조제1항의 규정을 적용받고자 하는 비영리내국법인은 법 제60조의 규정에 의한 신고와 함께 기획재정부령이 정하는 고유목적사업준비금조정명세서를 납세지 관할세무서장에게 제출하여야 한다.

⑩ 제6항제3호의 규정을 적용받고자 하는 의료법인은 손금으로 계상한 고유목적사업준비금상당액을 기획재정부령이 정하는 의료발전회계로 구분하여 경리하여야 한다.

⑪ 해당 사업연도에 다음 각 호의 어느 하나에 해당하는 법인의 임원 및 종업원이 지급받는 「소득세법」 제20조제1항 각 호의 소득의 금액의 합계액(이하 "총급여액"이라 하며, 해당 사업연도의 근로기간이 1년 미만인 경우에는 총급여액을 근로기간의 월수로 나눈 금액에 12를 곱하여 계산한 금액으로 한다. 이 경우 월수의 계산은 제39조제2항을 준용한다)이 8천만원을 초과하는 경우 그 초과하는 금액은 제6항제1호에 따른 인건비로 보지 아니한다. 다만, 해당 법인이 해당 사업연도의 법 제60조에 따른 과세표준을 신고하기 전에 해당 임원 및 종업원의 인건비 지급규정에 대하여 주무관청으로부터 승인받은 경우에는 그러하지 아니하다.

1. 법 제29조제1항제4호에 따라 수익사업에서 발생한 소득에 대하여 100분의 50을 곱한 금액을 초과하여 고유목적사업준비금으로 손금산입하는 비영리내국법인

2. 「조세특례제한법」 제74조제1항제2호 및 제8호에 해당하여 수익사

업에서 발생한 소득에 대하여 100분의 50을 곱한 금액을 초과하여 고유목적사업준비금으로 손금산입하는 비영리내국법인

⑫ 제11항 단서 또는 제13항에 따라 승인을 요청받은 주무관청은 해당 인건비 지급규정이 사회통념상 타당하다고 인정되는 경우 이를 승인하여야 한다.

⑬ 제12항에 따라 인건비 지급규정을 승인받은 자는 승인받은 날부터 3년이 지날 때마다 다시 승인을 받아야 한다. 다만, 그 기간 내에 인건비 지급규정이 변경되는 경우에는 그 사유가 발생한 날이 속하는 사업연도의 법 제60조에 따른 과세표준 신고기한까지 다시 승인을 받아야 한다.

⑭ 제12항에 따라 주무관청의 승인을 받은 법인은 법 제60조에 따른 신고를 할 때 인건비 지급규정 및 주무관청의 승인사실을 확인할 수 있는 서류를 납세지 관할세무서장에게 제출하여야 한다.

第98조(준비금 등에 대한 손금계상의 특례)

① 법 제61조제1항의 규정에 의하여 손금에 산입한 준비금은 당해 준비금을 익금에 산입할 때 그 적립금을 처분하여야 한다. 이 경우 당해 준비금을 익금에 산입하기 전에 그 적립금을 처분한 경우에는 동항의 규정에 의하여 손금으로 계상한 것으로 보지 아니한다.

② 내국법인이 이 영 또는 「조세특례제한법 시행령」에 따른 일시상각충당금 또는 압축기장충당금을 제97조제4항의 규정에 의한 세무조정계산서에 계상하고 이를 법인세 과세표준신고시 손금에 산입한 경우 그 금액은 손금으로 계상한 것으로 본다. 이 경우 각 자산별로 당해 자산의 일시상각충당금 또는 압축기장충당금과 감가상각비에 관한 명세서를 세무조정계산서에 첨부하여 제출하여야 한다.

비영리내국법인이 그 법인의 고유목적사업 또는 법인세법 제24조 제1항의 지정기부금에 지출하기 위하여 고유목적사업준비금을 손금으로 계상한 경우에는 일정한 범위(법 제29조 제1항 각호의 금액을 합산한 범위)내에서 각 사업연도의 소득금액계산에 있어서 이를 손금에 산입한다. 다만, 준비금은 손금으로 계상한 경우에 한하여 손금으로 산입되는바(결산분개·조정), 외부감사를 받는 비영리법인의 경우 기업회계기준(현행 K-IFRS 포함)으로는 고유목적사업준비금이 비용으로 인정되지 않았으므로 손금산입이 곤란하였던 단점이 있었는데, 이를 개선하고자 2001년도부터는 감사를 받는 비영리법인이 세

무조정계산서에 계상하고 이익처분시 당해 준비금이 적립금으로 적립되어 있는 경우에는 손금으로 계상한 것으로 보도록 하였다.

업협동조합중앙회 법인세부과처분취소 청구 사건
(대법원 2013.11.28. 선고 2013두12645 판결

[판결요지]

[1] 구 법인세법(2006. 12. 30. 법률 제8141호로 개정되기 전의 것) 제76조 제1항 제2호가 신고한 과세표준에 원래 과세표준이 되지 아니하는 금액이 포함되어 있는 경우 이를 공제하여 과소신고소득금액을 산정하도록 한 것은 만약 이를 공제하지 아니하면 실질적으로 과소신고한 과세표준에 대하여도 과소신고가 없는 것처럼 되어 성실신고의 유도라는 가산세 본래의 목적을 달성할 수 없다는 것을 고려한 것인 점, 납세의무자가 수 개의 과세기간에 안분하여야 하는 손금을 일시에 산입함으로써 손금불산입의 대상이 되고 그에 따라 수 개의 과세기간에 걸쳐 자동으로 손금추인되는 것은 납세의무자가 성실신고를 하지 아니한 때문인 점 등에 비추어 보면, 구 법인세법 시행령(2007. 2. 28. 대통령령 제19891호로 개정되기 전의 것, 이하 '구 법인세법 시행령'이라 한다) 제118조 제2항의 '과세표준이 되지 아니하는 금액'에는 각 사업연도 소득금액 산정 시 익금으로 계상하지 말았어야 할 금액 및 손금으로 계상하였어야 할 금액 등 과세표준을 증가시키는 항목들은 특별한 사정이 없는 한 모두 포함된다. 그리고 구 법인세법 시행령 제118조 제3항이 '익금에 산입한 금액에 대하여 그 익금과 직접 대응하는 손금을 공제한 금액'만을 과소신고금액으로 하도록 규정한 것은 익금과 그에 직접 대응하는 손금을 동시에 누락한 경우 등에 익금에서 손금을 공제한 잔액만을 과소신고소득금액으로 보겠다는 것이므로, 손금에 대응하는 익금이 이미 익금으로 계상되어 있는 경우 그 손금을 다시 공제한 금액만을 과소신고금액으로 볼 것은 아니다.

[2] 비영리내국법인에 대하여는 소득이 있더라도 그 소득이 수익사업으로 인한 것이 아닌 이상 법인세를 부과할 수 없는 점, 비영리법인이 고유목적사업에 지출하기 위하여 고유목적사업준비금을 계상한 경우에 한하여 일정한 범위 안에서만 손금에 산입하도록 하고 있으나, 고유목적사업준비금을 계상하지 않고 고유목적사업에 지출한 경우에는 비영리내국법인의 수

익사업에 속하는 잉여금 및 자본원입액에서 상계할 수밖에 없는 점, 구 법인세법(2010. 12. 30. 법률 제10423호로 개정되기 전의 것, 이하 '법인세법'이라 한다) 제52조가 정한 부당행위계산부인이란 법인이 특수관계에 있는 자와의 거래에 있어 정상적인 경제인의 합리적인 방법에 의하지 아니하고 부당한 거래형태를 빙자하여 남용함으로써 조세부담을 부당하게 회피하거나 경감시킨 경우에 과세권자가 이를 부인하고 법령에 정한 방법에 의하여 객관적이고 타당하다고 보이는 소득이 있는 것으로 의제하는 제도인 점, 법인세법 제28조 제1항 제4호 (나)목이 업무무관 가지급금을 손금에 산입하지 않도록 규정한 입법목적은 차입금을 보유하고 있는 법인이 특수관계자에게 업무와 관련 없이 가지급금 등을 지급한 경우에는 이에 상당하는 차입금의 지급이자를 손금불산입하도록 하는 조세상의 불이익을 주어, 차입금을 생산적인 부분에 사용하지 아니하고 특수관계자에게 대여하는 비정상적인 행위를 제한함으로써 타인자본에 의존한 무리한 기업확장으로 기업의 재무구조가 악화되는 것을 방지하고, 기업자금의 생산적 운용을 통한 기업의 건전한 경제활동을 유도하는 데에 있는 점 등을 종합하여 보면, 법인세법 제52조의 부당행위계산부인이나 법인세법 제28조 제1항 제4호 (나)목의 업무무관 가지급금의 손금불산입 관련 규정은 비영리법인의 경우 법인세의 납세의무가 있는 수익사업에 관한 거래에 대하여만 적용되고, 비영리법인이 고유목적사업에 사용하기 위하여 수익사업에 속하는 차입금을 특수관계자에게 무상으로 대여한 경우에는 그것을 수익사업에 관한 거래로 보기 어려우므로 이에 대하여는 부당행위계산부인이나 업무무관 가지급금의 손금불산입 관련 규정을 적용할 수 없다.

종단 회 법인세부과처분취소 청구 사건
(대법원 2012.5.24. 선고 2010두17984,17991 판결)

[이유]

법 제29조 제1항은 원칙적으로 비영리내국법인에 대하여 고유목적사업준비금의 손금산입을 허용하면서, 그와 설립이나 운영 등의 면에서 유사성이 있는 단체에게도 그 혜택을 확대하려는 취지에서 고유목적사업준비금의 손금산입이 허용되는 법인으로 보는 단체의 범위를 대통령령으로 정하도록 위임하고 있는 것으로 보이는 점, 시행령 제36조 제1항 제1호 각 목에서 규정하고 있는 단체에 해당하여 시행령 제56조 제1항 제1호에 따라 고유목적사업준비금의 손금산입이 허용되는 단체들은 대부분 비영리내국법인과 마찬가지로 관련 법령에 따라 주무관청의 관리감독을 받고 있는 점, 주무관청의 관리감독을 받는 단체와 그렇지 않은 단체는 사회적 기능이나 수익금의 지출용도에 대한 사후관리의 용이성 등에서 차이가 있을 수 있으므로 고유목적사업준비금의 손금산입 여부를 달리하는 것이 현저히 불합리하다고 보기 어려운 점, 종교단체의 경우 현행법상 주무관청에 등록할 방법이 없어 법인설립 여부에 따라 고유목적사업준비금의 손금산입 여부가 달라지는 결과가 된다고 하더라도 그것만으로는 종교의 자유를 침해한다고 볼 수 없는 점 등에 비추어 보면, 시행령 제56조 제1항이 주무관청에 등록되지 않은 종교단체를 고유목적사업준비금의 손금산입이 허용되는 법인으로 보는 단체의 범위에 포함하여 규정하지 아니하였다고 하여 헌법상 평등원칙이나 종교의 자유조항 등을 위반하거나 법 제29조 제1항의 위임범위를 벗어나 무효라고 할 수 없다.

협동조합중앙회 법인세등부과처분취소 청구 사건
(대법원 2007.6.28. 선고 2005두11234 판결)

[판결요지]

협동조합중앙회가 고유목적사업준비금인 조합상호지원기금을 부채계정에서 자본계정으로 대체한 사정만으로는 이를 수익사업회계로 환원한 것으로 보아 익금에 산입할 수 없다.

[이유]

기록과 원심판결이 인용한 제1심판결에 나타난 비영리법인으로서의 원고의 특수성, 고유목적사업준비금으로서 조합상호지원기금의 적립취지, 조합상호지원기금의 사용용도, 원고가 조합상호지원기금을 비영리사업회계인 지도사업특별회계의 부채계정에서 동일 회계 내의 자본계정의 이익잉여금 항목으로 대체한 이유와 계정 대체 후 조합상호지원기금이 당초의 조성목적대로 사용되고 있는 점 및 조합상호지원기금은 5년이 경과되기 전에는 법정사유가 없는 한 임의환입이 불가능한 점 등 제반사정을 참작할 때, 원심이 제1심판결을 인용하여 원고가 1997 사업연도에 조합상호지원기금을 지도사업특별회계의 부채계정에서 자본계정으로 대체한 사정만으로는 조합상호지원기금을 수익사업회계로 환원한 것으로 볼 수 없고, 따라서 이를 원고의 1997 사업연도의 익금에 산입한 후 행한 피고의 이 부분 부과처분은 위법하다고 판단한 것은 정당하고, 고유목적사업준비금의 익금산입에 관한 법리 오해 등의 위법이 없다.

나) 보험업의 책임준비금과 비상위험준비금

법인세법 제30조(책임준비금 등의 손금산입)

① 보험사업을 경영하는 내국법인이 각 사업연도에 「보험업법」이나 그 밖의 법률에 따라 책임준비금과 비상위험준비금을 손금으로 계상한 경우에는 대통령령으로 정하는 바에 따라 계산한 금액의 범위에서 해당 사업연도의 소득금액을 계산할 때 이를 손금에 산입한다.

② 제1항을 적용할 때 국제회계기준을 적용하는 법인이 「보험업법」, 그 밖의 법률에 따라 비상위험준비금을 제60조제2항제2호에 따른 세무조정계산서에 계상하고 그 금액 상당액을 해당 사업연도의 이익처분을 할 때 비상위험준비금의 적립금으로 적립한 경우 대통령령으로 정하는 바에 따라 계산한 금액의 범위에서 이를 손금에 계상한 것으로 본다.

③ 제1항에 따라 손금에 산입한 책임준비금은 대통령령으로 정하는 바에 따라 다음 사업연도 또는 손금에 산입한 날이 속하는 사업연도의 종료일 이후 3년이 되는 날(3년이 되기 전에 해산 등 대통령령으로 정하는 사유가 발생하는 경우에는 해당 사유가 발생한 날)이 속하는 사업연도의 소득금액을 계산할 때 익금에 산입한다.

④ 제3항에 따라 책임준비금을 손금에 산입한 날이 속하는 사업연도의 종료일 이후 3년이 되는 날이 속하는 사업연도의 소득금액을 계산할 때 책임준비금을 익금에 산입하는 경우 대통령령으로 정하는 바에 따라 계산한 이자 상당액을 해당 사업연도의 법인세에 가산하여 납부하여야 한다.

⑤ 제1항을 적용받으려는 내국법인은 대통령령으로 정하는 바에 따라 해당 준비금에 관한 명세서를 납세지 관할 세무서장에게 제출하여야 한다.

⑥ 제1항에 따라 손금에 산입한 비상위험준비금의 처리에 필요한 사항은 대통령령으로 정한다.

생명보험 주식회사 법인세부과처분취소 청구 사건
(대법원 2011.9.8. 선고 2009두13931 판결)

[판결요지]

[1] 생명보험업을 영위하는 내국법인이 구 보험업법(2008. 2. 29. 법률 제8863호로 개정되기 전의 것) 및 그 순차 위임에 따른 구 보험업감독업무시행세칙(2006. 2. 24. 개정되기 전의 것, 이하 '시행세칙'이라 한다) 제4-3조의2 제1호에 의하여 적립한 '개별추산액' 상당의 지급준비금뿐만 아니라 제2호에 의하여 적립한 '미보고 발생손해액' 상당의 지급준비금도 다른 책임준비금과 합하여 구 법인세법 시행령(2009. 12. 29. 대통령령 제21911호로 개정되기 전의 것) 제57조 제1항 제1호의 금액과 제2호 단서의 금액을 합한 금액 범위 안에서 당해 사업연도의 소득금액계산을 할 때 손금에 산입할 수 있고, 여기서 제2호 단서가 규정하는 '보험계약상의 보험금'이란 당해 사업연도 종료일 현재 보험사고가 발생한 것으로 보고되었으나 아직 지급하여야 할 보험금이 확정되지 아니한 보험계약상의 보험금과 보험사고가 발생하였으나 아직 보고되지 아니한 것으로 추정되는 보험계약상의 보험금 상당액을 합한 금액을 의미한다고 보아야 한다. 이와 달리 '보험계약상의 보험금'이 당해 사업연도 종료일 현재 보험사고가 발생한 것으로 보고되었으나 아직 지급하여야 할 보험금이 확정되지 아니한 보험계약상의 보험금만을 의미한다거나 이를 전제로 하여 제2호 단서규정을 시행세칙 제4-3조의2 제2호에 의하여 적립한 미보고 발생손해액 상당의 지급준비금은 아예 손금에 산입할 수 없다는 취지로 해석할 것은 아니다.

[2] 생명보험업을 영위하는 갑 주식회사 등 내국법인들이 2004 사업연도에 구 보험업감독업무시행세칙(2006. 2. 24. 개정되기 전의 것, 이하 '시행세칙'이라 한다) 제4-3조의2 제2호에 따라 대차대조표일 이전 1년간 위험보험료의 3% 해당액을 '미보고 발생손해액'에 대한 지급준비금으로 적립하고 이를 손금으로 계상하여 법인세 신고를 하였는데, 이에 대하여 과세관청이 위 지급준비금은 구 법인세법 시행령(2005. 2. 19. 대통령령 제18706호로 개정되기 전의 것, 이하 '구 법인세법 시행령'이라 한다) 제57조 제1항 제2호 단서에서 정한 '보험계약상의 보험금'이 아니라 추정금액에 불과하여 손금에 산입할 수 없다며 법인세를 증액하는 법인세 부과처분을 한 사안에서, 내국법인들이 시행세칙 제4-3조의2 제2호에 따라 '미보고

> 발생손해액'에 대한 지급준비금을 적립하고 이를 손금으로 계상한 이상 구 법인세법 시행령 제57조 제1항에서 정한 금액 범위 내에서 이를 손금에 산입할 수 있다는 이유로, 손금 산입이 아예 허용되지 않는 것을 전제로 한 위 처분이 위법하다고 본 원심판단은 정당하다.

나. 충당금

1) 의의 및 종류

기간손익계산을 위하여는 발생주의 원칙에 의한 비용을 배분하고 수익비용대응원칙에 따른 기간손익을 계상하여야 하는데, 특정 사업연도에 이미 발생하였거나 또는 장래 발생할 것이 확실한 비용으로서 아직 확정이 되지 않은 것의 경우 일정한 기준에 따라 액수를 추정하여 비용으로 간주하여야 할 필요가 있는바, 이 때 비용의 상대계정으로 설정되는 금원이 충당금이다.

충당금은 준비금과 마찬가지로 미확정채무라는 점에서 권리의무확정주의를 따르는 법인세법상의 손금이라고는 볼 수 없다. 다만, 충당금은 준비금과는 또 달리 특정 사업연도의 익금과 대응하는 성질을 가지고 있는바(이러한 점에서 통상 부진정준비금이라고도 불린다), 법인세법은 손금으로 의제하여 그 산입을 하도록 규정하고 있다.

구체적으로 법인세법은 ① 퇴직급여충당금(법 제33조), ② 대손충당금(법 제34조), ③ 구상채권상각충당금(법 제35조) 등이 있고, 그 밖에 국고보조금을 취득한 사업용 자산가액(법 제36조), 공사부담금으로 취득한 고정자산가액(법 제37조), 보험차익으로 취득한 고정자산가액(법 제38조) 등도 특정 범위 및 요건 하에서 손금에 산입할 수 있다고 규정하고 있다.

2) 충당금의 손금산입

가) 퇴직급여충당금

법인세법 제33조(퇴직급여충당금의 손금산입)

① 내국법인이 각 사업연도에 임원이나 사용인의 퇴직급여에 충당하기 위하여 퇴직급여충당금을 손금으로 계상한 경우에는 대통령령으로 정하는 바에 따라 계산한 금액의 범위에서 해당 사업연도의 소득금액을 계산할 때 이를 손금에 산입한다.

② 제1항에 따라 퇴직급여충당금을 손금에 산입한 내국법인이 임원이나 사용인에게 퇴직금을 지급하는 경우에는 그 퇴직급여충당금에서 먼저 지급하여야 한다.

③ 제1항에 따라 퇴직급여충당금을 손금에 산입한 내국법인이 합병 또는 분할한 경우 그 법인의 합병등기일이나 분할등기일 현재의 해당 퇴직급여충당금 중 합병법인·분할신설법인 또는 분할합병의 상대방 법인(이하 "합병법인등"이라 한다)에 인계한 금액은 그 합병법인등이 합병등기일이나 분할등기일에 가지고 있는 퇴직급여충당금으로 본다.

④ 사업자가 그 사업을 내국법인에게 포괄적으로 양도하는 경우에 관하여는 제3항을 준용한다.

⑤ 제1항을 적용받으려는 내국법인은 대통령령으로 정하는 바에 따라 퇴직급여충당금에 관한 명세서를 납세지 관할 세무서장에게 제출하여야 한다.

⑥ 제1항부터 제4항까지의 규정에 따른 퇴직급여충당금의 처리에 필요한 사항은 대통령령으로 정한다.

법인세법 시행령 제60조(퇴직급여충당금의 손금산입)

① 법 제33조제1항에서 "대통령령으로 정하는 바에 따라 계산한 금액"이란 퇴직급여의 지급대상이 되는 임원 또는 사용인(확정기여형 퇴직연금등이 설정된 자는 제외한다. 이하 이 조에서 같다)에게 해당 사업연도에 지급한 총급여액(제44조제4항제2호에 따른 총급여액을 말한다)의 100분의 5에 상당하는 금액을 말한다.

② 제1항에 따라 손금에 산입하는 퇴직급여충당금의 누적액은 해당 사업연도종료일 현재 재직하는 임원 또는 사용인의 전원이 퇴직할 경우에 퇴직급여로 지급되어야 할 금액의 추계액과 제44조의2제4항제1호의2 각 목의 금액을 더한 금액 중 큰 금액(제44조에 따라 손금에 산입하지 아니하는 금액은 제외한다)에 다음 각 호의 비율을 곱한 금액을 한도로 한다.

1. 2010년 1월 1일부터 2010년 12월 31일까지의 기간 중에 개시하는 사업연도: 100분의 30

2. 2011년 1월 1일부터 2011년 12월 31일까지의 기간 중에 개시하는 사업연도: 100분의 25

3. 2012년 1월 1일부터 2012년 12월 31일까지의 기간 중에 개시하는 사업연도: 100분의 20

4. 2013년 1월 1일부터 2013년 12월 31일까지의 기간 중에 개시하는 사업연도: 100분의 15

5. 2014년 1월 1일부터 2014년 12월 31일까지의 기간 중에 개시하는 사업연도: 100분의 10

6. 2015년 1월 1일부터 2015년 12월 31일까지의 기간 중에 개시하는 사업연도: 100분의 5

7. 2016년 1월 1일 이후 개시하는 사업연도: 100분의 0

③ 제2항 각 호의 한도 내에서 손금에 산입한 퇴직급여충당금의 누적액에서 퇴직급여충당금을 손금에 산입한 사업연도의 다음 사업연도 중 임원 또는 사용인에게 지급한 퇴직금을 뺀 금액이 제2항에 따른 추계액에 같은 항 각 호의 비율을 곱한 금액을 초과하는 경우 그 초과한 금액은 익금으로 환입하지 아니한다.

④ 내국법인이 「국민연금법」에 의한 퇴직금전환금으로 계상한 금액은 제2항의 규정에 불구하고 이를 손금에 산입하는 퇴직급여충당금의 누적액의 한도액에 가산한다.

⑤ 법 제33조제1항의 규정을 적용받고자 하는 내국법인은 법 제60조의 규정에 의한 신고와 함께 기획재정부령이 정하는 퇴직급여충당금조정명세서를 납세지 관할세무서장에게 제출하여야 한다.

제44조(퇴직보험료 등의 손금불산입)

④ 제2항에 따라 지출하는 금액 중 확정기여형 퇴직연금등의 부담금을 제외한 금액은 제1호 및 제1호의2의 금액 중 큰 금액에서 제2호의 금액을 뺀 금액을 한도로 손금에 산입하며, 둘 이상의 부담금이 있는 경우에는 먼저 계약이 체결된 퇴직연금등의 부담금부터 손금에 산입한다.

1. 해당 사업연도종료일 현재 재직하는 임원 또는 사용인(확정기여형 퇴직연금등이 설정된 사람은 제외한다)의 전원이 퇴직할 경우에 퇴직급여로

지급되어야 할 금액의 추계액(제44조에 따라 손금에 산입하지 아니하는 금액은 제외한다)에서 해당 사업연도종료일 현재의 퇴직급여충당금을 공제한 금액에 상당하는 연금에 대한 부담금

1의2. 다음 각 목의 금액을 더한 금액(제44조에 따라 손금에 산입하지 아니하는 금액은 제외한다)에서 해당 사업연도 종료일 현재의 퇴직급여충당금을 공제한 금액에 상당하는 연금에 대한 부담금

가. 「근로자퇴직급여 보장법」 제16조제1항제1호에 따른 금액

나. 해당 사업연도종료일 현재 재직하는 임원 또는 사용인(확정기여형 퇴직연금등이 설정된 사람은 제외한다) 중 「근로자퇴직급여 보장법」 제2조제8호에 따른 확정급여형퇴직연금제도에 가입하지 아니한 사람 전원이 퇴직할 경우에 퇴직급여로 지급되어야 할 금액의 추계액과 확정급여형퇴직연금제도에 가입한 사람으로서 그 재직기간 중 가입하지 아니한 기간이 있는 사람 전원이 퇴직할 경우에 그 가입하지 아니한 기간에 대하여 퇴직급여로 지급되어야 할 금액의 추계액을 더한 금액

2. 직전 사업연도종료일까지 지급한 부담금

퇴직급여충당금이란 굳이 말하자면 부채성 충당금(향후 발생할 부채에 대한 대비차원의 금원)의 일종으로서 법인에 재직 중인 사용인(출자자 아닌 임원과 상장법인의 소액주주인 임원을 포함한다)이 퇴직하는 경우 지급할 퇴직금에 충당하기 위하여 비용에 미리 계상한 금액을 말한다. 내국법인은 퇴직금을 받을 수 있는 임원 또는 사용인에 대하여 퇴직급여충당금을 설정할 수 있다. 각 사업연도에 계상한 퇴직급여충당금은 지급한 총급여액의 5% 이내의 범위에서 손금에 산입할 수 있다(법 제33조 제1항, 영 제60조 제1항). 위 총급여액에는 근로의 제공으로 받는 연·월차수당, 휴가보상금, 해외 현지직원들에게 지급한 급여, 임금제도의 일종인 성과급제도로서의 상여금의 경우 위 총급여액에 포함된다(아래 판례 참조).

주식회사 서울신탁은행 법인세등부과처분취소 청구 사건
(대법원 1989.03.28. 선고 87누880 판결)

[판결요지]
연, 월차수당과 휴가보상금은 성질상 실비변상이나 복지후생에 관한 것

이 아니고 근로의 대가로 받는 것이므로 법인세법 제13조 제1항, 같은법시행령 제18조 제2항 소정의 퇴직급여충당금 한도액 산정의 기초가 되는 "총급여액"에 포함되고 또 근로기준법 제28조에 의하면 특별한 사정이 없는한 해외지점에 근무하는 현지 직원에 대하여도 퇴직급여 충당금을 계상할 필요가 있으므로 그 직원들에게 지급한 급여도 "총급여액"에 포함된다.

신약주식회사 법인세등부과처분취소 청구 사건
(대법원 1989.03.28. 선고 88누9 판결)

[이유]

원고가 영업사원들에게 지급한 판매상여금은 그 판매실적 등을 고려하여 영업사원 판매상여금지급규정에 따라 판매상여금 전액을 실제로 지급하고 그 지급 받은 영업사원들이 원고 회사의 관여 없이 임의로 사용할 수 있었던 사실 등을 인정한 다음, 그렇다면 이는 접대비를 위장분식처리한 것이 아니고 그 실질이 임금제도의 일종인 성과급제도로서의 상여금이라고 할 것이고, 또한 상여금이라면 원고 회사의 판매상여금지급규정(부칙 제5조)에서 판매상여금을 퇴직급여계산에 반영하지 아니한다고 규정하고 있다 하더라도 이는 법적 구속력이 없는 무효의 규정일 것이니 법인세법 제13조 제1항, 같은법시행령 제18조의 규정에 따라 퇴직급여충당금 한도액을 산정함에 있어서 이를 포함시켜야 할 것 이므로, 피고가 위판매상여금의 일부에 대하여 접대비를 위장, 계상한 가공판매상여금으로 보고 법인세법 제18조의2 제1항 소정의 접대비 한도액초과 부분이라고 하여 손금부인, 익금가산하고 또한 그 일부 판매상여금을 퇴직급여충당금 한도액을 산정함에 있어서 제외하고서 손금부인, 익금가산하는 등으로 과세표준과 세액을 계산하여 이 사건 과세처분에 이른 것은 위법이다.

주식회사 은행 법인세등부과처분취소 청구 사건
(대법원 1988.11.22. 선고 86누790 판결)

[이유]

법인세법 제13조 제1항, 같은법시행령 제18조 제2항, 같은법시행규칙 제7조 제1항, 같은 규칙 제13조 제2항 및 소득세법 제21조 제1항 제1호

(가)의 규정에 의하여 실비변상적인 성질이나 복지후생적인 성질의 급여가 아닌 근로의 제공으로 인하여 받은 연·월차수당과 휴가보상금은 법인세법 제13조 제1항, 같은 법시행령 제18조 제2항에서 정한 퇴직급여충당금 한도액 산정의 기초가 되는 "총급여액"에 포함된다고 할 것이고 또 근로기준법 제28조에 의하여 특별한 사정이 없는 한 해외지점에 근무하는 현지직원에 대하여도 퇴직급여충당금을 계상할 필요가 있으므로 그 직원들에게 지급한 급여도 위 퇴직급여충당금 한도액 산정의 기초가 되는 "총급여액"에 포함된다 할 것이다.

같은 취지에서 원심이 원고가 장기근속자들에게 지급한 그 판시 연·월차수당과 휴가보상금 및 해외지점 현지 직원들에게 지급한 급여는 법인세법시행령 제18조 제2항에서 정한 "총급여액"에 포함되고 이 사건 퇴직급여충당금을 산정함에 있어 피고가 예규로 정한 법인세기본통칙의 규정은 그 효력이 없다고 판시한 것은 정당하다.

손금산입이 허용되는 퇴직급여충당금의 누적액은 해당 사업연도의 종료일 현재 재직하는 임원 또는 사용인의 전원이 퇴직할 경우에 퇴직급여로서 지급되어야 할 금액의 추계액과 근로자의 퇴직급여보장법에 따라 산정된 보험수리적 방법에 의해 계산된 금액 중 큰 금액에 연도별 법정비율을 곱한 금액을 한도로 한다(영 제60조 제2항). 퇴직급여충당금을 계상한 법인이 임원 또는 사용인에게 퇴직금을 지급할 때에는 퇴직급여충당금에서 먼저 지급하여야 한다. 퇴직급여충당금은 대손충당금과는 달리 잔액이 다음 사업연도에 이월되거나 익금산입되지 않는다.

주식회사 닉스 법인세부과처분취소 청구 사건
(대법원 2014.3.13. 선고 2013두22147 판결)

[판결요지]

조세특례제한법상 연구·인력개발비 세액공제 제도는 기업의 연구개발전담부서에서 소요되는 일정 범위의 인건비 등이 있는 경우에는 기업의 기술인력개발을 장려하려는 목적에서 일정 범위의 금액을 해당 과세연도의 소득세 또는 법인세에서 공제하도록 하는데 취지가 있으므로, 해당 과세연도의 연구 및 인력개발에 직접적으로 대응하는 비용만을 세액공제 대상으로 삼아야 할 것이다.

그런데 퇴직금과 같이 장기간의 근속기간을 고려하여 일시에 지급하는 성격의 비용으로서 근로계약이 종료되는 때에야 비로소 지급의무가 발생하는 후불적 임금은 해당 과세연도의 연구 및 인력개발에 직접적으로 대응하는 비용이라고 볼 수 없을 뿐만 아니라, 퇴직급여충당금은 법인세법상 당해 사업연도의 소득금액계산에 있어서 손금에 산입될 수 있다고 하더라도 이는 적정한 기간손익의 계산을 위하여 합리적으로 비용액을 추산한 것에 불과한 것이어서 이를 반드시 정책적 목적의 조세특례제한법상 세액공제 대상인 인건비에 해당한다고 볼 것은 아니다. 따라서 퇴직급여충당금이나 이를 재원으로 하여 지급되는 중간정산퇴직금은 구 조세특례제한법(2008. 12. 26. 법률 제9272호로 개정되기 전의 것 및 2010. 1. 1. 법률 제9921호로 개정되기 전의 것) 제10조 제1항의 연구·인력개발비 세액공제의 대상이 되는 인건비에 해당하지 아니한다.

주식회사 전자 법인세부과처분취소 청구 사건
(대법원 2005. 9. 9. 선고 2004두3069 판결)

[이유]

법인세법 제26조, 같은 법 시행령 제44조 제1항은, 법인이 임원 또는 사용인에게 지급하는 퇴직금은 임원 또는 사용인이 현실적으로 퇴직(이하 '현실적인 퇴직'이라 한다)하는 경우에 지급하는 것에 한하여 손금에 산입한다고 규정하고 있고, 같은 법 시행령 제44조 제2항 제2호에 의하면 , 현실적인 퇴직에는 법인이 퇴직금을 실제로 지급하는 경우로서 법인의 임원 또는 사용인이 그 법인의 조직변경·합병·분할 또는 사업양도에 의하여 퇴직한 때가 포함되는바, 여기서 현실적인 퇴직이란 퇴직금을 실제로 지급하는 경우임을 전제로 하므로 법인분할의 경우 분할법인이 임원 또는 사용인에게 퇴직금을 실제로 지급하지 아니하고 분할신설법인에게 고용승계를 함과 더불어 퇴직급여충당금의 승계를 한 데 불과한 경우에는 위 법조항 소정의 현실적인 퇴직에 해당하지 아니하고, 따라서 분할신설법인에게 승계된 퇴직급여충당금을 분할법인의 당해 사업연도 소득금액계산에 있어서 손금에 산입할 수도 없는 것이다.

원심은, 판시와 같은 사실을 인정한 다음, 원고 법인이 퇴직 후 분할신설법인에 취업한 임직원들에게 퇴직금을 실제로 지급하지 아니하고 동인들에 대한 퇴직금에 상당한 금액을 퇴직급여충당금으로 설정하여 분할신설법인에게 인계한 것만으로는 법인세법 시행령 제44조 제1항에 정한 퇴직금의 손금산입 요건인 퇴직금을 현실적인 퇴직자에게 지급하는 경우로 볼 수 없고, 따라서 분할일이 속하는 1999 사업연도에 원고 법인이 퇴직급여충당금으로 추가설정한 금원 중 법인세법 시행령 제60조에 규정된 손금산입한도액을 초과하는 금원에 대하여 피고가 이를 손금불산입·유보처분한 다음, 원고 법인의 그 유보소득에 대한 세무조정을 하면서 위 사업연도전까지 손금산입한도액을 초과한다는 이유로 손금불산입·유보처분되어 왔던 퇴직급여충당금 누적액과의 합계액인 이 사건 퇴직급여충당금에 관하여 손금산입·유보처분을 함과 동시에 익금산입·기타처분을 하여 당해 사업연도의 소득금액에 영향이 없도록 한 조치는 모두 정당하다고 판단하였는바, 앞서 본 법리와 관계 법령 및 기록에 비추어 살펴보면, 원심의 이러한 인정과 판단은 정당한 것으로 수긍이 되고, 거기에 퇴직금이나 퇴직급여충당금의 손금산입에 관한 법리 등을 오해한 위법이 없다.

주식회사 뮤직 법인세등부과처분취소 청구 사건
(대법원 2003. 11. 27. 선고 2002두2673 판결)

[이유]

아가동산에 소속된 원고 회사 종업원들은 삼선교리에 따라 정식 근로계약을 체결하지 않고 무보수로 근로를 제공하여 왔고, 원고 회사도 아가동산 소속 종업원들에게는 개별적으로 임금을 지급하지 아니하고 임금대장에 가공계상된 인건비를 경리책임자가 일괄 수령한 후 모두 아가동산으로 가져가 아가동산의 운영비나 부동산구입자금 등으로 사용하였으므로, 원고 회사가 근로 제공의 대가로 종업원들에게 임금을 지급하였다고 볼 수도 없고, 또 원고 회사가 임금 약정 없이 무보수로 근로를 제공한 아가동산 소속 종업원들에 대하여 임금지급채무를 부담하고 있다고 볼 수도 없어 도시근로자의 월평균 가계지출액에 상당하는 임금을 손금에 산입할 수도 없는 것이므로, 피고가 위와 같이 가공계상된 인건비와 퇴직급여충당금 등을 모두 손금에 불산입하여 이 사건 처분을 한 것은 정당하다.

건설공제조합 정산금 등 청구 사건
(대법원 2000. 2. 25. 선고 98다36474 판결)

[판결요지]

구 전문건설공제조합법(1996. 12. 30. 법률 제5230호 건설산업기본법 부칙 제2조로 폐지)상 업종별공제조합이 직접 전문건설공제조합을 상대로 조합원의 출자지분 이체를 구할 수 있는 점, 전문건설업자로서 업종별공제조합의 조합원이 될 자격이 있는 자들은 전문건설공제조합에서의 탈퇴와 업종별공제조합으로의 가입절차를 생략한 채 곧바로 같은 법에 의하여 업종별공제조합의 조합원으로 되는 점 등 업종별공제조합 설립시의 출자금 이체와 조합원 지위 승계에 관한 같은 법의 각 규정에 비추어 보면, 업종별공제조합의 설립은 법률에 의한 전문건설공제조합으로부터의 강제분할이라는 성격을 띠고 있어 그 출자금의 이체는 조합의 해산, 또는 일부 조합원의 탈퇴 등의 경우와 같이 전문건설공제조합의 전 재산에 관한 실질적 평가를 기초로 이루어져야 할 것인바, 퇴직금은 임직원 퇴직시 임직원에게 지급하여야 하는 채무의 일종으로 지급시기는 퇴직할 때이지만 적정한 기간손익 계산을 위하여 매 회계연도에 그 비용을 충당금으로 계상하여야 하는 것이므로, 그 충당금에 관하여 세금산정 기준을 정한 법인세법령에 따라 퇴직급여 추계액의 50%를 적용할 것이 아니고 재산의 실질가치를 반영하여 퇴직금 추계액 전액을 계상·정산하는 것이 타당하며, 그것이 회계처리기준의 계속성에 반하는 것도 아니고, 한편 법인이 사업용 자산의 취득을 위하여 보조금의예산및관리에관한법률의 규정에 의해 국가로부터 지급받아 당해 목적에 지출하거나 지출할 금액은 세법상 이를 일시상각충당금으로 계상하여 손금처리할 수 있다 하더라도, 이는 어디까지나 보조금 본래의 취지를 살리기 위한 세법상의 처리에 불과한 것이고, 그것이 실제로 자산의 증가를 가져오는 이상, 출자지분의 가치를 증가시켜 주는 요소로서 전문건설공제조합이 받은 국고보조금 역시 출자지분의 계산 및 이체에 반영되어야 할 것이다.

트랜드주식회사 법인세부과처분취소 청구 사건
(대법원 1986.12.9. 선고 86누469 판결)

[판결요지]

국내지점을 설치하고 영업을 해온 외국법인이 그 퇴직직원의 지점설립준비에 대한 공로에 관하여 지점설립준비기간까지 포함한 기간을 근속기간으로 한 퇴직금을 위 퇴직직원에게 지급한 경우, 위 퇴직직원에게 초과지급된 금액은 퇴직금 아닌 갑종 근로소득으로서 퇴직급여충당금에서 충당될 성질의 것이 아니어서 퇴직급여충당금 부인액의 손금추인 사유로 될 수 없는 것이지만 그 금액이 갑종근로소득으로서 지출된 것임이 분명한 이상 법인세법 제20조, 동법시행령 제46조 소정의 부당행위, 부당계산에 해당된다는등 특별한 사정이 없는 한 손금처리의 대상이 된다.

나) 대손충당금

법인세법 제34조(대손충당금의 손금산입)

① 내국법인이 각 사업연도에 외상매출금·대여금, 그 밖에 이에 준하는 채권의 대손(貸損)에 충당하기 위하여 대손충당금을 손금으로 계상한 경우에는 대통령령으로 정하는 바에 따라 계산한 금액의 범위에서 해당 사업연도의 소득금액을 계산할 때 이를 손금에 산입한다.

⑦ 제1항을 적용받으려는 내국법인은 대통령령으로 정하는 바에 따라 대손충당금 명세서를 납세지 관할 세무서장에게 제출하여야 한다.

법인세법 시행령 제61조(대손충당금의 손금산입)

⑦ 법 제34조제1항의 규정을 적용받고자 하는 내국법인은 법 제60조의 규정에 의한 신고와 함께 기획재정부령이 정하는 대손충당금 및 대손금조정명세서를 납세지 관할세무서장에게 제출하여야 한다.

법인이 소유한 채권 중 변제가능성이 없는 것은 자산으로서의 가치를 상실하였다고 볼 수 있으므로 이를 재무제표 상에 공시하는 것은 공시의 신뢰를 저하시키는 것이나 다름이 없다. 결국, 사실을 제대로 반영한 공시를 위하여는 이행불능의 채권을 손금으로 계상하는 과정이 필요한데, 계속기업의 경우 대손가능한 금액을 미리 추정하여 대손충당금계정을 설정하는 방법을 널리 활용하고 있으며 기업회계기준(K-IFRS)에서도 이러한 이유로 대손충당금계정을 설정하도록 하고 있다. 이는 특정자산의 가치에 대한 평가를 의미하므로 흔히 평가성 충당금이라고도 불린다.

다만, 이러한 대손충당금의 설정은 적어도 법인세법 상에서는 강행규정이 아니므로, 대손이 확정적으로 발생하였을 때에 비로소 손금으로 인식을 할 것인지 아니면 위와 같이 대손가능한 금액을 사전에 추정하여 계상할 것인지는 어디까지나 개별 법인의 선택에 따른다.

주식회사 은행 법인세등부과처분취소 청구 사건
(대법원 2015.1.15. 선고 2012두4111 판결)

[판결요지]

[1] 구 법인세법(2008. 12. 26. 법률 제9267호로 개정되기 전의 것) 제34조 제1항에 따른 대손충당금은 법인이 결산에 반영하여야만 손금으로 보는 결산조정사항에 해당하므로, 법인이 어떠한 채권에 관하여 대손사유가 현실로 발생하였을 때에 비로소 손금으로 인식할 것인지 아니면 추정손실에 따라 대손충당금을 설정하는 방법으로 대손사유가 현실화되기 전에 미리 손금으로 인식할 것인지 여부는 그 법인의 선택에 달려 있다. 따라서 여신전문금융회사인 법인이 대손충당금의 설정을 강제한 관련 규정을 위반하여 대손충당금을 설정하지 아니한 경우라고 하더라도 실제로 대손충당금을 설정하지 아니한 이상 실질과세의 원칙을 들어 손금이 발생한 것으로 볼 수는 없다.

[2] 여신전문금융회사인 피합병법인이 결산 이전에 대손충당금을 설정하는 회계처리를 하였더라도 그것이 아직 결산에 반영되지 아니한 상태에서 환입이 이루어졌다면 피합병법인의 손금으로 인식될 수 없으므로, 여신전문금융회사의 금전채권을 합병으로 취득하는 합병법인은 구 법인세법 시행령(2005. 2. 19. 대통령령 제18706호로 개정되기 전의 것) 제72조 제1항 제3호 단서에 따라 그 채권을 대손충당금이 설정되지 아니한 장부가액으로 승계할 뿐이다. 설령 피합병법인이 대손충당금을 설정하여 결산에 반영하였더라면 손금으로 인식되어 이월결손금이 발생하고, 구 법인세법(2008. 12. 26. 법률 제9267호로 개정되기 전의 것) 제45조 제1항 제2호에 따라 그 이월결손금을 승계하지 못하는 합병법인이 이를 회피하고자 피합병법인으로 하여금 결산 이전에 대손충당금을 설정하지 아니하게 함으로써 여신전문금융회사의 금전채권을 장부가액으로 승계한 후에 비로소 자신

> 이 대손충당금을 설정하여 합병법인의 손금으로 인식하더라도, 이를 위법행위로서 소득신고에 오류·탈루가 있는 경우에 해당한다거나 신의칙에 반하는 행위에 해당한다고 할 수 없다.

(1) **설정대상채권**

(가) **다음의 채권에 대하여는 대손충당금을 설정할 수 있다.**

> 법인세법 제34조(대손충당금의 손금산입)
>
> ⑧ 제1항에 따른 외상매출금·대여금, 그밖에 이에 준하는 채권의 범위와 대손충당금의 처리에 관하여 필요한 사항은 대통령령으로 정한다.
>
> 법인세법 시행령 제61조(대손충당금의 손금산입)
>
> ① 법 제34조제1항에 규정하는 외상매출금·대여금 기타 이에 준하는 채권은 다음 각호의 것으로 한다.
>
> 1. 외상매출금 : 상품·제품의 판매가액의 미수액과 가공료·용역 등의 제공에 의한 사업수입금액의 미수액
> 2. 대여금 : 금전소비대차계약 등에 의하여 타인에게 대여한 금액
> 3. 기타 이에 준하는 채권 : 어음상의 채권·미수금 기타 기업회계기준에 의한 대손충당금 설정대상이 되는 채권(제88조제1항제1호의 규정을 적용받는 시가초과액에 상당하는 채권을 제외한다)

i) 외상매출금 : 상품 · 제품의 판매가액의 미수액과 가공료 · 용역 등의 제공에 의한 사업수익금액의 미수액

ii) 대여금 : 금전소비대차계약 등에 의하여 타인에게 대여한 금액

법인의 주된 영업과 무관한 대여금, 종업원·주주들에게 개별적으로 대여해 준 금원도 모두 포함한다. 단, 아래에서 보는 바와 같이 특수관계인에게 해당 법인의 업무와 관련없이 지급한 가지급금 등의 경우에는 대손충당금으로 볼 수 없다(법 제34조 제3항, 제19조의2 제2항).

iii) 기타 이에 준하는 채권 : 어음상의 채권 및 미수금, 기타 기업회계기준에 의한 대손충당금 설정대상 채권

현행 K-IFRS에서는 손실이 발생하였다는 객관적인 증거가 있는 경우 측

정된 손실액을 대손충당금으로 설정할 수 있도록 하였는데(발생손실모형), 단 이러한 개정으로 인해 2011년 개정 당해 재무제표 작성시 기존에 설정한 대손충당금이 대거 감소함으로써 법인세 부담이 증가하는 문제가 발생할 것이 예상되었으므로 조세특례제한법은 2014. 12. 31. 까지 국제기준을 최초로 도입하는 경우 대손충당금 감소분을 개별법인마다 익금불산입 및 유예할 수 있도록 규정하였다.

> 조세특례제한법 제104조의23(국제회계기준 적용 내국법인등에 대한 대손충당금 환입액의 익금불산입)
>
> ① 내국법인 또는 「법인세법」 제94조에 따른 국내사업장이 있는 외국법인(이하 이 조에서 "내국법인등"이라 한다)이 2014년 12월 31일이 속하는 사업연도 이전에 「주식회사의 외부감사에 관한 법률」 제13조제1항제1호에 따른 회계처리기준(이하 이 조에서 "국제회계기준"이라 한다)을 최초로 적용하는 경우 해당 사업연도의 소득금액 계산을 할 때 제1호의 금액에서 제2호의 금액을 뺀 금액을 익금에 산입하지 아니할 수 있다.
>
> 1. 「법인세법」 제34조제4항에 따라 익금에 산입하여야 하는 직전 사업연도 대손충당금의 잔액
> 2. 「법인세법」 제34조제1항에 따른 해당 사업연도의 대손충당금 손금산입액
>
> ② 제1항에 따라 익금에 산입하지 아니한 금액은 이후 사업연도에 「법인세법」 제34조제1항에 따라 손금에 산입하여야 할 금액이 같은 조 제4항에 따라 익금에 산입하여야 할 금액보다 큰 경우 그 차액과 상계하며, 상계하고 남은 금액은 2015년 1월 1일 이후 최초로 개시하는 사업연도의 소득금액을 계산할 때 익금에 산입한다.
>
> ③ 제1항을 적용받으려는 내국법인등은 국제회계기준을 최초로 적용하는 사업연도의 과세표준신고를 할 때 기획재정부령으로 정하는 대손충당금 익금불산입신청서를 납세지 관할 세무서장에게 제출하여야 한다.

(나) 그러나, 이하의 채권에 대하여는 대손충당금의 설정이 불가하다.

> 법인세법 제34조(대손충당금의 손금산입)

> ③ 제1항은 제19조의2제2항 각 호의 어느 하나에 해당하는 채권에는 적용하지 아니한다.
>
> 제19조의2(대손금의 손금불산입)
>
> ② 제1항은 다음 각 호의 어느 하나에 해당하는 채권에 대하여는 적용하지 아니한다.
>
> 1. 채무보증(「독점규제 및 공정거래에 관한 법률」 제10조의2제1항 각 호의 어느 하나에 해당하는 채무보증 등 대통령령으로 정하는 채무보증은 제외한다)으로 인하여 발생한 구상채권(求償債權)
>
> 2. 제28조제1항제4호나목에 해당하는 것
>
> 제28조(지급이자의 손금불산입)
>
> ① 다음 각 호의 차입금의 이자는 내국법인의 각 사업연도의 소득금액을 계산할 때 손금에 산입하지 아니한다.
>
> 4. 다음 각 목의 어느 하나에 해당하는 자산을 취득하거나 보유하고 있는 내국법인이 각 사업연도에 지급한 차입금의 이자 중 대통령령으로 정하는 바에 따라 계산한 금액(차입금 중 해당 자산가액에 상당하는 금액의 이자를 한도로 한다)
>
> 나. 제52조제1항에 따른 특수관계인에게 해당 법인의 업무와 관련 없이 지급한 가지급금(假支給金) 등으로서 대통령령으로 정하는 것

i) 채무보증으로 인한 구상채권

ii) 특수관계인에게 지급한 업무무관 가지급금

iii) 세무상 귀속시기가 미도래한 미수이자(2003. 3. 31. 자 서이 제46012-10667호)

법상 대손충당금의 설정이 가능한 채권은 원칙적으로 정상적인 영업에 의하여 발생한 채권 중 대손 발생이 확정적으로 예상될 수 있는 것에 한한다. 단, 판례는 영업정지명령을 받았다는 것만으로는 대손충당금의 설정을 금지할 이유가 없다고 한다.

> 한국 주식회사 법인세등부과처분취소 청구 사건

(대법원 2004.04.09. 선고 2002두9254 판결)

구 법인세법(1998. 12. 28. 법률 제5581호로 전문 개정되기 전의 것) 제14조, 같은법시행령(1998. 12. 31. 대통령령 제15970호로 전문 개정되기 전의 것) 제19조, 같은법시행규칙(1999. 5. 24. 재정경제부령 제86호로 전문 개정되기 전의 것) 제8조 등 관계 법령의 해석상 대손충당금을 설정하여 손비로 인정받을 수 있는 채권은 외상매출금·대여금 기타 이에 준하는 채권에만 가능하고, 위와 같은 횡령행위로 인한 손해배상채권은 그와 같은 채권에 포함되지 않는다.

주식회사 은행 법인세등부과처분취소 청구 사건
(대법원 1988.12.27. 선고 87누870 판결)

[판결요지]
금융기관이 여신업무 수행중에 발생한 부실채권의 회수를 위하여 담보부동산을 경매법원으로부터 스스로 경락인수한 다음 이를 매수 희망자에게 할부 또는 연불로 매각처분하는 거래행위는 정상적인 영업거래행위에 속하는 것이며 그 매각대금을 완불받을 때까지는 금융기관이 그대로 소유권을 갖고있는 것이 통상적인 경우이므로 그 거래의 성질상 대손발생이 예상되지 아니하고, 따라서 위 거래로 인한 할부 또는 연불조건의 부동산매각대금 미수금채권은 대손금설정대상채권이 아니다.

법인세등부과처분취소 청구 사건
(대법원 1986.02.11. 선고 85누447 판결)

상호신용금고가 영업정지명령을 받았으나 대출금 및 대출금이자 회수업무는 정지대상업무에서 제외되었다면 완전히 폐업한 것과 같이 볼 수는 없어 회사가 해산할 때 까지는 위와 같은 대출금회수등 잔여업무를 계속하여야 할 것이므로 완전폐업을 전제로 대손충당금의 손금산입을 부인한 것은 위법하다.

(2) **설정한도액**

법인세법 시행령 제61조(대손충당금의 손금산입)

② 법 제34조제1항에서 "대통령령으로 정하는 바에 따라 계산한 금액"이란 해당 사업연도종료일 현재의 제1항에 따른 외상매출금·대여금 기타 이에 준하는 채권의 장부가액의 합계액(이하 이 조에서 "채권잔액"이라 한다)의 100분의 1에 상당하는 금액과 채권잔액에 대손실적률을 곱하여 계산한 금액중 큰 금액을 말한다. 다만, 다음 각 호의 어느 하나에 해당하는 금융회사 등 중 제1호부터 제17호까지의 금융회사 등의 경우에는 금융위원회가 기획재정부장관과 협의하여 정하는 대손충당금적립기준에 따라 적립하여야 하는 금액, 채권잔액의 100분의 1에 상당하는 금액 또는 채권잔액에 대손실적률을 곱하여 계산한 금액 중 큰 금액으로 한다.

1. 「은행법」에 의한 인가를 받아 설립된 은행
2. 「한국산업은행법」에 의한 한국산업은행
3. 「중소기업은행법」에 의한 중소기업은행
4. 「한국수출입은행법」에 의한 한국수출입은행
5. 삭제
6. 「농업협동조합법」에 따른 농업협동조합중앙회(같은 법 제134조제1항제4호의 사업에 한정한다) 및 농협은행
7. 「수산업협동조합법」에 따른 수산업협동조합중앙회(같은 법 제138조제1항제3호부터 제5호까지의 사업에 한정한다)
8. 「자본시장과 금융투자업에 관한 법률」에 따른 투자매매업자 및 투자중개업자
9. 「자본시장과 금융투자업에 관한 법률」에 따른 종합금융회사
10. 「상호저축은행법」에 의한 상호저축은행중앙회(지급준비예탁금에 한한다) 및 상호저축은행
11. 「보험업법」에 따른 보험회사
12. 「자본시장과 금융투자업에 관한 법률」에 따른 신탁업자
13. 「여신전문금융업법」에 따른 여신전문금융회사
14. 「산림조합법」에 따른 산림조합중앙회(같은 법 제108조제1항제3호, 제4호 및 제6호의 사업에 한정한다)
15. 「한국주택금융공사법」에 따른 한국주택금융공사
16. 「자본시장과 금융투자업에 관한 법률」에 따른 자금중개회사

17. 「금융지주회사법」에 따른 금융지주회사
18. 「신용보증기금법」에 따른 신용보증기금
19. 「기술신용보증기금법」에 따른 기술신용보증기금
20. 「농림수산업자 신용보증법」에 따른 농림수산업자신용보증기금
21. 「한국주택금융공사법」에 따른 주택금융신용보증기금
22. 「무역보험법」에 따른 한국무역보험공사
23. 「지역신용보증재단법」에 따른 신용보증재단
24. 「새마을금고법」에 따른 새마을금고연합회
25. 「중소기업창업 지원법」에 따른 중소기업창업투자회사
26. 「예금자보호법」에 따른 예금보험공사 및 정리금융기관
27. 「자산유동화에 관한 법률」에 따른 유동화전문회사
28. 「대부업의 등록 및 금융이용자보호에 관한 법률」에 따라 대부업자로 등록한 법인
29. 「산업재해보상보험법」에 따른 근로복지공단(근로자 신용보증 지원사업에서 발생한 구상채권에 한정한다)
30. 「금융회사부실자산 등의 효율적 처리 및 한국자산관리공사의 설립에 관한 법률」에 따른 한국자산관리공사(부실채권정리기금을 포함한다)
31. 「농업협동조합의 구조개선에 관한 법률」에 따른 농업협동조합자산관리회사
32. 삭제
33. 삭제
34. 삭제
35. 삭제
36. 삭제
37. 삭제
38. 삭제

③ 제2항에 따른 대손실적률은 다음 산식에 따라 계산한 비율로 한다.

$$\text{대손실적률} = \frac{\text{해당사업연도의 법 제19조의2 제1항에 따른 대손금}}{\text{직전사업연도 종료일 현재의 채권가액}}$$

④ 법 제34조제1항에 따른 대손충당금의 손금산입 범위액을 계산할 때에는 제19조의2제5항에 따른 대손금과 관련하여 계상된 대손충당금은 제외한다.

법상 대손충당금을 설정할 수 있는 한도는 사업연도 종료일 현재 위에서 본 설정대상 채권의 장부가액 합계액에, 1%에 상당하는 금액과 채권잔액에 대손실적률을 곱하여 계산한 금액 중 큰 금액이다. 단, 일정한 금융회사는 금융위원회가 정한 대손충당금적립기준에 의한 금액, 채권잔액의 1%, 채권잔액에 대손실적률을 곱하여 계산한 금액 중 큰 금액으로 한다(영 제61조 제2항). 법인은 이러한 대손충당금 한도액 산정 기준을 자기의 판단 하에 가장 유리한 것으로 선택할 수 있다.

협동조합중앙회 법인세부과처분취소 청구 사건
(대법원 2012.08.17. 선고 2009두14965 판결)

[판결요지]

구 법인세법(2010. 12. 30. 법률 제10423호로 개정되기 전의 것) 제34조 제1항, 구 법인세법 시행령(2001. 12. 31. 대통령령 제17457호로 개정되기 전의 것) 제61조 제2항 규정은 금융기관이 각 사업연도에 대한 결산시 적립한 대손충당금에 관하여 결산 회계목적으로 사용된 적립방법에 관계없이 법인세법의 고유목적을 위해서 손금산입할 수 있는 대손충당금 총액의 한도를 산정할 수 있는 방법을 선택적으로 정한 것으로 보아야 하므로, 금융기관으로서는 결산시 어떠한 방법을 적용하여 대손충당금을 적립하였는지에 관계없이 법인세 산정시에는 가장 유리한 한도액을 선택하여 그 범위 내에서는 결산시 적립한 대손충당금액을 손금산입할 수 있다고 해석해야 할 것이다.

[이유]

구 법인세법(2010. 12. 30. 법률 제10423호로 개정되기 전의 것) 제34조 제1항은 '내국법인이 각 사업연도에 외상매출금·대여금 기타 이에 준하는 채권의 대손에 충당하기 위하여 대손충당금을 손금으로 계상한 경우에는 대통령령이 정하는 바에 따라 계산한 금액의 범위 안에서 당해 사업연도의 소득금액계산에 있어서 이를 손금에 산입한다'고 규정하고, 그 위임에 의한 구 법인세법 시행령(2001. 12. 31. 대통령령 제17457호로 개정되기 전의 것, 이하 같다) 제61조 제2항은 ' 법 제34조 제1항에서 "대통령령이 정하는 바에 따라 계산한 금액"이라 함은 원고 등의 금융기관의 경우 당해 사업연도 종료일 현재의 제1항의 규정에 의한 외상매출금·대여금 기타 이에 준하는 채권의 장부가액의 합계액(이하 '채권잔액'이라 한다)의 2%에 상당하는 금액과 채권잔액에 대손실적률을 곱하여 계산한 금액 중 큰 금액을 말한다. 다만 원고 등의 금융기관의 경우에는 금융감독위원회가 재정경제부장관과 협의하여 정하는 대손충당금 적립기준(이하 '금융감독위원회 기준'이라 한다)에 따라 적립하여야 하는 금액으로 할 수 있다'고 규정하고 있다.

원심은, (1) 제1심판결 이유를 인용하여, ① 원고는 각 사업연도에 대한 결산시 금융감독위원회 기준에 따라 대손충당금을 적립하면서, 2000 하반기 사업연도에는 국가 등에 대한 채권에 대하여 대손충당금을 적립하지 아니하고 세무조정시에도 이를 대손충당금 한도액 산정에 반영하지 아니하였으며, 2001 사업연도에는 국가 등에 대한 채권에 대하여 대손충당금을 적립하지 아니하였다가 세무조정시 대손충당금 적립액이 대손충당금 한도액을 초과하게 되자 국가 등에 대한 채권을 그 한도액 산정에 반영한 사실, ② 피고는 2000 하반기 사업연도 대손충당금 적립액에 대하여 국가 등에 대한 채권을 제외한 채권만을 대상으로 금융감독위원회 기준에 따라 산정한 한도액을 초과하는 금액을 손금불산입하고 2001 사업연도에 동액 상당을 손금산입하였으며, 2001 사업연도 대손충당금 적립액에 대하여도 같은 방법으로 산정한 한도액을 초과한 금액을 손금불산입하고 2002 사업연도에 동액 상당을 손금산입한 사실 등을 인정한 다음, (2) 금융기관은 결산시 채권잔액의 2%에 상당하는 금액과 채권잔액에 대손실적률을 곱한 금액 중 큰 금액의 범위 안에서 대손충당금을 적립하는 방법과 금융감독위원회 기준에 따라 대손충당금을 적립하는 방법 중 하나를 선택할 수 있으나 결산당시 어느 한 방법을 선택하여 대손충당금을 적립한 후에는 법인세법상 대손충당금 한도액 산정시 다른 방법으로 변경할 수 없으므로 원고가 결산시 금융감독위원회 기준을 적용하여 대손충당금을 적립한 이상 채권잔액의 2%에 상당하는 금액과 채권잔액에 대손실적률을 곱한 금액 중 큰 금액을 법인세법상 손금산입 한도액으로 삼을 수 없고, 또한 원고가 결산시 국가 등에 대한 채권에 대하여는 대손충당금을 적립하지 아니한 이상 국가 등에 대한 채권이 다른 채권의 대손충당금 한도액을 늘려주는 방편이 되어서는 아니되므로 법인세법상 대손충당금 한도액 산정에 이를 반영할 수 없다고 판단하였다.

그러나 앞서 본 규정은 원고 등 금융기관이 각 사업연도에 대한 결산시 적립한 대손충당금에 관하여 결산 회계목적으로 사용된 적립방법에 관계없이 법인세법의 고유목적을 위해서 손금산입할 수 있는 대손충당금 총액의 한도를 산정할 수 있는 방법을 선택적으로 정한 것으로 보아야 하므로, 원고로서는 결산시 어떠한 방법을 적용하여 대손충당금을 적립하였는지에 관계없이 법인세 산정시에는 가장 유리한 한도액을 선택하여 그 범위 내에서는 결산시 적립한 대손충당금액을 손금산입할 수 있다고 해석해야 할 것이다. 따라서 원고가 결산시에는 금융감독위원회 기준에 따라 대손충당금을 적립하였다 하더라도 법인세법상으로는 원고의 선택에 따라 채권잔액의 2%에 상당하는 금액과 채권잔액에 대손실적률을 곱한 금액 중 큰 금액을 한도로 결산시 적립한 대손충당금액을 손금산입할 수 있고, 원고가 결산시 국가 등에 대한 채권에 관하여는 대손충당금을 적립하지 아니하였다 하더라도 그것이 법인세법상 대손충당금 설정대상 채권에 해당한다면 위 한도액 산정의 기준이 되는 채권잔액에 포함시킬 수 있다고 보아야 한다.

따라서 이와 달리 원고가 결산시 금융감독위원회 기준에 의하여 대손충당금을 적립하면서 국가 등에 대한 채권에 대하여 대손충당금을 적립하지 아니한 이상 2000 하반기 사업연도와 2001 사업연도에 관한 법인세법상 대손충당금의 한도액은 국가 등에 대한 채권을 제외한 나머지 채권에 대하여 금융감독위원회 기준에 따라 적립하는 대손충당금에 국한된다는 원심판단에는 대손충당금의 한도에 관한 법리를 오해하여 필요한 심리를 다하지 아니한 잘못이 있고, 2000 하반기 사업연도와 2001 사업연도의 각 법인세 부과처분에 관하여 이 점을 지적하는 상고이유의 주장은 이유 있다.

(3) 손금산입한 대손충당금의 처리

법인세법 제34조(대손충당금의 손금산입)

④ 제1항에 따라 대손충당금을 손금으로 계상한 내국법인은 대손금이 발생한 경우 그 대손금을 대손충당금과 먼저 상계하여야 하고, 대손금과

상계하고 남은 대손충당금의 금액은 다음 사업연도의 소득금액을 계산할 때 익금에 산입한다.

⑥ 제1항에 따라 대손충당금을 손금에 산입한 내국법인이 합병 또는 분할한 경우 그 법인의 합병등기일 또는 분할등기일 현재의 해당 대손충당금 중 합병법인등에 인계한 금액은 그 합병법인등이 합병등기일이나 분할등기일에 가지고 있는 대손충당금으로 본다.

제19조의2(대손금의 손금불산입)

③ 제1항에 따라 손금에 산입한 대손금 중 회수한 금액은 그 회수한 날이 속하는 사업연도의 소득금액을 계산할 때 익금에 산입한다.

법인세법 시행령 제61조(대손충당금의 손금산입)

⑥ 법 제34조제6항의 규정에 의한 대손충당금의 인계는 이에 대응하는 채권이 동시에 인계되는 경우에 한하여 이를 적용한다.

법인세법 시행규칙 제32조(대손충당금의 계상)

① 영 제61조의 규정을 적용함에 있어서 법인이 당해사업연도의 대손충당금 손금산입 범위액에서 익금에 산입하여야 할 대손충당금을 차감한 잔액만을 대손충당금으로 계상한 경우 차감한 금액은 이를 각각 익금 또는 손금에 산입한 것으로 본다.

② 법인이 동일인에 대하여 매출채권과 매입채무를 가지고 있는 경우에는 당해매입채무를 상계하지 아니하고 대손충당금을 계상할 수 있다. 다만, 당사자간의 약정에 의하여 상계하기로 한 경우에는 그러하지 아니하다.

대손충당금은 결산분개·조정항목이므로 결산시에 특정 한도액 범위 안에서만 손금으로 인정될 뿐이고, 비용으로 계상하지 아니하거나 적게 계상한 경우에는 초과분을 세무조정을 통해 손금으로 추가 산입할 수는 없다.

한편, 회계상 대손충당금을 설정하는 방법에는 크게 총액법과 보충법을 살펴볼 수 있다. 총액법이란 재무제표상 전기 사업연도에 설정된 대손충당금의 잔액을 전액 환입(감소)시킨 이후에 당기 사업연도에 설정한 금액을 다시 손금에 계산하는 방법이고, 보충법은 당기 사업연도의 대손충당금 설정에 대해 전기말 대손충당금의 잔액을 공제한 잔액만을 추가적으로 계상하는 방법이다.

법인세법은 원칙적으로 총액법에 의하여 설정할 것을 요구하고 있지만, 다시 동 시행규칙을 통해 법인이 당해사업연도의 대손충당금 손금산입 범위액에서 익금에 산입(즉 환입)하여야 할 대손충당금을 차감한 잔액만을 대손충당금으로 설정하였다고 하더라도 이를 인정하고 있다(보충법의 예외적 인정). 이 때문에 결과적으로는 설정방법의 차이로 인한 세무조정은 발생하지 않는다. 참고로, 현행 K-IFRS의 경우에는 보충법으로 대손충당금을 계상하고 있다.

주식회사 은행 법인세등부과처분취소 청구 사건
(대법원 2006.12.7. 선고 2005두5130 판결)

[이유]
법인세 면제사업과 과세사업을 겸영하는 법인이 구분경리 없이 대손충당금을 공통으로 계상한 경우에는 특별한 사정이 없는 한 공통손금으로 처리하여야 한다.

주식회사 은행 법인세등부과처분취소 청구 사건
(대법원 1988.01.19. 선고 87누287 판결)

[이유]
구 법인세법(1982.12.21 법률 제3577호로 개정되기 전의 것)은 법인이 각 사업연도의 소득금액을 계산함에 있어서 대손충당금을 계상할 것인지의 여부와 대손충당금을 계상할 경우에 이를 어느 채권에 계상할 것인지는 그 법인이 임의로 결정할 수 있도록 하고, 다만 같은법시행령 제19조 제3항에서 대손충당금의 손입한도만을 제한하고 있을 뿐이므로, 과세사업과 면세사업을 겸영하는 법인은 대손충당금을 계상함에 있어서 과세사업과 면세사업 중 어느 하나의 사업부분에만 이를 계상할 수도 있고, 양사업에 공통되는 대손충당금으로 계상할 수도 있다 할 것이다

다) 구상채권상각충당금

법인세법 제35조(구상채권상각충당금의 손금산입)

① 법률에 따라 신용보증사업을 경영하는 내국법인 중 대통령령으로 정하는 법인이 각 사업연도에 구상채권상각충당금(求償債權償却充當金)을 손금으로 계상한 경우에는 대통령령으로 정하는 바에 따라 계산한 금액의 범위에서 그 사업연도의 소득금액을 계산할 때 이를 손금에 산입한다.

② 제1항을 적용할 때 국제회계기준을 적용하는 법인 중 대통령령으로 정하는 법인이 구상채권상각충당금을 제60조제2항제2호에 따른 세무조정계산서에 계상하고 그 금액 상당액을 해당 사업연도의 이익처분을 할 때 구상채권상각충당금의 적립금으로 적립한 경우 대통령령으로 정하는 바에 따라 계산한 금액의 범위에서 이를 손금으로 계상한 것으로 본다.

③ 제1항에 따라 구상채권상각충당금을 손금에 산입한 내국법인은 신용보증사업으로 인하여 발생한 구상채권 중 대통령령으로 정하는 대손금이 발생한 경우 그 대손금을 구상채권상각충당금과 먼저 상계하고, 상계하고 남은 구상채권상각충당금의 금액은 다음 사업연도의 소득금액을 계산할 때 익금에 산입한다.

④ 제1항을 적용받으려는 내국법인은 대통령령으로 정하는 바에 따라 구상채권상각충당금에 관한 명세서를 납세지 관할 세무서장에게 제출하여야 한다.

⑤ 제1항에 따른 구상채권상각충당금의 처리에 필요한 사항은 대통령령으로 정한다.

법인세법 시행령 제63조(구상채권상각충당금의 손금산입)

① 법 제35조제1항에서 "대통령령으로 정하는 법인"이란 다음 각 호의 어느 하나에 해당하는 법인을 말한다.

1. 제61조제2항제18호부터 제23호까지 및 제29호의 법인
2. 「주택법」에 의한 대한주택보증주식회사
3. 「사회기반시설에 대한 민간투자법」에 의한 산업기반신용보증기금
4. 「지역신용보증재단법」 제35조에 따른 신용보증재단중앙회
5. 「엔지니어링산업 진흥법」에 따른 엔지니어링공제조합
6. 「소프트웨어산업 진흥법」에 의한 소프트웨어공제조합

7. 「방문판매 등에 관한 법률」에 의한 공제조합
8. 「한국주택금융공사법」에 의한 한국주택금융공사
9. 「건설산업기본법」에 따른 공제조합
10. 「전기공사공제조합법」에 따른 전기공사공제조합
11. 「산업발전법」에 따른 자본재공제조합
12. 「소방산업의 진흥에 관한 법률」에 따른 소방산업공제조합
13. 「정보통신공사업법」에 따른 정보통신공제조합
14. 「건축사법」에 따른 건축사협회

② 법 제35조제2항에서 "대통령령으로 정하는 법인"이란 제1항제2호에 해당하는 법인을 말한다.

③ 법 제35조제1항 및 제2항에서 "대통령령으로 정하는 바에 따라 계산한 금액"이란 해당 사업연도종료일 현재의 신용보증사업과 관련된 신용보증잔액에 100분의 1과 구상채권발생률(직전 사업연도종료일 현재의 신용보증사업과 관련된 신용보증잔액 중 해당 사업연도에 발생한 구상채권의 비율을 말한다) 중 낮은 비율을 곱하여 계산한 금액을 말한다.

④ 법 제35조제3항에서 "대통령령으로 정하는 대손금"이란 다음 각 호의 어느 하나에 해당하는 구상채권에서 발생한 대손금을 말한다.

1. 제19조의2제1항 각 호의 어느 하나에 해당하는 구상채권
2. 당해 법인의 설립에 관한 법률에 의한 운영위원회(농림수산업자신용보증기금의 경우에는 농림수산업자신용보증심의회, 신용보증재단의 경우에는 「지역신용보증재단법」 제35조에 따른 신용보증재단중앙회, 대한주택보증주식회사 및 근로복지공단의 경우에는 이사회를 말한다)가 기획재정부장관과 협의하여 정한 기준에 해당한다고 인정한 구상채권

⑤ 법 제35조제1항의 규정을 적용받고자 하는 내국법인은 법 제60조의 규정에 의한 신고와 함께 기획재정부령이 정하는 구상채권상각충당금조정명세서를 납세지 관할세무서장에게 제출하여야 한다.

신용보증회사의 경우, 대위변제 후 취득한 구상채권의 회수가 불가능한 경우가 많다는 점을 고려하여, 대위변제를 하기 전에 그 신용보증액 자체에 대하여 미리 충당금 계정을 설정하여 손금 산입할 수 있도록 예외적으로 규정한 것이다.

라) 일시상각충당금(또는 압축기장충당금)

법인세법 제36조(국고보조금등으로 취득한 사업용자산가액의 손금산입) ① 내국법인이 「보조금 관리에 관한 법률」, 「지방재정법」, 그 밖에 대통령령으로 정하는 법률에 따라 보조금 등의 자산(이하 이 조에서 "국고보조금등"이라 한다)을 지급받아 그 지급받은 날이 속하는 사업연도의 종료일까지 대통령령으로 정하는 사업용자산(이하 이 조에서 "사업용자산"이라 한다)을 취득·개량하는 데에 사용한 경우 또는 사업용자산을 취득·개량하고 이에 대한 국고보조금등을 사후에 지급받은 경우에는 해당 사업용자산의 가액 중 그 사업용자산의 취득 또는 개량에 사용된 국고보조금등에 상당하는 금액은 대통령령으로 정하는 바에 따라 그 사업연도의 소득금액을 계산할 때 손금에 산입할 수 있다.

② 국고보조금등을 지급받은 날이 속하는 사업연도의 종료일까지 사업용자산을 취득하거나 개량하지 아니한 내국법인이 그 사업연도의 다음 사업연도 개시일부터 1년 이내에 사업용자산을 취득하거나 개량하려는 경우에는 취득 또는 개량에 사용하려는 국고보조금등의 금액을 제1항을 준용하여 손금에 산입할 수 있다. 이 경우 허가 또는 인가의 지연 등 대통령령으로 정하는 사유로 국고보조금등을 기한 내에 사용하지 못한 경우에는 해당 사유가 끝나는 날이 속하는 사업연도의 종료일을 그 기한으로 본다.

③ 제2항에 따라 국고보조금등 상당액을 손금에 산입한 내국법인이 손금에 산입한 금액을 기한 내에 사업용자산의 취득 또는 개량에 사용하지 아니하거나 사용하기 전에 폐업 또는 해산하는 경우 그 사용하지 아니한 금액은 해당 사유가 발생한 날이 속하는 사업연도의 소득금액을 계산할 때 익금에 산입한다. 다만, 합병하거나 분할하는 경우로서 합병법인등이 그 금액을 승계한 경우는 제외하며, 이 경우 그 금액은 합병법인등이 제2항에 따라 손금에 산입한 것으로 본다.

④ 제1항을 적용할 때 내국법인이 국고보조금등을 금전 외의 자산으로 받아 사업에 사용한 경우에는 사업용자산의 취득 또는 개량에 사용된 것으로 본다.

⑤ 제1항과 제2항을 적용받으려는 내국법인은 대통령령으로 정하는 바에 따라 국고보조금등과 국고보조금등으로 취득한 사업용자산의 명세서(제2항의 경우에는 국고보조금등의 사용계획서)를 납세지 관할 세무서장에게 제출하여야 한다.

⑥ 제1항부터 제3항까지의 규정을 적용할 때 손금산입액 및 익금산입액의 계산과 그 산입방법 등에 관하여 필요한 사항은 대통령령으로 정한다.

제37조(공사부담금으로 취득한 고정자산가액의 손금산입)

① 다음 각 호의 어느 하나에 해당하는 사업을 경영하는 내국법인이 그 사업에 필요한 시설을 하기 위하여 전기·가스·열(熱) 등의 수요자 또는 그 시설에 의하여 편익을 받는 자로부터 그 시설을 구성하는 토지등 고정자산을 제공받은 경우 또는 금전 등(이하 이 조에서 "공사부담금"이라 한다)을 제공받아 그 제공받은 날이 속하는 사업연도의 종료일까지 그 시설을 구성하는 고정자산의 취득에 사용하거나 고정자산을 취득하고 이에 대한 공사부담금을 사후에 제공받은 경우 그 고정자산의 가액(공사부담금으로 취득한 경우에는 그 고정자산의 취득에 사용된 공사부담금에 상당하는 금액)은 대통령령으로 정하는 바에 따라 그 사업연도의 소득금액을 계산할 때 손금에 산입할 수 있다.

1. 「전기사업법」에 따른 전기사업
2. 「도시가스사업법」에 따른 도시가스사업
3. 「액화석유가스의 안전관리 및 사업법」에 따른 액화석유가스 충전사업, 액화석유가스 집단공급사업 및 액화석유가스 판매사업
4. 「집단에너지사업법」 제2조제2호에 따른 집단에너지공급사업
5. 제1호부터 제4호까지의 사업과 유사한 사업으로서 대통령령으로 정하는 것

② 공사부담금으로 고정자산을 취득하는 경우의 손금산입 등에 관하여는 제36조제2항 및 제3항을 준용한다.

③ 제1항과 제2항을 적용받으려는 내국법인은 대통령령으로 정하는 바에 따라 그 제공받은 고정자산 및 공사부담금과 공사부담금으로 취득한 고정자산의 명세서(제2항의 경우에는 공사부담금의 사용계획서)를 납세지 관할 세무서장에게 제출하여야 한다.

④ 제1항과 제2항을 적용할 때 손금산입액 및 익금산입액의 계산과 그 산입방법 등에 관하여 필요한 사항은 대통령령으로 정한다.

제38조(보험차익으로 취득한 고정자산가액의 손금산입)

① 내국법인이 고정자산의 멸실(滅失)이나 손괴(損壞)로 인하여 보험금

을 지급받아 그 지급받은 날이 속하는 사업연도의 종료일까지 그 멸실한 고정자산에 대체하여 동일한 종류의 고정자산을 취득하거나 손괴된 고정자산을 개량(그 취득한 고정자산의 개량을 포함한다)하는 경우 그 고정자산의 가액 중 그 고정자산을 취득하거나 개량하는 데에 사용된 보험차익에 상당하는 금액은 대통령령으로 정하는 바에 따라 그 사업연도의 소득금액을 계산할 때 손금에 산입할 수 있다.

② 보험차익으로 고정자산을 취득하거나 개량하는 경우의 손금산입 등에 관하여는 제36조제2항 및 제3항을 준용한다. 이 경우 제36조제2항 중 "1년"은 "2년"으로 본다.

③ 제1항과 제2항을 적용받으려는 내국법인은 대통령령으로 정하는 바에 따라 그 지급받은 보험금과 보험금으로 취득하거나 개량한 고정자산의 명세서(제2항의 경우에는 보험차익의 사용계획서)를 납세지 관할 세무서장에게 제출하여야 한다.

④ 제1항과 제2항을 적용할 때 손금산입액 및 익금산입액의 계산과 그 산입방법 등에 관하여 필요한 사항은 대통령령으로 정한다.

법인세법 시행령 제64조(국고보조금 등의 손금산입)

① 법 제36조제1항에서 "대통령령으로 정하는 사업용자산"이란 사업용 고정자산과 석유류를 말한다.

② 법 제36조제1항에 따라 손금에 산입하는 금액은 개별사업용자산별로 해당 사업용자산의 가액중 그 취득 또는 개량에 사용된 「보조금 관리에 관한 법률」, 「지방재정법」 또는 제6항 각 호의 어느 하나에 해당하는 법률에 따른 보조금 등(이하 이 조에서 "국고보조금등"이라 한다)에 상당하는 금액으로 한다. 이 경우 사업용자산을 취득하거나 개량한 후 국고보조금등을 지급받았을 때에는 지급일이 속한 사업연도 이전 사업연도에 이미 손금에 산입한 감가상각비에 상당하는 금액은 손금에 산입하는 금액에서 제외한다.

③ 제2항의 규정에 의하여 손금에 산입하는 금액은 당해 사업용자산별로 다음 각호의 구분에 따라 일시상각충당금 또는 압축기장충당금으로 계상하여야 한다.

1. 감가상각자산 : 일시상각충당금
2. 제1호외의 자산 : 압축기장충당금

④ 제3항의 규정에 의하여 손금으로 계상한 일시상각충당금과 압축기장충당금은 다음 각호의 방법으로 익금에 산입한다.

1. 일시상각충당금은 당해 사업용자산의 감가상각비(취득가액중 당해 일시상각충당금에 상당하는 부분에 대한 것에 한한다)와 상계할 것. 다만, 당해 자산을 처분하는 경우에는 상계하고 남은 잔액을 그 처분한 날이 속하는 사업연도에 전액 익금에 산입한다.

2. 압축기장충당금은 당해 사업용자산을 처분하는 사업연도에 이를 전액 익금에 산입할 것

⑤ 제4항의 규정을 적용함에 있어서 당해 사업용자산의 일부를 처분하는 경우의 익금산입액은 당해 사업용자산의 가액중 일시상각충당금 또는 압축기장충당금이 차지하는 비율로 안분계산한 금액에 의한다.

⑥ 법 제36조제1항에서 "대통령령으로 정하는 법률"이란 다음 각호의 법률을 말한다.

1. 「농어촌 전기공급사업 촉진법」

2. 「전기사업법」

3. 「사회기반시설에 대한 민간투자법」

4. 「한국철도공사법」

5. 「농어촌정비법」

6. 「도시 및 주거환경정비법」

⑦ 법 제36조제2항 후단에서 "대통령령으로 정하는 사유"란 다음 각호의 어느 하나에 해당하는 경우를 말한다.

1. 공사의 허가 또는 인가 등이 지연되는 경우

2. 공사를 시행할 장소의 미확정 등으로 공사기간이 연장되는 경우

3. 용지의 보상 등에 관한 소송이 진행되는 경우

4. 그 밖에 제1호부터 제3호까지의 규정에 준하는 사유가 발생한 경우

⑧ 법 제36조제1항 및 제2항의 규정의 적용을 받고자 하는 내국법인은 법 제60조의 규정에 의한 신고와 함께 기획재정부령이 정하는 국고보조금등상당액 손금산입조정명세서(국고보조금등사용계획서)를 납세지 관할세무서장에게 제출하여야 한다.

제65조(공사부담금의 손금산입)

① 법 제37조제1항제5호에서 "대통령령으로 정하는 것"이란 다음 각호

의 1에 해당하는 사업을 말한다.

1. 「국가정보화 기본법」에 따른 초고속정보통신기반구축사업

2. 「수도법」에 의한 수도사업

② 법 제37조제1항에 따라 손금에 산입하는 금액은 개별고정자산별로 해당 고정자산가액에 상당하는 금액(공사부담금을 제공받아 고정자산을 취득하는 경우에는 그 취득에 사용된 공사부담금에 상당하는 금액을 말한다)으로 한다. 이 경우 고정자산을 취득한 후 공사부담금을 지급받았을 때에는 지급일이 속한 사업연도 이전 사업연도에 이미 손금에 산입한 감가상각비에 상당하는 금액은 손금에 산입하는 금액에서 제외한다.

③ 제64조제3항부터 제5항까지 및 제7항은 제2항의 규정에 의한 고정자산가액에 상당하는 금액의 손금산입 및 익금산입에 관하여 이를 준용한다.

④ 삭제

⑤ 법 제37조제1항 및 제2항의 규정을 적용받고자 하는 내국법인은 법 제60조의 규정에 의한 신고와 함께 기획재정부령이 정하는 공사부담금상당액 손금산입조정명세서(공사부담금사용계획서)를 납세지 관할세무서장에게 제출하여야 한다.

제66조(보험차익의 손금산입)

① 법 제38조제1항의 규정에 의한 동일한 종류의 고정자산은 멸실한 고정자산에 대체하여 취득한 고정자산으로서 그 용도나 목적이 멸실한 고정자산과 동일한 것을 말한다.

② 법 제38조제1항의 규정에 의하여 손금에 산입하는 금액은 개별고정자산별로 당해 고정자산의 가액중 그 취득 또는 개량에 사용된 보험차익에 상당하는 금액으로 한다. 이 경우 당해 고정자산의 가액이 지급받은 보험금에 미달하는 경우에는 보험금중 보험차익외의 금액을 먼저 사용한 것으로 본다.

③ 제64조제3항제1호·제4항제1호 및 제5항의 규정은 제2항의 규정에 의한 보험차익에 상당하는 금액의 손금산입 및 익금산입에 관하여 이를 준용한다.

④ 법 제38조제1항 및 제2항의 규정을 적용받고자 하는 내국법인은 법 제60조의 규정에 의한 신고와 함께 기획재정부령이 정하는 보험차익상당액

손금산입조정명세서(보험차익사용계획서)를 납세지 관할세무서장에게 제출하여야 한다.

국고보조금·공사부담금 및 보험차익은 법인의 순자산을 증가시키는 항목으로 익금에 산입되는 것이 원칙이나, 국고보조금·공사보조금의 경우 그 전부를 익금으로 보아 법인세를 과세한다면 법인이 고정자산을 취득하기 위하여 설정한 상당한 금액이 세부담으로 지출됨으로써 본래 사업목적을 달성하지 못하는 결과가 발생하게 된다. 또한, 보험차익의 경우에도 보험금으로 자산손실을 복구하는 역할을 하기 때문에 이에 대한 과세가 이뤄진다면 손실에 대한 복구가 제 때 이루어지지 않는 단점이 발생한다.

법은 이러한 폐단을 방지하기 위하여 그 공사부담금 등으로 취득한 고정자산가액을 일시상각충당금(비상각자산의 경우에는 압축기장충당금)의 계정으로 손금 산입할 수 있도록 함으로써 법인세 과세 범위를 줄이고 있다(차기 사업연도의 비용을 당기에 미리 손금화하는 것으로서 과세의 이연에 해당함).

6. 자산의 취득가액 및 자산·부채의 평가

가. 자산의 취득가액

1) 의의 및 개념

자산의 취득가액 및 자산·부채를 평가하는 것은 자산에 대한 취득·사용·수익·처분활동으로 발생하는 과세표준의 크기를 정하는 점에서 매우 중요하다. 일반적으로 자산을 취득하기 위하여 지출한 비용은 당해 취득한 자산에 응집되어 그 자산이 생산활동에 제공되거나 판매 등에 의하여 수익을 창출하는 때에 단계적·일시적으로 대응된다(수익비용대응의 원칙).

현행법은 자산의 취득가액을 역사적 원가방식(법인이 자산을 확보할 때까지 발생·지출된 금원 전부를 고려하는 것)에 따라 계산하도록 하면서도 재고자산과 보험업법, 기타 법률에 의한 고정자산, 주식과 채권 등 유가증권, 기업회계기준에 의한 화폐성 외화자산 및 부채, 금융회사가 보유하고 있는 통화관련 파생상품 중 통화선도, 통화스왑 및 환변동보험, 금융회사 이외의 법인이 화폐성 외화자산, 부채의 환위험을 회피하기 위하여 보유하는 통화선도 및 통화스왑에 대하여만 자산의 평가를 허용하고, 그 외에는 자산의 평가를 허용하지 않는다. 또한, 위와 같은 자산을 평가하는 때에도 재고자산은 원가법과 저가법, 유가증권은 원가법 일부 방식을 적용토록 하는 등의 제한을 가하고 있다.

2) 구체적 산정방법

법인세법 제41조(자산의 취득가액)

① 내국법인이 매입·제작·교환 및 증여 등에 의하여 취득한 자산의 취득가액은 다음 각 호의 금액으로 한다.

1. 타인으로부터 매입한 자산(대통령령으로 정하는 금융자산은 제외한다)은 매입가액에 부대비용을 더한 금액

2. 자기가 제조·생산 또는 건설하거나 그 밖에 이에 준하는 방법으로 취득한 자산은 제작원가(製作原價)에 부대비용을 더한 금액

3. 제1호와 제2호 외의 자산은 취득 당시의 대통령령으로 정하는 금액

법인세법 시행령 제72조(자산의 취득가액 등)

① 법 제41조제1항제1호에서 "대통령령으로 정하는 금융자산"이란 기업회계기준에 따라 단기매매항목으로 분류된 금융자산 및 파생상품(이하 이 조에서 "단기금융자산등"이라 한다)을 말한다.

② 법 제41조제1항 및 제2항에 따른 자산의 취득가액은 다음 각 호의 금액으로 한다.

1. 타인으로부터 매입한 자산: 매입가액에 취득세, 등록면허세, 그 밖의 부대비용을 가산한 금액[법인이 토지와 그 토지에 정착된 건물 및 그 밖의 구축물 등(이하 이 호에서 "건물등"이라 한다)을 함께 취득하여 토지의 가액과 건물등의 가액의 구분이 불분명한 경우 법 제52조제2항에 따른 시가에 비례하여 안분계산한다]

2. 자기가 제조·생산·건설 기타 이에 준하는 방법에 의하여 취득한 자산 : 원재료비·노무비·운임·하역비·보험료·수수료·공과금(취득세와 등록세를

포함한다)·설치비 기타 부대비용의 합계액

3. 합병·분할 또는 현물출자에 따라 취득한 자산의 경우 다음 각 목의 구분에 따른 금액

가. 적격합병 또는 적격분할의 경우: 제80조의4제1항 또는 제82조의4제1항에 따른 장부가액

나. 그 밖의 경우: 해당 자산의 시가

3의2. 물적분할에 따라 분할법인이 취득하는 주식등의 경우: 물적분할한 순자산의 시가

가. 삭제 <2014.2.21>

나. 삭제 <2014.2.21>

4. 현물출자에 따라 출자법인이 취득한 주식등의 경우 다음 각 목의 구분에 따른 금액

가. 출자법인(법 제47조의2제1항제3호에 따라 출자법인과 공동으로 출자한 자를 포함하며, 이하 "출자법인등"이라 한다)이 현물출자로 인하여 피출자법인을 새로 설립하면서 그 대가로 주식등만 취득하는 현물출자의 경우: 현물출자한 순자산의 시가

나. 그 밖의 경우: 해당 주식등의 시가

4의2. 채무의 출자전환에 따라 취득한 주식등: 취득 당시의 시가. 다만, 제15조제4항 각 호의 요건을 갖춘 채무의 출자전환으로 취득한 주식등은 출자전환된 채권(법 제19조의2제2항 각 호의 어느 하나에 해당하는 채권은 제외한다)의 장부가액으로 한다.

5. 합병 또는 분할(물적분할은 제외한다)에 따라 취득한 주식등: 종전의 장부가액에 법 제16조제1항제5호 또는 제6호의 금액 및 제11조제9호의 금액을 더한 금액에서 법 제16조제1항제5호에 따른 합병대가 또는 같은 항 제6호에 따른 분할대가 중 금전이나 그 밖의 재산가액의 합계액을 뺀 금액

5의2. 단기금융자산등: 매입가액

5의3. 「상속세 및 증여세법 시행령」 제12조에 따른 공익법인 등이 기부받은 자산: 제87조제1항 각 호의 어느 하나에 해당하는 특수관계인 외의 자로부터 기부받은 법 제24조제1항에 따른 지정기부금에 해당하는 자산(제37조제1항에 따른 금전 외의 자산만 해당한다)은 기부한 자의 기부 당시 장부가액[사업소득과 관련이 없는 자산(개인인 경우만 해당한다)의 경우에

는 취득 당시의 「소득세법 시행령」 제89조에 따른 취득가액을 말한다]. 다만, 「상속세 및 증여세법」에 따라 증여세 과세가액에 산입되지 아니한 출연재산이 그 후에 과세요인이 발생하여 그 과세가액에 산입되지 아니한 출연재산에 대하여 증여세의 전액이 부과되는 경우에는 기부 당시의 시가로 한다.

6. 「온실가스 배출권의 할당 및 거래에 관한 법률」 제12조에 따라 정부로부터 무상으로 할당받은 배출권: 영(0)원

7. 그 밖의 방법으로 취득한 자산 : 취득당시의 시가

가) 매입한 자산

타인으로부터 매입한 자산의 취득가액은 매입 당시의 매입가액에 취득세, 등록면허세 기타 부대비용을 더한 금액이다. 통상적으로 부대비용에는 물건을 매수하고 운반하기까지 소요되는 운임·하역비·보험료·관세 등이 포함된다.

나) 제조 · 생산 또는 건설 등의 방법에 의하여 취득한 자산

자기가 제조·생산 또는 건설 기타 이에 준하는 방법에 의하여 취득한 자산의 취득가액은 제작원가(원재료비)와 노무비·운임·하역비·보험료·수수료·공과금(취·등록세 포함)·설치비 기타 부대비용을 더한 금액으로 한다.

특별부가세부과처분취소 청구 사건
(대법원 2010.10.14. 선고 2008두68 판결)

[판결요지]

구 법인세법(1998. 12. 28. 법률 제5581호로 전부 개정되기 전의 것, 이하 '개정 전 법'이라 한다) 제59조의2 제3항과 구 법인세법(2000. 12. 29. 법률 제6293호로 개정되기 전의 것, 이하 '개정 후 법'이라 한다) 제99조 제3항은 모두 양도가액에서 공제될 취득가액에 관하여 정의하거나 이를 대통령령에 위임하는 규정을 두고 있지 않아, 위 취득가액을 정의하고 있는 구 법인세법 시행령(1998. 12. 31. 대통령령 제15970호로 전부 개정되기 전의 것, 이하 '개정 전 시행령'이라 한다) 제124조의2 제2항과

> 구 법인세법 시행령(2000. 12. 29. 대통령령 제17033호로 개정되기 전의 것, 이하 '개정 후 시행령'이라 한다) 제140조 제2항은 해석규정이라 할 수 있는데, 법률의 위임이 없이 명령 또는 규칙 등의 행정입법으로 조세요건 등에 관한 사항을 규정하거나 법률에 규정된 내용을 함부로 유추, 확장하는 내용의 해석규정을 마련하는 것은 조세법률주의의 원칙에 위반되는 점, 한편 '개정 전 시행령' 제124조의2 제2항에서 '개정 전 법' 제59조의2 제3항의 취득가액에 포함되는 금액의 하나로 규정하고 있는 '건설자금에 충당한 금액의 이자'와 관련하여 기본적으로 재고자산과 사업용 고정자산을 구별할 특별한 이유가 없음을 전제로 재고자산의 건설자금에 충당한 차입금의 이자도 양도가액에서 공제될 취득가액에 포함되는 것으로 보고 있고, 특별부가세에 있어서 재고자산의 건설자금에 충당한 차입금의 이자를 취득가액에 포함하여 양도가액에서 공제하는 것이 입법 취지에도 부합하는 점, '개정 전·후 법'에서 특별부가세와 관련하여 재고자산과 사업용 고정자산을 구별하는 규정을 두고 있지 않은데다가, 특별부가세에 있어서 양도가액에서 공제하는 취득가액에 관한 '개정 전·후 법'의 규정이 동일하고, '개정 후 시행령' 제140조 제2항에서 취득가액에 포함되는 금액으로 '건설자금에 충당한 금액의 이자와 자본적 지출액을 합계한 금액'이 삭제되었으나, 그와 동시에 같은 항이 취득가액의 계산방식으로 준용하는 제72조 제2항 제2호 및 제4항 제2호에서 '건설자금에 충당한 차입금의 이자'와 '자본적 지출액'이 추가됨으로써 결국 특별부가세 과세표준 계산에 있어서 양도가액에서 공제하는 취득가액 중 위 두 가지 부분에 관하여는 '개정 전·후 시행령'의 규정이 실질적으로 동일한 점 등을 종합하여 보면, '개정 후 시행령' 제140조 제2항 제1호에서 정하는 취득가액에는 사업용 고정자산뿐만 아니라 재고자산의 건설자금에 충당한 차입금의 이자도 포함된다.

다) 현물출자·합병·분할에 의하여 취득한 자산

현물출자를 받았거나 합병 · 분할에 의하여 피합병법인등의 자산을 승계한 법인이 산정하는 자산의 취득가액은 적격합병 또는 적격분할 등 과세특례의 요건을 갖춘 경우에 피합병법인등의 장부가액으로 하고, 그 요건을 갖추지 못한 경우에 해당 자산의 시가로 한다.

라) 현물출자·합병·분할에 의하여 주주 등이 취득한 주식 등

현물출자를 통해 출자법인이 취득한 주식 등의 취득가액은 적격현물출자의 경우 현물출자한 순자산의 장부가액으로 하되, 그 외 출자법인이 현물출자로 인하여 피출자법인을 새로 설립하면서 그 대가로 주식 등만 취득하는 현물출자의 경우 현물출자한 해당 주식 등의 시가로 한다.

물적분할에 따라 분할법인이 취득하는 주식등의 취득가액은 적격물적분할인지 여부를 묻지 않고 물적분할한 순자산의 시가로 하고, 채무의 출자전환에 따라 취득한 가액은 취득당시의 시가로 하되, 채무의 출자전환(회생계획인가를 받은 기업, 부실징후기업, 경영정상화계획 이행협약 체결법인의 출자전환)으로 취득한 주식 등은 출자전환된 채권의 장부가액으로 한다.

합병 또는 분할(물적 분할을 제외)의 경우에는 종전의 장부가액에 합병 또는 분할에 따른 의제배당액 및 특수관계자와의 불균등자본거래로 인하여 분여받은 이익에 대한 부당행위 부인시의 산입 익금을 가산한 금액에서 합병대가 또는 분할대가 중 금전이나 그 밖의 재산가액의 합계액을 공제한 금액으로 한다. 대법원은 이 경우 취득시 발생한 부대비용을 포함한다는 입장에 있다.

중공업 주식회사 법인세등경정거부처분취소 청구 사건
(대법원 2014.3.27. 선고 2011두1719 판결)

[판결요지]
구 법인세법(2010. 12. 30. 법률 제10423호로 개정되기 전의 것, 이하 '구 법인세법'이라 한다) 제41조 제1항 제1호, 제2호는 수익비용대응의 원칙에 따라 기간손익을 적정하게 계산하기 위하여 타인으로부터 매입한 자산이나 자기가 제조·생산·건설 기타 이에 준하는 방법으로 취득한 자산의 경우 그 취득에 소요된 부대비용을 취득가액에 포함되는 것으로 정하고 있는데, 그 밖의 방법으로 취득한 자산이라고 하여 그와 다른 기준에 의하여 취득가액의 범위를 정할 합리적인 이유를 찾기 어렵다. 그리고 구 법인세법 시행령(2006. 2. 9. 대통령령 제19328호로 개정되기 전의 것, 이하 '구 법인세법 시행령'이라 한다) 제72조 제1항 제4호 단서는 구 법인세법 제16

조 제1항 제5호의 금액(의제배당소득금액)과 구 법인세법 시행령 제11조 제9호의 금액(특수관계자와의 합병과정에서 분여받은 이익이 있는 경우 그 이익)의 경우에는 이미 합병등기일이 속하는 사업연도의 익금에 산입되어 법인세가 과세되었음을 고려하여 이중과세를 방지하기 위한 취지에서 종전의 장부가액에 그 각 금액을 가산하여 취득가액을 산정하도록 한 것일 뿐 수익비용대응의 원칙에 대한 예외를 정한 것으로는 볼 수 없다. 이러한 점들에 비추어 보면, 주주가 합병으로 인하여 주식을 취득한 경우에도 그 취득에 소요된 부대비용은 특별한 사정이 없는 한 취득가액에 포함된다.

건설 주식회사 법인세부과처분취소 청구 사건
(대법원 2011.02.10. 선고 2008두2330 판결)

[판결요지]

피합병회사의 주주인 법인이 회사 합병으로 피합병회사의 주식에 갈음하여 존속회사 또는 신설회사의 주식을 취득하는 경우에, 그러한 피합병회사의 주식과 존속회사 또는 신설회사의 주식의 교체는 당해 법인이 자신의 의사에 따라 피합병회사의 주식을 처분하고 존속회사 또는 신설회사의 주식을 취득하는 것이 아니라, 피합병회사가 다른 회사와 합병한 결과 당해 법인이 보유하던 자산인 피합병회사의 주식이 존속회사 또는 신설회사의 주식으로 대체되는 것에 불과하다고 할 것이다. 따라서 존속회사 또는 신설회사의 주식의 시가가 피합병회사의 주식의 취득가액에 미치지 못한다고 하더라도 그 차액은 자산의 평가차손에 불과하여 당해 사업연도의 소득금액을 산정함에 있어서 이를 손금에 산입할 수 없다. 또한 구 법인세법(1998. 12. 28. 법률 제5581호로 전부 개정되기 전의 것) 제19조 제5호, 구 법인세법 시행령(1998. 12. 31. 대통령령 제15970호로 전부 개정되기 전의 것) 제45조의3 제2항 제1호에서 존속회사 또는 신설회사의 주식의 액면금액이 피합병회사의 주식의 취득가액을 초과하는 부분을 배당으로 간주하도록 규정하고 있을 뿐이고, 그 반대로 위와 같이 회사의 합병으로 인한 주식의 교체 자체를 과세의 계기로 삼아 피합병회사의 주주이었던 법인의 손실을 손금에 산입하는 명문의 규정이 없는 이상, 존속회사 또는 신설회사 주식의 가액이 피합병회사 주식의 취득가액에 미달하더라도 손실이 실현된 것이라고 하여 그 차액을 손금에 산입할 수는 없다.

마) 단기금융자산등 및 상속세 및 증여세법 시행령 제12조에 따른 공익법인 등이 기부받은 자산

바) 기타 방법으로 취득한 자산

교환·증여·대물변제 기타의 방법으로 취득한 자산은 취득당시의 시가를 취득가액으로 한다.

> 주식회사 일보사 법인세등부과처분취소 청구 사건
> (대법원 2013.06.14. 선고 2011두29250 판결)
>
> 구 법인세법(2010. 12. 30. 법률 제10423호로 개정되기 전의 것, 이하 같다) 제15조는 제1항에서 "익금은 자본 또는 출자의 납입 및 이 법에서 규정하는 것을 제외하고 당해 법인의 순자산을 증가시키는 거래로 인하여 발생하는 수익의 금액으로 한다."고 규정하면서, 제3항에서 "제1항의 규정에 의한 수익의 범위 및 구분 등에 관하여 필요한 사항은 대통령령으로 정한다."고 규정하고, 그 위임을 받은 구 법인세법 시행령(2000. 12. 29. 대통령령 제17033호로 개정되기 전의 것, 이하 같다) 제11조는 수익의 하나로 제2호에서 '자산의 양도금액'을 규정하고 있다. 한편 구 법인세법 제41조 제1항 제3호의 위임을 받은 구 법인세법 시행령 제72조 제1항은 제1호 내지 제4호에서 매입한 자산, 자기가 제조·생산·건설한 자산, 현물출자 등에 의하여 취득한 자산·주식 등의 취득가액 산정방법을 규정한 다음, 제5호에서 "제1호 내지 제4호 외의 방법으로 취득한 자산의 취득가액은 취득 당시의 시가로 한다."고 규정하고 있다.
>
> 위 각 규정의 내용과 그 입법 취지 등에 비추어 보면, 자산의 교환으로 발생하는 수익으로서 익금에 산입하여야 할 '자산의 양도금액'은 특별한 사정이 없는 한 구 법인세법 시행령 제72조 제1항 제5호에서 교환으로 취득한 자산의 취득가액으로 정한 '그 취득 당시의 시가'에 의하여 산정하여야 한다고 봄이 타당하다(대법원 2011. 7. 28. 선고 2008두5650 판결 등 참조).
>
> 한편 구 법인세법 시행령은 제72조 제1항 제5호에서 말하는 '시가'의

개념이나 그 산정방법을 별도로 규정하지 않은 채 다만 제14조 제1항 제1호 (다)목의 괄호(이하 '이 사건 괄호규정'이라 한다)에서 '법 제52조의 규정에 의한 시가'를 그 이하의 조문에서는 '시가'로 약칭하도록 하고 있다. 그런데 이 사건 괄호규정은 법인세법 시행령이 1998. 12. 31. 대통령령 제15970호로 전부 개정되면서 신설된 것으로서, 위 개정 이후 시가의 산정방법에 관한 종전의 규정인 구 법인세법 시행규칙(1999. 5. 24. 재정경제부령 제86호로 전부 개정되기 전의 것) 제16조의2가 삭제되었다.

이러한 관련 법령의 체계와 개정 연혁 등에 비추어 보면, 구 법인세법 시행령 제72조 제1항 제5호에서 말하는 '시가' 역시 구 법인세법 제52조의 규정에 의한 시가를 의미한다고 봄이 타당하므로, 원칙적으로는 구 법인세법 제52조 제2항의 규정에 따라 '건전한 사회통념 및 상관행과 특수관계자가 아닌 자 간의 정상적인 거래에서 적용되거나 적용될 것으로 판단되는 가격'에 의하여야 하고, 그 가격이 불분명한 경우에는 구 법인세법 제52조 제4항의 위임을 받은 구 법인세법 시행령 제89조 제2항의 규정에 따라 구 상속세 및 증여세법(1999. 12. 28. 법률 제6048호로 개정되기 전의 것, 이하 '구 상증세법'이라 한다) 제61조 내지 제64조에서 규정한 보충적 평가방법으로 평가한 가액에 의하여야 한다. 그리고 이 경우 시가에 대한 증명책임은 과세관청인 피고에게 있다(대법원 2004. 10. 27. 선고 2003두12493 판결 등 참조).

제지 주식회사 법인세등부과처분취소 청구 사건
(대법원 2011.07.28. 선고 2008두5650 판결)

[판결요지]

[1] 구 법인세법(2010. 12. 30. 법률 제10423호로 개정되기 전의 것) 제15조 제1항, 제3항, 제41조 제1항 제3호, 구 법인세법 시행령(2000. 12. 29. 대통령령 제17033호로 개정되기 전의 것) 제11조, 제72조 제1항 규정의 내용과 입법 취지에 비추어 보면, 자산의 교환으로 발생하는 수익으로서 익금에 산입하여야 할 '자산의 양도금액'은 특별한 사정이 없는 한 교환으로 취득하는 자산의 취득 당시 시가에 의하고, 대가의 일부로 현금을 수령한 경우에는 이를 합산하여야 한다.

[2] 구 법인세법(2010. 12. 30. 법률 제10423호로 개정되기 전의 것,

이하 '구 법인세법'이라 한다)은 교환으로 취득하는 자산의 취득시기에 관하여 별도의 규정을 두고 있지 아니하고, 조세법률주의 원칙상 소득세법 등 다른 세법의 취득시기에 관한 규정이나 구 법인세법상 익금 및 손금의 귀속 사업연도에 관한 규정을 그대로 적용할 수는 없으나, 기업회계상 자산의 인식 시점을 당해 자산에 내재된 미래의 경제적 효익이 회사에 유입할 가능성이 매우 높고 원가 또는 가치가 신뢰성 있게 측정될 수 있을 때로 보고 있는 점, 교환으로 인한 자산의 취득 및 양도시기는 특별한 사정이 없는 한 동일한 기준에 의하여 판단하는 것이 합리적인데, 교환으로 인한 자산의 양도시기는 교환으로 취득하는 자산에 대한 실질적인 처분권을 취득한 때로 보는 것이 타당한 점 등을 종합하면, 교환으로 취득하는 자산의 취득시기는 특별한 사정이 없는 한 자산에 대한 실질적인 처분권을 취득한 때로 보아야 한다.

[3] 갑 주식회사가 을 주식회사 발행주식을 병 주식회사에 양도하는 대가로 병 회사에게서 현금 및 정 주식회사 발행주식을 받기로 약정하였는데, 이후 2000. 7. 25. 병 회사와 을 회사에 대한 자산실사결과를 반영하여 위 양도대가를 일부 감액하기로 합의한 뒤 다음날인 2000. 7. 26. 병 회사에게서 감액된 현금 및 정 회사 발행주식 주권을 교부받은 사안에서, 법인세 과세표준과 관련하여 갑 회사의 을 회사 발행주식 양도로 인해 익금에 산입해야 할 양도금액은 을 회사 발행주식 양도대가로 받은 현금과 정 회사 발행주식을 취득한 때인 2000. 7. 26. 당시 시가를 합산하여 산정하여야 한다.

주식회사 법인세등부과처분취소 청구 사건
(대법원 2011.07.28. 선고 2008두21614 판결)

[판결요지]

[1] 구 법인세법(2010. 12. 30. 법률 제10423호로 개정되기 전의 것) 제15조 제3항, 제41조 제1항 제3호, 구 법인세법 시행령(2000. 12. 29. 대통령령 제17033호로 개정되기 전의 것) 제11조 제2호, 제72조 제1항 규정의 내용과 그 입법 취지를 종합하면, 자산의 교환으로 발생하는 수익으로서 익금에 산입하여야 할 금액은 특별한 사정이 없는 한 교환으로 취득하는 자산의 취득 당시 시가에 의하여야 하고, 여기서 '시가'라 함은 일반

적이고 정상적인 거래에 의하여 형성된 객관적 교환가치를 의미하므로 교환에 의하여 경영권 프리미엄이 수반되는 대량의 주식을 취득하는 경우에도 그것이 일반적이고 정상적인 방법에 의하여 이루어지고 그 주식의 약정가격이 당시의 객관적인 교환가치를 적정하게 반영하고 있다면 이를 그 주식의 시가로 볼 수 있다.

[2] 갑 주식회사가 을 및 국내외 8개 법인에게서 병 주식회사 발행주식을 경영권과 함께 양수하면서 양도인들에게 병 회사 발행주식에 관한 거래조건과 거래가액을 달리하여 정 주식회사 발행주식에 현금 등을 더한 금액 등을 양도대가로 지급하였는데, 이후 법인세 등 과세표준과 관련하여 병 회사 발행주식의 취득 당시 시가를 기준으로 산정한 병 회사 발행주식 가액에서 위 현금 등을 차감하는 방법으로 갑 회사의 정 회사 발행주식 교환에 따른 수익을 산정하였던 사안에서, 제반 사정에 비추어 위 거래는 일반적이고 정상적인 방법에 이루어졌으므로 그 과정에서 약정된 병 회사 주식의 거래가격이 당시의 객관적인 교환가치를 적정하게 반영하고 있어서 이를 병 회사 발행주식의 시가로 볼 수 있는지 심리·판단했어야 했는데도, 위 양도조건 중 무 회사에 전액 현금을 지급하기로 하면서 가장 낮게 책정된 병 회사 발행주식의 1주당 거래가격을 다른 양도인들에게서 취득한 병 회사 발행주식의 시가로 보아 이를 기준으로 산정한 금액을 정 회사 발행주식 교환에 따른 수익으로 본 원심판단에 수익금액 산정에 관한 법리오해의 위법이 있다

3) 취득가액 산정시 포함해야 할 항목

법인세법 시행령 제72조(자산의 취득가액 등)

③제2항을 적용할 때 취득가액에는 다음 각 호의 금액을 포함하는 것으로 한다.

1. 법 제15조제2항제1호의 규정에 의하여 익금에 산입한 금액

2. 법 제28조제1항제3호 및 같은 조 제2항에 따라 손금에 산입하지 아니한 금액

3. 유형고정자산의 취득과 함께 국·공채를 매입하는 경우 기업회계기준에 따라 그 국·공채의 매입가액과 현재가치의 차액을 당해 유형고정자산의

취득가액으로 계상한 금액

제15조(익금의 범위)

① 익금은 자본 또는 출자의 납입 및 이 법에서 규정하는 것은 제외하고 해당 법인의 순자산(純資産)을 증가시키는 거래로 인하여 발생하는 수익의 금액으로 한다.

② 다음 각 호의 금액은 익금으로 본다.

1. 제52조제1항에 따른 특수관계인인 개인으로부터 유가증권을 같은 조 제2항에 따른 시가(時價)보다 낮은 가액으로 매입하는 경우 시가와 그 매입가액의 차액에 상당하는 금액

제28조(지급이자의 손금불산입)

① 다음 각 호의 차입금의 이자는 내국법인의 각 사업연도의 소득금액을 계산할 때 손금에 산입하지 아니한다.

1. 채권자가 불분명한 사채의 이자

2. 「소득세법」 제16조제1항제1호·제2호·제5호 및 제8호에 따른 채권·증권의 이자·할인액 또는 차익 중 그 지급받은 자가 불분명한 채권·증권의 이자·할인액 또는 차익으로서 대통령령으로 정하는 것

3. 대통령령으로 정하는 건설자금에 충당한 차입금의 이자

② 건설자금에 충당한 차입금의 이자에서 제1항제3호에 따른 이자를 뺀 금액으로서 대통령령으로 정하는 금액은 내국법인의 각 사업연도의 소득금액을 계산할 때 이를 손금에 산입하지 아니할 수 있다.

법인세법 시행령 제52조(건설자금에 충당한 차입금의 이자의 범위)

① 법 제28조제1항제3호에서 "대통령령으로 정하는 건설자금에 충당한 차입금의 이자"란 그 명목여하에 불구하고 사업용 고정자산의 매입·제작 또는 건설(이하 이 조에서 "건설등"이라 한다)에 소요되는 차입금(고정자산의 건설등에 소요된지의 여부가 분명하지 아니한 차입금은 제외한다. 이하 이 조에서 "특정차입금"이라 한다)에 대한 지급이자 또는 이와 유사한 성질의 지출금(이하 이 조에서 "지급이자등"이라 한다)을 말한다.

②특정차입금에 대한 지급이자등은 건설등이 준공된 날까지 이를 자본적 지출로 하여 그 원본에 가산한다. 다만, 특정차입금의 일시예금에서 생

기는 수입이자는 원본에 가산하는 자본적 지출금액에서 차감한다.

③특정차입금의 일부를 운영자금에 전용한 경우에는 그 부분에 상당하는 지급이자는 이를 손금으로 한다.

④특정차입금의 연체로 인하여 생긴 이자를 원본에 가산한 경우 그 가산한 금액은 이를 해당 사업연도의 자본적 지출로 하고, 그 원본에 가산한 금액에 대한 지급이자는 이를 손금으로 한다.

⑤특정차입금 중 해당 건설등이 준공된 후에 남은 차입금에 대한 이자는 각 사업연도의 손금으로 한다. 이 경우 건설등의 준공일은 당해 건설등의 목적물이 전부 준공된 날로 한다.

⑥제2항 및 제5항 후단에서 "준공된 날"이라 함은 다음 각호의 1에 해당하는 날로 한다.

1. 토지를 매입하는 경우에는 그 대금을 청산한 날. 다만, 그 대금을 청산하기 전에 당해 토지를 사업에 사용하는 경우에는 그 사업에 사용되기 시작한 날

2. 건축물의 경우에는 「소득세법 시행령」 제162조의 규정에 의한 취득일 또는 당해 건설의 목적물이 그 목적에 실제로 사용되기 시작한 날(이하 이 항에서 "사용개시일"이라 한다)중 빠른 날

3. 기타 사업용고정자산의 경우에는 사용개시일

가) 저가매입·고가매입

법 제15조 제2항 제1호의 규정에 의하여 익금에 산입한 금액(특수관계인인 개인으로부터 유가증권을 시가에 미달하는 가액으로 매입하는 경우 시가와 매입가액의 차액에 상당하는 금액)은 취득가액에 포함한다.

나) 장기할부조건의 매입

자산을 장기할부조건으로 매입함에 따라 이자상당액을 가산하여 매입가액을 확정하고 할부로 지급하는 경우 그 이자상당액은 당해 자산에 대한 자본적 지출로서 취득가액에 합산한다(장래 지급할 할부금 전부 합산).

다) 자산의 취득을 위한 차입금의 이자비용 등

재고자산 등의 취득을 위한 차입금의 이자비용은 발생주의 원칙에 따라 취득가액에 포함되지 않고 발생시점에서 손금으로 산입된다. 단, 법은 예외적으로 영 제52조의 규정에 의한 건설자금(사업용 고정자산의 매입 · 제작 · 건설 등에 소요되는 자금)에 충당한 것으로 건설 등이 준공된 날까지의 차입금의 이자는 자본적 지출로서 취득가액에 합산하도록 하고 있다.

토건주식회사 법인세부과처분취소 청구 사건
(대법원 1987.04.28. 선고 85누937 판결)

[이유]

원심판결은 그 이유에서 1980.5.29 원고회사가 소외 한국관광공사로부터 원고회사와의 합작투자로 설립한 소외 보문관광주식회사의 주식 250,309주를 인수함에 있어서 그 대금은 한국감정원의 감정가격인 금 2,645,600,000원으로 하되 계약금과 중도금으로 합계 금 1,322,800,000원을 지급하고 나머지 금 1,322,800,000원의 지급방법에 관하여는 원고회사의 지급사정을 감안하여 판시와 같은 거치기간 및 분납기간을 정하여 연불조건으로 하는 한편 그 기간동안 미지급잔대금에 대하여 관광진흥자금 은행대출금리에 따른 이자상당액을 가산 지급하기로 특약한 사실과 그에 따라 원고회사가 판시와 같은 위 약정이자 상당액을 각 지급한 사실등을 확정하고 나서 위 주식매매내용에 의하면 이는 일종의 연불조건부 매매에 해당한다 할 것이고 연불조건에 대한 반대급부로 당초부터 매입가액에 가산 지급키로 하여 실제 지급된 이자상당액은 법인세법에 명문의 규정은 없지만 이는 고정자산에 대한 자본적지출의 성질을 띤 것으로서 그 자산취득에 불가결한 자본투하액에 해당하여 그 취득원가를 구성한다고 보아야 하므로 피고가 원고법인에 대한 1981년부터 1983년까지의 각 사업년도 법인세를 실지조사 결정하면서 원고회사가 위 각 지급이자 상당액을 각 당해년도의 영업의 비용이라고 하여 손금경리한 것을 부인하고 이를 익금에 가산하여서 한 이 사건 과세처분이 정당하다고 판시하고 있다.

그러나 법인이 관계회사의 주식을 연불조건으로 매입취득하면서 연불조건에 대한 반대급부로 계약상 확정된 매매대금외에 부불금 지급시까지 일정율에 의한 이자를 가산지급하기로 하여 실제로 지급한 이자는 특별한 사정이 없는 한 당해년도의 영업의 비용으로 손금경리할 수 있는 것이라고 풀이함이 상당하다.

왜냐하면 위와 같은 지급이자는 그것이 당해 주식취득과 관련하여 지출된 것이기는 하나 이는 주식자체의 평가액인 매매대금과는 별도로 매입자의 자금사정 때문에 지출된 비용일 뿐이어서 당해 주식취득에 대한 간접비용이 되는 금융비용의 일종에 해당하는 것이라고 보아야 할 것이고 따라서 이는 법인세법상의 특별한 제한규정이 없는 한 각 당해년도의 영업외 비용으로 손금경리할 수 있을뿐만 아니라 그렇게 하는 것이 회계장부상에 주식의 실질매입가액만을 반영하여 기업의 재무구조를 견고하게 하는 결과가 된다는 점에서 기업회계의 일반원칙의 하나인 안전성의 원칙에도 합치되기 때문이다.

4) 취득가액 산정시 제외되어야 할 항목

가) 특수관계인으로부터 자산을 시가보다 높은 금액으로 매입한 경우 그 시가초과액

법인세법 시행령 제72조(자산의 취득가액 등)

④ 제2항을 적용할 때 취득가액에는 다음 각 호의 금액을 포함하지 아니하는 것으로 한다.

3. 제88조제1항제1호 및 제8호나목의 규정에 의한 시가초과액

제88조(부당행위계산의 유형 등)

① 법 제52조제1항에서 "조세의 부담을 부당하게 감소시킨 것으로 인정되는 경우"란 다음 각 호의 어느 하나에 해당하는 경우를 말한다.

1. 자산을 시가보다 높은 가액으로 매입 또는 현물출자받았거나 그 자산을 과대상각한 경우

2. ~ 7. 생략

8. 다음 각 목의 어느 하나에 해당하는 자본거래로 인하여 주주등인 법인이 특수관계인인 다른 주주등에게 이익을 분여한 경우

가. 특수관계인인 법인간의 합병(분할합병을 포함한다)에 있어서 주식등

을 시가보다 높거나 낮게 평가하여 불공정한 비율로 합병한 경우. 다만, 「자본시장과 금융투자업에 관한 법률」 제165조의4에 따라 합병(분할합병을 포함한다)하는 경우는 제외한다.

나. 법인의 자본(출자액을 포함한다)을 증가시키는 거래에 있어서 신주(전환사채·신주인수권부사채 또는 교환사채 등을 포함한다. 이하 이 목에서 같다)를 배정·인수받을 수 있는 권리의 전부 또는 일부를 포기(그 포기한 신주가 「자본시장과 금융투자업에 관한 법률」 제9조제7항에 따른 모집방법으로 배정되는 경우를 제외한다)하거나 신주를 시가보다 높은 가액으로 인수하는 경우

다. 법인의 감자에 있어서 주주등의 소유주식등의 비율에 의하지 아니하고 일부 주주등의 주식등을 소각하는 경우

8의2. ~ 9. 생략

부당행위계산 부인 규정이 적용되는 유형 중 특수관계인으로부터 자산을 시가보다 높은 가액으로 매입한 경우와 증자시 신주를 시가보다 높은 가액으로 인수함으로써 특수관계 주주에게 이익을 분배한 경우, 매입당시의 시가를 초가한 금액은 취득가액에 포함되지 아니한다. 또한, 특수관계인이 아닌 자로부터 정상가액(시가의 1.3배)보다 높은 가액으로 매입한 경우, 법인세법은 이를 기부금으로 의제하고 있으므로(영 제35조 제2호), 정상가액 즉 해당 매입당시의 시가를 초과하는 금액도 취득가액에 포함되지 않음은 같다.

나) 장기할부매매로 인하여 취득한 경우의 현재가치할인차금

법인세법 시행령 제72조(자산의 취득가액 등)

④ 제2항을 적용할 때 취득가액에는 다음 각 호의 금액을 포함하지 아니하는 것으로 한다.

1. 자산을 제68조제4항에 따른 장기할부조건 등으로 취득하는 경우 발생한 채무를 기업회계기준이 정하는 바에 따라 현재가치로 평가하여 현재가치할인차금으로 계상한 경우의 당해 현재가치할인차금

⑥ 제4항제1호에 따른 현재가치할인차금의 상각액 및 같은 항 제2호에 따른 지급이자에 대하여는 법 제18조의2제1항제3호, 제18조의3제1항제3호, 제28조, 제73조, 제98조, 제120조 및 제120조의2를 적용하지 아니한

다.

제68조(자산의 판매손익 등의 귀속사업연도)
④ 제2항에서 "장기할부조건"이라 함은 자산의 판매 또는 양도(국외거래에 있어서는 소유권이전 조건부 약정에 의한 자산의 임대를 포함한다)로서 판매금액 또는 수입금액을 월부·연부 기타의 지불방법에 따라 2회 이상으로 분할하여 수입하는 것중 당해 목적물의 인도일의 다음날부터 최종의 할부금의 지급기일까지의 기간이 1년 이상인 것을 말한다.

장기할부의 방법으로 자산을 취득하는 경우, 할부 미지급금을 K-IFRS가 정하는 방식에 따라 현재가치로 할인 평가하여 할부 미지급금과 현재가치와의 차액을 현재가치할인차금으로 계상한 경우의 당해 현재가치할인차금은 취득가액에서 제외되어 상각을 통하여 이자비용으로 계상되어야 한다.

법인세등부과처분취소 청구 사건
(대법원 2009.01.30. 선고 2006두18270 판결)

[판결요지]
[1] 국적취득조건부 용선계약이란 용선계약의 형식을 취하고는 있으나 실질적으로는 선박의 매매로서 그 선박의 매매대금을 일정기간 동안 분할하여 지급하되 그 기간 동안 매수인이 선박을 사용할 수 있는 것으로서 선박수입의 특수한 형태이다. 한편, 법인세법 시행령 제68조 제3항은 자산의 장기할부조건 판매 또는 양도와 관련하여 “장기할부조건이라 함은 자산의 판매 또는 양도(국외거래에 있어서는 소유권이전 조건부 약정에 의한 자산의 임대를 포함한다)로서 판매금액 또는 수입금액을 월부·연부 기타의 지불방법에 따라 2회 이상으로 분할하여 수입하는 것 중 당해 목적물의 인도일의 다음날부터 최종의 할부금의 지급기일까지의 기간이 1년 이상인 것을 말한다”고 규정하고 있으므로, 할부금의 지급방법이 2회 이상으로 분할되어 최종지급기일까지의 기간이 1년 이상인 국적취득조건부 용선계약은 법인세법을 적용하는 경우 장기할부조건부 매매와 동일하게 취급하여야 한다.
[2] 법인세법상 장기할부조건부 매매로 인한 자산의 취득가액은 장래에

지급할 할부금을 모두 합산하는 것이 원칙이고, 다만 기업회계기준이 정하는 바에 따라 할부금 총액을 당해 거래의 유효이자율 등으로 할인한 가액인 현재가치로 평가하여 그 할부금 총액인 명목가액과 현재가치의 차액을 현재가치할인차금으로 계상한 경우에 한하여 당해 현재가치할인차금은 취득가액에서 제외되어 상각을 통하여 이자비용으로 계상되어야 한다.

조선 주식회사 법인세등부과처분취소 청구 사건
(대법원 2010.2.11. 선고 2007두14107 판결)

[판결요지]

갑 회사가 그 소유 부동산을 임차하여 영업을 하던 을 회사와 임대차계약을 해지하기로 하되, 을 회사로 하여금 위 부동산에서 종전 영업을 계속하게 하고 위 임대차보증금을 을 회사의 갑 회사에 대한 대여금으로 전환하기로 하는 등의 공동운영계약을 을 회사와 체결한 뒤 다시 위 부동산을 을·병 회사에 매도한 사안에서, 을 회사가 대여금으로 전환된 임대차보증금 및 그 이자 상당액 전액을 지급받은 시점부터 을·병 회사의 부동산 사용·수익은 갑 회사와의 매매계약에 따른 것이므로, 위 부동산의 양도는 장기할부조건부 매매에 해당하여 매매계약의 제1회 중도금 지급일을 그 부동산의 양도시기로 보아 법인세 등을 부과한 과세관청의 처분은 적법하다

[이유]

구 「법인세법」(1994. 12. 22. 법률 제4804호로 개정되기 전의 것, 이하 같다)은 토지 등의 양도에 대한 특별부가세와 관련하여, 제59조의2 제4항에서 '토지 등의 양도차익을 계산함에 있어서 그 취득시기 및 양도시기에 관하여는 대통령령으로 정한다'고 규정하고 있고, 그 위임을 받은 구 「법인세법 시행령」(1994. 12. 31. 대통령령 제14468호로 개정되기 전의 것) 제124조의2 제13항의 규정에 의하여 준용되는 구 「소득세법 시행령」(1994. 12. 31. 대통령령 제14467호로 전부 개정되기 전의 것, 이하 같다) 제53조 제1항 제3호 본문은 그 양도시기를 '장기할부조건의 경우에는 첫회 부불금의 지급일'로 규정하고 있으며, 구 「소득세법 시행령」 제108조는 '장기할부조건이라 함은 자산의 양도로서 판매금액을 월부·연부·기타의 부불방법에 따라 수입하는 것 중 3회 이상으로 분할하여 수입하고, 부동산의 경

우 첫회 부불금 지급일의 다음날부터 최종의 부불금 지급기일까지의 기간이 1년 이상인 것을 말한다'고 규정하고 있다.

원심판결 이유에 의하면, 원심은 그 채용 증거를 종합하여, ① 원고는 1994. 4. 25. 주식회사 국보(이하 '국보'라 한다) 및 흥아해운 주식회사(이하 '흥아해운'이라 하고, 국보와 함께는 '국보 외 1인'이라 한다)에게 각각 1/3지분 및 2/3지분 비율로 원고 소유의 원심판결 별지1 기재 각 부동산(이하 '이 사건 부동산'이라 한다)을 매매대금 14,868,000,000원에 매도하되, 계약금 1,486,800,000원은 계약 당일, 중도금은 1994. 10. 25.부터 1996. 10. 25.까지 5회에 걸쳐 6개월마다 2,230,200,000원씩, 잔금 2,230,200,000원은 1997. 4. 25. 각 지급받고, 이 사건 부동산에 대한 매매계약 체결일 이후의 종합토지세와 재산세 등은 국보 외 1인이 부담하기로 하는 내용의 매매계약(이하 '이 사건 매매계약'이라 한다)을 체결한 사실, ② 원래 이 사건 부동산은 원고가 1988. 4. 12. 국보에게 보증금 1,700,000,000원에 임대(이하 '이 사건 임대차'라 한다)하여 국보가 그 명의로 보세장치장 영업을 하던 곳인데, 그 결과 이 사건 부동산이 원고의 비업무용 부동산으로 평가되었을 뿐만 아니라 주채권은행인 주식회사 부산은행으로부터는 이 사건 부동산을 매각하여 그 매각대금 전액을 채무변제에 사용하라는 요구를 받게 된 사실, ③ 이에 원고는 이 사건 임대차계약을 해지한 다음 1993. 3. 1. 국보와, 국보가 이 사건 부동산에서 원고 명의의 보세구역설영특허 등을 이용하여 보세장치장 사업을 계속하여 그 수익을 원고와 반분하되, 임대차보증금은 대여금으로 전환하여 원금과 이자 연 15%에 대하여 원고 몫의 운영수익에서 상계하기로 하는 내용의 공동운영계약(이하 '이 사건 공동운영계약'이라 한다)을 체결하였고, 국보는 대여금으로 전환된 이 사건 임대차보증금 및 그 이자 상당액 전액을 1994. 6. 30.까지 전부 지급받은 이후에도 이 사건 부동산에서 보세장치장 영업을 계속한 사실, ④ 한편, 원고는 국보 외 1인으로부터 계약금 및 제4회 중도금까지는 이 사건 매매계약에서 정한 대로 지급받고, 제5회 중도금 및 잔금은 1996. 9. 5. 지급받은 사실, ⑤ 종로세무서장은 1996. 12. 16. 원고에 대하여 이 사건 부동산의 양도가 장기할부조건부 매매에 해당한다는 전제하에 그 양도시기를 제1회 중도금 지급일인 1994. 10. 25.로 보아 1994 사업연도 귀속 특별부가세 4,176,749,560원(과소신고가산세와 1994 사업연도 귀속 법인세 납부기한일 다음날부터 그 고지일까지에 대한 미납부가산세 포함)(이하 '이 사건 당초 특별부가세 부과처분'이라 한다)을, 원고가 1995 사업연도에 국보 외 1인으로부터 지급받은 중도금 4,460,400,000원을 당해 사업연도의 익금에, 그에 대응하는 경비를 손금에 각 산입하는 등으로 1995 사업연도 귀속 법인세 2,343,829,100원(가산세 포함) 및 농어촌특별세 139,849,630원(가산세 포함)(이하 '이 사건 당초 법인세 부과처분'이라 한다)을 각 결정·고지한 사실, ⑥ 그런데 이 사건 당초 특별부가세 및 법인세 부과처분은 그 납세고지서에 세율의 기재가 누락되어 위법하다는 이유로 법원의 판결에 의하여 취소되자, 피고는 2003. 6. 17. 다시 원고에 대하여 납세고지의 하자를 보완하되 미납부가산세를 증액하여 1994 사업연도 귀속 특별부가세, 1995 사업연도 귀속 법인세 및 농어촌특별세를 각 경정·고지하였다가, 2004. 1. 15. 직권으로 증액된 미납부가산세 전액을 감액함으로써 결국 이 사건 당초 특별부가세 및 법인세 부과처분에서의 세액만이 남게 된 사실(이하 '이 사건 부과처분'이라 한다), ⑦ 한편, 원고와 국보는 1996년 12월까지 이 사건 공동운영계약과 관련하여 정산한 적이 없고, 흥아해운은 이 사건 매매계약 체결일 이후 이 사건 부동산 일부를 해상운송용 컨테이너의 야적장 등으로 사용하여 온 사실 등을 인정한 다음, 이 사건 공동운영계약은 이 사건 부동산의 매각을 대비한 한시적 방책으로 국보로서는 이 사건 임대차보증금 등을 회수한 이후에는 이를 유지할 필요도 없었던 점, 국보 외 1인의 이 사건 부동산 사용 경위와 현황 및 국보 외 1인이 이 사건 매매계약 체결일 이후의 이 사건 부동산에 대한 세금을 부담하기로 한 점 등에 비추어, 국보가 대여금으로 전환된 이 사건 임대차보증금 및 그 이자 상당액 전액을 지급받은 1994. 6. 30.경부터의 국보 외 1인의 이 사건 부동산의 사용·수익은 이 사건 매매계약에 따른 것이라고 봄이 상당하여 이 사건 부동산의 양도는 장기할부조건부 매매에 해당한다는 전제에서, 이 사건 매매계약의 제1회 중도금 지급일인 1994. 10. 25.을 이 사건 부동산의 양도시기로 보아 한 피고의 이 사건 부과처분은 모두 적법하다고 판단하였다.

위 관계 법령 및 기록에 비추어 살펴보면, 원심의 위와 같은 사실인정과 판단은 정당하다.

다) 연지급 수입

> 법인세법 시행령 제72조(자산의 취득가액 등)
> ④ 제2항을 적용할 때 취득가액에는 다음 각 호의 금액을 포함하지 아니하는 것으로 한다.
> 2. 기획재정부령이 정하는 연지급수입에 있어서 취득가액과 구분하여 지급이자로 계상한 금액
>
> 법인세법 시행규칙 제37조(자산의 취득가액)
> ③ 영 제72조제4항제2호에서 "기획재정부령이 정하는 연지급수입"이라 함은 다음 각 호의 수입을 말한다.
> 1. 은행이 신용을 공여하는 기한부 신용장방식 또는 공급자가 신용을 공여하는 수출자신용방식에 의한 수입방법에 의하여 그 선적서류나 물품의 영수일부터 일정기간이 경과한 후에 당해물품의 수입대금 전액을 지급하는 방법에 의한 수입
> 2. 수출자가 발행한 기한부 환어음을 수입자가 인수하면 선적서류나 물품이 수입자에게 인도되도록 하고 그 선적서류나 물품의 인도일부터 일정기간이 지난 후에 수입자가 해당 물품의 수입대금 전액을 지급하는 방법에 의한 수입
> 3. 정유회사, 원유·액화천연가스 또는 액화석유가스 수입업자가 원유·액화천연가스 또는 액화석유가스의 일람불방식·수출자신용방식 또는 사후송금방식에 의한 수입대금결제를 위하여 「외국환거래법」에 의한 연지급수입기간이내에 단지외화자금을 차입하는 방법에 의한 수입
> 4. 그 밖에 제1호 내지 제3호와 유사한 연지급수입

취득가액과 구분하여 지급이자로 계상한 금액은 취득가액에 포함하지 아니한다.

5) 자산의 보유기간 중 취득가액이 변동되는 경우의 조정

(1) 자산의 평가가 있는 경우

> 법인세법 시행령 제72조(자산의 취득가액 등)
> ⑤ 법인이 보유하는 자산에 대하여 다음 각 호의 어느 하나에 해당하는

사유가 발생한 경우의 취득가액은 다음과 같다.

1. 법 제42조제1항 각호 및 제3항의 규정에 의한 평가가 있는 경우에는 그 평가액

법인세법 제42조(자산·부채의 평가)

① 내국법인이 보유하는 자산과 부채의 장부가액을 증액 또는 감액(감가상각은 제외하며, 이하 이 조에서 "평가"라 한다)한 경우에는 그 평가일이 속하는 사업연도 및 그 후의 각 사업연도의 소득금액을 계산할 때 그 자산과 부채의 장부가액은 그 평가하기 전의 가액으로 한다. 다만, 다음 각 호의 어느 하나에 해당하는 경우에는 그러하지 아니하다.

1. 「보험업법」이나 그 밖의 법률에 따른 고정자산의 평가(장부가액을 증액한 경우만 해당한다)

2. 재고자산(在庫資産) 등 대통령령으로 정하는 자산과 부채의 평가

③ 다음 각 호의 어느 하나에 해당하는 자산은 제1항과 제2항에도 불구하고 대통령령으로 정하는 방법에 따라 그 장부가액을 감액할 수 있다.

1. 재고자산으로서 파손·부패 등의 사유로 정상가격으로 판매할 수 없는 것

2. 고정자산으로서 천재지변·화재 등 대통령령으로 정하는 사유로 파손되거나 멸실된 것

3. 대통령령으로 정하는 주식등으로서 그 발행법인이 부도가 발생한 경우 또는 「채무자 회생 및 파산에 관한 법률」에 따른 회생계획인가의 결정을 받았거나 「기업구조조정 촉진법」에 따른 부실징후기업이 된 경우의 해당 주식등

4. 주식등을 발행한 법인이 파산한 경우의 해당 주식등

법인세법 시행령 제78조(재고자산 등의 평가차손)

① 법 제42조제3항제2호에서 "천재지변·화재 등 대통령령으로 정하는 사유"란 다음 각호의 사유를 말한다.

1. 천재·지변 또는 화재

2. 법령에 의한 수용 등

3. 채굴예정량의 채진으로 인한 폐광(토지를 포함한 광업용 고정자산이 그 고유의 목적에 사용될 수 없는 경우를 포함한다)

② 법 제42조제3항제3호에서 "대통령령으로 정하는 주식등"이란 다음 각 호의 어느 하나에 해당하는 주식등을 말한다.

1. 주권상장법인이 발행한 주식등

2. 「중소기업 창업지원법」에 따른 중소기업창업투자회사 또는 「여신전문금융업법」에 따른 신기술사업금융업자가 보유하는 주식등 중 각각 창업자 또는 신기술사업자가 발행한 것

3. 제1호의 법인 외의 법인 중 제87조제1항 각 호의 어느 하나의 관계에 있지 아니한 법인이 발행한 주식등

③ 법 제42조제3항 각 호 외의 부분 본문에서 "대통령령으로 정하는 방법"이란 동항 각호의 규정에 의한 자산의 장부가액을 당해 감액사유가 발생한 사업연도에 다음 각 호의 규정에 의한 평가액으로 감액하고, 그 감액한 금액을 당해 사업연도의 손금으로 계상하는 방법을 말한다.

1. 법 제42조제3항제1호의 재고자산의 경우에는 당해 재고자산을 사업연도종료일 현재 처분가능한 시가로 평가한 가액

2. 법 제42조제3항제2호의 고정자산의 경우에는 사업연도종료일 현재 시가로 평가한 가액

3. 법 제42조제3항제3호의 주식등의 경우에는 사업연도종료일 현재 시가(주식등의 발행법인별로 보유주식총액을 시가로 평가한 가액이 1천원 이하인 경우에는 1천원으로 한다)로 평가한 가액

4. 법 제42조제3항제4호의 주식등의 경우에는 사업연도종료일 현재 시가(시가로 평가한 가액이 1천원 이하인 경우에는 1천원으로 한다)로 평가한 가액

④ 제2항제3호에 따라 법인과 특수관계의 유무를 판단할 때 주식등의 발행법인의 발행주식총수 또는 출자총액의 100분의 5 이하를 소유하고 그 취득가액이 10억원 이하인 주주등에 해당하는 법인은 제50조제2항에도 불구하고 소액주주등으로 보아 특수관계인에 해당하는지를 판단한다.

법은 원칙적으로 자산·부채의 장부가액을 평가에 의하여 증액하거나 감액하는 것을 허용하지 않고 평가 전 가액으로 계상하도록 하고 있다. 단, 보험업법이나 그 밖의 법률에 따른 고정자산의 평가가 있거나 재고자산·유가증권·화폐성 외화자산·부채의 평가가 있는 경우에는 이를 취득가액으로 한다. 또한 i) 재고자산으로서 파손·부패 등의 사유로 인하여 정상가격으로 판매할 수 없는 것, ii) 고정자산으로서 천재 · 지변 · 화재·법령에 의한 수용·채굴예정량의

채진으로 인한 폐광 등(광업용 고정자산의 사용 불가능 포함)의 사유로 파손 · 멸실된 것, iii) 모든 내국법인이 보유하는 주권상장법인이 발행한 주식이거나 중소기업창업투자회사 또는 신기술사업금융업자가 보유하는 창업자 또는 신기술사업자 발행의 주식으로서 그 발행법인에 부도 발생 등의 사유가 있는 경우 당해 주식, iv) 파산한 법인이 발행한 주식 등에 대하여는 사업연도 종료일 현재의 시가로 평가하여 그 장부가액을 감액하고, 그 감액한 금액(평가손실)을 손금으로 계상할 수 있다.

(2) 자본적 지출이 있는 경우

> 법인세법 시행령 제72조(자산의 취득가액 등)
> ⑤ 법인이 보유하는 자산에 대하여 다음 각 호의 어느 하나에 해당하는 사유가 발생한 경우의 취득가액은 다음과 같다.
> 2. 제31조제2항의 규정에 의한 자본적 지출이 있는 경우에는 그 금액을 가산한 금액
>
> 제31조(즉시상각의 의제)
> ② 제1항에서 "자본적 지출"이라 함은 법인이 소유하는 감가상각자산의 내용연수를 연장시키거나 당해 자산의 가치를 현실적으로 증가시키기 위하여 지출한 수선비를 말하며, 다음 각호의 1에 해당하는 것에 대한 지출을 포함하는 것으로 한다.
> 1. 본래의 용도를 변경하기 위한 개조
> 2. 엘리베이터 또는 냉난방장치의 설치
> 3. 빌딩 등에 있어서 피난시설 등의 설치
> 4. 재해 등으로 인하여 멸실 또는 훼손되어 본래의 용도에 이용할 가치가 없는 건축물·기계·설비 등의 복구
> 5. 기타 개량·확장·증설 등 제1호 내지 제4호와 유사한 성질의 것

고정자산의 내용연수를 연장시키거나 가치를 실질적으로 증가시키는 수선비로써 그 지출을 자산으로 처리하는 것을 자본적 지출이라고 일컫는바, 법인이 보유하는 고정자산에 대한 자본적 지출이 있으면 당초의 취득가액에 그 자본적 지출액을 가산한 금액이 취득가액이 된다(참고로, 비용지출을 그 지출이 있었던 기간의 비용으로 처리하는 수익적 지출의 경우에는 당기 비용으로

손금 산입된다.

(3) 특수관계인으로부터 분배받은 불균등자본거래 이익

> 법인세법 시행령 제72조(자산의 취득가액 등)
>
> ⑤ 법인이 보유하는 자산에 대하여 다음 각 호의 어느 하나에 해당하는 사유가 발생한 경우의 취득가액은 다음과 같다.
>
> 3. 합병 또는 분할합병(제2항제5호에 해당하는 경우는 제외한다)으로 받은 제11조제9호에 따른 이익이 있는 경우에는 그 이익을 가산한 금액
>
> 제11조(수익의 범위)
>
> 법 제15조제1항의 규정에 의한 수익은 법 및 이 영에서 달리 정하는 것을 제외하고는 다음 각 호에 규정하는 것으로 한다.
>
> 9. 제88조제1항제8호 각 목의 어느 하나 및 같은 항 제8호의2에 따른 자본거래로 인하여 특수관계인으로부터 분여받은 이익
>
> 제88조(부당행위계산의 유형 등)
>
> ① 법 제52조제1항에서 "조세의 부담을 부당하게 감소시킨 것으로 인정되는 경우"란 다음 각 호의 어느 하나에 해당하는 경우를 말한다.
>
> 1. 자산을 시가보다 높은 가액으로 매입 또는 현물출자받았거나 그 자산을 과대상각한 경우
>
> 2. ~ 8. 생략
>
> 8의2. 제8호 외의 경우로서 증자·감자, 합병(분할합병을 포함한다)·분할, 「상속세 및 증여세법」 제40조제1항에 따른 전환사채등에 의한 주식의 전환·인수·교환 등 법인의 자본(출자액을 포함한다)을 증가시키거나 감소시키는 거래를 통하여 법인의 이익을 분여하였다고 인정되는 경우. 다만, 제20조제1항제3호 각 목 외의 부분에 해당하는 주식매수선택권등 중 주식매수선택권의 행사에 따라 주식을 발행하는 경우는 제외한다.
>
> 9. 생략

불균등자본거래에 해당하는 합병 또는 분할합병(합병 또는 분할합병에 의하여 주주 등이 취득한 주식등은 제외)에 따라 특수관계인으로부터 분여받은 불균등자본거래 이익이 있는 경우, 그 이익을 가산한 금액을 취득가액으로

한다.

6) 기업회계기준과 관행의 보충적·예비적 적용

> 법인세법 제43조(기업회계기준과 관행의 적용)
> 내국법인의 각 사업연도의 소득금액을 계산할 때 그 법인이 익금과 손금의 귀속사업연도와 자산·부채의 취득 및 평가에 관하여 일반적으로 공정·타당하다고 인정되는 기업회계기준을 적용하거나 관행(慣行)을 계속 적용하여 온 경우에는 이 법 및 「조세특례제한법」에서 달리 규정하고 있는 경우를 제외하고는 그 기업회계의 기준 또는 관행에 따른다.

나. 자산·부채의 평가

1) 재고자산의 평가

가) 재고자산의 의의와 종류

> 법인세법 시행령 제73조(평가대상 자산 및 부채의 범위)
> 법 제42조제1항제2호에서 "재고자산(在庫資産) 등 대통령령으로 정하는 자산과 부채"란 다음 각 호의 것을 말한다.
> 1. 다음 각목의 1에 해당하는 재고자산
> 가. 제품 및 상품(부동산매매업자가 매매를 목적으로 소유하는 부동산을 포함하며, 유가증권을 제외한다)
> 나. 반제품 및 재공품
> 다. 원재료
> 라. 저장품

일반적으로 회계학에 있어서의 재고자산이라 함은 회사의 영업과정에서 판매를 위하여 보유하거나 생산과정에 있는 자산 및 생산 또는 서비스제공과정에 투입될 원재료나 소모품의 형태로 잔존하는 물건 일체를 일컫는다.

재고자산은 회계기간말(당기말)에 매출원가를 계상함에 있어 필수적인 요소로서, 기말재고자산의 잔존가치가 얼마인가에 따라 재무상태표 및 손익계산서 상의 재고자산과 매출원가에 영향을 끼친다(매출원가 = 기초재고자산액 + 당기매입자산액 - 기말재고자산액).

나) 회계상의 평가방법

(1) 수량결정방법

재고자산의 총액은 재고수량에 단가를 곱하여 계산하게 되므로 정확한 재고수량의 파악이 전제되어야 한다. 재고수량의 파악은 현행 K-IFRS 상의 방식을 따른다.

(가) 계속기록법(perpetual inventory method)

재고자산을 입·출고시마다 상품재고장에 계속적으로 기록함으로써 잔액을 기말재고수량으로 파악하는 방법이다. 재고자산 및 매출원가계정의 잔액을 언제든지 명확하게 알 수 있으나, 도난·분실· 증발·감모 등에 따른 손실이 기말재고에 포함되어 과대계상되는 단점이 존재한다.

(나) 실지재고조사법(periodic inventory method)

정기적으로 재고자산을 조사하여 실제 재고수량을 파악하는 방법으로, 상품재고장에는 입고만을 기록하고, 기초재고수량에 당기매입수량을 더한 후 기말실지재고수량을 차감하여 출고량을 파악한다.

(다) 혼합법

계속기록법에 따른 장부상 기말재고수량과 실지재고조사법에 따른 기말실지재고수량에 차이가 있는 경우를 방지하기 위하여, 입·출고를 모두 상품기록장에 기재하되 기말에 재고실사를 병행하는 방법이다.

(2) 재고자산의 단가결정방법

재고자산의 개별 취득원가를 계산함에 있어서는 판매업의 경우 매수가액에 부대비용을 가산한 가액이고, 제조업의 경우 제조원가에 의한다. 그러나, 일반적으로 재고자산의 매수시가는 계속 증감하므로 일정시점에서는 서로 다른 시점에서 매수한 재고자산들이 혼합된 채로 잔존하게 된다. 따라서, 기말 재고자산의 가치총액을 정확하게 산정하여 재무상태표를 통해 공시하기 위해서는 서로 다른 시점에 다른 가격으로 구입한 재고자산 중 일부만이 판매되고 나머지는 잔존하는 경우 과연 얼마에 구입한 재고자산이 기말재고로 남아있는지 여부가 우선 결정되어야 한다(이하의 기준은 현행 K-IFRS 및 일반회계기준 제7장에 의하여 결정방법으로 인정되는 것들이다).

(가) **원가법**

① **개별법**(specific identification method)

> 법인세법 시행령 제74조(재고자산의 평가)
>
> ① 제73조제1호의 규정에 의한 재고자산의 평가는 다음 각호의 1에 해당하는 방법(제1호의 경우에는 동호 각목의 1에 해당하는 방법을 말한다) 중 법인이 납세지 관할세무서장에게 신고한 방법에 의한다.
>
> 1. 원가법 : 다음 각목의 1에 해당하는 방법에 의하여 산출한 취득가액을 그 자산의 평가액으로 하는 방법
>
> 가. 재고자산을 개별적으로 각각 그 취득한 가액에 따라 산출한 것을 그 자산의 평가액으로 하는 방법(이하 "개별법"이라 한다)

재고자산을 구입한 가격을 표 등을 붙여 기록해 두었다가 그 상품이 판매되었을 때 그 상품의 구입가격을 매출원가로 기록함으로써 매입가격별로 판매된 것과 잔존하는 것을 구분할 수 있게 하는 방식이다. 이것은 주문생산·프로젝트생산의 경우와 같이 각 제품 또는 상품이 서로 구별이 가능한 경우이거나 귀금속 또는 부동산과 같이 구별이 용이한 경우에는 적용이 가능한 이상적인 방식이나, 종류·수량 및 거래가 많은 상품의 경우에는 불가능하다.

② **선입선출법**(FIFO: first-in first-out method)

> 법인세법 시행령 제74조(재고자산의 평가)
> ① 제73조제1호의 규정에 의한 재고자산의 평가는 다음 각호의 1에 해당하는 방법(제1호의 경우에는 동호 각목의 1에 해당하는 방법을 말한다) 중 법인이 납세지 관할세무서장에게 신고한 방법에 의한다.
> 1. 원가법 : 다음 각목의 1에 해당하는 방법에 의하여 산출한 취득가액을 그 자산의 평가액으로 하는 방법
> 나. 먼저 입고된 것부터 출고되고 그 재고자산은 사업연도종료일부터 가장 가까운 날에 취득한 것이 재고로 되어 있는 것으로 하여 산출한 취득가액을 그 자산의 평가액으로 하는 방법(이하 "선입선출법"이라 한다)

먼저 입고된 상품이 먼저 판매되거나 출고된 것으로 기말재고액을 결정하는 방식으로, 일반적인 물량흐름과 일치한다는 장점이 있다. 특히, 장기간 보관하는 경우 품질이 손상되는 재고자산에 물량의 흐름과 원가의 흐름을 일치시키기 위하여 사용된다. 단, 과거에 낮은 시가로 매수하였던 재고자산을 현재 높은 가격에 판매하게 되면 차액만큼의 이익이 매출총이익으로 계상되는데, 법인세의 산정근거를 위 매출총이익을 바탕으로 계상하게 되면 새로이 상품을 매수하기 위한 금원을 일정부분 납세에 활용하여야 하기 때문에 기업의 실물자본유지가 사실상 불가능하게 된다.

③ **후입선출법**(LIFO : last-in first-out method)

> 법인세법 시행령 제74조(재고자산의 평가)
> ① 제73조제1호의 규정에 의한 재고자산의 평가는 다음 각호의 1에 해당하는 방법(제1호의 경우에는 동호 각목의 1에 해당하는 방법을 말한다) 중 법인이 납세지 관할세무서장에게 신고한 방법에 의한다.
> 1. 원가법 : 다음 각목의 1에 해당하는 방법에 의하여 산출한 취득가액을 그 자산의 평가액으로 하는 방법
> 다. 가장 가까운 날에 입고된 것부터 출고되고 그 재고자산은 사업연도종료일부터 가장 먼 날에 취득한 것이 재고로 되어 있는 것으로 하여 산출한 취득가액을 그 자산의 평가액으로 하는 방법(이하 "후입선출법"이라 한다)

일반적인 물류흐름과는 상관없이 나중에 매수한 것이 먼저 출고되어 판매된다는 가정 하에 기말재고액을 오래전에 구입한 상품의 매입원가로 평가하는 방법이다. 상품의 물가가 상승하는 경우 매출총이익에 보유이익이 포함되는 것을 막아 실물유지에 기여한다는 장점이 있으나, 반대로 물가가 하락하는 경우에는 매출총이익이 과대 계상되므로, 그동안 지급하지 않았던 법인세를 한꺼번에 납부하게 되는 단점이 있다(이른바 후입산출청산-LIFO liquidation-이라 한다).

④ **가중평균법**(weighted average method)

> 법인세법 시행령 제74조(재고자산의 평가)
>
> ① 제73조제1호의 규정에 의한 재고자산의 평가는 다음 각호의 1에 해당하는 방법(제1호의 경우에는 동호 각목의 1에 해당하는 방법을 말한다) 중 법인이 납세지 관할세무서장에게 신고한 방법에 의한다.
>
> 1. 원가법 : 다음 각목의 1에 해당하는 방법에 의하여 산출한 취득가액을 그 자산의 평가액으로 하는 방법
>
> 라. 자산을 품종별·종목별로 당해 사업연도개시일 현재의 자산에 대한 취득가액의 합계액과 당해 사업연도 중에 취득한 자산의 취득가액의 합계액의 총액을 그 자산의 총수량으로 나눈 평균단가에 따라 산출한 취득가액을 그 자산의 평가액으로 하는 방법(이하 "총평균법"이라 한다)
>
> 마. 자산을 취득할 때마다 장부시재금액을 장부시재수량으로 나누어 평균단가를 산출하고 그 평균단가에 의하여 산출한 취득가액을 그 자산의 평가액으로 하는 방법(이하 "이동평균법"이라 한다)

일정기간 발생한 재고자산원가를 평균하여 낸 원가를 매출원가와 기말재고액으로 분배하는 방식으로, 영에서는 총평균법과 이동평균법을 규정하고 있다.

㉮ **총평균법**

일정기간의 판매가능상품원가를 판매가능상품수량으로 나눈 평균액{ = (기초취득가액 + 당기취득가액) ÷ (기초재고수량 + 당기매입량)}을 통해 기말재고액을 산정(= 평균액 × 기말재고수량)하는 방식이다. 기업회계에 있어

이익조작의 가능성이 없으나, 기초취득가액으로 산정하므로 기말재고수량의 원가에 영향을 끼친다는 단점이 있다.

㉯ **이동평균법**

개별취득시마다 작성한 장부상 재고액을 수량으로 나누어 평균액을 계산한 다음 기말재고수량으로 곱하여 기말재고자산원가를 산정한다. 회계연도의 결산일에 가까운 마지막 입고시의 평균액이 기말재고에 영향을 미치므로, 마지막까지 발생하는 현금흐름을 충실히 반영한다는 장점이 있다.

⑤ **매출가격환원법**(selling price method)

> 법인세법 시행령 제74조(재고자산의 평가)
> ① 제73조제1호의 규정에 의한 재고자산의 평가는 다음 각호의 1에 해당하는 방법(제1호의 경우에는 동호 각목의 1에 해당하는 방법을 말한다) 중 법인이 납세지 관할세무서장에게 신고한 방법에 의한다.
> 1. 원가법 : 다음 각목의 1에 해당하는 방법에 의하여 산출한 취득가액을 그 자산의 평가액으로 하는 방법
> 바. 재고자산을 품종별로 당해 사업연도종료일에 있어서 판매될 예정가격에서 판매예정차익금을 공제하여 산출한 취득가액을 그 자산의 평가액으로 하는 방법(이하 "매출가격환원법"이라 한다)

소매재고실사법(retail inventory method)으로도 불리는 것으로, 일반도·소매상과 같이 개별상품에 매출정가가 붙어 있어서 상품기록장에 기재가 쉬운 업종에서, 특정 종류의 상품에 관하여 예상매출총이익률을 사용하여 매입원가를 산정한 후 기말재고의 원가로 볼 수 있게 하는 방식이다. K-IFRS 및 기업일반회계기준에서는 많은 수종의 상품을 취급하여 개별원가를 산정하기 어려운 경우에만 예외적으로 허용하여 그 남용을 막고 있다.

(나) **저가법**

> 법인세법 시행령 제74조(재고자산의 평가)

> ① 제73조제1호의 규정에 의한 재고자산의 평가는 다음 각호의 1에 해당하는 방법(제1호의 경우에는 동호 각목의 1에 해당하는 방법을 말한다) 중 법인이 납세지 관할세무서장에게 신고한 방법에 의한다.
> 2. 저가법 : 재고자산을 제1호의 규정에 의한 원가법과 기업회계기준이 정하는 바에 따라 시가로 평가한 가액중 낮은 편의 가액을 평가액으로 하는 방법

현행 K-IFRS 및 일반회계기준은 원가법을 원칙으로 하고, 다만 그 순실현가능액(편저자주 : 정상적인 영업과정에서 발생하는 물건의 추정판매가격에서 물건이 완성되는데 소요되는 추가적인 원가와 판매추정비용을 공제한 금액을 말한다)이 실제취득원가보다 낮은 경우에만 저가법을 인정한다.

다) 세법상의 평가방법

(1) 평가방법의 선택

> 법인세법 시행령 제74조(재고자산의 평가)
> ② 법인은 제1항에 따라 재고자산을 평가할 때 해당 자산을 제73조제1호 각목의 자산별로 구분하여 종류별·영업장별로 각각 다른 방법에 의하여 평가할 수 있다. 이 경우 수익과 비용을 영업의 종목(한국표준산업분류에 의한 중분류 또는 소분류에 의한다)별 또는 영업장별로 각각 구분하여 기장하고, 종목별·영업장별로 제조원가보고서와 포괄손익계산서(포괄손익계산서가 없는 경우에는 손익계산서를 말한다. 이하 같다)를 작성하여야 한다.

일반적으로 법은 재고자산의 평가시 각 종류별로, 영업장별로 서로 다른 평가방법에 의하여 평가하여도 상관없다고 규정하고 있다. 다만 현행법은 K-IFRS 및 일반회계기준에서와 같이 재고자산가치의 평가방법을 원가법과 저가법에 한하여 규정하고 있으므로, 평가차손(손금)만이 발생한다.

(2) 평가방법의 신고와 변경

(가) 원칙

법인세법 시행령 제74조(재고자산의 평가)

③ 법인이 제1항의 규정에 의한 재고자산의 평가방법을 신고하고자 하는 때에는 다음 각호의 기한내에 기획재정부령이 정하는 재고자산 등 평가방법신고(변경신고)서를 납세지 관할세무서장에게 제출(국세정보통신망에 의한 제출을 포함한다)하여야 한다. 이 경우 저가법을 신고하는 경우에는 시가와 비교되는 원가법을 함께 신고하여야 한다.

1. 신설법인과 새로 수익사업을 개시한 비영리내국법인은 당해 법인의 설립일 또는 수익사업개시일이 속하는 사업연도의 법인세과세표준의 신고기한

2. 제1호의 신고를 한 법인으로서 그 평가방법을 변경하고자 하는 법인은 변경할 평가방법을 적용하고자 하는 사업연도의 종료일 이전 3월이 되는 날

④ 법인이 다음 각 호의 어느 하나에 해당하는 경우에는 납세지 관할세무서장이 선입선출법(매매를 목적으로 소유하는 부동산의 경우에는 개별법으로 한다)에 의하여 재고자산을 평가한다. 다만, 제2호 또는 제3호에 해당하는 경우로서 신고한 평가방법에 의하여 평가한 가액이 선입선출법(매매를 목적으로 소유하는 부동산의 경우에는 개별법으로 한다)에 의하여 평가한 가액보다 큰 경우에는 신고한 평가방법에 의한다.

1. 제3항제1호의 규정에 의한 기한내에 재고자산의 평가방법을 신고하지 아니한 경우

2. 신고한 평가방법외의 방법으로 평가한 경우

3. 제3항제2호의 규정에 의한 기한내에 재고자산의 평가방법변경신고를 하지 아니하고 그 방법을 변경한 경우

⑤ 법인이 재고자산의 평가방법을 제3항 각호의 규정에 의한 기한이 경과된 후에 신고한 경우에는 그 신고일이 속하는 사업연도까지는 제4항의 규정을 준용하고, 그 후의 사업연도에 있어서는 법인이 신고한 평가방법에 의한다.

⑥ 법인이 재고자산의 평가방법을 신고하지 아니하여 제4항에 따른 평가방법을 적용받는 경우에 그 평가방법을 변경하려면 변경할 평가방법을 적용하려는 사업연도의 종료일 전 3개월이 되는 날까지 변경신고를 하여야 한다.

⑦ 제1항의 규정에 의하여 재고자산을 평가한 법인은 법 제60조의 규정

에 의한 신고와 함께 기획재정부령이 정하는 재고자산평가조정명세서를 납세지 관할세무서장에게 제출하여야 한다.

법상 신고의무는 법인이 임의적으로 평가방법을 변경하여 회계기간의 이익(당기순이익)을 조작하는 것을 금하기 위하여 규정된 것이다. 즉, 이에 따르면 법인이 관할세무서장에게 특정 방식을 신고한 경우에는 법령에 규정되어 있는 추가 절차를 이행하지 않는 한 기존 방식을 따라야 한다.

(나) K-IFRS 적용 내국법인에 대한 재고자산평가차익 익금불산입

법인세법 제42조의2(국제회계기준 적용 내국법인에 대한 재고자산평가차익 익금불산입)

① 내국법인이 국제회계기준을 최초로 적용하는 사업연도에 재고자산평가방법을 대통령령으로 정하는 후입선출법에서 대통령령으로 정하는 다른 재고자산평가방법으로 납세지 관할 세무서장에게 변경신고한 경우에는 해당 사업연도의 소득금액을 계산할 때 제1호의 금액에서 제2호의 금액을 뺀 금액(이하 이 조에서 "재고자산평가차익"이라 한다)을 익금에 산입하지 아니할 수 있다. 이 경우 재고자산평가차익은 국제회계기준을 최초로 적용하는 사업연도의 다음 사업연도 개시일부터 5년간 균등하게 나누어 익금에 산입한다.

1. 국제회계기준을 최초로 적용하는 사업연도의 기초 재고자산 평가액
2. 국제회계기준을 최초로 적용하기 직전 사업연도의 기말 재고자산 평가액

국제회계기준의 도입으로 법인의 조세부담이라는 부작용이 발생할 것을 우려하여, 기존에 후입선출법으로 재고자산을 평가한 법인의 경우 한시적으로 5년간 분할하여 익금으로 산입할 수 있도록 규정한 것이다.

다. 유가증권의 평가방법

1) 의의 및 성격

법상 유가증권이라 함은 기업이 투자 내지 자금운용을 위하여 보유하는 주식, 출자지분 및 각종 공·사채로서 이자, 배당 또는 매매차익과 같은 추가 이익이 발생하는 것을 말한다.

K-IFRS 및 일반회계기준은 크게, ① 주로 단기간 내에 매매차익을 획득할 목적으로 취득하는 당기손익인식금융자산과, ② 만기가 고정되었음은 물론 상환 또는 지급금액이 확정되었거나 확정가능한 채무증권으로서 만기까지 보유할 적극적인 의도와 능력이 있는 만기보유금융자산, 그리고 ③ 위 두가지에 포함되지 않는 유가증권인 매도가능금융자산으로 구분하고 있다.

2) 법상에서의 평가

> 법인세법 제41조(자산의 취득가액)
>
> ① 내국법인이 매입·제작·교환 및 증여 등에 의하여 취득한 자산의 취득가액은 다음 각 호의 금액으로 한다.
>
> 1. 타인으로부터 매입한 자산(대통령령으로 정하는 금융자산은 제외한다)은 매입가액에 부대비용을 더한 금액
>
> 법인세법 시행령 제72조(자산의 취득가액 등)
>
> ① 법 제41조제1항제1호에서 "대통령령으로 정하는 금융자산"이란 기업회계기준에 따라 단기매매항목으로 분류된 금융자산 및 파생상품(이하 이 조에서 "단기금융자산등"이라 한다)을 말한다.
>
> ②법 제41조제1항 및 제2항에 따른 자산의 취득가액은 다음 각 호의 금액으로 한다.
>
> 1~5. 생략
>
> 5의2. 단기금융자산등: 매입가액
>
> 제75조(유가증권 등의 평가) ① 제73조제2호가목 및 나목에 따른 유가증권의 평가는 다음 각 호의 방법중 법인이 납세지 관할세무서장에게 신고한 방법에 의한다.
>
> 1. 개별법(채권의 경우에 한한다)
> 2. 총평균법

3. 이동평균법

법은 유가증권을 앞서와 같이 3가지 부류로 구분하지 않고 일괄적으로 매입가액을 취득가액으로 보고 있으며, 평가방식 또한 개별법, 총평균법 및 이동평균법의 3가지만을 택하고 있다.

라. 외화자산·부채의 평가방법

1) 의의 및 성격

기업이 해외 현지법인 내지 계열사를 통하여 현재지통화로 거래를 하거나 대한민국에서 상품을 수출입하면서 결제를 외화로 하는 경우, 원화로 계상하여야 하는 법인세 과세표준과 일치시키기 위하여 환율의 적용에 따른 환산이 필요하다.

법은 이러한 문제를 해소하기 위하여 ① 화폐성 외화자산·부채와 통화 관련 파생상품의 평가차손익, ② 외화채권 채무의 상환차손익, ③ 기능통화 도입기업의 과세표준 계산방법 및 ④ 해외사업장의 과세표준 계산방법을 규정하였다.

2) 화폐성 외화자산·부채와 통화 관련 파생상품의 평가차손익

가) 적용대상

법인세법 시행령 제73조(평가대상 자산 및 부채의 범위)
법 제42조제1항제2호에서 "재고자산(在庫資産) 등 대통령령으로 정하는 자산과 부채"란 다음 각 호의 것을 말한다.
3. 기업회계기준에 따른 화폐성 외화자산과 부채(이하 "화폐성외화자산·부채"라 한다)
4. 제61조제2항제1호부터 제7호까지의 금융회사 등이 보유하는 통화 관련 파생상품 중 기획재정부령으로 정하는 통화선도, 통화스왑 및 환변동보험(이하 이 조 및 제76조에서 "통화선도등"이라 한다)

법인세법 시행규칙 제37조의2(통화 관련 파생상품)

영 제73조제4호에서 "기획재정부령으로 정하는 통화선도, 통화스왑 및 환변동보험"이란 다음 각 호의 거래를 말한다.

1. 통화선도 : 원화와 외국통화 또는 서로 다른 외국통화의 매매계약을 체결함에 있어 장래의 약정기일에 약정환율에 따라 인수·도 하기로 하는 거래

2. 통화스왑 : 약정된 시기에 약정된 환율로 서로 다른 표시통화간의 채권채무를 상호 교환하기로 하는 거래

3. 환변동보험: 「무역보험법」 제3조에 따라 한국무역보험공사가 운영하는 환변동위험을 회피하기 위한 선물환 방식의 보험계약(당사자 어느 한쪽의 의사표시에 의하여 기초자산이나 기초자산의 가격·이자율·지표·단위 또는 이를 기초로 하는 지수 등에 의하여 산출된 금전, 그 밖의 재산적 가치가 있는 것을 수수하는 거래를 성립시킬 수 있는 권리를 부여하는 것을 약정하는 계약과 결합된 보험계약은 제외한다)

나) 평가방법

법인세법 시행령 제76조(외화자산 및 부채의 평가)

① 제61조제2항제1호부터 제7호까지의 금융회사 등이 보유하는 화폐성 외화자산·부채와 통화선도등은 다음 각 호의 방법에 따라 평가하여야 한다.

1. 화폐성외화자산·부채: 사업연도 종료일 현재의 기획재정부령으로 정하는 매매기준율 또는 재정(裁定)된 매매기준율(이하 '매매기준율등"이라 한다)로 평가하는 방법"

2. 통화선도등: 다음 각 호의 어느 하나에 해당하는 방법 중 관할 세무서장에게 신고한 방법에 따라 평가하는 방법. 다만, 최초로 나목의 방법을 신고하여 적용하기 이전 사업연도에는 가목의 방법을 적용하여야 한다.

가. 계약의 내용 중 외화자산 및 부채를 계약체결일의 매매기준율등으로 평가하는 방법

나. 계약의 내용 중 외화자산 및 부채를 사업연도 종료일 현재의 매매기준율등으로 평가하는 방법

② 제61조제2항제1호부터 제7호까지의 금융회사 등 외의 법인이 보유하는 화폐성외화자산·부채와 제73조제5호에 따라 화폐성외화자산·부채의 환위험을 회피하기 위하여 보유하는 통화선도등(이하 이 조에서 "환위험회피용통화선도등"이라 한다)은 다음 각 호의 어느 하나에 해당하는 방법 중 관할 세무서장에게 신고한 방법에 따라 평가하여야 한다. 다만, 최초로 제2호의 방법을 신고하여 적용하기 이전 사업연도의 경우에는 제1호의 방법을 적용하여야 한다.

1. 화폐성외화자산·부채와 환위험회피용통화선도등의 계약 내용 중 외화자산 및 부채를 취득일 또는 발생일(통화선도등의 경우에는 계약체결일을 말한다) 현재의 매매기준율등으로 평가하는 방법
2. 화폐성외화자산·부채와 환위험회피용통화선도등의 계약 내용 중 외화자산 및 부채를 사업연도 종료일 현재의 매매기준율등으로 평가하는 방법

③ 법인이 제1항제2호 및 제2항에 따라 신고한 평가방법은 그 후의 사업연도에도 계속하여 적용하여야 한다. 다만, 제2항에 따라 신고한 평가방법을 적용한 사업연도를 포함하여 5개 사업연도가 지난 후에는 다른 방법으로 신고를 하여 변경된 평가방법을 적용할 수 있다.

④ 제1항 및 제2항에 따른 화폐성외화자산·부채, 통화선도등 및 환위험회피용통화선도등을 평가함에 따라 발생하는 평가한 원화금액과 원화기장액의 차익 또는 차손은 해당 사업연도의 익금 또는 손금에 이를 산입한다. 이 경우 통화선도등 및 환위험회피용통화선도등의 계약 당시 원화기장액은 계약의 내용 중 외화자산 및 부채의 가액에 계약체결일의 매매기준율등을 곱한 금액을 말한다.

3) 외화채권·채무의 상환차손익

법인세법 시행령 제76조(외화자산 및 부채의 평가)

⑤ 내국법인이 상환받거나 상환하는 외화채권·채무의 원화금액과 원화기장액의 차익 또는 차손은 당해 사업연도의 익금 또는 손금에 이를 산입한다. 다만, 「한국은행법」에 따른 한국은행의 외화채권·채무 중 외화로 상환받거나 상환하는 금액(이하 이 항에서 "외화금액"이라 한다)의 환율변동분은 한국은행이 정하는 방식에 따라 해당 외화금액을 매각하여 원화로 전환한 사업연도의 익금 또는 손금에 산입한다.

4) 기능통화 도입기업 과세표준 계산방법

법인세법 제53조의2(기능통화 도입기업의 과세표준 계산특례)

① 기업회계기준에 따라 원화 외의 통화를 기능통화로 채택하여 재무제표를 작성하는 내국법인의 과세표준 계산은 다음 각 호의 구분에 따른 방법(이하 이 조에서 "과세표준계산방법"이라 한다) 중 납세지 관할 세무서장에게 신고한 방법에 따른다. 다만, 최초로 제2호 또는 제3호의 과세표준계산방법을 신고하여 적용하기 이전 사업연도의 소득에 대한 과세표준을 계산할 때에는 제1호의 과세표준계산방법을 적용하여야 하며, 같은 연결집단에 속하는 연결법인은 같은 과세표준계산방법을 신고하여 적용하여야 한다.

1. 원화 외의 기능통화를 채택하지 아니하였을 경우에 작성하여야 할 재무제표를 기준으로 과세표준을 계산하는 방법

2. 기능통화로 표시된 재무제표를 기준으로 과세표준을 계산한 후 이를 원화로 환산하는 방법

3. 재무상태표 항목은 사업연도종료일 현재의 환율, 포괄손익계산서(포괄손익계산서가 없는 경우에는 손익계산서를 말한다. 이하 같다) 항목은 해당 거래일 현재의 환율(대통령령으로 정하는 항목의 경우에는 해당 사업연도 평균환율로 한다)을 적용하여 원화로 환산한 재무제표를 기준으로 과세표준을 계산하는 방법

② 제1항제2호 또는 제3호에 해당하는 과세표준계산방법을 신고하여 적용하는 법인은 기능통화의 변경, 과세표준계산방법이 서로 다른 법인 간 합병 등 대통령령으로 정하는 사유가 발생한 경우 외에는 과세표준계산방법을 변경할 수 없다.

③ 제1항제2호 또는 제3호의 과세표준계산방법을 적용하는 법인이 기능통화를 변경하는 경우에는 기능통화를 변경하는 사업연도의 소득금액을 계산할 때 개별 자산·부채별로 제1호의 금액에서 제2호의 금액을 뺀 금액을 익금에 산입하고 그 상당액을 대통령령으로 정하는 바에 따라 일시상각충당금 또는 압축기장충당금으로 계상하여 손금에 산입한다.

1. 변경 후 기능통화로 표시된 해당 사업연도의 개시일 현재 해당 자산·부채의 장부가액

2. 변경 전 기능통화로 표시된 직전 사업연도의 종료일 현재 자산·부채의 장부가액에 해당 자산·부채의 취득일 또는 발생일의 환율을 적용하여 변경 후 기능통화로 표시한 금액

④ 법인이 제1항제2호 또는 제3호의 과세표준계산방법을 최초로 사용하는 경우에 관하여는 제3항을 준용한다. 이 경우 변경 전 기능통화는 원화로 본다.

⑤ 제1항부터 제4항까지의 규정을 적용할 때 환율의 적용, 과세표준계산방법의 신고 및 변경, 손금산입 금액의 처리, 각 과세표준계산방법을 선택한 법인의 과세표준 신고, 그 밖에 과세표준계산방법의 적용 등에 필요한 사항은 대통령령으로 정한다.

법인세법 시행령 제91조의2(기능통화 도입기업의 과세표준계산방법 신청 및 변경)

① 법 제53조의2제1항제2호 또는 제3호의 과세표준계산방법을 적용하려는 법인은 최초로 법 제53조의2제1항제2호 또는 제3호의 과세표준계산방법을 적용하려는 사업연도의 법 제60조에 따른 신고와 함께 납세지 관할세무서장에게 기획재정부령으로 정하는 과세표준계산방법신고서를 제출하여야 한다.

② 법 제53조의2제2항에서 "대통령령으로 정하는 사유"란 다음 각 호의 어느 하나에 해당하는 사유를 말한다.

1. 기능통화를 변경한 경우
2. 법 제53조의2제1항 각 호에 따른 과세표준 계산방법(이하 이 조 및 제91조의3에서 "과세표준계산방법"이라 한다)이 서로 다른 법인이 합병(분할합병을 포함한다)한 경우
3. 과세표준계산방법이 서로 다른 사업자의 사업을 인수한 경우
4. 연결납세방식을 최초로 적용받는 내국법인의 과세표준계산방법이 해당 연결집단의 과세표준계산방법과 다른 경우(해당 연결집단의 과세표준계산방법으로 변경하는 경우만 해당한다)

③ 법 제53조의2제1항제2호 또는 제3호의 과세표준계산방법을 적용하는 법인이 제2항 각 호의 어느 하나에 해당하는 사유가 발생하여 과세표준계산방법을 변경하려는 경우에는 변경된 과세표준계산방법을 적용하려는 사업연도 종료일까지 납세지 관할세무서장에게 기획재정부령으로 정하는 과

세표준계산방법변경신청서를 제출하여야 한다.

④ 제3항에 따른 신청서를 접수한 관할세무서장은 사업연도 종료일부터 1개월 이내에 그 승인 여부를 결정하여 통지하여야 한다.

⑤ 법인이 제4항에 따른 승인을 받지 아니하고 과세표준계산방법을 변경한 경우 과세표준은 변경하기 전의 과세표준계산방법에 따라 계산한다.

제91조의3(기능통화 도입기업의 과세표준계산방법 관련 세부 규정)

① 법 제53조의2제1항제1호의 과세표준계산방법을 적용하는 경우 손금으로 계상한 경우에만 각 사업연도의 소득금액을 계산할 때 손금에 산입하는 항목은 원화 외의 통화를 기능통화로 채택하지 아니하였을 경우에 작성하여야 할 재무제표(이하 이 조 및 제91조의5에서 "원화재무제표"라 한다)의 금액을 기준으로 손금 계상액을 산정한다.

② 법 제53조의2제1항제2호의 과세표준계산방법을 적용하는 경우 법 및 이 영에 따른 익금 및 손금, 법 제13조제1호에 따른 결손금, 같은 조 제2호에 따른 비과세소득 및 같은 조 제3호에 따른 소득공제액은 기능통화로 표시하여 과세표준을 계산한 후 이를 원화로 환산하여야 한다.

③ 법 제53조의2제1항제2호의 과세표준계산방법을 적용하는 법인은 다음 각 호의 경우 사업연도 종료일 현재의 매매기준율등 또는 제5항에 따른 평균환율 중 제91조의2제1항 또는 제3항에 따른 신고와 함께 납세지 관할세무서장에게 신고한 환율을 적용한다.

1. 기능통화로 표시된 과세표준을 원화로 환산하는 경우

2. 법 제25조제1항 각 호에 따른 접대비 한도 금액을 기능통화로 환산하는 경우

3. 법 제57조 및 제57조의2, 「조세특례제한법」 제5조, 제10조, 제11조, 제24조부터 제26조까지, 제94조 및 제104조의5의 적용을 받아 세액공제액을 기능통화로 계산한 후 원화로 환산하는 경우

④ 법 제53조의2제1항제2호 또는 제3호의 과세표준계산방법을 적용할 때 제73조제3호·제5호 및 제76조제1항·제2항에 따른 외화는 기능통화 외의 통화로 한다.

⑤ 법 제53조의2제1항제3호 및 제3항제2호에 따른 환율은 해당하는 날의 매매기준율등으로 하고, 사업연도 평균환율은 기획재정부령으로 정하는 해당 사업연도 평균환율(이하 이 조 및 제91조의5에서 "평균환율"이라 한

다)로 한다.

⑥ 법 제53조의2제1항제3호에서 "대통령령으로 정하는 항목"이란 감가상각비, 퇴직급여충당금, 대손충당금, 구상채권상각충당금, 제68조제6항에 따른 현재가치할인차금상당액, 제69조제1항 본문에 따른 건설등의 제공으로 인한 손익, 제70조제1항제1호 단서 및 제2호 단서에 따른 이자 및 할인액, 제70조제3항 단서에 따른 보험료상당액 등, 제70조제4항에 따른 이자 및 할인액과 배당소득, 제71조제1항 각 호 외의 부분 단서에 따른 임대료상당액과 이에 대응하는 비용, 제71조제3항에 따른 사채할인발행차금, 그 밖에 이와 유사한 항목으로서 기획재정부령으로 정하는 항목을 말한다.

⑦ 법 제53조의2제1항제3호의 과세표준계산방법을 적용하는 경우 감가상각비, 퇴직보험료(제44조의2제4항에 따른 확정기여형 퇴직연금등의 부담금을 말한다), 퇴직급여충당금, 대손충당금, 구상채권상각충당금, 그 밖에 이와 유사한 항목으로서 기획재정부령으로 정하는 항목에 대해서는 손금계상액 및 손금산입한도를 각각 기능통화로 표시하여 손금산입액을 결정한다.

⑧ 법 제53조의2제3항에 따라 익금에 산입한 금액은 제64조제3항을 준용하여 일시상각충당금 또는 압축기장충당금으로 계상하여 손금에 산입하여야 하며, 손금에 산입한 금액은 제64조제4항 및 제5항을 준용하여 익금에 산입한다.

5) 해외사업장의 과세표준 계산방법

법인세법 제53조의3(해외사업장의 과세표준 계산특례)

① 내국법인의 해외사업장의 과세표준 계산은 다음 각 호의 방법(이하 이 조에서 "과세표준계산방법"이라 한다) 중 납세지 관할 세무서장에게 신고한 방법에 따른다. 다만, 최초로 제2호 또는 제3호의 과세표준계산방법을 신고하여 적용하기 이전 사업연도의 소득에 대한 과세표준을 계산할 때에는 제1호의 과세표준계산방법을 적용하여야 한다.

1. 해외사업장 재무제표를 원화 외의 기능통화를 채택하지 아니하였을 경우에 작성하여야 할 재무제표로 재작성하여 본점의 재무제표와 합산한 후 합산한 재무제표를 기준으로 과세표준을 계산하는 방법

2. 해외사업장의 기능통화로 표시된 해외사업장 재무제표를 기준으로 과세표준을 계산한 후 이를 원화로 환산하여 본점의 과세표준과 합산하는 방법

3. 해외사업장의 재무제표에 대하여 재무상태표 항목은 사업연도종료일 현재의 환율을, 포괄손익계산서 항목은 대통령령으로 정하는 환율을 각각 적용하여 원화로 환산하고 본점 재무제표와 합산한 후 합산한 재무제표를 기준으로 과세표준을 계산하는 방법

② 제1항제2호 또는 제3호에 해당하는 과세표준계산방법을 신고하여 적용하는 법인은 과세표준계산방법이 서로 다른 법인 간 합병 등 대통령령으로 정하는 사유가 발생한 경우 외에는 과세표준계산방법을 변경할 수 없다.

③ 제1항 및 제2항을 적용할 때 환율의 적용, 과세표준계산방법의 신고 및 변경, 각 과세표준계산방법을 선택한 법인의 과세표준 신고, 그밖에 과세표준계산방법의 적용 등에 필요한 사항은 대통령령으로 정한다.

법인세법 시행령 제91조의4(해외사업장 과세표준계산방법 신청 및 변경)

① 법 제53조의3제2항에서 "대통령령으로 정하는 사유"란 다음 각 호의 어느 하나에 해당하는 사유를 말한다.

1. 법 제53조의3제1항 각 호에 따른 과세표준계산방법(이하 이 조 및 제91조의5에서 "과세표준계산방법"이라 한다)이 서로 다른 법인이 합병(분할합병을 포함한다)한 경우

2. 과세표준계산방법이 서로 다른 사업자의 사업을 인수하는 경우

② 법 제53조의3제1항제2호 또는 제3호의 과세표준계산방법의 신청에 관하여는 제91조의2제1항을 준용하며, 법 제53조의3제1항제2호 또는 제3호의 과세표준계산방법을 적용하는 법인의 과세표준계산방법의 변경에 관하여는 제91조의2제3항부터 제5항까지의 규정을 준용한다.

제91조의5(해외사업장 과세표준계산방법 관련 세부 규정)

① 법 제53조의3제1항제1호의 과세표준계산방법을 적용하는 경우 손금으로 계상한 경우에만 각 사업연도의 소득금액을 계산할 때 손금에 산입하는 항목은 원화재무제표의 금액을 기준으로 손금 계상액을 산정한다.

② 법 제53조의3제1항제2호의 과세표준계산방법을 적용하는 경우에는

법 및 다른 법률에 따른 해외사업장의 익금 및 손금을 해외사업장의 기능통화로 표시하여 과세표준을 계산한 후 이를 원화로 환산하여야 하며, 원화로 환산한 해외사업장 과세표준을 본점의 과세표준과 합산한 금액에 대하여 법 제13조를 적용하여 법인의 과세표준을 계산한다.

③ 법 제53조의3제1항제2호의 과세표준계산방법을 적용하는 경우에는 기능통화로 표시된 해외사업장 과세표준을 사업연도종료일 현재의 매매기준율등 또는 평균환율 중 제91조의4제2항에 따른 신고와 함께 납세지 관할세무서장에게 신고한 환율을 적용하여 원화로 환산하여야 한다.

④ 법 제53조의3제1항제2호의 과세표준계산방법을 적용하는 경우에는 해외사업장에서 지출한 기부금, 접대비, 고유목적사업준비금, 책임준비금, 비상위험준비금, 퇴직급여, 퇴직보험료(제44조의2제4항에 따른 확정기여형 퇴직연금 등의 부담금을 말한다), 퇴직급여충당금, 대손충당금, 구상채권상각충당금, 그 밖에 법 및 이 영에 따라 손금산입한도가 있는 손금 항목은 이를 손금에 산입하지 아니한다.

⑤ 제4항에 따라 손금에 산입하지 아니한 금액은 제3항에 따른 환율을 적용하여 원화로 환산한 후 본점의 해당 항목과 합산하여 본점의 소득금액을 계산할 때 해당 법인(본점과 해외사업장을 포함한다. 이하 이 조에서 같다)의 손금산입한도 내에서 손금에 산입한다. 이 경우 해당 법인의 손금산입한도를 계산할 때 해외사업장 재무제표는 제3항에 따른 환율을 적용하여 원화로 환산한다.

⑥ 법 제53조의3제1항제2호 및 제3호의 과세표준계산방법을 적용할 때 제73조제3호·제5호 및 제76조제1항·제2항에 따른 외화는 해외사업장의 기능통화 외의 통화로 한다.

⑦ 법 제53조의3제1항제3호에서 "사업연도종료일 현재의 환율"이란 사업연도 종료일 현재의 매매기준율등을 말하고, "대통령령으로 정하는 환율"이란 다음 각 호에 따른 환율을 말한다.

1. 제91조의3제6항에 해당하는 항목의 경우: 평균환율

2. 제1호 외의 경우: 해당 항목의 거래일 현재의 매매기준율등 또는 평균환율 중 제91조의4제2항에 따른 신고와 함께 납세지 관할세무서장에게 신고한 환율

Ⅳ. 합병 및 분할 등에 관한 특례

1. 합병의 개념과 종류

가. 합병의 개념

회사의 합병이란 두 개 이상의 회사가 상법의 규정에 따라 청산절차를 거치지 않고 하나의 회사가 되는 것으로, 소멸회사의 권리·의무를 청산하는 절차를 거치지 않고 포괄적으로 존속회사 또는 신설회사가 승계하는 단체법상의 행위이다.

나. 합병의 종류

1) 흡수합병

흡수합병이란 합병으로 인하여 합병당사회사 중 하나의 회사는 존속하고, 다른 회사는 해산하여 해산하는 회사의 재산 및 사원이 존속회사에 포괄적으로 승계되는 합병이다. 이때 합병으로 인하여 존속하는 회사를 존속회사라고 하고, 합병으로 인하여 소멸하는 회사를 소멸회사라 한다.

2) 신설합병

신설합병이란 합병으로 인하여 모든 합병당사회사가 소멸하고, 대신에 새로이 회사를 설립하여 소멸회사의 재산 및 사원을 새로이 신설된 회사에 포괄적으로 승계시키는 합병을 말하는 바, 이때 합병으로 인하여 신설된 회사를 실설회사, 소멸하는 합병당사회사를 소멸회사라 한다.

다. 합병 관련 용어의 정리

법인세법 중 합병과 관련한 파트의 경우 통상적인 세법 관련 용어가 아닌 회사법에서 흔히 사용되는 용어가 자주 등장하는 바, 중요 용어의 개념을 간략히 정리하면 다음과 같다.

1) 합병법인 및 피합병법인

합병법인으로 합병으로 인하여 설립되거나 합병 후에도 여전히 존속하는 법인을 말하는 바, 신설합병의 경우 신설회사가 곧 합병법인이 되고, 흡수합병의 경우 존속회사가 곧 합병법인이 도니다. 반면 피합병법인이란 합병으로 인하여 소멸하는 법인으로서 흡수합병의 경우 존속회사에 합병되는 모든 회사가 여기에 해당하고, 신설합병의 경우에는 모든 합병당사회사가 피합병법인이 된다.

2) 합병비율

합병비율이란 피합병법인의 주식과 합병법인의 합병교부주식등과의 교환비율을 말하고, 이는 상법상 합병계약서의 필수적 기재사항으로서, 상법 제523조 제3항은 흡수합병의 경우'존속하는 회사가 합병으로 인하여 소멸하는 회사의 주주에 대한 신주의 배정에 관한 사항'이 합병계약서의 필수적 요소임을 명시하고 있고, 또한 상법 제524조 제3항은 신설합병의 경우 '각 회사의 주주에 대한 주식의 배정에 관한 사항'을 합병계약서에 필수적으로 기재하도록 명시하고 있다.

합병비율은 주식시장가격법, 순자산법, 수익환원가치법, 할인현금흐름법, 회수율법, 절충법 등을 통하여 합병당사회사의 주식 가치를 평가하고 이를 토대로 하여 정하게 되는데, 법인세법은 상증법의 평가규정에 의한 평가액을 중요한 준거로 하여 불공정합병인지 여부를 판단하게 된다.

불공정합병이 발생한 경우 법인세법은 합병당사회사의 주주 등이 분배받은 경제적인 이득에 대하여 증여로 의제하거나 법인의 소득금액계산상 익금에 산입하며, 또한 합병당사회사의 주주인 법인이 불공정합병에 따라 분여한 경제적 이익에 대하여는 법인세법상의 부당행위계산부인에 의하여 익금에 산입한다.

불공정합병의 사법적 효력
<대법원 2008. 1. 10. 선고, 2007다64136판결>

[2] 합병비율을 정하는 것은 합병계약의 가장 중요한 내용이고, 그 합병비율은 합병할 각 회사의 재산 상태와 그에 따른 주식의 실제적 가치에 비추어 공정하게 정함이 원칙이며, 만일 그 비율이 합병할 각 회사의 일방에게 불리하게 정해진 경우에는 그 회사의 주주가 합병 전 회사의 재산에 대하여 가지고 있던 지분비율을 합병 후에 유지할 수 없게 됨으로써 실질적으로 주식의 일부를 상실케 되는 결과를 초래하므로, 현저하게 불공정한 합병비율을 정한 합병계약은 사법관계를 지배하는 신의성실의 원칙이나 공평의 원칙 등에 비추어 무효이고, 따라서 합병비율이 현저하게 불공정한 경우 합병할 각 회사의 주주 등은 상법 제529조에 의하여 소로써 합병의 무효를 구할 수 있다.

[3] 흡수합병시 존속회사가 발행하는 합병신주를 소멸회사의 주주에게 배정·교부함에 있어서 적용할 합병비율은 자산가치 이외에 시장가치, 수익가치, 상대가치 등의 다양한 요소를 고려하여 결정되어야 하는 만큼 엄밀한 객관적 정확성에 기하여 유일한 수치로 확정할 수 없고, 그 제반 요소의 고려가 합리적인 범위 내에서 이루어졌다면 결정된 합병비율이 현저하게 부당하다고 할 수 없으므로, 합병당사자 회사의 전부 또는 일부가 주권상장법인인 경우 증권거래법과 그 시행령 등 관련 법령이 정한 요건과 방법 및 절차 등에 기하여 합병가액을 산정하고 그에 따라 합병비율을 정하였다면 그 합병가액 산정이 허위자료에 의한 것이라거나 터무니없는 예상 수치에 근거한 것이라는 등의 특별한 사정이 없는 한, 그 합병비율이 현저하게 불공정하여 합병계약이 무효로 된다고 볼 수 없다.

▸ 합병비율은 현저하게 불공정하게 정한 경우 신의성실의 원칙 및 공평의 원칙 등에 비추어 무효이고 이 경우 상법 제529조에 따라 각 회사의 주주·이사·감사·청산인·파산관재인 또는 합병을 승인하지 아니한 채권자가 합병의 등기 후 6개월 이내에 합병 무효의 소를 제기할 수 있다고 판단하였습니다.

한편 합병당사자 회사의 전부 또는 일부가 주권상장법인인 경우 증권거래법과 그 시행령 등 관련 법령이 정한 요건과 방법 및 절차 등에 기하여

> 합병가액을 산정하고 그에 따라 합병비율을 정하였다면 결정된 합병비율이 현저하게 부당하다고 할 수 없으므로, 합병비율이 허위자료에 의하여 산정되는 등 현저히 부당한 사정이 없는 이상 합병계약 자체는 유효하다고 보아, 합병비율의 산정에 있어서는 당사자에게 상당한 자율성을 인정하여 사적자치의 원칙에 따라서 지극히 제한적인 경우에 한하여 합병을 무효로 할 수 있다고 보았습니다.

3) 합병대가

합병대가는 피합병법인의 주주 또는 사원이 합병법인으로부터 합병의 대가로서 취득하는 주식 또는 출자지분 및 금전 기타 재산(합병교부금)의 합계액을 말한다. 상법 제523조 제4호는 합병계약서의 기재사항으로 "존속하는 회사가 합병으로 소멸하는 회사의 주주에게 제3호에도 불구하고 그 대가의 전부 또는 일부로서 금전이나 그 밖의 재산을 제공하는 경우에는 그 내용 및 배정에 관한 사항"이 흡수합병의 필수적 기재사항이 됨을 명시하고 있다. 합병교부금은 합병에 대한 대가로서 교부되는 것이 일반적이나, 주식배정 비율을 조정하거나 단주에 갈음하기 위해서, 혹은 주주의 이익 배당을 조정하기 위해서도 활용된다.

4) 합병등기일

상법 제233조 및 제234조는 회사의 합병은 합병후 존속하는 회사 또는 합병으로 인하여 설립되는 회사가 그 본점소재지에서 전조의 등기를 함으로써 그 효력이 생기고, 이러한 합병등기는 본점소재지에서는 2주간 내, 지점소재지에서는 3주간 내에 합병후 존속하는 회사의 변경등기, 합병으로 인하여 소멸하는 회사의 해산등기, 합병으로 인하여 설립되는 회사의 설립등기를 하여야 한다고 정하고 있다. 합병등기를 하여야만 법률적으로 합병의 효력이 발생하는 바, 법인세법은 합병등기일, 즉 위 변경등기, 해산등기, 설립등기일을 기준으로 삼고 있다.

2. 합병에 따른 법인세의 과세체계

가. 적격합병의 요건과 과세특례

법 제44조(합병 시 피합병법인에 대한 과세) ① 피합병법인이 합병으로 해산하는 경우에는 그 법인의 자산을 합병법인에 양도한 것으로 본다. 이 경우 그 양도에 따라 발생하는 양도손익(제1호의 가액에서 제2호의 가액을 뺀 금액을 말한다. 이하 이 조 및 제44조의3에서 같다)은 피합병법인이 합병등기일이 속하는 사업연도의 소득금액을 계산할 때 익금 또는 손금에 산입한다.

1. 피합병법인이 합병법인으로부터 받은 양도가액
2. 피합병법인의 합병등기일 현재의 자산의 장부가액 총액에서 부채의 장부가액 총액을 뺀 가액(이하 이 관에서 "순자산 장부가액"이라 한다)

② 제1항을 적용할 때 다음 각 호의 요건을 모두 갖춘 합병의 경우에는 제1항제1호의 가액을 피합병법인의 합병등기일 현재의 순자산 장부가액으로 보아 양도손익이 없는 것으로 할 수 있다. 다만, 대통령령으로 정하는 부득이한 사유가 있는 경우에는 제2호 또는 제3호의 요건을 갖추지 못한 경우에도 대통령령으로 정하는 바에 따라 양도손익이 없는 것으로 할 수 있다. <개정 2011.12.31.>

1. 합병등기일 현재 1년 이상 사업을 계속하던 내국법인 간의 합병일 것. 다만, 다른 법인과 합병하는 것을 유일한 목적으로 하는 법인으로서 대통령령으로 정하는 법인의 경우는 제외한다.
2. 피합병법인의 주주등이 합병으로 인하여 받은 합병대가의 총합계액 중 합병법인의 주식등의 가액이 100분의 80 이상이거나 합병법인의 모회사의 주식등의 가액이 100분의 80 이상인 경우로서 그 주식등이 대통령령으로 정하는 바에 따라 배정되고, 대통령령으로 정하는 피합병법인의 주주등이 합병등기일이 속하는 사업연도의 종료일까지 그 주식등을 보유할 것
3. 합병법인이 합병등기일이 속하는 사업연도의 종료일까지 피합병법인으로부터 승계받은 사업을 계속할 것

③ 내국법인이 발행주식총수 또는 출자총액을 소유하고 있는 다른 법인을 합병하거나 그 다른 법인에 합병되는 경우에는 제2항에도 불구하고 양도손익이 없는 것으로 할 수 있다.

④ 제1항부터 제3항까지의 규정에 따른 양도가액 및 순자산 장부가액의 계산, 합병대가의 총합계액의 계산, 승계받은 사업의 계속 여부에 관한 판정기준 등에 관하여 필요한 사항은 대통령령으로 정한다.

1) 적격합병의 요건

제80조의2(적격합병의 요건 등) ① 법 제44조제2항 각 호 외의 부분 단서에서 "대통령령으로 정하는 부득이한 사유가 있는 경우"란 다음 각 호의 어느 하나에 해당하는 경우를 말한다. <개정 2010.12.30., 2011.3.31., 2012.2.2., 2014.2.21., 2014.9.26.>

1. 법 제44조제2항제2호에 대한 부득이한 사유가 있는 것으로 보는 경우: 다음 각 목의 어느 하나에 해당하는 경우

가. 제5항에 따른 주주등(이하 이 조에서 "해당 주주등"이라 한다)이 합병으로 교부받은 전체 주식등의 2분의 1 미만을 처분한 경우. 이 경우 해당 주주등이 합병으로 교부받은 주식등을 서로 간에 처분하는 것은 해당 주주등이 그 주식등을 처분한 것으로 보지 아니하며, 합병으로 교부받은 주식등과 합병외의 다른 방법으로 취득한 주식등을 함께 보유하고 있는 해당 주주등이 주식등을 처분하는 경우에는 합병외의 다른 방법으로 취득한 주식등을 먼저 처분하는 것으로 본다.

나. 해당 주주등이 사망하거나 파산하여 주식등을 처분한 경우

다. 해당 주주등이 적격합병, 적격분할, 적격물적분할 또는 적격현물출자(법 제47조의2제1항 각 호의 요건을 모두 갖추어 양도차익에 해당하는 금액을 손금에 산입하는 현물출자를 말한다. 이하 같다)에 따라 주식등을 처분한 경우

라. 해당 주주등이 「조세특례제한법」 제37조·제38조 또는 제38조의2에 따라 주식등을 포괄적으로 양도, 현물출자 또는 교환·이전하고 과세를 이연받으면서 주식등을 처분한 경우

마. 해당 주주등이 「채무자 회생 및 파산에 관한 법률」에 따른 회생절차에 따라 법원의 허가를 받아 주식등을 처분하는 경우

바. 해당 주주등이 「조세특례제한법 시행령」 제34조제6항제1호에 따른 경영정상화계획의 이행을 위한 약정 또는 같은 항 제2호에 따른 경영정상화계획의 이행을 위한 특별약정에 따라 주식등을 처분하는 경우

사. 해당 주주등이 법령상 의무를 이행하기 위하여 주식등을 처분하는 경우

2. 법 제44조제2항제3호에 대한 부득이한 사유가 있는 것으로 보는 경우: 다음 각 목의 어느 하나에 해당하는 경우

가. 합병법인이 파산함에 따라 승계받은 자산을 처분한 경우

나. 합병법인이 적격합병, 적격분할, 적격물적분할 또는 적격현물출자에 따라 사업을 폐지한 경우

다. 합병법인이 자산의 포괄적 양도에 따라 자산을 장부가액으로 양도하면서 사업을 폐지한 경우

라. 합병법인이 「채무자 회생 및 파산에 관한 법률」에 따른 회생절차에 따라 법원의 허가를 받아 승계받은 자산을 처분한 경우

② 법 제44조제2항제1호 단서에서 "대통령령으로 정하는 법인"이란 「자본시장과 금융투자업에 관한 법률 시행령」 제6조제4항제14호에 따른 기업인수목적회사로서 같은 호 각 목의 요건을 모두 갖춘 법인을 말한다. <신설 2010.12.30.>

③ 법 제44조제2항제2호에 따른 피합병법인의 주주등이 받은 합병대가의 총합계액은 제80조제1항제2호가목에 따른 금액으로 하고, 합병대가의 총합계액 중 주식등의 가액이 법 제44조제2항제2호의 비율 이상인지를 판정할 때 합병법인이 합병등기일 전 2년 내에 취득한 합병포합주식등이 있는 경우에는 다음 각 호의 금액을 금전으로 교부한 것으로 본다. 이 경우 신설합병 또는 3 이상의 법인이 합병하는 경우로서 피합병법인이 취득한 다른 피합병법인의 주식등이 있는 경우에는 그 다른 피합병법인의 주식등을 취득한 피합병법인을 합병법인으로 보아 다음 각 호를 적용하여 계산한 금액을 금전으로 교부한 것으로 한다. <개정 2010.12.30., 2012.2.2.>

1. 합병법인이 합병등기일 현재 피합병법인의 제43조제7항에 따른 지배주주등이 아닌 경우: 합병법인이 합병등기일 전 2년 이내에 취득한 합병포합주식등이 피합병법인의 발행주식총수 또는 출자총액의 100분의 20을 초과하는 경우 그 초과하는 합병포합주식 등에 대하여 교부한 합병교부주식등(제80조제1항제2호가목 단서에 따라 합병교부주식등을 교부한 것으로 보는 경우 그 주식등을 포함한다)의 가액

2. 합병법인이 합병등기일 현재 피합병법인의 제43조제7항에 따른 지배주주등인 경우: 합병등기일 전 2년 이내에 취득한 합병포합주식등에 대하

여 교부한 합병교부주식등(제80조제1항제2호가목 단서에 따라 합병교부주식등을 교부한 것으로 보는 경우 그 주식등을 포함한)의 가액

④법 제44조제2항제2호에 따라 피합병법인의 주주등에 합병으로 인하여 받은 주식등을 배정할 때에는 해당 주주등에 다음 계산식에 따른 가액 이상의 주식등을 각각 배정하여야 한다. <개정 2010.12.30., 2012.2.2.>

피합병법인의 주주등이 지급받은 제80조제1항제2호가목에 따른 합병교부주식등의 가액의 총합계액 × 각 해당 주주등의 피합병법인에 대한 지분비율

⑤ 법 제44조제2항제2호에서 "대통령령으로 정하는 피합병법인의 주주등"이란 피합병법인의 제43조제3항에 따른 지배주주등 중 다음 각 호의 어느 하나에 해당하는 자를 제외한 주주등을 말한다. <개정 2010.12.30., 2014.2.21.>

1. 제43조제8항제1호가목의 친족 중 4촌 이상의 혈족 및 인척

2. 합병등기일 현재 피합병법인에 대한 지분비율이 100분의 1 미만이면서 시가로 평가한 그 지분가액이 10억원 미만인 자

3. 「자본시장과 금융투자업에 관한 법률 시행령」 제6조제4항제14호 각 목의 요건을 갖춘 기업인수목적회사와 합병하는 피합병법인의 지배주주등인 자

⑥ 합병법인이 합병등기일이 속하는 사업연도의 종료일 이전에 피합병법인으로부터 승계한 고정자산가액의 2분의 1 이상을 처분하거나 사업에 사용하지 아니하는 경우에는 법 제44조제2항제3호에 해당하지 아니하는 것으로 한다. 다만, 피합병법인이 보유하던 합병법인의 주식을 승계받아 자기주식을 소각하는 경우에는 해당 합병법인의 주식을 제외하고 피합병법인으로부터 승계받은 고정자산을 기준으로 사업을 계속하는지 여부를 판정하되, 승계받은 고정자산이 합병법인의 주식만 있는 경우에는 사업을 계속하는 것으로 본다.

합병시 지나치게 많은 과세를 하는 경우에 합병을 통한 구조조정이 어려워질 수 있는 바, 법인세법은 합병을 통한 기업의 구조조정을 지원하기 위하여 일정한 요건을 갖춘 합병에 대해서는 과세특례를 적용하도록 하고 있다. 위 법 제44조는 적격합병의 요건을 정하고 있는데 사업목적, 지분의 계속성, 사업의 계속성 등을 요건으로 하고, 다만 내국법인이 완전자회사를 합병하는 경우에는 위 요건에도 불구하고 양도손익이 없는 것으로 보아 특례의 적용을

받을 수 있도록 정하고 있다.

2) 적격합병에 대한 과세특례

위 요건을 충족하는 적격합병의 경우 과세특례의 적용을 받는 바, 과세특례의 내용을 간략히 살펴보면, 피합병법인에 대해서는 합병법인이 처분할 때 까지 양도소득에 대한 과세이연의 혜택을 주고, 합병법인에 대해서는 피합병법인의 장부가액을 자산의 취득가액으로 보고, 양도가액과 순자산시가와의 차액에 해당하는 합병매수손익을 익금 또는 손금에 산입하는 규정을 규정을 별도로 두지 않으며, 이월결손금 및 세무조정사항에 대한 승계를 허용하고 있다. 또한 피합병법인의 주주에 대해서도 합병에 따른 의제배당소득이 없는 것으로 보아 과세이연의 혜택을 준다.

3. 피합병법인의 양도손익에 대한 과세와 그 특례

> 영 제80조(합병에 따른 양도손익의 계산) ① 법 제44조제1항제1호에 따른 양도가액은 다음 각 호의 금액으로 한다. <개정 2010.12.30., 2012.2.2.>
>
> 1. 적격합병의 경우: 법 제44조제1항제2호에 따른 피합병법인의 합병등기일 현재의 순자산장부가액
>
> 2. 제1호 외의 경우: 다음 각 목의 금액을 모두 더한 금액
>
> 가. 합병으로 인하여 피합병법인의 주주등이 지급받는 합병법인 또는 합병법인의 모회사(합병등기일 현재 합병법인의 발행주식총수 또는 출자총액을 소유하고 있는 내국법인을 말한다. 이하 같다)의 주식등(이하 "합병교부주식등"이라 한다)의 가액 및 금전이나 그 밖의 재산가액의 합계액. 다만, 합병법인이 합병등기일 전 취득한 피합병교부주식등(신설합병 또는 3 이상의 법인이 합병하는 경우 피합병법인이 취득한 다른 피합병교부주식등을 포함한다. 이하 "합병포합(抱合)주식등"이라 한다)이 있는 경우에는 그 합병포합주식등에 대하여 합병교부주식등을 교부하지 아니하더라도 그 지분비율에 따라 합병교부주식등을 교부한 것으로 보아 합병교부주식등의 가액을 계산한다.

나. 합병법인이 납부하는 피합병법인의 법인세 및 그 법인세(감면세액을 포함한다)에 부과되는 국세와 「지방세법」 제85조제4호에 따른 법인세분의 합계액

② 법 제44조제1항제2호에 따른 피합병법인의 순자산장부가액을 계산할 때 「국세기본법」에 따라 환급되는 법인세액이 있는 경우에는 이에 상당하는 금액을 피합병법인의 합병등기일 현재의 순자산장부가액에 더한다.

③ 제1항제1호를 적용받으려는 피합병법인은 법 제60조에 따른 과세표준 신고를 할 때 합병법인과 함께 기획재정부령으로 정하는 합병과세특례 신청서를 납세지 관할 세무서장에게 제출하여야 한다. 이 경우 합병법인은 제80조의4제10항에 따른 자산조정계정에 관한 명세서를 피합병법인의 납세지 관할 세무서장에게 함께 제출하여야 한다.

가. 양도손익에 대한 과세

법인세법의 개정 전에는 피합병법인의 합병청산소득에 대하여 과세를 하였으나, 2010. 7. 1. 시행된 현행법인세법은 합병천산소득에 대한 조항을 삭제하고 피합병법인이 합병법인으로 그 법인의 자산을 모두 양도하는 것으로 보아 양도에 따라 발생하는 양도손익을 피합병법인의 합병등기일에 속하는 사업연도의 소득금액을 계산할 때 익금 또는 손금에 산입하도록 개정하였다.

피합병법인이 합병법인에 양도한 자산의 양도손익은 각 사업연도의 소득에 대한 법인세로 과세하는 것으로 한다. 즉 내국법인이 합병으로 인하여 해산하면, 그 법인의 재산을 합병법인에게 양도하는 것으로 보고, 그 자산의 양도에 따라 발생한 양도손익은 피합병법인이 합병등기일에 속하는 각 사업연도의 소득을 계산할 때 익금 또는 손금에 산입한다. 다만 적격합병의 경우에는 피합병법인의 양도손익을 계산할 때 양도가액을 그 피합병법인의 합병등기일 현재의 순자산장부가액으로 보아 양도손익이 없는 것으로 할 수 있다.

양도가액은 피합병법인의 주주 등에 지급한 합병신주의 시가 및 합병교부금, 피합병법인 소득에 대한 법인세와 지방소득세의 대납액 등을 포함한다. 다만 합병법인이 합병 전에 미리 피합병법인의 즉을 매수하여 합병하는 경우 미리 매수한 주식만큼 자기주식으로서 합병시 피합병법인의 주주에게 지급하

여야 할 합병양도차익도 줄어들게 되는 바, 이러한 방식을 통하여 양도차익의 부담을 회피하는 것을 막기 위하여, 합병법인이 합병등기 전 취득한 주식(포합주식)에 대하여 합병법인이 주식을 교부하지 아니하더라도 그 지분비율에 따라 합병법인이 주식을 교부한 것으로 보고 포합주식의 가액을 포함하여 합병양도 차익을 계산한다.

> 피합병법인의 청산소득이 부당히 감소되는 경우에만 포합주식에 해당하는지 여부
>
> <대법원 2011.05.13. 선고 2008두14074 판결>
>
> 구 법인세법(2001. 12. 31. 법률 제6558호로 개정되기 전의 것. 이하 '구 법인세법'이라 한다) 제80조 제1항은 "내국법인이 합병으로 인하여 해산하는 경우 그 청산소득의 금액은 피합병법인의 주주 등이 합병법인으로부터 받은 합병대가의 총합계액에서 피합병법인의 합병등기일 현재의 자기자본의 총액을 공제한 금액으로 한다"고 정하고, 제2항 전문은 "합병법인이 합병등기일 전 2년 이내에 취득한 피합병법인의 주식 등(이하 '포합주식 등'이라 한다)이 있는 경우로서 그 포합주식 등에 대하여 합병법인의 주식 등을 교부하지 아니한 경우 합병대가의 총합계액은 당해 포합주식 등의 취득가액을 가산한 금액으로 한다"고 정하고 있다. 조세법률주의의 원칙상 과세요건이나 비과세요건 또는 조세감면요건을 막론하고 조세법규의 해석은 특별한 사정이 없는 한 법문대로 해석할 것이고 합리적 이유 없이 확장해석하거나 유추해석하는 것은 허용되지 아니한다. 따라서 구 법인세법 제80조 제2항이 포합주식의 취득으로 인하여 피합병법인의 청산소득이 부당히 감소되는 것으로 인정되는 것을 적용요건으로 규정하고 있지 아니하는 이상, 합병법인이 취득한 주식이 포합주식에 해당하는 것만으로 구 법인세법 제80조 제2항의 적용대상이 된다.

나. 양도손익의 계산

피합병법인이 자신의 양도에 따라 발생하는 양도손익은 피합병법인이 합병법인으로부터 받은 양도가액에서 피합병법인의 합병등기일 현재의 순자산 장부가액을 뺀 금액으로 한다.

피합병법인이 합병법인으로부터 받은 양도가액은 합병대가의 합계액을 말하는 바, 합병으로 인하여 피합병법인의 주주등이 지급 받은 합병법인 또는 합병모회사의 주식의 가액 및 금전이나 그 밖의 재산가액을 말한다. 다만 앞서 살펴본 바와 같이 합병포합주식이 있는 경우 합병포합주식에 대하여 합병교부주식을 교부하지 않더라도 이를 교부한 것으로 본다.

피합병법인의 합병등기일 현재 순자산장부가액은 피합병법인의 합병등기일 현재의 자산의 장부가액 총액에서 부채의 장부가액의 총액을 뺀 가격을 의미하는 바, 다만 국세기본법에 따라 환급되는 법인세액이 있는 경우에는 그 상당액을 피합병법인의 합병등기일 현재의 순자산장부가액에 더하여야 한다.

나. 적격합병에 대한 과세특례

1) 적격합병의 요건

가) 일반적 적격합병의 요건

(1) 사업목적

합병이 시업상의 필요에 의하여 이루어져야 하는 바, 사업목적으로 이루어진 합병인지의 여부는 합병등기일 현재 1년 이상 사업을 계속하던 내국법인 간의 합병인지 여부에 따라 판단한다. 신설합병의 경우에는 피합병법인이, 흡수합병의 경우에는 합병법인과 피합병법인이 모두 합병등기일 현재 1년 이상 사업을 계속하여야만 사업목적에 의한 합병으로 보고, 어느 하나의 회사로 휴업 중이거나 사업개시 후 1년이 경과하지 않았다면 사업목적에 의한 합병으로 보지 않는다.

다만 SPC, 즉 다른 법인과 합병하는 것을 목적으로 하는 회사는 합병 자체를 사업의 목적으로 하기 때문에, 자본시장법 시행령 네6조 제4항 제14호의 요건을 갖춘 경우에는 사업등기일 현재 1년 이상 사업을 계속하던 법인이 아니라고 하더라도 사업목적에 의한 합병으로 인정한다.

> 자본시장법 시행령 제6조 제4항
>
> 14. 다른 법인과 합병하는 것을 유일한 사업목적으로 하고 모집을 통하여 주권을 발행하는 법인(이하 "기업인수목적회사"라 한다)이 다음 각 목의 요건을 모두 갖추어 그 사업목적에 속하는 행위를 하는 경우
>
> 가. 주권(최초 모집 이전에 발행된 주권은 제외한다)의 발행을 통하여 모은 금전의 100분의 90 이상으로서 금융위원회가 정하여 고시하는 금액 이상을 주금납입일의 다음 영업일까지 법 제324조제1항에 따라 인가를 받은 자(이하 "증권금융회사"라 한다) 등 금융위원회가 정하여 고시하는 기관에 예치 또는 신탁할 것
>
> 나. 가목에 따라 예치 또는 신탁한 금전을 다른 법인과의 합병등기가 완료되기 전에 인출하거나 담보로 제공하지 않을 것. 다만, 기업인수목적회사의 운영을 위하여 불가피한 경우로서 법 제165조의5에 따른 주식매수청구권의 행사로 주식을 매수하기 위한 경우 등 금융위원회가 정하여 고시하는 경우에는 인출할 수 있다.
>
> 다. 발기인 중 1인 이상은 금융위원회가 정하여 고시하는 규모 이상의 지분증권(집합투자증권은 제외한다) 투자매매업자일 것
>
> 라. 임원이 법 제24조에 적합할 것
>
> 마. 최초로 모집한 주권의 주금납입일부터 90일 이내에 그 주권을 증권시장에 상장할 것
>
> 바. 최초로 모집한 주권의 주금납입일부터 36개월 이내에 다른 법인과의 합병등기를 완료할 것
>
> 사. 그 밖에 투자자 보호를 위한 것으로서 금융위원회가 정하여 고시하는 기준을 갖출 것

(2) 지분의 계속성

지분의 계속성이란 합병대가 중 합병교부주식 등의 비율요건, 합병교부주식등의 배정요건, 합병교부주식등의 일정기간 보유요건 등을 모두 충족하여, 피합병법인의 주주가 받는 합병대가의 총합계액 중 주식등의 가액이 80% 이상으로 그 주식을 일정한 방법에 따라 배정하고, 피합병법인의 특정지배주주등이 합병등기일이 속하는 사업연도의 종료일까지 그 주식을 보유하는 것을 말한다.

합병대가 중 합병교부주식의 비율은 합병대가의 총합계액 중 합병법인 주식등의 가액이 80%이상이거나 합병법인 모회사 주식등의 가액이 80% 이상이어야 한다. 이와 같은 제한을 둔 이유는 피합병법인의 주주가 받는 합병대가가 주로 금전이라면 피합병법인의 자산을 매각한 것과 다름이 없으므로 합병에 대한 과세특례를 적용할 이유가 없기 때문이다.

또한 피합병법인의 특정지배주주 등이 합병등기일이 속하는 사업연도의 종료일까지 그 합병교부주식 등을 보유하여야만 지분의 계속성이 인정됨은 물론이다.

(3) 사업의 계속성

합병법인은 합병등기일이 속하는 사업연도의 종료일까지 피합병법인으로부터 승계한 사업을 계속 영위하여야만 사업의 계속성을 인정한다. 합병법인이 합병등기일이 속하는 사업연도의 종료일 이전에 피합병법인으로부터 승계한 고정자산가액의 50% 이상을 처분하거나 사업에 사용하지 않는 경우에는 사업의 계속성 요건을 충족하지 못한 것으로 본다. 다만 주식소각이 있는 경우에는 해당 합병법인의 주식을 제외한 잔여재산만을 기준으로 사업의 계속성 요건의 충족여부를 판정하는 것이다. 피합병법인으로부터 승계한 자산이 합병법인의 주식만인 경우 그 합병법인의 주식을 소각하더라도 사업의 계속성 요건을 충족한 것으로 본다.

(4) 지분 및 사업의 계속성 요건에 대한 특례

다만 위 제시된 지분의 계속성 요건 및 사업의 계속성 요건을 충족하지 못하더라도 부득이한 사유가 있는 경우에는 적격합병의 요건 중 지분의 계속성 요건을 갖추지 못한 경우에도 과세특례를 적용받을 수 있는 바, 부득이한 사유에 대해서는 시행령 제80조의2 제1항이 규정하고 있다.

지분의 계속성 요건에 대한 특례

시행령 제80의2 제1항 제1호

1. 법 제44조제2항제2호에 대한 부득이한 사유가 있는 것으로 보는 경우: 다음 각 목의 어느 하나에 해당하는 경우
가. 제5항에 따른 주주등(이하 이 조에서 "해당 주주등"이라 한다)이 합병으로 교부받은 전체 주식등의 2분의 1 미만을 처분한 경우. 이 경우 해당 주주등이 합병으로 교부받은 주식등을 서로 간에 처분하는 것은 해당 주주등이 그 주식등을 처분한 것으로 보지 아니하며, 합병으로 교부받은 주식등과 합병외의 다른 방법으로 취득한 주식등을 함께 보유하고 있는 해당 주주등이 주식등을 처분하는 경우에는 합병외의 다른 방법으로 취득한 주식등을 먼저 처분하는 것으로 본다.
나. 해당 주주등이 사망하거나 파산하여 주식등을 처분한 경우
다. 해당 주주등이 적격합병, 적격분할, 적격물적분할 또는 적격현물출자(법 제47조의2제1항 각 호의 요건을 모두 갖추어 양도차익에 해당하는 금액을 손금에 산입하는 현물출자를 말한다. 이하 같다)에 따라 주식등을 처분한 경우
라. 해당 주주등이 「조세특례제한법」 제37조·제38조 또는 제38조의2에 따라 주식등을 포괄적으로 양도, 현물출자 또는 교환·이전하고 과세를 이연받으면서 주식등을 처분한 경우
마. 해당 주주등이 「채무자 회생 및 파산에 관한 법률」에 따른 회생절차에 따라 법원의 허가를 받아 주식등을 처분하는 경우
바. 해당 주주등이 「조세특례제한법 시행령」 제34조제6항제1호에 따른 경영정상화계획의 이행을 위한 약정 또는 같은 항 제2호에 따른 경영정상화계획의 이행을 위한 특별약정에 따라 주식등을 처분하는 경우
사. 해당 주주등이 법령상 의무를 이행하기 위하여 주식등을 처분하는 경우

사업의 계속성 요건에 대한 특례

시행령 80조의2 제1항 제2호

2. 법 제44조제2항제3호에 대한 부득이한 사유가 있는 것으로 보는 경우:

> 다음 각 목의 어느 하나에 해당하는 경우
> 가. 합병법인이 파산함에 따라 승계받은 자산을 처분한 경우
> 나. 합병법인이 적격합병, 적격분할, 적격물적분할 또는 적격현물출자에 따라 사업을 폐지한 경우
> 다. 합병법인이 자산의 포괄적 양도에 따라 자산을 장부가액으로 양도하면서 사업을 폐지한 경우
> 라. 합병법인이 「채무자 회생 및 파산에 관한 법률」에 따른 회생절차에 따라 법원의 허가를 받아 승계받은 자산을 처분한 경우

나) 완전지배관계에 있는 법인간 합병시의 요건

발행주식의 총수 또는 출자총액의 전부를 보유하고 있는 다른 법인을 합병하는 경우에는 이러한 완전지배관계에 있는 법인 간의 재산소유관계에 있어서의 특수성을 인정하여, 적격합병의 요건을 갖추지 못한 경우에도 모두 적격합병에 따른 과세특례를 적용 받을 수 있도록 정하였다.

4. 합병법인에 대한 과세 및 그 특례

가. 합병법인에 대한 과세

1) 승계한 자산의 가액의 계산 방법

합병법인이 합병으로 인하여 피합병법인의 자산을 승계한 경우에는 그 자산을 피합병법인으로부터 합병등기일 현재의 시가로 양수한 것으로 보고, 피합병법인의 각 사업연도의 소득금액 및 과세표준을 계산할 때 익금 또는 손금에 산입하거나 산입하지 않은 금액은 법인세법이나 다른 법령에 특수한 규정이 없는 이상 승계를 허용하지 않으나, 합병법인이 적격합병의 요건을 갖춘 경우에만 합병법인이 승계할 수 있을 뿐이다.

2) 양도가액과 순자산시가와의 차액의 분할 익금 또는 손금 산입

합병법인은 피합병법인에게 지급한 양도가액이 순자산시가에 미달하거나 초과하는 경우 그 차액을 세무조정계산서에 합병매수차익 또는 합병매수차손으로 계상하고 합병등기일부터 5년 간 월할로 균등분할하여 익금 또는 손금에 산입하여야 하는데, 비적격합병의 경우 양도가액과 순자산시가와의 사이에 차이가 생기는 경우 그 차액을 조정함으로써 양도손익의 적정한 과세를 도모하기 위한 것으로, 이는 비적격합병에만 적용된다.

나. 적격합병에 있어서 과세의 특례

1) 승계한 자산의 가액

앞서 살펴본 적격합병의 요건을 갖춘 경우 혹은 완전지배법인 간의 합병의 경우, 피합병법인의 자산의 양도손익을 계산할 때 합병등기일 현재의 순자산장부가액을 양도가액으로 보기 때문에 양도손익은 없다.

합병법인은 피합병법인의 자산의 양도손익을 계산할 때 합병등기일 현재의 시가로 계상하여야 하고, 시가와 장부가액의 차액은 자산조정계정으로 별도 계상하여야 하는 바, 이는 피합병법인의 자산의 양도손익에 대한 과세이연에 따른 장치로서, 법인세 과세표준 신고시에 자산조정에 관한 명세서를 세무서장에게 제출할 의무를 진다.

합병법인 피합병법인으로부터 승계한 세무조정사항이 있는 경우 자산조정계정을 계산할 때의 피합병법인의 장부가액은 그 피합병법인의 세무상 장부가액에 세무조정사항 중 익금불산입액을 더하고 손금불산입액은 뺀 가격으로 하여야 한다.

2) 사후관리 위반시 익금 산입

피합병법인의 자산을 장부가액으로 양수한 합병법인은 합병등기일이 속하는 사업연도의 다음 사업연도의 개시일부터 2년 이내에 사후관리 위반사유가 발생하면 그 사유가 발생한 날이 속하는 사업연도의 소득금액을 계산할 때 익금을 산입하여야 한다. 다만 부득이한 사유로 인하여 합병법인이 피합병법인으로부터 받은 주식 등을 처분하는 경우는 예외로 한다.

우선 합병법인이 피합병법인으로부터 승계받은 사업을 3년 이내에 폐지하는 경우란, 합병법인이 피합병법인으로부터 승계받은 고정자산가액의 1/2 이상을 처분하거나 사업에 사용하지 않는 경우를 포함하고, 다만 합병법인이 승계한 자기주식을 소각하는 경우에는 합병법인의 주식을 제외하고 피합병법인으로부터 승계한 고정자산을 기준으로 사업을 계속하는지 여부를 판정하되, 승계받은 고정자산이 주식뿐인 경우에는 사업을 계속하는 것으로 본다.

또한 피합병법인의 특정지배주주 등이 그 합병등기일이 속하는 사업연도의 다음 사업연도의 개시일부터 2년 이내에 합병법인으로부터 받은 주식 등을 처분하는 경우에도 이에 해당한다.

다만 이 경우에도 부득이한 사유가 있는 경우에는 익금에 산입하지 아니하도록 하는 바 이에 대해서는 시행령 80조의4가 규정하고 있다.

시행령 80조의4

⑦ 법 제44조의3제3항 각 호 외의 부분 단서에서 "대통령령으로 정하는 부득이한 사유가 있는 경우"란 다음 각 호의 어느 하나에 해당하는 경우를 말한다. <개정 2010.12.30.>

1. 법 제44조의3제3항제1호에 대한 부득이한 사유가 있는 것으로 보는 경우: 합병법인이 제80조의2제1항제2호 각 목의 어느 하나에 해당하는 경우

2. 법 제44조의3제3항제2호에 대한 부득이한 사유가 있는 것으로 보는 경우: 제9항에 따른 주주등이 제80조의2제1항제1호 각 목의 어느 하나에 해당하는 경우

⑧ 합병법인이 제3항에 따른 기간 중 피합병법인으로부터 승계한 고정자산가액의 2분의 1 이상을 처분하거나 사업에 사용하지 아니하는 경우에는 피합병법인으로부터 승계받은 사업을 폐지한 것으로 본다. 다만, 피합병법인이 보유하던 합병법인의 주식을 승계받아 자기주식을 소각하는 경우에는 해당 합병법인의 주식을 제외하고 피합병법인으로부터 승계받은 고정자산을 기준으로 사업을 계속하는지 여부를 판정하되, 승계받은 고정자산이

합병법인의 주식만 있는 경우에는 사업을 계속하는 것으로 본다.

위와 같이 익금산입의 요건을 충족한 경우에는 자산조정계정의 잔액 등을 익금에 산입하고, 합병매수차익 등도 익금에 산입함으로써 그 합병이 당초부터 비적격합병이었던 것과 같은 상태로 환원시키기 위하여 세무상 조정을 하는 바, 이에 대해서는 시행령 80조의4 제4항과 제5항이 아래와 같이 상세히 규정하고 있다.

④ 합병법인이 법 제44조의3제3항 각 호의 어느 하나에 해당하는 경우에는 제1항에 따라 계상된 자산조정계정 잔액의 총합계액(총합계액이 0보다 큰 경우에 한정하며, 총합계액이 0보다 작은 경우에는 없는 것으로 본다)과 법 제44조의3제2항에 따라 피합병법인으로부터 승계받은 결손금 중 공제한 금액 전액을 익금에 산입한다. 이 경우 제1항에 따라 계상된 자산조정계정은 소멸하는 것으로 한다. <개정 2010.12.30.>

⑤ 제4항에 따라 자산조정계정 잔액의 총합계액을 익금에 산입한 경우 합병매수차익 또는 합병매수차손에 상당하는 금액은 다음 각 호의 구분에 따라 처리한다. <개정 2010.12.30.>

1. 합병 당시 합병법인이 피합병법인에 지급한 양도가액이 피합병법인의 합병등기일 현재의 순자산시가에 미달하는 경우: 합병매수차익에 상당하는 금액을 법 제44조의3제3항 각 호의 어느 하나에 해당하는 사유가 발생한 날이 속하는 사업연도에 손금에 산입하고, 그 금액에 상당하는 금액을 합병등기일부터 5년이 되는 날까지 다음 각 목의 구분에 따라 분할하여 익금에 산입

가. 제44조의3제3항 각 호의 어느 하나의 사유가 발생한 날이 속하는 사업연도: 합병매수차익에 합병등기일부터 해당 사업연도 종료일까지의 월수를 60월로 나눈 비율을 곱한 금액(월수는 역에 따라 계산하되 1월 미만의 일수는 1월로 한다)을 익금에 산입

나. 가목의 사업연도 이후의 사업연도부터 합병등기일부터 5년이 되는 날이 속하는 사업연도: 합병매수차익에 해당 사업연도의 월수를 60월로 나눈 비율을 곱한 금액(합병등기일이 속하는 월의 일수가 1월 미만인 경우 합병등기일부터 5년이 되는 날이 속하는 월은 없는 것으로 한다)을 익금에 산입

> 2. 합병 당시 합병법인이 피합병법인에 지급한 양도가액이 피합병법인의 합병등기일 현재의 순자산시가를 초과하는 경우: 합병매수차손에 상당하는 금액을 법 제44조의3제3항 각 호의 어느 하나에 해당하는 사유가 발생한 날이 속하는 사업연도에 익금에 산입하되, 제80조의3제2항에 해당하는 경우에 한정하여 그 금액에 상당하는 금액을 합병등기일부터 5년이 되는 날까지 다음 각 목의 구분에 따라 분할하여 손금에 산입
>
> 가. 제44조의3제3항 각 호의 어느 하나의 사유가 발생한 날이 속하는 사업연도: 합병매수차손에 합병등기일부터 해당 사업연도 종료일까지의 월수를 60월로 나눈 비율을 곱한 금액(월수는 역에 따라 계산하되 1월 미만의 일수는 1월로 한다)을 손금에 산입
>
> 나. 가목의 사업연도 이후의 사업연도부터 합병등기일부터 5년이 되는 날이 속하는 사업연도: 합병매수차손에 해당 사업연도의 월수를 60월로 나눈 비율을 곱한 금액(합병등기일이 속하는 월의 일수가 1월 미만인 경우 합병등기일부터 5년이 되는 날이 속하는 월은 없는 것으로 한다)을 손금에 산입

다. 이월결손금의 승계와 공제

1) 의의

피합병법인의 이월결손금은 합병법인에게 승계되지 않는 것이 원칙이나, 조세회피를 목적으로 하지 않는 일정한 요건을 갖춘 적격합병의 경우에는 피합병법인으로부터의 이월결손금 승계를 허용하고 있다.

2) 이월결손금의 공제

합병법인이 피합병법인의 자산을 장부가액으로 양도받게 되면, 피합병법인의 합병등기일 현재의 결손금을 승계하는데, 여기서 합병법인이 피합병법인의 자산을 장부가액으로 양도받는 경우란 적격합병의 요건을 갖춘 합병을 말한다.

합병등기일 현재 피합병법인의 결손금을 곧 합병법인의 결손금으로 보고

피합병법인으로부터 승계받은 사업에서 발생한 소득금액의 범위에서 공제를 허용하는데, 이는 조세회피를 목적으로 하는 합병을 막기 위함이다.

가) 이월결손금의 요건

합병법인이 각 사업연도의 과세표준을 계산할 때 승계하여 공제하는 결손금은 각 사업 연도 개시일 전 10년 이내에 개시한 사업연도에서 발생한 피합병법인의 결손금으로 그 후 과세표준계산에서 공제되지 않음 금액을 말한다. 결손금을 판단함에 있어서 사업연도의 개시일은 합병등기일을 말하고, 이 날부터 10년 이내에 개시한 사업 연도에서 발생한 결손금만이 공제의 대상이 된다.

나) 이월결손금 공제범위

합병법인의 이월결손금 공제범위는 피합병법인의 사업에서 발생한 소득의 범위로 제한되는데, 이 소득금액은 구분경리에 의하여 계산한 액수를 말하고, 구분 경리를 하지 않는 경우에는 합병등기일 현재 합병법인과 피합병법인의 사업용 고정자산 가액의 비율로 안분하여 계산한다.

라. 합병시 감면 및 세액공제 내역의 승계

적격합병의 경우 합병법인은 피합병법인의 감면 및 세액공제를 승계받을 수 있도록 규정하고 있는 바 그 상세한 규정은 다음과 같다.

1법인세법 시행령 제81조

③ 합병법인은 법 제44조의3제2항에 따라 피합병법인으로부터 승계받은 감면 또는 세액공제를 다음 각 호에 따라 적용받을 수 있다. <신설 2010.12.30.>

1. 법 제59조제1항제1호에 따른 감면(일정기간에 걸쳐 감면되는 것으로 한정한다)의 경우에는 합병법인이 승계받은 사업에서 발생한 소득에 대하여 합병 당시의 잔존감면기간 내에 종료하는 각 사업연도분까지 그 감면

을 적용

2. 법 제59조제1항제3호에 따른 세액공제(외국납부세액공제를 포함한다)로서 이월된 미공제액의 경우에는 합병법인이 다음 각 목의 구분에 따라 이월공제잔여기간 내에 종료하는 각 사업연도분까지 공제

가. 이월된 외국납부세액공제 미공제액: 승계받은 사업에서 발생한 국외원천소득을 해당 사업연도의 과세표준으로 나눈 금액에 해당 사업연도의 세액을 곱한 금액의 범위에서 공제

나. 「조세특례제한법」 제132조에 따른 법인세 최저한세액(이하 이 조에서 "법인세 최저한세액"이라 한다)에 미달하여 공제받지 못한 금액으로서 같은 법 제144조에 따라 이월된 미공제액: 승계받은 사업부문에 대하여 「조세특례제한법」 제132조를 적용하여 계산한 법인세 최저한세액의 범위에서 공제. 이 경우 공제하는 금액은 합병법인의 법인세 최저한세액을 초과할 수 없다.

다. 가목 및 나목 외에 납부할 세액이 없어 공제받지 못한 금액으로서 「조세특례제한법」 제144조에 따라 이월된 미공제액: 승계받은 사업부문에 대하여 계산한 법인세 산출세액의 범위에서 공제

마. 세무조정사항의 승계

법인세법 시행령

제85조(합병 및 분할 시의 자산·부채의 승계) 내국법인이 합병 또는 분할하는 경우 법 또는 다른 법률에 다른 규정이 있는 경우 외에는 법 제44조의2제1항 후단, 제44조의3제2항, 제46조의2제1항 후단, 제46조의3제2항 또는 물적분할에 따라 피합병법인등의 각 사업연도의 소득금액 및 과세표준을 계산할 때 익금 또는 손금에 산입하거나 산입하지 아니한 금액(이하 이 조에서 "세무조정사항"이라 한다)의 승계는 다음 각 호의 구분에 따른다.

1. 적격합병 또는 적격분할의 경우: 세무조정사항(분할의 경우에는 분할하는 사업부문의 세무조정사항에 한정한다)은 모두 합병법인등에 승계

2. 제1호 외의 경우: 법 제33조제3항·제4항 및 제34조제6항에 따라 퇴직급여충당금 또는 대손충당금을 합병법인등이 승계한 경우에는 그와 관련된 세무조정사항을 승계하고 그 밖의 세무조정사항은 모두 합병법인등에

미승계

기업회계상의 당기순이익을 기초로 관련 세법의 규정에 따라 세무조정사항을 가감하여 세무회계상의 과세소득을 계산하는 절차를 세무조정이라 하는데, 이러한 세무조정에 따라서 각 사업연도의 소득금액이나 과세표준을 계산할 때에 익금 또는 손금에 산입하거나 산입하지 않음 금액을 세무조정사항이라하는 바, 합병법인은 적격합병시에 피합병법인의 모든 세무조정사항을 승계하도록 하여, 합병으로 인하여 세무조정사항과 관련한 과세문제가 발생하지 않도록 하였다. 다만 비적격합병의 경우 피합병법인의 퇴직급여충당금 혹은 대손충당금을 승계하는 경우, 이러한 부분에 한하여 세무조정사항을 승계한다.

합병 후의 대손충당이 부당행위에 해당하는지
<서울행정법원 2011. 4. 1. 선고 2010구합26056 판결>

피합병법인 甲이 보유채권에 관하여 기업회계기준에 따른 대손충당금을 적정하게 계상하지 아니하고 있다가 합병법인 乙이 합병 이후에 비로소 합병으로 승계받은 당해 채권에 관한 대손충당금을 설정하는 방법으로 손금산입을 한 데 대하여 과세관청이 구 법인세법 제52조 제1항 을 적용하여 부당행위계산 부인에 의한 과세처분을 한 사안에서, 이 부분 과세처분이 위법하다고 한 사례

피합병법인 甲이 보유채권에 관하여 기업회계기준에 따른 대손충당금을 적정하게 계상하지 아니하고 있다가 합병법인 乙이 합병 이후에 비로소 합병으로 승계받은 당해 채권에 관한 대손충당금을 설정하는 방법으로 손금산입을 한 사안에서, 합병 당사자 사이의 채권 승계는 합병의 법적 성질과 본질에 비추어 당연한 것으로서 특수관계에 있는 자 사이의 합병뿐 아니라 모든 종류의 합병에서 마찬가지이며, 합병으로 인하여 채권의 가치에 변동이 생기는 것도 아니므로, 합병법인 乙의 채권 승계와 그에 관한 경제적 가치의 부여는 사회통념 및 상관행과 시가에 비추어 이상한 거래형식을 택하였다거나 부당한 경제적 가치를 부여한 것으로 볼 수 없어 경제적 합리성을 결한 것으로 인정할 수 없으며, 대손충당금 설정에 관한 피합병법인 甲 및 합병법인 乙의 회계처리 역시 그 자체는 재화의 이동에 해당되지 않는데다가, 더 나아가 채권의 실질 가치는 합병으로 인하여 소멸되는 회사

나 합병 후 존속하는 회사의 대손충당금 설정과 같은 회계처리에 따라 달라지는 것이 아니므로, 비록 위 회계처리에 의하여 합병법인 乙의 조세 부담이 감소하는 효과가 발생한다 하더라도 그 회계처리는 채권의 포괄승계라는 재화의 이동에 관한 경제적 가치 부여와 아무런 관련이 없고, 구 법인세법(2008. 12. 26. 법률 제9267호로 개정되기 전의 것) 제52조 제1항 소정의 부당행위계산 부인의 대상이 되지 않는다고 한 사례.

5. 분할의 개념과 종류

가. 분할의 개념

회사의 분할이란 인수합병(M&A)의 반대개념으로 하나의 회사가 분리되어 둘 이상의 회사로 나누어지는 것을 말하는 바, 어느 한 회사의 재산이 분리되어 다른 회사에게 포괄승계 되고, 대신 그 대가로서 주식이 교부된다.

분할법인(분할되는 회사, 피분할회사, 분할법인 등을 총칭함)이란 재산, 사원 등을 포괄적으로 인수하여 주는 기존에 존재하던 회사를 말하고, 분할신설법인(수혜법인, 분할에 의하여 설립되는 회사, 분할합병법인 등을 총칭함)이란 분할회사로부터 재산, 사원 등을 포괄 승계받고, 자기의 주식 등을 교부하는 회사를 말한다.

나. 분할의 종류

분할법인의 주주, 사원 등이 수혜회사에 포괄승계되는지에 따라 인적분할과 물적분할로 나뉘고, 분할 이후 분할회사가 존속하는지 여부에 따라 완전분할과 불완전분할로 나누어지며, 수혜회사가 신설회사인지 기존회사인지에 따라 단순분할과 분할합병으로 나누어진다.

1) 완전분할

분할법인이 분할과 동시에 청산절차 없이 소멸하는 경우를 말한다. 이 중 단순분할은 분할로서 2개 이상의 새로운 법인이 설립되는 경우를 말하고, 분할합병은 분할되는 부분이 기존의 법인과 합병되는 형태를 말한다.

2) **불완전분할**

분할법인이 분할 후에도 존속하는 경우를 말한다. 이 중 단순분할은 분할로써 새로운 법인을 설립하는 분할을 말하고, 분할합병이란 분할되는 부분이 기존의 법인과 합병되는 형태로 위 완전분할과 같다.

6. 분할의 과세 체계

가. 분할법인에 대한 과세

> 법인세법 제46조 (분할 시 분할법인등에 대한 과세)
> ① 내국법인이 분할로 해산하는 경우[물적분할(物的分割)은 제외한다. 이하 이 조 및 제46조의2 부터 제46조의4까지에서 같다]에는 그 법인의 자산을 분할신설법인 또는 분할합병의 상대방 법인(이하 "분할신설법인등"이라 한다)에 양도한 것으로 본다. 이 경우 그 양도에 따라 발생하는 양도손익(제1호의 가액에서 제2호의 가액을 뺀 금액을 말한다. 이하 이 조 및 제46조의3에서 같다)은 분할법인 또는 소멸한 분할합병의 상대방 법인(이하 "분할법인등"이라 한다)이 분할등기일이 속하는 사업연도의 소득금액을 계산할 때 익금 또는 손금에 산입한다.
> 1. 분할법인등이 분할신설법인등으로부터 받은 양도가액
> 2. 분할법인등의 분할등기일 현재의 순자산 장부가액

법인세법은 내국법인이 분할 또는 분할합병으로 해산하는 경우 분할법인이 자신의 자산을 분할신설법인에게 양도하는 것으로 보고 양도차익(분할법인이 분할신설법인으로부터 받은 양도가액에서 분할법인의 분할등기일 현재 순자산장부가액을 차감한 금액)을 분할법인이 분할등기일이 속하는 사업연도의 소득금액을 계산할 때 익금 또는 손금에 산입하도록 규정하면서 다만 일정한 요건을 갖춘 적격분할의 경우에는 양도가액을 분할등기일 현재의 순자

산 장부가액으로 보아 양도차익이 없는 것으로 보고 있다.

나. 적격분할의 요건

> 법인세법 제46조 (분할 시 분할법인등에 대한 과세)
>
> ② 제1항을 적용할 때 다음 각 호의 요건을 갖춘 분할의 경우에는 제1항제1호의 가액을 분할법인등의 분할등기일 현재의 순자산 장부가액으로 보아 양도손익이 없는 것으로 할 수 있다. 다만, 대통령령으로 정하는 부득이한 사유가 있는 경우에는 제2호 또는 제3호의 요건을 갖추지 못한 경우에도 대통령령으로 정하는 바에 따라 양도손익이 없는 것으로 할 수 있다.
>
> 1. 분할등기일 현재 5년 이상 사업을 계속하던 내국법인이 다음 각 목의 요건을 모두 갖추어 분할하는 경우일 것(분할합병의 경우에는 소멸한 분할합병의 상대방법인 및 분할합병의 상대방법인이 분할등기일 현재 1년 이상 사업을 계속하던 내국법인일 것)
>
> 가. 분리하여 사업이 가능한 독립된 사업부문을 분할하는 것일 것
>
> 나. 분할하는 사업부문의 자산 및 부채가 포괄적으로 승계될 것. 다만, 공동으로 사용하던 자산, 채무자의 변경이 불가능한 부채 등 분할하기 어려운 자산과 부채 등으로서 대통령령으로 정하는 것은 제외한다.
>
> 다. 분할법인등만의 출자에 의하여 분할하는 것일 것
>
> 2. 분할법인등의 주주가 분할신설법인등으로부터 받은 분할대가의 전액(분할합병의 경우에는 제44조제2항제2호의 비율 이상)이 주식으로서 그 주식이 분할법인등의 주주가 소유하던 주식의 비율에 따라 배정(분할합병의 경우에는 대통령령으로 정하는 바에 따라 배정한 것을 말한다)되고 대통령령으로 정하는 분할법인등의 주주가 분할등기일이 속하는 사업연도의 종료일까지 그 주식을 보유할 것
>
> 3. 분할신설법인등이 분할등기일이 속하는 사업연도의 종료일까지 분할법인등으로부터 승계받은 사업을 계속할 것
>
> ③ 제1항과 제2항에 따른 양도가액 및 순자산 장부가액의 계산, 분리하여 사업이 가능한 독립된 사업부문 여부에 관한 판정기준, 분할대가의 계산, 승계받은 사업의 계속 여부에 관한 판정기준 등에 관하여 필요한 사항은 대통령령으로 정한다.

적격분할에 해당하기 위해서는 1) 분할등기일 현재 5년 이상 사업을 계속하던 내국법인이 분할하여 사업이 가능한 독립된 사업부문을 분할하는 것이거나, ② 분할하는 사업부분의 자산 및 부채가 포괄적으로 승계되거나, ③ 분할법인 등만의 출자에 의하여 분할하는 것이어야 하고, 또한 2) 분할법인 등의 주주가 분할신설법인 등으로부터 받은 분할대가의 전액이 주식으로서 그 주식이 분할법인 등의 주주가 소유하던 주식의 비율에 따라 배정되고 분할법인의 주주 등이 분할등기일이 속하는 사업연도의 종료일까지 그 주식을 보유하여야 하며, 3) 분할신설법인 등이 분할등기일이 속하는 사업연도의 종료일까지 분할법인 등으로부터 승계받은 사업을 계속하여야만 한다.

합병과 비교할 때, 사업연도의 계속 기간이 5년 이상이어야 하고 분할대가도 전액 주식이어야 한다는 점에서 보다 까다로운 요건을 요구하는 바, 이는 분할의 경우 합병과 달리 상대방이 존재하지 않으므로 조세회피 가능성이 높으므로, 과세혜택의 요건을 보다 엄격하게 규정하고 있다.

다. 분할신설법인에 대한 과세

1) 비적격분할의 경우

> 법인세법 제46조의2 (비적격 분할 시 분할신설법인등에 대한 과세)
>
> ① 분할신설법인등이 분할로 분할법인등의 자산을 승계한 경우에는 그 자산을 분할법인등으로부터 분할등기일 현재의 시가로 양도받은 것으로 본다. 이 경우 분할법인등의 각 사업연도의 소득금액 및 과세표준을 계산할 때 익금 또는 손금에 산입하거나 산입하지 아니한 금액, 그 밖의 자산·부채 등은 대통령령으로 정하는 것만 분할신설법인등이 승계할 수 있다.
>
> ② 분할신설법인등은 제1항에 따라 분할법인등의 자산을 시가로 양도받은 것으로 보는 경우로서 분할법인등에 지급한 양도가액이 분할법인등의 분할등기일 현재의 순자산시가보다 적은 경우에는 그 차액을 제60조제2항제2호에 따른 세무조정계산서에 계상하고 분할등기일부터 5년간 균등하게 나누어 익금에 산입한다.
>
> ③ 분할신설법인등은 제1항에 따라 분할법인등의 자산을 시가로 양도받은 것으로 보는 경우에 분할법인등에 지급한 양도가액이 분할등기일 현재

> 의 순자산시가를 초과하는 경우로서 대통령령으로 정하는 경우에는 그 차액을 제60조제2항제2호에 따른 세무조정계산서에 계상하고 분할등기일부터 5년간 균등하게 나누어 손금에 산입한다.
> ④ 제1항부터 제3항까지의 규정에 따른 익금산입액 및 손금산입액의 계산과 그 산입방법 등에 관하여 필요한 사항은 대통령령으로 정한다.

합병과 매우 유사하므로 간략하게만 설명하면, 분할신설법인에 대한 과세에 있어서도 적격분할과 비적격분할을 구분하여, 비적격분할의 경우에는 분할법인 등으로부터 동일한 자산을 분할 등기일 현재 시가로 양수한 것으로 보고, 분할신설법인 등이 분할법인 등에 지급한 양도가액이 분할법인 등의 분할등기일 현재 순자산가에 미달하는 경우 그 차액을 세무조정계산서에 계상하고 분할등기일로부터 5년간 균등분할하여 익금하며, 다만 양도가액이 순자산가액을 초과하면 대가를 지급한 경우에 한하여 그 차액을 세무조정계산서에 계상하고 분할등기일로부터 5년간 균등분할하여 손금에 산입하도록 하였다.

2) 적격분할의 경우

> 법인세법 제46조의3 (적격 분할 시 분할신설법인등에 대한 과세특례)
> ① 제46조제2항에 따라 양도손익이 없는 것으로 한 경우 분할신설법인등은 제46조의2에도 불구하고 분할법인등의 자산을 장부가액으로 양도받은 것으로 한다. 이 경우 장부가액과 제46조의2제1항에 따른 시가와의 차액을 대통령령으로 정하는 바에 따라 자산별로 계상하여야 한다.
> ② 분할신설법인등은 제1항에 따라 분할법인등의 자산을 장부가액으로 양도받은 경우 분할법인등의 분할등기일 현재의 제13조제1호의 결손금과 분할법인등이 각 사업연도의 소득금액 및 과세표준을 계산할 때 익금 또는 손금에 산입하거나 산입하지 아니한 금액, 그 밖의 자산·부채 및 제59조에 따른 감면·세액공제 등을 대통령령으로 정하는 바에 따라 승계한다.
> ③ 제1항에 따라 분할법인등의 자산을 장부가액으로 양도받은 분할신설법인등은 3년 이내의 범위에서 대통령령으로 정하는 기간에 다음 각 호의 어느 하나에 해당하는 사유가 발생하는 경우에는 그 사유가 발생한 날이 속하는 사업연도의 소득금액을 계산할 때 양도받은 자산의 장부가액과 제

46조의2제1항에 따른 시가와의 차액(시가가 장부가액보다 큰 경우만 해당한다. 이하 제4항에서 같다), 승계받은 결손금 중 공제한 금액 등을 대통령령으로 정하는 바에 따라 익금에 산입하고, 제2항에 따라 분할법인등으로부터 승계받아 공제한 감면·세액공제액 등을 대통령령으로 정하는 바에 따라 해당 사업연도의 법인세에 더하여 납부한 후 해당 사업연도부터 감면·세액공제를 적용하지 아니한다. 다만, 대통령령으로 정하는 부득이한 사유가 있는 경우에는 그러하지 아니하다.

1. 분할신설법인등이 분할법인등으로부터 승계받은 사업을 폐지하는 경우

2. 대통령령으로 정하는 분할법인등의 주주가 분할신설법인등으로부터 받은 주식을 처분하는 경우

④ 분할신설법인등은 제3항에 따라 양도받은 자산의 장부가액과 제46조의2제1항에 따른 시가와의 차액 등을 익금에 산입한 경우에는 분할신설법인등이 분할법인등에 지급한 양도가액과 분할법인등의 분할등기일 현재의 순자산시가와의 차액을 제3항 각 호의 사유가 발생한 날부터 분할등기일 이후 5년이 되는 날까지 대통령령으로 정하는 바에 따라 익금 또는 손금에 산입한다.

⑤ 제1항을 적용받는 분할신설법인등은 대통령령으로 정하는 바에 따라 분할로 양도받은 자산에 관한 명세서를 납세지 관할 세무서장에게 제출하여야 한다.

⑥ 제1항부터 제4항까지의 규정에 따른 승계받은 사업의 폐지에 관한 판정기준, 익금산입액 및 손금산입액의 계산과 그 산입방법 등에 관하여 필요한 사항은 대통령령으로 정한다.

분할법인이 적격분할의 요건을 갖춘 경우에는 분할신설법인은 분할법인의 자산을 장부가액으로 양수한 것으로 보고, 분할신설법인이 불할로 양수한 자산을 처분할 때 그 처분가액에서 장부가액을 공제한 금액의 양도차익에 한해서만 법인세를 부담하도록 정하고 있으며, 분할신설법인이 분할법인에게 지급한 양도가액이 순자산의 시가를 초과하더라도 그 차액을 5년에 걸쳐 익금에 산입하지 않아도 된다.

다만 사업 및 주주소유관계의 계속성을 비롯한 과세이연 혜택의 근거가 상실되는 경우 비저격분할과 같이 과세하는데, 분할등기일이 속하는 사업연

도의 다음 사업연도 개시일부터 3년 내에 분할법인으로부터 승계받은 사업을 폐지하거나 분할법인의 주주가 분할신설법인으로부터 받은 주식을 처분하는 경우에는 그 사유가 발생하는 날이 속하는 사업연도에 시가가 장부가액을 초과하는 금액, 승계받은 결손금 중 소득금액에서 공제한 금액 등을 대통령령이 정하는 바에 딸 익금에 산입하고, 양도가액과 분할등기일 현재의 순자산시가와의 차액을 상실사유가 발생한 날로부터 분할등기일 이후 5년이 경과한 날까지의 기간 동안 익금 또는 손금에 산입한다.

연불조건 차관계약에서 상환잔액에 대하여 변동되는 리보(libor) + 일정 퍼센트의 이율에 따라 이자를 지급하기로 약정한 경우 원금을 기준으로중개수수료를 신고한 것이 부당행 계산에 해당하는 지 여부

<대법원 1990. 12. 26. 선고 90누646 판결>

연불조건 차관계약에 있어서 상환잔액에 대하여 리보(libor) + 일정 퍼센트의 이율에 따라 이자를 지급하기로 약정한 경우 리보율의 변동 때문에 계약체결 당시에는 정확한 이자율을 결정할 수 없다면 이자를 포함하여 중개수수료를 계산하는 것이 기업회계에 있어서 일반적으로 공정 타당하다고 인정되는 방법이라고 하기 어려우며, 그러한 실무거래나 과세관행이 성립되어 있다고 볼 아무런 자료도 없는 이상 원금을 기준으로 한 중개수수료를 신고한 것이 조세를 부당하게 감소하는 행위라거나 조세회피행위에 해당한다고 할 수 없다.

해산법인의 잔여재산가액 확정일로부터 19일 후에 잔여재산의 매매예약이 이루어진 경우 위 예약금상당액을 잔여재산 확정일 현재의 시가로 볼 수 있는지 여부

<대법원 1985. 12. 10. 선고 85누708 판결>

법인의 해산일로 부터 365일이 되는 날까지 잔여재산 가액이 확정되지 아니하여 법인세법시행령 제118조의2 제2항 규정에 따라 그 해산일로부터 365일이 되는 날에 잔여재산가액이 확정된 것으로 보아야 할 경우, 확정일로부터 19일 후에 위 잔여재산에 대한 매매예약이 체결되었다면, 그 사이에 가격변동이 있었음을 추인할 만한 특별한 사정이 엿보이지 않는 한 위 매매예약금 상당액을 위 잔여재산가액 확정일 현재의 시가로 봄이 상당하다.

7. 분할시 이월결손금 및 세무조정사항의 승계

가. 분할시 이월결손금의 승계

법인세법 제46조의4 (분할 시 이월결손금 등 공제 제한)

① 분할합병의 상대방법인의 분할등기일 현재 제13조제1호의 결손금은 분할합병의 상대방법인의 각 사업연도의 과세표준을 계산할 때 분할법인으로부터 승계받은 사업에서 발생한 소득금액(제113조제4항 단서에 해당되어 회계를 구분하여 기록하지 아니한 경우에는 그 소득금액을 대통령령으로 정하는 자산가액 비율로 안분계산한 금액으로 한다. 이하 이 조에서 같다)의 범위에서는 공제하지 아니한다.

② 제46조의3제2항에 따라 분할신설법인등이 승계한 분할법인등의 결손금은 분할법인등으로부터 승계받은 사업에서 발생한 소득금액의 범위에서 분할신설법인등의 각 사업연도의 과세표준을 계산할 때 공제한다.

③ 제46조제2항에 따라 양도손익이 없는 것으로 한 분할합병(이하 "적격분할합병"이라 한다)을 한 분할신설법인등은 분할법인과 분할합병의 상대방법인이 분할합병 전 보유하던 자산의 처분손실(분할등기일 이후 5년 이내에 끝나는 사업연도에 발생한 것만 해당한다)을 각각 분할합병 전 해당 법인의 사업에서 발생한 소득금액(해당 처분손실을 공제하기 전 소득금액을 말한다)의 범위에서 해당 사업연도의 소득금액을 계산할 때 손금에 산입한다. 이 경우 손금에 산입하지 아니한 처분손실은 자산 처분 시 각각 분할합병 전 해당 법인의 사업에서 발생한 결손금으로 보아 제1항 및 제2항을 적용한다. [개정 2011.12.31.]

④ 제46조의3제2항에 따라 분할신설법인등이 승계한 분할법인등의 감면 또는 세액공제는 분할법인등으로부터 승계받은 사업에서 발생한 소득금액 또는 이에 해당하는 법인세액의 범위에서 대통령령으로 정하는 바에 따라 이를 적용한다.

⑤ 제1항부터 제4항까지의 규정에 따른 각 사업연도의 과세표준을 계산할 때 공제하는 결손금의 계산, 양도받은 자산의 처분손실 손금산입, 승계받은 사업에서 발생하는 소득금액에 해당하는 법인세액의 계산 등에 필요

한 사항은 대통령령으로 정한다.

분할신설법인은 각 사업연도의 과세표준 등을 계산할 때에분할법인으로부터 승계한 이월결손금에서 분할법인으로부터 승계받은 사업에서 발생한 소득을 한도로 공제할 수 있다. 불완전분할로 분할법인이 존속하는 경우에는 분할법인의 결손금의 승계는 인정되지 않는다.

분할신설법인이 분할등기일 이후 5년 이내에 종료하는 사업연도에 분할법인으로부터 양도받은 자산을 처분하여 발생한 처분손실도 분할법인 등으로부터 승계받은 사업에서 발생한 소득금액의 범위에서만 손금에 산입할 수 있으며, 손금에 산입하지 아니한 처분손실은 분할법인으로부터 승계한 이월결손금으로 보아 분할법인으로부터 승계받은 사업에서 발생한 소득금액의 범위내에서만 각 사업연도의 과세표준을 계산할 때 공제할 수 있다.

나. 분할시 세무조정사항의 승계

적격분할의 요건을 갖춘 경우 분할법인 등이 각 사업연도의 소득금액이나 과세표준을 계산할 때 익금 또는 손금에 산입하거나 산입하지 아니한 금액을 모두 분할신설법인 등이 승계하나, 적격분할의 요건을 갖추지 못한 경우 모든 세무조정사항이 분할신설법인 등에 승계되지 아니한다.

V. 부당행위계산의 부인

1. 의의

> 법인세법 제52조 (부당행위계산의 부인)
>
> ① 납세지 관할 세무서장 또는 관할지방국세청장은 내국법인의 행위 또는 소득금액의 계산이 대통령령으로 정하는 특수관계인(이하 "특수관계인"이라 한다)과의 거래로 인하여 그 법인의 소득에 대한 조세의 부담을 부당하게 감소시킨 것으로 인정되는 경우에는 그 법인의 행위 또는 소득금액의 계산(이하 "부당행위계산"이라 한다)에 관계없이 그 법인의 각 사업연도의 소득금액을 계산할 수 있다.
>
> ② 제1항을 적용할 때에는 건전한 사회 통념 및 상거래 관행과 특수관계인이 아닌 자 간의 정상적인 거래에서 적용되거나 적용될 것으로 판단되는 가격(요율·이자율·임대료 및 교환 비율과 그 밖에 이에 준하는 것을 포함하며, 이하 이 조에서 "시가"라 한다)을 기준으로 한다.
>
> ③ 내국법인은 대통령령으로 정하는 바에 따라 각 사업연도에 특수관계인과 거래한 내용이 적힌 명세서를 납세지 관할 세무서장에게 제출하여야 한다.
>
> ④ 제1항부터 제3항까지의 규정을 적용할 때 부당행위계산의 유형 및 시가의 산정(算定) 등에 관하여 필요한 사항은 대통령령으로 정한다.

조세회피행위라고 하여도 사법상으로는 적법하고 유효하나, 이러한 행위를 세법상으로도 무제한적으로 허용하는 경우 과세정의가 실현되기 어려운바, 법인세법은 일정한 조세회피행위를 부당행위로 규정하여 이러한 행위를 세법상으로 무효화하고 정상적인 거래를 상정하여 이에 대해 과세를 하도록 하고 있다.

근거 법률로는 국세기본법 제14조와 법인세법 제52조, 42조가 있는데, 현행 국세기본법의 제14조에 규정된 실질과세의 원칙이 부당행위계산부인의 일반규정적인 성격을 가지므로, 법인세법 제52조 또는 제45조의 규정에 의하여 부당행위계산을 할 수 없는 경우에 한해서 일반규정인 국세기본법 제14조가 적용된다고 보아야 할 것이다.

부당행위계산부인의 의의 및 부당행위의 판단 방법
<대법원 1997. 5. 28. 선고 95누18697 판결>

부당행위계산부인이란 납세자가 정상적인 경제인의 합리적인 거래형식에 의하지 아니하고 조세부담의 회피를 위하여 우회행위, 다단계행위 기타의 거래형식을 취하여 통상의 합리적인 거래형식을 취할 때 생기는 조세의 부담을 경감 내지 배제시키는 행위계산을 조세법적으로 부인함으로써 과세에 있어서 이러한 잘못을 시정하는 것을 말한다.

부당행위계산이라 함은 납세자가 정상적인 경제인의 합리적 거래형식에 의하지 아니하고 우회행위, 다단계행위 그 밖의 이상한 거래형식을 취함으로써 통상의 합리적인 거래형식을 취할 때 생기는 조세의 부담을 경감 내지 배제시키는 행위계산을 말하고, 법인세법 제20조 에서 부당행위계산 부인 규정을 둔 취지는 법인과 특수관계 있는 자와의 거래가 구 법인세법시행령(1993. 12. 31. 대통령령 제14080호로 개정되기 전의 것) 제46조 제2항 각 호에 정한 제반 거래형태를 빙자하여 남용함으로써 경제적 합리성을 무시하였다고 인정되어 조세법적인 측면에서 부당한 것이라고 보일 때 과세권자가 객관적으로 타당하다고 인정되는 소득이 있었던 것으로 의제하여 과세함으로써 과세의 공평을 기하고 조세회피행위를 방지하고자 하는 것인바, 경제적 합리성의 유무에 대한 판단은 제반 사정을 구체적으로 고려하여 그 거래행위가 건전한 사회통념이나 상관행에 비추어 경제적 합리성을 결한 비정상적인 것인지의 여부에 따라 판단하여야 한다.

2. 적용요건

부당행위계산부인이 적용되기 위해서는 법인세법 제52조 제1항에 따라 1) 법인의 거래행위가 있을 것, 2) 그 거래가 특수관계자와의 거래일 것, 3) 행위계산이 부당할 것, 4) 그로 인하여 조세부담이 경감될 것이라는 4가지 요건을 갖추어야 하는 바, 이에 대해서는 이하에서 상술하겠다.

가. 법인의 거래행위일 것

부당행위계산부인이 적용되기 위해서는 거래행위의 주체가 법인세법상 납세의무가 있는 내국법인이어야 하는데, 여기서 법인은 영리법인이든, 비영리법인이든, 사업법인이든, 청산법인이든 불문하고, 법인세법 제92조 제1항에 따라 외국법인의 국내원청소득에 대해서도 부당행위계산부인이 적용될 수 있다.

부인의 대상이 되는 거래행위는 특수관계자와의 거래이므로 단독행위에 대해서는 적용되지 않으나, 작위에 의한 거래이든 부작위에 의한 거래이든 불문한다. 다만 부기상 거래에 해당하는 화재, 도난, 유실 등은 법률행위가 아니므로 포함되지 않는다. 또한 행위의 계산에는 소득금액에 영향을 미치는 한 자본거래 및 손익계산에 포함되지 않는 비경상적 손익거래도 포함한다.

외국법인에 대한 부당행위계산부인 적용 여부
<대법원 1997.06.13. 선고 95누15476 판결>
국내에 고정사업장을 둔 외국법인의 특수거래자와의 거래에 관련된 국내원천소득을 계산함에 있어서 특수관계 있는 자와의 거래로 인하여 그 법인의 소득에 대한 조세의 부담을 부당히 감소시킨 것으로 인정되는 경우에는, 그 법인의 행위 또는 소득금액의 계산에 불구하고 통상의 거래 조건하에서 독립된 기업간에 정상적인 거래에서 발생될 것으로 기대되는 합리적이라고 판단되는 요인에 의하여 산정된 소득을 국내사업장의 소득으로 보아 법인의 각 사업연도의 소득금액을 계산할 수 있다.

부작위 부당행위계산부인이 적용되는지 여부
<대법원 1990.11.27. 선고 90다카10862 판결>
부당행위계산의 태양에 관한 법인세법시행령 제46조 제2항은 예시적 규정으로서 출자자 등에게 법인의 이익을 분여하였다고 인정되는 일체의 행위, 계산이 부당행위계산의 부인의 대상이 되고 법인이 그 기본재산으로 출연된 채권 및 이자의 추심이 가능함에도 불구하고 무상대여와 같은 상태로 방치하거나 특수관계자에 대한 외상매출금의 회수를 지연시키는 것 등

의 부작위도 이러한 부인의 대상이 되는 행위, 계산에 포함된다.

주식의 유상소각행위는 부당행위계산부인의 적용 대상이 아님 <대법원 1988.11.08. 선고 87누174 판결>

법인이 주식소각방법에 의한 자본감소절차의 일환으로 상법의 자본감소 규정에 따른 적법한 절차를 밟아 당해법인의 기본자산(차입금)으로 일정량의 자기주식을 액면금액에 취득하여 그 주식을 유상소각하였다면 이는 자본거래인 자본의 환급에 해당되는 것으로서 법인세법상 그 자체로서는 법인의 손익 내지 소득금액계산에 영향이 없는 것이므로, 법인세법시행령 제46조 제1항 제1호, 제2호의 규정과 같이 자본거래와 관련하여 부당행위계산부인의 대상으로 들고 있는 특별한 경우를 제외하고는 비록 당해법인이 결손의 누적으로 자본감소당시 그 주식시가가 액면금액에 미달하는 것으로 평가되는데도 이를 액면금액으로 매입하여 자본환급을 하였다 하더라도 이로써 위 초과자본환급액이 손금화하여 법인의 소득금액계산에 영향을 미치는 것은 아니다.

불법, 허위, 가장행위가 있는 경우 그 행위를 부정하고 실질적인 거래에 대하여 부당행위 계산부인에 해당되는지 여부를 판단하여야 함

<대법원 1995.02.10. 선고 94누1913 판결>

법인세법 제20조 소정의 부당행위계산부인제도는 내국법인의 행위 또는 소득금액계산이 대통령령이 정하는 특수관계자와의 거래에 있어서 그 법인의 소득에 대한 조세의 부담을 부당히 감소시키는 것으로 인정되는 경우에 그 법인의 행위 또는 계산의 효력을 부인하고 정부가 소득금액을 독자적으로 계산하는 제도이므로, 같은 법 제20조가 적용되기 위하여는 내국법인과 위 특수관계자 사이에 내국법인의 행위 또는 소득금액의 계산이 있어야 하나 그 기초적 사실행위에 불법행위, 허위행위 또는 가장행위가 있는 경우 과세관청으로서는 같은 법 제32조 소정의 조사결정권에 의하여 그 행위의 존재자체를 부정하고 실질적인 거래에 대하여 과세하여야 하는 것은 당연한 이치라 할 것이고, 나아가 그 실질적인 거래가 위 부당행위계산에 해당하는 경우에는 같은 법 제20조에 의하여 그 행위 또는 계산의 효력을 부인하고 과세할 수 있다.

나. 특수관계자와의 거래일 것

법인세법이 특수관계자 간의 거래에 대해서 부당행위계산부인을 적용하는 이유는, 특수한 관계가 없는 자 간의 거래의 경우 당사자 간의 이해관계에 따라 자연스럽게 적정한 거래를 하게 되나, 특수관계자의 경우 당사자 간의 관계 때문에 조세를 회피하기 유리한 방식으로 거래를 할 우려가 있기 때문이다. 특수관계자의 범위에 대해서는 법인세법 시행령에서 정하고 있는 바, 이를 살펴보면 다음과 같다.

> 법인세법 시행령 제87조(특수관계인의 범위) ① 법 제52조제1항에서 "대통령령으로 정하는 특수관계인"이란 법인과 다음 각 호의 어느 하나의 관계에 있는 자(이하 "특수관계인"이라 한다)를 말한다. 이 경우 본인도 「국세기본법」 제2조제20호 각 목 외의 부분 후단에 따라 특수관계인의 특수관계인으로 본다.
>
> 1. 임원의 임면권의 행사, 사업방침의 결정 등 당해 법인의 경영에 대하여 사실상 영향력을 행사하고 있다고 인정되는 자(「상법」 제401조의2제1항의 규정에 의하여 이사로 보는 자를 포함한다)와 그 친족
> 2. 주주등(소액주주등을 제외한다. 이하 이 관에서 같다)과 그 친족
> 3. 법인의 임원·사용인 또는 주주등의 사용인(주주등이 영리법인인 경우에는 그 임원을, 비영리법인인 경우에는 그 이사 및 설립자를 말한다)이나 사용인외의 자로서 법인 또는 주주등의 금전 기타 자산에 의하여 생계를 유지하는 자와 이들과 생계를 함께 하는 친족
> 4. 해당 법인이 직접 또는 그와 제1호부터 제3호까지의 관계에 있는 자를 통하여 어느 법인의 경영에 대하여 지배적인 영향력을 행사하고 있는 경우 그 법인
> 5. 해당 법인이 직접 또는 그와 제1호부터 제4호까지의 관계에 있는 자를 통하여 어느 법인의 경영에 대하여 지배적인 영향력을 행사하고 있는 경우 그 법인
> 6. 당해 법인에 100분의 30 이상을 출자하고 있는 법인에 100분의 30 이상을 출자하고 있는 법인이나 개인
> 7. 당해 법인이 「독점규제 및 공정거래에 관한 법률」에 의한 기업집

단에 속하는 법인인 경우 그 기업집단에 소속된 다른 계열회사 및 그 계열회사의 임원

특수관계자의 범위에 대해서는 법인세법 시행령이 이를 열거하고 있으므로 제한적으로 엄격하게 해석하여야 할 것이고, 특수관계의 존부의 판단에 있어서도 기존의 판례는 일방관계설과 쌍방관계설이 혼재하였으나, 법인세법 시행령 제87조 제1항 후단은 "이 경우 본인도 「국세기본법」 제2조제20호 각 목 외의 부분 후단에 따라 특수관계인의 특수관계인으로 본다"라고 명문의 규정을 신설함으로써, 법인과 상대방 어느 쪽을 기준으로하더라도 양자 모두에게 특수관계를 인정하도록 규정하였다(2011. 12. 31. 개정). 또한 부당행위에는 특수관계자 간의 직접적인 거래뿐만 아니라 다단계, 우회적인 거래도 포함된다.

위 법인세법 시행령의 특수관계자에 대한 규정은 제한적인 규정이므로 유추해석이 허용되지 아니함

<대법원 1990.05.11. 선고 89누8095 판결>

법인세법 제20조에 규정된 부당행위계산의 부인은 법인과 특수관계에 있는 자와의 거래가 같은법시행령 제46조 제2항 각호에 해당하는 경우에 한하여 제한적으로 인정되어야 하고, 조세법률주의의 원칙상 유추해석이나 확대해석은 허용되지 않으며, 또한 부당행위계산이라고 하기 위하여는 위 시행령 제46조 제2항 각호에 열거된 제반거래형태를 빙자하여 남용함으로써 조세부담을 부당하게 회피하거나 경감시킬 것을 의도하는 경우나, 이러한 의도가 없더라도 경제인의 입장에서 부자연하고 불합리한 행위계산을 함으로 인하여 경제적 합리성을 무시하였다고 인정되는 경우라야지, 단순히 비특수관계자와의 거래형태와 비교하여 비특수관계자라면 통상 할 수 없는 행위 또는 계산인데 특수관계자이기 때문에 행할 수 있다는 기준에 의하여 결정할 수는 없을 것인 바, 원고 법인이 특수관계에 있는 자인 갑에 대한 외상매출금 회수를 지연시킨 것이 위 시행령 제46조 제2항 제9호 소정의 이익분여의 경우에 일응 해당한다고 하더라도, 갑이 원고의 대량거래처일 뿐더러 생산제품의 유일한 수요자로서 그 경영상태 및 변제능력을 감안할 수 밖에 없는 경우라면, 갑의 경영실적이 악화되었을 때에는 외상매출금 회수를 적게 하고 경영상태가 호전됨에 따라 그 회수를 강화하는

것은 거래처의 효율적인 관리를 통한 매출물량의 확대를 기하고자 하는 경제적 합리성에 따른 것으로 보아야 할 것이므로, 원고의 요구를 수용할 수밖에 없는 다른 군소거래처들에 대한 외상매출금의 회수사정과 단순히 산술적으로만 비교하여 원고의 갑에 대한 외상매출금의 회수가 경제적 합리성을 무시한 부당행위계산에 해당한다고 할 수 없다.

'출자자'란 당해법인의 출자자만을 의미할 뿐, 출자자가 법인인 경우 그 법인에 다시 출자한 사람은 포함하지 아니한고, 또한 특수관계가 존재 여부에 대해서는 과세기관이 증명하여야 함

<대법원 1982.11.23. 선고 80누466 판결>

가. 법인세법 제20조가 정하는 부당행위계산의 부인은 법인세법 제20조와 동법시행령 제46조의 규정에 따라 내국법인의 행위 또는 소득금액계산이 대통령령이 정하는 특수관계에 있는 자와의 거래에 있어서 그 법인이 소득에 대한 조세의 부담을 부당히 감소시키는 것이어야 하고 특수관계 있는자 및 부당행위 또는 부당계산은 위 시행령 제46조 제1항과 제2항에 각 열거되어 있는 자와의 경우에 한하며, 그 부인의 대상이 되는 기초적 사실행위는 진실로서 존립하는 것이어야 하고 이는 조세법령 해석의 일반원칙에 따라 유추해석이나 확대해석이 허용될 수 없을 뿐 아니라 조세법정주의와 실질과세원칙이 엄격하게 적용된다.

나. 원고가 지급받은 매매대금과 은행대출금을 장부에 기장누락시켰다는 이유만으로 위 각 금원이 실제로 위 법인세 법령 소정의 특수관계에 있는 누구와의 거래에 있어서 과연 무상으로 대여 또는 대여로 보는 행위가 있었는가를 확정함이 없이 막연하게 특수관계에 있는 누구인가에게 대여한 것이라고 간주하여 위 시행령 제46조 제2항 제7호 및 제47조에 의하여 위 매매대금 및 대출금액에 따른 각 인정이자를 원고의 당기 소득금액 계산상 익금으로 가산하여 이에 상응한 법인세를 부과한 피고의 과세처분 부분은 위법하다.

특수관계자 일방에 대해 회사정리절차개시결정이나 파산선고 결정이 있다고 하여 특수관계가 소멸하는 것은 아님

<대법원 2009.12.10. 선고 2007두15872 판결>

법인세법 제52조 제1항, 법인세법 시행령 제87조 제1항 제2호에 의하여 법인과 그 주주 사이에 특수관계가 있는 경우 그 중 어느 일방에 대하여 회사정리절차개시결정이나 파산선고결정이 있었다고 하여 곧 법인의 출자자인 관계까지 소멸하는 것은 아니므로 그 법인과 주주 사이의 특수관계 역시 소멸한다고 볼 수 없다.

일방관계설에 따른 전원합의체 판결

<대법원 2011.07.21. 선고 2008두150 전원합의체 판결>

[다수의견] 구 법인세법(2010. 12. 30. 법률 제10423호로 개정되기 전의 것, 이하 '법'이라 한다) 제52조 제1항은 납세의무자인 법인이 특수관계자와 한 거래 또는 그로 인한 소득금액의 계산을 부당행위계산부인 대상으로 규정하면서 특수관계자의 범위를 대통령령에 위임하고 있고, 그 위임에 따라 구 법인세법 시행령(2002. 12. 30. 대통령령 제17826호로 개정되기 전의 것, 이하 '시행령'이라 한다) 제87조 제1항은 납세의무자인 법인과 같은 항 각호의 1의 관계에 있는 자를 특수관계자로 규정하고 있으므로, 문언상 납세의무자인 법인을 기준으로 하여 그와 각호 1의 관계에 있는 자만이 특수관계자에 해당한다고 보아야 한다. 이와 달리 납세의무자인 법인과 거래를 한 상대방을 기준으로 납세의무자인 법인이 각호 1의 관계에 있는 경우에 위 거래상대방이 특수관계자에 해당한다고 보는 것은 위 시행령 조항의 문언에 반하여 허용될 수 없다. 뿐만 아니라, 특수관계자의 범위를 어떻게 정할지는 입법정책의 문제이므로 위 시행령 조항을 문언과 달리 확장해석하거나 유추해석하는 방법으로 특수관계자의 범위를 넓혀야 할 이유도 없다.

[대법관 김능환, 대법관 전수안, 대법관 안대희, 대법관 차한성의 반대의견] 조세법률주의의 원칙상 조세법규를 합리적 이유 없이 확장해석하거나 유추해석하는 것은 허용되지 않지만, 법문의 가능한 의미 내에서 입법취지 등을 고려한 합목적적 해석을 하는 것까지 조세법률주의에 위배되는 것은 아니다. 시행령 제87조 제1항은 납세의무자인 법인과 같은 항 각호 1의 '관계'에 있는 자를 특수관계자로 규정하고 있는데, '관계'란 둘 이상의 주체가 서로 관련을 맺는 것을 의미하므로 납세의무자인 법인을 기준으로 하여 거래상대방이 각호의 1에 해당하는 경우뿐만 아니라 거래상대방을 기준으로 하여 납세의무자인 법인이 각호의 1에 해당하는 경우에도 그 거래

상대방이 납세의무자인 법인과 각호의 1의 '관계'에 있다고 할 수 있다. 구 법인세법 시행령(1976. 12. 31. 대통령령 제8350호로 개정되기 전의 것) 제46조 제1항(1998. 12. 31. 법인세법 시행령이 전부 개정되기 전에는 제46조 제1항이 특수관계자의 범위를 규정하고 있었다)이 같은 항 각호에 '게기'하는 자를 특수관계자로 규정하다가 1976. 12. 31. 위 시행령 조항의 개정으로 같은 항 각호의 '관계'에 있는 자를 특수관계자로 규정하게 된 것을 보더라도 '관계'의 의미를 위와 같이 해석하여야 하고, 이것이 법문의 가능한 의미를 벗어나는 해석이라고 할 수 없다.

[2] 갑이 납세의무자인 을 주식회사 발행주식 48.57%와 거래상대방인 병 주식회사 발행주식 20%를 소유하고 있는데, 을 회사가 병 회사에 주식을 양도하고 돈을 대여하는 행위와 관련하여 병 회사가 구 법인세법 시행령(2002. 12. 30. 대통령령 제17826호로 개정되기 전의 것, 이하 '시행령'이라 한다) 제87조 제1항 제4호에서 정한 을 회사의 특수관계자에 해당하는지 문제된 사안에서, 시행령 제87조 제1항 제4호는 납세의무자인 법인의 주주가 발행주식총수의 100분의 30 이상을 출자하고 있는 다른 법인만이 특수관계자에 해당하고, 납세의무자인 법인의 주주가 발행주식총수의 100분의 30 미만을 출자하고 있는 다른 법인은 그 법인의 주주가 납세의무자인 법인의 발행주식총수의 100분의 30 이상을 소유하고 있다 하더라도 특수관계자에 해당하지 않는다고 보아야 한다는 이유로, 병 회사는 을 회사의 특수관계자에 해당하지 아니한다고 한 사례.

▸대법원은 전원합의체 판결을 통해 조세법률주의의 원칙상 특수관계인의 범위를 엄격하게 해석하여야 하므로, 일방관계론에 의하여야 한다고 전원합의체 판결을 내렸으나, 이후 법인세법 시행령이 쌍방관계론에 따르는 내용으로 개정됨에 따라, 현재는 쌍방관계론에 따라 법인과 그 상대방 모두에 대해 부당행위계산부인이 적용될 것으로 보인다.

우회적거래행위가 부당행위계산부인의 대상이 된다고 본 사례1.

<대법원 1989.04.11. 선고 88누8630 판결>

부당행위계산이라 함은 납세자가 정상적인 경제인의 합리적인 거래형식에 의하지 않고 합리적 이유도 없이 우회행위, 다단계행위 그밖에 이상한 거래형식을 취함으로써 통상의 합리적인 거래형식을 취할 때 생기는 조세

의 부담을 경감 내지 배제시키는 행위계산을 말한다고 할 것인 바, 원고 회사가 이 사건 부동산 등을 C에게 양도함에 있어서 A가 주주인 때에는 양도하지 않고 그로부터 불과 3개월 후인 그 주식을 B에게 처분하고 난 뒤에 양도하여야 할 사정이나 그 양도가격을 시가에 비하여 저렴하게(시가가 약 5억원 상당으로 보임) 책정할 특별한 사정도 없는 터에 A와 B 간의 원심판시와 같은 특약을 한 것은 그 합리적인 이유를 발견할 수 없을 뿐만 아니라, 더욱 원심판시와 같이 B와 A와의 간에 원고 회사 소유의 이 사건 부동산 등을 C에게 양도하기로 한 계약을 체결하였는데 C가 원고 회사에 대하여 그 수익의 의사표시를 하였다고 해서 계약당사자도 아닌 원고 회사가 C에게 이 사건 부동산 등을 금 8,000만원에 소유권을 이전하여 줄 의무가 생기는 것도 아니므로, 원고 회사가 1983.8.13. 이 부동산 등을 C에게 양도하였다고 판단한 것은 제3자를 위한 계약의 법리를 오해한 위법을 범하였다 할 것이고, 또 B가 A와 간에 이 사건 부동산 등을 C에게 양도하기로 약정을 하고 이 약정에 기하여 위 B가 원고 회사의 대표이사로 취임한 후 C게 양도한 것이라면 이와 같은 우회적인 행위가 조세의 감면 내지 배제효과를 얻기 위한 것인지에 대하여 심리판단을 하였어야 할 것이다. 원심은 결국 제3자를 위한 계약에 대한 법리오해와 심리미진의 위법을 범하였다 할 것이므로 논지 이유있다.

→ 거래의 원인, 목적, 태양 등을 보건대 그 행위가 정상적인 거래가 아닌 조세의 감면 내지 배제효과를 얻기 위한 부당행위로 판단된다면, 특수관계인이 아닌 자가 특수관계인으로부터 대표이사의 지위를 인수하여 전 대표이사의 특수관계인에게 양도한 경우라도 하여도 부당행위계산부인의 대상이 된다고 보았다.

우회적거래행위가 부당행위계산부인의 대상이 된다고 본 사례2.

<대법원 1990.11.27. 선고 90누5504 판결>

원고는 치안본부 소속 차량에 대한 보험업무를 일괄 처리하여 온 법인으로서 1984.7.6. 설립된 회사인데, 그 설립 직후인 1985. 사업연도부터 1987. 사업년도까지 해당 기간중의 당기순이익의 액수는 물론 그 자본금의 액수조차 상회하는 규모의 기부금을 위 각 사업연도에 걸쳐 원고법인 발행 총주식의 98퍼센트 이상을 소유한 대주주인 대한민국 재향경우회의 활성화

기금 등의 명목으로 치안본부장에게 기탁하고 치안본부장은 위 기부금을 출납공무원에게 입금시키는 등 소정의 절차를 거쳐 관리하지도 아니한 채 막바로 전액을 위 경우회에 교부하였다면, 위 기부금 중 적어도 지정기부금에 대한 법정의 한도액을 초과하는 금액은 법인세법시행령 제46조 제2항 소정의 거래형태를 빙자하여 원고의 소득에 대한 조세의 부담을 부당하게 회피하거나 감경시킬 의도로 기부된 것으로 보기에 어렵지 않다.

우회적거래행위가 부당행위계산부인의 대상이 된다고 본 사례3.

<대법원 1997.05.28. 선고 95누18697 판결>

피자헛 음식점업을 하던 원고 회사가 미국 피자헛회사로부터 상표 및 기술도입계약을 체결함에 있어 상표 등에 관한 권리를 취득할 수 없고 계약종료시 상표 및 기술제공에 관한 모든 권리를 반환하기로 약정하였다 하더라도 그 동안의 영업실적과 전망 등에 비추어 영업권을 가지게 되었다는 전제하에, 원고 회사가 그 주주들 및 외국기업의 합작투자로 새로 설립된 회사에 영업과 관련한 시설물 등을 이전함에 있어, 영업권에 대한 대가를 지급받아 이를 주주들에게 교부하는 거래형식에 의하지 아니하고 정상적 경제인의 합리적 거래형식이 아닌 우회적인 행위형식을 통하여 영업권 이전에 대한 대가로 위 주주들에게는 주식발행초과금의 납입의무를 면하게 하고 합작투자회사인 외국기업만이 이를 납입하게 함으로써 적어도 위 주식발행초과금 중 위 주주들의 주식보유비율에 상당하는 이익을 위 주주들에게 분여하는 한편 스스로는 영업권을 양도함에 따른 소득에 대한 조세의 부담을 배제시켰다고 보아, 이는 구 법인세법시행령(1993. 12. 31. 대통령령 제14080호로 개정되기 전의 것) 제46조 제2항 제9호 소정의 이익분여행위로서 법인세법 제20조의 부당행위계산 부인대상에 해당한다고 한 사례.

다. 행위계산의 부당성

대외적관계에 있어서 법률효과를 발생하도록 하는 법률행위에 대한 회계처리가 납세의무자가 통상적으로 생각하는 행위 또는 형식을 선택하지 않고 이상성을 띤 행위 또는 형식을 선택하는 경우 그러한 행위계산은 부당하다고 본다. 거래의 부당성의 판단은 조세법률주의와 공평과세의 원칙에 따라서 판단하여야 할 것이다. 법인세법 시행령 제88조 제1항은 부당행위계산의 유형을 규정하고 있는 바, 다음과 같다.

> 법인세법 시행령 제88조(부당행위계산의 유형 등) ① 법 제52조제1항에서 "조세의 부담을 부당하게 감소시킨 것으로 인정되는 경우"란 다음 각 호의 어느 하나에 해당하는 경우를 말한다.
>
> 1. 자산을 시가보다 높은 가액으로 매입 또는 현물출자받았거나 그 자산을 과대상각한 경우
>
> 2. 무수익 자산을 매입 또는 현물출자받았거나 그 자산에 대한 비용을 부담한 경우
>
> 3. 자산을 무상 또는 시가보다 낮은 가액으로 양도 또는 현물출자한 경우. 다만, 제20조제1항제3호 각 목 외의 부분에 해당하는 주식매수선택권등의 행사 또는 지급에 따라 주식을 양도하는 경우는 제외한다.
>
> 3의2. 특수관계인인 법인 간 합병(분할합병을 포함한다)·분할에 있어서 불공정한 비율로 합병·분할하여 합병·분할에 따른 양도손익을 감소시킨 경우. 다만, 「자본시장과 금융투자업에 관한 법률」 제165조의4에 따라 합병(분할합병을 포함한다)·분할하는 경우는 제외한다.
>
> 4. 불량자산을 차환하거나 불량채권을 양수한 경우
>
> 5. 출연금을 대신 부담한 경우
>
> 6. 금전, 그 밖의 자산 또는 용역을 무상 또는 시가보다 낮은 이율·요율이나 임대료로 대부하거나 제공한 경우. 다만, 다음 각 목의 어느 하나에 해당하는 경우는 제외한다.
>
> 가. 제20조제1항제3호 각 목 외의 부분에 해당하는 주식매수선택권등의 행사 또는 지급에 따라 금전을 제공하는 경우
>
> 나. 주주등이나 출연자가 아닌 임원(소액주주등인 임원을 포함한다) 및 사용인에게 사택(기획재정부령으로 정하는 임차사택을 포함한다)을 제공하는 경우
>
> 7. 금전 기타 자산 또는 용역을 시가보다 높은 이율·요율이나 임차료로 차용하거나 제공받은 경우
>
> 7의2. 기획재정부령으로 정하는 파생상품에 근거한 권리를 행사하지 아니하거나 그 행사기간을 조정하는 등의 방법으로 이익을 분여하는 경우

> 8. 다음 각 목의 어느 하나에 해당하는 자본거래로 인하여 주주등인 법인이 특수관계인인 다른 주주등에게 이익을 분여한 경우
>
> 가. 특수관계인인 법인간의 합병(분할합병을 포함한다)에 있어서 주식등을 시가보다 높거나 낮게 평가하여 불공정한 비율로 합병한 경우. 다만, 「자본시장과 금융투자업에 관한 법률」 제165조의4에 따라 합병(분할합병을 포함한다)하는 경우는 제외한다.
>
> 나. 법인의 자본(출자액을 포함한다)을 증가시키는 거래에 있어서 신주(전환사채·신주인수권부사채 또는 교환사채 등을 포함한다. 이하 이 목에서 같다)를 배정·인수받을 수 있는 권리의 전부 또는 일부를 포기(그 포기한 신주가 「자본시장과 금융투자업에 관한 법률」 제9조제7항에 따른 모집방법으로 배정되는 경우를 제외한다)하거나 신주를 시가보다 높은 가액으로 인수하는 경우
>
> 다. 법인의 감자에 있어서 주주등의 소유주식등의 비율에 의하지 아니하고 일부 주주등의 주식등을 소각하는 경우
>
> 8의2. 제8호 외의 경우로서 증자·감자, 합병(분할합병을 포함한다)·분할, 「상속세 및 증여세법」 제40조제1항에 따른 전환사채등에 의한 주식의 전환·인수·교환 등 법인의 자본(출자액을 포함한다)을 증가시키거나 감소시키는 거래를 통하여 법인의 이익을 분여하였다고 인정되는 경우. 다만, 제20조제1항제3호 각 목 외의 부분에 해당하는 주식매수선택권등 중 주식매수선택권의 행사에 따라 주식을 발행하는 경우는 제외한다.
>
> 9. 그 밖에 제1호 내지 제7호, 제7호의2, 제8호 및 제8호의2에 준하는 행위 또는 계산 및 그 외에 법인의 이익을 분여하였다고 인정되는 경우

구체적으로 판례는 행위계산의 부당성을 판단함에 있어서 경제적 합리성의 결여여부, 사회통념, 상관행상 거래가격의 상당성, 거래 당시 특수한 사정 등을 기준으로 삼고 있으며, 부당성의 판단시기는 거래 당시이며, 부당성에 대한 입증책임은 과세기관에게 지우고 있다.

1) 부당성을 인정한 사례

> 경제적합리성의 결여 여부를 기준으로 행위계산의 부당성을 판단한 사
> <대법원 1993.05.27. 선고 92누9012 판결>

원심이 확정한 바와 같이, 원고들 법인주주와 7명의 개인주주로 구성된 소외 회사가 그 정기주주총회에서 위 주주들 전원의 찬성으로 원심판시와 같은 내용의 차등배당결의를 하고 그에 따라 배당이 이루어진 것이라면, 이는 그 실질에 있어서 위 배당결의의 주체인 원고들법인과 위 다른 주주들 사이에 원고들 법인이 정상배당의 경우 주주평등의 원칙에 입각하여 그 소유주식비율에 따라 배당받았을 주식을 위 일부 초과배당받은 금원의 대가로 다른 주주들에게 양도하기로 하는 합의에 기초하여 그와같은 거래의 수단으로 위 배당결의를 이용한 것임이 인정되므로, 원고들이 소외 회사의 주주총회에서 의결권을 행사하였을 뿐 원고들과 특수관계에 있는 위 주주들과 법인세법 제20조 소정의 "거래"를 한 사실이 없다는 소론은 받아들일 수 없는 것이고, 나아가 원심이 판시한 위 차등배당의 내용을 살펴보면, 정상배당의 경우 원고들이 그 소유주식비율에 따라 응당 배당받았을 주식 78,320(76,120 + 2,200)주를 그 소유주식비율보다 초과 배당받은 금 48,400,000원(440,000,000 - 391,600,000)에 양도한 셈이 되어 그 1주당 양도가액을 산정하면 금 618원 정도에 불과하고, 이는 원심이 판시한 이 사건 주식의 1주당 평가액인 금 27,540원에는 물론 액면가액인 금 5,000원에도 못미치는 현저하게 낮은 가액임을 알 수 있는바, 위와 같이 대가관계가 현저하게 낮다는 점에 비추어, 설사 원고들이 주장하는 바와 같은 현금수요의 사정을 감안한다고 하더라도 이는 경제적으로 합리성을 결여한 행위로서 원고들 법인의 조세부담을 부당하게 감소시키는 행위라고 보아야 할 것이므로 이에 관한 논지도 받아들일 수 없다 할 것이다.

나아가 위 경우 원고들 법인의 소득에 대한 조세의 부담을 부당히 감소시킨 것으로 인정되어 부인되어야 할 대상은, 원고들이 정상배당의 경우 배당받았을 주식을 위 차등배당결의를 통하여 특수관계에 있는 주주들에게 낮은 대가로 양도함에 따른 이익분여행위이므로 그 회피되는 세액은 원고들이 위 주식을 특수관계에 있는 주주들에게 정상가액으로 양도하였을 경우와의 차액을 기준으로 산정하여야 하고 단순히 주식의 액면가액을 기준으로 산정할 것은 아니라고 할 것이다. 같은 취지의 원심판단은 정당하고 반대의 견해에 선 논지는 받아들일 수 없다.

자산을 포괄적으로 양도한 경우, 그 자산들 전체 시가를 비교하여 전체의 거래로서 저가 양도에 해당하는지 여부를 판단하여야 한다고 본 사례

<대법원 1997.02.14. 선고 95누13296 판결>

소득세법 제55조 제1항의 부당행위계산 부인 규정은 거주자의 행위 또는 계산이 객관적인 사실에 합치되고 또한 법률상 유효·적법한 것으로서 회계상으로는 정확한 계산이라 하더라도, 그 행위나 계산이 특수관계자간의 거래이고, 저가양도 등 객관적으로 조세의 부담을 부당하게 감소시키는 유형의 거래에 해당되는 경우에는 세법상 이를 부인하여 정부가 법령이 정하는 방법으로 소득금액을 계산하는 제도로서 이는 실질과세원칙을 구체화하여 공평과세를 실현하고자 하는 데에 그 입법 취지가 있다고 할 것이므로, 부당행위계산은 특수관계자 사이의 일정한 거래가 사회통념이나 관습에 비추어 볼 때 합리적인 경제인이 취할 정상적인 거래로 볼 수 없어 조세의 부담을 부당하게 감소시킨 것으로 인정되는 때에 할 수 있는 것 이니만큼(대법원 1992. 1. 21. 선고 91누7637 판결 참조), 여러 자산을 포괄적으로 양도한 것으로 인정되는 경우에는 개개의 자산별로 그 거래가격과 시가를 비교하여 저가양도에 해당하는지 여부를 판단할 것이 아니라, 그 자산들의 전체 거래가격과 시가를 비교하여 포괄적 거래 전체로서 저가양도에 해당하는지 여부를 판단하여야 할 것인바, 원심이 확정한 바에 의하면 원고는 이 사건 토지와 미완성 다세대주택 건물을 포괄하여 소외 회사에 양도하였다는 것이므로 위 양도행위에 대하여는 토지와 미완성 건물의 가격을 구분하여 정하였는지를 불문하고 그 전체 양도가액과 시가를 비교하여 저가양도에 해당하는지 여부를 판단하여야 할 것이다.

비특수관계자와의 거래와의 비교를 통하여 행위계산의 부당성을 판단한 사례

<대법원 1997.06.13. 선고 95누15476 판결>

원심은 위 인정 사실에 터잡아, 원고지점이 한 위 스왑거래의 커버거래는 원고은행 타지점 또는 본점 등 특수관계자와의 거래로서 그로부터 발생한 스왑이익률이 피고가 조사한 위 평균이익률에 비하여 지나치게 낮다고 할 것인데, 원고지점이 한 독립기업간의 거래에 있어서의 스왑이익률도 신고한 스왑이익률과 같아 신고이익률이 적정하다는 점에 대한 아무런 자료를 제출하지 아니한 이상, 이는 그 소득금액의 계산에 있어 원고의 조세부담을 부당하게 감소시킨 것이라고 인정되는 경우라고 할 것이어서, 피고로서는 원고의 행위 또는 소득금액의 계산에도 불구하고 원고의 국내원천소

득금액을 계산할 수 있다고 할 것이고, 이에 따라 피고는 원고에게 그 신고와 같은 스왑이익률이 발생한 근거와 증빙자료의 제출을 요구하였음에도 그 제출이 없어 그 실제이익률의 조사가 불가능하였다고 할 것이니 피고로서는 원고의 소득금액의 계산에도 불구하고 통상의 거래 조건하에서 독립된 기업간에 정상적인 거래에서 발생될 것으로 기대되는 합리적이라고 판단되는 요인에 의하여 산정된 소득을 국내사업장의 소득으로 보아 원고의 국내원천소득금액을 계산할 수밖에 없다고 할 것이고, 이에 따라 피고가 원고의 거래와 유사한 통상의 거래조건을 가진다고 보여지는 국내의 외국은행 지점들이 독립기업간에 정상적으로 거래한 스왑거래 자료표본 중 그 이익률이 높은 거래를 제외한 후 평균한 이익률을 적용하여 원고의 국내원천소득금액을 계산하여 한 이 사건 처분은 합리적이라고 판단되는 요인과 방법에 의하여 산정된 소득에 대한 것으로 적법하다고 판단하였다. -중략- 원심의 이러한 사실인정과 판단도 수긍할 수 있다고 할 것이고, 거기에 스왑거래 본질에 대한 오해, 채증법칙 위배로 인한 부당행위 인정에 있어서의 사실오인이나 입증책임 전도 등의 위법이 있다 할 수 없다. 이상에서 판단한 점과 관련된 상고이유도 모두 받아들일 수 없다.

조세회피의 의도는 부당행위계산부인의 요건이 아님

<대법원 2006.11.10. 선고 2006두125 판결>

부당행위계산이라 함은 납세자가 정상적인 경제인의 합리적 거래형식에 의하지 아니하고 우회행위, 다단계행위, 그 밖의 이상한 거래형식을 취함으로써 통상의 합리적인 거래형식을 취할 때 생기는 조세의 부담을 경감 내지 배제시키는 행위계산을 말하고, 구 법인세법(2000. 12. 29. 법률 제6293호로 개정되기 전의 것, 이하 '법'이라고만 한다) 제52조에서 부당행위계산 부인 규정을 둔 취지는 법인과 특수관계 있는 자와의 거래가 법 시행령(2000. 12. 29. 대통령령 제17033호로 개정되기 전의 것, 이하 같다) 제88조 제1항 각 호에 정한 제반 거래형태를 빙자하여 남용함으로써 경제적 합리성을 무시하였다고 인정되어 조세법적인 측면에서 부당한 것이라고 보일 때 과세권자가 객관적으로 타당하다고 인정되는 소득이 있었던 것으로 의제하여 과세함으로써 과세의 공평을 기하고 조세회피행위를 방지하고자 하는 것인바, 위 시행령 제88조 제1항이 조세의 부담을 부당하게 감소시키는 것으로 인정되는 경우에 관하여 제1호 내지 제8호에서는 개별적·구

체적인 행위유형을 규정하고, 그 제9호에서는 '기타 제1호 내지 제8호에 준하는 행위 또는 계산 및 그 외에 법인의 이익을 분여하였다고 인정되는 경우'라고 하여 개괄적인 행위유형을 규정하고 있으므로, 제9호의 의미는 제1호 내지 제8호에서 정한 거래행위 이외에 이에 준하는 행위로서 특수관계자에게 이익분여가 인정되는 경우를 의미한다 할 것이고, 경제적 합리성 유무에 대한 판단은 제반 사정을 구체적으로 고려하여 그 거래행위가 건전한 사회통념이나 상관행에 비추어 경제적 합리성을 결한 비정상적인 것인지의 여부에 따라 판단하여야 하며(대법원 2002. 9. 4. 선고 2001두7268 판결, 2003. 12. 12. 선고 2002두9995 판결, 2006. 1. 13. 선고 2003두13267 판결 등 참조), 한편 부당행위계산 부인에 있어 반드시 조세부담을 회피하거나 경감시킬 의도가 있어야만 하는 것은 아니다(대법원 1996. 7. 12. 선고 95누7260 판결, 2000. 2. 11. 선고 97누13184 판결 등 참조).

부당성의 판단시기 = 거래 당시

<대법원 1989.06.13. 선고 88누5273 판결>

소득세법 제55조의 부당행위계산은 그 행위나 계산이 동법시행령 제111조 제1항 각호 소정의 특수관계자간의 거래이고 객관적으로 동 제2항 각호 소정의 조세의 부담을 부당하게 감소시킨 것이면 족하고 당사자에게 조세회피의 목적이 있거나 경제적 손실이 있어야 하는 것은 아니며, 일정한 특수관계자 사이의 일정거래가 사회통념이나 관습에 비추어 볼 때 합리적인 경제인이 취할 정상적인 거래로 볼 수 없어 조세의 부담을 부당하게 감소시킨 것으로 인정되는 경우 이를 부인하고 법령이 정하는 방법으로 정부가 소득금액을 계산하는 제도이므로 그것이 정상적인 거래인지 여부는 거래당시를 기준으로 판단하여야 한다

→ 시가, 여건 등의 변화로 인하여 거래 당시에는 부당하지 않았던 거래가 이후에는 부당해질 수도 있는 것이므로, 부당성의 판단은 거래 당시의 시가, 여건 등을 고려하여 판단함이 당연하다.

매매계약체결시와 거래의 이행시가 다른 경우 부당성의 판단시기 및 양도차액의 산정시기

<대법원 2010.05.13. 선고 2007두14978 판결>

구 법인세법(1998. 12. 28. 법률 제5581호로 전부 개정되기 전의 것) 제20조, 제32조 제5항, 구 법인세법 시행령(1998. 5. 16. 대통령령 제15797호로 개정되기 전의 것) 제46조 제2항 제4호, 제94조의2 제1항 제1호 각 규정과 부당행위계산 부인 제도의 취지, 저가양도로 인한 부당행위계산 부인에서 매매계약체결시기와 양도시기가 다른 경우 토지 등의 양도가 부당행위계산에 해당하는지 여부는 그 대금을 확정 짓는 거래 당시를 기준으로 판단하는 반면, 그 토지의 양도차익을 계산하면서는 양도가액을 양도시기를 기준으로 산정하고 이는 그 선택의 이유와 기준을 달리하므로 양자가 기준시기를 달리 본다고 하여 불합리한 것은 아닌 점, 이러한 기준시기의 구별은 고가매입의 경우의 세무회계 처리방법, 소득처분의 시기와 방법에 비추어 동일하게 적용될 수 있는 점 등을 종합하면, 고가매입으로 인한 부당행위계산 부인의 경우에도 토지 등의 취득이 부당행위계산에 해당하는지 여부의 기준시기는 거래 당시인 반면, 그 익금에 산입하여 소득처분할 금액 산정의 기준시기는 특별한 사정이 없는 한 그 취득시기로 봄이 상당하다.

부당성의 입증책임은 과세관청에 있음

<대법원 1995. 12. 26. 선고 95누3589 판결>

구 법인세법시행령(1991. 12. 31. 대통령령 제13541호로 개정되기 전의 것) 제47조 소정의 가지급금에 대한 인정이자는 내국법인이 출자자 등 특수관계에 있는 자에게 무상으로 금전을 대여한 것으로 볼 수 있는 경우에 과세관청이 그 부당행위계산을 부인하고 직권으로써 이자를 계산하는 제도이므로, 위 규정은 이자에 관한 약정이 있는 경우에는 적용될 여지가 없고, 이자에 관한 약정이 있는 경우에는 그 이자율이 경제적 합리성을 무시하였다고 인정될 정도의 낮은 이율인 때에 한하여 조세의 부담을 부당히 감소시킨 부당행위인 법인세법 제20조, 같은법시행령(1994. 12. 31. 대통령령 제14468호로 개정되기 전의 것) 제46조 제2항 제7호 소정의 낮은 이율로 금전을 대부한 때에 해당한다고 볼 수 있으며, 이 점에 관한 주장·입증책임은 과세관청에 있다

2) 부당성을 부정한 사례

거래처와의 관계 및 이해관계의 동일성을 이유로 특수관계인의 광고료의 일부를 부담한 경우 행위계산의 부당성을 부정한 사례

<대법원 1992.03.31. 선고 91누8555 판결>

원심판결 이유에 의하면 원심은, 그 채택증거를 종합하여 안전면도기 등의 제조판매업을 영위하는 법인인 원고가 1987년 및 1988년 사업년도의 법인세를 자진신고 납부하였는데 피고는 원고가 위 각 사업년도의 손금으로 산입한 광고선전의 내용에는 원고와 법인세법시행령 제46조 제1항 제1호 소정의 특수관계에 있는 소외 도루코판매주식회사(이하 소외 회사라 한다)의 상호도 병기되어 있어 광고선전의 효과는 양 회사에 귀속되므로 그 광고선전비도 각자 부담하여야 함에도 원고만이 부담한 것은 소외 회사에게 원고의 이익을 분여하여 조세의 부담을 부당히 감소시킨 경우에 해당된다 하여 그 광고선전비를 양 회사의 매출액 비율에 따라 안분계산한 다음 소외 회사 부담분의 금액을 원고의 손금에 불산입하고 익금가산하여 이 사건 과세처분을 한 사실, 그런데 원고와 소외 회사 사이에서는 원고가 소외 회사에게 그 제조물품을 독점공급하고 소외 회사는 원고로부터 공급받은 물품을 정상가격으로 판매하되 소외 회사의 이익율은 5퍼센트를 기준으로 보장하고 그 물품에 대한 일체의 광고선전은 제조회사인 원고가 하기로 하는 내용의 계약을 체결한 사실, 원고가 위와 같이 제품에 대한 일체의 광고선전을 하기로 한 것은 제조회사인 원고가 제품의 특성을 더 잘 알고 있어 보다 효과적인 광고선전을 할 수 있다는 점과 원고의 그 광고선전비 일체의 부담을 전제로 소외 회사에의 공급가격 및 그 이윤율을 결정한 사실, 원고와 소외 회사는 모두 1987년 및 1988년의 사업년도에 걸쳐 법인세법상 최고세율인 30퍼센트의 세율을 적용받을 정도의 이익을 낸 사실 등 판시사실을 인정한 후 원고가 일체의 광고선전을 책임지고 그 비용을 부담한 것은 광고선전의 효과를 높이기 위한 것인 데다 광고선전비 소요액은 소외 회사에 대한 제품의 공급가격과 이윤율 책정에 반영된 데에 따른 것으로서 이는 경제인으로서의 합리성을 벗어난 것은 아니라 할 것이므로 피고의 이 사건 과세처분은 위법하다고 판단하였다.

조합원에게 시중은행보다 낮은 이자를 받은 경우
<대법원 1983.12.13. 선고 80누496 판결>
건설공제조합이 건설공제조합법이 정한 목적사업의 하나인 자금융자업무의 일환으로서 자체운영자금 중 일부를 그 조합원들에게 대출함에 있어서 시중은행의 당좌대월 이자율에 의한 대출이자를 받지 않고 원고의 융자업무에 관한 기본방침에 따라 시중은행 일반대출금리에 의한 대출이자를 받은 행위를 원고의 소득에 대한 조세의 부담을 부당히 감소시킨 경우에 해당한다고 볼 수 없다

→ 다만 같은 판결에서 건설공제조합이 시중은행으로 부터 선이자를 지급하고 차입한 자금을 저이율 또는 후이자 지급방법으로 그 조합원들에게 금원을 대출한 것은 부당행위에 해당한다고 보았다.

추심하지 않고 있는 외국에 소재한 자회사에 대한 공사대금을 대여금으로 보고 인정이자에 대해 과세한 것이 부당행위에 해당하지 않는다고 본 사례
<대법원 2000.11.14. 선고 2000두5494 판결>
이는 모기업인 한진건설이 사우디아라비아 지점의 거래은행인 한일은행(현재 한빛은행) 바레인 지점으로부터 빌린 차입금을 상환하기 위하여 외화를 차입할 필요성이 있게 되자, 한일리조트가 한진건설의 보증 아래 하와이은행(Bank of Hawaii)으로부터 미화 20,000,000달러를 차입하여 한진건설에게 위 자금을 대여하고 한진건설은 이 자금으로 한일은행 바레인 지점에서 빌린 돈을 상환하기로 하는 계획에 따라 이루어진 것으로서, 한일리조트가 1995. 2. 16. 한진건설의 보증 아래 하와이은행으로부터 미화 20,000,000달러를 상환기간을 1년으로 정하여 빌린 다음 시티뱅크(Citibank)를 통하여 한진건설 사우디아라비아 지점의 거래은행인 유나이티드 사우디 커머셜 뱅크(United Saudi Commercial Bank) 팔레스타인 지점에 위 미화 20,000,000달러를 송금하였고, 한진건설 사우디아라비아 지점은 이로써 한일은행 바레인 지점에 대한 차입금을 상환한 것인데, 한진건설이 한일리조트로부터 송금된 위 돈을 이 사건 공사미수금을 지급받은 것으로 처리할 경우 괌의 세법에 따라 그 금액의 4%에 달하는 세금을 납부하여야 하기 때문에 한진건설은 위 미화 20,000,000달러를 이 사건 공사

미수금과 별도로 한진건설이 한일리조트로부터 자금을 차입한 것으로 계상한 다음, 기왕에 한일리조트에 대하여 가지고 있던 대여금(가지급금)채권을 자동채권으로 하여 위 미화 20,000,000달러 중 12,625,917.49달러는 상계처리 하고 나머지 7,374,082.51달러는 차입금으로 회계처리한 것에 불과한 것이고, ③ 그 후 다시 한일리조트가 1996. 2. 16. 한진건설의 보증 아래 시티뱅크로부터 미화 20,000,000달러를 차입하여 그 자금으로 하와이은행에 대한 차입금을 상환하기는 하였지만, 이 역시 앞서 본 바와 같이 한일리조트 명의로 차입한 자금의 차입목적과 사용내역이 한진건설 사우디아라비아 지점의 차입금상환을 목적으로 이루어졌으며 그 차입기간이 1년이어서 1년 후에는 다시 상환하여야 할 자금인데다가 이 사건 공사미수금을 지급받을 경우 콘도가 분양되지도 않은 상태에서 괌 정부에 세금을 납부하여야 하는 등의 형편이었기 때문에 한진건설이 이 사건 공사미수금을 회수한 것으로 회계처리하지 아니하고 부득이 한일리조트로부터 자금을 차입한 것으로 계상한 것에 불과한 것이며, ④ 한일리조트가 이 사건 콘도미니엄이 준공된 이후인 1993 사업연도부터 1995 사업연도까지의 사이에 다른 공사를 수주받아 올린 수입이 미화 39,203,777달러에 달하고 있다고는 하나 그 공사수입은 공사원가에도 미치지 못하여 그 공사로 인한 순 이익을 얻은 바는 없었으므로 결국 당시 한일리조트에게는 변제자력이 없었으며, 따라서 한진건설이 한일리조트로부터 이 사건 공사미수금을 기한 내에 지급받지 않은 것이 경제적 합리성을 무시한 부당행위계산에 해당한다고 볼 수도 없으므로, 같은 취지의 원심의 판단은 정당하고, 거기에 상고이유의 주장과 같은 심리미진 또는 부당행위계산 부인에 관한 법리오해 등의 위법이 없다. 따라서 이 부분 상고이유도 받아들이지 아니한다.

특수관계자가 발행한 후순위사채, 기업어음을 당좌대월이자율보다 높은 수익률로 매입한 경우

<대법원 2007.09.20. 선고 2005두9415 판결>

피고는 삼성증권 발행의 후순위사채, 삼성종합화학 발행의 1997. 11. 14.자 기업어음, 삼성에버랜드 발행의 기업어음(이하 이들을 합하여 '이 사건 후순위사채 등'이라 한다)의 매입행위를 구 법 제20조, 구 법 시행령 제46조 제2항 제7호 소정의 자금의 저율대여로 보고 이 사건 처분을 하였는

바 이 사건 후순위사채 등은 상환기한(만기)과 당좌대월이자율보다 높은 수익률(할인율)이 정해져 있는 점, 구 법 시행령 제47조 소정의 인정이자는 무상 또는 저율대여 등을 통한 이자상당액이나 이자상당액과의 차액을 법인이 익금산입하지 아니함으로써 조세부담을 회피하는 것을 규제하는 제도인바 대여법인으로서는 당좌대월이자율보다 높은 이율의 이자수수를 약정하였다면 당좌대월이자율로 약정한 것보다 조세의 감소가 있는 것은 아닌 점, 따라서 특수관계자에 대한 금전대여시 당좌대월이자율 수준의 이자수수를 약정한 경우 이를 정상거래로 보고 구 법 시행령 제47조 제2항 단서 규정에 따라 인정이자가 계산되지 아니하는 데도 그 보다 높은 이율의 이자수수를 약정하였음에도 인정이자가 계산된다는 것은 불합리한 점 등을 고려하면 금전대여자가 당좌대월이자율 이상으로 이자를 수수하기로 약정한 경우는 위 단서 규정의 당좌대월이자율로 약정한 경우에 포함되는 것으로 해석함이 타당하므로, 결국 당좌대월이자율보다 높은 수익률(할인율)로 이 사건 후순위사채 등을 매입한 원고의 거래행위는 구 법 시행령 제47조 제2항 단서 소정의 금전을 대여한 경우로서 상환기한을 정하여 당좌대월이자율로 이자를 수수하기로 약정한 때에 해당한다고 봄이 상당하다 할 것이다.

그럼에도 불구하고, 원심은 원고가 이 사건 후순위사채 등을 매입한 것은 경제적 합리성을 결한 비정상적인 것으로서 조세부담을 감소시키는 부당행위에 해당한다고 판단한 후 원고의 구 법 시행령 제47조 제2항 단서가 적용되어야 한다는 주장에 대하여 이 사건과 같이 조세의 부담을 부당히 감소시킨 것으로 인정되는 경우에 위 단서를 그대로 적용하여 당좌대월이자율을 차입금의 이자율로 볼 수는 없다는 이유로 배척하고 말았으니, 이러한 원심판결에는 구 법 및 구 법 시행령상 부당행위계산 부인 규정의 해석·적용에 관한 법리를 오해한 위법이 있다고 할 것이다.

신주인수권부사채권자로부터 신주인수권만을 분리하여 양수하여 그 발행회사로부터 신주인수권을 무상으로 취득한 것으로 볼 수 있는 회사가 그들에게 위 발행회사의 기존 주주들의 침해된 권리회복을 위해 기존 주식지분비율대로 주식을 저가에 양도한 행위가 부당행위계산에 해당하지 않는다고 한 사례

<대법원 2007.12.13. 선고 2005두14257 판결>

서울이동통신의 대주주이자 대표이사인 소외 1과 그 임원들이 경영권확보를 위하여 기존주주들의 신주인수권을 보장하고 있는 상법상 제한을 잠탈하는 방법으로 원고 회사들에게 신주인수권의 일부를 무상으로 취득하게 하였다가 기존주주들이 형사고소와 민사소송을 제기함에 따라 부당하게 취득한 주식을 정당하게 귀속되었어야 할 기존주주들에게 기존 주식지분비율을 유지시켜 주는 형태로 양도하기로 합의가 이루어졌고, 이에 따라 서울이동통신의 기존주주들인 소외 2, 3, 4, 원고 3에 대하여도 기존 주식지분비율대로 주식양도가 이루어졌으며, 위와 같이 양도된 주식총수는 원고 아틀라스인베스트먼트가 기존주주들에게 양도한 주식총수의 10%에도 못미치는 규모이고, 그 양도가격도 다른 기존주주들과 마찬가지로 1998. 3. 19.자 합의에 따른 금액으로 정해진 것이므로, 소외 2, 3, 4, 원고 3이 원고 아틀라스인베스트먼트의 특수관계자라는 이유만으로 주식양도가격과 주식시장의 최종시세가액을 산술적으로만 비교하여 원고 아틀라스인베스트먼트의 위 양도행위가 경제적 합리성을 무시한 부당행위계산에 해당한다고 할 수 없다고 판단한 것은 정당하다.

라. 조세부담의 경감

부당한 행위계산으로 인하여 법인세의 부담이 경감되어야 하고, 부당한 행위계산과 법인세 부담의 경감 사이에는 인과관계가 있어야 한다. 다만 조세부담이 거래 당해연도에 발생하여야 하는 것은 아니고, 추후에 조세부담이 경감되더라도 조세부담이 경감된 연도에 부당행위계산부인의 대상이 된다. 또한 조세부담이 경감되었는지 여부는 특수관계인 전체가 아닌 당해 법인만을 기준으로 하므로 당해 법인의 조세부담이 경감되었다면 부당행위계산부인의 대상이 된다.

추후에 조세부담이 경감된 경우, 그 사업연도에 부당행위계산부인을 할 수 있음

<대법원 1997.11.28. 선고 96누14333 판결>

조세소송의 소송물은 정당세액의 존부라 할 것이므로, 부당행위계산 부

인으로 법인의 소득금액에 변동이 있어서 세액 또한 변동이 있으면 이를 다투는 것은 당연하다 할 것이지만, 과세관청이 그 사업연도의 행위계산을 부당행위계산이라 하여 부인하였다 하여도 그 부인의 효과가 그 사업연도의 소득금액의 다과에는 영향을 미치지 않는 경우라면 그 사업연도에는 이를 다툴 수 없고 그 부인의 효과가 나타나는 사업연도에 이르러 다툴 수밖에 없다.

당해 법인의 조세부담이 경감되었다면 그 특수관계인 전체의 조세부담은 경감되지 않았더라도 부당행위계산부인의 대상이 됨

<대법원 2000.02.11. 선고 97누13184 판결>통상 영업을 양도함에 있어 그 자산에 미확정상태에 있는 채권이 포함되어 있을 경우에는 특별한 사정이 없는 한 그 채권의 가치를 양도 당시의 가치로 평가하여 이를 양도자산의 가액에 포함하여 양도가액을 정함이 일반적이라고 할 것이어서 외국법인이 국내지점의 영업 일체를 자회사인 내국법인에게 양도함에 있어 그로부터 미확정 권리인 오퍼수수료 채권에 대한 대가를 포함하여 지급받더라도 그 가액이 적정하기만 하면 자회사인 내국법인의 소득금액계산에 있어 위 수수료 채권에 대한 대가 지급 부분에 관하여 손금부인당하는 등의 위험이 있다고 단정할 수 없으므로 외국법인이 선택한 거래행위가 지점의 자회사승격이라는 경제적 목적을 달성하기 위한 과정에서 조세위험을 피하기 위한 불가피한 것이었다고는 보이지 아니하고, 그 밖에 위와 같은 행위를 선택할 수밖에 없었던 특별한 사정이 엿보이지 않는다는 이유로 오퍼수수료 채권 부분에 관하여 그 대가를 지급받음이 없이 이를 자회사인 내국법인에 귀속시킴으로서 그 대가만큼 저가로 영업을 양도한 것은 경제적으로 합리성을 결여한 행위로서 당해 외국법인의 조세부담을 부당히 감소시키는 행위라고 보아야 한다고 한 사례

3. 부당행위계산의 유형

법인세법 시행령 제88조 제1항 각호의 사유를 구체적으로 살펴보면 다음과 같다.

가. 제1호 및 제3호

> 제1호 자산을 시가보다 높은 가격으로 매입 또는 현물출자받았거나 그 자산을 과대상각한 경우(고가매입)
>
> 제3호 자산을 무상 또는 시가보다 낮은 가격으로 양도 또는 현물출자한 경우(저가매각)

제1호와 제3호는 고가매입, 저가매입으로 서로 유사하므로 함께 살펴보면, 고가매입의 경우 시가를 기준으로 취득가액을 계산하고, 이를 초과하는 부분은 취득가액에서 제외하며, 감각상각비, 매출원가, 재고차손 등도 모두 시가를 기준으로 계산하며, 고가로 양도한 자에 대해서는 그 양도가액대로 과세한다.

반면 저가매입의 경우 양도자는 매출이나 양도한 가액에 상관없이 시가를 기준으로 매출액 또는 양도가액을 계산하며, 다만 저가로 매입한 자는 실지 매입한 가액을 취득가액 또는 매입가액으로 한다.

제1호와 제3호에서 규정하는 '시가'란 정상적인 거래에 의하여 형성된 객관적인 교환가격으로, 법인세법 시행령 제89조는 우선 1) 해당 거래와 유사한 상황에서 해당 법인이 특수관계인 외의 불특정다수인과 계속적으로 거래한 가격 또는 특수관계인이 아닌 제3자간에 일반적으로 거래된 가격이 있는 경우에는 그 가격(주권상장법인이 발행한 주식을 한국거래소에서 거래한 경우 해당 주식의 시가는 그 거래일의 한국거래소 최종시세가액)에 따르고, 2) 이러한 가격이 없는 경우에는 ① 「부동산가격공시 및 감정평가에 관한 법률」에 의한 감정평가법인이 감정한 가액이 있는 경우 그 가액(감정한 가액이 2 이상인 경우에는 그 감정한 가액의 평균액) ② 「상속세 및 증여세법」 제38조·제39조·제39조의2·제39조의3, 제61조부터 제66조까지의 규정 및 「조세특례제한법」 제101조를 준용하여 평가한 가액. 이 경우 「상속세 및 증여세법」 제63조제1항제1호다목 및 같은 법 시행령 제54조에 따라 비상장주식을 평가함에 있어 해당 비상장주식을 발행한 법인이 보유한 주식(주권상장법인이 발행한 주식으로 한정한다)의 평가금액은 평가기준일의 한국거래소 최종시세가액으로 한다고 규정하고 있다.

유상증자시 주식발행 법인에 의하여 발행가액으로 결정된 액면가액을 객관적 교환가치가 적정하게 반영된 시가가 아니라는 판례

<대법원 2007.05.17. 선고 2006두8648 전원합의체 판결>

구 법인세법 시행령(2001. 12. 31. 대통령령 제17457호로 개정되기 전의 것) 제88조 제1항 제3호는 법인세법 제52조 제1항이 규정하고 있는 부당행위계산 부인 대상의 하나로 법인이 주주 등 특수관계에 있는 자에게 자산을 시가보다 낮은 가액으로 양도한 경우를 들고 있고, 여기서 '시가'라 함은 일반적이고 정상적인 거래에 의하여 형성된 객관적인 교환가치를 말하는 것이므로 (대법원 1994. 12. 23. 선고 94누8013 판결, 2004. 9. 23. 선고 2002두1588 판결 등 참조), 특별한 사정이 없는 한 유상증자시 주식발행 법인에 의하여 발행가액으로 결정된 액면가액을 객관적 교환가치를 적정하게 반영한 시가라고 보기는 어렵다.

위 법리와 기록에 비추어 보면, 원심이, 광전자반도체 주식회사가 이 사건 주식 양도일 무렵에 실시한 유상증자의 발행가액으로 정한 1주당 액면가액 5,000원을 이 사건 주식의 양도 당시의 시가로 보아야 한다는 피고의 주장을 채용하지 아니하고, 시가가 불분명한 이 사건 주식에 대하여는 구 상속세 및 증여세법 제63조 제1항 제1호 (다)목이 정하고 있는 보충적 평가방법으로 그 가액을 평가하는 것이 옳다고 판단한 것은 정당하고, 거기에 상고이유에서 주장하는 바와 같은 위법이 없다.

▸ 액면가와 실제 거래되는 시가는 경우에 따라 수 십배 가량 차이가 나는 경우도 적지 않아, 액면가를 시가에 상응하는 것으로 보기는 어려운 바, 대법원은 이 경우 평가기준일의 한국거래소 최종시세가액를 시가로 보아야 한다고 판단하였다.

나. 제2호

제2호 무수익자산을 매입 또는 현물출자 받았거나 그 자산에 대한 비용을 부담한 경우

무수익자산이란 법인의 수익과 관련이 없거나 현재 및 추후에도 수익을

얻을 가능성이 희박한 자산으로, 이러한 자산을 매입, 현물출자하거나 비용을 부담한 경우에는 매입이 부인되고 대신 매입대금 상당을 법인이 출자자 등에게 대여한 것으로 보아 인정이자를 이익금에 산입한다.

무수익자산으로 그 매입이나 현물출자가 부인된다고 하여도 그 자산에 대한 법인의 비용, 양도차손익, 평가차손, 감가상각비 등을 법인의 손금에 영향을 주지 않는다.

> 무수익자산 매입시 이를 대여금으로 의제하여 인정이자를 익금산입하여야 함
>
> <대법원 2000. 11. 10. 선고 98두12055 판결>
>
> [1] 부당행위계산의 유형을 정하고 있는 구 법인세법시행령(1998. 12. 31. 대통령령 제15970호로 개정되기 전의 것) 제46조 제2항 제3호 소정의 무수익자산이라 함은 법인의 수익파생에 공헌하지 못하거나 법인의 수익과 관련이 없는 자산으로서 장래에도 그 자산의 운용으로 수익을 얻을 가망성이 희박한 자산을 말한다.
>
> [2] 부당행위계산부인의 대상인 무수익자산의 매입으로 인정되면, 구 법인세법(1998. 12. 28. 법률 제5581호로 전문 개정되기 전의 것) 제20조, 같은법시행령(1998. 12. 31. 대통령령 제15970호로 개정되기 전의 것) 제46조 제2항 제3호, 제47조에 의하여 무수익자산의 매입은 부인되고 대신 매입대금상당을 법인이 출자자 등에게 대여한 것으로 의제하여 같은법시행령 제47조 소정의 인정이자를 익금산입하는 것이 타당하다.
>
> [3] 일반분양에 실패한 계열사의 골프회원권을 매입한 경우, 그 행위는 부당행위계산부인의 대상인 무수익자산의 매입에 해당한다는 이유로 그 매입대금의 인정이자 상당의 소득이 있었던 것으로 의제하여 이를 익금에 산입한 것은 적법하다고 한 사례.

다. 제3호의2

> 3의2. 특수관계인인 법인 간 합병(분할합병을 포함한다)·분할에 있어서 불공정한 비율로 합병·분할하여 합병·분할에 따른 양도손익을 감소시킨 경

우. 다만, 「자본시장과 금융투자업에 관한 법률」 제165조의4에 따라 합병(분할합병을 포함한다)·분할하는 경우는 제외한다.

특수관계인 법인 합병 또는 분할하면서 불공정하게 대가를 정함으로써 합병 또는 분할에 따른 양도수익을 경감시킨 경우를 말한다. 다만, 합병 또는 분할에 따른 자산 및 부채의 승계를 자산의 양도차손익으로보는 것으로 세제가 개정됨에 따라 2010. 6. 28. 시행령 개정시에 위 "「자본시장과 금융투자업에 관한 법률」 제165조의4에 따라 합병(분할합병을 포함한다)·분할하는 경우는 제외한다"는 조문이 신설되었다.

라. 4호 및 5호

4. 불량자산을 차환하거나 불량채권을 양수한 경우 5. 출연금을 대신 부담한 경우

마. 제6호

6. 금전, 그 밖의 자산 또는 용역을 무상 또는 시가보다 낮은 이율·요율이나 임대료로 대부하거나 제공한 경우. 다만, 다음 각 목의 어느 하나에 해당하는 경우는 제외한다. 가. 제20조제1항제3호 각 목 외의 부분에 해당하는 주식매수선택권등의 행사 또는 지급에 따라 금전을 제공하는 경우 나. 주주등이나 출연자가 아닌 임원(소액주주등인 임원을 포함한다) 및 사용인에게 사택(기획재정부령으로 정하는 임차사택을 포함한다)을 제공하는 경우

무상 또는 시가보다 낮은 이율 등으로 대부하거나 제공한 경우에는 정상이율에 의하여 산정한 이자, 요금, 적정임대료 기타의 대가를 기준으로 거래가액과의 차액을 총수입금액에 산입하여야 한다.

정산이율에 관하여는 법인세법 시행령 제89조 제3항이 정하고 있는 바 1) 제88조제1항제6호 및 제7호에 따른 금전의 대여 또는 차용의 경우에는 제1항 및 제2항에도 불구하고 기획재정부령으로 정하는 가중평균차입이자율을 시가로 한다고 정하고, 2) 다만, ①가중평균차입이자율의 적용이 불가능한 경우로서 기획재정부령으로 정하는 사유가 있는 경우, ② 대여기간이 5년을 초과하는 대여금이 있는 경우 등 기획재정부령으로 정하는 경우, ③ 당 법인이 법 제60조에 따른 신고와 함께 기획재정부령으로 정하는 바에 따라 당좌대출이자율을 시가로 선택하는 경우 등에는 기획재정부령으로 정하는 당좌대출이자율을 시가로 보도록 하였다.

금전 이회의 자산 또는 용역을 저가로 제공한 때의 시가는 1) 유형 또는 무형의 자산을 제공하거나 제공받는 경우에는 당해 자산시가의 100분의 50에 상당하는 금액에서 그 자산의 제공과 관련하여 받은 전세금 또는 보증금을 차감한 금액에 정기예금이자율을 곱하여 산출한 금액으로 하고, 2) 건설 기타 용역을 제공하거나 제공받는 경우에는 당해 용역의 제공에 소요된 금액(직접비 및 간접비를 포함하며, 이하 이 호에서 "원가"라 한다)과 원가에 당해 사업연도중 특수관계인 외의 자에게 제공한 유사한 용역제공거래에 있어서의 수익률(기업회계기준에 의하여 계산한 매출액에서 원가를 차감한 금액을 원가로 나눈 율을 말한다)을 곱하여 계산한 금액을 합한 금액으로 한다고 정하였다(법인세법 시행령 제89조 제4항).

이자에 관한 약정이 있는 경우 그 이자율이 경제적 합리성을 무시한 것이라는 점에 대한 입증책임은 과세관청에 있다고 봄

<대법원 1995.12.26. 선고 95누3589 판결>

구 법인세법시행령(1991. 12. 31. 대통령령 제13541호로 개정되기 전의 것) 제47조 소정의 가지급금에 대한 인정이자는 내국법인이 출자자 등 특수관계에 있는 자에게 무상으로 금전을 대여한 것으로 볼 수 있는 경우에 과세관청이 그 부당행위계산을 부인하고 직권으로써 이자를 계산하는 제도이므로, 위 규정은 이자에 관한 약정이 있는 경우에는 적용될 여지가 없고, 이자에 관한 약정이 있는 경우에는 그 이자율이 경제적 합리성을 무시하였다고 인정될 정도의 낮은 이율인 때에 한하여 조세의 부담을 부당히 감소시킨 부당행위인 법인세법 제20조, 같은법시행령(1994. 12. 31. 대통령령 제14468호로 개정되기 전의 것) 제46조 제2항 제7호 소정의 낮은 이율로 금전을 대부한 때에 해당한다고 볼 수 있으며, 이 점에 관한 주장·입증책임은 과세관청에 있다.

1

바. 제7호 및 제7호의2

> 7. 금전 기타 자산 또는 용역을 시가보다 높은 이율·요율이나 임차료로 차용하거나 제공받은 경우
> 7의2. 기획재정부령으로 정하는 파생상품에 근거한 권리를 행사하지 아니하거나 그 행사기간을 조정하는 등의 방법으로 이익을 분여하는 경우

제7호에 해당하는 경우 정산이율 이상의 이자 등은 경비에 산입하지 아니하며, 정상이율은 시행령 제89조 제3항이 정한 바와 같다.

제7호의2의 파생상품이란 "기업회계기준에 따른 선도거래, 선물, 스왑, 옵션, 그 밖에 이와 유사한 거래 또는 계약(법인세법 시행규칙 42조의4)"을 말한다.

사. 제8호 및 제8호의2

> 8. 다음 각 목의 어느 하나에 해당하는 자본거래로 인하여 주주등인 법인이 특수관계인인 다른 주주등에게 이익을 분여한 경우
> 가. 특수관계인인 법인간의 합병(분할합병을 포함한다)에 있어서 주식등을 시가보다 높거나 낮게 평가하여 불공정한 비율로 합병한 경우. 다만, 「자본시장과 금융투자업에 관한 법률」 제165조의4에 따라 합병(분할합병을 포함한다)하는 경우는 제외한다.
> 나. 법인의 자본(출자액을 포함한다)을 증가시키는 거래에 있어서 신주(전환사채·신주인수권부사채 또는 교환사채 등을 포함한다. 이하 이 목에서 같다)를 배정·인수받을 수 있는 권리의 전부 또는 일부를 포기(그 포기한 신주가 「자본시장과 금융투자업에 관한 법률」 제9조제7항에 따른 모집방법으로 배정되는 경우를 제외한다)하거나 신주를 시가보다 높은 가액으로 인수하는 경우
> 다. 법인의 감자에 있어서 주주등의 소유주식등의 비율에 의하지 아니하고 일부 주주등의 주식등을 소각하는 경우
>
> 8의2. 제8호 외의 경우로서 증자·감자, 합병(분할합병을 포함한다)·분할, 「상속세

및 증여세법」 제40조제1항에 따른 전환사채등에 의한 주식의 전환·인수·교환 등 법인의 자본(출자액을 포함한다)을 증가시키거나 감소시키는 거래를 통하여 법인의 이익을 분여하였다고 인정되는 경우. 다만, 제20조제1항제3호 각 목 외의 부분에 해당하는 주식매수선택권등 중 주식매수선택권의 행사에 따라 주식을 발행하는 경우는 제외한다.

합병, 전환사채, 신주인수권부사채, 주식의 감자 등에 있어서 불균등한 자본거래로 인한 이익의 무상이전을 규제하기 위한 규정으로, 위 거래로 인하여 법인이 손실을 입은 경우에는 다른 주주의 이익에 대하여 부당행위계산부인을 하고 그 금액을 익금으로 산입하여, 이익을 분여받은 주주가 법인인 경우에는 그 이익을 익금에 산입한다(법인세법 시행령 제11조 제9호).

법인이 법인의 대주주 및 그 가족이 주주로 있는 다른 회사에 제3자 배정방식으로 신주를 인수하도록 한 경우 법인의 다른 주주가 신주인수권을 포기한 것이므로 법인세를 부과할 수 없다고 봄

<대법원 2012.03.29. 선고 2011두29779 판결>

구 법인세법 시행령(2006. 2. 9. 대통령령 제19328호로 개정되기 전의 것, 이하 '시행령'이라 한다) 제11조 제9호는 ' 제88조 제1항 제8호 각 목의 규정에 의한 자본거래로 인하여 특수관계자로부터 분여받은 이익'을 익금으로 규정하고, 제88조 제1항 제8호 (나)목은 '법인의 증자에 있어서 신주를 배정받을 수 있는 권리의 전부 또는 일부를 포기하거나 신주를 시가보다 높은 가액으로 인수하는 경우'를 규정하고 있다.

원심은 채택 증거를 종합하여 그 판시와 같은 사실을 인정한 다음, 원고가 프라임산업 주식회사(이하 '소외 회사'라 한다)로부터 이 사건 신주를 저가로 인수한 것은 소외 회사 기존 주주들의 신주인수권 포기와 실권주의 처리에 따른 것이 아니라 상법 제418조 제2항에 의하여 소외 회사가 주주 외의 제3자에게 신주를 직접 배정하는 방식에 따른 것인데, 시행령 제11조 제9호에서 인용하고 있는 제88조 제1항 제8호는 (나)목에서 '법인의 증자에 있어서 신주를 배정받을 수 있는 권리의 전부 또는 일부를 포기하는 경우'만을 규정하고 있을 뿐 ' 상법 제418조 제2항에 의하여 당해 법인의 주주가 아닌 자가 당해 법인으로부터 신주를 직접 배정받는 경우'에 관하여는 규정하고 있지 않으므로, 원고가 이 사건 신주를 저가로 인수함으로 인

하여 특수관계에 있는 기존 주주들로부터 분여받은 이익이 있다고 하더라도 이는 시행령 제11조 제9호에서 정하는 익금에 해당할 수 없다고 보아, 이와 다른 전제에 선 이 사건 처분이 위법하다고 판단하였다.

앞서 본 규정과 관련 법리 및 기록에 비추어 살펴보면, 이러한 원심의 판단은 수긍할 수 있고, 거기에 시행령 제11조 제9호에 관한 법리를 오해한 잘못이 없다.

실권주를 고가로 인수하였다 하더라도 특수관계자인 실권주주에게 분여한 이익이 없다면 부당행위계산부인의 대상이 되지 않는다는 사례

<대법원 2010.11.11. 선고 2008두8994 판결>

유가증권의 매매·위탁매매·인수 등을 목적으로 하는 법인이 특수관계자의 유상증자 시 발생한 실권주를 1주당 5,000원에 인수하였으나 그 당시 특수관계자인 법인의 결손금이 누적되어 그 주식의 1주당 평가액이 유상증자를 전후하여 모두 음수임이 명백한 사안에서, 그 실권주를 고가로 인수하였다 하더라도 특수관계자인 실권주주에게 분여한 이익이 없다는 이유로 그와 같은 행위는 법인세법 제52조 제4항, 구 법인세법 시행령(2006. 2. 9. 대통령령 제19328호로 개정되기 전의 것) 제88조 제1항 제8호 (나)목이 규정하는 부당행위계산부인의 대상이 되지 않는다고 본 원심판단을 수긍한 사례

아. 제9호

9. 그 밖에 제1호 내지 제7호, 제7호의2, 제8호 및 제8호의2에 준하는 행위 또는 계산 및 그 외에 법인의 이익을 분여하였다고 인정되는 경우

조세법률주의의 원칙 때문에 위 각호에 명확히 해당되지 아니하고 유사하기만 한 경우에는 행위에 부당성이 있다고 인정되더라도 부당행위계산부인의 대상이 되지 아니하는 경우가 적지 않은 바, 법인세법 시행령은 1998. 12. 31. 개정시 위 제9호를 규정함으로써, 위 1내지 8호의 사유에 해당하지 않으나 이와 유사한 경우라면 부당행위계산부인의 대상에 포함하도록 하여 그 과세의 형평성을 확보하려는 시도로 보인다. 다만 그럼에도 불구하고 위 조항

의 규정만으로 기존 판례의 제한적 해석을 뒤집는 포괄적인 해석을 통한 부당행위계산부인을 할 수는 없다고 할 것인 바 그 한계의 엄격히 설정하여야 할 것이다.

제9호의 적용사례1; 특수관계 있는 회사에 파견한 직원의 급여 지급

<대법원 2008.10.09. 선고 2006두19013 판결>

원심은 그 채용 증거를 종합하여 그 판시와 같은 사실을 인정한 다음, 한국방송공사 새마을금고(이하 'KBS새마을금고'라 한다)는 그 회원이 원고의 임직원들에 한정된 것이 아니라 영리법인인 원고 계열사의 임직원들도 있고, 그 자본금은 회원들의 출자로 조성되어 그 수익의 혜택은 회원들에게만 돌아가는 점, 따라서 같은 비영리법인이라도 처음부터 원고의 임직원들의 복지증진을 위하여 설립되고 그 운영비가 원고의 출연기금에서 지출되므로 원고가 파견한 임직원들의 인건비를 직접 지급하더라도 마찬가지 결과가 되는 사내근로복지기금 및 한국방송공사 공동의료보험조합과는 달리 보아야 하는 점, 원고가 KBS새마을금고에 파견한 임직원들이 원고의 고유업무를 수행하거나 원고로부터 지휘·감독을 받았다고 볼 자료가 없고, 그 파견 임직원들이 KBS새마을금고에 대한 지휘·감독 등의 업무를 맡았다고 하여 그 업무가 곧바로 원고의 고유업무가 된다고 할 수도 없는 점 등을 고려하면, 원고가 특수관계자인 KBS새마을금고에 파견한 임직원들의 인건비를 지급한 것은 구 법인세법 시행령(1998. 12. 31. 대통령령 제15970호로 개정되기 전의 것, 이하 '구 시행령'이라 한다) 제46조 제2항 제9호 소정의 '기타 특수관계에 있는 자에게 법인의 이익을 분여한 경우'에 해당한다고 판단하였는바, 관계 법령과 기록에 비추어 살펴보면, 위와 같은 원심판단은 정당한 것으로 수긍할 수 있다.

제9호의 적용사례2; 계열회사 발행 신주 전부를 인수함으로써 특수관계자의 기존 보유 주식의 실질적 가치를 증가시킨 경우

<대법원 2009.11.26. 선고 2007두5363 판결>

회사 및 그 계열회사의 대주주인 특수관계자가 신주인수를 포기한 실권주 등을 비롯하여 그 계열회사가 발행한 신주 전부를 인수한 경우, 회사가 특수관계자로 하여금 기존 보유주식의 실질적 가치가 증가하는 이익을 얻게 한 이상, 구 법인세법(1998. 12. 28. 법률 제5581호로 전부 개정되기

전의 것) 제20조, 구 법인세법 시행령(1998. 12. 31. 대통령령 제15970호로 전부 개정되기 전의 것) 제46조 제2항 제4호에서 정한 '출자자 등으로부터 자산을 시가를 초과하여 매입한 경우'에 준하는 행위로서, 건전한 사회통념이나 상관행에 비추어 경제적 합리성이 있다고 볼 수 없으므로 같은 항 제9호에서 정한 부당행위계산 부인대상에 해당하며, 위 법령이 그 분여이익의 계산방법을 따로 규정하고 있지 않더라도 부당행위계산 부인제도의 취지 등에 비추어 보면, 객관적이고 합리적인 방법에 의하여 그 분여이익을 산정할 수 있다고 판단한 사례.

제9호 적용사례3; 실질적으로 가치 없는 피합병법인의 매출채권을 장부가로 인수한 수 대손금으로 손금산입한 경우에는 실질적인 가치의 증가가 없으므로 부당행위계산의 대상이 아님

<대법원 2005.04.29. 선고 2003두15249 판결>

원고가 1998. 7. 1. 계열법인인 해덕철강 주식회사(이하 '피합병법인'이라 한다)의 자산과 부채를 장부가액으로 흡수합병한 후, 1998 사업연도의 매출채권 중 6,637,254,654원은 회수할 수 없는 채권이라고 하여 대손금으로 손금산입하여 법인세를 신고·납부한 사실, 원고가 대손금으로 손금산입한 위 금액 중에는 피합병법인으로부터 인수받은 매출채권 5,869,770,059원이 포함되어 있었는바, 피고는 그 중 1,060,781,167원의 매출채권(이하 '이 사건 매출채권'이라 한다)은 합병 전에 이미 회수불능채권으로 확정된 채권으로서 피합병법인이 대손처리하였어야 할 것인데 원고가 특수관계자인 피합병법인으로부터 이를 인수하여 대손금으로 손금산입함으로써 조세 부담을 감소시켰다는 이유로 법인세법상 부당행위계산부인 규정을 적용하여 이 사건 매출채권을 손금부인하고 이 사건 처분을 한 사실, 이 사건 합병으로 피합병법인의 주주에게 그 주식 1주당 원고의 주식 0.001주의 비율로 액면가 5,000원의 원고의 주식 324주가 교부되어 원고의 자본금이 1,620,000원(5,000원×324)이 증가함으로써 원고의 자본금이 4,001,620,000원(발행주식총수 800,324×5,000원)이 되었고, 합병으로 승계되는 피합병법인의 자산, 부채가 장부가액으로 평가되어 원고의 자산 37,702,443,000원과 부채 39,977,259,000원이 증가한 사실, 원고는 합병차손이라고 할 수 있는 피합병법인의 순자산가액과 주식발행금액을 합한 2,276,436,000원{(부채 39,977,259,000원 - 자산 37,702,443,000원) +

주식발행금액 1,620,000원}을 영업권으로 계상한 사실, 그런데 합병 이후 실시한 자산재평가 결과 피합병법인의 자산이 5,094,825,983원(재평가결정금액 17,179,688,360원 - 대차대조표상 잔액 12,084,862,377원)이 증가되었고, 합병법인인 원고의 자산이 52,211,846,421원이 증가되어 합계 57,306,672,404원(5,094,825,983원 + 52,211,846,421원)이 평가증된 사실, 이에 대하여 피고는 원고에게 재평가세액 1,623,358,305원을 고지함과 아울러 재평가차액 57,306,672,404원에서 위 재평가세액을 제외한 차액 55,683,314,099원(57,306,672,404원 - 1,623,358,305원)을 자본에 전입하도록 한 사실을 알 수 있는바, 사정이 그러하다면 피합병법인에게 어떠한 이익분여가 있다고 보기 위하여는 전체로서의 합병행위가 원고에게는 불리하고 피합병법인에게는 유리하게 이루어져야 할 것인데 이 사건 합병으로 피합병법인의 자산이 장부가로 인수되었지만 실제 가치는 장부가액보다 5,094,825,983원 증가되었고, 이는 실질적인 가치가 없으나 장부상 1,060,781,167원인 이 사건 매출채권과 합병손실이라고 할 수 있는 영업권 2,276,436,000원을 상쇄하고도 남으므로, 이 사건 합병이 원고에게 불리한 것으로 보기는 어려운 점, 원고는 이 사건 합병으로 기명식 보통주식 324주(주당 액면가 5,000원)를 발행하여 피합병법인의 주주에게 교부하였으나 그 외 피합병법인이나 그 주주들에게 합병교부금 내지는 다른 재산상의 이익을 부여한 것으로 인정할 자료가 없는 점 등에 비추어 이 사건 합병으로 피합병법인이 어떠한 이익을 분여 받았다고 볼 수 없고, 피합병법인의 주주 역시 이 사건 합병으로 인하여 이익분여를 받았다고 볼 수 없으므로, 위 법리에 비추어 원고가 이 사건 합병으로 피합병법인의 이 사건 매출채권을 장부가로 인수하였다가 후에 대손금으로 손금산입한 행위는 법 제20조, 시행령 제46조 제2항 제4호, 제5호, 제9호 소정의 부당행위계산부인 대상이되지 않는다 할 것이다.

4. 부인의 효과

가. 소득금액의 계산

세법적 평가에 기한 경제적 실질을 기준으로 소득금액을 계산하여야 하는 바, 관할세무서장 또는 지방국세청장은 당해 법인의 계산를 무시하고 시가와의 차액등을 익금에 산입하여 당해연도의 소득금액에 계산하여야 한다. 다만 이러한 소득금액의 계산이 달라지더라도 당사자 간의 법률행위를 무효로 하거나, 효과의 변경, 새로운 법률행위가 창성되는 효력 등이 발생하는 것은 아니다. 한편 부인금액은 그 특수자에게 이익을 분여한 것으로 처리되므로, 배당·상여·기타소득으로 처분되며 그 구속자는 이에 대해 소득세 등의 납세의무를 부여받게 된다.

나. 대응조정의 불인정

부당행위계산부인을 하는 경우에도 대응조정은 허용하지 않는 바, 부당행위계산부인으로 인하여 법인의 매출액이 상승하여 추가 과세가 발생하더라도, 그 법인의 특수관계인의 매입가액을 대응조정하여 과세를 경감하여 주지는 않는다.

다만 국제조세조정에 관한 법률 제10조는 "체약상대국이 거주자와 국외특수관계인의 거래가격을 정상가격으로 조정하고, 이에 대한 상호합의절차가 종결된 경우에는 과세당국은 그 합의에 따라 거주자의 각 과세연도 소득금액 및 결정세액을 조정하여 계산할 수 있다"라고 규정하여 대응조정이 가능하도록 하였다.

Ⅵ. 과세표준과 세액의 계산

1. 과세표준의 계산

가. 개 요

> 법인세법 제13조(과세표준)
>
> 내국법인의 각 사업연도의 소득에 대한 법인세의 과세표준은 각 사업연도의 소득의 범위에서 다음 각 호에 따른 금액과 소득을 차례로 공제한 금액으로 한다.
>
> 1. 각 사업연도의 개시일 전 10년 이내에 개시한 사업연도에서 발생한 결손금으로서 그 후의 각 사업연도의 과세표준 계산을 할 때 공제되지 아니한 금액. 이 경우 결손금은 제14조제2항의 결손금으로서 제60조에 따라 신고하거나 제66조에 따라 결정·경정되거나, 「국세기본법」 제45조에 따라 수정신고한 과세표준에 포함된 결손금만 해당한다.
> 2. 이 법 및 다른 법률에 따른 비과세소득
> 3. 이 법 및 다른 법률에 따른 소득공제액

과세표준이란 세법에 의해 직접적으로 세액산출의 기초가 되는 과세물건의 수량 또는 금액을 말하며 법인세를 산출하기 위한 과세표준은 각 사업연도의 소득에서 이월결손금, 비과세소득 및 소득공제를 차례로 공제하여 계산한다.

이월결손금, 비과세소득, 소득공제는 각 사업연도의 소득금액 범위 안에서 공제한다. 이월결손금은 10년간 이월공제가 허용되지만, 비과세소득과 소득공제는 각 사업연도소득에서 공제되지 못할 경우 소멸한다(규칙 제5조). 비과세소득이나 소득공제는 이월적용이 되지 않으므로 공제순서는 이월결손금, 비과세소득, 소득공제의 순서에 따라야 한다.

나. 이월결손금

1) 결손금 및 이월결손금의 개념

각 사업연도의 결손금은 그 사업연도에 속하는 손금의 총액이 그 사업연도에 속하는 익금의 총액을 초과하는 경우 그 초과금액을 말한다(법 제14조 제2항). 이 때 그 초과금액이 법인의 법인세 과세표준과 세액의 신고 또는 수정신고나 과세관청의 법인세 과세표준과 세액의 결정 또는 경정에 의하여 확인된 것이어야 한다.

이월결손금이란 당해 사업연도 이전에 발생하여 당해 사업연도로 이월된 결손금을 말한다. 이월결손금은 반드시 법인의 대차대조표에 계상되어 있는 것을 의미하는 것은 아니다. 주주총회의 결의에 의하여 이월결손금을 납입자본금, 자본잉여금 및 이익잉여금으로 보전하였기 때문에 대차대조표에 표시되지 아니한 경우도 여기에 포함될 수 있다.

각 사업연도의 소득계산에 있어서는 사업연도 독립의 원칙이 적용되므로, 전 사업연도의 손익은 당해 사업연도의 손익에 반영할 수 없음이 원칙이다. 그러나 이렇게 되면 사업연도마다 소득금액이 평균적으로 발생하는 법인과 사업연도마다 소득금액의 변동이 심한 법인과의 사이에는 조세부담의 불공평을 초래하게 될 여지가 있다. 어떤 사업연도에 발생한 결손금은 그 이전 또는 이후의 사업연도의 소득금액으로 보전해줄 필요성이 있는 것이다. 따라서 일정기간 내에 발생한 이월결손금에 한해서 당해 연도의 과세표준에서 공제할 수 있도록 허용하고 있다(법 제13조 제1호).

2) 결손금의 이월공제

가) 이월결손금 공제

공제 가능한 이월결손금은 당해 사업연도 개시일 전 10년 이내에 개시한 사업연도에서 발생한 결손금으로서 그 후의 사업연도의 소득금액 또는 과세표준 계산상 공제되지 아니한 금액에 한하며, 2개년 이상의 결손금이 누적된 경우에는 먼저 발생한 사업연도의 결손금부터 순차로 공제한다(법 제13조 제1호, 영 제10조 제1, 3항).

한진중공업 자산재평가세부과처분취소 사건
(대법원 2004. 5. 27. 선고 2002두6781 판결)

[판결요지]

자산재평가법 제36조 제2항은 "제12조의 규정에 의하여 재평가차액에서 공제한 이월결손금은 법인세법(…)의 규정에 의한 소득계산상 손금(…)에 산입한다."고 규정하여 자산재평가세의 과세표준계산시 공제된 이월결손금이라도 법인세법의 과세표준을 계산함에 있어서는 중복공제를 허용하고 있어서, 이월결손금이 5개 이상의 사업연도에 걸쳐서 발생하여 누적되어 있는 법인의 경우에는 재평가세의 과세표준계산시 재평가일에 가까운 사업연도의 결손금부터 역순으로 공제하는 것이 일반적으로 납세자에게 유리하므로, 납세자가 이월결손금의 공제순서에 관하여 재평가일에 가까운 사업연도의 결손금부터 역순으로 공제하는 방법을 선택하였다면 과세관청이 위와 같은 납세자의 의사를 무시한 채 다른 순서에 의하여 이월결손금이 공제된 것으로 보아 재평가세를 산출할 수는 없다고 할 것이다.

나) 추계방법에 의한 확정과 이월결손금 공제

법인세법 제68조(추계에 의한 과세표준 및 세액계산의 특례)
제66조제3항 단서에 따라 법인세의 과세표준과 세액을 추계하는 경우에는 제13조제1호 및 제57조를 적용하지 아니한다. 다만, 천재지변 등으로 장부나 그 밖의 증명서류가 멸실되어 대통령령으로 정하는 바에 따라 추계하는 경우에는 그러하지 아니하다.

법인세의 과세표준과 세액을 추계방법에 의해 확정하는 경우에는 공제기한안의 이월결손금이 있더라도 이를 공제할 수 없다. 다만, 천재 · 지변 기타 불가항력으로 장부 기타 증빙서류가 멸실되어 추계방법에 의하여 확정하는 경우에는 이월결손금 공제가 허용된다. 그러나 추계방법에 의해 확정되는 사업연도 중 공제받지 못한 이월결손금이라고 하더라도 사업연도의 10년 이내의 결손금이라면 이월결손금에 포함되어 공제할 수 있다(규칙 제4조 제2항).

다) 자산수증이익 등으로 보전하는 이월결손금

> 법인세법 제18조(평가이익 등의 익금불산입)
> 다음 각 호의 수익은 내국법인의 각 사업연도의 소득금액을 계산할 때 익금에 산입하지 아니한다.
> 6. 무상(無償)으로 받은 자산의 가액과 채무의 면제 또는 소멸로 인한 부채(負債)의 감소액 중 대통령령으로 정하는 이월결손금을 보전하는 데에 충당한 금액

자산수증이익이나 채무면제이익은 원칙적으로 익금을 구성하지만 이를 이월결손금의 보전에 충당할 수 있고 대신 익금에 산입하지 않는다. 이 때 충당 가능한 이월결손금은 일반 이월결손금의 공제와 달리 발생기간에 제한이 없고, 채무자회생 및 파산에 관한 법률에 따른 회생계획인가결정을 받은 법인에 한해서는 각 사업연도 소득금액 계산 시 누락된 결손금 중 법원이 확인한 결손금도 포함된다(영 제18조 제1항).

3) 결손금의 소급공제

> 법인세법 제72조(결손금 소급 공제에 따른 환급)
> ① 제25조제1항제1호에 따른 중소기업은 각 사업연도에 제14조제2항에 따른 결손금이 발생한 경우 그 결손금에 대하여, 직전 사업연도의 소득에 대하여 과세된 법인세액(대통령령으로 정하는 법인세액을 말한다)을 한도로 대통령령으로 정하는 바에 따라 계산한 금액을 환급 신청할 수 있다. 이 경우 그 결손금에 대하여는 제13조제1호를 적용할 때 이를 공제받은 금액으로 본다.

가) 의의

중소기업에 해당하는 내국법인이 각 사업연도에 결손금이 발생한 경우 직전사업연도의 소득에 대하여 과세된 법인세액을 한도로 해당 결손금의 소급공제에 따른 세액을 환급하는데, 이를 결손금의 소급공제라고 한다. 결손금의

소급공제는 중소기업에 해당하는 내국법인에 국한하고 소급공제기간을 1년으로 한정해 제한적으로 인정하고 있다.

나) 요건

① 중소기업일 것, ② 직전사업연도에 법인세를 납부한 법인일 것, ③ 결손금이 발생한 사업연도와 그 직전 사업연도의 소득에 대한 법인세 과세표준 및 세액을 각각 법정 신고기한 내에 신고하였을 것, ④ 해당 사업연도의 법인세 과세표준 신고기한 내에 납세지 관할세무서장에게 이월결손금의 소급공제에 의한 법인세의 환급을 신청할 것을 요한다.

다) 환급세액의 계산과 추징

먼저, 결손금 소급공제에 따른 직전 사업연도의 법인세 산출세액은 직전 사업연도 법인세 과세표준에서 소급공제 결손금액을 공제한 금액에 직전 사업연도의 세율을 곱해 산출한다. 직전 사업연도의 법인세 산출세액에서 위 결손금 소급공제에 따른 직전 사업연도의 법인세 산출세액을 공제하여 계산하면 결손금소급공제에 의한 환급세액이 된다. 소급공제 받은 결손금에 대해서는 법인세의 과세표준을 계산함에 있어서 이미 공제받은 결손금으로 본다.

환급한도 내의 환급세액에 대해서는 지체 없이 환급결정을 하여 결정일로부터 30일 이내에 환급해야 하며, 직전사업연도의 법인세 신고기한으로부터 30일이 지난날의 다음날부터 환급 결정일까지의 기간에 대해 국세환급가산금을 가산하여 지급해야 한다.

납세지 관할세무서장은 다음 사유 중 어느 하나에 해당하는 경우 환급세액과 그 환급세액에 대하여 당초 환급세액 통지일 다음날부터 환급세액 고지일까지의 기간에 1일 3/10,000의 율을 곱하여 계산한 이자상당액을 가산한 금액을 해당 결손금이 발생한 사업연도의 법인세로서 징수한다(법 제72조 제5항).

① 결손금 소급공제에 의하여 법인세를 환급한 후 그 결손금이 발생한 사업연도에 대한 법인세의 과세표준과 세액을 경정함으로써 결손금이 감소된 경우

② 중소기업에 해당하지 않는 법인이 법인세를 환급받은 경우

다. 비과세소득

> 법인세법 제51조(비과세소득)
> 내국법인의 각 사업연도 소득 중 「공익신탁법」에 따른 공익신탁의 신탁재산에서 생기는 소득에 대하여는 각 사업연도의 소득에 대한 법인세를 과세하지 아니한다.

법인의 소득 중 국가가 과세권을 포기한 것을 비과세소득이라고 한다. 비과세소득은 정부에 비과세신청을 할 필요가 없으며 당연히 과세되지 아니하며, 다음과 같은 것이 있다.

1) 공익신탁재산에서 생기는 소득

공익신탁이란 학술, 종교, 제사, 자선 기타 공익을 목적으로 위탁자가 수탁자에게 재산에 관한 권리를 이전하고 수탁자는 해당 목적을 위해 그 재산을 관리하는 것을 말한다.

2) 조세특례제한법상의 특정배당소득 및 양도차익

중소기업창업투자회사 및 신기술창업전문회사가 직접 또는 투자조합을 통해 출자함에 따라 취득한 주식을 양도함으로써 발생하는 양도차익 및 2012년 말까지 지급받는 배당소득 등에 대해서는 법인세를 부과하지 아니한다(조특법 제13, 14, 55조).

라. 소득공제

소득공제란 조세정책적 목적에 따라 특정한 소득에 대한 법인세를 부과하지 않기 위해 법인세 과세표준을 계산할 때 각 사업연도의 소득금액에서 공제하는 제도로 다음과 같은 것이 있다.

1) 유동화 전문회사 등에 대한 지급배당 소득공제

법인세법 제51조의2(유동화전문회사 등에 대한 소득공제)

① 다음 각 호의 어느 하나에 해당하는 내국법인이 대통령령으로 정하는 배당가능이익의 100분의 90 이상을 배당한 경우 그 금액은 해당 사업연도의 소득금액에서 공제한다.

1. 「자산유동화에 관한 법률」에 따른 유동화전문회사

2. 「자본시장과 금융투자업에 관한 법률」에 따른 투자회사, 투자목적회사, 투자유한회사, 투자합자회사(같은 법 제9조제18항제7호의 사모투자전문회사는 제외한다) 및 투자유한책임회사

3. 「기업구조조정투자회사법」에 따른 기업구조조정투자회사

4. 「부동산투자회사법」에 따른 기업구조조정 부동산투자회사 및 위탁관리 부동산투자회사

5. 「선박투자회사법」에 따른 선박투자회사

6. 「임대주택법」에 따른 특수 목적 법인 등으로서 대통령령으로 정하는 법인

7. 「문화산업진흥 기본법」에 따른 문화산업전문회사

8. 「해외자원개발 사업법」에 따른 해외자원개발투자회사

9. 제1호부터 제8호까지와 유사한 투자회사로서 다음 각 목의 요건을 갖춘 법인일 것

가. 회사의 자산을 설비투자, 사회간접자본 시설투자, 자원개발, 그 밖에 상당한 기간과 자금이 소요되는 특정사업에 운용하고 그 수익을 주주에게 배분하는 회사일 것

나. 본점 외의 영업소를 설치하지 아니하고 직원과 상근하는 임원을 두지 아니할 것

다. 한시적으로 설립된 회사로서 존립기간이 2년 이상일 것

라. 「상법」이나 그 밖의 법률의 규정에 따른 주식회사로서 발기설립의 방법으로 설립할 것

마. 발기인이 「기업구조조정투자회사법」 제4조제2항 각 호의 어느 하나에 해당하지 아니하고 대통령령으로 정하는 요건을 충족할 것

바. 이사가 「기업구조조정투자회사법」 제12조 각 호의 어느 하나에 해당하지 아니할 것

사. 감사는 「기업구조조정투자회사법」 제17조에 적합할 것. 이 경우 "기업구조조정투자회사"는 "회사"로 본다.

> 아. 자본금 규모, 자산관리업무와 자금관리업무의 위탁 및 설립신고 등에 관하여 대통령령으로 정하는 요건을 충족할 것.

유동화전문회사 등은 납입 받은 자금을 특정한 방법으로 투자 또는 운용하고 그를 통해 얻은 이익을 그대로 투자가인 주주 또는 사원에게 분배하는 것을 목적으로 설립된 회사이다. 이러한 유동화 전문회사, 자본시장과 금융투자업에 관한 법률에 따른 투자회사 등, 기업구조조정 투자회사법에 따른 기업구조조정투자회사 등이 배당가능 이익의 90% 이상을 배당한 경우 그 배당금액을 해당 사업연도의 소득금액계산에서 소득공제한다. 배당가능이익이란 기업회계 기준에 따라 작성한 재무제표상의 법인세비용 차감 후 당기순이익에 이월이익잉여금을 가산하거나 이월결손금을 공제하고, 상법 제458조의 규정에 따른 이익준비금을 차감한 금액을 말한다.

다만, 위 규정은 배당을 받은 주주 등에 대하여 법인세법 또는 조세특례제한법에 따라 그 배당에 대한 소득세 또는 법인세가 비과세되는 경우, 배당을 지급하는 내국법인이 주주 등의 수 등을 고려하여 대통령령으로 정하는 기준에 해당하는 법인의 경우 이를 적용하지 않는다(법 제51조의2 제2항). 이때 대통령령으로 정하는 기준에 해당하는 법인이란 사실상 1인 또는 소수의 개인투자자가 지배하는 명목회사를 말한다(영 제86의2조 제10항).

2) 자기관리부동산투자회사의 주택임대소득공제

자기관리부동산투자회사가 국민주택을 신축하거나 취득당시 입주된 사실이 없는 국민주택을 매입해 임대업을 경영하는 경우 해당 임대업으로부터 최초로 소득이 발생한 사업연도와 그 다음 사업연도 개시일로부터 5년 이내에 끝나는 사업연도까지 국민주택을 임대함으로써 발생한 소득금액의 50%를 각 사업연도의 소득금액에서 공제한다(조특법 제55조의2 제4항).

2. 세액의 계산

가. 세액계산의 구조와 세율

1) 초과누진세율

법인세법 제55조(세율)

① 내국법인의 각 사업연도의 소득에 대한 법인세는 제13조에 따른 과세표준에 다음 표의 세율을 적용하여 계산한 금액(제55조의2에 따른 토지 등 양도소득에 대한 법인세액과 제56조에 따른 미환류소득에 대한 법인세액이 있으면 이를 합한 금액으로 한다. 이하 "산출세액"이라 한다)을 그 세액으로 한다.

과세표준	세율
2억원 이하	과세표준의 100분의 10
2억원 초과 200억원 이하	2천만원 + (2억원을 초과하는 금액의 100분의 20)
200억원 초과	39억8천만원 + (200억원을 초과하는 금액의 100분의 22)

각 사업연도의 소득에 대한 법인세 과세표준에 해당 세율을 곱하여 법인세 산출세액을 계산한다. 이 법인세 산출세액에서 감면세액과 세액공제액을 차감하고 가산세와 감면분 추가 납부세액을 가산해 내국법인이 실제로 부담하는 법인세액을 산정한다. 다만, 조합법인 등에 대해서는 9%의 단일세율이 적용된다(법 제55조, 조특법 제72조).

2) 사업연도가 1년 미만인 경우

사업연도가 1년 미만인 법인의 각 사업연도의 소득에 대한 법인세 산출세액은 그 사업연도의 과세표준에 그 사업연도의 월수로 나눈 금액에 12를 곱하여 산출한 금액을 그 사업연도의 과세표준으로 하여 해당 세율을 적용하여 계산한 세액에 그 사업연도의 월수를 12로 나눈 수를 곱하여 산출한 세액을 그 세액으로 한다(법 제55조 제2항). 이 경우 월수의 계산은 역에 따라 계산하되 1개월 미만의 일수는 1개월로 한다(영 제92조).

나. 토지 등의 양도소득에 대한 과세특례

1) 과세대상

법인세법 제55조의2(토지등 양도소득에 대한 과세특례)

① 내국법인이 다음 각 호의 어느 하나에 해당하는 토지 및 건물(건물에 부속된 시설물과 구축물을 포함하며, 이하 이 조 및 제95조의2에서 "토지등"이라 한다)을 양도한 경우에는 해당 각 호에 따라 계산한 세액을 토지등 양도소득에 대한 법인세로 하여 제13조에 따른 과세표준에 제55조에 따른 세율을 적용하여 계산한 법인세액에 추가하여 납부하여야 한다. 이 경우 하나의 자산이 다음 각 호의 규정 중 둘 이상에 해당할 때에는 그 중 가장 높은 세액을 적용한다.

1. 다음 각 목의 어느 하나에 해당하는 부동산을 2012년 12월 31일까지 양도한 경우에는 그 양도소득에 100분의 10을 곱하여 산출한 세액

가. 「소득세법」 제104조의2제2항에 따른 지정지역에 있는 부동산으로서 제2호에 따른 주택(이에 부수되는 토지를 포함한다. 이하 이 항에서 같다)

나. 「소득세법」 제104조의2제2항에 따른 지정지역에 있는 부동산으로서 제3호에 따른 비사업용 토지

다. 그 밖에 부동산가격이 급등하거나 급등할 우려가 있어 부동산가격의 안정을 위하여 필요한 경우에 대통령령으로 정하는 부동산

2. 대통령령으로 정하는 주택(이에 부수되는 토지를 포함한다) 및 주거용 건축물로서 상시 주거용으로 사용하지 아니하고 휴양·피서·위락 등의 용도로 사용하는 건축물(이하 이 조에서 "별장"이라 한다)을 양도한 경우에는 토지등의 양도소득에 100분의 10(미등기 토지등의 양도소득에 대하여는 100분의 40)을 곱하여 산출한 세액. 다만, 「지방자치법」 제3조제3항 및 제4항에 따른 읍 또는 면에 있으면서 대통령령으로 정하는 범위 및 기준에 해당하는 농어촌주택(그 부속토지를 포함한다)은 제외한다.

3. 비사업용 토지를 양도한 경우에는 토지등의 양도소득에 100분의 10(미등기 토지등의 양도소득에 대하여는 100분의 40)을 곱하여 산출한 세액

지가가 급등하는 지역에 소재하는 토지 등과 주택 및 비사업용 토지를 양도한 경우 양도 자산의 종류에 따라 그 양도로 인해 발생한 소득금액의 일정비율을 곱하여 산출한 세액을 토지 등 양도소득에 대한 법인세로 하여 각 사업연도의 소득에 대한 법인세에 추가하여 납부해야 한다.

2) 과세표준과 세액계산

지가급등지역에 소재하는 토지 및 건물의 양도소득에 대한 법인세는 양도소득에 10%의 세율을 적용하고, 대통령령이 정하는 주택 및 부수토지 및 비사업용 토지의 양도소득에 대한 법인세는 양도소득에 30%(미등기인 경우 40%)의 세율을 적용해 그 세액을 산출한다(법 제55조의2 제1항). 토지 등 양도소득은 토지 등의 양도금액에서 양도 당시의 장부가액을 뺀 금액으로 한다(법 제55조의2 제6항).

토지 등 양도소득의 귀속사업연도는 그 대금을 청산한 날이 속하는 사업연도로 하되 대금청산 전에 소유권이전등기를 하거나 당해 자산을 인도하는 경우 또는 상대방이 당해 자산을 사용 수익하는 경우에는 그 이전등기일, 인도일, 사용수익일 중 빠른 날이 속하는 사업연도로 한다. 장기할부조건으로 양도한 경우에도 마찬가지이다(영 제92조의2 제6항).

예약매출에 의해 토지 등을 양도하는 경우에는 그 계약일에 토지 등이 양도된 것으로 본다(영 제92조의2 제7항). 이 경우 작업진행률을 기준으로 하여 계산한 수익과 비용 중 지가급등지역에 포함되는 기간에 상응하는 수익과 비용을 각각 해당 사업연도의 익금과 손금으로 하여 계산한다.

법인이 각 사업연도에 과세대상이 되는 2이상의 토지 등을 양도하는 경우에는 양도한 자산별로 계산한 금액을 합한 금액을 토지 등 양도소득 금액으로 하고, 양도 당시의 장부가액이 양도금액을 초과하는 토지 등이 있으면 그 초과하는 금액을 차감해 계산한다(영 제92조의2 제9항).

3) 과세대상의 배제

파산선고에 의한 토지 등의 처분으로 발생하는 소득, 법인이 직접 경작하던 농지의 교환 또는 분합으로 발생하는 소득, 도시 및 주거환경정비법 그 밖의 법률의 규정에 의한 환지처분 등 대통령령이 정하는 사유로 인해 발생하는 소득에 대해서는 비과세된다(법 제55조의2 제4항). 다만, 미등기 토지 등에 대해서는 적용하지 않는다(법 제55조의2 제5항).

3. 세액감면

가. 의의

법인세의 산출세액 중 특정 소득에 대한 세액의 전부 또는 일부를 해당 산출세액에서 차감하도록 한 금액을 말하는 것으로 기술개발의 지원, 중소기업 보호육성 등을 목적으로 한 세제상 우대조치의 일종이다.

세액감면을 받기 위해서는 법인이 감면을 신청하도록 규정되어 있지만, 비과세소득의 경우 정부가 과세권을 포기한 것이기 때문에 별도로 신청하지 않아도 적용된다는 차이가 있다. 또한, 비과세소득과 소득공제는 과세표준에서 차감되는 항목이기 때문에 산출세액의 경감뿐 아니라 감소된 과세표준에 저율의 세율이 적용되어 산출세액이 경감되는 이중효과가 있지만, 세액감면은 이와 같은 산출세액의 경감효과가 없다.

나. 감면세액의 계산

> 법인세법 제59조(감면 및 세액공제액의 계산)
>
> ② 제1항제1호에 따른 세액 감면 또는 면제를 하는 경우 그 감면 또는 면제되는 세액은 별도의 규정이 있는 경우를 제외하고는 산출세액(토지등 양도소득에 대한 법인세액과 제56조에 따른 미환류소득에 대한 법인세액은 제외한다)에 그 감면 또는 면제되는 소득이 제13조에 따른 과세표준에서 차지하는 비율(100분의 100을 초과하는 경우에는 100분의 100)을 곱하여 산출한 금액(감면의 경우에는 그 금액에 해당 감면율을 곱하여 산출한 금액)으로 한다.

세액감면을 하는 경우 산출세액에 그 감면되는 소득이 과세표준에서 차지하는 비율(100%를 초과하는 경우 100%)을 곱하여 산출한 금액으로 한다. 각 사업연도의 과세표준 계산 시 공제한 이월결손금, 비과세소득 또는 소득공제액이 있는 경우, ① 공제액이 감면사업에서 발생한 경우 공제액 전액, ② 공제액이 감면사업에서 발생했는지 여부가 불분명한 경우 소득금액에 비례해 안분한 금액을 공제한 금액을 감면소득으로 한다(영 제96조 제1항).

다. 조세특례제한법상의 세액감면

조세특례제한법에서 규정하고 있는 세액감면 대상은 다음과 같다. 창업중소기업 등에 대한 세액감면(조특법 제6조), 중소기업에 대한 특별세액감면(조특법 제7조), 공공차관도입 관련 세액감면(조특법 제20조), 국제금융거래에 따른 이자소득에 대한 세액감면(조측법 제21조), 해외자원개발투자 배당소득에 대한 세액면제(조특법 제22조), 사업전환 중소기업과 무역조정기업에 대한 세액감면(조특법 제33조의2), 지방이전 중소기업에 대한 세액감면(조특법 제63조), 법인의 공장 및 본사의 수도권 밖 지역이전에 대한 세액감면(조특법 제63조의2), 농공단지 입주기업에 대한 세액감면(조특법 제64조), 영농조합법인에 대한 세액 면제(조특법 제66, 67조), 농업회사법인에 대한 세액면제 및 감면(조특법 제68조), 산림개발소득에 대한 세액감면(조특법 제102조), 외국인투자에 대한 법인세감면(조특법 제121조의2, 121조의4), 제주 국제자유도시 육성을 위한 법인세 감면(조특법 제121조의8, 121조의9) 등이다.

4. 세액공제

가. 의의

세액공제는 일정한 투자의 유도, 동일소득에 대한 국제간 이중과세 방지 등 일정한 조세정책을 달성할 목적으로 일정한 요건에 해당하는 법인에 대하여 산출세액에서 일정한 금액을 공제하는 제도를 말하는 것으로, 조세우대조치의 일종이다.

나. 외국납부세액공제

1) 개요

법인세법 제57조(외국 납부 세액공제 등)

① 내국법인의 각 사업연도의 과세표준에 국외원천소득이 포함되어 있는 경우 그 국외원천소득에 대하여 대통령령으로 정하는 외국법인세액(이하 이 조에서 "외국법인세액"이라 한다)을 납부하였거나 납부할 것이 있는 경우에는 제21조제1호에도 불구하고 다음 각 호의 방법 중 하나를 선택하여 적용받을 수 있다.

1. 제55조에 따라 산출한 해당 사업연도의 법인세액(토지등 양도소득에 대한 법인세액과 제56조에 따른 미환류소득에 대한 법인세액은 제외한다)

에 국외원천소득이 해당 사업연도의 과세표준에서 차지하는 비율(「조세특례제한법」 이나 그 밖의 법률에 따라 면제되거나 세액 감면을 적용받는 경우에는 대통령령으로 정하는 비율)을 곱하여 산출한 금액을 한도(이하 이 조에서 "공제한도"라 한다)로 외국법인세액을 해당 사업연도의 법인세액에서 공제하는 방법

2. 국외원천소득에 대하여 납부하였거나 납부할 외국법인세액을 각 사업연도의 소득금액을 계산할 때 손금에 산입하는 방법

② 외국정부에 납부하였거나 납부할 외국법인세액이 공제한도를 초과하는 경우 그 초과하는 금액은 해당 사업연도의 다음 사업연도 개시일부터 5년 이내에 끝나는 각 사업연도에 이월하여 그 이월된 사업연도의 공제한도 범위에서 공제받을 수 있다.

③ 국외원천소득이 있는 내국법인이 조세조약의 상대국에서 해당 국외원천소득에 대하여 법인세를 감면받은 세액 상당액은 그 조세조약으로 정하는 범위에서 제1항에 따른 세액공제 또는 손금산입의 대상이 되는 외국법인세액으로 본다.

④ 내국법인의 각 사업연도의 소득금액에 외국자회사로부터 받는 이익의 배당이나 잉여금의 분배액(이하 이 조에서 "수입배당금액"이라 한다)이 포함되어 있는 경우 그 외국자회사의 소득에 대하여 부과된 외국법인세액 중 그 수입배당금액에 대응하는 것으로서 대통령령으로 정하는 바에 따라 계산한 금액은 제1항에 따른 세액공제 또는 손금산입되는 외국법인세액으로 본다.

⑤ 제4항에서 "외국자회사"란 내국법인이 의결권 있는 발행주식총수 또는 출자총액의 100분의 25(「조세특례제한법」 제22조에 따른 해외자원개발사업을 하는 외국법인의 경우에는 100분의 5를 말한다) 이상을 출자하고 있는 외국법인으로서 대통령령으로 정하는 요건을 갖춘 법인을 말한다.

⑥ 내국법인의 각 사업연도의 소득금액에 외국법인으로부터 받는 수입배당금액이 포함되어 있는 경우로서 그 외국법인의 소득에 대하여 해당 외국법인이 아니라 출자자인 내국법인이 직접 납세의무를 부담하는 등 대통령령으로 정하는 요건을 갖춘 경우에는 그 외국법인의 소득에 대하여 출자자인 내국법인에게 부과된 외국법인세액 중 해당 수입배당금액에 대응하는 것으로서 대통령령으로 정하는 바에 따라 계산한 금액은 제1항에 따른 세액공제 또는 손금산입의 대상이 되는 외국법인세액으로 본다.

> ⑦ 제1항부터 제6항까지의 규정에 따른 국외원천소득의 계산방법, 세액공제 또는 손금산입에 필요한 사항은 대통령령으로 정한다.

외국납부세액공제제도는 내국법인이 외국지점이나 영업소를 가지고 있는 경우, 그 외국의 법에 따라 법인세 등을 납부하게 되는데, 이처럼 외국에서 과세되는 소득에 대해서도 사업연도의 소득에 합산해 과세하면 이중으로 과세되는 것을 조정하기 위한 제도이다. 외국정부에 납부했거나 납부할 외국법인세액을 법인세액에서 공제하거나 제세공과금으로 손금산입하는 방법을 선택, 적용함으로써 국제적 이중과세를 방지하고 있다.

2) 외국납부세액의 범위

가) 외국에서 납부하였거나 납부할 외국법인세액

내국법인의 각 사업연도의 과세표준에 합산된 국외원천소득에 대하여 외국에서 납부하였거나 납부할 외국법인세액이 있어야 한다. 외국법인세액은 외국정부에 의해 과세된 ① 초과이윤세 및 기타 법인의 소득 등을 과세표준으로 하여 과세된 세액, ② 법인의 소득 등을 과세표준으로 하여 과세된 세의 부가세액, ③ 법인의 소득 등을 과세표준으로 하여 과세된 세와 동일한 세목에 해당하는 것으로서 소득 외의 수익금액 기타 이에 준하는 것을 과세표준으로 하여 과세된 세액 등을 말한다.

다만, 국제조세조정에 관한 법률 제10조 제1항에 따라 내국법인의 소득이 감액 조정된 금액 중 국외특수관계인에게 반환되지 않고 내국법인에 유보되는 금액에 대하여 외국정부가 과세한 금액을 제외한다(영 제94조 제1항).

나) 면제외국법인세액

국외원천소득이 있는 내국법인이 조세조약의 상대국에서 해당 국외원천소득에 대하여 법인세를 감면받은 세액 상당액은 해당 조세조약이 정하는 범위 안에서 세액공제 또는 손금산입의 대상이 되는 외국법인세액으로 본다(법 제57조 제3항).

다) 간접외국납부세액

내국법인의 각 사업연도의 소득금액에 외국자회사[내국법인이 의결권 있는 발행주식총수 또는 출자총액의 10%(해외자원개발사업을 영위하는 외국법인에 출자하는 경우에는 5%) 이상 출자하고 있는 외국법인으로서 그 외국법인의 배당확정일 현재 6월 이상 계속하여 보유하고 있는 외국법인]로부터 받는 수입배당금액이 포함되어 있는 경우 그 외국자회사의 소득에 대해 부과된 외국법인세액 중 해당 수입배당금액에 대응하는 금액을 세액공제 또는 손금산입되는 외국법인세액으로 본다(법 제57조 제4항).

다만, 간접납부외국법인세액의 세액공제 제도는 상호주의에 따라 조세조약이 정하는 범위에서만 허용되는데 2002년 말 현재 간접납부 외국법인세액공제를 허용하는 조세조약 체결국은 미국, 일본, 영국, 브라질, 덴마크, 이스라엘 등 6개국에 불과하다는 한계가 있다. 이에 조세특례제한법은 위 6개국 이외의 나라에 진출하는 내국법인을 지원하기 위해 조세조약에서 간접납부 외국법인세액공제를 허용하지 않거나 조세조약이 체결되지 않은 국가에 소재한 외국자회사의 주식 또는 출자지분을 외국자회사의 배당, 잉여금 확정일 현재 6월 이상 계속 보유하는 경우 외국자회사로부터 받는 수입배당금에 대해서도 간접 납부한 외국자회사 법인세의 50%를 세액공제 또는 손금산입 할 수 있도록 특례를 신설했다(조특법 제104조의6).

신한해운주식회사 법인세등 부과처분취소 사건
(대법원 1982.12.28. 선고 80누316 판결)

[판결요지]

외국세법의 내용은 그 방면의 전문가가 아니면 쉽게 이해하기 어려운 것이므로 원고 신한해운주식회사가 외국에서 납부한 각종 세금이 손금에 해당하는 공과금인지의 여부를 규명함에 있어서는 관계외국세법 전문가에의 감정 또는 관계기관에의 사실조회 등에 의하여 각국의 조세제도에 입각한 외국납부세액의 성질을 규명하여야 한다.

라) 외국 혼성사업체의 소득에 대한 외국소득세액

내국법인의 각 사업연도의 소득금액에 외국법인으로부터 받는 수입배당금액이 포함되어 있어 그 외국법인의 소득에 대해 해당 외국법인이 아니라 출자자인 내국법인이 직접 납세의무를 부담하는 경우와 같이 외국법인이 혼성사업체인 경우, 그 외국법인의 소득에 대해 출자자인 내국법인에게 부과된 외국법인세액 중 해당 수입배당금액에 대응하는 일정한 금액은 외국법인세액으로 본다(법 제57조 제6항, 영 제94조 제13항).

3) 외국납부세액 공제

가) 요건

내국법인의 각 사업연도의 과세표준에 국외원천소득이 포함되어 있는 경우와 외국법인의 각 사업연도의 과세표준에 국내사업장에 귀속되는 국외이자소득 등이 포함되어 있는 경우로서 그 국외원천소득에 대해 외국납부세액을 납부했거나 납부할 예정인 때이다.

내국법인이 법인세 과세표준과 세액을 추계하는 경우에는 외국납부세액의 손금산입 규정은 적용되지 않는다. 다만, 천재지변 등으로 장부 기타 증빙서류가 멸실되어 추계하는 경우는 적용할 수 있다(법 제68조).

> 주식회사 제일은행 방위세환급청구기각결정취소 사건
> (대법원 1987.5.26. 선고 84누535 판결)
>
> [판결요지]
>
> 법인의 한 사업연도의 법인세가 과세표준의 산정단계에서 비과세소득 및 소득공제액이 사업소득액을 초과하여 산출세액이 없는 상태가 된 경우라면 산출세액이 있음을 전제로 한 세액공제사항인 외국납부세액이나 외화표시어음 이자소득세액에 대한 세액공제는 적용될 여지가 없다 할 것이므로 위 공제세액은 당초 신고에서 누락되었다 하더라도 법인세 및 방위세액의 과세표준이나 세액을 증감시키거나 그 환급세액을 증감시키는 사항에 해당되지 아니하는 것이어서 수정신고 사항이 될 수 없다.

나) 외국법인세액의 공제한도액

공제되는 세액은 해당 사업연도의 법인세산출세액(토지 등 양도소득에 대한 법인세액 제외)에 국외원천소득이 해당 사업연도의 과세표준에서 차지하는 비율을 곱해 산출한 금액을 한도로 한다(법 제57조 제1항 제1호).

조세특례제한법 기타 법률에 의해 면제 또는 세액감면을 적용받는 경우 법인세산출세액에 국외원천소득에서 국외원천소득 중 기획재정부령이 정하는 금액을 공제한 금액이 해당 사업연도의 과세표준 중에서 차지하는 비율을 곱해 산출한 금액을 한도로 한다(법 제57조 제1항 제1호). 기획재정부령이 정하는 금액은 조세특례제한법 기타 법률에 의한 면제 또는 세액감면의 대상이 되는 국외원천소득에 해당 면제 또는 감면비율을 곱해 산출한 금액이다(시행규칙 제47조).

둘 이상의 국가에 국외사업장을 두고 있는 내국법인이 외국법인세액의 공제를 적용받는 경우 국별한도액방법과 일괄한도액방법 중 하나를 선택해 적용받을 수 있다(영 제94조 제7항). 일괄한도방식은 비교적 간단하고 고세율국과 저세율국의 조세부담이 평준화되므로 해외진출을 촉진하는 이점이 있지만, 적정과세국의 소득에 대해 중과세국이 과세하는 것을 세액공제상 인정하는 결과가 된다는 점에서 부당한 점도 있다.

> 주식회사 한일은행 법인세부과처분취소 사건
> (대법원 1987.2.24. 선고 86누219 판결)
>
> [판결요지]
>
> 법인세법 제24조의3 제1항에 의하여 외국납부 법인세공제한도액을 결정함에 있어 국외원천소득금액을 계산하는 경우에 법인의 당해연도 과세표준금액 계산상 손금에 산입한 각종 충당금, 준비금 또는 국내외 전체영업을 위한 공통경비 등이 있을 때에는 이를 그 발생원인에 따라 적정하게 안분하여 그중 외국지점 영업에 관련된 부분은 당해 외국지점의 손금으로 계산하여야 한다.

다) 외국법인세액의 이월공제

외국법인세액은 국외원천소득이 법인세 과세표준에 산입된 사업연도의 법인세액에서 공제해야 한다. 다만, 외국정부에 납부했거나 납부할 외국법인세액이 공제한도를 초과하는 경우 그 초과 금액은 해당 사업연도의 다음 사업연도 개시일부터 5년 이내에 끝나는 사업연도로 이월해 공제받을 수 있다(법 제57조 제2항).

4) 간접투자회사 등의 외국납부세액공제 특례

> 법인세법 제57조의2(간접투자회사 등의 외국 납부 세액공제 특례)
>
> ① 「자본시장과 금융투자업에 관한 법률」에 따른 투자회사, 투자목적회사, 투자유한회사, 투자합자회사(같은 법 제9조제18항제7호의 사모투자전문회사는 제외한다), 투자유한책임회사 및 「부동산투자회사법」에 따른 기업구조조정 부동산투자회사, 위탁관리 부동산투자회사(이하 이 조에서 "간접투자회사등"이라 한다)가 국외의 자산에 투자하여 얻은 소득에 대하여 납부한 외국법인세액(제57조제1항 및 제6항의 외국법인세액을 말한다)이 있는 경우에는 제57조에도 불구하고 그 소득이 발생한 사업연도의 과세표준 신고 시 그 사업연도의 법인세액에서 그 사업연도의 외국 납부세액(국외자산에 투자하여 얻은 소득에 대하여 「소득세법」 제129조제1항제2호에 따른 세율을 곱하여 계산한 세액을 한도로 하고, 이를 초과하는 금액은 없는 것으로 본다)을 빼고 납부하여야 한다.
>
> ② 간접투자회사등은 제1항에 따른 그 사업연도의 외국 납부세액이 그 사업연도의 법인세액을 초과하는 경우에는 대통령령으로 정하는 바에 따라 환급받을 수 있다.
>
> ③ 「자본시장과 금융투자업에 관한 법률」에 따른 투자신탁, 투자합자조합 및 투자익명조합(이하 이 항에서 "투자신탁등"이라 한다)의 경우에는 그 투자신탁등을 내국법인으로 보아 제1항과 제2항을 적용한다. 이 경우 제1항의 "사업연도"는 "투자신탁등의 회계기간"으로 보고, "과세표준 신고 시"는 "결산 시"로 본다.
>
> ④ 제3항을 적용할 때 해당 사업연도의 법인세액은 없는 것으로 보아 제2항을 적용한다.
>
> ⑤ 제3항과 제4항을 적용할 때 「자본시장과 금융투자업에 관한 법률」에 따른 투자신탁재산을 운용하는 집합투자업자는 그 투자신탁을 대리(代

> 理)하는 것으로 본다.

자본시장법에 따른 투자회사, 투자목적회사, 투자유한회사, 투자합자회사(사모투자전문회사는 제외), 투자유한책임회사 및 부동산투자회사법에 따른 기업구조조정부동산투자회사, 위탁관리부동산투자회사가 국외 자산에 투자하여 얻은 소득에 대해 납부한 외국법인세액이 있는 경우 외국납부세액공제에 관한 규정에도 불구하고 그 소득이 발생한 사업연도 과세표준 신고 시 그 사업연도 법인세액에서 외국 납부세액을 빼고 납부해야 한다(법 제57조의2).

다만, 국외자산에 투자해 얻은 소득은 소득세법 제129조 제1항 제2호의 규정에 따른 세율(14%)을 곱해 계산한 세액을 한도로 하고 이를 초과하는 금액은 없는 것으로 본다.

간접투자회사 등은 그 사업연도의 외국 납부세액이 그 사업연도의 법인세액을 초과하는 경우 대통령령으로 정한 바에 따라 환급받을 수 있다(법 제57조의2 제2항, 영 제94조의2 제1항).

다. 재해손실세액공제

1) 개요

> 법인세법 제58조(재해손실에 대한 세액공제)
>
> ① 내국법인이 각 사업연도 중 천재지변이나 그 밖의 재해(이하 "재해"라 한다)로 인하여 대통령령으로 정하는 자산총액(이하 이 조에서 "자산총액"이라 한다)의 100분의 20 이상을 상실하여 납세가 곤란하다고 인정되는 경우에는 다음 각 호의 법인세액에 그 상실된 자산의 가액이 상실 전의 자산총액에서 차지하는 비율을 곱하여 계산한 금액(상실된 자산의 가액을 한도로 한다)을 그 세액에서 공제한다. 이 경우 자산의 가액에는 토지의 가액을 포함하지 아니한다.
>
> 1. 재해 발생일 현재 부과되지 아니한 법인세와 부과된 법인세로서 미납된 법인세(가산금을 포함한다)
>
> 2. 재해 발생일이 속하는 사업연도의 소득에 대한 법인세
>
> ② 제1항에 따른 세액공제를 받으려는 내국법인은 대통령령으로 정하는 바에 따라 납세지 관할 세무서장에게 신청하여야 한다.

③ 납세지 관할 세무서장은 제2항에 따라 제1항제1호의 법인세(신고기한이 지나지 아니한 것은 제외한다)에 대한 공제신청을 받으면 그 공제세액을 결정하여 해당 법인에 알려야 한다.
④ 제1항부터 제3항까지의 규정을 적용할 때 자산 상실 비율의 계산 등 재해손실 세액공제에 필요한 사항은 대통령령으로 정한다.

내국법인이 각 사업연도 중 천재, 지변, 기타 재해로 인해 사업용 총자산가액(토지가액은 제외)의 100분의 20 이상을 상실해 납세가 곤란하다고 인정되는 경우 재해발생일에 미 납부된 법인세와 납부할 법인세 및 재해발생일이 속하는 사업연도의 소득에 대한 법인세 중에서 그 상실된 자산의 가액이 상실 전의 총자산가액에서 차지하는 비율을 곱해 계산한 금액을 그 세액에서 공제한다(법제 58조 제1항, 영 제95조 제1항).

2) 재해손실세액공제대상 법인세액

① 재해발생일 현재 부과되지 아니한 법인세와 부과된 법인세로서 미납된 법인세와 무신고, 무기장가산세, 과소신고가산세, 납부불성실가산세와 가산금을 포함한 금액(영 제95조 제3항), ② 재해발생일이 속하는 사업연도의 소득에 대한 법인세 등을 모두 포함한다.

3) 재해상실비율

재해상실비율이란 재해로 인해 상실된 자산의 가액이 상실 전의 사업용 자산총액에서 차지하는 비율이다. 재해상실비율은 재해발생일 현재 그 법인의 장부가액에 의해 계산하되, 장부가 소실 또는 분실되어 장부가액을 알 수 없는 경우 납세지 관할세무서장이 조사해 확인한 재해발생일 현재 가액에 의해 계산한다(영 제95조 제2항).

4) 세액공제 신청

재해손실세액공제를 적용받고자 하는 법인은 다음 기한내에 납세지 관할 세무서장에게 재해손실세액공제신청서를 제출해야 한다(법 제58조 제2항, 영 제95조 제5항).

① 재해발생일 현재 부과되지 아니한 법인세와 부과된 법인세로서 미납된 법인세 : 재해발생일로부터 1월 이내, ② 과세표준신고기한이 경과되지 아니한 법인세 : 신고기한 이내.

라. 사실과 다른 회계처리에 기인한 경정에 따른 세액공제

1) 개요

> 법인세법 제58조의3(사실과 다른 회계처리로 인한 경정에 따른 세액공제)
>
> ① 내국법인이 제66조제2항제4호에 따른 경정(更正)을 받은 경우에는 그 경정일이 속하는 사업연도의 개시일부터 5년 이내에 끝나는 각 사업연도의 법인세액에서 과다 납부한 세액을 차례로 공제한다.
>
> ② 제1항을 적용할 때 내국법인이 해당 사실과 다른 회계처리와 관련하여 그 경정일이 속하는 사업연도 이전의 사업연도에 「국세기본법」 제45조에 따른 수정신고를 하여 납부할 세액이 있는 경우에는 그 납부할 세액에서 제1항에 따른 과다 납부한 세액을 먼저 공제하여야 한다.
>
> ③ 제1항과 제2항에 따른 세액공제와 관련한 구체적인 방법 및 절차는 대통령령으로 정한다.

이는 법인의 분실회계를 규제함으로써 기업경영의 투명성을 확보하고 재정의 불안정성을 해소할 필요성에 따라 도입된 제도이다. 지난 사업연도의 분식회계로 인해 세액을 과다하게 납부하여 그 후의 사업연도에 경정하는 경우에는 해당 과다납부세액을 환급하는 대신 경정일이 속하는 사업연도 및 그 이후의 사업연도 세액에서 공제하도록 하고 있다(법 제58조의3).

2) 요건

분식회계경정은 다음의 요건을 충족하는 경우 적용된다(법 제66조 제2항 제4호).

① 법인의 사업보고서 및 감사인의 감사보고서를 제출함에 있어 사실과 다른 회계처리를 하였을 것(자본시장법 제159조, 주식회사 외부감사법 제8

조), ② 사실과 다른 회계처리로 인해 해당 법인, 그 감사인 또는 그에 소속된 공인회계사가 경고, 주의 등의 조치를 받았을 것, ③ 사실과 다른 회계처리로 인해 과세표준 및 세액을 과다하게 계상하였을 것, ④ 국세기본법의 규정에 따라 해당 법인이 경정을 청구하였을 것.

3) 세액공제 방법

분식회계에 기인하여 과다하게 계상한 법인세의 과세표준 및 세액에 대하여 경정을 받은 경우 해당 경정일이 속하는 사업연도의 개시일부터 5년 이내에 종료하는 각 사업연도의 법인세액에서 그 과다 납부한 세액을 차례로 공제해야 한다.

동일한 사업연도에 분식회계에 기인한 경정청구의 사유와 그 밖의 다른 경정청구 사유가 함께 있는 경우 분식회계로 인한 세액에 대해서만 환급을 제한한다. 분식회계에 기인한 경정청구 사유 외의 다른 경정청구 사유에 의해 감액된 세액은 다른 국세 등에 충당하고, 그 충당 후에도 잔여금이 있는 경우 국세환급금을 결정한 날로부터 30일 이내 환급해야 한다(국세기본법 제51조).

분식회계에 기인한 경정에 따른 세액공제는 각 사업연도의 법인세액에서 감면세액, 분식회계에 기인한 경정에 따른 세액공제 외의 그 밖의 세액공제를 차감한 금액 범위 안에서 공제한다(법 제59조 제1항).

분식회계에 기인한 경정에 따라 감액된 세액에 대해 경정일이 속하는 사업연도의 개시일부터 5년 이내에 종료하는 각 사업연도의 법인세액에서 공제하고 남은 금액이 있는 때에는 그 환급금 및 국세환급가산금을 즉시 지급해야 한다.

법인세의 과세표준과 세액의 경정일이 속하는 사업연도의 개시일부터 5년이 경과하기 전 해당 내국법인이 해산하는 때에는 청산소득에 대한 법인세 납부세액에서 먼저 차감하고 남은 금액을 즉시 환급해야 한다.

마. 투자세액공제

경기부양이나 정책사업의 투자촉진을 위해 일정한 사업용 자산의 취득에 투자한 법인에 대해 그 투자금액 일정액을 산출세액에서 공제해 주는 제도이다.

조세특례제한법이 한시적으로 허용하는 투자세액공제는 중소기업투자세액공제(조특법 제5조), 연구 및 인력개발을 위한 설비 투자세액공제(조특법 제11조), 특허권, 실용신안권, 기술비법 또는 기술 취득을 위한 투자세액공제(조특법 제12조 제2항), 생산성향상시설 투자에 대한 세액공제(조특법 제24조), 안전설비투자에 대한 세액공제(조특법 제25조), 에너지절약시설투자세액공제(조특법 제25조의2), 환경보전시설투자에 대한 세액공제(조특법 제25조의3), 의약품 품질관리 개선시설투자에 대한 세액공제(조특법 제25조의4), 고용창출투자세액공제(조특법 제26조), 근로자복지증진을 위한 설비투자세액공제(조특법 제94조), 해외자원개발투자 세액공제(조특법 제104의15조)등이 있다.

투자세액공제는 투자완료 사업연도의 다음 사업연도 개시일부터 5년 내에 종료하는 사업연도까지 이월해 각 사업연도 법인세산출세액에서 공제할 수 있다(조특법 제144조 제1항).

바. 세액감면 및 세액공제 적용순서

세액감면과 세액공제가 동시에 적용되는 경우 그 적용순서는 별도의 규정이 있는 경우를 제외하고는 다음 순서에 따른다. 이 경우 ①, ②의 금액을 합한 금액이 법인이 납부할 법인세액을 초과하는 경우 그 초과액은 없는 것으로 본다(법 제59조 제1항). '초과하는 금액은 없는 것으로 본다'는 것은 초과하는 금액이 발생하더라도 그 초과하는 금액에 대해서는 환급을 허용하지 않겠다는 의미다.

① 각 사업연도 소득에 대한 세액감면(면제포함)

② 세액공제 중 이월공제가 인정되지 아니하는 세액공제

③ 세액공제 중 이월공제가 허용되는 세액공제(이 경우 이월된 미공제액을 먼저 공제)

④ 분식회계로 인한 경정청구 결과 결정세액의 세액공제(이 경우 이월된 미공제액을 먼저 공제)

5. 최저한세

가. 의의

조세특례제한법에 의해 조세정책적 목적을 달성하기 위해 특정한 법인 또는 거래에 대해서만 조세감면이 적용되는 경우 그의 적용을 받지 못하는 다른 법인 또는 거래와의 과세형평을 심각하게 훼손할 수 있다. 조세감면 특례조항을 중복 적용받아 법인세를 전혀 부담하지 않을 수도 있을 것이다.

따라서 조세감면의 총괄적 한도를 정해 최소한의 재정수입을 달성하고 법인 간 또는 거래 간 최소한의 과세형평을 유지하기 위해 필요한 것이 바로 최저한세제도이다.

나. 최저한세의 적용대상

1) 최저한세 대상법인

최저한세는 당기순이익 과세절차에 따라 9%의 법인세율이 적용되는 조합법인 등(조특법 제72조 제1항)을 제외한 모든 법인의 각 사업연도 소득에 대해 적용된다(조특법 제132조 제1항).

2) 최저한세 대상 조세특례제도

최저한세 적용대상이 되는 조세특례제도는 ① 연구, 인력개발준비금의 손금산입액(조특법 제9조), ② 조세특례제한법상의 소득공제금액, 손금산입금액, 익금불산입금액 및 비과세금액, ③ 조세특례제한법상 세액공제금액, ④ 조세특례제한법상 법인세의 면제 및 감면 등이다.

3) 최저한세 비대상 조세특례제도

공공차관도입에 따른 세액감면(조특법 제20조), 해외자원개발투자 배당소득에 대한 법인세 면제(조특법 제22조), 수도권과밀억제권역 밖으로 이전하는 중소기업에 대한 세액감면(조특법 제63조), 영농조합법인에 대한 법인세 면제(조특법 제66조), 영어조합법인에 대한 법인세 면제(조특법 제67조), 외국인투자 등에 대한 법인세 감면(조특법 제121조의2), 제주첨단과학기술단지 입주기업에 대한 법인세 감면(조특법 제121조의8), 제주투자진흥지구 또는 제주자유무역지역 입주기업에 대한 법인세 감면(조특법 제121조의9) 등에 대해서는 최저한세를 적용하지 않는다.

다. 최저한세의 적용

1) 최저산세의 적용대상이 되는 금액

최저한세의 적용대상이 되는 금액은 최저한세에서 감면 후 세액을 공제해 계산한다. 감면 후 세액이 최저한세보다 큰 경우 최저한세가 적용되지 않는다. 만일 감면 후 세액이 최저한세에 미달하는 경우 미달하는 세액에 상당하는 조세감면의 적용을 배제하도록 조정해야 한다.

최저한세 적용 대상 금액 = 최저한세 - 감면 후 세액

감면 후 세액이란 최저한세의 적용대상이 되는 세제상의 우대조치(특별감가상각비의 손금산입, 비과세소득, 소득공제, 손금산입, 익금불산입, 세액공제, 세액감면)를 적용한 후의 법인세액을 말한다. 이 때 토지 등 양도소득에 대한 법인세 및 추징세액과 외국납부세액공제, 재해손실세액공제, 분식회계에 기인한 경정에 따른 세액공제 등은 법인세 산출세액에서 공제하는 세액공제에 포함되지 않는다.

최저한세는 특별감가상각비의 손금산입과 비과세소득, 손금산입, 익금불산입 및 소득공제를 적용하지 않고 산정한 과세표준에 16%(과세표준이 100억 원 초과 1천억 원 이하부분은 12%, 100억 원 이하부분은 10%, 중소기업의 경우 7%)를 곱해 계산한 세액을 말한다.

2) 최저한세에 미달하는 경우 조세우대조치 배제

감면 후 세액이 최저한세에 미달하는 경우 그 미달세액에 상당하는 부분에 대해서는 아래와 같은 방법으로 각종 조세우대조치를 적용하지 않는다.

가) 납세의무자가 신고하는 경우

법인은 임의로 감면항목을 선택해 그 적용을 배제함으로써 최저한세를 부담할 수 있다. 준비금, 익금불산입, 비과세, 소득공제, 세액감면 중 가장 유리한 항목을 선택해 적용을 배제할 수 있는 것이다. 이때 각 사업연도 소득을 감소시킴으로써 산출세액을 간접적으로 감소시키는 항목을 먼저 배제하고 그 다음에 산출세액을 직접 감소시키는 항목을 배제하는 것이 유리하다.

나) 과세관청이 경정하는 경우

과세관청이 경정하는 경우 ① 특별감가상각비, ② 준비금의 손금산입, ③ 손금산입 및 익금불산입, ④ 세액공제, ⑤ 법인세 감면, ⑥ 소득공제 및 비과세 순에 따라 조세우대조치를 배제해 세액을 계산한다(조특령 제126조 제4항).

Ⅶ. 신고와 납부

법인세법 제60조(과세표준 등의 신고)

① 납세의무가 있는 내국법인은 각 사업연도의 종료일이 속하는 달의 말일부터 3개월 이내에 대통령령으로 정하는 바에 따라 그 사업연도의 소득에 대한 법인세의 과세표준과 세액을 납세지 관할 세무서장에게 신고하여야 한다.

② 제1항에 따른 신고를 할 때에는 그 신고서에 다음 각 호의 서류를 첨부하여야 한다.

1. 기업회계기준을 준용하여 작성한 개별 내국법인의 재무상태표·포괄손익계산서 및 이익잉여금처분계산서(또는 결손금처리계산서)
2. 대통령령으로 정하는 바에 따라 작성한 세무조정계산서(이하 "세무조정계산서"라 한다)
3. 그 밖에 대통령령으로 정하는 서류

③ 제1항은 내국법인으로서 각 사업연도의 소득금액이 없거나 결손금이 있는 법인의 경우에도 적용한다.

④ 내국법인이 합병 또는 분할로 해산하는 경우에 제1항에 따른 신고를 할 때에는 그 신고서에 다음 각 호의 서류를 첨부하여야 한다.

1. 합병등기일 또는 분할등기일 현재의 피합병법인·분할법인 또는 소멸한 분할합병의 상대방법인의 재무상태표와 합병법인등이 그 합병 또는 분할에 따라 승계한 자산 및 부채의 명세서
2. 그 밖에 대통령령으로 정하는 서류

⑤ 제1항에 따른 신고를 할 때 그 신고서에 제2항제1호 및 제2호의 서류를 첨부하지 아니하면 이 법에 따른 신고로 보지 아니한다. 다만, 제3조제3항제1호 및 제7호에 따른 수익사업을 하지 아니하는 비영리내국법인은 그러하지 아니하다.

⑥ 납세지 관할 세무서장 및 관할지방국세청장은 제1항과 제2항에 따라 제출된 신고서 또는 그 밖의 서류에 미비한 점이 있거나 오류가 있을 때에는 보정할 것을 요구할 수 있다.

> ⑦ 제1항에도 불구하고 「주식회사의 외부감사에 관한 법률」 제2조에 따라 감사인(監査人)에 의한 감사를 받아야 하는 내국법인이 해당 사업연도의 감사가 종결되지 아니하여 결산이 확정되지 아니하였다는 사유로 대통령령으로 정하는 바에 따라 신고기한의 연장을 신청한 경우에는 그 신고기한을 1개월의 범위에서 연장할 수 있다.
>
> ⑧ 제7항에 따라 신고기한이 연장된 내국법인이 세액을 납부할 때에는 기한 연장일수에 금융회사 등의 이자율을 고려하여 대통령령으로 정하는 이자율을 적용하여 계산한 금액을 가산하여 납부하여야 한다. 이 경우 기한 연장일수는 제1항에 따른 신고기한의 다음 날부터 신고 및 납부가 이루어진 날(연장기한까지 신고납부가 이루어진 경우만 해당한다) 또는 연장된 날까지의 일수로 한다.

1. 과세표준과 세액의 확정신고

가. 의의

법인세 납부의무가 있는 내국법인은 자기의 법인세 과세표준과 세액을 스스로 과세관청에 신고해야 한다. 사업연도 종료에 따라 자동적으로 성립한 법인세의 추상적 납부의무는 과세표준 신고행위 또는 과세관청의 과세처분과 같은 확정절차를 거침으로써 비로소 구체적 납세의무로 바뀌게 된다. 이 신고절차에 의해 법인세의 납부의무가 구체적으로 확정된다.

나. 신고의무자

법인세 신고의무자는 각 사업연도 소득에 대한 납부의무가 있는 내국법인이다. 각 사업연도 소득금액이 없거나 결손금이 있는 법인도 과세표준과 세액을 신고해야 한다. 다만, 비영리법인은 법인세가 원천 징수된 이자소득에 대하여 과세표준의 신고를 하지 않거나 그 일부금액에 대해서만 과세표준을 신고할 수 있다.

다. 신고기한

납세의무가 있는 내국법인은 각 사업연도의 종료일이 속하는 달의 말일부터 3개월 이내에 법인세 과세표준과 세액 및 토지 등 양도소득에 대한 법인세를 납세지 관할세무서장에게 신고해야 한다(법 제60조 제1항). 각 사업연도 소득금액이 없거나 결손금이 있는 법인도 신고기한 내에 신고해야 한다(법 제60조 제3항). 다만, 국세기본법에 의한 기한연장사유가 있는 법인의 경우 법인의 신청 또는 관할세무서장 직권에 의해 과세표준 신고기한을 연장할 수 있다.

주식회사 외부감사에 관한 법률에 따라 감사인에 의한 감사를 받아야 하는 내국법인이 해당 사업연도의 감사가 종결되지 아니하여 결산이 확정되지 아니하였다는 이유로 신고기한 연장을 신청한 경우 그 신고기한을 1개월 범위에서 연장할 수 있다(법 제60조 제7항). 신고기한이 연장된 내국법인이 세액을 납부할 때에는 기한 연장일수에 1일 1만분의3의 이자율을 적용해 계산한 금액을 가산 납부해야 한다. 연장일수는 신고기한 다음날부터 신고 및 납부가 이뤄진 날 또는 연장된 날까지의 일수로 한다(법 제60조 제8항).

라. 첨부서류

내국법인이 해당 사업연도 소득에 법인세의 과세표준과 세액을 신고할 때 신고서에 다음의 서류를 첨부해야 한다(법 제60조 제2항). 이를 첨부하지 않을 경우 법인세법에 의한 신고로 보지 않기 때문에 무신고가산세가 적용된다. 다만, 비영리내국법인은 그러하지 아니한다(법 제60조 제5항).

1) 재무제표

기업회계기준을 준용해 작성한 개별 내국법인의 재무상태표, 포괄손익계산서, 이익잉여금처분계산서(또는 결손금처리계산서) 및 현금흐름표(외감법 제2조에 의해 외부감사 대상이 되는 법인의 경우). 기업회계기준에 따라 원화 외의 통화를 기능통화로 채택한 경우 재무제표는 기업회계기준을 준용해 작성한 기능통화로 표시된 재무제표를 말한다(영 제97조 제3항).

재무제표, 기능통화재무제표, 원화재무제표의 제출은 국세기본법에 따른 국세정보통신망을 이용해 표준재무상태표, 표준손익계산서, 및 표준순익계산서 부속명세서 제출로 갈음할 수 있다. 다만, 국제회계기준을 적용하는 법인은 표준재무제표를 제출해야 한다(영 제97조 제11항).

> 갑종근로소득세등부과처분취소
> (대법원 1986. 9. 9. 선고 86누206 판결)
>
> [판결요지]
>
> 법인세법 제26조에 의하여 법인세의 과세표준과 세액을 신고함에 있어서 대차대조표와 손익계산서를 제출하도록 되어 있으나 이는 법인의 과세표준이나 세액을 정함에 있어서 하나의 기준은 될지언정 반드시 거기에 따라야 한다는 것은 아닐 뿐만 아니라 다른 자료에 의하여 실지손익을 계산한다 하여 위법하다고 할 수 없다.

2) 세무조정계산서

법인세과세표준 및 세액신고서(시행규칙 별지 제1호 서식), 법인세과세표준 및 세액조정계산서(별지 제3호 서식). 기업회계와 세무회계의 정확한 조정 또는 성실한 납세를 위해 필요하다고 인정되는 경우 기획재정부령으로 정하는 법인은 반드시 세무사가 작성한 세무조정계산서를 첨부해야 한다(영 제97조 제9항).

3) 부속서류

세무조정계산서에 부속되는 각종 계산서 및 명세서

4) 합병 또는 분할로 해산하는 경우

합병등기일 또는 분할등기일 현재 피합병법인 등의 재무상태표와 합병법인 등이 그 합병 또는 분할에 의해 승계한 자산 및 부채의 명세서와 합병법인 등의 본점 등의 소재지, 대표자 성명, 피합병법인 등의 명칭, 합병등기일 또는 분할등기일 등이 기재된 서류(법 제60조 제4항).

2. 신고특례

법인세법 제61조(준비금의 손금 계상 특례)

① 내국법인이 「조세특례제한법」에 따른 준비금을 세무조정계산서에 계상하거나 「주식회사의 외부감사에 관한 법률」 제3조에 따른 감사인의 회계감사를 받는 비영리내국법인이 제29조에 따른 고유목적사업준비금을 세무조정계산서에 계상한 경우로서 그 금액에 상당하는 금액이 해당 사업연도의 이익처분에 있어서 그 준비금의 적립금으로 적립되어 있는 경우 그 금액은 손금으로 계상한 것으로 본다.

② 제1항에 따른 준비금의 손금 계상 및 그 금액의 처리에 필요한 사항은 대통령령으로 정한다.

제62조(비영리내국법인의 과세표준 신고 특례)

① 비영리내국법인은 제3조제3항제2호에 따른 이자·할인액 및 이익(「소득세법」 제16조제1항제11호의 비영업대금의 이익은 제외하고, 투자신탁의 이익을 포함하며, 이하 이 조에서 "이자소득"이라 한다)으로서 제73조에 따라 원천징수된 이자소득에 대하여는 제60조제1항에도 불구하고 과세표준 신고를 하지 아니할 수 있다. 이 경우 과세표준 신고를 하지 아니한 이자소득은 제14조에 따른 각 사업연도의 소득금액을 계산할 때 포함하지 아니한다.

② 제1항에 따른 비영리내국법인의 이자소득에 대한 법인세의 과세표준 신고와 징수에 필요한 사항은 대통령령으로 정한다.

제62조의2(비영리내국법인의 자산양도소득에 대한 과세특례)

① 비영리내국법인(제3조제3항제1호에서 규정하는 수익사업을 하는 비영리내국법인은 제외한다. 이하 이 조에서 같다)이 제3조제3항제4호부터 제6호까지의 수입으로서 다음 각 호의 어느 하나에 해당하는 자산의 양도로 인하여 발생하는 소득(이하 이 조에서 "자산양도소득"이라 한다)이 있는 경우에는 제60조제1항에도 불구하고 과세표준 신고를 하지 아니할 수 있다. 이 경우 과세표준 신고를 하지 아니한 소득은 제14조에 따른 각 사업연도의 소득금액을 계산할 때 포함하지 아니한다.

1. 「소득세법」 제94조제1항제3호에 해당하는 주식등과 대통령령으로 정하는 주식등

2. 토지 또는 건물(건물에 부속된 시설물과 구축물을 포함한다)
3. 「소득세법」 제94조제1항제2호 및 제4호의 자산

② 제1항에 따라 과세표준의 신고를 하지 아니한 자산양도소득에 대하여는 「소득세법」 제92조를 준용하여 계산한 과세표준에 같은 법 제104조제1항 각 호의 세율을 적용하여 계산한 금액을 법인세로 납부하여야 한다. 이 경우 같은 법 제104조제4항에 따라 가중된 세율을 적용하는 경우에는 제55조의2를 적용하지 아니한다.

③ 제2항을 적용할 때 「소득세법」 제92조를 준용하여 계산한 과세표준은 자산의 양도로 인하여 발생한 총수입금액(이하 이 조에서 "양도가액"이라 한다)에서 필요경비를 공제하고, 공제한 후의 금액(이하 "양도차익"이라 한다)에서 「소득세법」 제95조제2항 및 제103조에 따른 금액을 공제하여 계산한다.

④ 제3항에 따른 양도가액, 필요경비 및 양도차익의 계산에 관하여는 「소득세법」 제96조부터 제98조까지 및 제100조를 준용한다. 다만, 「상속세 및 증여세법」에 따라 상속세 과세가액 또는 증여세 과세가액에 산입되지 아니한 재산을 출연(出捐)받은 비영리내국법인이 대통령령으로 정하는 자산을 양도하는 경우에는 그 자산을 출연한 출연자의 취득가액을 그 법인의 취득가액으로 하며, 「국세기본법」 제13조제2항에 따른 법인으로 보는 단체의 경우에는 같은 항에 따라 승인을 받기 전의 당초 취득한 가액을 취득가액으로 한다.

⑤ 자산양도소득에 대한 과세표준의 계산에 관하여는 「소득세법」 제101조 및 제102조를 준용하고, 자산양도소득에 대한 세액계산에 관하여는 같은 법 제93조를 준용한다.

⑥ 제2항에 따른 법인세의 과세표준에 대한 신고·납부·결정·경정 및 징수에 관하여는 자산 양도일이 속하는 각 사업연도의 소득에 대한 법인세의 과세표준의 신고·납부·결정·경정 및 징수에 관한 규정을 준용하되, 그 밖의 법인세액에 합산하여 신고·납부·결정·경정 및 징수한다. 이 경우 제76조제1항을 준용한다.

⑦ 제2항에 따라 계산한 법인세는 「소득세법」 제105조부터 제107조까지의 규정을 준용하여 양도소득과세표준 예정신고 및 자진납부를 하여야 한다. 이 경우 「소득세법」 제112조 및 제112조의2를 준용한다.

⑧ 비영리내국법인이 제7항에 따른 양도소득과세표준 예정신고를 한 경우에는 제6항에 따른 과세표준에 대한 신고를 한 것으로 본다. 다만, 「소득세법」 제110조제4항 단서에 해당하는 경우에는 제6항에 따른 과세표준에 대한 신고를 하여야 한다.

⑨ 제1항부터 제8항까지의 규정에 따른 자산양도소득에 대한 특례의 적용방법 등에 관하여 필요한 사항은 대통령령으로 정한다.

3. 세액의 자진납부

법인세법 제64조(납부)

① 내국법인은 각 사업연도의 소득에 대한 법인세 산출세액에서 다음 각 호의 법인세액(가산세는 제외한다)을 공제한 금액을 각 사업연도의 소득에 대한 법인세로서 제60조에 따른 신고기한까지 납세지 관할 세무서등에 납부하여야 한다.

1. 해당 사업연도의 감면세액
2. 제63조에 따른 해당 사업연도의 중간예납세액
3. 제69조에 따른 해당 사업연도의 수시부과세액
4. 제73조에 따라 해당 사업연도에 원천징수된 세액

② 내국법인이 제1항에 따라 납부할 세액이 1천만원을 초과하는 경우에는 대통령령으로 정하는 바에 따라 납부할 세액의 일부를 납부기한이 지난 날부터 1개월(제25조제1항제1호에 따른 중소기업의 경우에는 2개월) 이내에 분납할 수 있다.

내국법인은 각 사업연도 소득에 대한 법인세 산출세액에서 감면세액 및 기납부세액을 공제한 금액을 각 사업연도 소득에 대한 법인세로서 법정 신고기한 내 납세지 관할세무서에 납부해야 한다(법 제64조 제1항)

납부할 세액이 1천만 원을 초과하는 경우에는 납부할 세액의 일부(납부할 세액이 2천만 원 이하인 경우 1천만 원을 초과하는 금액, 2천만 원을 초과하는 경우 그 세액의 100분의 50이하의 금액)를 납부기한이 경과한 날로부터 1월 내(중소기업은 2월 내) 각 분납할 수 있다(법 제64조 제2항).

4. 물납

> 법인세법 제65조(물납)
>
> ① 내국법인이 「공익사업을 위한 토지 등의 취득 및 보상에 관한 법률」이 적용되는 공공사업용으로 그 공공사업의 시행자에게 토지등을 양도하거나 같은 법 또는 그 밖의 법률에 따라 수용됨으로써 발생하는 소득에 대한 법인세를 금전으로 납부하기 곤란한 경우에는 그 토지등의 대금으로 교부받은 채권으로 납부할 수 있다. 다만, 대통령령으로 정하는 경우에는 그러하지 아니하다.
>
> ② 제1항에 따른 채권 납부의 대상, 그 채권의 평가 및 납부 절차 등에 관하여 필요한 사항은 대통령령으로 정한다.

공익사업을 위한 토지 등의 취득 및 보상에 관한 법률이 적용되는 공공사업용으로 그 공공사업의 시행자에게 토지 등을 양도하거나 같은 법 또는 그 밖에 법률에 따라 수용됨으로써 발생하는 소득에 대한 법인세를 금전으로 납부하기 곤란한 경우 그 토지 등의 대금으로 교부받은 당해 공공사업의 시행자가 발행한 보상채권으로 납부할 수 있다. 다만, 기획재정부장관이 세입 또는 통화조절 상 필요하다고 인정하는 경우 그러하지 아니한다(법 제65조, 영 제102조 제1항, 제6항). 공공사업 시행자에게 양도하거나 수용되어 발생한 양도차익에 대한 법인세액을 한도로 하며, 토지 등을 양도한 사업연도 법인세액이 1,000만 원을 초과해야 한다(영 제102조 제3항).

5. 중간예납

> 법인세법 제63조(중간예납)
>
> ① 내국법인(「고등교육법」 제3조에 따른 사립학교를 경영하는 학교법인, 「산업교육진흥 및 산학연협력촉진에 관한 법률」에 따른 산학협력단, 「국립대학법인 서울대학교 설립·운영에 관한 법률」에 따른 국립대학법인 서울대학교, 「국립대학법인 울산과학기술대학교 설립·운영에 관한 법률」에 따른 국립대학법인 울산과학기술대학교와 「국립대학법인 인천대학교

설립·운영에 관한 법률」에 따른 국립대학법인 인천대학교는 제외한다)으로서 각 사업연도(합병이나 분할에 의하지 아니하고 새로 설립된 법인인 경우에는 설립 후 최초의 사업연도는 제외한다)의 기간이 6개월을 초과하는 법인은 해당 사업연도 개시일부터 6개월간을 중간예납기간(中間豫納期間)으로 하여 그 사업연도 직전 사업연도의 법인세로서 확정된 산출세액(가산세를 포함하며, 제55조의2에 따른 토지등 양도소득에 대한 법인세와 제56조에 따른 미환류소득에 대한 법인세는 제외한다)에서 다음 각 호의 금액을 공제한 금액을 직전 사업연도의 월수로 나눈 금액에 6을 곱하여 계산한 금액(이하 "중간예납세액"이라 한다)을 그 중간예납기간이 지난 날부터 2개월 이내에 대통령령으로 정하는 바에 따라 납세지 관할 세무서, 한국은행(그 대리점을 포함한다) 또는 체신관서(이하 "납세지 관할 세무서등"이라 한다)에 납부하여야 한다. 다만, 중간예납세액의 납부의무가 있는 내국법인으로서 직전 사업연도의 법인세로서 확정된 산출세액이 없는 법인(제51조의2제1항 각 호의 법인은 제외한다)이거나 그 중간예납기간 만료일까지 직전 사업연도의 법인세액이 확정되지 아니한 법인인 경우와 분할신설법인 및 분할합병의 상대방 법인의 분할 후 최초의 사업연도의 경우에는 제5항에 따라 중간예납세액을 계산하여 납부하여야 한다.

1. 해당 사업연도의 직전 사업연도에 감면된 법인세액(소득에서 공제되는 금액은 제외한다)

2. 해당 사업연도의 직전 사업연도에 법인세로서 납부한 원천징수세액

3. 해당 사업연도의 직전 사업연도에 법인세로서 납부한 수시부과세액

② 합병에 따라 설립된 합병법인이 설립 후 최초의 사업연도에 제1항에 따른 중간예납세액을 납부하는 경우에는 피합병법인의 합병등기일이 속하는 사업연도의 직전 사업연도를 제1항에 따른 직전 사업연도로 본다.

③ 합병 후 존속하는 합병법인이 합병 후 최초의 사업연도에 제1항에 따른 중간예납세액을 납부하는 경우에는 합병법인의 직전 사업연도와 피합병법인의 합병등기일이 속하는 사업연도의 직전 사업연도를 모두 제1항에 따른 직전 사업연도로 본다.

④ 제76조의9, 제76조의10 및 제76조의12에 따라 연결납세방식을 적용받지 아니하게 된 법인이 연결납세방식을 적용받지 아니하는 최초의 사업연도에 제1항에 따라 중간예납세액을 납부하는 경우에는 직전 연결사업연도의 제76조의15제4항에 따른 연결법인별 산출세액을 제1항의 직전 사

업연도의 법인세로서 확정된 산출세액으로 본다.

⑤ 제1항에 따른 중간예납을 하여야 할 내국법인은 같은 항에도 불구하고 그 중간예납기간을 1사업연도로 보고 제13조부터 제18조까지, 제18조의2, 제18조의3, 제19조, 제19조의2, 제20조부터 제30조까지, 제33조부터 제38조까지, 제40조부터 제42조까지, 제42조의2, 제43조, 제44조, 제44조의2, 제44조의3, 제45조, 제46조, 제46조의2부터 제46조의5까지, 제47조, 제47조의2, 제50조, 제51조, 제51조의2, 제52조, 제53조, 제53조의2, 제53조의3 및 제54조에 따라 계산한 과세표준에 제55조에 따른 세율을 적용하여 산출한 법인세액에서 다음 각 호의 금액을 공제한 금액을 중간예납세액으로 하여 납세지 관할 세무서등에 납부할 수 있다. 이 경우 제1항 각 호 외의 부분 단서에 해당하는 경우를 제외하고, 같은 항에 따른 중간예납의 납부기한이 지난 경우에는 그러하지 아니하다.

1. 해당 중간예납기간에 해당하는 감면세액(소득에서 공제되는 금액은 제외한다)

2. 해당 중간예납기간에 법인세로서 납부한 원천징수세액

3. 해당 중간예납기간에 법인세로서 부과한 수시부과세액

⑥ 납세지 관할 세무서장은 필요하다고 인정하면 제1항부터 제5항까지의 규정에도 불구하고 대통령령으로 정하는 바에 따라 해당 법인의 직전 사업연도의 법인세액(제5항에 해당하는 경우에는 해당 중간예납세액을 6으로 나눈 금액에 그 사업연도의 월수를 곱한 금액)을 초과하지 아니하는 범위에서 그 사업연도의 중간예납세액을 정할 수 있다.

⑦ 내국법인이 제1항 및 제5항에 따라 납부할 세액이 1천만원을 초과하는 경우에는 제64조제2항을 준용하여 이를 분납할 수 있다.

가. 의의

중간예납은 사업연도 중 과년도의 세액을 기준으로 미리 세액 일부를 납부하는 제도이다. 중간예납을 통해 세액 납부를 시간적으로 분산함으로써 한꺼번에 거액의 법인세를 부담하는 것을 피할 수 있어 조세 저항감을 완화하고, 조세의 조기징수에 따라 세액 면탈을 방지할 수 있는 효과가 있다.

나. 중간예납의무자

내국법인으로서 각 사업연도가 6개월을 초과하는 법인이다. 다만, 다음의 법인은 중간예납대상법인에서 제외된다(법 제63조 제1항).

1) 신설법인의 최초 사업연도

2) 휴업법인으로 중간예납기간에 사업수입금액이 없음을 세무서장이 확인한 법인

3) 청산법인

4) 사업연도가 6개월 이내인 법인

5) 국내사업장이 없는 외국법인

다. 중간예납세액의 계산

중간예납 대상법인은 직전 사업연도 실적에 의한 방법과 중간예납기간의 실적에 의한 방법 중 한 가지를 선택해 중간예납세액을 계산할 수 있다. 다만 ① 직전 사업연도의 법인세로서 확정된 산출세액이 없는 법인, ② 직전 사업연도의 법인세액이 그 중간예납기간 만료일까지 확정되지 않은 경우, ③ 분할신설법인 및 분할합병의 상대방 법인의 분할 후 최초 사업연도의 경우 등에는 중간예납기간 실적에 의한 방법만을 적용해 중간예납세액을 계산해야 한다.

1) 직전 사업연도 실적에 의한 계산

직전사업연도의 법인세로서 확정된 산출세액(가산세는 포함, 토지 등 양도소득에 대한 법인세 제외)에서 직전사업연도에 감면된 법인세액, 직전사업연도에 법인세로서 납부한 원천징수세액, 직전사업연도에 법인세로서 납부한 수시부과세액을 공제한 금액을 직전 사업연도의 월수로 나눈 금액에 6을 곱해 계산한 금액으로 한다(법 제63조 제1항).

합병으로 설립된 합병법인이 설립 후 최초 사업연도에 직전사업연도 실적에 의한 중간예납세액을 납부하는 경우 직전사업연도는 피합병법인의 합병등기일이 속하는 사업연도의 직전사업연도로 한다.

2) 중간예납기간 실적에 의한 계산

중간예납기간을 1사업연도로 보고 계산한 과세표준에 세율을 적용해 산출한 법인세액에서 해당 중간예납기간 감면세액, 원천징수세액, 수시부과세액 등을 공제한 금액을 중간예납세액으로 하여 납세지 관할세무서에 납부할 수 있다(법 제63조 제5항).

이때 과세표준은 중간예납기간 과세표준을 6으로 나눈 금액에 12를 곱해 1년으로 환산한 과세표준을 계산한다. 1년으로 환산한 과세표준에 초과누진세율을 적용해 세액을 산출하고 산출된 세액에 그 사업연도의 월수를 12로 나눈 수를 곱해 계산한 금액을 그 산출세액으로 한다.

라. 중간예납세액 납부 및 징수

중간예납세액은 중간예납기간이 지난날부터 2개월 이내에 신고, 납부해야 한다. 이때 중간예납으로 납부할 세액이 1천만 원을 초과하는 경우 납부기한이 지난날로부터 1개월(중소기업은 2개월) 이내에 분납할 수 있다(법 제63조 제7항).

납세지관할 세무서장은 내국법인이 중간예납세액의 전부 또는 일부를 납부하지 아니하면 그 미납된 중간예납세액을 국세징수법에 따라 징수해야 한다(법 제71조 제2항).

Ⅷ. 세액의 결정 · 경정 · 징수 및 환급

1. 의의

법인세법 제66조(결정 및 경정)

① 납세지 관할 세무서장 또는 관할지방국세청장은 내국법인이 제60조에 따른 신고를 하지 아니한 경우에는 그 법인의 각 사업연도의 소득에 대한 법인세의 과세표준과 세액을 결정한다.

② 납세지 관할 세무서장 또는 관할지방국세청장은 제60조에 따른 신고를 한 내국법인이 다음 각 호의 어느 하나에 해당하는 경우에는 그 법인의 각 사업연도의 소득에 대한 법인세의 과세표준과 세액을 경정한다.

1. 신고 내용에 오류 또는 누락이 있는 경우

2. 제120조 또는 제120조의2에 따른 지급명세서, 제121조에 따른 매출·매입처별 계산서합계표의 전부 또는 일부를 제출하지 아니한 경우

3. 다음 각 목의 어느 하나에 해당하는 경우로서 시설 규모나 영업 현황으로 보아 신고 내용이 불성실하다고 판단되는 경우

가. 제117조제1항에 따른 신용카드가맹점 가입 요건에 해당하는 법인이 정당한 사유 없이 「여신전문금융업법」에 따른 신용카드가맹점(법인만 해당한다. 이하 "신용카드가맹점"이라 한다)으로 가입하지 아니한 경우

나. 신용카드가맹점이 정당한 사유 없이 제117조제2항을 위반하여 신용카드에 의한 거래를 거부하거나 신용카드 매출전표를 사실 과 다르게 발급한 경우

다. 제117조의2제1항에 따라 현금영수증가맹점으로 가입하여야 하는 법인 및 「부가가치세법」 제46조제4항에 따라 현금영수증가맹점 가입 대상자로 지정받은 법인이 정당한 사유 없이 「조세특례제한법」 제126조의3에 따른 현금영수증가맹점(이하 "현금영수증가맹점"이라 한다)으로 가입하지 아니한 경우

라. 현금영수증가맹점이 정당한 사유 없이 현금영수증 발급을 거부하거나 사실과 다르게 발급한 경우

4. 내국법인이 「자본시장과 금융투자업에 관한 법률」 제159조에 따른 사업보고서 및 「주식회사의 외부감사에 관한 법률」 제8조에 따른 감사보고서를 제출할 때 수익 또는 자산을 과다 계상하거나 손비 또는 부채를 과소 계상하는 등 사실과 다른 회계처리를 함으로 인하여 그 내국법인, 그 감사인 또는 그에 소속된 공인회계사가 대통령령으로 정하는 경고·주의 등의 조치를 받은 경우로서 과세표준 및 세액을 과다하게 계상하여 「국세기본법」 제45조의2에 따라 경정을 청구한 경우

③ 납세지 관할 세무서장 또는 관할지방국세청장은 제1항과 제2항에 따라 법인세의 과세표준과 세액을 결정 또는 경정하는 경우에는 장부나 그 밖의 증명서류를 근거로 하여야 한다. 다만, 대통령령으로 정하는 사유로 장부나 그 밖의 증명서류에 의하여 소득금액을 계산할 수 없는 경우에는 대통령령으로 정하는 바에 따라 추계(推計)할 수 있다.

④ 납세지 관할 세무서장 또는 관할지방국세청장은 법인세의 과세표준과 세액을 결정 또는 경정한 후 그 결정 또는 경정에 오류나 누락이 있는 것을 발견한 경우에는 즉시 이를 다시 경정한다.

법인세는 납세신고에 의해 비로소 납세의무가 확정된다(법 제60조). 그러나 내국법인이 과세표준신고를 이행하지 않은 경우 납세의무가 구체적으로 확정되지 못하게 되는데, 이 경우 과세관청이 해당 내국법인의 과세표준과 세액을 확정하게 된다(법 제66조 제1항).

내국법인의 과세표준 신고내용에 탈루 또는 오류가 있는 경우나 과세관청에 의한 과세표준과 세액결정에 탈루 또는 오류가 있는 경우 과세관청이 해당 내국법인의 과세표준과 세액을 다시 고쳐서 확정하는데, 이를 경정이라 한다(법 제66조 제2항).

과세표준과 세액을 경정한 후 그 경정에 탈루 또는 오류가 있는 경우 즉시 이를 다시 경정해야 한다(법 제66조 제4항).

부가치세부과처분취소
(대법원 1991. 7. 26. 선고 90누8244 판결)

[판결요지]

과세관청이 법인세 과세표준신고내용에 오류 또는 탈루 등이 있다고 인정하여 법인세법 제32조 제2항의 규정에 따라 과세표준과 세액을 증액하는 경정처분을 한 경우에는 위 신고확정된 과세표준과 세액이 증액부분에 포함되어 전체로서의 과세표준과 세액을 다시 결정하는 것이므로 증액경정처분에 의하여 위 신고확정의 효력은 소멸되어 증액경정처분에 흡수된다 할 것이고, 과세관청이 그 후에 위 증액경정처분을 취소하여도 위 신고확정의 효력이 되살아 나는 것이 아니고 위 신고된 금액의 한도로 감액경정처분을 한 것으로 보아야 할 것이어서 결과적으로 위 신고된 금액만큼의 부과처분이 존재한다 할 것이므로 이 경우 당사자는 신고에 의하여 확정되었던 과세표준과 세액에 대하여도 그 위법여부를 다툴 수 있다.

2. 결정 · 경정의 방법

가. 실액조사에 의한 결정

내국법인의 각 사업연도의 소득에 대한 법인세 과세표준과 세액을 결정 또는 경정하는 경우 장부 기타 증빙서류를 근거로 산정해야 한다(법 제66조 제3항). 법인의 신고가 없는 경우에도 비치, 기장한 장부와 증빙서류에 의해 그 소득금액을 계산할 수 있을 때에는 실액조사에 의해 결정해야 한다(영 제103조 제2항).

수입금액을 추계결정 또는 경정한 경우에도 해당 법인이 비치한 장부 기타 증빙서류에 의해 소득금액을 계산할 수 있는 때에는 당해 사업연도의 과세표준과 세액을 실액조사에 의해 결정한다(영 제105조 제2항).

법인세등부과처분취소
(대법원 2003. 6. 24. 선고 2001두7770 판결)

[판결요지]

법인의 소득금액을 결정함에 있어 익금에 산입할 수익이 있었는지의 여부나 그 수익액이 얼마인지에 대한 입증책임은 원칙적으로 과세관청에 있는 것이고, 또 일반적으로 납세의무자의 신고내용에 오류 또는 탈루가 있어 이를 경정함에 있어서는 장부나 증빙에 의함이 원칙이라고 하겠으나, 진정성립과 내용의 합리성이 인정되는 다른 자료에 의하여 그 신고내용에 오류 또는 탈루가 있음이 인정되고 실지조사가 가능한 때에는 그 다른 자료에 의하여서도 이를 경정할 수 있지만, 납세의무자가 제출한 매출누락사실을 자인하는 확인서에 매출사실의 구체적 내용이 들어 있지 않아 그 증거가치를 쉽게 부인할 수 없을 정도의 신빙성이 인정되지 아니한다면, 비록 납세의무자의 확인서라고 하더라도, 이는 실지조사의 근거로 될 수 있는 장부 또는 증빙서류에 갈음하는 다른 자료에 해당되지 아니한다.

법인세부과처분취소
(대법원 1999. 1. 15. 선고 97누15463 판결)

[판결요지]

법인의 각 사업연도의 소득금액을 산정함에 있어서 공제하여야 할 손비의 구체적인 항목에 관한 입증은 그 입증의 난이라든가 당사자의 형평 등을 고려하여 납세의무자에게 그 입증의 필요를 돌리는 경우가 있으나, 그와 같은 경우란 과세관청에 의하여 납세의무자가 신고한 어느 비용의 용도와 그 지급의 상대방이 허위임이 상당한 정도로 입증된 경우 등을 가리키는 것으로, 그에 관한 입증이 전혀 없는 경우에까지 납세의무자에게 곧바로 손비에 대한 입증의 필요를 돌릴 수는 없다.

법인세부과처분취소
(대법원 1998. 4. 10. 선고 98두328 판결)

[판결요지]

과세관청이 실지조사방법에 의하여 법인의 소득에 대한 과세표준과 세액을 결정하면서 당해 법인의 당초 신고에서 누락된 수입금액을 발견한 경우에 이에 대응하는 매입원가 등의 손금이 별도로 지출되었음이 장부 기타 증빙서류에 의하여 밝혀지는 등 특별한 사정이 없는 이상 이는 총수입금에 대응하는 총손금에 이미 포함되어 있는 것으로 볼 것이고, 이 경우 누락수입에 대응하는 비용에 관한 신고를 누락하였다고 하여 그 공제를 받고자 한다면 그 비용의 손금산입을 구하는 납세의무자가 스스로 그 누락사실을 주장·입증하여야 한다.

법인세등부과처분취소
(대법원 1994. 11. 18. 선고 93누7211 판결)

법인이 내부용인 실제거래장부(비밀장부)와 외부용인 세무신고용 장부를 기장해오면서 그 신고용 장부에 의해 법인세과세표준 등 확정신고를 하였고, 그에 대하여 과세청은 그 2개 장부를 대조하여서 신고용 장부에 의한 법인의 신고내용이 실제거래장부의 기재내용과 일치하지 않는 부분의 차액을 각 매출누락과 가공경비로 보아 각기 익금에 산입하고 손금산입을 부인하였다면, 그 과세처분(그 점에 관한 조세포탈죄 등 형사유죄판결이 확정된 사업연도 이전분은 물론, 공소가 제기되지 아니한 사업연도분까지)은 다른 특별한 사정이 없는 한 과세청이 실지조사에 의하여 납세의무자의 확정신고 내용에 오류·탈루가 있음을 밝혀내고서 이를 경정한 적법한 처분임이 입증된 경우라고 보아야 할 것이다.

법인세부과처분취소
(대법원 1998. 5. 8. 선고 96누6158 판결)

[판결요지]

[1] 법인소득액 산정시 손금에 산입할 비용에 관하여 납세의무자가 신고한 비용 중 일부가 허위임이 밝혀지거나 스스로 허위임을 시인하면서 다른 비용으로 소요되었다고 주장하는 경우 그 다른 비용의 존재를 납세의무자가 입증하면 이는 손금으로 산입될 수 있다.

[2] 법인세법 제9조 제1항, 제3항, 같은법시행령 제12조 제2항의 각 규정에 따르면 일반적으로 위법소득을 얻기 위하여 지출한 비용이나 지출 자체에 위법성이 있는 비용의 손금산입을 부인하는 내용의 규정이 없을 뿐만

아니라, 법인세는 원칙적으로 다른 법률에 의한 금지의 유무에 관계없이 담세력에 따라 과세되어야 하고 순소득이 과세대상으로 되어야 하는 점 등을 종합하여 보면, 위법소득을 얻기 위하여 지출한 비용이나 지출 자체에 위법성이 있는 비용에 대하여도 그 손금산입을 인정하는 것이 사회질서에 심히 반하는 등의 특별한 사정이 없는 한 손금으로 산입함이 타당하다.

법인세부과처분취소
(대법원 1999. 1. 15. 선고 97누15463 판결)

과세연도의 제품매출액, 기초제품재고액 및 기말제품재고액에 비추어 제품제조원가가 존재함이 분명한 경우, 실지조사나 추계조사의 방법에 의하여 산정이 가능한 범위 내에서는 제품제조원가에 대한 입증책임이 과세관청에게 있고, 이보다 많은 제품제조원가를 주장하는 경우에만 납세의무자에게 입증의 필요가 있다.

부가가치세부과처분취소
(대법원 2006. 6. 2. 선고 2004두12070 판결)

[판결요지]

납세자에 대한 부가가치세부과처분이, 종전의 부가가치세 경정조사와 같은 세목 및 같은 과세기간에 대하여 중복하여 실시된 위법한 세무조사에 기초하여 이루어진 경우 위법하다.

종합소득세부과처분취소
(대법원 2006. 5. 25. 선고 2004두11718 판결)

[판결요지]

납세자의 사업장 소재지를 관할하는 세무서장이 실시한 세무조사는 부가가치세 경정조사로서 조사목적과 조사의 대상이 부가가치세액의 탈루 여부에 한정되어 그 결과에 따라 부가가치세의 증액경정처분만이 이루어졌고, 주소지를 관할하는 세무서장이 실시한 세무조사는 개인제세 전반에 관한 특별세무조사로서 그 결과에 따라 종합소득세의 증액경정처분 등이 이루어진 경우, 종합소득세부과처분에 관한 위 각 세무조사가 같은 세목 및 같은 과세기간에 대한 중복조사에 해당하지 않는다.

나. 추계방법에 의한 결정

1) 추계과세 요건

추계방법에 의한 결정은 직접증거를 입수할 수 없거나 입수한 직접증거가 현저히 부정확하거나 신뢰성이 결여되는 경우에 한하여 허용된다. 즉, 소득금액을 계산함에 있어 필요한 장부 또는 증빙서류가 없거나 중요한 부분이 미비 또는 허위인 때, 기장의 내용이 시설규모, 종업원 수와 원자재, 상품, 제품 또는 각종 요금의 시가 등에 비추어 허위임이 명백한 때, 기장의 내용이 원자재사용량, 전력사용량 기타 조업상황에 비추어 허위임이 명백한 때 할 수 있다(법 제66조 제3항, 영 제104조 제1항).

법인세등부과처분취소
(대법원 2004. 6. 25. 선고 2002두11141 판결)

[판결요지]

법인세 부과처분에 대한 사전조사가 이루어질 즈음 납세의무자가 허위의 증빙자료를 만들어 이를 제출하고 과세처분과 관련된 많은 증빙자료가 이미 사라지고 없어서 실지조사가 불가능하다고 인정되는 경우, 이러한 사유는 구 법인세법(1996. 12. 30. 법률 제5192호로 개정되기 전의 것) 제32조 제3항 단서, 구 법인세법시행령(1998. 12. 31. 대통령령 제15970호로 개정되기 전의 것) 제93조 제1항 제1호가 정한 소득금액에 대한 추계사유에 해당한다.

종합소득세등부과처분취소
(대법원 1982. 2. 9. 선고 81누159 판결)

[판결요지]

과세표준·세액과 총수입금액을 어떠한 방법으로 조사결정 할 것인가 하는 문제는 각각 그 조사결정방법에 관한 법정사유 중 어느 것에 해당하는가에 따라 각별로 결정되어야 하고, 그 두 가지가 반드시 같은 방법에 의하여 조사결정 되어야 하는 것이 아니다. 따라서 총수입금액은 실지조사결정 하고, 과세표준을 계산하는데 필요한 장부와 증빙서류가 없다는 이유로 소득표준율을 곱하여 소득금액을 계산하고 기초공제를 하여 과세표준과 세액을 결정하여도 위법이 아니다.

부가가치세등부과처분취소
(대법원 2001. 12. 24. 선고 99두9193 판결)

[판결요지]

단일한 과세목적물에 대하여 실지조사와 추계조사를 혼합하여 과세표준액을 정하는 것은 법인세법이나 부가가치세법 등 관계 법령이 인정하는 과세방식이 아니므로, 일부 매출액에 관하여는 추계의 방법으로, 그 외의 나머지 매출누락분 및 신고분의 매출액에 관하여는 실지조사의 방법으로 산정하여 각 과세표준을 산정한 것은 위법하다.

법인세부과처분취소
(대법원 1998. 4. 10. 선고 98두328 판결)

[판결요지]

[1] 과세관청이 실지조사방법에 의하여 법인의 소득에 대한 과세표준과 세액을 결정하면서 당해 법인의 당초 신고에서 누락된 수입금액을 발견한 경우에 이에 대응하는 매입원가 등의 손금이 별도로 지출되었음이 장부 기

타 증빙서류에 의하여 밝혀지는 등 특별한 사정이 없는 이상 이는 총수입금에 대응하는 총손금에 이미 포함되어 있는 것으로 볼 것이고, 이 경우 누락수입에 대응하는 비용에 관한 신고를 누락하였다고 하여 그 공제를 받고자 한다면 그 비용의 손금산입을 구하는 납세의무자가 스스로 그 누락사실을 주장·입증하여야 한다.

[2] 과세관청이 실지조사방법에 의하여 법인의 소득에 대한 과세표준과 세액을 결정하는 경우 총손금의 결정방법과는 달리 그 수입누락 부분에 대응하는 손금만을 실지조사가 아닌 추계조사방법에 의하여 산출·공제할 수는 없다.

종합소득세부과처분취소
(대법원 1988. 9. 13. 선고 85누988 판결)

[판결요지]

과세처분의 위법을 다투는 행정소송에 있어서 그 처분의 적법여부는 과세액이 정당한 세액을 초과하느냐의 여부에 따라 판단되는 것으로서 당사자는 소송변론종결시까지 객관적인 조세채무액을 뒷받침하는 주장과 증거를 제출할 수 있다.

2) 추계방법

가) 소득금액 추계

법인세의 과세표준을 추계결정 또는 경정하는 경우 원칙적으로 기준경비율에 의해 결정한다(영 제104조 제2항). 기준경비율이란 국세청장이 업종과 기업 특성에 따라 정한 평균적인 경비비율로서 그에 의한 추계결정을 할 때는 사업수입금액에서 증빙서류에 의해 실제 지출이 증명된 주요 경비와 기준경비율에 의한 추계경비를 각 공제하여 산정한 금액에 준비금, 충당금을 가산한 금액을 과세표준으로 한다(영 제104조 제2항 제1호, 제3항).

기준경비율이 결정되지 않았거나 천재, 지변 기타 불가항력으로 장부 기타 증빙서류가 멸실된 때에는 기장이 가장 정확하다고 인정되는 동일업종의 다른 법인의 소득금액을 참작해 과세표준을 정하고, 동일업종의 다른 법인이 없는 경우에는 법인세법 제60조에 의한 과세표준신고서 및 그 첨부서류에 의하고, 과세표준 등 신고 전에 장부 기타 증빙서류가 멸실된 때에는 직전 사업연도의 소득률에 의해 결정한다(영 제104조 제2항 제2호).

조세특례제한법상 소기업(조특법 제7조 제1항 제2호 가목)이 폐업한 때에는 수입금액에 소득세법 시행령 제145조에 따른 단순경비율과 직전 사업연도 소득률 중 작은 비율을 곱해 계산하는 방법으로 결정한다(영 제104조 제2항 제3호).

천재지변이나 그 밖에 불가항력으로 장부 기타 증빙서류가 멸실되어 추계하는 경우에는 이월결손금을 공제하고(법 제68조), 외국납부세액공제를 적용한다(영 제68조).

사업수입 이외 수익에서 그에 대응하는 비용을 차감한 금액, 부당행위계산부인액, 법인세법 제34조 대손충당금 환입액, 익금에 산입해야 할 준비금 또는 충당금이 있는 경우 이를 더한 금액을 과세표준으로 한다(영 제104조 제3항).

법인세부과처분취소
(대법원 2008. 9. 11. 선고 2006두11576 판결)

[판결요지]

사업수익금액에 표준소득률을 곱하여 구한 추계소득금액에 외환차익·외화환산이익을 가산하여 과세표준을 구하는 방법으로 한 법인세 부과처분은 합리성과 타당성을 갖춘 적법한 추계과세로 볼 수 없다.

나) 수입금액의 추계

사업수입금액을 장부와 기타 증빙서류에 의해 계산할 수 없는 경우 그 사업수입금액은 다음의 방법으로 계산한다(영 제105조 제1항).

① 기장이 정당하다고 인정되어 기장에 의해 조사결정한 동일업종의 업황

이 유사한 다른 법인의 사업수입금액을 참작하여 계산하는 방법

② 국세청장이 사업의 종류, 지역을 감안해 사업과 관련된 인적, 물적시설의 수량 또는 가액과 매출액의 관계를 정한 영업효율이 있는 경우에는 이를 적용해 계산하는 방법

③ 국세청장이 업종별로 투입원재료에 대하여 조사한 생산수율이 있는 경우 이를 적용해 계산한 생산량에 당해 사업연도 중 매출된 수량의 시가를 적용해 계산하는 방법

다) 추계방법의 합리성

추계방법으로 결정하는 경우에는 소득의 실액에 근접할 수 있는 합리적인 방법이 강구되어야 한다. 즉, 추계방법이 객관적이어야 하고, 추계의 기초가 된 사실이 정확해야 하며, 납세의무자에 대하여 구체적, 개별적 타당성을 갖추어야 한다.

종합소득세부과처분취소
(대법원 1995. 1. 12. 선고 94누10337 판결)

[판결요지]

[1] 소득세법상 추계과세는 수입금액이나 과세표준의 근거가 되는 납세자의 장부나 증빙서류 등이 없거나 그 내용이 미비 또는 허위이어서 근거과세의 방법으로 사용할 수 없는 경우에 예외적으로 인정되는 것이므로 과세관청으로서는 납세의무자가 제시하는 제반 서류 등이 미비하거나 그 내용이 허위라고 의심할 부분이 있으면 그 부당성을 지적하고 새로운 자료를 제시받아 실지조사를 한 연후에 그렇게 하더라도 그 과세표준과 세액을 결정할 수 없고 그 조사결과 제반 증빙서류의 내용이 명백히 허위라고 판명된 경우에 한하여 비로소 추계조사방법으로 그 수입금액이나 과세표준을 결정할 수 있는 것이고, 또 그 추계의 방법과 내용도 가장 진실에 가까운 수입금액이나 소득실액을 반영할 수 있도록 합리적이고 타당성 있는 근거에 의하여 이를 결정하여야 한다.

[2] 과세관청의 직원이 납세자로부터 증빙서류의 미비와 무기장의 확인

서를 받았다 하더라도 과세관청으로서는 그와 같은 자료만으로는 실지조사를 할 수 없으므로 납세자로 하여금 증빙서류를 보완하게 하거나 새로운 장부를 작성·제출하게 하는 등으로 실지조사를 하려는 노력을 기울여야 함에도 그러한 조치를 취하였다는 점에 관한 주장과 입증이 전혀 없을 뿐만 아니라, 납세자가 종합소득세 신고를 하면서 수입과 지출의 근거가 되는 증빙서류와 그에 따라 작성한 장부를 제출하였음에도 이에 대한 검토 없이 이를 부인하고, 추계조사결정을 하면서 믿을 수 있는 증빙서류를 근거로 하지 아니하고 납세자로 하여금 총비용을 개략적으로 진술하게 하여 작성된 사업장운영비용에 관한 추정서상의 총비용 금액에 소득표준율을 적용, 역산의 방법으로 총수입금액을 계산하였다면, 그와 같은 계산방법은 구 소득세법시행령(1994.12.31. 대통령령 제14467호로 전문 개정되기 전의 것) 제159조 제6항 제4호 (나)목 소정의 비용의 관계비율에 의한 추계방법에도 해당되지 아니하고, 소득표준율은 총수입금액이 결정되어 있을 때 같은 금액에 이를 곱하여 과세표준을 결정하는 추계방법일 뿐 총비용에 위 비율을 적용하여 역산하는 방법으로 총수입금액을 계산할 수 있는 근거가 없으므로, 과세관청이 그와 같은 방법으로 추계한 것은 합리성과 타당성이 없는 것이라 아니할 수 없으며 또한 그 작성경위로 보아 정확성을 인정하기 어려운 사업장운영비용 추정서를 추계의 기초자료로 삼은 것도 잘못이라 하여, 그 추계조사결정을 적법하다고 판단한 원심판결은 위법하다.

종합소득세등부과처분취소
(대법원 1997. 10. 24. 선고 97누10192 판결)

[판결요지]

과세관청이 밝혀진 납세의무자의 총수입금액에 소득표준율을 곱하는 방식으로 과세표준을 추계함으로써 구 소득세법(1992. 12. 8. 법률 제4520호로 개정되기 전의 것) 제120조, 구 소득세법시행령(1991. 12. 31. 대통령령 제13540호로 개정되기 전의 것) 제169조 제2항 소정의 제1차적 방법을 사용하였다면 그 추계방법의 합리성은 일단 입증되었다고 할 것인바, 과세대상인 부동산의 매매에 있어서 그 실액이 파악되지 아니한 것은 건물의 신축공사 비용에 지나지 아니하므로 이 부분에 한하여 그 실지비용을 가장 근접하게 산출할 수 있는 합리적 방법을 사용하면 좀 더 실액에 근접하게 소득금액을 산출할 수 있다면, 이러한 좀 더 사실과 근접한 추계방법이 존재한다는 점에 관한 입증의 필요는 납세의무자가 부담한다.

3. 익금산입금액의 처분

가. 의의

법인세법 제67조(소득 처분)

제60조에 따라 각 사업연도의 소득에 대한 법인세의 과세표준을 신고하거나 제66조 또는 제69조에 따라 법인세의 과세표준을 결정 또는 경정할 때 익금에 산입한 금액은 그 귀속자 등에게 상여(賞與)·배당·기타사외유출(其他社外流出)·사내유보(社內留保) 등 대통령령으로 정하는 바에 따라 처분한다.

[전문개정 2010.12.30.]

기업의 세무조정이나 허위, 오류로 발생한 누락금액의 가감에 따라 익금에 산입한 금액은 추가적으로 그 귀속을 확인해야 한다. 이처럼 법인세의 과세표준을 신고하거나 법인세의 결정 또는 경정을 함에 있어서 세무조정금액의 귀속을 확인하는 것을 소득처분이라 한다.

나. 소득처분의 대상

법인이 과세표준을 신고하면서 스스로 세무조정을 하여 익금에 가산한 금액을 소득처분하는 것이 원칙이고, 법인이 신고하지 않거나 신고내용에 오류, 탈루가 있으면 정부가 과세표준과 세액을 결정 또는 경정하면서 익금에 산입한 금액을 소득처분한다.

다. 소득처분의 내용

법인세법 시행령 제106조(소득처분)

① 법 제67조에 따라 익금에 산입한 금액은 다음 각 호의 규정에 의하

여 처분한다. 비영리내국법인과 비영리외국법인에 대하여도 또한 같다.

1. 익금에 산입한 금액이 사외에 유출된 것이 분명한 경우에는 그 귀속자에 따라 다음 각 목에 따라 배당, 이익처분에 의한 상여, 기타소득, 기타 사외유출로 할 것. 다만, 귀속이 불분명한 경우에는 대표자(소액주주등이 아닌 주주등인 임원 및 그와 제43조제8항에 따른 특수관계에 있는 자가 소유하는 주식등을 합하여 해당 법인의 발행주식총수 또는 출자총액의 100분의 30 이상을 소유하고 있는 경우의 그 임원이 법인의 경영을 사실상 지배하고 있는 경우에는 그 자를 대표자로 하고, 대표자가 2명 이상인 경우에는 사실상의 대표자로 한다. 이하 이 조에서 같다)에게 귀속된 것으로 본다.

가. 귀속자가 주주등(임원 또는 사용인인 주주등을 제외한다)인 경우에는 그 귀속자에 대한 배당

나. 귀속자가 임원 또는 사용인인 경우에는 그 귀속자에 대한 상여

다. 귀속자가 법인이거나 사업을 영위하는 개인인 경우에는 기타 사외유출. 다만, 그 분여된 이익이 내국법인 또는 외국법인의 국내사업장의 각 사업연도의 소득이나 거주자 또는 「소득세법」 제120조에 따른 비거주자의 국내사업장의 사업소득을 구성하는 경우에 한한다.

라. 귀속자가 가목 내지 다목외의 자인 경우에는 그 귀속자에 대한 기타소득

2. 익금에 산입한 금액이 사외에 유출되지 아니한 경우에는 사내유보로 할 것

3. 제1호에도 불구하고 다음 각 목의 금액은 기타 사외유출로 할 것

가. 삭제 <2006.2.9>

나. 법 제24조의 규정에 의하여 익금에 산입한 금액

다. 법 제25조 및 「조세특례제한법」 제136조의 규정에 의하여 익금에 산입한 금액

라. 법 제28조제1항제1호 및 제2호의 규정에 의하여 익금에 산입한 이자·할인액 또는 차익에 대한 원천징수세액에 상당하는 금액

마. 법 제28조제1항제4호의 규정에 의하여 익금에 산입한 금액

바. 삭제 <2006.2.9>

사. 「조세특례제한법」 제138조의 규정에 의하여 익금에 산입한 금액

아. 제1호 각 목 외의 부분 단서 및 제2항에 따라 익금에 산입한 금액

이 대표자에게 귀속된 것으로 보아 처분한 경우 당해 법인이 그 처분에 따른 소득세 등을 대납하고 이를 손비로 계상하거나 그 대표자와의 특수관계가 소멸될 때까지 회수하지 아니함에 따라 익금에 산입한 금액

자. 제88조제1항제8호·제8호의2 및 제9호(같은 호 제8호 및 제8호의2에 준하는 행위 또는 계산에 한정한다)에 따라 익금에 산입한 금액으로서 귀속자에게 「상속세 및 증여세법」에 의하여 증여세가 과세되는 금액

차. 외국법인의 국내사업장의 각 사업연도의 소득에 대한 법인세의 과세표준을 신고하거나 결정 또는 경정함에 있어서 익금에 산입한 금액이 그 외국법인 등에 귀속되는 소득

②제104조제2항의 규정에 의하여 결정된 과세표준과 법인의 대차대조표상의 당기순이익과의 차액(법인세상당액을 공제하지 아니한 금액을 말한다)은 대표자에 대한 이익처분에 의한 상여로 한다. 다만, 법 제68조 단서의 규정에 해당하는 경우에는 이를 기타 사외유출로 한다.

③제2항의 경우 법인이 결손신고를 한 때에는 그 결손은 없는 것으로 본다.

④내국법인이 「국세기본법」 제45조의 수정신고기한내에 매출누락, 가공경비 등 부당하게 사외유출된 금액을 회수하고 세무조정으로 익금에 산입하여 신고하는 경우의 소득처분은 사내유보로 한다. 다만, 다음 각 호의 어느 하나에 해당되는 경우로서 경정이 있을 것을 미리 알고 사외유출된 금액을 익금산입하는 경우에는 그러하지 아니하다. <신설 2005.2.19, 2010.2.18, 2013.2.15>

1. 세무조사의 통지를 받은 경우
2. 세무조사가 착수된 것을 알게 된 경우
3. 세무공무원이 과세자료의 수집 또는 민원 등을 처리하기 위하여 현지출장이나 확인업무에 착수한 경우
4. 납세지 관할세무서장으로부터 과세자료 해명 통지를 받은 경우
5. 수사기관의 수사 또는 재판 과정에서 사외유출 사실이 확인된 경우
6. 그 밖에 제1호부터 제5호까지의 규정에 따른 사항과 유사한 경우로서 경정이 있을 것을 미리 안 것으로 인정되는 경우

1) 실액조사방법의 경우

가) 사외유출 된 경우

익금에 산입한 금액이 사외유출 된 경우에는 그 귀속자에 따라 배당, 상여, 기타소득, 기타사외유출로 한다(영 제106조 제1항 제1호). 사외유출은 귀속자에게 법인의 이익이 분여된 것이므로 소득세나 법인세의 납세의무가 귀속자에게 발생한다. 사외유출의 경우 귀속자에 따라 귀속자가 주주 등인 경우에는 배당, 귀속자가 임원 또는 사용인인 경우에는 상여, 귀속자가 법인이거나 사업을 영위하는 개인인 경우에는 기타사외유출, 귀속자가 그 외의 사람인 경우 그 귀속자에 대한 기타소득으로 처분한다.

법인세부과처분취소
(대법원 2003. 4. 11. 선고 2002두1854 판결)

[판결요지]

[1] 법인세법 제67조에 의하면 "익금에 산입한 금액은 그 귀속자에 따라 상여·배당·기타사외유출·사내유보 등 대통령령이 정하는 바에 따라 처분한다."고 규정하고 있는바, 소득처분의 종류를 들면서 '등'이라는 표현을 사용한 점에 비추어 위 규정은 소득처분의 종류를 위와 같은 네 가지 경우에 한정하여 제한하려는 취지가 아니라 소득처분을 사내유보와 사외유출로 나눈 후 그 중 사외유출의 대표적인 예로 상여·배당·기타사외유출을 예시하고 있는 것으로 보아야 하며, 구체적으로 사내유보와 사외유출을 구별하는 기준, 특히 사외유출의 다양한 유형에 따라 정해지는 상여·배당·기타사외유출 '등' 소득처분의 유형과 기준 등에 관하여는 대통령령으로 정하도록 위임하는 취지로 볼 수 있으므로 법인세법시행령 제106조 제1항 제1호 (라)목은 위와 같은 법인세법의 취지에 따라, 상여·배당과 기타사외유출 등의 세 가지 유형에 속하지 않는 사외유출에 관하여 이를 '기타소득'으로 처분하도록 한 것으로서 법인세법의 위임범위를 벗어난 규정이라 할 수 없다.

[2] 법인세법시행령 제106조 제1항 제1호에서 "익금에 산입한 금액이 사외에 유출된 것이 분명한 경우"라 함은 반드시 현실적인 현금의 유출이

나 유입이 있어야 하는 것이 아니다.

갑종근로소득세등부과처분취소
(대법원 1991.3.8. 선고 90누9407 판결)

[판결요지]

법인이 기장을 누락하고 법인세과세표준 신고시에도 누락한 수입금액을 익금에 산입하면서 사외에 유출된 것으로 보고 법인의 대표이사에 대한 상여로 귀속된 것으로 하여 과세처분을 하였으나 이 금액이 법인에 대한 채권자단의 채권변제에 충당되었음이 인정되어서 위 과세처분은 위법하다.

법인세등부과처분취소
(대법원 1988.3.22. 선고 86누587 판결)

[판결요지]

법인이 매출사실이 있음에도 불구하고 이를 장부에 기장하지 아니한 경우에는 다른 특별한 사정이 없는 한 그 매출누락액을 지급처가 불분명한 사외유출로 보아 이를 대표이사에 대한 상여로 처분하고 그에 대한 갑종근로소득세를 부과할 것이지만 그 매출누락액이 사외로 유출된 것이 아니라고 보아야할 특별한 사정이 있다면 이를 대표이사에 대한 상여로 처분하여 근로소득세를 부과할 수는 없다.

근로소득세부과처분취소
(대법원 2002. 1. 11. 선고 2000두3726 판결)

[판결요지]

법인이 매출사실이 있음에도 불구하고 그 매출액을 장부에 기재하지 아니한 경우에는 특별한 사정이 없는 한 매출누락액 전액이 사외로 유출된 것으로 보아야 하고, 이 경우 그 매출누락액이 사외로 유출된 것이 아니라고 볼 특별사정은 이를 주장하는 법인이 입증하여야 하며, 법인이 매출에 의하여 수령한 대금을 내용이 확정되지 아니한 임시계정인 가수금 계정에 계상함으로써 그 상대계정인 현금이 일단 법인에 들어온 것으로 회계처리를 하였다고 하더라도, 만일 그 가수금 계정의 내용이 대표이사로부터의 단기 차입금 거래를 기장한 것으로서 장차 이를 대표이사에게 반제해야 할 채무라는 것이 밝혀진 경우에는 그 가수금 거래는 법인의 순자산의 변동 내지 증가를 수반하지 아니하는 것으로서 법인의 수익이나 비용과는 무관한 것이므로, 그 가수금 채무가 애당초 반제를 예정하지 아니한 명목만의 가공채무라는 등의 특별한 사정이 없는 한, 장부에 법인의 수익으로서 기재되었어야 할 매출누락액은 이미 사외로 유출되어 위 가수금 거래의 상대방인 대표이사에게 귀속된 것으로 보아야 한다.

갑종근로소득세등부과처분무효확인
(대법원 1991.12.10. 선고 91누5303 판결)

[판결요지]

가. 어떤 소득이 과세소득이 되는지 여부는 이를 경제적인 측면에서 보아 현실로 이득을 지배 관리하면서 이를 향수하고 있어 담세력이 있는 것으로 판단되면 족하고 그 소득을 얻게된 원인관계에 대한 법률적 평가가 반드시 적법하고 유효한 것이어야 하는 것은 아니라 할 것이므로, 상호신용금고의 대표이사가 신용금고 명의로 부금을 수입하거나 금원을 차입하고도 이를 상호신용금고법 제17조 제2항에 따라 장부에 기장하지 않고 소위 부외부채로 관리, 유용하였다면 비록 그와 같은 차입행위가 같은 법 제17조 소정의 차입절차 등을 위배한 것이 되어 사법상으로는 신용금고의 차입행위로서는 무효가 된다 하더라도 그 부외부채의 상대계정인 현금은 일단 신용금고에 들어온 법인의 수익으로 보아야 한다.

나. 위 "가"항과 같이 상호신용금고의 수익으로 되는 부외부채의 상대계정인 현금이 신용금고의 장부에 기장되지 아니한 이상 이는 특별한 사정이 없는 한 사외로 유출되었다고 보아야 할 것이니, 그 귀속이 분명하지 않다면 법인세법 제32조 제5항 및 그 시행령 제94조의2 제1항에 의하여 대표자에 대한 상여로 소득처분이 되는 것이다.

갑종근로소득세부과처분취소
(대법원 1993.5.25. 선고 92누7771 판결)

[판결요지]

법인이 그 법인세 등 과세표준 신고시까지 어느 자산의 존부를 알지 못한 채 이는 미결산계정으로 처리해 둔 것과 같은 경우에는 실지로 그 신고대로의 자산이나 지출과 수익이 있는지 불확실할 뿐 아니라 나아가 그 지출과 수익이 법인세법상 익금이나 손금산입항목에 해당하는지를 가릴 수가 없으니 법인세의 과세표준 등 신고나 결정에 있어 그와 같은 미결산계정의 자산이나 그에 터잡은 수익, 지출을 기준으로 소득금액을 산정하도록 허용할 수는 없는 것이라 하겠다. 그리고 그와 같이 하여 부인된 가공의 자산이나 그에 대응하여 있었을 지출에 해당하는 금액만큼은 다른 특별한 사정이 없는 한 이미 사외 유출된 것으로서 그 유출된 경위와 내역이 불명한 경우에 해당한다고 하겠으므로 대표자에게 인정상여처분할 수 있는 것이라 하겠다.

종합소득세부과처분취소
(대법원 1999. 12. 24. 선고 98두7350 판결)

[판결요지]

법인의 대표이사 등이 법인 명의로 금원을 차입하고도 이를 장부에 기장하지 않고 비밀장부를 만들어 부외부채로 관리하면서 이를 유용하였다면 그 부외부채의 상대계정인 현금은 일단 법인에 들어온 수익으로 보아야 하며, 그 현금이 법인의 장부에 기장되지 아니한 이상 특별한 사정이 없는 한 사외로 유출된 것이라고 할 것이고, 법인의 대표이사 등이 법인의 자금을 유용하는 행위는 애당초 회수를 전제로 하여 이루어진 것이 아니어서 그 금액에 대한 지출 자체로서 이미 사외유출에 해당하고, 그 사외유출금 중 대표이사 등에게 귀속된 부분에 관하여 일단 소득세 납세의무가 성립하면 사후에 그 귀속자가 소득금액을 법인에게 환원시켰다고 하더라도 이미 발생한 납세의무에 영향을 미칠 수 없는 것이며, 법인의 대표이사 등이 그의 지위를 이용하여 법인의 수익을 사외로 유출시켜 자신에게 귀속시킨 금원 중 법인의 사업을 위하여 사용된 것임이 분명하지 아니한 금원은 특별한 사정이 없는 한 상여 내지 임시적 급여로서 근로소득에 해당한다고 볼 수 있다.

법인세등부과처분취소
(대법원 2008.11.13. 선고 2007두23323 판결)

[판결요지]

법인의 실질적 경영자인 대표이사 등이 법인의 자금을 유용하는 행위는 특별한 사정이 없는 한 애당초 회수를 전제로 하여 이루어진 것이 아니어서 그 금액에 대한 지출 자체로서 이미 사외유출에 해당한다. 여기서 그 유용 당시부터 회수를 전제하지 않은 것으로 볼 수 없는 특별한 사정에 관하여는 횡령의 주체인 대표이사 등의 법인 내에서의 실질적인 지위 및 법인에 대한 지배 정도, 횡령행위에 이르게 된 경위 및 횡령 이후의 법인의 조치 등을 통하여 그 대표이사 등의 의사를 법인의 의사와 동일시하거나 대표이사 등과 법인의 경제적 이해관계가 사실상 일치하는 것으로 보기 어려운 경우인지 여부 등 제반 사정을 종합하여 개별적·구체적으로 판단하여야 하며, 이러한 특별한 사정은 이를 주장하는 법인이 입증하여야 한다.

근로소득세부과처분취소
(대법원 2010.1.28. 선고 2007두20959 판결)

[판결요지]

법인의 실질적 경영자인 대표이사 등이 법인의 자금을 유용하는 행위는 특별한 사정이 없는 한 처음부터 회수를 전제로 하여 이루어진 것이 아니어서 그 금액에 대한 지출 자체로서 이미 사외유출에 해당한다. 여기서 그 유용 당시부터 회수를 전제하지 않은 것으로 볼 수 없는 특별한 사정에 관하여는 횡령의 주체인 대표이사 등의 법인 내에서의 실질적인 지위 및 법인에 대한 지배 정도, 횡령행위에 이르게 된 경위 및 횡령 이후의 법인의 조치 등을 통하여 그 대표이사 등의 의사를 법인의 의사와 동일시하거나 대표이사 등과 법인의 경제적 이해관계가 사실상 일치하는 것으로 보기 어려운 경우인지 여부 등 제반 사정을 종합하여 개별적·구체적으로 판단하여야 하며, 이러한 특별한 사정은 이를 주장하는 법인이 입증하여야 한다.

법인세등부과처분취소
(대법원 2002. 12. 6. 선고 2001두2560 판결)

[판결요지]

법인이 매출사실이 있음에도 불구하고 그 매출액을 장부에 기재하지 아니한 경우에는 특별한 사정이 없는 한 원료매입비 등 원가상당액을 포함한 매출누락액 전액이 사외로 유출된 것으로 보아야 하고, 이 경우 그 매출누락액이 사외로 유출된 것이 아니라고 볼 특별사정은 이를 주장하는 법인이 입증하여야 한다.

법인세등부과처분취소
(대법원 2001. 9. 14. 선고 99두3324 판결)

[판결요지]

법인의 대표이사 또는 실질적 경영자 등이 그의 지위를 이용하여 법인의 수익을 사외에 유출시켜 자신에게 귀속시킨 금원 중 법인의 사업을 위하여 사용된 것이 분명하지 아니한 것은 특별한 사정이 없는 한 상여 내지 임시적 급여로서 근로소득에 해당한다 할 것이고, 법인의 대표이사 또는 실질적 경영자 등의 횡령 등 법인의 자금을 유용하는 행위는 애당초 회수를 전제로 하여 이루어진 것이 아니어서 그 금액에 대한 지출 자체로서 이미 사외유출에 해당하고, 그 사외유출금 중 대표이사 또는 실질적 경영자 등에게 귀속된 부분에 관하여 일단 소득세 납세의무가 성립하면 사후에 그 귀속자가 소득금액을 법인에게 환원시켰다고 하더라도 이미 발생한 납세의무에 영향을 미칠 수 없는 것이다.

> 법인세등부과처분취소
> (대법원 1994.11.18. 선고 93누7211 판결)
>
> [판결요지]
>
> 법인이 내부용인 실제거래장부(비밀장부)와 외부용인 세무신고용 장부를 기장해오면서 그 신고용 장부에 의해 법인세과세표준 등 확정신고를 하였고, 그에 대하여 과세청은 그 2개 장부를 대조하여서 신고용 장부에 의한 법인의 신고내용이 실제거래장부의 기재내용과 일치하지 않는 부분의 차액을 각 매출누락과 가공경비로 보아 각기 익금에 산입하고 손금산입을 부인하였다면, 그 과세처분(그 점에 관한 조세포탈죄 등 형사유죄판결이 확정된 사업연도 이전분은 물론, 공소가 제기되지 아니한 사업연도분까지)은 다른 특별한 사정이 없는 한 과세청이 실지조사에 의하여 납세의무자의 확정신고 내용에 오류·탈루가 있음을 밝혀내고서 이를 경정한 적법한 처분임이 입증된 경우라고 보아야 할 것이다.

귀속자가 법인이거나 사업을 영위하는 개인이어서 기타사외유출로 처분되는 경우, 그 분여된 이익이 내국법인 또는 법인세법 제94조 소정의 사업장을 가진 외국법인의 국내사업장에 귀속하는 사업연도 소득이거나 거주자 또는 소득세법 제135조 규정에 의한 비거주자의 국내사업장 귀속 사업소득을 구성하는 경우이어야 한다(영 제106조 제1항 제1호 다.목).

이 밖에 비지정기부금 및 지정기부금한도초과액(영 제106조 제1항 제3호 나.목), 접대비한도초과액(다.목), 일정한 지급이자의 손금부인액(라.마.목), 임대보증금 등의 간주익금(사.목), 소득처분에 기한 대표자의 소득세대납액에 대하여 손비로 계상하거나 그 대표자와 특수관계가 소멸할 때까지 회수하지 아니함에 따라 익금에 산입한 금액(아.목), 자본거래를 이용해 특수관계자로부터 분여받은 이익의 익금산입액으로서 귀속자에게 증여세가 과세되는 금액(자.목), 외국법인의 국내사업장에 대한 세무조정으로 익금에 산입한 금액이 그 외국법인 등에 귀속되는 소득(차.목) 등은 귀속자에게 납세의무를 지우지 않기 위해 기타사외유출로 처분하도록 하고 있다.

소액주주가 아닌 주주 등인 임원 및 그와 특수관계에 있는 자가 당해 법인의 발행주식총수 또는 출자총액의 100분의 30 이상을 소유하고 있는 경우 그 임원이 법인의 경영을 사실상 지배하고 있는 경우에는 그를 대표자로 보고, 대표자가 2인 이상인 경우 사실상의 대표자에게 귀속된 것으로 한다(영 제106조 제1항 제1호 단서).

종합소득세등부과처분취소
(대법원 1992.7.14. 선고 92누3120 판결)

[판결요지]

법인세법시행령 제94조의2 제1항 제1호 소정의 법인세법상의 대표자에의 인정상여제도는 그 대표자에게 그러한 소득이 발생한 사실에 바탕을 두는 것이 아니라 법인에 의한 세법상의 부당행위를 방지하기 위하여 그러한 행위로 인정될 수 있는 일정한 사실에 대해 그 실질에 관계없이 무조건 대표자에 대한 상여로 간주하도록 하는 데 그 취지가 있는 것으로서, 이와 같은 경우 상여처분의 대상이 되는 법인의 대표자는 그 문면에 좇아 제한적으로 엄격히 해석하여야 할 것이다.

종합소득세부과처분취소
(대법원 1984.3.27. 선고 83누333 판결)

[판결요지]

원고가 소외 회사의 법인등기부상 대표자로 등재되어 있었다 하더라도 그것이 본인의 의사에 기하지 아니한 부실의 것이었다면 위 회사의 귀속불명소득을 원고에게 귀속시켜 종합소득세를 부과시킬 수 없다 할 것이다.

종합소득세등부과처분취소
(대법원 1988.4.12. 선고 87누1238 판결)

[판결요지]

법인세법시행령 제94조의2 제2항이 정하는 법인의 소득을 추계조사경정방법에 의하여 그 대표자에게 귀속되는 상여로 보는 경우에 그 대표자는 실질적으로 그 회사를 사실상 운영하는 대표자이어야 하므로, 비록 회사의 대표이사로 법인등기부상 등재되어 있었다고 하더라도 회사를 실질적으로 운영한 일이 없다면 이와 같은 추계소득을 그 대표자에게 귀속시켜 종합소득세를 부과할 수 없다.

법인세등부과처분취소
(대법원 1995.6.30. 선고 94누149 판결)

[판결요지]

정리회사의 관리인은 정리회사의 대표자의 지위에 있다고 하기보다는 일종의 공익적 수탁자의 지위에 있는 것이므로, 법인세법시행령 제94조의2 제1항 제1호가 규정하는 인정상여의 취지나 정리회사의 관리인의 법적 지위에 비추어 볼 때 정리회사의 관리인은 특별한 사정이 없는 한 인정상여로 소득처분되는 법인의 대표자로 볼 수 없다.

법인세등부과처분취소
(대법원 1994.3.8. 선고 93누1176 판결)

[판결요지]

법인세법시행령 제94조의2 제1항 제1호 소정의 법인세법상의 대표자에의 인정상여제도는 그 대표자에게 그러한 소득이 발생한 사실에 바탕을 두는 것이 아니라 법인에 의한 세법상의 부당행위를 방지하기 위하여 그러한 행위로 인정될 수 있는 일정한 사실에 대해 그 실질에 관계없이 무조건 대표자에 대한 상여로 간주하도록 하는 데 그 취지가 있는 것으로서, 이와 같은 경우 상여처분의 대상이 되는 법인의 대표자는 제한적으로 엄격히 해석하여야 한다.

종합소득세부과처분취소
(대법원 2008.4.24. 선고 2006두187 판결)

[판결요지]

구 법인세법 제67조에서의 소득처분은 법인세의 과세표준을 신고하거나 결정 또는 경정함에 있어서 익금에 산입한 금액이 법인의 내부에 유보된 것인지 또는 사외로 유출된 것인지를 확정하고, 만일 당해 금액이 사외로 유출된 것이라면 누구에게 어떤 소득의 형태로 귀속된 것인지를 특정하여 그 귀속자와 소득의 종류를 확정하는 세법상의 절차로서 이미 특정과세연도에 귀속된 소득을 사후적으로 확인하는 절차인바, 익금에 산입한 금액이 사외로 유출된 것이 분명한 경우에는 반드시 귀속자가 있을 것임에도 불구하고, 과세자료 등을 통하여 그 귀속자를 객관적으로 확정할 수 없는 '귀속불분명'의 경우를 충분히 예상할 수 있으므로, 구 법인세법 제67조가 "… 익금에 산입한 금액은 그 귀속자에 따라 … 처분한다"고 규정하여 '그 귀속자에 따라'라는 문언을 사용하였다고 하더라도, 위 법조가 대통령령에 위임하고 있는 소득처분의 종류와 내용에는 사외유출된 익금가산액의 귀속이 불분명한 경우를 포함하고 있다고 봄이 상당하다. 같은 취지에서, 구 법인세법 시행령 제106조 제1항 제1호 단서가 모법의 위임범위를 벗어난 무효의 규정이 아니다.

나) 사외유출 되지 않은 경우

익금에 산입한 금액이 사외에 유출되지 아니한 경우에는 사내유보로 한다(영 제106조 제1항 제2호). 사내유보의 경우에도 세무회계상 익금산입 및 손금불산입한 세무조정 소득이 사외에 유출되지 않고 사내에 남아 있는 경우의 소득처분이 있고, 손금산입 및 익금불산입한 세무조정액만큼 법인의 각 사업연도의 소득이 감소할 뿐 아니라 이에 상당한 금액만큼 기업회계 상 잉여금보다 세무회계상 잉여금이 감소하는 것으로 인정되는 경우의 소득처분이 있다.

매출누락, 가공경비 등 부당하게 사외유출 된 금액이 발견되어 수정신고기한 내에 법인 스스로 동 금액을 회수하고 세무조정으로 익금산입해 신고하는 경우 그 소득처분은 사내유보로 한다. 다만, 세무조사 통지를 받거나 세무조사에 착수한 것을 알게 된 경우 등 경정이 있을 것을 미리 알고 사외유출된 금액을 익금산입하는 경우에는 그러하지 아니하다(영 제106조 제4항).

2) 추계조사방법의 경우

추계조사결정 · 경정 시 결정된 과세표준과 법인 대차대조표상의 당기순이익과의 차액은 대표자에 대한 이익처분에 의한 상여로 하고, 다만 추계사유가 천재지변 등으로 인한 장부의 멸실에 기인한 것인 때에는 기타사외유출로 처분하도록 한다(영 제106조 제2항). 이 경우 법인이 결손신고를 한 때에는 그 결손은 없는 것으로 한다(영 제106조 제3항).

라. 소득금액의 지급의제와 소득처분에 대한 불복

세무서장 또는 지방국세청장이 법인소득금액을 결정 또는 경정함에 있어서 배당, 상여, 기타소득의 소득처분을 하는 경우 당해 법인에게 그 귀속자의 소득에 대한 원천징수의무가 발생하므로, 위 소득처분을 한 관할 세무서장은 그 결정일 또는 결정일부터 15일 이내에 원칙적으로는 당해 법인에게, 예외적으로 당해 법인의 소재가 분명하지 아니하거나 통지서를 송달할 수 없는 경우에는 당해 소득처분을 받은 자에게 소득금액변동통지를 해야 한다(소득세법 시행령 제192조 제1항).

법인이 과세표준과 세액을 신고하는 경우 소득처분되는 배당, 상여, 기타소득을 그 과세표준 및 세액의 신고기일에 지급한 것으로 보며, 과세권자가 법인소득 금액을 결정 또는 경정하는 경우에는 소득처분되는 배당, 상여, 기타소득을 위 소득금액변동통지서를 받은 날에 지급한 것으로 본다(소득세법 제131조 제2항, 제135조 제4항).

법인세등부과처분취소
(대법원 2013.9.26. 선고 2011두12917 판결)

[판결요지]

원천징수의무자인 법인에 대한 소득금액변동통지는 원천징수의무자인 법인의 납세의무에 직접 영향을 미치는 조세행정처분으로서, 원천징수의무자인 법인은 소득금액변동통지서를 받은 날에 그 통지서에 기재된 소득의 귀속자에게 당해 소득금액을 지급한 것으로 의제되어 그때 원천징수하는 소득세 또는 법인세의 납세의무가 성립함과 동시에 확정되고, 원천징수의무자인 법인으로서는 소득금액변동통지서에 기재된 소득처분의 내용에 따라 원천징수세액을 그 다음 달 10일까지 관할 세무서장 등에게 납부하여야 할 의무를 부담한다. 이러한 원천징수의무자인 법인에 대한 소득금액변동통지의 성격과 효과, 그리고 구 법인세법 시행령(2007. 2. 28. 대통령령 제19891호로 개정되기 전의 것) 제137조 제1항, 구 소득세법 시행령(2008. 2. 29. 대통령령 제20720호로 개정되기 전의 것) 제192조 제1항, 구 소득세법 시행규칙(2007. 4. 17. 재정경제부령 제554호로 개정되기 전의 것) 제100조 제24호 등이 소득금액변동통지서에 '소득자의 성명·주소 등'과 소득금액을 기재하도록 규정하고 있는 점 등에 비추어 보면, 과세관청이 소득금액변동통지서에 소득의 귀속자나 소득의 귀속자별 소득금액을 특정하여 기재하지 않은 채 소득금액변동통지를 하였다면 특별한 사정이 없는 한 그 소득금액변동통지는 위법하다.

경정결정신청거부처분취소
(대법원 2006.4.20. 선고 2002두1878 전원합의체 판결)

[판결요지]

[다수의견] 과세관청의 소득처분과 그에 따른 소득금액변동통지가 있는 경우 원천징수의무자인 법인은 소득금액변동통지서를 받은 날에 그 통지서에 기재된 소득의 귀속자에게 당해 소득금액을 지급한 것으로 의제되어 그때 원천징수하는 소득세의 납세의무가 성립함과 동시에 확정되고, 원천징수의무자인 법인으로서는 소득금액변동통지서에 기재된 소득처분의 내용에 따라 원천징수세액을 그 다음달 10일까지 관할 세무서장 등에게 납부하여야 할 의무를 부담하며, 만일 이를 이행하지 아니하는 경우에는 가산세의 제재를 받게 됨은 물론이고 형사처벌까지 받도록 규정되어 있는 점에 비추어 보면, 소득금액변동통지는 원천징수의무자인 법인의 납세의무에 직접 영향을 미치는 과세관청의 행위로서, 항고소송의 대상이 되는 조세행정처분이라고 봄이 상당하다.

법인세등부과처분취소
(대법원 2006.5.11. 선고 2004두7993 판결)

[판결요지]

국세기본법 또는 개별 세법에 경정청구권을 인정하는 명문의 규정이 없는 이상, 조리에 의한 경정청구권을 인정할 수는 없는 것이고, 이와 같이 세법에 근거하지 아니한 납세의무자의 경정청구에 대하여 과세관청이 이를 거부하는 회신을 하였다고 하더라도 이를 가리켜 항고소송의 대상이 되는 거부처분으로 볼 수 없다.

종합소득세부과처분취소
(대법원 2001. 12. 27. 선고 2000두10649 판결)

[판결요지]

소득세를 원천징수할 갑종근로소득세에 대한 원천징수가 누락되었다면 그 소득자에 대하여 종합소득세로 이를 부과할 수 있는바, 구 소득세법(1994. 12. 22. 법률 제4803호로 전문 개정되기 전의 것) 제101조 제1항 제1호에서 근로소득만이 있는 거주자는 당해 소득에 대한 과세표준확정신고를 하지 아니하여도 된다고 규정하고 있다고 하여도, 같은 법 제4조 제1항, 제15조에 의하면 근로소득을 종합소득에 합산하고 있고, 구 소득세법 시행령(1994. 12. 31. 대통령령 제14467호로 전문 개정되기 전의 것) 제165조에서 근로소득만이 있는 것으로 확인된 거주자에 대하여는 통보 또는 보고된 지급조서에 의하여 과세표준과 세액을 서면조사 결정하여야 한다고 규정하고 있는 점 및 이미 지급된 소득에 대하여 그 지급시 원천징수가 누락되었다고 하여 당해 연도 말에 성립하는 소득세 납세의무의 범위에서 제외되는 것이 부당하다는 것이 원천징수 대상인 소득에 대하여 종합소득세 등의 부과를 긍정하는 기본취지인 점 등에 비추어 근로소득만이 있어 그에 대한 과세표준확정신고의무가 면제된 거주자라 하여도 원천징수가 누락된 이상 그에게 종합소득세로 이를 부과할 수 있다.

종합소득세부과처분취소
(대법원 2006.7.27. 선고 2004두9944 판결)

[판결요지]

구 소득세법 시행령(2005. 2. 19. 대통령령 제18705호로 개정되기 전의 것) 제134조 제1항이 종합소득 과세표준 확정신고기한 경과 후에 소득처분에 의하여 변동이 생긴 소득금액에 대한 과세표준 및 세액의 추가 신고·납부기한을 소득금액변동통지서를 받은 날이 속하는 달의 다음달 말일까지로 유예하여 주고 있는 취지와 납부불성실가산세는 납세의무자가 법정 납부기한까지 그 납부를 게을리한 데 대한 행정상의 제재로서 부과되는 것인 점 등에 비추어 보면, 종합소득 과세표준 확정신고기한 경과 후에 소득처분에 의하여 변동이 생긴 소득금액에 대한 세액의 추가 납부불이행에 대한 제재로서 부과되는 납부불성실가산세는 그 법정 추가 납부기한인 소득금액변동통지서를 받은 날이 속하는 달의 다음달 말일의 다음날부터 기산하여 산정하는 것이 타당하다.

소득세부과처분취소
(대법원 2006.8.25. 선고 2006두3803 판결)

[판결요지]

과세관청의 소득처분과 그에 따른 소득금액변동통지가 있는 경우 원천징수의무자인 법인은 소득금액변동통지서를 받은 날에 그 통지서에 기재된 소득의 귀속자에게 당해 소득금액을 지급한 것으로 의제되어 당해 소득금액에 대한 법인의 원천징수의무가 성립함과 동시에 확정되는 것이지만, 소득처분만에 의하여 곧바로 원천징수의무가 성립하는 것은 아니며 소득금액변동통지가 있어야만 비로소 법인의 원천징수의무가 성립·확정되는 것이므로, 과세관청이 내부적으로 소득처분을 하였다고 하더라도 그 내용을 소득금액변동통지를 통해 법인에게 고지하지 않거나 소득금액변동통지를 하였더라도 사후 이를 취소 또는 철회한 경우에는 법인에게 원천징수의무가 없고, 따라서 이를 전제로 과세관청이 징수처분에 나아갈 수도 없다.

4. 수시부과

법인세법 제69조(수시부과 결정)
① 납세지 관할 세무서장 또는 관할지방국세청장은 내국법인이 그 사업연도 중에 대통령령으로 정하는 사유(이하 이 조에서 "수시부과사유"라 한다)로 법인세를 포탈(逋脫)할 우려가 있다고 인정되는 경우에는 수시로 그 법인에 대한 법인세를 부과(이하 "수시부과"라 한다)할 수 있다. 이 경우에도 각 사업연도의 소득에 대하여 제60조에 따른 신고를 하여야 한다.
② 제1항은 그 사업연도 개시일부터 수시부과사유가 발생한 날까지를 수시부과기간으로 하여 적용한다. 다만, 직전 사업연도에 대한 제60조에 따른 과세표준 등의 신고기한 이전에 수시부과사유가 발생한 경우(직전 사업연도에 대한 과세표준신고를 한 경우는 제외한다)에는 직전 사업연도 개시일부터 수시부과사유가 발생한 날까지를 수시부과기간으로 한다.
③ 제1항에 따른 수시부과에 필요한 사항은 대통령령으로 정한다.

가. 의의

법인세는 원칙적으로 사업연도가 종료하지 않으면 납세의무를 확정할 수 없다. 그러나, 수시부과란 법인의 사업연도 중 일정한 사유로 인해 법인세포탈의 우려가 있다고 인정될 때 또는 외국군 등에 대한 군납시 그 사업연도 개시일부터 수시부과사유가 발생한 날까지를 수시부과기간으로 하여 정부가 그 법인에 대한 법인세를 부과하는 것을 말한다.

나. 수시부과 사유

1) 법인세 포탈 우려가 있는 경우(영 제108조 제1항)

① 신고를 하지 않고 본점 등을 이전한 경우
② 사업부진 기타 사유로 휴업 또는 폐업상태에 있는 경우
③ 기타 조세를 포탈할 우려가 있다고 인정되는 상당한 이유가 있는 경

우

2) **외국군 등에 대한 군납법인**(영 제108조 제3항)

내국법인이 주한국제연합군 또는 외국기관으로부터 사업수입금액을 외국환은행을 통해 외환증서 또는 원화로 영수할 때에는 그 영수할 금액에 대한 과세표준을 수시로 결정할 수 있다.

> 부가가치세등 부과처분취소
> (대법원 1986.7.22. 선고 85누297 판결)
>
> [판결요지]
>
> 법인소유의 사업부동산에 대한 강제경매개시결정이 있은 사실만으로서는 법인세법 제36조, 동법시행령 제97조 제1항 제2호 소정의 "사업부진 기타사유로 인하여 휴업 또는 폐업상태에 있는 경우"에 해당되어 법인세수시부과요건을 갖춘 것으로 보기 어렵다.

다. 수시부과세액의 결정

1) **법인세 포탈 우려가 있는 경우**(영 제108조 제1항)

해당 사업연도 개시일부터 그 사유가 발생한 날까지를 수시부과기간으로 하여 실액조사방법 또는 추계방법에 의해 과세표준과 세액을 결정한다. 다만, 휴, 폐업 법인에 대하여 수시부과하는 경우로서 세무서장 또는 지방국세청장의 조사결과 명백한 탈루혐의가 없다고 인정하는 경우에는 기준경비율이 아닌 동업자권형 또는 직전 사업연도 소득률에 의한 추계결정이 허용된다(영 제108조 제5항).

2) **외국군 등에 대한 군납법인**(영 제108조 제3항)

사업수입금액에서 매입비 및 사업용 고정자산에 대한 임차료, 대표자, 임원 및 사용인의 급여, 임금 및 퇴직급여의 사업수입금액에 기준경비율을 곱해 계산한 합계액을 공제한 금액에 법인세율을 적용해 산출세액을 계산한다(영 제108조 제4항).

라. 수시부과결정의 효력

수시부과결정을 받은 내국법인도 여전히 과세표준과 세액의 신고의무를 진다. 과세관청도 수시부과결정을 한 소득금액을 포함해 법인세의 과세표준과 세액을 결정 또는 경정해야 한다. 이 경우 수시부과세액은 이미 납부한 세액으로서 산출세액에서 공제된다.

> 법인세등부과처분취소
> (대법원 1989.11.24. 선고 89누3724 판결)
>
> [판결요지]
>
> 수시부과란 과세기간 종료전에 법인세법시행령 제97조 소정의 사유가 생겨 조세를 포탈할 우려가 있다고 인정되는 경우 그 과세표준신고서를 받지 아니하고 우선 수시부과세결정 당시까지의 과세표준과 세액을 결정고지함으로써 국세를 조기 확보하기 위하여 인정되는 제도이기 때문에, 위 수시부과세액은 사업년도 종료후 정기분 신고납부시나 결정결의시에는 중간예납세액 및 원천징수세액과 함께 모두 기납부세액으로 정기분 총결정세액에서 공제하도록 함으로써 정기분 과세표준신고에 의하여 비로소 확정되는 법인세에 흡수된다고 볼 것이므로, 과세관청의 수시부과처분후 납세자의 정기분 법인세 과세표준 및 세액신고가 있었는데 다시 과세관청의 갱정결정에 의하여 위 신고로써 확정된 법인세가 증액되었다면 그 증액갱정처분이 쟁송의 대상이 되며 전심절차의 이천여부도 위 증액갱정결정을 기준으로 판단하여야 할 것이다.

5. 과세표준과 세액의 통지

> 법인세법 제70조(과세표준과 세액의 통지)
>
> 납세지 관할 세무서장 또는 관할지방국세청장은 제53조 또는 제66조에 따라 내국법인의 각 사업연도의 소득에 대한 법인세의 과세표준과 세액을 결정 또는 경정한 경우에는 대통령령으로 정하는 바에 따라 이를 그 내국법인에 알려야 한다.

납세지 관할세무서장 또는 지방국세청장은 내국법인의 각 사업연도 소득에 대한 법인세의 과세표준과 세액을 결정 또는 경정한 때에 이를 법인에게 통지해야 한다.

관할세무서장이 과세표준과 세액을 통지하는 경우 납세고지서에 과세표준과 세액의 계산명세를 첨부해 고지해야 하며, 각 사업연도의 과세표준이 되는 금액이 없거나 납부할 세액이 없을 때에도 그 결정된 내용을 통지해야 한다(영 제109조 제1항). 추계조사방법에 의해 법인의 과세표준이 결정된 때에는 그 기준이 된 수입금액을 계산명세에 기재하여 통지해야 한다(영 제109조 제2항).

> 법인세등부과처분취소
> (대법원 1983.10.25. 선고 83누115 판결)
>
> [판결요지]
>
> [1] 법인세 부과처분에 있어서 과세표준과 세액의 계산명세서 등을 첨부하여 고지하도록 한 취지는 처분청으로 하여금 자의를 배제하고 신중하고도 합리적인 처분을 행하게 함으로써 조세행정의 공정성을 기함과 동시에 납세의무자에게 부과처분의 내용을 상세히 알려서 불복여부의 결정 및 그 불복신청에 편의를 주려는 것이므로 그와 같은 기재가 누락되면 그 과세처분은 위법하며 취소의 대상이 된다.
>
> [2] 과세표준과 세액의 계산명세서는 그 부과처분 자체에 첨부하여 고지되어야 할 것이고 사후에 다른 방법으로 상대방 납세의무자에게 설명되었다 하더라도 그 불비의 하자는 치유될 성질의 것이 아니다.

압류채권
(대법원 1988.9.13. 선고 85다카2539 판결)

[판결요지]

과세관청이 국세의 과세표준과 세액을 결정하여 이를 납세의무자에게 고지한 때에 납세의무확정의 효력이 발생하는 것으로서 그 결정의 고지가 없는 한 유효한 부과처분이 있다고 볼 수 없으므로 이러한 결정의 고지가 없이 된 압류는 무효이다.

부당이득금
(대법원 1991.1.29. 선고 90다5122,90다카26072 판결)

[판결요지]

법인세 및 부가가치세는 신고납세방식의 조세이나, 그 과세처분과 세액을 정부가 결정하는 때에는 그 결정하는 때에 납세의무가 확정되고 그 결정이 납세자에게 적법하게 고지됨으로써 부과처분의 효력이 발생하는 것이므로 법인세 및 부가가치세에 관하여 경락대금 교부 당시 고지서의 송달이 되지 아니한 상태라면 이에 대한 경락대금의 교부는 법률상 원인 없이 이루어진 것이다.

6. 세액의 징수와 환급

법인세법 제71조(징수 및 환급)
① 납세지 관할 세무서장은 내국법인이 제64조에 따라 각 사업연도의 소득에 대한 법인세로서 납부하여야 할 세액의 전부 또는 일부를 납부하지 아니하면 그 미납된 법인세액을 「국세징수법」에 따라 징수하여야 한다.
② 납세지 관할 세무서장은 내국법인이 제63조에 따라 납부하여야 할

중간예납세액의 전부 또는 일부를 납부하지 아니하면 그 미납된 중간예납세액을 「국세징수법」에 따라 징수하여야 한다. 다만, 중간예납세액을 납부하지 아니한 법인이 제63조제1항 단서에 해당하는 경우에는 중간예납세액을 결정하여 「국세징수법」에 따라 징수하여야 한다.

③ 납세지 관할 세무서장은 제73조에 따른 원천징수의무자가 그 징수하여야 할 세액을 징수하지 아니하였거나 징수한 세액을 기한까지 납부하지 아니하면 지체 없이 원천징수의무자로부터 그 원천징수의무자가 원천징수하여 납부하여야 할 세액에 상당하는 금액에 「국세기본법」 제47조의5제1항에 따른 가산세액을 더한 금액을 법인세로서 징수하여야 한다. 다만, 원천징수의무자가 원천징수를 하지 아니한 경우로서 납세의무자가 그 법인세액을 이미 납부한 경우에는 원천징수의무자에게 그 가산세만 징수한다.

④ 납세지 관할 세무서장은 제63조, 제69조 또는 제73조에 따라 중간예납·수시부과 또는 원천징수한 법인세액이 각 사업연도의 소득에 대한 법인세액(가산세를 포함한다)을 초과하는 경우 그 초과하는 금액은 「국세기본법」 제51조에 따라 환급하거나 다른 국세, 가산금 및 체납처분비에 충당하여야 한다.

가. 세액의 징수

납세지 관할 세무서장은 내국법인이 각 사업연도 소득에 대한 법인세로서 납부해야할 세액의 전부 또는 일부를 납부하지 아니하면 그 미납된 법인세액을 징수해야 한다(법 제71조 제1항). 다만, 중간예납세액을 납부하지 아니한 법인이 법 제63조 제1항에 해당하는 경우 중간예납세액을 결정하여 국세징수법에 따라 징수해야 한다(법 제71조 제2항). 원천징수의무자가 세액을 기한 내에 납부하지 아니한 때에는 지체 없이 원천징수의무자로부터 그 납부해야할 세액에 상당하는 금액에 법 제76조 제2항이 규정하는 가산세액을 가산한 금액을 법인세로 징수해야 한다. 다만, 원천징수의무자가 원천징수를 하지 아니한 경우 납세의무자가 신고납부 한 과세표준에 그 원천징수대상금액이 이미 산입되어 있는 때에는 제76조 제2항의 가산세만을 징수한다(법제 71조 제3항).

나. 세액의 환급

법인세법 제72조(결손금 소급 공제에 따른 환급)

① 제25조제1항제1호에 따른 중소기업은 각 사업연도에 제14조제2항에 따른 결손금이 발생한 경우 그 결손금에 대하여, 직전 사업연도의 소득에 대하여 과세된 법인세액(대통령령으로 정하는 법인세액을 말한다)을 한도로 대통령령으로 정하는 바에 따라 계산한 금액을 환급 신청할 수 있다. 이 경우 그 결손금에 대하여는 제13조제1호를 적용할 때 이를 공제받은 금액으로 본다.

② 제1항에 따라 법인세액을 환급받으려는 내국법인은 제60조에 따른 신고기한까지 대통령령으로 정하는 바에 따라 납세지 관할 세무서장에게 신청하여야 한다.

③ 납세지 관할 세무서장은 제2항에 따른 신청을 받으면 지체 없이 환급세액을 결정하여 「국세기본법」 제51조 및 제52조에 따라 환급하여야 한다.

④ 제1항부터 제3항까지의 규정은 해당 내국법인이 제60조에 따른 신고기한 내에 결손금이 발생한 사업연도와 그 직전 사업연도의 소득에 대한 법인세의 과세표준 및 세액을 각각 신고한 경우에만 적용한다.

⑤ 납세지 관할 세무서장은 다음 각 호의 어느 하나에 해당되는 경우에는 환급세액(제1호 및 제2호의 경우에는 과다하게 환급한 세액 상당액)에 대통령령으로 정하는 바에 따라 계산한 이자 상당액을 가산한 금액을 해당 결손금이 발생한 사업연도의 법인세로서 징수한다.

1. 제3항에 따라 법인세를 환급한 후 결손금이 발생한 사업연도에 대한 법인세의 과세표준과 세액을 경정함으로써 결손금이 감소된 경우

2. 결손금이 발생한 사업연도의 직전 사업연도에 대한 법인세의 과세표준과 세액을 경정함으로써 환급세액이 감소된 경우

3. 제25조제1항제1호의 중소기업에 해당하지 아니하는 법인이 법인세를 환급받은 경우

⑥ 결손금의 소급 공제에 따른 환급세액의 계산에 관한 사항과 그 밖에 필요한 사항은 대통령령으로 정한다.

제72조의2(사실과 다른 회계처리로 인한 경정에 따른 환급)

① 납세지 관할 세무서장 또는 관할지방국세청장은 제66조제2항제4호

에 따른 경정을 할 때 제58조의3 및 제59조에 따라 세액공제한 후 남은 금액이 있으면 환급금과 환급가산금을 즉시 지급하여야 한다.

② 제1항을 적용할 때 해당 내국법인이 해산(합병 또는 분할에 따른 해산은 제외한다)하는 경우에는 제77조에 따른 청산소득에 대한 법인세 납부세액을 먼저 빼고 남은 금액을 즉시 환급하여야 한다.

납세지 관할 세무서장은 중간예납, 수시부과 또는 원천징수한 법인세액이 각 사업연도의 소득에 대한 법인세액을 초과하는 경우 그 초과하는 금액은 국세기본법에 따라 환급하거나 다른 국세, 가산금 치 체납처분비에 충당해야 한다(법 제71조 제4항).

당해연도와 직전 사업연도에 신고기한 내에 과세표준신고를 한 중소기업은 각 사업연도 결손금이 발생한 경우 그 결손금에 대하여 직전 사업연도의 소득에 부과된 법인세액을 한도로 결손금액에 해당하는 전년도의 부담세액을 환급신청하여 환급받을 수 있다(법 제72조 제1, 4항).

해당 내국법인이 해산하는 경우에는 청산소득에 대한 법인세 납부세액을 먼저 빼고 남은 금액을 즉시 환급해야 한다(법 제72조의 2).

주민세환급거부처분취소
(대법원 2000. 10. 27. 선고 2000다25590 판결)

【판결요지】

구 법인세법(1998. 12. 28. 법률 제5581호로 개정되기 전의 것) 제38조의2의 결손금소급공제는 중소기업을 대상으로 특별히 조세정책적 목적에서 인정된 제도로서 이 경우의 환급청구권은 납세자의 신청에 기하여 관할 세무서장이 이월결손금의 발생 등 그 실체적 요건 및 절차적 요건의 충족 여부를 판단하여 환급세액을 결정함으로써 비로소 확정되므로 위 환급세액의 성질은 과오납의 성질을 가지는 것이라 볼 수 없으며, 구 지방세법(1998. 12. 31. 법률 제5615호로 개정되기 전의 것) 제178조 제2항에서 법인세의 결정·경정이라 함은 납세의무자가 과세표준신고를 하지 않아 과세관청이 조사하여 결정하거나 과세표준신고는 하였지만 그 신고에 오류·탈루가 있어 이를 시정하여 결정하는 것을 말하므로, 구 법인세법 제38조의2의 결손금소급공제에 의한 환급세액의 결정은 구 지방세법 제178조 제2항의 결정·경정에 해당한다고 볼 수 없고, 구 지방세법 제178조 제2항이 1998. 12. 31. 법률 제5615호로 개정되어 결손금소급공제에 의한 환급으로 인하여 세액이 달라진 경우가 법인세할 주민세의 환부 대상에 추가되었다고 하더라도 개정된 규정은 시행 후(1999. 1. 1.) 최초로 법인세를 환급받는 분부터 적용하도록 되어 있으므로 이와 달리 볼 것도 아니다.

법인세부과처분취소
(대법원 2007.4.26. 선고 2005두13506 판결)

【판결요지】

결손금 소급공제에 의하여 법인세를 환급받은 법인이 후에 결손금 소급공제 대상 법인이 아닌 것으로 밝혀졌다 하더라도, 그와 같은 경우가 법인세법 제72조 제5항의 '결손금이 발생한 사업연도에 대한 법인세의 과세표준과 세액을 경정함으로써 결손금이 감소된 경우'에 해당하지 않음은 규정의 문언상 명백하므로, 그에 해당하는 경우의 환급세액 징수와 계산에 관한 같은 법 시행령 제110조 제5항의 규정이 적용될 여지가 없다. 또한 같은 법 시행령 제110조 제2항의 규정에 의하면, '직전 사업연도의 과세표준'이란 소급공제 결손금액을 차감하기 전의 과세표준을 말하므로, 같은 법 시행령 제110조 제6항에서 정한 '직전 사업연도의 법인세액 또는 과세표준금액이 달라진 경우'에도 해당하지 않는다.

7. 원천징수

법인세법 제73조(원천징수)

① 다음 각 호의 금액(금융보험업을 하는 법인의 수입금액을 포함하되, 대통령령으로 정하는 금융회사 등에 지급되는 소득으로서 대통령령으로 정하는 것과 법인세가 부과되지 아니하거나 면제되는 소득 등 대통령령으로 정하는 것은 제외한다)을 내국법인에 지급하는 자(이하 이 조에서 "원천징

수의무자"라 한다)가 그 금액을 지급하는 경우에는 지급하는 금액에 100분의 14(「소득세법」 제16조제1항제11호의 비영업대금의 이익인 경우에는 100분의 25)의 세율을 적용하여 계산한 금액에 상당하는 법인세를 원천징수하여 그 징수일이 속하는 달의 다음 달 10일까지 납세지 관할 세무서등에 납부하여야 한다.

1. 「소득세법」 제127조제1항제1호의 이자소득금액

2. 「소득세법」 제127조제1항제2호의 배당소득금액[같은 법 제17조제1항제5호에 따른 집합투자기구로부터의 이익 중 「자본시장과 금융투자업에 관한 법률」에 따른 투자신탁(이하 제8항에서 "투자신탁"이라 한다)의 이익만 해당한다]

② 제1항을 적용할 때 같은 항 각 호의 소득금액이 「자본시장과 금융투자업에 관한 법률」에 따른 투자신탁재산에 귀속되는 시점에는 해당 소득금액이 어느 누구에게도 지급된 것으로 보지 아니한다.

③ 삭제

④ 원천징수의무자를 대리하거나 그 위임을 받은 자의 행위는 수권(授權) 또는 위임의 범위에서 본인 또는 위임인의 행위로 보아 제1항을 적용한다.

⑤ 제1항에 따라 대통령령으로 정하는 금융회사 등이 내국법인(거주자를 포함한다. 이하 이 항에서 같다)이 발행한 어음이나 채무증서를 인수·매매·중개 또는 대리하는 경우에는 금융회사 등과 그 내국법인 간에 대리 또는 위임의 관계가 있는 것으로 보아 제1항을 적용한다.

⑥ 외국법인이 발행한 채권 또는 증권에서 발생하는 제1항제1호 및 제2호의 소득을 내국법인에게 지급하는 경우에는 국내에서 그 지급을 대리하거나 그 지급권한을 위임 또는 위탁받은 자가 그 소득에 대한 법인세를 제1항에 따라 원천징수하여야 한다.

⑦ 상시 고용인원수 및 업종 등을 고려하여 대통령령으로 정하는 원천징수의무자는 제1항에도 불구하고 원천징수한 법인세를 대통령령으로 정하는 바에 따라 그 징수일이 속하는 반기(半期)의 마지막 달의 다음 달 10일까지 납부할 수 있다.

⑧ 내국법인이 「소득세법」 제46조제1항에 따른 채권등에서 발생하는 이자, 할인액 및 투자신탁의 이익(이하 이 항 및 제98조의3에서 "이자등"이라 한다)의 계산기간 중에 해당 채권등 또는 투자신탁의 수익증권(법인

세가 비과세되거나 면제되는 채권·증권 등 대통령령으로 정하는 채권·증권 등은 제외하며, 이하 "원천징수대상채권등"이라 한다)을 타인에게 매도(중개·알선과 그 밖에 대통령령으로 정하는 경우를 포함하되, 환매조건부 채권 매매 등 대통령령으로 정하는 경우는 제외한다. 이하 이 조 및 제74조에서 같다)하는 경우 원천징수대상채권등의 보유기간에 따른 이자등에 대하여는 대통령령으로 정하는 바에 따라 해당 법인이 원천징수의무자를 대리하여 원천징수하여야 한다. 이 경우 그 법인에 대하여는 원천징수의무자로 보아 이 법을 적용한다.

⑨ 제1항·제2항·제4항·제5항·제6항·제7항 및 제8항을 적용할 때 이자소득의 지급시기, 법인세의 원천징수대상소득의 범위 및 금액의 계산, 원천징수세액의 계산 및 납부와 원천징수의무자의 범위, 원천징수대상채권등의 보유기간의 계산 등에 관하여 필요한 사항은 대통령령으로 정한다.

가. 의의

원천징수란 정부의 징수편의를 위해 특정소득을 지급하는 자가 해당 소득을 지급할 때 일정한 방법으로 계산한 세액을 차감하고 지급하도록 하고 뺀 세액을 납세지 관할세무서장에게 납부하도록 하는 제도이다.

나. 원천징수대상 및 세율

1) 이자소득

소득세법 제127조 제1항 제1호 상 이자소득에 해당하는 소득금액을 법인에게 지급하는 자는 지급액의 14%(비영업대금의 이익은 25%)를 법인세로서 원천징수하여 납부해야 한다. 특정 금융보험업을 경영하는 법인이 지급받는 이자소득은 소득세법상 이자소득이 아닌 사업소득에 해당하지만 원천징수대상에 포함된다.

2) 집합투자기구로부터의 이익

소득세법 제127조 제1항 제2호 상 배당소득 중 집합투자기구로부터의 이익(투자신탁의 이익)을 법인에게 지급하는 자는 지급액의 14%를 법인세로서 원천징수하여 납부해야 한다. 다만, 법인이 잉여금처분에 의해 주주에게 지급하는 배당은 원천징수 대상이 아니다.

다. 원천징수대상 제외소득

원천징수대상 소득이라고 하더라도 다음에 해당하는 소득은 원천징수대상에서 제외한다(영 제111조). 또 원천징수세액이 1천원 미만인 경우 원천징수를 하지 아니한다.

① 법인세가 부과되지 아니하거나 면제되는 소득

② 투자신탁재산에 귀속되는 소득. 그 귀속되는 시점에는 해당 소득금액이 어느 누구에게도 지급된 것으로 보지 아니한다.

③ 신고한 과세표준금액에 이미 산입된 미지급소득

④ 비영리법인, 기금운용법인, 증권시장안정기금의 조합원, 대한주택공사 등의 특정이자 수입

⑤ 현재가치할인차금 상각

⑥ 법원 판결에 의하여 지급하는 손해배상금에 대한 법정이자

⑦ 특정 금융회사의 이자수입

⑧ 채권이자 소득 중 요건을 충족하는 전자단기사채와 만기 1개월 이내의 전자단기사채에서 발생하는 이자소득

8. 가산세

> 법인세법 제76조(가산세)
>
> ① 납세지 관할 세무서장은 제71조에 따라 각 사업연도의 소득에 대한 법인세를 징수할 때 해당 내국법인이 제112조에 따른 장부의 비치·기장 의무를 이행하지 아니한 경우에는 납세지 관할 세무서장이 결정한 산출세액(토지등 양도소득에 대한 법인세액과 제56조에 따른 미환류소득에 대한 법인세액은 제외한다. 이하 이 항에서 같다)의 100분의 20에 상당하는 금액(그 금액이 해당 법인 수입금액의 1만분의 7보다 적거나 산출세액이 없는

경우에는 그 수입금액의 1만분의 7에 상당하는 금액을 말한다)을 가산한 금액을 법인세로서 징수하여야 한다. 다만, 비영리내국법인에 대하여는 그러하지 아니하다. <개정 2010.12.30., 2014.12.23.>

② 삭제 <2011.12.31.>

③ 납세지 관할 세무서장은 제109조제1항 또는 제111조제1항 후단에 따라 주주등의 명세서(이하 이 항에서 "명세서"라 한다)를 제출하여야 하는 내국법인이 다음 각 호의 어느 하나에 해당하는 경우에는 해당 주주등이 보유한 주식등의 액면금액(무액면주식인 경우에는 그 주식을 발행한 법인의 자본금을 발행주식총수로 나누어 계산한 금액을 말한다. 이하 이 조에서 같다) 또는 출자가액의 1천분의 5에 해당하는 금액을 설립일이 속하는 사업연도의 법인세에 가산하여 징수하여야 한다. 이 경우 산출세액이 없는 경우에도 가산세는 징수한다. <신설 2011.12.31., 2013.1.1.>

1. 명세서를 제출하지 아니한 경우

2. 명세서에 주주등의 명세의 전부 또는 일부를 누락하여 제출한 경우

3. 제출한 명세서가 대통령령으로 정하는 불분명한 경우에 해당하는 경우

④ 삭제 <2008.12.26.>

⑤ 납세지 관할 세무서장은 법인(대통령령으로 정하는 법인은 제외한다)이 사업과 관련하여 대통령령으로 정하는 사업자로부터 재화 또는 용역을 공급받고 제116조제2항 각 호의 어느 하나에 따른 증명서류를 받지 아니하거나 사실과 다른 증명서류를 받은 경우에는 같은 항 단서를 적용받는 경우를 제외하고는 그 받지 아니한 금액 또는 사실과 다르게 받은 금액의 100분의 2에 상당하는 금액을 가산한 금액을 법인세로서 징수하여야 한다. 이 경우 산출세액이 없는 경우에도 가산세는 징수한다. <개정 2010.12.30.>

⑥ 납세지 관할 세무서장은 사업연도 중에 주식등의 변동사항이 있을 때 제119조에 따라 주식등변동상황명세서(이하 이 항에서 "명세서"라 한다)를 제출하여야 하는 내국법인이 다음 각 호의 어느 하나의 경우에 해당하면 미제출, 누락제출 및 불분명하게 제출한 주식등의 액면금액 또는 출자가액의 100분의 2에 상당하는 금액을 가산한 금액을 법인세로서 징수하여야 한다. 이 경우 산출세액이 없는 경우에도 가산세는 징수한다. <개정

2010.12.30.>

1. 명세서를 제출하지 아니한 경우

2. 명세서에 주식등의 변동사항을 누락하여 제출한 경우

3. 제출한 명세서가 대통령령으로 정하는 불분명한 경우에 해당하는 경우

⑦ 납세지 관할 세무서장은 제120조, 제120조의2 또는 「소득세법」 제164조, 제164조의2에 따라 지급명세서를 제출하여야 할 내국법인이 다음 각 호의 어느 하나에 해당하는 경우에는 다음 각 호의 구분에 따른 금액을 가산한 금액을 법인세로서 징수하여야 한다. 이 경우 산출세액이 없는 경우에도 가산세는 징수한다. <개정 2010.12.30., 2011.12.31., 2014.12.23.>

1. 해당 지급명세서를 그 기한까지 제출하지 아니한 경우: 제출하지 아니한 분의 지급금액의 100분의 2(제출기한이 지난 후 3개월 이내에 제출하는 경우에는 지급금액의 100분의 1로 한다)

2. 제출된 지급명세서가 대통령령으로 정하는 불분명한 경우에 해당하거나 제출된 지급명세서에 기재된 지급금액이 사실과 다른 경우: 불분명하거나 사실과 다른 분의 지급금액의 100분의 2

⑧ 삭제 <2011.12.31.>

⑨ 납세지 관할 세무서장은 법인(대통령령으로 정하는 법인은 제외한다)이 다음 각 호의 어느 하나에 해당하는 경우에는 그 공급가액의 100분의 1(제4호의 경우에는 100분의 2를 말한다)에 상당하는 금액을 가산한 금액을 법인세로서 징수하여야 한다. 이 경우 산출세액이 없는 경우에도 가산세는 징수하되, 제5항 또는 「부가가치세법」 제60조제2항·제3항·제5항부터 제7항까지의 규정에 따라 가산세가 부과되는 부분은 제외한다. <개정 2010.12.30., 2011.12.31., 2013.1.1., 2013.6.7.>

1. 제121조제1항 또는 제2항에 따라 발급한 계산서등에 대통령령으로 정하는 적어야 할 사항의 전부 또는 일부를 적지 아니하거나 사실과 다르게 적은 경우. 다만, 제2호가 적용되는 분(分)은 제외한다.

2. 제121조제5항에 따라 매출·매입처별 계산서합계표를 같은 조에 규정된 기한까지 제출하지 아니한 경우 또는 제출하였더라도 그 합계표에 대통령령으로 정하는 적어야 할 사항의 전부 또는 일부를 적지 아니하거나 사실과 다르게 적은 경우. 다만, 제4호가 적용되는 분의 매출가액 또는 매

입가액은 제외한다.

3. 제120조의3제1항에 따라 매입처별 세금계산서합계표를 같은 조에 따른 기한까지 제출하지 아니한 경우 또는 제출하였더라도 그 매입처별 세금계산서합계표에 대통령령으로 정하는 적어야 할 사항의 전부 또는 일부를 적지 아니하거나 사실과 다르게 적은 경우. 다만, 제4호가 적용되는 분의 매입가액은 제외한다.

4. 다음 각 목의 어느 하나에 해당하는 경우

가. 재화 또는 용역을 공급한 자가 제121조제1항 또는 제2항에 따른 계산서등(이하 이 호에서 "계산서등"이라 한다)을 발급하지 아니한 경우

나. 재화 또는 용역을 공급하지 아니하고 계산서등을 발급한 경우

다. 재화 또는 용역을 공급받지 아니하고 계산서등을 발급받은 경우

라. 재화 또는 용역을 공급하고 실제로 재화 또는 용역을 공급하는 법인이 아닌 법인의 명의로 계산서등을 발급한 경우

마. 재화 또는 용역을 공급받고 실제로 재화 또는 용역을 공급하는 자가 아닌 자의 명의로 계산서등을 발급받은 경우

⑩ 납세지 관할 세무서장은 내국법인이 제24조에 따라 기부금을 손금에 산입하기 위하여 필요한 기부금영수증 또는 거주자나 「소득세법」 제121조제2항 및 제5항에 따른 비거주자가 「소득세법」 제34조 및 제59조의4제4항에 따라 기부금을 필요경비에 산입하거나 기부금으로 기부금세액공제를 받기 위하여 필요한 기부금영수증(이하 이 항 및 제112조의2에서 "기부금영수증"이라 한다)을 발급하는 법인이 기부금영수증을 사실과 다르게 적어 발급(기부금액 또는 기부자의 인적사항 등 주요사항을 적지 아니하고 발급하는 경우를 포함한다. 이하 이 항에서 같다)하거나 기부자별 발급명세를 제112조의2제1항에 따라 작성·보관하지 아니한 경우에는 다음 각 호의 구분에 따른 금액을 산출세액 또는 결정세액에 가산하여 징수하여야 한다. 이 경우 산출세액 또는 결정세액이 없는 경우에도 가산세를 징수하며, 「상속세 및 증여세법」 제78조제3항에 따라 보고서 제출의무를 이행하지 아니하거나 같은 조 제5항에 따라 출연받은 재산에 대한 장부의 작성·비치 의무를 이행하지 아니하여 가산세가 부과되는 경우 제2호는 적용하지 아니한다. <개정 2010.12.30., 2013.1.1., 2014.1.1.>

1. 기부금영수증의 경우

가. 기부금액을 사실과 다르게 적어 발급한 경우: 사실과 다르게 발

급된 금액[영수증에 실제 적힌 금액(영수증에 금액이 적혀 있지 아니한 경우에는 기부금영수증을 발급받은 자가 기부금을 손금 또는 필요경비에 산입하거나 기부금세액공제를 신청한 해당 금액으로 한다)과 건별로 발급하여야 할 금액과의 차액을 말한다]의 100분의 2에 해당하는 금액

나. 기부자의 인적 사항 등을 사실과 다르게 적어 발급하는 등 가목 외의 경우: 영수증에 적힌 금액의 100분의 2에 해당하는 금액

2. 기부자별 발급명세의 경우: 작성·보관하지 아니한 금액의 1천분의 2

⑪ 신용카드가맹점이 신용카드에 의한 거래를 거부하거나 신용카드 매출전표를 사실과 다르게 발급한 경우에는 제117조제4항에 따라 해당 사업연도의 거래에 대하여 관할 세무서장으로부터 통보받은 건별 발급거부금액 또는 신용카드 매출전표를 사실과 다르게 발급한 금액(건별로 발급하여야 할 금액과의 차액을 말한다)의 100분의 5에 상당하는 금액(건별로 계산한 금액이 5천원 미만이면 5천원으로 한다)을 가산한 금액을 법인세로서 징수하여야 한다. 이 경우 산출세액이 없는 경우에도 가산세를 징수한다. <개정 2010.12.30.>

⑫ 제117조의2제1항에 따라 현금영수증가맹점으로 가입하여야 할 법인이 가입하지 아니하거나 현금영수증가맹점이 건당 5천원 이상의 거래금액에 대하여 현금영수증 발급을 거부하거나 사실과 다르게 발급한 경우에는 다음 각 호의 어느 하나에 해당하는 금액을 가산한 금액을 법인세로서 징수하여야 한다. 이 경우 산출세액이 없는 경우에도 가산세를 징수한다. <개정 2010.12.30.>

1. 현금영수증가맹점으로 가입하지 아니한 경우는 가맹하지 아니한 사업연도의 수입금액(둘 이상의 업종을 하는 법인인 경우에는 대통령령으로 정하는 업종에서 발생한 수입금액만 해당한다)의 100분의 1에 상당하는 금액에 가맹하지 아니한 기간을 고려하여 대통령령으로 정하는 바에 따라 계산한 비율을 곱한 금액

2. 현금영수증 발급을 거부하거나 사실과 다르게 발급한 경우는 제117조의2제6항 후단에 따라 해당 사업연도의 거래에 대하여 관할 세무서장으로부터 통보받은 건별 발급 거부금액 또는 건별로 사실과 다르게 발급한 금액(건별로 발급하여야 할 금액과의 차액을 말한다)의 100분의 5에 상당하는 금액(건별로 계산한 금액이 5천원 미만이면 5천원으로 한다)

⑬ 납세지 관할 세무서장은 「국제조세조정에 관한 법률」 제20조의2 제3호에 따른 특정외국법인의 유보소득 계산 명세서(이하 이 항에서 "명세서"라 한다)를 같은 조에 따라 제출하여야 하는 내국법인이 그 제출기한까지 제출하지 아니하거나 제출한 명세서의 전부 또는 일부를 적지 아니하는 등 제출한 명세서가 대통령령으로 정하는 불분명한 경우에 해당할 때에는 해당 특정외국법인의 배당 가능한 유보소득금액의 1천분의 5에 상당하는 금액을 가산한 금액을 법인세로서 징수하여야 한다. 이 경우 산출세액이 없는 경우에도 가산세는 징수한다.

가. 의의

법인세법이 규정하는 여러 의무를 이행하지 아니하면 법인세 산출세액의 일정률 또는 수입금액의 일정률에 해당하는 금액을 가산해 법인세로 징수한다.

법인세등부과처분취소
(대법원 1992.10.23. 선고 92누2936,2943(병합) 판결)

[판결요지]

법인세법상 과소신고가산세는 과세의 적정을 기하기 위하여 납세의무자인 법인으로 하여금 성실한 과세표준의 신고를 의무지우고 이를 확보하기 위하여 그 의무이행을 해태하였을 때 가해지는 일종의 행정벌의 성질을 가진 제재라고 할 것이고, 이와 같은 제재는 납세의무자가 그 의무를 알지 못하는 것이 무리가 아니었다고 할 수 있어서 그를 정당시할 수 있는 사정이 있을 때 또는 그 의무의 이행을 그 당사자에게 기대하는 것이 무리라고 하는 사정이 있을 때 등 그 의무해태를 탓할 수 없는 정당한 사유가 있는 경우에는 이를 과할 수 없다 할 것이다.

법인세부과처분취소

(대법원 2007.3.15. 선고 2005두12725 판결)

[판결요지]

가산세는 과세권의 행사와 조세채권의 실현을 용이하게 하기 위하여 세법에 규정된 의무를 정당한 이유 없이 위반한 납세자에게 부과하는 일종의 행정상 제재로서, 개별 세법에 의하여 산출한 법인세 등 본세에 가산세를 가산한 금액을 본세의 명목으로 징수한다 하더라도 이는 징수절차의 편의상 본세의 세액에 가산하여 함께 징수하는 것일 뿐 세법이 정하는 바에 의하여 성립·확정되는 본세와는 그 성질이 다르므로, 본세의 산출세액이 없는 경우에는 가산세도 부과·징수하지 아니한다는 등의 특별한 규정이 없는 한, 본세의 산출세액이 없다 하더라도 가산세만 독립하여 부과·징수할 수 있다.

나. 종류

국세기본법이 규정하는 가산세로, 내국법인이 법정신고기한까지 과세표준신고서를 제출하지 않은 경우에 부과하는 무신고가산세(기본법 제47조의2), 신고한 법인세 과세표준이 법인세법에 따라 신고해야할 법인세 과세표준에 미달한 경우에 부과하는 과소신고가산세(기본법 제47조의2), 신고납부 해야할 세액을 환급받을 세액으로 신고하거나 신고한 환급세액이 신고해야할 환급세액을 초과하는 경우 부과하는 초과환급신고가산세(기본법 제47조의2), 법정신고기한내 법인세를 자진납부하지 않거나 자진납부한 세액이 자진납부해야 할 세액에 미달한 경우 부과되는 납부 · 환급불성실가산세(기본법 제47조의5)등이 있다.

법인세법이 규정하는 가산세로, 제112조에 의한 장부의 비치, 기장의무를 이행하지 아니한 경우 부과되는 기장불성실가산세(법 제76조 제1항), 원천징수불성실가산세(제2항), 주주등의 명세서 미제출가산세(제3항), 법정증빙서류 미수취가산세(5항), 주식등변동상황명세서 제출불성실가산세(제6항), 지급조서제출 불성실가산세(제7항), 계산서제출 불성실가산세(제9항), 기부금영수증발급 불성실가산세(제10항), 신용카드매출전표 미발급가산세(제11항), 현금영수증미발급가산세(제12항) 등이 있다.

법인세등부과처분취소
(대법원 1987.4.28. 선고 85누338 판결)

[판결요지]

법인소득금액결정 자체가 위법인 때에는 과세관청의 소득금액변동통지는 그 과세의 전제를 잃게 되므로 그 통지를 받은 법인이 이에 따른 소득금액지급조서를 제출하지 아니하였다 하여 이를 이유로 법인세법 제41조 제4항에 따른 지급조서 미제출의 가산세를 부과할 수 없다.

다. 가산세율

기장불성실가산세는 과세관청이 결정한 산출세액의 20%에 상당하는 금액과 해당 법인의 수입금액의 0.07% 중 큰 금액을 더한 금액을, 나머지 종류는 1% 내지 2%의 범위의 가산세를 더한 금액을 법인세로 징수해야 한다.

라. 감면

가산세 부과원인이 되는 사유가 천재, 지변 등 기한연장사유에 해당하거 납세자가 의무를 이행하지 않은 정당한 사유가 있는 때에는 해당 가산세를 감면한다. 법정신고기한이 지난 후 2년 이내에 수정신고를 한 경우, 법정신고기한이 지난 후 1개월 이내에 기한 후 신고를 하는 등의 경우에도 가산세를 일부 감면한다(기본법 제48조).

제3편 내국법인의 청산소득에 대한 법인세

Ⅰ. 청산소득

1. 청산소득에 대한 과세

법인의 청산은 법인격 소멸의 원인이 되는 해산을 위하여 상법 등의 규정에 의하여 그 법인의 법률관계를 정리하고 재산을 처분하는 절차를 말한다. 청산소득은 영리내국법인이 청산절차를 거쳐 해산(합병이나 분할에 의한 해산을 제외)하는 과정에서 발생하는 소득을 말한다.

청산소득에 대해 법인세를 과세하는 이유는 ①각 사업연도 소득에 대하여 법인세를 과세할 때 착오·오류 또는 탈루되어 과세되지 않은 소득에 대해 과세하는 것과 ②물가상승으로 인한 자산의 보유기간 동안 미실현이익(가치증가액)이 청산절차를 통하여 실현된 것으로 보아 과세(정산)하는 것이며, ③각 사업연도 소득과 청산소득간에 과세의 형평을 유지하기 위한 것이다.

2. 청산소득에 대한 납세의무자와 납세의무

가. 청산소득에 대한 납세의무자

청산소득에 대한 법인세 납세의무자는 해산·합병 또는 분할로 인한 청산소득이 있는 영리내국법인이다(법 제3조 1항). 그러나 영리내국법인이 상법, 특별법, 그 밖의 법률규정에 의하여 조직변경을 하는 경우에는 법인세를 과세하지 아니한다.

법인이 해산한 경우 각 사업연도의 소득에 대한 법인세 또는 청산소득에 대한 법인세를 납부하지 아니하고 잔여재산을 분배한 때에는 청산인과 잔여재산의 분배를 받은 자는 각각 그 분배한 재산의 가액과 분배받은 재산의 가액을 한도로 그 법인세를 연대하여 납부할 책임을 진다(영 제127조 1항).

나. 청산소득에 대한 법인세 납세의무

79조(해산에 의한 청산소득 금액의 계산) ① 내국법인이 해산(합병이나 분할에 의한 해산은 제외한다)한 경우 그 청산소득(이하 "해산에 의한 청산소득"이라 한다)의 금액은 그 법인의 해산에 의한 잔여재산의 가액에서 해산등기일 현재의 자본금 또는 출자금과 잉여금의 합계액(이하 "자기자본의 총액"이라 한다)을 공제한 금액으로 한다.

② 해산으로 인하여 청산 중인 내국법인이 그 해산에 의한 잔여재산의 일부를 주주등에게 분배한 후 「상법」 제229조·제285조·제519조 또는 제610조에 따라 사업을 계속하는 경우에는 그 해산등기일부터 계속등기일까지의 사이에 분배한 잔여재산의 분배액의 총합계액에서 해산등기일 현재의 자기자본의 총액을 공제한 금액을 그 법인의 해산에 의한 청산소득의 금액으로 한다.

③ 내국법인의 해산에 의한 청산소득의 금액을 계산할 때 그 청산기간에 「국세기본법」에 따라 환급되는 법인세액이 있는 경우 이에 상당하는 금액은 그 법인의 해산등기일 현재의 자기자본의 총액에 가산한다.

④ 내국법인의 해산에 의한 청산소득 금액을 계산할 때 해산등기일 현재 그 내국법인에 대통령령으로 정하는 이월결손금이 있는 경우에는 그 이월결손금은 그날 현재의 그 법인의 자기자본의 총액에서 그에 상당하는 금액과 상계하여야 한다. 다만, 상계하는 이월결손금의 금액은 자기자본의 총액 중 잉여금의 금액을 초과하지 못하며, 초과하는 이월결손금이 있는 경우에는 그 이월결손금은 없는 것으로 본다.

⑤ 제4항에 따라 청산소득 금액을 계산할 때 해산등기일 전 2년 이내에 자본금 또는 출자금에 전입한 잉여금이 있는 경우에는 해당 금액을 자본금 또는 출자금에 전입하지 아니한 것으로 보아 같은 항을 적용한다. <신설 2011.12.31.>

⑥ 내국법인의 해산에 의한 청산소득의 금액을 계산할 때 그 청산기간에 생기는 각 사업연도의 소득금액이 있는 경우에는 그 법인의 해당 각 사업연도의 소득금액에 산입한다. <개정 2011.12.31.>

1) 법인이 해산한 경우

법인이 해산한 경우 각 사업연도 소득에 대한 법인세 또는 청산소득에 대한 법인세를 납부하지 아니하고 재산을 분배한 경우 청산인과 잔여재산을 분배받은 자가 연대하여 법인세를 납부할 책임을 진다. 구체적인 범위는 상술한 바와 같다.

2) 법인이 합병 또는 분할한 경우

법인이 합병 또는 분할로 인하여 소멸한 경우 존속하는 법인은 소멸하는 법인이 납부하지 아니한 각 사업연도 소득에 대한 법인세 또는 청산소득에 대한 법인세를 납부할 의무를 진다.

대법원 2013. 12. 26. 선고 2011두20369 판결

[판시사항]

[1] 합병에 의한 청산소득 금액을 계산하는 경우, 포합주식의 취득으로 인하여 피합병법인의 청산소득이 부당히 감소되었는지에 관계없이 합병법인이 취득한 주식이 포합주식에 해당하는 것만으로 구 법인세법 제80조 제2항 의 적용대상이 되는지 여부(원칙적 적극)

[2] 합병법인 甲 법인이 합병등기일 전 2년 이내에 피합병법인 乙 법인의 주식을 취득하였고, 이에 과세관청이 위 주식이 포합주식에 해당한다고 보아 그 취득가액에서 교부된 합병신주의 가액을 공제한 금액을 합병대가의 총합계액에 산입하여 甲 법인에 법인세 부과처분을 한 사안에서, 乙 법인의 청산소득이 부당히 감소되었는지 여부에 관계없이 위 주식은 포합주식에 해당하여 구 법인세법 제80조 제2항 의 적용대상이 된다고 본 원심판단을 수긍한 사례

[3] 구 법인세법 제79조 제4항 , 제80조 제3항 에서 말하는 '세무회계상의 이월결손금을 공제하기 전의 자기자본의 총액'은 기업회계상 결손금이 반영된 것인지 여부(적극)

[판결요지]

[1] 구 법인세법(2001. 12. 31. 법률 제6558호로 개정되기 전의 것. 이하 '구 법인세법'이라 한다) 제80조 제1항 은 "내국법인이 합병으로 인하여 해산하는 경우 그 청산소득의 금액은 피합병법인의 주주 등이 합병법인으로부터 받은 합병대가의 총합계액에서 피합병법인의 합병등기일 현재의 자기자본의 총액을 공제한 금액으로 한다"고 정하고, 제2항 전문은 "합병법인이 합병등기일 전 2년 이내에 취득한 피합병법인의 주식 등(이하 '포합주식 등'이라 한다)이 있는 경우로서 그 포합주식 등에 대하여 합병법인의 주식 등을 교부하지 아니한 경우 합병대가의 총합계액은 당해 포합주식 등의 취득가액을 가산한 금액으로 한다"고 정하고 있다. 조세법률주의의 원칙상 과세요건이나 비과세요건 또는 조세감면요건을 막론하고 조세법규의 해석은 특별한 사정이 없는 한 법문대로 해석할 것이고 합리적 이유 없이 확장해석하거나 유추해석하는 것은 허용되지 아니한다. 따라서 구 법인세법 제80조 제2항 이 포합주식의 취득으로 인하여 피합병법인의 청산소득이 부당히 감소되는 것으로 인정되는 것을 적용요건으로 규정하고 있지 아니하는 이상, 합병법인이 취득한 주식이 포합주식에 해당하는 것만으로 구 법인세법 제80조 제2항 의 적용대상이 된다.

[2] 합병법인 甲 법인이 합병등기일 전 2년 이내에 피합병법인 乙 법인의 주식을 취득하였고 이에 과세관청이 위 주식이 포합주식에 해당한다고 보아 그 취득가액에서 교부된 합병신주의 가액을 공제한 금액을 합병대가의 총합계액에 산입하여 甲 법인에 법인세 부과처분을 한 사안에서, 甲 법인이 합병등기일 전 2년 이내에 乙 법인의 주식을 취득한 이상 그로 인하여 피합병법인인 乙 법인의 청산소득이 부당히 감소되었는지 여부에 관계없이 위 주식은 포합주식에 해당하여 구 법인세법 제80조 제2항 의 적용대상이 된다고 본 원심판단을 수긍한 사례.

[3] 구 법인세법(2001. 12. 31. 법률 제6558호로 개정되기 전의 것) 제79조 제4항 , 제80조 제3항 규정의 문언 내용, 나아가 그 입법취지가 피

> 합병법인의 세무회계상 자기자본을 정확히 파악하여 이를 합병대가에서 공제함으로써 청산소득과세에 있어서의 실질과세원칙을 구현하고자 하는 것인 점, 세무회계상 자기자본을 정확하게 파악하기 위하여는 기업회계상 자기자본의 총액에서 그에 반영되지 아니한 세무회계상의 이월결손금을 공제하여야 하는 점 등을 고려하여 보면, 위 규정에서 말하는 '세무회계상의 이월결손금을 공제하기 전의 자기자본의 총액'은 기업회계상 결손금이 반영된 것을 의미한다.

3) 청산소득에 대한 과세특례

내국법인이 상법 규정에 따른 조직변경을 하는 경우나 특별법에 따라 설립된 법인이 그 특별법의 개정이나 폐지로 인하여 상법에 따른 회사로 조직변경하는 경우에는 청산소득에 대한 법인세를 과세하지 아니한다.

현행 법인세법에서는 물적회사의 인적회사로의 전환은 상법에 의한 조직변경이 아니므로 청산소득에 대한 과세이연을 배제하고 있으나 대통령령이 정하는 경우로서 법률에 의하여 합명회사가 유한회사로 전환하는 경우 등(변호사법 등)에는 청산소득에 대하여 과세이연의 혜택이 있다.

3. 청산소득금액의 계산

해산에 의한 청산소득과 합병 및 분할에 의한 청산소득은 서로 계산방법을 달리한다.

가. 해산에 의한 청산소득금액

내국법인이 해산한 경우, 청산소득금액은 잔여재산의 가액에서 해산등기일 현재의 자본금 또는 출자금과 잉여금의 합계액(자기자본의 총액)을 공제한 금액이다(법 제79조 1항).

'잔여재산의 가액'이란 자산총액에서 부채총액을 공제한 금액이다(영 제121조 1항). 여기서의 자산총액은 시가에 의하여 파악하는데 이는 미실현소득을 현출시킬 필요가 있기 때문이다. 추심할 채권과 환가처분할 자산은 추심 또는 환가한 날 현재의 금액, 추심 또는 환가처분 전에 분배한 경우에는 분배한 날 현재의 시가에 의하며(영 121조 2항), 장부가액에 의하지 아니한다.

청산중의 회사가 잔여재산의 일부를 주주에게 분배한 후에 다시 사업을 계속하기로 한 경우에는 해산등기로부터 사업계속등기일까지의 사이에 분배한 잔여재산의 분배액의 총합계액에서 해산일 현재의 자기자본총액을 공제한 금액이 그 회사의 청산소득금액이 된다(법 제79조 2항).

> 조심2014전0331 (2014.12.23.)
>
> 청산소득금액에 가산하는 '포합주식의 취득가액등' 계산시 합병법인이 합병등기일 현재 보유하고 있는 피합병법인 주식의 취득가액만을 '포합주식의 취득가액등'으로 보아야 하는지
>
> [판결요지]
> 피합병법인의 청산소득금액 계산시 합병대가에 가산할 「법인세법」 제80조 제2항의 포합주식의 해당여부는 합병법인이 당해 피합병법인의 주식을 취득한 때부터 합병등기일까지 보유한 기간에 의해 판단하여야 할 것이므로 합병등기일 전에 이미 처분된 주식은 원칙적으로 포합주식에 포함되지 않는 것이나, 청구법인이 합병등기일 3개월 전에 100% 자회사인 △△△에게 ○○○주를 양도한 점에서 이는 청구법인이 합병등기일 현재 ○○○주를 사실상 보유하였던 것으로 볼 수 있다 할 것이므로 이를 합병등기일에 보유하고 있는 포합주식에 포함하는 것이 타당하다.

나. 환급법인세액과 이월결손금의 처리

청산기간 중에 환급법인세액이 있는 경우에는 이에 상당한 금액을 해산일 현재의 자기자본총액에 가산한다(법 제79조 3항).

해산일 현재 종전 법인에 이월결손금이 있는 경우 그 날 현재의 그 법인의 자기자본총액에서 이월결손금 상당액을 상계하여야 하는데, 이 때 상계할 금액이 자기자본총액 중 잉여금의 금액을 초과하지는 못한다(법 제79조 4

항).

청산기간중이라 하더라도 각 사업연도의 소득이 있는 때에는 이를 해당 각 사업연도의 소득에 포함시켜야 한다(법 제79조 5항). 해산 전 계속기업 상태의 사업수입이나, 임대수입, 공·사채 및 예금의 이자수입 등과 그 수익에 관련된 손비는 각각 사업연도의 소득금액계산상 익금 및 손금으로 처리하게 된다.

4. 청산소득에 대한 법인세 과세표준과 세액의 신고 및 납부

가. 확정신고와 납부

청산소득에 대한 법인세 납세의무가 있는 법인은 다음의 기한 내에 청산소득에 대해 과세표준과 세액을 신고·납부하여야 한다. 청산소득금액이 없는 경우에도 청산소득에 대한 과세표준과 세액의 신고를 하여야 한다(법 제84조).

1) 해산의 경우에는 잔여재산가액의 확정일로부터 3개월 이내
2) 사업계속의 경우에는 사업계속등기일로부터 3개월 이내
3) 합병과 분할의 경우에는 각 합병 또는 분할등기일로부터 3개월 이내

나. 중간신고와 납부

내국법인(유동화전문회사 등 제외)이 다음에 해당하는 때에는 다음에 정한 날로부터 1월 이내에 청산소득에 대한 중간시고 및 세액의 납부를 하여야 한다. 다만, 국유재산법에 의한 청산절차에 의하여 청산하는 경우에는 중간신고에 관한 규정을 적용하지 아니한다(법 제85조).

1) 해산에 의한 잔여재산가액이 확정되기 전에 그 일부를 주주 등에게 분배한 경우에는 분배한 날
2) 해산등기일로부터 1년이 되는 날 까지 잔여재산가액이 확정되지 아니한 경우에는 그 1년이 되는 날

5. 청산소득에 대한 법인세 과세표준과 세액의 결정 또는 경정과 징수

가. 법인세의 결정 또는 경정

납세지 관할 세무서장 또는 관할지방국세청장은 법인이 청산소득에 대한 법인세의 확정신고 또는 중간신고를 하지 아니하거나 그 신고내용에 오류 또는 탈루가 있는 때에는 과세표준과 세액을 결정 또는 경정한다. 청산소득에 대한 결정 또는 경정은 각 사업연도 소득세애 대한 결정 또는 경정절차를 준용한다(법 제87조).

나. 징수

법인이 청산소득에 대한 법인세의 전부 또는 일부를 납부하지 아니한 경우에 납세지 관할 세무서장은 그 미납된 법인세액을 국세징수법에 따라 징수하여야 한다(법 제89조 1항).

다. 가산세

청산소득에 대해서는 각 사업연도 소득에 대한 법인세의 경우를 준용하여 가산세를 적용한다. 다만, 청산소득에 대한 법인세액이 없는 경우에는 가산세 규정을 적용하지 아니한다(법 제90조의 1항).

라. 가산금

청산소득에 대한 법인세를 징수하는 경우에는 국세징수법상 가산금 규정을 적용하지 아니한다(법 제90조의 2항).

제4편 외국법인의 각 사업연도소득에 대한 법인세

Ⅰ. 외국법인의 국내원천소득

1. 외국법인의 납세의무

가. 외국법인의 개념과 법인세법 납세의무

1) 법인세법 규정

법 제1조 제3호는 "외국법인이라 함은 외국에 본점 또는 주사무소를 둔 법인(국내에 사업의 실질적 관리장소가 소재하지 아니하는 경우에 한한다)을 말한다"고 하고, 그 2조에서 국내원천소득이 있는 외국법인은 그 소득에 대하여 법인세법에 의한 법인세 또는 법인세법에 의하여 원천징수하는 법인세를 납부할 의무가 있다고 하여 외국법인의 정의와 납세의무를 규정하고 있다.

2) 국내사업장

법 제94조 1, 2항은 외국법인이 국내에 고정사업장을 가지고 있는 경우와, 물리적 시설은 없어도 국내사업장과 동일한 기능을 수행하는 종속대리인을 두고 사업을 영위하는 경우(같은 조 3항)로 규정하고 있다.

이 때 고정사업장은 일반적으로 사업장소가 존재할 것, 사업장소가 고정되어 있을 것, 그 사업장소를 통하여 사업을 수행할 것 등을 그 요소로 하고 있다. 고정사업장의 존속 기간은 대부분 6개월을 초과할 것을 요구하고 있고, 종속대리인을 두고 사업을 영위하는 경우에도 국내에 사업장을 가지고 있는 것으로 규정하고 있다.

법인세부과처분취소
[대법원 1995.8.25, 선고, 94누7843, 판결]

【판시사항】

> 일본국 법인이 대한민국 내에서 6개월을 초과하지 않는 기간동안 건설관련용역을 제공하고 얻은 소득이 한일조세협약 제6조 소정의 사업소득으로 간주되어 면세되는지 여부
>
> 【판결요지】
>
> 조세조약에 있어서 건설·건축·설비 또는 조립공사와 관련된 감독·기술 등의 인적 용역을 항구적 시설 또는 고정사업장과 결부시켜 규정하고 있는 경우에는 건설관련용역을 건설공사 등을 수주한 자 이외의 제3자가 제공하고 얻는 소득을 건설공사 등을 수주한 자의 건설소득과 같은 방법으로 과세하기 위하여 사업소득으로 간주하여 항구적 시설 과세원칙을 적용하고자 하는 취지이므로, 그 건설관련용역소득에 대하여는 그 조세조약상의 사업소득에 관한 규정이 적용되어야 할 것이어서, 일본국 법인이 대한민국 내에서 건설관련용역을 제공하고 그에 대한 대가를 받았다고 하더라도 그 용역제공기간이 6개월을 초과하지 아니하는 경우에는 대한민국 내에 항구적 시설을 가지고 있다고 볼 수 없어 그 건설관련용역소득은 대한민국과일본국간의소득에관한조세의이중과세회피및탈세방지를위한협약 제6조 제1항에 의하여 대한민국에서 면세되어야 할 것이다.

외국법인이 국내에 진출하는 경우 자회사의 형태로 내국법인을 설립하는 경우와 외국소재 본점의 지점 형태로 진출하는 경우로 나누어 볼 수 있는데, 두 방식의 과세차이를 절충하기 위하여 '지점세'를 두어 국내사업장의 사업연도 소득금액에서 법인세와 지방소득세 소득분, 당해 국내사업장이 사업을 위하여 재투자 할 것으로 인정되는 금액 등을 차감한 금액을 과세소득으로 보아 여기에 20%의 세율을 적용한 금액을 납부하도록 하고 있다. 그러나 이러한 지점세는 상호주의에 따라 외국법인의 국내지점의 본국에서 지점세를 과세하지 않는 경우 국내에서도 비과세 하는 예외조항을 두고 있다.

3) 국내에서의 소득

외국법인이 소득을 얻기 위하여 한 행위 또는 소득발생의 원인사실을 소득의 원천이라 하고, 그러한 소득의 원천이 국내에 있는 경우에 이를 외국법인의 국내원천소득이라 한다. 소득의 발생지가 국내인 이상, 그 소득의 실현이 국내지점에서 이루어 졌거나 국내지점을 거치지 아니하고 곧바로 외국의 본점 또는 지점을 통하여 이루어 졌거나 구별하지 아니한다.

법인세부과처분취소
[대법원 1996.11.15, 선고, 95누8904, 판결]

【판시사항】

[1] 원양어선에서 포획한 수산물의 매매 중개를 업으로 하는 국내에 지점을 둔 외국법인의 중개수수료 수입 등이 국내원천소득에 해당하는지 여부(적극) 및 그 경우 발생한 전 소득에 대하여 과세할 수 있는지 여부(적극)

[2] 감액경정처분이 있었으나 그 경정시 취소되지 않고 남아 있는 부분에 관하여 다투는 경우, 그 항고소송의 대상

[3] 과세표준과 세액이 확정된 후 과세관청이 직권으로 여러 항목에 대한 증액과 감액을 동시에 한 결과 총 세액이 감액경정된 경우, 그 경정결정에 대한 불복 가부(소극)

【판결요지】
[1] 외국법인의 국내원천소득이라 함은
구 법인세법(1988. 12. 26. 법률 제4020호로 개정되기 전의 것) 제55조 제1항에 열거된 소득으로서 그 소득의 발생원천지가 국내인 것을 말하는 것이며, 소득의 '발생지'가 국내인 이상 그 소득의 실현이 국내지점에서 이루어졌거나 국내지점을 거치지 아니하고 곧바로 외국의 본점 또는 지점을 통하여 이루어졌거나 이를 구별할 것이 아니고, '대한민국과일본국간의소득에관한조세의이중과세회피및탈세방지를위한협약' 제6조 제2항은 일방체약국의 거주자 또는 법인이 타방체약국 내에 항구적 시설을 가지고 있는 경우에는 그 타방체약국 내의 원천에서 생기는 전 소득에 대하여 그 타방체약국이 그 항구적 시설에 과세할 수 있다고 규정하고 있으므로, 한국 내에 항구적 시설을 설치한 일본법인의 특정 거래로부터 발생한 소득이 국내원천소득에 해당하면 그 법인의 본점과 국내지점에 귀속하는 비율에 상관없이 전 소득에 대하여 국내지점에 과세할 수 있다.

[2] 감액경정처분은 당초의 신고 또는 부과처분과 별개인 독립의 과세처분이 아니라 그 실질은 당초의 신고 또는 부과처분의 변경이고 그에 의하여 세액의 일부취소라는 납세자에게 유리한 효과를 가져오는 처분이므로, 그 경정결정으로도 아직 취소되지 않고 남아 있는 부분이 위법하다 하여 다투는 경우 항고소송의 대상은 당초 신고나 부과처분 중 경정결정에 의하여 취소되지 않고 남은 부분이며, 감액경정결정이 항고소송의 대상이 되는 것은 아니다.

[3] 신고납부방식의 조세에 있어서 납세자가 감액수정신고에 대한 과세관청의 경정거부처분에 대하여 행정쟁송으로 다투지 아니하여 당초 신고한 내용대로 과세표준과 세액이 확정된 이후, 과세관청이 직권으로 경정결정을 함에 있어 일부 항목에 대한 증액과 다른 항목에 대한 감액을 동시에 한 결과 전체로서 세액이 감소된 때에는, 납세자에게 불이익을 미치는 것이 아니므로 그 감액경정처분의 취소를 구할 수 없다.

나. 조세조약의 특례조약

국내 세법과 국회의 승인을 얻은 국제조세조약은 동등한 지위에 있는 것이지만 조세에 관한 국제조약은 국내 세법에 대하여 특별법적 지위를 지니고 있다. 따라서 특정한 조세에 관한 조약이 체결되어 있다면, 국내 세법보다 우선하여 적용한다. 다만, 조세조약보다 후에 제정되거나, 조세조약의 특별법적 성격을 가진 국내 세법이 적용되는 사안이라면 조세조약은 적용되지 아니한다(특별법우선의 원칙, 신법우선의 원칙).

다. 조세조약의 특수성

조세조약은 국제간의 이중과세를 방지하기 위하여 체결되며, OECD모델협약 또는 UN모델협약으로 규정된 국제표준협약양식을 변형하는 방식으로 작성된다. 그러나 조세조약은 체약 당사국이 처한 다양한 경제현실이나 정치적 상황등을 고려해야 하고, 체약당사국이 스스로 이익이 된다고 생각하는 경우에 체결되는 것이므로, 개별적 이해관계를 별도로 규준하기 곤란한 다국간 조약보다는 양국간 조약을 국가별로 체결하는 것이 일반적이며 그 내용도 동일하지 아니하다.

2. 납세의무의 범위

가. 의의

법 제92조 및 93조는 외국법인이 국내에서 영업을 하는 경우에는 내국법인과의 형평을 고려하여 국내에서 발생한 각 사업연도소득, 즉 국내원천소득에 대하여 법인세를 과세하고 있다. 그러나 외국법인이 외국에서 영업하여 발생한 소득, 즉 국외원천소득 및 청산소득에 대하여는 대한민국의 과세권이 미치지 못하므로 과세하지 아니한다.

따라서 외국법인이 국내에서 발생한 원천소득의 개념을 정의하는 것이 무엇보다 중요한 것인 바, 일반법인 국내 법인세법상 국내원천소득에 해당하지만 특별법적 성질을 가지는 조세조약에서는 국내원천소득에 해당하지 아니한다면, 이에 대해서는 과세하지 아니한다.

나. 법인세법 규정에 의한 국내원천소득

법 제93조는 외국법인의 과세소득인 국내원천소득을 열거적으로 규정하고 있다. 따라서 법인세법에서 명시적으로 열거하지 아니한 소득은 국내에서 발생한 소득이라 하더라도 우리나라에서 과세할 수 없고, 조세조약에서 국내발생소득으로 규정한 소득이라도 법인세법상 국내원천소득이 아닌 경우에는 외국법인은 당해 소득에 대하여 납세의무가 없다.

법인세부과처분취소
[대법원 1987.6.9, 선고,, 85누880, 판결]

【판시사항】

국내에 사업장을 갖지 않는 외국법인에게 지급된 캐링차지(Carring Charge)가 법인세 부과대상인지 여부

【판결요지】

국내에 있는 수입업자가 외국법인인 수출업자로부터 물품을 수입함에 있어 그 수입계약상의 약정에 따라 약정기일까지 수입신용장을 개설하지

못하여 그 판매자인 외국법인에게 계약금에다 신용장개설지연일수와 약정 비율을 적용하여 계산한 금액 즉 캐링차지(Carring -Charge)를 지급하게 된 경우에 그 판매자인 외국법인이 국내에 사업장을 가지고 있지 아니하고 판매된 물건도 국내에 있는 것이 아니라면 그 지급받은 외국법인의 캐링차지는 외국법인의 국내원천소득의 하나를 규정하고 있는 법인세법 제55조 제11호, 동법시행령 제122조 제5항 제1호 및 동항 제7호의 그 어느 것에도 해당하지 아니하므로 국내에 사업장을 갖지 아니한 외국법인이 지급받은 캐링차지는 법인세의 과세대상이 될 수 없다.

다. 법인세법에 규정되어 있는 과세소득내역

1) 이자소득 및 기타의 대금의 이자와 신탁이익 (법 제93조 제1호)

국가·지방자치단체·거주자·내국법인·외국법인의 국내사업장이나 비거주자의 국내사업장으로부터 지급받는 소득, 외국법인 또는 비거주자로부터 지급받는 소득으로서 그 국내사업장과 실질적으로 관련하여 그 국내사업장의 소득금액계산에 있어서 필요경비 또는 손금에 산입되는 소득.

다만, 거주자 또는 내국법인의 국외사업장을 위하여 그 국외사업장이 직접 차용한 차입금의 이자, 외국법인이 발행한 채권 또는 증권의 이자와 할인액, 국외에서 받는 예금의 이자와 신탁의 이익은 국내원천소득으로 보지 아니한다.

법인세부과처분취소

[대법원 1985.11.12, 선고, 83누40, 판결]

【판시사항】

가. 외국은행 본점과 국내지점 사이에 수수된 기업내부 이자가 구 법인세법(1979.12.28. 법률 제3200호로 개정되기 전의 것) 제55조 소정의 외국법인의 국내원천소득금액계산상 익금 또는 손금에 해당하는지

여부(소극)

나. 재판이 상고인에게 불리한지 여부의 판단기준

【판결요지】

가. 법인소득이란 법인이 대외적 거래에 의하여 수수하는 각종의 수익으로서 법인의 순자산의 증가를 가져오는 것을 의미하므로 외국은행 본점과 국내지점 사이에 설정된 당좌계정을 통하여 신용장결제, 외환매매결제등 일반외국거래를 하면서, 본지점 사이에 기업내부이자가 수수된 경우, 이는 대외적 거래에 의하여 발생하는 수익이 아니므로 법인소득에 들어갈 수 없으며, 따라서 그 이자는

구 법인세법(1979.12.28. 법률 제3200호로 개정되기 전의 것) 제55조에서 규정하는 외국법인의 국내원천소득금액계산상 익금 또는 손금으로 볼 수 없다.

2) **국내원천 배당소득 (법 제93조 제2호)**

외국법인이 내국법인 또는 법인으로 보는 단체 기타 국내로부터 지급받는 소득 및 국제조세조정에 관한 법률 제9조(정상가격에 의한 과세조정으로 국외특수관계자에게 이전된 소득), 제14조(국외지배주주로부터 출자지분의 3배를 초과하여 차입한 경우 초과차입금에 대한 지급이자를 국외지배주주에게 배당한 것으로 취급)의 규정에 의하여 배당으로 처분된 금액.

3) **국내원천 부동산소득 (법 제93조 제3호)**

국내에 있는 부동산 또는 부동산에 관한 권리와 국내에서 취득한 광업권·조광권·토사석채취에 관한 권리 또는 지하수의 개발·이용권의 임대 기타 운영으로 인하여 발생하는 소득, 국내에서 취득한 광업권·조광권·토사석채취에 관한 권리 또는 지하수의 개발·이용권을 양도함으로써 발생하는 소득이 이에 포함된다.

그러나 토지, 건물 등의 양도소득에 관한 제7호의 소득은 제외된다.

4) **선박·항공기·자동차·건설기계의 임대소득 (법제 제93조 제4호)**

외국법인이 거주자·내국법인 또는 외국법인이나 비거주자의 국내사업장에 선박 등을 임대함으로써 발생하는 소득. 따라서 자산의 운용장소가 외국이라도 임차인이 거주자·내국법인이거나 비거주자·외국법인의 국내사업장에 임대한 것이라면 과세소득에 포함된다 할 것이다.

5) 국내원천 사업소득 (법 제93조 제5호)

소득세법에서 규정하는 사업(소득세법 제19조)으로 국내에서 경영하는 사업에서 발생하는 소득. 이 경우 조세조약에 따라 과세할 수 있는 소득은 포함되나, 인적용역소득은 제외한다.

6) 인적용역소득 (법 제93조 제6호)

외국법인이 피고용인 등을 통하여 인적용역을 제공받음으로 인하여 발생하는 소득. 다만, 항공료, 숙박비 및 식사대는 제외한다.

연예인, 직업운동가, 자유직업자 등이 국내에서 인적용역을 제공함으로 인하여 발생하는 소득이 이에 포함된다. 다만, 그 용역의 제공지가 국내이어야 하며, 소득의 원천이 국내에 있을 것을 요한다.

법인세법갱정처분등취소
[대법원 1989.8.8, 선고, 88누4386, 판결]

【판시사항】
외국에서 이루어진 기술훈련 등 용역제공의 대가가 국내원천소득인지 여부(소극)

【판결요지】
외국에서 이루어진 기술훈련 등 용역제공이 법인세법 제55조 제1항 제9호 (나)목 소정의 산업상, 상업상 또는 과학상의 지식, 경험, 숙련에 대한 정보 또는 그 권리의 제공에 해당하더라도 그 대가가 국내원천소득이 되기 위하여는 그 소득원천이 국내에 있어야 하고 그 제공이 국내에서 이루어져야한다.

7) 양도소득 (법 제93조 제7호)

국내에 있는 부동산 또는 부동산에 관한 권리, 사업용 고정자산과 함께 양도하는 영업권, 특정시설물이용권 및 비상장 부동산주식(부동산과 부동산에 관한 권리가 자산합계의 50% 이상인 법인의 주식)의 양도로 인하여 발생하는 소득을 말한다.

8) **사용료소득(법 제93조 제8호)**

외국법인이 학술 또는 예술상의 저작물(영화필름을 포함한다)의 저작권·특허권·상표권·디자인·모형·도면이나 비밀의 공식 또는 공정, 방송용 필름 및 테이프 기타 이와 유사한 자산이나 권리, 산업상·상업상 또는 과학상의 지식·경험에 관한 정보 또는 노하우를 국내에서 사용하거나 그 대가를 국내에서 지급받는 경우의 당해 대가 및 그 자산·정보 또는 권리의 양도로 인하여 발생하는 소득. 다만 소득에 관한 이중과세방지협약에서 사용자를 기준으로 하여 당해 소득의 국내원천소득여부를 규정하고 있는 경우에는 국외에서 사용된 자산·정보 또는 권리에 대한 대가는 국내지급 여부에 불구하고 이를 국내원천소득으로 보지 아니한다.

이와 같이, 사용료 소득에 해당함을 판단하는 데 있어서 사용지주의와 지급지주의가 동시에 규정되고 있으며, 인적용역소득 중 과학기술·경영관리 기타 분야에 관한 전문적 지식 또는 특별한 기능을 가진 자가 당해 지식 또는 기술을 활용하여 제공하는 용역대가의 경우(영 제132조 제6항 제4호)와는 구체적인 사례에 따라 달리 판단한다.

9) **유가증권의 양도소득 (법 제93조 제9호)**

내국법인이 발행한 주식·출자증권 및 기타의 유가증권, 외국법인의 국내사업장이 발행한 기타의 유가증권의 양도로 인하여 발생하는 소득과 외국법인이 발행한 주식으로서 증권시장에 상장된 유가증권에 투자함으로써 발생하는 소득을 말한다. 이 경우 유가증권에는 부동산주식을 제외하되, 해당 부동산주식이 주권상장법인의 주식인 경우에는 이를 포함한다.

다만, 국내에 사업장이 없는 외국법인이 발행주식총액의 25%미만을 소유한 주권상장법인의 주식을 양도함으로써 발생하는 소득에 대하여는 과세하지 아니한다. 그러나 한·미조세조약에 의하면 주식양도소득에 대하여는 지분비율과 관계없이 과세하지 않도록 규정하고 있기 때문에 미국의 투자자는 내국법인의 주식을 양도하여 소득이 발생하여도 보유주식의 규모와 관계없이 우리나라에서 과세되지 아니한다.

법인세등부과처분취소
[대법원 2013.11.28, 선고, 2010두7208, 판결]

【판시사항】

[1] 외국법인 간 합병에 따라 소멸하는 피합병법인이 자산으로 보유하던 내국법인의 발행주식을 합병법인에 이전하는 경우, 구 법인세법 제93조 제10호 (가)목의 '주식의 양도'에 해당하는지 판단하는 기준

[2] 甲 외국법인이 모 회사인 乙 외국법인에 흡수합병되어 丙 외국법인으로 명칭을 변경하였는데 합병 당시 甲 법인이 보유한 丁 내국법인 발행주식이 丙 법인으로 이전되자, 과세관청이 丙 법인에 법인세 및 증권거래세 등 부과처분을 한 사안에서, 위 주식의 이전이 구 법인세법 제93조 제10호 (가)목에서 정한 '주식의 양도' 및 구 증권거래세법 제1조 등에서 정한 '주권의 양도'에 해당한다고 본 사례

【판결요지】

[1] 외국법인 간의 합병에 따라 소멸하는 피합병법인이 자산으로 보유하던 내국법인의 발행주식을 합병법인에 이전하는 것이 구 법인세법(2007. 12. 31. 법률 제8831호로 개정되기 전의 것, 이하 같다) 제93조 제10호 (가)목에서 말하는 '주식의 양도'에 해당하는지 여부는 구 법인세법의 해석상 합병에 따른 주식의 이전을 계기로 당해 주식에 내재된 가치증가분이 양도차익으로 실현되었다고 보아 이를 과세대상 소득으로 삼을 수 있는지 여부에 따라 판단하여야 한다.

[2] 甲 외국법인이 모 회사인 乙 외국법인에 흡수합병되었고 丙 외국법인으로 명칭을 변경하였는데, 합병 당시 甲 법인이 보유한 丁 내국법인 발행 주식이 甲 법인에서 丙 법인으로 이전되자, 과세관청이 丙 법인에 법인세 및 증권거래세 등 부과처분을 한 사안에서, 내국법인의 경우 구 법인세법(2007. 12. 31. 법률 제8831호로 개정되기 전의 것, 이하 같다) 제80조 제1항, 제4항, 구 법인세법 시행령(2008. 2. 22. 대통령령 제20619호로 개

정되기 전의 것) 제122조 제1항, 제14조 제1항 제1호 (가)목, (다)목은 합병에 따른 자산의 이전도 양도차익이 실현되는 자산의 양도에 해당한다고 보아 그 양도차익의 산정방법을 규정하면서, 예외적으로 구 법인세법 제44조 제1항 제1호 및 제2호의 요건을 갖춘 경우에 한하여 피합병법인이 대가로 받은 주식의 액면가액을 양도대가로 의제함으로써 사실상 양도차익이 산출되지 않도록 하여 합병법인이 당해 자산을 처분하는 시점까지 그에 대한 과세를 이연하는 정책적 특례를 제공하고 있는 점 등을 종합하면, 위 합병에 따른 주식의 이전은 구 법인세법 제93조 제10호 (가)목에서 말하는 '주식의 양도'에 해당하고, 구 증권거래세법(2008. 12. 26. 법률 제9274호로 개정되기 전의 것) 제1조 본문, 제2조 제3항의 문언 내용 및 취지, 2001. 12. 29. 법률 제6538호로 개정된 조세특례제한법 제117조 제1항 제14호가 '법인세법 제44조 제1항 각 호의 요건을 갖춘 합병을 위하여 주식을 양도하는 경우'를 증권거래세의 면제 대상으로 새로이 규정한 점 등에 비추어 볼 때, 합병으로 인한 주식의 이전이 위 규정에서 말하는 '주권의 양도'에 해당한다고 본 사례.

10) 기타소득 (법 제93조 제10호)

기타소득 또한 국내원천의 기타소득에 한정하여 과세된다. 법률 또는 조세조약에서 정한 특정한 권리·자산 또는 정보를 국내에서 사용하거나 그 대가를 국내에서 지급하는 경우의 해당 대가 및 그 권리·자산 또는 정보의 양도로 인하여 발생하는 소득, 국내소재 자산과 국내영위사업에 관련하여 받은 보험금·보상금 또는 손해배상금, 국내에서 지급하는 위약금·배상금, 기타 국내에서 행하는 사업이나 국내에서 제공하는 인적 용역 또는 국내소재자산에 관련하여 제공받은 경제적 이익으로 인하여 발생한 소득(국가 또는 특별한 법률에 의하여 설립된 은행이 발행한 외화표시채권의 상환에 따라 받은 금액이 그 외화표시채권의 발행가액을 초과하는 경우에는 그 차액을 포함하지 아니한다) 또는 이와 유사한 소득이 이에 포함된다.

3. 외국법인의 과세방법

외국법인에 대한 과세방법은 법인세법 규정에 따라 종합과세와 분리과세의 방법으로 나누어 진다.

가. 종합과세 방법

외국법인이 국내에 사업장을 가지고 있는 경우와 법 제93조 제3호에 규정하는 부동산소득이 있는 경우에는 그 과세표준은 국내원천소득 합계액을 기초로 산정한다(법 제91조 제1항, 2항).

1) 과세방법과 신고납부절차

외국법인은 국내사업장 귀속소득과 부동산소득을 신고하여야 한다. 국내원천소득을 신고하는 외국법인의 신고·납부절차는 내국법인의 규정을 준용한다.

2) 세액의 계산구조

국내사업장을 가진 외국법인의 국내사업장에 귀속되는 소득과 부동산소득이 있어서 종합과세하는 경우, 외국법인의 각 사업연도의 소득에 대한 법인세의 과세표준은 국내원천소득의 총합계액에서 국내사업과 관련되지 아니하거나 국내사업장에 귀속되지 아니하는 소득, 선박 또는 항공기의 외국항행으로 인하여 발생하는 소득(다만 그 외국법인의 본점 또는 주사무소가 있는 외국이 우리나라의 법인이 운용하는 선박 또는 항공기에 대하여 동일한 면제를 하는 경우에 한한다)을 제외한 금액을 표준으로 하여 계산한다(법 제91조 1항).

나. 분리과세 방법

국내사업장 귀속소득과 부동산 소득이 없는 외국법인에 대해서는 분리과세의 방법을 취한다.

1) 과세방법

국내사업장 귀속소득과 부동산소득이 없는 외국법인은 원천징수로써 과세를 종결한다(법 제98조 제1항). 다만, 부동산 양도소득은 신고납부를 하여 원천납부세액과의 차이를 정산하여야 한다.

2) 세액의 계산구조

원천징수외국법인에 대하여 국내원천소득으로서 국내사업장과 실질적으로 관련되지 아니하거나 그 국내사업장에 귀속되지 아니하는 소득의 금액(국내사업장이 없는 외국법인에 지급하는 금액 포함)을 지급하는 자(양도소득의 금액을 지급하는 거주자 및 비거주자를 제외)는 그 지급하는 때에 다음의 원천징수세율을 적용한 금액을 해당 법인의 각 사업연도의 소득에 대한 법인세로서 원천징수하여 그 원천징수한 날이 속하는 달의 다음 달 10일까지 납세지 관할 세무서 등에 납부하여야 한다. 다만, 사업소득 중 조세조약에 따라 국내원천사업소득으로 과세할 수 있는 소득은 제외한다(법 제98조 제1항)

다. 지급통화

국가의 과세권의 행사에 의한 과세의무가 발생하는 것이므로 과세의무를 부과하는 주체인 국가의 통화로 지급하는 것이 일반적이다. 따라서 대한민국에서 발생하는 외국법인에 대한 법인세의 과세표준 산출은 조약이나 국내법에 특별한 규정이 없는 한 대한민국의 통화인 원화(KRW)를 기준으로 하여야 할 것이다.

제5편 연결납세
동업기업에 대한 과세특례

Ⅰ. 연결납세방식에 의한 과세특례

1. 연결납세방식에 의한 과세특례의 개념과 규정취지

> 법 제1조 제6호 "연결납세방식"이란 둘 이상의 내국법인을 하나의 과세표준과 세액을 계산하는 단위로 하여 제2장의3에 따라 법인세를 신고·납부하는 방식을 말한다.

가. 개념

연결납세방식이란 완전지배관계에 있는 모자회사를 각각의 법인으로 분할하여 보지 아니하고 하나의 과세표준과 세액을 계산하는 단위로 보아 법인세를 신고·납부하도록 하게 하는 특별한 방식이다.

나. 인정취지

연결납세방식의 주된 취지는 '사업부형태'와 '자회사형태'에서 오는 차이를 보정하는 것이다. 하나의 동일한 법인 내에서 여러 사업부를 두는 형태로 회사를 운영하는 경우 각 사업부에서 발생한 흑자와 적자를 통산하는 것이 용이한 반면, 모회사가 완전지배하는 자회사를 두고 운영하는 경우에는 각 자회사는 형식적으로 별개의 법인이고 독립된 납세주체가 되기 때문에 자회사와 모회사 간의 손익을 통산할 수 없게 된다.

이와 같은 차이를 간과하고 형식적인 측면만을 기준으로 하여 조세를 부과하는 경우, 실질적으로는 하나의 법인을 운영하는 것과 동일하지만 기업의 경영활동을 기업집단으로 운영하는경우와 단독기업형태로 운영하는 경우에 대해 불합리한 차별이 발생할 수 밖에 없고, 이러한 과세방식은 조세평등주의와 실질과세원칙의 측면에서 과세중립성을 해친다는 문제점이 지적되어 왔다.

이에 우리 법인세법에도 2009. 1. 1. 연결납세제도가 도입되었다.

2. 연결납세방식이 적용되기 위한 요건

법 제76조의8(연결납세방식의 적용 등) ① 다른 내국법인을 완전 지배하는 내국법인[비영리법인 등 대통령령으로 정하는 법인은 제외하며, 이하 이 항에서 "완전모법인"(完全母法人)이라 한다]과 그 다른 내국법인[청산 중인 법인 등 대통령령으로 정하는 법인은 제외한다. 이하 이 장에서 "완전자법인"(完全子法人)이라 한다]은 대통령령으로 정하는 바에 따라 완전모법인의 납세지 관할지방국세청장의 승인을 받아 연결납세방식을 적용할 수 있다. 이 경우 완전자법인이 둘 이상일 때에는 해당 법인 모두가 연결납세방식을 적용하여야 한다.

② 제1항에 따라 연결납세방식을 적용받는 각 연결법인의 사업연도는 연결사업연도와 일치하여야 한다. 이 경우 연결사업연도의 기간은 1년을 초과하지 못하며, 연결사업연도의 변경에 관하여는 제7조를 준용한다.

③ 제2항을 적용할 때 사업연도(이하 제76조의9 및 제76조의10에서 "본래사업연도"라 한다)가 법령 등에 규정되어 연결사업연도와 일치시킬 수 없는 완전자법인으로서 대통령령으로 정하는 요건을 갖춘 내국법인인 경우에는 연결사업연도를 해당 내국법인의 사업연도로 보아 연결납세방식을 적용할 수 있다.

④ 연결법인의 납세지는 제9조제1항에도 불구하고 연결모법인의 납세지로 한다.

⑤ 제1조제9호 및 이 장에서 "완전 지배"란 내국법인이 다른 내국법인의 발행주식총수(주식회사가 아닌 법인인 경우에는 출자총액을 말하며, 의결권 없는 주식등을 포함한다. 이하 이 항에서 같다)의 전부(「근로복지기본법」 제2조제4호에 따른 우리사주조합을 통하여 근로자가 취득한 주식

> 등 대통령령으로 정하는 주식으로서 발행주식총수의 100분의 5 이내의 주식은 제외한다. 이하 이 항에서 같다)를 보유하는 경우를 말하며, 내국법인과 그 내국법인의 완전자법인이 보유한 다른 내국법인의 주식등의 합계가 그 다른 내국법인의 발행주식총수의 전부인 경우를 포함한다.

가. 주체와 관련된 요건(법 제76조의8 제1항)

연결납세방식에 의한 과세특례를 적용받기 위해서는 ①두 개 이상의 내국법인(연결모법인과 연결자법인)이 ②완전지배의 관계에 있을 것(연결모법인이 연결자법인의 발행주식의 총수를 보유하는 경우, (법 제76조의8 제5항) ③대통령령이 정하는 바에 따라 국세청장의 승인을 받을 것을 요건으로 한다.

나. 사업연도와 관련된 요건(법 제76조의8 제2항)

각 연결법인의 사업연도는 연결사업연도와 일치하여야 하며, 연결사업연도의 기간은 1년을 초과하지 못한다. '연결사업연도'란 연결모법인과 연결자법인의 소득을 계산하는 1회계기간을 말한다(법 제1조 제10호).

사업연도의 규정을 적용할 때 사업연도가 법령등에 규정되어 연결사업연도와 일치시킬 수 없는 완전자법인으로서 대통령령으로 정하는 요건을 갖춘 내국법인인 경우에는 연결사업연도를 해당 내국법인의 사업연도로 보아 연결납세방식을 적용할 수 있다(법 제76조의8 제3항).

연결사업연도의 변경에 관하여는 법 제7조(일반법인의 사업연도 변경규정)를 준용한다.

다. 납세지와 관련된 요건(법 제76조의8 제4항)

연결법인의 납세지는 법 제9조 제1항(납세지와 관련된 일반규정)에도 불구하고 연결모법인의 납세지로 한다.

라. 연결납세방식의 적용신청

위와 같은 요건을 갖춘 내국법인이 연결납세방식을 적용받고자 하는 경우 연결법인은 최초의 연결사업연도 개시일 전 3개월이 되는 날 까지 연결납세방식적용신청서를 해당 내국법인의 납세지 관할세무서장을 경유하여 국세청장에게 제출하여야 한다(영 제120조의13 제1항). 연결납세방식적용신청서를 제출하는 연결대상법인 등은 연결사업연도를 함께 신고하여야 한다. 이 경우 연결사업연도와 사업연도가 다른 연결대상법인 등은 사업연도의 변경을 신고한 것으로 본다(영 제120조의13 제2항).

이러한 신청을 받은 국세청장은 최초의 연결사업연도 개시일의 전날까지 승인여부를 서면으로 통지하여야 하며, 통지하지 않은 경우 승인한 것으로 본다(영 제120조의12 제3항).

3. 연결납세방식의 취소와 포기 등

가. 연결납세방식의 적용승인 취소(법 제76조의9 제1항)

1) 연결납세방식의 적용승인 취소사유

연결모법인의 납세지 관할 지방국세청장은 아래와 같은 경우 연결납세방식의 적용 승인을 취소할 수 있다.

① 연결법인의 사업연도가 연결사업연도와 일치하지 아니하는 경우,
② 연결모법인이 완전지배하지 아니하는 내국법인에 대하여 연결납세방식을 적용하는 경우,
③ 연결모법인의 완전자법인에 대하여 연결납세방식을 적용하지 아니하는 경우,
④ 법 제66조 제3항단서에 따른 사유(추계경정사유)로 장부, 그 밖의 증빙서류에 의하여 연결법인의 소득금액을 계산할 수 없는 경우,
⑤ 연결법인에 수시부과사유가 있는 경우

2) 연결납세방식 적용승인의 취소후 연결납세 적용배제(법 제76조의8 제5항)

위와 같은 사유로 인해 연결납세방식의 적용승인이 취소된 연결법인은 취

소된 날이 속하는 사업연도와 그 다음 사업연도의 개시일로부터 4년 이내에 종료하는 사업연도까지는 연결납세방식의 적용 당시와 동일한 법인을 연결모법인으로 하여 연결납세방식을 적용받을 수 없다.

3) 연결승인 취소시 결손금과 중간예납세액의 처리

연결납세방식의 적용승인이 취소된 경우 각 연결사업연도의 개시일 전 10년 이내에 개시한 연결사업연도의 결손금 중 각 연결법인에 귀속하는 금액으로서 각 연결사업연도의 결손금 중 각 연결법인에 귀속하는 금액으로서 각 연결사업연도의 결손금을 계산할 때 공제되지 아니한 금액은 해당 연결법인의 결손금으로 본다(법 제76조의9 제3항).

연결납세방식의 적용승인이 취소된 경우 기 납부한 연결중간예납세액 중 연결법인별 중간예납세액은 각 사업연도의 소득에 대한 법인세를 신고·납부할 때에 중간예납세액으로 본다(법 제76조의9 제4항)

나. 연결승인납세방식의 포기

1) 포기절차와 포기제한

연결납세방식의 적용을 포기하려는 연결법인은 연결납세방식을 적용하지 않으려는 사업연도개시일 전 3개월이 되는 날까지 연결납세방식 포기신고서를 납세지 관할 세무서장을 경유하여 국세청장에게 신고하여야 한다. 다만, 연결납세방식을 최초로 적용받은 연결사업연도와 그 다음 연결사업연도의 개시일로부터 4년이내에 종료하는 연결사업연도까지는 연결납세방식의 적용을 포기할 수 없다(법 제76조의10 제1항).

2) 연결납세방식의 적용승인 취소규정의 준용(법 제76조의10 제1항)

연결납세방식의 적용을 포기하는 경우 연결납세방식의 재적용 제한과 결손금의 처리는 연결납세방식 적용승인의 취소규정을 준용한다. 다만, 중간예납세액에 대해서는 연결납세방식 적용승인의 취소의 규정을 준용하지 않는다.

4. 연결납세방식에 의한 과세표준과 세액

가. 과세표준의 계산

1) 과세표준의 산출(법 제76조의1)

각 연결사업연도의 소득에 대한 과세표준은 각 연결사업연도의 소득에서 ①각 연결사업연도의 개시일 전 10년 이내에 개시한 연결사업연도의 결손금(연결법인의 연결납세방식의 적용 전에 발생한 결손금을 포함)으로서 그 후의 각 연결사업연도의 과세표준을 계산할 때 공제되지 아니한 금액), ②법인세 및 조세특례제한법에서 정한 각 연결법인의 비과세소득의 합계액, ③위 각 법에따른 각 연결법인의 소득공제액의 합계액을 '차례로' 뺀 금액을 기준으로 한다.

2) 각 연결사업연도의 소득계산(법 제76조의14)

각 연결사업연도의 소득은 각 연결법인별로 다음의 순서에 따라 계산한 소득 또는 결손금을 합한 금액으로 한다.

가) 연결법인별 각 사업연도 소득의 계산(법 제76조의 14 1항 제1호)

각 사업연도의 소득은 그 사업연도에 속하는 익금의 총액에서 그 사업연도에 속하는 손금의 총액을 공제한 금액으로 하며, 각 사업연도의 결손금은 그 사업연도에 속하는 손금의 총액이 그 사업연도에 속하는 익금의 총액을 초과하는 경우에 그 초과하는 금액으로 한다.

나) 연결법인별 연결조정항목의 제거(법 제76조의 14 1항 제2호)

법인세법에 따라 익금에 산입하지 아니한 각 연결법인의 수입배당금액 상당액을 익금에 산입하고, 법인세법에 따라 손금에 산입하지 아니한 기부금 및 접대비 상당액을 손금에 산입한다.

다) 연결법인 간 거래손익의 조정(법 제76조의 14 1항 제3호)

연결법인이 다른 연결법인으로부터 받은 수입배당금액 상당액을 익금에 산입하지 아니하고, 다른 연결법인에 지급한 접대비 상당액과 다른 연결법인에 대한 채권에 대하여 설정한 법인세법에 의한 대손충당금 상당액을 손금에 산입하지 아니하며, 고정자산 등의 자산을 다른 연결법인에 양도함에 따라 발생하는 소득 또는 손실을 익금 또는 손금에 산입하지 아니한다.

라) 연결조정항목의 연결법인별 배분(법 제76조의 14 1항 제4호)

연결집단을 하나의 내국법인으로 보아 수입배당금, 기부금 및 접대비에 대해 익금 또는 손금에 산입하지 아니하는 금액을 계산한 후 해당 금액 중 일정한 방법에 따라 계산한 금액을 각 연결법인별로 익금 또는 손금에 산입하지 아니한다.

나. 세액의 계산(법 제76조의15)

각 연결사업연도의 소득에 대한 법인세는 연결납세방식에 의한 과세표준에 법인세율을 적용하여 계산하며 이를 “연결산출세액”이라 한다. 연결법인이 토지 등을 양도한 경우(해당 토지 등을 다른 연결법인이 양수한 경우 포함)에는 토지 등 양도소득에 대한 법인세를 합산한 금액을 연결산출세액으로 한다. 연결산출세액은 세법의 규정에 따라 각 연결법인에 귀속되는 금액(“연결법인별 산출세액”)으로 분배된다.

Ⅱ. 동업기업에 대한 조세특례

1. 제도의 개념과 취지

동업기업 과세특례제도는 동업기업에서 발생한 소득에 대하여 동업기업 단계에서는 법인세를 과세하지 아니하고, 소득을 산출하는 단계에서 전체 소득을 손익분배비율에 따라 구성원인 동업자에게 배분하여 산출한 뒤, 이러한 소득에 기초하여 동업자 단계에서 동업자별로 소득세와 법인세를 과세하는 제도이다.

2명 이상이 하나의 법인을 구성하여 공동으로 사업을 경영할 때, 기업의 소득 전체에 과세하는 것이 아니라 실질적으로 수익을 분배받는 개인에게 과세함으로써 실질과세의 원칙에 충실하도록 하는 것이 제도의 취지라 할 수 있다.

2009년에 동업기업 과세특례제도가 도입됨으로써 인적회사 성격의 사업자에 대한 법인세와 소득세의 이중과세 문제를 해소하고 지식기반 서비스업 등을 영위하는 인적회사등이 경제적 실질에 적합한 과세제도를 선택할 수 있게 된 것이다.

2. 동업기업과세특례의 적용범위

가. 적용대상

조세특례제한법 제100조의16(동업기업 및 동업자의 납세의무) ① 동업기업에 대해서는 「소득세법」 제2조제1항 및 「법인세법」 제2조제1항·제2항에도 불구하고 「소득세법」 제3조 및 「법인세법」 제3조제1항 각 호의 소득에 대한 소득세 또는 법인세를 부과하지 아니한다.

> ② 동업자는 제100조의18에 따라 배분받은 동업기업의 소득에 대하여 소득세 또는 법인세를 납부할 의무를 진다.
>
> ③ 내국법인이 동업기업과세특례를 적용받는 경우 해당 내국법인(이하 "동업기업 전환법인"이라 한다)은 「법인세법」 제79조제1항의 "해산에 의한 청산소득"의 금액에 준하여 대통령령으로 정하는 바에 따라 계산한 과세표준에 「법인세법」 제55조제1항에 따른 세율을 적용하여 계산한 금액을 법인세(이하 "준청산소득에 대한 법인세"라 한다)로 납부할 의무가 있다.
>
> ④ 동업기업 전환법인은 동업기업과세특례를 적용받는 최초 사업연도의 직전 사업연도 종료일 이후 3개월이 되는 날까지 대통령령으로 정하는 바에 따라 준청산소득에 대한 법인세의 과세표준과 세액을 납세지 관할세무서장에게 신고하여야 한다.
>
> ⑤ 동업기업 전환법인은 준청산소득에 대한 법인세의 세액을 제4항의 신고기한부터 3년의 기간 동안 균분한 금액 이상 납부하여야 한다.

동업기업 과세특례의 적용대상은 민법에 따른 조합, 상법에 따른 익명조합과 같은 공동사업자와 합명회사, 합자회사와 같은 인적회사를 포함한다.

그밖에 법인세법 시행령에서 인정하고 있는 것으로서 변호사법 등 각 개별법에서 규정하고 있는 법무법인, 법무법인(유한), 법무조합, 특허법인, 노무법인, 법무사합동법인, 회계법인, 관세법인, 세무법인등이 있다. 대부분 인적용역의 제공을 기반으로 하는 전문직업인의 영업조직이다.

나. 적용 및 포기신청

> 조세특례제한법 제100조의17(동업기업과세특례의 적용 및 포기신청) ① 동업기업과세특례를 적용받으려는 기업은 대통령령으로 정하는 바에 따라 관할 세무서장에게 신청을 하여야 한다.

> ② 동업기업과세특례를 적용받고 있는 동업기업은 대통령령으로 정하는 바에 따라 동업기업과세특례의 적용을 포기할 수 있다. 다만, 동업기업과세특례를 최초로 적용받은 과세연도와 그 다음 과세연도의 개시일부터 4년 이내에 끝나는 과세연도까지는 동업기업과세특례의 적용을 포기할 수 없다.

1) 동업기업과세특례의 적용신청

동업기업 과세특례를 적용받으려는 기업은 동업기업과세특례를 적용받으려는 최초의 과세연도의 개시일 이전(기업을 설립하는 경우로서 기업의 설립일이 속하는 과세연도부터 적용받으려는 경우에는 그 과세연도의 개시일부터 1개월 이내)에 동업기업 과세특례 적용신청서를 납세지관할세무서장에게 제출하여야 한다.

동업기업과세특례의 적용 여부는 해당 동업기업이 임의적으로 선택하도록 되어있다. 따라서 조합이나 익명조합은 기존의 공동사업장 과세제도와 동업기업 과세제도 중에서 선택할 수 있으며, 인적회사는 법인세제와 동업기업 과세제도 중에서 그 적용을 선택할 수 있다.

동업기업 과세특례의 적용을 선택하면 해당 과세연도와 그 다음 과세연도의 개시일부터 4년 이내에 종료하는 과세연도까지는 동업기업 과세특례의 적용을 포기할 수 없다.

2) 동업기업과세특례의 포기신청

동업기업과세특례를 적용받고 있는 동업기업이 동업기업과세특례의 적용을 포기하려면 동업기업과세특례를 적용받지 아니하려는 최초의 과세연도의 개시일 이전에 동업기업과세특례포기신청서를 납세지관할세무서장에게 제출하여야 한다. 다만, 동업기업과세특례를 최초로 적용받은 과세연도와 그 다음 과세연도의 개시일로부터 4년 이내에 종료하는 과세연도까지는 동업기업과세특례의 적용을 포기할 수 없다.

3. 동업기업 소득금액의 계산 및 동업자에 대한 배분

가. 소득금액 등의 배분

동업자군별 배분대상 소득금액 또는 결손금은 각 과세연도의 종료일에 해당 동업자군에 속하는 동업자들에게 동업자 간의 손익배분비율에 따라 배분한다. 구체적 과정은 아래와 같다.

1) 동업자군별 동업기업 소득금액 또는 결손금의 계산

동업자를 거주자, 비거주자, 내국법인 및 외국법인의 네 개의 동업자군으로 구분하여 각 군별로 동업기업을 각각 하나의 거주자, 비거주자, 내국법인 또는 외국법인으로 보아 소득세법 또는 법인세법에 따라 해당 과세연도의 소득금액 또는 결손금을 계산한다.

2) 동업자군별 배분대상 소득금액 또는 결손금의 계산

동업자군별 동업기업 소득금액 또는 결손금에 동업자군별 손익배분비율을 곱하여 해당 동업자군의 동업기업 소득금액 또는 결손금을 계산한다. 이를 동업자군별 배분대상 소득금액 또는 결손금이라 한다. '동업자군별 손익배분이율'이란 동업자별로 해당 군에 속하는 동업자군에 속하는 동업자들의 손익배분비율을 합한 비율을 말한다.

3) 동업자의 배분 소득금액 또는 결손금의 계산

동업자군별 배분대상 소득금액 또는 결손금을 해당 동업자군에 속하는 동업자들에게 동업자간의 손익배분비율에 따라 배분한다. 이를 동업자의 배분 소득금액 또는 결손금이라 한다.

나. 결손금의 배분한도와 배분의 제한

1) 결손금의 배분한도

동업기업의 결손금은 각 동업자들에게 배분된다. 그런데 각 동업자에게 배분되는 결손금은 동업기업의 해당 과세연도의 종료일 현재 해당 동업자의 지분가액을 한도로 한다. 지분가액을 초과하는 해당 동업자의 결손금(배분한도 초과결손금)은 해당 과세연도의 다음 과세연도 개시일 이후 10년 이내에 종료하는 각 과세연도에 이월하여 배분한다.

이 경우 배분한도 초과결손금은 이월된 각 과세연도에 배분하는 동업기업의 각 과세연도의 결손금이 지분가액에 미달할 때에만 그 미달하는 금액의 범위에서 추가로 배분한다. 그리고 배분한도 초과결손금에 해당하는 금액은 소득세법 및 법인세법에 따라 이월결손금의 공제를 적용할 때 해당 배분한도 초과결손금이 발생한 동업기업의 과세연도의 종료일에 발생한 것으로 본다.

한편, 동업자군별로 둘 이상으로 구분된 결손금이 발생한 때에는 배분한도 초과결손금은 각각의 구분된 결손금의 크기에 비례하여 발생한 것으로 본다.

2) 수동적 동업자에 대한 결손금 배분의 배제

동업기업의 경영에 참여하지 않고 출자만 하는 자로서 ①동업기업에 성명 또는 상호를 사용하게 하지 아니하고, ②동업기업의 사업에서 발생한 채무에 대하여 무한책임을 부담하기로 약정하지 아니하고, ③영 제43조 6항 각호에 따른 임원 또는 이에 준하는 자가 아닌 동업자(이를 '수동적 동업자'라고 한다)에게는 결손금을 배분하지 않되, 해당 과세연도의 종료일로부터 10년 이내에 끝나는 각 과세연도에 그 수동적 동업자에게 소득금액을 배분할 때 배분되지 않은 결손금을 그 배분대상 소득금액에서 공제하고 배분한다.

다. 동업자 소득금액의 계산

동업자는 동업기업의 과세연도 종료일이 속하는 과세연도의 소득세 또는 법인세 과세표준을 계산할 때에 동업기업으로부터 배분받은 소득금액 또는 결손금을 대통령령으로 정하는 구분에 따른 익금 또는 손금으로 합산한다. 수동적 동업자의 경우에는 배분받은 소득금액을 소득세법 제17조 1항, 제119조 2호 및 법 제93조 2호에 따른 소득금액으로 본다.

4. 동업기업 지분 및 지분가액의 조정

가. 동업자의 최초 지분가액

동업자의 최초 지분가액은 동업기업과세특례를 적용받는 최초 과세연도의 직전 과세연도의 종료일(기업의 설립일이 속하는 과세연도부터 적용받는 경우에는 그 과세연도의 개시일) 현재의 동업기업의 출자총액에 해당 동업자의 출자비율을 곱하여 계산한 금액으로 한다(특례령 제100의21조 1항).

나. 지분가액의 증액조정

동업자에게 다음의 사유가 발생하면 동업자의 지분가액을 증액조정한다(특례령 제100조의20 11항, 제100조의21 1항).

1) 동업기업에 출자하는 경우 또는 동업기업의 지분을 매입하거나 상속·증여받는 경우 출자하는 자산의 시가, 매입하는 지분의 매입가액 또는 상속·증여받는 지분의 시가

2) 동업기업으로부터 소득금액을 배분받는 경우 그 소득금액(소득세법, 법인세법 및 법에 따른 비과세 소득을 포함)

다. 지분가액의 감액조정

동업자가 다음의 사유가 발생하면 동업자의 지분가액을 감액조정한다(특례령 제100조의20 2항, 제100조의21 2항).

1) 동업기업의 자산을 분배받는 경우 또는 동업기업의 지분을 양도하거나 상속·증여하는 경우 분배받는 자산의 시가, 양도하는 지분의 양도가액 또는 상속·증여하는 지분의 시가

2) 동업기업으로부터 결손금을 배분받는 경우 그 결손금의 금액

지분가액을 감액조정하는 경우 지분가액의 최저금액은 영(0)으로 한다(특례령 제100조의21 4항)

5. 동업기업 지분의 양도 및 자산의 분배

가. 지분의 양도

동업자가 동업기업의 지분을 타인에게 양도하는 경우 양도소득으로 과세되며, 해당 지분의 양도소득에 대해서는 소득세법 제94조 1항 3호 또는 4호 다목에 따른 자산을 양도한 것으로 보아 소득세법 또는 법인세법에 따라 양도소득세 또는 법인세를 과세한다(법 제100조의21 1항).

이와 같이 동업자의 지분가액의 양도에 대하여 동업기업의 소득을 동업자에게 배분하여 동업자에게 과세하는 것과 별도로 양도소득세를 과세함에 따라 이중과세를 방지하기 위하여 지분가액의 조정에 관한 규정이 마련되어 있다.

나. 자산의 분배

동업자가 동업기업으로부터 자산을 분배받는 경우 분배시 지분가액을 초과하지 않는 한 과세되지 않는다. 다만, 분배받은 자산의 시가가 분배일의 해당 동업자의 지분가액을 초과하면 그 초과부분은 소득세법 제17조 1항에 따른 배당소득으로 과세된다(법 제100조의22 1항).

이와 같은 분배소득은 각 과세연도 소득에 반영되지 아니한 소득으로 고정자산 평가이익 등이 이에 해당될 것이다. 법은 일반적인 분배와 달리 동업기업의 해산 등 동업자의 지위가 소멸되어 분배하는 경우에 관한 별도의 규정을 두고 있다. 최종적으로 손실을 정산해야 하므로 지분가액과 분배받은 자산 가액의 차액에 대하여 손실을 인식하도록 허용하고 있으며, 지분의 가치 하락분을 지분처분손실로 취급하고 있다(법 제100조의11 12항)

법 100조의22 1, 2항의 경우 동업기업으로부터 분배받은 자산의 시가 중 분배일의 해당 동업자의 지분가액 상당액은 해당 동업자의 분배일이 속하는 과세연도의 소득세 또는 법인세 과세표준을 계산할 때 익금에 산입하지 아니한다(동 3항).

저자 약력

김성수
- 서울대학교 법학과 졸업
- 서울시립대학교 법학전문대학원 졸업
- 서울조세행정연구회

김재형
- 서울대학교 정치학과 졸업
- 서울시립대학교 법학전문대학원 졸업
- 전 MBN 기자
- 서울조세행정연구회

김태환
- 서울시립대학교 도시사회학과 졸업
- 서울시립대학교 법학전문대학원
- 서울조세행정연구회

최주필
- 고려대학교 경제학과 졸업
- 서울시립대학교 법학전문대학원 졸업
- 서울시립대학교 일반대학원 법학과 박사과정
- 서울조세행정연구회

이인환
- 성균관대학교 법학과 졸업
- 서울시립대학교 법학전문대학원 졸업
- 서울조세행정연구회

이힘찬
- 연세대학교 경영학과 졸업
- 서울시립대학교 법학전문대학원 졸업
- 서울조세행정연구회

※. 조세행정연구회 연락처 : 010-1146-2850

조문과판례중심 **법인세법해설**

2015년 7월 29일 1 쇄 인쇄
2015년 8월 10일 1 쇄 발행

저 자 : 김성수, 김재형, 김태환
최주필, 이인환, 이힘찬

발행인 : 양 갑 수

발행처 : 법률&출판

주소 : 서울 서초구 법원로2길 7-4, 104호(서초동, 동룡빌딩)
전화 : 02-521-8199 팩스 : 02-598-0332
등록번호:25100-2005-0001100

ISBN 978-89-97476-42-8 93360 값 52,000원